ANDREAS BERNARD

Kinder machen

Neue Reproduktions-
technologien
und die Ordnung
der Familie

Samenspender, Leihmütter,
Künstliche Befruchtung

S. FISCHER

Die Arbeit an diesem Buch wurde großzügig unterstützt durch Mittel des Exzellenzclusters »Kulturelle Grundlagen von Integration« an der Universität Konstanz

Erschienen bei S. FISCHER

Satz: Fotosatz Amann, Memmingen
Druck und Bindung: CPI books GmbH, Leck
Printed in Germany
ISBN 978-3-10-007112-5

Inhaltsverzeichnis

EINLEITUNG

Erzwungene Befruchtung:
Im Labor der Fortpflanzungsmedizin

Die Pipette nähert sich dem Ei, wird seine Hülle gleich durchstechen, um das Spermium zu injizieren, doch was unter dem Mikroskop am meisten erstaunt in diesem Augenblick, ist die unerwartete Biegsamkeit der menschlichen Eizelle. Sie zieht sich zusammen, als die Nadel ihre Oberfläche erreicht, schrumpft fast auf die Hälfte ihres Durchmessers, ohne dem Druck nachzugeben. Unerfahrene Laboranten ziehen die Pipette deshalb häufig zu früh zurück, glauben, dass sie das Spermium bereits in der Eizelle abgesetzt haben, und registrieren am nächsten Tag mit Verwunderung, dass keine Befruchtung eingetreten ist. Es dauert Monate, bis ein Embryologe durch die Übung mit unreifen Eizellen das Gespür für diese Arbeit entwickelt, bis er etwa genau erkennt, wann er die Hülle der Eizelle, die Zona pellucida, sowie die innere Haut durchstochen hat und das Spermium tatsächlich eingedrungen ist. Im mikroskopischen Bild wird in diesem Moment das Unvorgesehene, Erzwungene der Prozedur deutlich. Die natürliche Befruchtung im weiblichen Körper, jene Verschmelzung der Eizelle mit einem von abertausenden Spermien, die den Eileiter erreicht haben, vollzieht sich als uneinsehbarer, kontingenter, bis heute nicht endgültig geklärter Prozess. Hier im Labor ist dieser Prozess restlos offengelegt, reduziert auf die Zusammenführung zweier ausgewählter Zellen durch einen Akt der Einspritzung. »Intrazytoplasmatische Spermieninjektion« heißt die Befruchtungsmethode, im Vokabular der Reproduktionsmedizin nach der englischen Abkürzung als ICSI bezeichnet (gesprochen: »*Ixi*«). Im Jahr 1992 wurde die Behandlung an der Universität Brüssel erstmals vorgestellt; in den Kinderwunschzentren der Welt ist sie inzwischen das Standardverfahren künstlicher Fortpflanzung und hat die In-vitro-Fertilisation, also das bloße Vermischen von Eizellen und Spermien in der Petrischale, als effizientere, auch die männliche Unfruchtbarkeit überwindende Methode verdrängt. Der Ursprung menschlichen Lebens: Jahrtausendelang galt er als ein göttliches Mysterium, ein unbeeinflussbarer Naturvorgang. In den ICSI-Labors der Gegenwart ist die Imitation dieses Vorgangs außerhalb des weiblichen Körpers längst Routine geworden.

Ein Sonntagnachmittag im Frühling, in einem Reproduktionszentrum direkt in der Münchner Innenstadt. Helena Angermaier, die seit 1985 als Embryologin arbeitet und nach einem Forschungsbesuch in Brüssel als einer der ersten Menschen weltweit auch ICSI-Behandlungen vorgenommen hat, sitzt vor einem Mikroskop des Laborraums im 6. Stock: eine hochgewachsene Frau Anfang fünfzig, in ihrer Freizeit Balletttänzerin, mit weißblonden, zum Knoten geformten Haaren und auffälliger grüner Wimperntusche. Sie hat im letzten Vierteljahrhundert über 10 000 Kinder unter dem Mikroskop gezeugt. In dem Reproduktionszentrum wird an sieben Tagen in der Woche gearbeitet; »der Eisprung kennt kein Wochenende«, wie Angermaier mit ihrer Vorliebe für pointierte Redewendungen sagt. Doch am Sonntag ist es in der Praxis zumindest ruhiger. Die Behandlungszyklen unter der Woche werden so organisiert, dass bei möglichst wenigen Paaren der Tag der künstlichen Zeugung auf das Wochenende fällt. An diesem Nachmittag steht noch eine Befruchtung durch ICSI an; außerdem hat Helena Angermaier mehreren Patientinnen die frohe Botschaft zu überbringen, dass es bei ihren mit dem Samen des Ehemannes versetzten Eizellen, die über Nacht im Brutschrank standen, tatsächlich zur Befruchtung gekommen ist. Jetzt geht es darum, mit den Frauen einen geeigneten Termin für den Embryotransfer in die Gebärmutter abzustimmen, der zwei bis fünf Tage nach der Fertilisation möglich ist. »Wir haben eine erfreuliche Nachricht. Die Spermien waren sehr fleißig«, sagt die Embryologin am Telefon zur ersten Patientin. »Könnten Sie am Mittwoch um 14 Uhr in die Praxis kommen?« Zu diesem Zeitpunkt hat die Frau aber schon einen Termin. Donnerstag und Freitag seien auch ungünstig, da wolle sie eigentlich mit ihrem Mann über ein verlängertes Wochenende verreisen. Eine merkwürdige Synchronisation zweier Zeitpläne: Die künstliche Erzeugung von Leben muss sich nach notwendigen Abfolgen richten (nur bis zum fünften Tag, solange der Embryo bei natürlicher Empfängnis im Eileiter bleibt, kann die Körperumgebung in der Petrischale nachgeahmt werden), doch diese Gesetze biologischer Entwicklung kollidieren nun mit dem Terminkalender einer vielbeschäftigten Patientin. Am Ende des Telefonats kündigt die Frau allerdings an, ihre Reise abzusagen.

Der Behandlungsgang in dieser Praxis – die verschiedenen Schritte, die nötig sind, bevor die Spermien und Eizellen eines Paares im Labor vereinigt werden – ist bei allen Patienten ähnlich. Hat sich ein Paar nach der Anamnese, dem sogenannten »Kinderwunschgespräch« mit dem Arzt, für eine künstliche Befruchtung entschieden, muss zunächst das Verfahren festgelegt werden. Diese Entscheidung hängt in erster Linie davon ab, bei welchem der Partner die Ursache für die Kinderlosigkeit vermutet wird. Wenn die Analyse der Spermienqualität ergibt, dass der Mann grundsätzlich zeugungsfähig ist, wird zunächst nur eine konventionelle In-vitro-Fertilisation vorgenommen. Ist der Befund des Ejakulats dagegen mangelhaft und müssen die Spermien sogar aus dem Hodengewebe entnommen werden (wo bei etwa der Hälfte der zeugungsunfähigen Männer noch intakte Samenzellen aufzufinden sind), wird die kostspieligere ICSI-Methode notwendig, bei der theoretisch ein einziges brauchbares Spermium zur Befruchtung ausreicht. Am Anfang jeder Behandlung allerdings steht fast immer die Hormonstimulation der Frau, die den Prozess der Ei-Reifung regulieren und anregen soll. In der letzten Woche eines Menstruationszyklus nehmen die Patientinnen ein Medikament ein, das ihre körpereigene Produktion von Sexualhormonen unterdrückt. Zu Beginn des neuen spritzen sie sich dann täglich follikelstimulierende Hormone unter die Bauchdecke. Auf natürlichem Wege kommt gewöhnlich nur eine Eizelle pro Zyklus zur Reifung. Infolge der Behandlung können es bis zu vierzig werden, im Durchschnitt etwa ein Dutzend: eine Entwicklung, die der Arzt in dieser Zeit regelmäßig durch Ultraschall-Untersuchungen kontrolliert. Sobald die Follikel die gewünschte Größe und hormonelle Reife erreicht haben, zumeist zwischen dem elften und dreizehnten Zyklustag, injiziert sich die Patientin ein eisprungauslösendes Hormon, das die Ovulation auf die Stunde genau berechenbar macht (»den Eisprung programmieren«, sagen die Ärzte). Die transvaginale Entnahme der Eizellen schließlich, über einen Ultraschall-Monitor gesteuert, ist mittlerweile ein zehnminütiger Routineeingriff in Vollnarkose. An einem langen Schlauch führt der Arzt eine Nadel in die Eierstöcke ein, durchsticht die Follikel und saugt die Eizellen ab, die in Reagenzgläser geleitet, gezählt und dann in den Brutschrank gegeben werden, in einem Nährmedium, das der Eileiter-Flüssigkeit entsprechen soll. Die Patientin wird vom Arzt nur ein bis zwei Stunden später über den Verlauf des Eingriffs informiert.

Sämtliche Operationen finden in der Reproduktionsklinik am Vormittag statt. Nachmittags dann werden die Petrischalen mit den entnommenen Eizellen in den Laborraum gebracht. Die zugehörigen Spermien, die vom »Original-Ejakulat« des Mannes stammen, wie es die Embryologen nennen, von einer Hodenbiopsie oder, nach tatsächlich aussichtslosem Befund, von einem Samenspender, sind zu diesem Zeitpunkt bereits untersucht und mit Nährlösung aufbereitet. Die noch ausstehende ICSI-Befruchtung an diesem Sonntag ist ein »dankbarer Fall«, wie Helena Angermaier in ihrem weichen Münchner Akzent sagt, die Frau 1982 geboren, der Mann 1984, »das sind erfreuliche Jahrgänge, eher selten bei uns«. Das Durchschnittsalter ihrer Patientinnen ist in den letzten zehn Jahren von 34 auf fast 38 Jahre gestiegen, die Hälfte ist über vierzig Jahre alt. Das Spermiogramm des Mannes war unauffällig; man weiß nicht, warum das Paar seit Jahren keine Kinder zeugen kann und auch eine konventionelle IVF-Behandlung bereits erfolglos blieb. Zu unerforscht sind nach wie vor die vielfältigen Ursachen der Infertilität, die Frage etwa, welche Hürden es beim Eintritt des Spermiums in die Zona pellucida geben kann, welche Protein- oder Enzymdefekte die Verschmelzung der Zellkerne im letzten Moment verhindern. Bei der Mehrzahl der behandelten Paare kann in dieser Praxis der Mann als Quelle der Sterilität identifiziert werden. Deshalb wird die ICSI-Methode, die das Spermium verlässlich an sein Ziel transportiert, weitaus häufiger eingesetzt als die bloße In-vitro-Fertilisation, obwohl sich die Krankenkassen seit der Reform des Gesundheitsrechts im Jahr 2004 nur dann an den Kosten beteiligen, wenn der Spermienbefund ungenügend war oder eine frühere IVF-Behandlung nichts ausgerichtet hat. Verglichen mit der so evidenten Vereinigung von *einem* Spermium mit *einer* Eizelle unter dem Mikroskop wirkt das ältere Verfahren aber tatsächlich ungenau und im entscheidenden Moment sich selbst überlassen. Die Erfolgsquote, das Eintreten einer Befruchtung nach 16 bis 20 Stunden, liegt bei IVF demnach auch nur bei 50 Prozent, im Unterschied zu den etwa 80 Prozent bei der Intrazytoplasmatischen Spermieninjektion.

Eine ICSI-Befruchtung dauert – je nachdem, wie hoch die Anzahl der Eizellen und wie langwierig die Suche nach intakten Spermien unter dem Mikroskop ist – zwischen dreißig Minuten und mehreren Stunden. Manchmal, wenn auch die Hodenbiopsie so gut wie keine Samenzellen enthält, verbringt Angermaier halbe Nachmittage mit dem Aufspüren eines beweglichen dunklen Flecks, eines einzigen umherwimmelnden Spermiums unter dem Mikroskop. Zur Vorbereitung der Behandlung reinigt sie zunächst die punktierten Eizellen vom Vormittag; bei dieser Frau sind es 27, ein hoher, aber nicht außergewöhnlicher Wert. Die Eizellen sind jetzt noch vom sogenannten Cumulus umgeben, einer weißlichen Hülle, die so groß ist, dass die Zellen in diesem Zustand mit bloßem Auge in der Petrischale zu sehen sind – eine Ansammlung von winzigen weißen Fetzen in der rosafarbenen Nährflüssigkeit. Helena Angermaier entfernt den Cumulus, indem sie die Eizellen mit der Pipette aufsaugt und in einer Enzymlösung spült. Jetzt ist unter dem Mikroskop auch erkennbar, wie viele Eizellen tatsächlich reif für eine Befruchtung sind, und zwar an der Gestalt des Polkörpers, einer kugeligen Struktur am inneren Rand, in der die Hälfte des ursprünglich doppelten Chromosomensatzes ausgeschieden worden ist. 23 der 27 Eizellen kann die Embryologin verwenden.

Helena Angermaier beschriftet die Petrischale für die ICSI-Behandlung nach einem diffizilen System – in der einen Hälfte eine Anzahl kleiner Kreise, so viele, wie Eizellen vorhanden sind (in diesem Fall also 23), in der anderen vier größere für die Spermienlösung. Ein Teil der großen Felder wird nicht mit dem üblichen Nährmedium bedeckt, sondern mit einer Lösung, die die Konsistenz von Tapetenkleister hat und gewährleisten soll, dass die bewegungsfreudigen Spermien mit der Pipette leichter zu fassen sind. Zuletzt wird die Schale mit einem besonderen Öl versiegelt, damit die Flüssigkeiten mit den Zellen nicht austrocknen, und auf die in Körpertemperatur gehaltene Arbeitsfläche des ICSI-Mikroskops gestellt. Auf beiden Seiten dieses Mikroskops befindet sich ein joystickartiger Hebel. Derjenige, mit dem die eigentliche Steuerung der Pipetten durchgeführt wird, sorgt durch eine hydraulische Vorrichtung dafür, dass sich die Bewegungen der Hand in der mikroskopischen Darstellung um ein Vielfaches verkleinern. Wenn Angermaier diesen Hebel um einen Zentimeter bewegt, macht die entsprechende Bewegung der Pipetten im Mikroskop-Bild nur ungefähr zehn Mikrometer aus, also ein hundertstel Millimeter: ein unerlässlicher Verkleinerungsmodus, wenn man bedenkt, dass die Länge eines Spermiums fünf Mikrometer und der Durchmesser der »Injektionspipette« acht Mikrometer beträgt. Mit der linken Hand steuert Helena Angermaier die zehnmal so breite, an ihrem Ende hohle »Haltepipette«, welche die Eizelle während der Befruchtung durch Erzeugung von Unterdruck fixiert, mit der rechten die Injektionspipette, die das Spermium ansaugt und in die Eizelle spritzt. Heute werden diese Pipetten längst industriell gefertigt; in den frühen neunziger Jahren musste die Embryologin sie noch selbst herstellen. Handwerkliches Geschick gehört zu den elementaren Voraussetzungen für den Erfolg der modernen Reproduktionsmedizin.

Auf einem Computermonitor neben dem Mikroskop lässt sich der Prozess der Befruchtung mitverfolgen. Angermaier fährt zuerst in das Feld der Spermienlösung, das in diesem Fall dicht besiedelt ist mit flirrenden schwarzen Punkten. Sie wählt in kaum nachvollziehbarer Geschwindigkeit ein Spermium aus, eines mit besonders ebenmäßigem Kopf, ohne Furchen (die Frage, ob man vom Aussehen der Samenzellen auf ihre Befruchtungsfähigkeit schließen kann, wird noch Gegenstand der Diskussion sein). Mit der Spitze der Pipette knickt sie zuerst den Schwanz ein, um das Spermium zu immobilisieren – bei der natürlichen Befruchtung würde ohnehin nur dessen Kopf den Zellkern erreichen –, dann saugt sie es ein und fährt mit der Pipette in das andere Feld der

Petrischale. Mit der Haltepipette bringt sie die erste Eizelle in die richtige Position: Leichthändig wie ein Jongleur wendet sie die kreisförmige Scheibe mit der etwas dunkleren, rauen Innenfläche und dem hellen Rand in der Nährflüssigkeit hin und her. Alles ist nun vorbereitet für die erste Injektion.

Hier im Labor, mit Blick über die Dächer der Münchner Innenstadt, entsteht also gerade ein Mensch. Wenn alles nach Plan verläuft, wird bis zum nächsten Morgen die Befruchtung eintreten, einige Tage später die bereits vielfach geteilte Zelle in die Gebärmutter der Frau transferiert und, falls sich einer der Embryonen dort einnistet, eine Schwangerschaft diagnostiziert werden können. Die ICSI-Methode, in ihrer äußersten Reduktion, ist die radikale Umsetzung eines Wunschtraums, der die Medizin schon lange beschäftigt hat. Bereits 1878 fanden die ersten erfolgreichen Tierexperimente mit Befruchtungen außerhalb des Mutterleibs statt. Heute werden in den gut 140 deutschen Reproduktionszentren über 10000 Kinder pro Jahr dank der Verfahren der »assistierten Empfängnis« gezeugt. Wie unvorstellbar diese Technologien aber noch zu einer Zeit waren, in der sich die ersten Hilfsmittel künstlicher Befruchtung bereits zu etablieren begannen, darüber geben die medizinischen Lehrbücher und Fachzeitschriften auf vielfältige Weise Auskunft. Der Berliner Arzt Otto Adler etwa räumt im Jahr 1908 – nach den ersten Erfolgen der homologen Insemination, der manuell durchgeführten Befruchtung einer Frau mit dem Samen ihres Ehemannes – prinzipiell ein, dass solche Schwangerschaften möglich seien. »Allerdings sind wir noch weit davon entfernt, weibliches Ei und männliches Spermatozoon im Reagenzglase zu vereinen und zur Entwicklung zu bringen und werden wohl ewig davon entfernt bleiben.« Und er fügt den schönen Satz hinzu: »Unsere Phiole, deren wir nicht entbehren können, ist und bleibt die Gebärmutter, und in ihrem dunklen Innern allein vollzieht sich geheimnisvoll, unsichtbar unseren Augen, Befruchtung und Entwicklung.«[1] Enoch Heinrich Kisch wiederum beginnt das Kapitel über »Kohabitation« in seinem viele Male aufgelegten Standardwerk über das »Geschlechtsleben des Weibes« mit dem Satz: »Dieser Akt ist der einzige der Willkür des Individuums unterworfene, während alle folgenden Prozesse des Werdenden sich der Beeinflussung des Willens und dem Bewußtsein entziehen«.[2] Von diesem Diktum her lässt sich ermessen, wie fundamental die Reproduktionstechnologien seit dem letzten Viertel des 20. Jahrhunderts in die Vorstellung der Zeugung und das Menschenbild der Medizin eingegriffen haben. Denn im Zeitalter von IVF und ICSI sind nun alle »Prozesse des Werdenden« dem menschlichen Willen unterzogen, und zwar vor allem dem Willen der Laborantin, die unter dem Mikroskop die Fortpflanzungszellen von Mann und Frau auswählt und zusammenbringt. Helena Angermaier weiß natürlich um diese erhabene Position und kommentiert sie mit größter Lakonie: »Bei der natürlichen Befruchtung ist es die Eizelle, die entscheidet; bei ICSI bin es ich.« Aber mit welchen Empfindungen sucht sie die Spermien unter dem Mikroskop aus, im sicheren Wissen darum, dass die Wahl des umherflirrenden Punkts daneben einen ganz anderen Menschen hervorbringen würde, mit anderen Gesichtszügen, anderem Temperament, anderem Lebensschicksal? Fühlt sie sich jeden Tag aufs Neue wie ein göttlicher Schöpfer mit der Pipette? Angermaier weist diese Fragen von sich, betont die routinierte Praxis ihrer Arbeit – und der Besucher muss die ICSI-Behandlung nur selbst eine halbe Stunde lang auf dem Computerbildschirm mitverfolgt haben, um erstaunt zu registrieren, wie schnell das Virtuelle der Prozedur ein Gefühl der Banalität, ja der Langeweile hervorruft. Die erste Injektion eines Spermiums ist noch ein Ereignis, die zweite vielleicht auch, aber schon bei der fünften und sechsten Eizelle muss man sich zwingen, die Konsequenzen dieses Vorgangs im Gedächtnis zu behalten, um das Geschehen auf dem Bildschirm weiterhin in aller Konzentration zu verfolgen. Die Abstraktion der Darstellung ist übermächtig, ein Ensemble von Joystick und Display, und die Handgriffe der ICSI-Laborantin erinnern plötzlich an eine andere hochvermittelte Tätigkeit unserer Zeit, an den computergesteuerten Einsatz von Drohnen in den gegenwärtigen Kriegen – mit dem Unterschied allerdings, dass durch die Bewegung der Steuerhebel im Labor kein Mensch vernichtet, sondern gezeugt wird.

So unaufgeregt verläuft Helena Angermaiers Arbeit, dass der einzigartige Rohstoff in der Petrischale – künftiges menschliches Leben – fast in Vergessenheit gerät. Nur in manchen Momenten wird die Tragweite ihres Tuns erkennbar, etwa an der Eigenheit der Embryologin, mit den Spermien und Eizellen während des Befruchtungsvorgangs fortwährend zu sprechen. »Du da, geh weg«, sagt sie immer wieder, wenn bei der Auswahl eines Spermiums ein ungeeignetes Exemplar in die Nähe der Pipette gerät, oder, nachdem sie eine Eizelle fixiert hat: »So, jetzt habe ich für dich das schönste aller Spermien.« Sie tritt mit den Gameten in Dialog, als wären sie bereits belebte Geschöpfe; sie redet die Zellen fast mit elterlicher Strenge oder Güte an, und in diesen Momenten wird die besondere Beziehung der Embryologin zu ihrem Gegenstand deutlich, in dem natürlich das Verhältnis einer Mutter zu ihren Kindern durchscheint. Helena Angermaier spielt mit dieser Assoziation, spielt sogar mit jenen Mythen und medizinischen Konzepten, die den Einfluss der mütterlichen Empfindungen auf das im Entstehen begriffene Kind physiologisch herzuleiten versuchten. Bis an die Wende zum 19. Jahrhundert kam der Theorie der »mütterlichen Einbildungskraft« große Bedeutung zu, jener Hypothese, dass der Embryo im Mutterleib von seelischen Eindrücken auf die Schwangere in seiner Entwicklung gefördert oder gestört werden könnte.

Helena Angermaier aktiviert diese medizinisch längst überkommenen Lehren noch einmal für das Zeitalter der assistierten Empfängnis. Sie tut dies vor allem im Zusammenhang mit ihrer Leidenschaft für Musik. Wenn sie alleine im Labor arbeitet, läuft den ganzen Tag über Klassikradio im Hintergrund. Angermaier, bekennende Wagnerianerin, besitzt seit langem ein Abonnement für die Münchner Oper, die nur wenige Gehminuten von der Reproduktionsklinik entfernt liegt. Am Sonntag, wenn sie sich die Zeit frei einteilen kann, geht sie regelmäßig dorthin und sieht sich Wagner-Opern an. »In den Pausen«, sagt sie, »komme ich dann oft ins Labor zurück und führe eine ICSI-Behandlung zu Ende, das geht von der Zeit genau auf«. Und dann erzählt sie, dass diese »Sonntagskinder« ihrem Gefühl nach eine besondere Musikalität in die Wiege gelegt bekämen. »Vielleicht werden diese Kinder später eine Affinität zu Wagner entwickeln«, sagt sie, und sie hat diese Hoffnung auch schon mehrere Male bestätigt bekommen. Besonders gut kann sie sich an einen

Fall erinnern, einen Sonntag im November 2006 (sie hat das exakte Datum sofort parat), als die »Walküre« im Nationaltheater gegeben wurde. Die erste Pause nutzte sie nach ihrer Gewohnheit, es wurden Zwillinge, und als sie Jahre später den Großvater dieser Kinder traf, mit dem sie persönlich bekannt ist, schwärmte er ihr vom musikalischen Gespür seiner Enkel vor. »Er ist auch Wagnerianer und natürlich hingerissen von dem Gedanken, dass die Kinder unter dem Einfluss des 1. Akts der ›Walküre‹ gezeugt worden sind.« Auf einer Ablage neben den Mikroskopen und Brutschränken steht inzwischen ein eingerahmtes Foto der Zwillinge.

Diese unschuldigen, allenfalls ein wenig exzentrischen Vorlieben der Embryologin weisen aber auf ein fundamentales Problem der Reproduktionsmedizin hin, das in diesem Buch immer wieder eine Rolle spielen wird: Es geht um die Frage, ob die technische Zeugungsweise, also etwa das gewaltsame Eindringen der Injektionsnadel in die Eizelle, Auswirkungen auf die Gesundheit der so entstandenen Kinder habe. Diese Debatte ist nach dem Aufkommen jeder neuen Methode der assistierten Empfängnis unter großen Kontroversen geführt worden. Noch heute bestehen Zweifel, ob die erzwungene Befruchtung durch IVF und ICSI, ihrer vollständigen Etablierung zum Trotz, die Disposition des Lebens nicht auf riskante Weise beeinflusse. Die junge Wissenschaft der »Epigenetik« etwa, die sich mit chromosomalen Prägungsfehlern während der Befruchtung beschäftigt, führt die Häufung mancher Gendefekte bei Neugeborenen auf die Verfahren der Reproduktionsmedizin zurück. Auch Helena Angermaier, eine der arriviertesten Embryologinnen Europas, ist nach dreißig Jahren täglicher Laborarbeit mit menschlichen Keimzellen keineswegs frei von dieser Sorge. »Ich glaube nicht, dass die Art der Entstehung vollkommen spurlos an einem Lebewesen vorbeigehen kann«, sagt sie mit einem für ihre Profession erstaunlichen Maß an Skepsis. Die ersten durch ICSI gezeugten Menschen sind jetzt über zwanzig Jahre alt. Es gibt zahlreiche Folgestudien über Gesundheit und Wachstumsprozess von Kindern und Jugendlichen aus assistierter Empfängnis, und keine von ihnen zeigt eine statistische Abweichung ihrer Entwicklung von den konventionell gezeugten Altersgenossen an.

Diese Studien aber, sagt Angermaier, seien nur bedingt aussagekräftig: »Interessant wird es doch erst, wenn diese Menschen einmal vierzig oder fünfzig sind und man erkennen kann, ob es bei ihnen eine größere Neigung zu Krankheiten wie Krebs gibt.« Die Freilegung der seit Menschengedenken im Körperinnern vollzogenen Abläufe ruft Unbehagen hervor. Schon in Goethes morphologischen Studien wird einmal der Grundsatz ausgesprochen: »Alles was lebendig wirken soll, muss eingehüllt sein«.[3] Zweihundert Jahre später stellen die Praktiken der künstlichen Befruchtung dieses Gesetz der geschützten Lebensessenz auf eine elementare Probe.

Die Verfahren der assistierten Empfängnis sind im Jahr 2014 keine Randerscheinungen mehr. Ein halbes Jahrhundert nach Gründung der ersten Samenbanken in den USA und über 35 Jahre nach der Geburt der ersten in vitro gezeugten oder von einer bezahlten Leihmutter ausgetragenen Babys haben dieses Techniken jede Exotik verloren und bestimmen, je nach Rechtslage der einzelnen Länder, den Alltag der Reproduktionsmedizin. Weltweit gibt es bereits über fünf Millionen durch In-vitro-Fertilisation entstandene Menschen. In Deutschland geht derzeit jede vierzigste Geburt auf eine künstliche Befruchtung zurück; vor den Einschränkungen der Kostenübernahme im Jahr 2004 war es sogar jede dreißigste. Die Zahl der durch Samenspende eines Dritten gezeugten Kinder soll sich nach Angaben der Samenbank-Betreiber in Deutschland auf über 100 000 belaufen; dieser Wert kann aber, im Gegensatz zu den seit 1982 im »Deutschen IVF-Register« erfassten Geburten, durch kein Verzeichnis nachgeprüft werden. Leihmutterschaft und Eizellspende sind gemäß den Bestimmungen des »Embryonenschutzgesetzes« weiterhin verboten. Die Zahl jener deutschen Paare aber, die den Offerten des Reproduktionstourismus folgen und in Ländern, die diese Verfahren anbieten, eine künstliche Befruchtung mit fremder Eizelle durchführen lassen oder sogar eine Leihmutter engagieren, hat in den vergangenen Jahren erheblich zugenommen.

Laut den Angaben der Weltgesundheitsorganisation bleibt heute ein Siebtel aller Paare ungewollt kinderlos. »Steril« wird eine Partnerschaft nach der klinischen Definition genannt, wenn nach einem Jahr des regelmäßigen ungeschützten Geschlechtsverkehrs keine Schwangerschaft eingetreten ist. Bis in die 1960er Jahre hinein eröffnete das Verfahren der Adoption vielen unfruchtbaren Ehepaaren die Möglichkeit, doch noch Eltern zu werden. Drei zeitgleich einsetzende Entwicklungen sorgten dann aber für einen drastischen Rückgang der Anzahl jener Kleinkinder, die in den USA und Europa zur Adoption freigegeben wurden: der Siegeszug der »Antibabypille« als Verhütungsmittel, die gesellschaftliche Akzeptanz unehelicher Kinder und alleinerziehender Mütter sowie die Legalisierung der Abtreibung in zahlreichen Ländern. Die Zahl der in Frage kommenden Adoptivkinder ist heute sehr gering, die Wartezeit für die Paare beträgt viele Jahre.

In die Zeit dieser Umbrüche fällt die endgültige Etablierung der assistierten Empfängnis (wobei sich das Amt der Adoption und das Angebot der Fortpflanzungstechnologien nicht ohne weiteres in Beziehung setzen lassen, weil das eine elternlose Kinder versorgen soll, das andere aber kinderlose Eltern).[4] Neben der Befruchtung außerhalb des Körpers verbreiten sich nun auch Methoden, die Samen- oder Eizellen dritter Personen in den Empfängnisprozess miteinbeziehen. Die »heterologe« oder »donogene« Insemination mit dem Zeugungsstoff eines Samenspenders (auch unter der Abkürzung »DI« bekannt), eine schon seit den 1930er Jahren in den USA angewandte Methode, führt dank neuer Konservierungstechniken des Spermas zur Institution der Samenbank. Eine Zeitungsannonce im *San Francisco Chronicle* vom 18. April 1975 wiederum, in der sich ein »kinderloser Mann mit unfruchtbarer Ehefrau ein Test-Tube-Baby« wünscht, gilt als erstes öffentliches Leihmutter-Gesuch der Geschichte. Der Inserent ist ein kalifornischer Lehrer, dessen Intelligenzquotient laut eigener Aussage »im Geniebereich«[5] liegt, und der die Vorstellung nicht ertragen will, dass seine außergewöhnlichen Anlagen nicht auf ein leibliches Kind übertragen werden. Auf seine Annonce, erzählt er der Zeitung später in einem anonymen Interview, hätten sich 181 Frauen gemeldet. Das Ehepaar entscheidet sich für eine der Bewerberinnen, ohne sie persönlich kennenzulernen, zahlt ihr ein Honorar von 7000 Dollar, und nach einer Insemination mit dem Samen des Auftraggebers gebiert die Frau im Herbst 1976 eine Tochter. Leihmütter wie diese, die ihr genetisch eigenes Kind für ein anderes Paar austragen wollen, sind allerdings nur bis zum Ende der achtziger Jahre die Regel. Erleichterungen bei der chirurgischen Entnahme von Eizellen und spektakuläre Fälle, in denen das Kind nach der Geburt zum Streitobjekt zwischen den Parteien wird, führen in dieser Zeit zu einer Korrektur des Arrangements. Seit einem Vierteljahrhundert sind Frauen, die gegen Honorierung für andere ein Kind bekommen, nur noch in den seltensten Fällen genetisch mit ihm verwandt. Die Eizelle stammt vielmehr von der sozialen Mutter oder einer Spenderin. Für diese Tätigkeit und ihre Abgrenzung von der heute schon als »klassisch« bezeichneten Leihmutterschaft hat sich im Deutschen keine klare Terminologie herausgebildet. In den USA heißen diese Frauen »gestational surrogates«; in diesem Buch werden sie mit dem Wort »Tragemutter« bezeichnet.

Seit den 1970er Jahren bevölkern also zunehmend Figuren die Welt der Reproduktionsmedizin, die den Prozess menschlicher Fortpflanzung, die Sphäre der intimen Paarbeziehung schlechthin, öffnen und erweitern. Diese Konstellation ist nur schwer in das überlieferte Bild der Kernfamilie zu integrieren. Der Bundesverfassungsrichter Willi Geiger etwa schreibt 1960, im Hinblick auf das in den USA bereits bekannte Verfahren der Samenspende, kategorisch: »Ehe ist die Lebensgemeinschaft zweier Personen verschiedenen Geschlechts, die die Geschlechtsgemeinschaft umfaßt – eine Gemeinschaft, die ihrem Wesen nach nicht der Erweiterung fähig ist.«[6] Ein halbes Jahrhundert nach diesem Verdikt zeigt sich, dass das Wesen der Ehe doch elastischer gewesen ist als gedacht. Dennoch stellen die assistierten Reproduktionstechnologien bis heute die Frage, wie die Organisation von Verwandtschaft und Familie im Modus der Samenspende, Eizellspende oder Leihmutterschaft aufrechterhalten werden kann. Denn diese Techniken bringen fragmentierte Familienkonstellationen hervor; Jahr für Jahr kommen Tausende Kinder zur Welt, die bis zu fünf Elternteile haben. Enorme rechtliche und soziale Anstrengungen sind nötig, damit die problematischen Nähe-Distanz-Verhältnisse, die mit der Entkoppelung von biologischer Verwandtschaft und Familienbildung einhergehen, ausbalanciert werden können. Auf welche Weisen sind die Beziehungen zwischen den Beteiligten zu stärken oder zu anästhesieren? Wie lässt sich der Status der Spender als bloße Materiallieferanten oder Container menschlicher Fortpflanzung regulieren?

Die geläufigen Begriffe der Reproduktionsmedizin deuten in diesem Zusammenhang ein Umfeld altruistischer Gaben an und verschleiern die ökonomischen Bedingungen, die an diese Tätigkeiten geknüpft sind. Man spricht vom »Samen*spender*« (oder im Englischen vom »*donor*«), von der Eizell*spenderin*, von der *Leih*mutter. Tatsächlich wird vom Verkauf der Zeugungsstoffe und Fortpflanzungsgaben aber ein verzweigter Geldkreislauf aktiviert: Die Ärzte und Vermittler bezahlen die Spender, die Paare wiederum, mit erheblichem Aufpreis, die Ärzte und Vermittler. Eine Befruchtung mit Fremdsamen, die günstigste aller Methoden der assistierten Empfängnis, ist ohne zusätzliche Hormonstimulation der Patientin in Deutschland schon für wenige hundert Euro möglich, eine IVF- oder ICSI-Behandlung kostet pro Zyklus für gesetzlich Versicherte mindestens 3000 Euro, wobei verheiratete Paare, bei denen die Frau nicht älter als 40 und der Mann nicht älter als 55 sind, die Hälfte der Kosten bei den ersten drei Versuchen erstattet bekommen. Mit Abstand am teuersten sind jene Verfahren, die in Deutschland bislang nicht zulässig sind. Für das Engagement einer Tragemutter und einer zusätzlichen Eizellspenderin zahlen Paare in Kalifornien heute bis zu 150000 Dollar.

Über das Milieu der assistierten Empfängnis sind in den letzten zwanzig Jahren zahlreiche journalistische und sozialwissenschaftliche Bücher erschienen. Manche von ihnen, wie zuletzt Liza Mundys Großreportage »Everything Conceivable«, liefern einen facettenreichen Einblick in die aktuellen Verfahrensweisen der Reproduktionstechnologie. Was aber in all diesen mehr oder weniger staunenden, kritischen oder affirmativen Darstellungen ausbleibt, ist das Augenmerk auf der *Geschichtlichkeit* der Praktiken und Methoden, auf ihren wandelbaren medizin- und biologiehistorischen Bedingungen. Dieses Buch versucht daher zwei verschiedene Zugänge und Schreibweisen miteinander zu verbinden. Es ist zwar an den aktuellen Schauplätzen der Reproduktionsmedizin angesiedelt, den IVF-Kliniken, Samenbanken und Leihmutter-Agenturen in München, Essen und Berlin, Los Angeles und Kiew, und setzt sich aus Gesprächen mit Ärzten, Auftragseltern, Samenspendern, Leihmüttern und den aus assistierter Empfängnis hervorgegangenen Kindern zusammen. Die Beschreibung aktueller Phänomene wird aber immer wieder mit älteren, bis ins späte 17. Jahrhundert zurückreichenden Etappen des Zeugungswissens in Beziehung gesetzt. Dieses Vorgehen mag im ersten Moment wie eine allzu weite historische Auffächerung wirken. Doch was die Einbeziehung der früheren medizinischen und biologischen Vorstellungen – von der Entdeckung der Spermatozoen und Eierstock-Follikel über die aufkommende Zelltheorie bis zu den ersten Konzepten einer genetisch fundierten Vererbungslehre im ausgehenden 19. Jahrhundert – in einem Buch über neue Reproduktionstechnologien notwendig macht, ist die Erkenntnis, dass auch so natürlich und zeitlos wirkende Vorgänge wie die Zeugung eines Menschen oder die Liebe zwischen Eltern und ihren Kindern eine Geschichte haben. Sowohl die Selbstgewissheit der Ärzte, ihre Tag für Tag bewerkstelligte Umwandlung von Zellmaterial in Lebewesen, als auch die Reflexe der Kritiker, die in der Aufspaltung von Mutterschaft oder der Zeugung in der Petrischale unverbrüchliche Güter der Humanität gefährdet sehen, lassen sich in dieser Hinsicht auf bestimmte Zäsuren des Wissens vom Menschen zurückführen.

Zu Beginn des 21. Jahrhunderts arbeiten die Verfahren der assistierten Empfängnis wie kaum ein anderer Bereich an der Modellierung eines neuen Menschenbildes. Die folgenden Seiten unternehmen den Versuch, dieses Menschenbild durch Gegenwartsbeschreibungen und historische Analysen genauer kenntlich zu machen. Ihr Gegenstand ist, um mit Walter Benjamin zu sprechen, die Reproduktion im Zeitalter ihrer technischen Reproduzierbarkeit.

ERSTES KAPITEL

Das Wissen von der Zeugung:
Eine kurze Geschichte der Empfängnislehren

Die Vereinigung von Samen- und Eizelle im ICSI-Labor, wie sie die Embryologen täglich vornehmen, der Aufstieg der assistierten Empfängnis zu einer weltumspannenden Industrie setzt natürlich eines voraus: das sichere, lückenlose Wissen der Medizin um die Abläufe bei der menschlichen Zeugung. Heute sind diese Prozesse derart selbstverständlich und im Dienste der künstlichen Reproduktion freigelegt, dass der Eindruck entsteht, die Kenntnisse über Befruchtung und Empfängnis müssten, zumindest im groben Zusammenhang, seit langer Zeit gültig sein. Bei der Beschäftigung mit der Geschichte des Zeugungswissens fällt jedoch schnell das Gegenteil ins Auge. Die vermeintlich stabilen Tatsachen menschlicher Fortpflanzung sind überraschend jung. So waren etwa, um nur zwei Beispiele zu geben, der Menstruationszyklus der Frau und die Frage, in welchem Zeitraum eine Schwangerschaft eintreten kann, vor 1930 nicht verlässlich erforscht; die grundlegende Einsicht wiederum, dass »Befruchtung« als Verschmelzung von Samen- und Eizelle aufzufassen sei, wurde erst im Jahr 1876 von Oscar Hertwig verifiziert, zunächst am Seeigel. Daten wie diese vermitteln einen ersten Eindruck davon, wie verschlungen der Weg der Mediziner und Biologen gewesen sein muss, bevor die genaue Rekonstruktion der Empfängnis und schließlich ihre Nachahmung außerhalb des weiblichen Körpers möglich wurde. Es ist deshalb naheliegend, ein Buch über die Verfahren künstlicher Reproduktion mit einer kurzen Geschichte des Zeugungswissens zu beginnen (nicht zuletzt deshalb, weil sich in den hochmodernen Verfahren der Reproduktionsmedizin immer wieder die scheinbar archaischen Vorstellungen früherer Jahrhunderte abzeichnen).

1.
Delft, 1677

Unter den vielen Zuspitzungen und Brüchen in der Erforschung menschlicher Fortpflanzung lässt sich ein Ausgangspunkt bestimmen, der vielleicht nicht allzu willkürlich gewählt ist: die 1670er Jahre in der niederländischen Stadt Delft. Eine seltsame historische Koinzidenz bringt hier zwei Forscher zusammen, die unabhängig voneinander die Vorstellung vom Entstehen der Lebewesen in eine neue Richtung führen, der eine für den männlichen, der andere für den weiblichen Anteil der Zeugung. Antoni van Leeuwenhoek entdeckt 1677, bei seinen vielfältigen mikroskopischen Studien, die Spermatozoen in der Samenflüssigkeit. Regnier de Graaf seziert ein paar Jahre zuvor die Eierstöcke von Frauen und erkennt als Erster die spezifisch weiblichen Anteile dieser Organe – die bei Säugetieren bis dahin als nach innen gestülpte, funktionslose Entsprechung der Hoden galten – für die Fortpflanzung des Menschen. Er hält die Follikel in den Eierstöcken zwar für die Eier selbst (erst 1827 wird Karl Ernst von Baer das Säugetier-Ei tatsächlich entdecken), doch er beschreibt die Funktion dieser Bläschen, ihre Veränderung im Prozess der Ei-Reifung, mit großer Genauigkeit. Sie tragen noch heute, als »Graafsche Follikel«, seinen Namen.

Wenn in den ICSI-Labors der Gegenwart in aller Routine mit Spermien und Eizellen hantiert wird, geht dieses Wissen auf die ersten Beobachtungen Leeuwenhoeks und de Graafs zurück. Denn vor 1670, in einer Zeit ohne wissenschaftliche Nutzung des Mikroskops, gab es keinerlei Hinweis auf eine lokalisier- und extrahierbare Essenz im Samen des Mannes, genauso wie auch die Herkunft und Beschaffenheit der weiblichen Zeugungsstoffe unerforscht waren. Buffon schreibt 1749, im

dritten Band seiner monumentalen »Naturgeschichte«, über die Entwicklung des Zeugungswissens: »In einem Zeitraum von siebenzehn bis
achtzehn Jahrhunderten ist in dieser Materie nichts Neues weiter hinzu-
gedacht und erfunden worden« – eine Diagnose, die François Jacob in
seiner Studie »Logik des Lebenden«, der unerreichten Messlatte aller
Bücher über die Geschichte der Biologie, noch einmal bestätigt.[1] Buffon
meint mit seiner Rechnung, dass die antiken Empfängnislehren von
Hippokrates, Aristoteles (und Galen 500 Jahre später) noch Ende des
16. Jahrhunderts unverändert übernommen worden sind. Was die Frage
nach dem spezifischen Zeugungsstoff der beiden Geschlechter betrifft,
hat dieser Befund sogar hundert Jahre länger Gültigkeit, bis in die Epoche von Leeuwenhoek und de Graaf.

Aristoteles' Konzept der Empfängnis ist Gegenstand seiner späten
Schrift »Von der Zeugung der Geschöpfe«. Er entwickelt darin die Auffassung, dass menschliches Leben beim Geschlechtsakt aus dem Samen
des Mannes und dem Menstruationsblut der Frau entsteht, wobei das
Blut die materielle Substanz des Embryos ausmacht und der Samen
allein als schöpferische, bildende Kraft wirkt, ungefähr so »wie aus dem
Schreiner und dem Holz ein Bett wird« – ein Vergleich, den Aristoteles in
dieser Abhandlung häufig gebraucht.[2] Hippokrates und Galen dagegen
gehen von einem Zwei-Samen-Modell aus: Der Embryo entwickelt sich
aus dem Zusammenfließen eines männlichen und eines weiblichen
Samens in der Gebärmutter; beide Substanzen haben materiellen Anteil
an dieser Vereinigung. Das Menstruationsblut der Frau wird laut Hippokrates nur dazu benötigt, den Samenkeim während der Schwangerschaft
zu nähren.[3] Wie wirkungsvoll vor allem das aristotelische Zeugungsmo-
dell noch Mitte des 17. Jahrhunderts ist, lässt sich an der einflussreichsten Schrift über Fortpflanzung in dieser Zeit erkennen. William Harvey
veröffentlicht 1651, gut zwanzig Jahre nach seinem schmalen, aber bahnbrechenden Traktat über den Blutkreislauf, das viele hundert Seiten
lange Werk »Übungen zur Erzeugung der Tiere«, das in seiner Beschreibung des Befruchtungsvorgangs letztendlich die aristotelischen Grund-
vorstellungen aufrechterhält. Das geschieht allerdings nicht freiwillig.
Schon in den ersten Sätzen der Einleitung will Harvey sich gegen die

allzu »fehlerhaften und voreiligen Schlüsse«[4] von Galen und dem grund-sätzlich verehrten Aristoteles abgrenzen. Das Konzept eines immateriell wirkenden, nur formgebenden Samens verwirft er als philosophische Spielerei. Seine anatomischen Untersuchungen an Hühnern und Hirschkühen stehen vor allem unter der Prämisse, dass sich »alles Leben aus dem Ei« entwickelt, auch das der Säugetiere, bei denen das Ei laut Harvey in der Gebärmutter entsteht. (Diese Vorstellung hat aber noch nichts mit den späteren Entdeckungen de Graafs zu tun; Harveys Kon-zept des »Eies« bezeichnet auf vage und eher metaphorische Weise die Grundorganisation jedes neuen Lebewesens, sogar derjenigen, die nach seiner Ansicht durch Urzeugung entstehen, also durch Fäulnis und Zer-setzung.) Die Kapitel über die Säugetiere am Ende der Abhandlung sind ganz von der Ambition geleitet, möglichst kurz nach der Paarung ein Samen-Ei-Gemisch in der Gebärmutter aufzufinden. Harvey, zu dieser Zeit Leibarzt Charles' des I., begleitet den König auf die Jagd und be-kommt die geschossenen Hirschkühe in den Wochen der Brunst täglich zur Verfügung gestellt, um die Anfänge der Embryo-Entwicklung zu er-forschen. Er findet bei den Sektionen zu seiner Verwunderung aber kei-nerlei Spuren eines sich bildenden Keims. Heute weiß man, dass Harvey die Versuchstiere falsch gewählt hat, weil Hirschkühe erst vier Wochen nach der Brunst ihren Eisprung haben. Doch er hält den »leeren Ute-rus«, nach Wochen der vergeblichen Bemühungen, mehr und mehr für eine Tatsache des Zeugungsvorgangs, und als sich dieser Befund – in offenkundig fehlerhaften Sektionen – auch bei Hunden und Kaninchen bestätigt, ist für ihn bewiesen, dass nach einer erfolgreichen Paarung weder Samenflüssigkeit noch die weiblichen Zeugungsstoffe in die Ge-bärmutter gelangen.

Zwischen der Befruchtung und dem wahrnehmbaren Embryo der Hirschkuh, den Harvey erst acht Wochen später in der Gebärmutter ent-deckt, besteht eine rätselhafte Verzögerung. Diese Lücke versucht das kurze Supplement »Über die Empfängnis« zu deuten, das dem Haupt-werk angehängt ist. In diesem Text orientiert sich Harvey wieder an den schon verworfenen Theorien und Metaphern Aristoteles', an der rein schöpferischen Kraft des Samens; er beschreibt, dass die spurlose Empfängnis wie eine immaterielle Ansteckung durch den männlichen Samen erfolgen müsse, »in der Art, wie ein Eisen, das vom Magneten berührt wird, selbst mit diesen Kräften ausgestattet«[5] wird. Harvey geht bei seiner Erklärung der immateriellen Zeugung aber noch einen Schritt weiter und entwickelt ein wahrhaft bemerkenswertes Modell; er erklärt die Empfängnis aus der schieren Einbildungskraft der Frau. Struktur und Funktion der Gebärmutter, schreibt er, ähneln der des Gehirns. Der Koitus rufe daher eine Imagination des Uterus hervor; die Frau werde mit der körperlosen Idee der Schwangerschaft imprägniert.

Das also ist der Status quo der Zeugungslehre Mitte des 17. Jahrhunderts: Empfängnis wird, in Ermangelung wahrnehmbarer Spuren, als Idee verstanden; eine konkrete Bestimmung der befruchtenden Essenzen gilt aufgrund der großen Autorität William Harveys fortan als unmöglich. Dass sich in den zwanzig Jahren darauf dennoch entscheidende Beobachtungen über die Zeugungsstoffe der Frau ergeben, hat genau mit dieser Autorität zu tun: Denn das Diktum vom »leeren Uterus« bringt Anatomen wie Regnier de Graaf dazu, ihr Augenmerk von der Gebärmutter auch auf benachbarte Organe zu verlegen, etwa auf die Eierstöcke. Für Harvey – den letzten Repräsentanten einer Empfängnislehre, »die noch tief in der politischen Ästhetik des Ein-Geschlecht-Modells wurzelt«[6] – sind die Eierstöcke nichts als minderwertige Testikel. Wenn Aristoteles die Frau als »zeugungsunfähigen Mann« bezeichnete, dann ist Harveys Konzept noch genau von dieser Hierarchisierung der Geschlechter geprägt. Den »weiblichen Testikeln«, wie er sie nennt, wird deshalb auch jede Bedeutung im Empfängnisprozess abgesprochen.[7]

In Regnier de Graafs »Neuer Abhandlung über die Zeugungsorgane der Frauen« von 1672 dann ist der Wandel der Perspektive schon an der Terminologie ablesbar: Im Kapitel über die Funktion der Eierstöcke lässt er keine Gelegenheit aus, um zu betonen, dass diese Organe keine »Testikel« seien, sondern spezifisch weibliche Organe mit einem eigenen Namen, so wie er auch in seiner Beschreibung der beiden schmalen Kanäle zwischen den Eierstöcken und der Gebärmutter eine Veränderung des Sprachgebrauchs vornimmt. Bislang hießen diese Kanäle nach ihrem Entdecker Mitte des 16. Jahrhunderts »Fallopische Röhren«, und in der Tradition Galens wurden sie lange Zeit für die Transportleitung des weiblichen Samens gehalten. De Graaf schlägt hingegen die seiner Ansicht nach richtige Bezeichnung »Eileiter« vor. Es sei das Ziel der Abhandlung, heißt es einmal, »deutlich zu machen, dass Frauen und Männer ganz unterschiedliches Material zum Prozess der Zeugung beisteuern«.[8] Regnier de Graaf steht also genau auf der Schwelle zur Etablierung zweier autonomer Geschlechterkategorien in der Medizin; die zweitausend Jahre alte Rede von der Frau als minderwertigem Mann ist in seinen Ausführungen verschwunden.

Die empfängnisgeschichtliche Bedeutung der Schrift geht vor allem auf de Graafs Beschreibung der Eierstock-Follikel zurück, die er zum ersten Mal als Produktionsort der weiblichen Zeugungsstoffe wahrnimmt. In seiner Terminologie sind die Follikel die Eier, und diese irrtümliche Gleichsetzung erscheint ihm umso zulässiger, weil die Anzahl der im Eierstock enthaltenen Bläschen immer exakt der Anzahl der *befruchteten* Eier entspricht, die er bei seinen Vivisektionen in den Tagen nach der Paarung im Eileiter und in der Gebärmutter der Tiere auffindet. Dass diese im Entstehen begriffenen Embryonen aber etwa zehnmal so klein sind wie die Bläschen, kann er sich nicht erklären: Wie kommen die im Vergleich so riesigen Follikel durch den Eileiter? De Graaf hat dafür verschiedene Deutungen: Einmal sagt er, der Eileiter würde sich nach der Paarung in unvorhergesehenem Ausmaß dehnen wie später der Muttermund bei der Geburt, was aber immer noch nicht die geringe Größe der befruchteten Eier erläutert. An anderen Stellen spricht er von seiner Überzeugung, dass sich der Inhalt der Follikel nach der Befruchtung in flüssigem Zustand in den Eileiter ergießen und erst dort zu einem Embryo gerinnen würde. Bevor das winzige Säugetier-Ei einer Hündin entdeckt wird, vergehen noch eineinhalb Jahrhunderte.

1673, kurz vor seinem frühen Tod, macht Regnier de Graaf die Royal Society in London auf seinen Landsmann Antoni van Leeuwenhoek aufmerksam. Der ehemalige Tuchhändler und wissenschaftliche Autodidakt hat in Delft erstaunliche Erkenntnisse mit seinen selbstgefertigten Mikroskopen erzielt, einer seit einem halben Jahrhundert bekannten Apparatur, die bis dahin nur als Unterhaltungsgegenstand betrachtet wird und in der naturwissenschaftlichen Forschung nicht vorkommt. Leeuwenhoek berichtet von der Existenz unendlich kleiner »Tierchen« im Blut, Speichel oder Regenwasser; er entdeckt die roten Blutkörperchen und, ohne besondere Resonanz, auch jene Lebewesen, die knapp zweihundert Jahre später von Pasteur und Robert Koch als »Bakterien« beschrieben werden und die hygienische Forschung erneuern. De Graaf vermittelt die Korrespondenz mit der Society, dem naturwissenschaftlichen Zentrum Europas. Zeit seines 90-jährigen Lebens publiziert Leeuwenhoek nichts als diese Briefe, die regelmäßig in den »Philosophical Transactions« der Gesellschaft erscheinen.

Vier Jahre nach seiner Einführung in die Royal Society berichtet er dem Präsidenten von einem neuen »Wunder der Natur«,[9] das er unter dem Mikroskop beobachtet habe. Bis zu dieser Zeit ist die Befruchtungsfähigkeit des männlichen Samens komplett rätselhaft geblieben; nach allgemeiner Auffassung hat man es mit einer flüchtigen Substanz zu tun, die allenfalls im Zustand der Verdampfung auf die weiblichen Zeugungsstoffe trifft, als immaterieller »Samengeist«, wie Harvey sagt, als »aura seminalis«. In seinem Brief vom November 1677 nun schildert Leeuwenhoek den Besuch des jungen Medizinstudenten Johan Ham. Er hat ein Glasfläschchen mit menschlicher Samenflüssigkeit bei sich, die angeblich von einem gonorrhoekranken Mann stammt. Ham hat unterm Mikroskop bereits bewegliche »Tierchen« in dem Samen entdeckt; er glaubt, sie seien ein Produkt dieser Geschlechtskrankheit und durch Urzeugung entstanden. Leeuwenhoek untersucht weitere Proben, von einem gesunden Mann, und er schildert seine Überwältigung angesichts der Fülle und Kleinheit der »Tierchen«: »Sie sind winziger als die roten Blutkörperchen«, schreibt er, »und ich behaupte, dass nicht einmal eine Million von ihnen dem Umfang eines großen Sandkorns entsprechen würde.«[10] In einem späteren Brief errechnet er, dass der Samenerguss eines Kabeljaus mehr als die zehnfache Anzahl von »Tierchen« enthalte, als es Menschen auf der Erde gibt. Leeuwenhoek ahnt bereits, dass diese Beobachtung auf allgemeinen Widerstand stoßen wird, »weil es unmöglich scheint, dass eine solch geringe Menge an Flüssigkeit so viele lebende Wesen enthalten kann«.[11] Die Form dieser Geschöpfe im Samen des Menschen und verschiedener Säugetiere, der lange dünne Schwanz, erinnert ihn an Schlangen oder Aale. Leeuwenhoek unternimmt Versuche über die Lebensdauer von Hundesperma, lässt die Proben in einem offenen Glas stehen und stellt fest, dass die letzten »Samentierchen« erst nach 36 Stunden ihre Beweglichkeit verlieren. Zu dieser Zeit glaubt er noch, die »Tierchen« von einer zweiten Struktur in der Samenflüssigkeit unterscheiden zu können, von »Gefäßen«, in denen er die Vorstufe von Nerven, Arterien und Venen vermutet: eine Beobachtung, die er einige Jahre später verwirft. Die diskrete Schreibweise des ersten Briefes von 1677 macht jedenfalls deutlich, wie sehr sich Leeuwenhoek des heiklen Charakters seiner Forschungsgegenstands bewusst ist, und er betont mehrmals, dass er sich zur Gewinnung seines Materials »nicht selbst besudelt« habe, sondern allein auf »Überreste ehelichen Verkehrs« zurückgreifen konnte.[12] Bald wendet sich Leeuwenhoek von der Untersuchung des Ejakulats hin zu der Frage, wo im Körper die »Samentierchen« (oder die »Spermatozoen«, wie man sie seit dem frühen 19. Jahrhundert nennt) produziert werden. Seine mikroskopischen Studien bestätigen die Überzeugung, »dass die Hoden zu keinem anderen Zweck vorhanden sind, als die ›Tierchen‹ zu bilden und sie solange zu beherbergen, bis sie ausgestoßen werden«.[13] In dieser Entdeckung sieht er auch den endgültigen Beweis gegen die verbreitete Annahme, die Samenwürmer würden aus Urzeugung entstehen und nichts mit dem Prozess der Fortpflanzung zu tun haben.

Antoni van Leeuwenhoek ist der erste Forscher, der im männlichen Sperma die bestimmende materielle Quelle für das neue Lebewesen zu erkennen glaubt. Die Bedeutung der Ovarien für die Zeugung, nach de Graafs einflussreicher Abhandlung weithin anerkannt, bestreitet er. Die Gebärmutter übernimmt für ihn allein die Versorgung des Embryos; wie und wo die weiblichen Zeugungsstoffe genau entstehen, bevor sie auf die Spermatozoen treffen, bleibt in seinen Briefen vage und sekundär. Mit der Entdeckung der »Samentierchen« beginnt eine lange Epoche in der Geschichte der Empfängnislehren, die ganz von einer Konkurrenz der Geschlechter geprägt ist. Bis zum Ende des 18. Jahrhunderts wird diese Ausschließlichkeit der Standpunkte andauern: Entweder man hält die männlichen Zeugungsstoffe für die entscheidenden bei der Fortpflanzung oder die weiblichen, entweder die Spermatozoen oder die Eierstock-Follikel. Die heute so selbstverständlich und natürlich wirkende Vorstellung, dass Empfängnis das gleichwertige Zutun zweier Arten von Zellen erfordert, dass es, wie der Begriff der »Verschmelzung« nahelegt, um ein symmetrisches Verhältnis der Geschlechter im Zeugungsakt geht, war lange Zeit ein fremder Gedanke. Leeuwenhoek selbst nimmt in den Jahrzehnten nach seiner Entdeckung allerdings eine Außenseiterposition ein. Besondere Skepsis löst unter den Naturforschern die unvorstellbare Verschwendung des männlichen Zeugungsmaterials aus: ein Umstand, der das ganze 18. Jahrhundert hindurch kontrovers diskutiert wird. Wenn es wirklich stimmt, dass im Ejakulat Millionen von »Tierchen« enthalten sind, von denen womöglich ein einziges zur Befruchtung ausreicht (Antoni van Leeuwenhoek selbst vermutet das schon)[14] – wie kann es dann sein, dass bei jedem Geschlechtsakt so viele Spermatozoen vergeudet werden?

2.
Evas Eierstöcke, Adams Testikel:
Präformationstheorie und Einschachtelungslehre

Seit den 1670er Jahren wird die Theorie der männlichen und weiblichen Zeugungsessenzen kontrovers diskutiert, doch zwei entscheidende Fragen bleiben allen Forschern weiterhin rätselhaft: Wie treten die beiden Stoffe genau in Kontakt zueinander? Und warum entsteht aus dem befruchteten Ei schließlich ein neues Lebewesen? Vor dem Aufkommen der Zellenlehre, mit ihren genaueren Mikroskopen, findet sich hinter den sichtbaren Strukturen des Körpers kein »verborgener Bauplan«, wie François Jacob sagt, finden sich keine »Zellen«, keine »Chromosomen«, keine »DNS«, die den Biologen vom ersten Drittel des 19. Jahrhunderts an immer tiefere und abstraktere Wissensschichten über die Anfänge des Lebens erschließen. Alles, was am Menschen Auskunft geben soll über sein Entstehen, muss dagegen noch den bloßen Augen verfügbar sein, den bescheidenen Vergrößerungsskalen der frühen Mikroskope oder – und das spielt in den Empfängnislehren des 18. Jahrhunderts eine zentrale Rolle – dem spekulativen Verstand.

Um die Frage nach der Herausbildung neuer Lebewesen zu klären, konzentrierten sich die Zeugungstheoretiker von Aristoteles bis Harvey auf das bebrütete Hühnerei. Sie öffneten die Schale in verschiedenen Phasen des Brutvorgangs, und auch wenn Uneinigkeit darüber herrschte, welche Organe zuerst entstehen, stimmten sie doch in einer grundsätzlichen Beobachtung überein: dass sich der Embryo nach und nach aus undifferenzierter Materie entwickelt. »Wenn der Keim sich von den beiden Elternanteilen selbständig gemacht hat«, heißt es bei Aristoteles, »muß er sich selber aufbauen«.[15] Neben dieser Theorie der »Epigenese«, der allmählichen und sukzessiven Entwicklung des Embryos, ist jedoch schon in den Schriften der Kirchenväter vereinzelt von einem ganz anderen Modell die Rede: von der Vorstellung, dass der Embryo bereits vor der Befruchtung im Ei oder im Mutterkörper vorhanden sei, als vollendetes Miniaturbild der ausgewachsenen Gestalt. Das Ereignis der Zeugung wird von den Anhängern dieser »Präformations«-Lehre als bloße Aktivierung des fertigen Keims verstanden, als Auslöser seines Wachstums.[16]

Mit der Bestimmung der Zeugungsprodukte in den 1670er Jahren erhält die Lehre von der Präformation einen gewaltigen Plausibilitätsschub. Wenn es stimmt, dass der Embryo aus exakt identifizierbarem Material im Körper des Vaters oder der Mutter hervorgeht, aus den »Samentierchen« oder der Füllung der Eierstock-Bläschen, dann liegt der Schluss nahe, dass dieses Material auch den Embryo als fertige Gestalt enthält. Es bilden sich zwei Schulen: Die »Ovisten« sind davon überzeugt, das neue Lebewesen existiere bereits im Ei und werde von der Samenflüssigkeit nur aktiviert. Die von Leeuwenhoeks Beobachtungen geprägten »Animalkulisten« (von neulateinisch »animalculum« = »Tierchen«) glauben, dass der Embryo im Spermatozoon vorgeformt sei, was insofern als besonders folgerichtiger Gedanke erscheint, als die »Samentierchen« ja selbst, wie ihr Name besagt, bis zum Aufkommen der Zellentheorie für winzige Lebewesen gehalten werden. Die Konkurrenz der Geschlechter, bereits in den Befruchtungslehren ein entscheidender Faktor, nimmt im Zusammenhang mit der Herausbildung der Lebewesen einen noch größeren Stellenwert ein. Denn für die Präformisten kann der Keim nur von einem der beiden Geschlechter stammen.

Das Rätsel der Fortpflanzung wird durch die Annahme vorgeformter Keime allerdings nur verschoben. Denn wenn die Embryos schon vor der Befruchtung in vollendeter Gestalt im Körper eines Elternteils existieren – wie sind sie dann dorthin gelangt? Um diese Frage zu lösen, taucht in den 1670er Jahren ein Erklärungsmodell auf, das die Zeugungslehre weit über ein Jahrhundert lang bestimmen wird, auch wenn seine Argumentation von heute aus abenteuerlich erscheint. Der Ursprung jedes einzelnen Lebewesens ist in diesem Modell an den Ursprung des

Universums gekoppelt. Nicolas Malebranche schreibt 1674, im ersten Teil des vielbändigen Werks »Über die Wahrheit«, von seiner Überzeugung, »daß alle Körper der Menschen und Thiere, welche bis an das Ende der Zeit entstehen werden, bereits bei der Schöpfung der Welt hervorgebracht worden«[17] sind. Diese Passage gilt als Gründungstext der »Präexistenzlehre«. In Evas Eierstöcken (oder in Adams Testikeln), so die Konsequenz dieser Theorie, haben sich bereits alle jemals zur Welt kommenden Menschen in unendlich kleiner Gestalt befunden. Zur Veranschaulichung und Legitimation seiner Hypothese dient Malebranche das Entstehungsprinzip des Schmetterlings, wie es in diesen Jahren von verschiedenen Naturforschern dargestellt wird. Unter dem Mikroskop häuten sie Raupen und glauben zu erkennen, dass die Raupe die bereits vollkommen gestaltete Puppe umschließt und die Puppe wiederum den fertigen Falter. Die Herausbildung des Tieres sei also gleichbedeutend mit der Auswicklung seiner bereits existenten Stadien. »Einschachtelungstheorie« lautet der fortan gebräuchliche Name für dieses Modell der Empfängnis – wobei die Behauptung, der Prozess der Auswicklung habe mit dem Ursprung der Welt begonnen, am Ende des 17. Jahrhunderts von der Vorstellung erleichtert wird, dass der Schöpfungstag genau berechenbar ist. Gemäß den exakten genealogischen Angaben der Genesis, von Adam über Abraham, Moses und König David zu Jesus, wird die Entstehung der Erde vor dem Aufkommen der Evolutionstheorie auf das Jahr 3760 v. Chr datiert. Die Präexistenzlehre muss also nur etwa 5500 Jahre oder rund zweihundert Generationen zurückrechnen, wodurch die Menge an ineinandergeschachtelten Lebewesen überschaubarer wird.

Im 18. Jahrhundert ist das Wissen von der Empfängnis also von der Abkehr des Interesses am spezifischen Zeugungsprodukt gekennzeichnet. Deshalb kann auch der Begriff der »Reproduktion« zu dieser Zeit noch nicht geläufig sein, wenn über das Phänomen der Zeugung gesprochen wird. Denn die Wiederherstellung des Lebens, von Generation zu Generation, ist ein unvorstellbarer Gedanke. Das Wort »Reproduktion« wird Anfang des 18. Jahrhunderts vielmehr in einem anderen Zusammenhang in die Naturforschung eingeführt, und zwar im Sinne der natürlichen Regeneration von verstümmelten Körperteilen bei Tieren wie Krebsen und Salamandern. Erst Buffon gibt dem Begriff offensichtlich zum ersten Mal die heute gebräuchliche Bedeutung.

In den Jahrzehnten nach de Graafs und Leeuwenhoeks Entdeckungen sind die Naturforscher vom Wunschtraum erfüllt, tatsächlich einen Embryo vor der Befruchtung im Körper aufzufinden, um die Lehre der Präexistenz so anschaulich wie möglich zu machen. Für die Ovisten ist das problematisch, weil sie das Ei selbst nicht genau lokalisieren können. Den Animalkulisten dagegen scheint diese Hoffnung begründeter zu sein, da die »Samentierchen« ja zweifelsfrei unter dem Mikroskop zu bestimmen sind. Gegen Ende des 17. Jahrhunderts kommt es daher zu spektakulären und lange diskutierten Veröffentlichungen und Korrespondenzen, in denen die Anwesenheit winziger Menschen im Spermium behauptet wird. Leeuwenhoek selbst wendet sich gegen diese seiner Ansicht nach unzulässige Vereinfachung. Er ist zwar davon überzeugt, dass der Embryo aus dem Spermatozoon entsteht und die weiblichen Zeugungsstoffe nur zur Ernährung dienen, und er behauptet seit den frühen 1680er Jahren auch, das Geschlecht des künftigen Lebewesens an der Form des »Samentierchens« erkennen zu können. Doch was

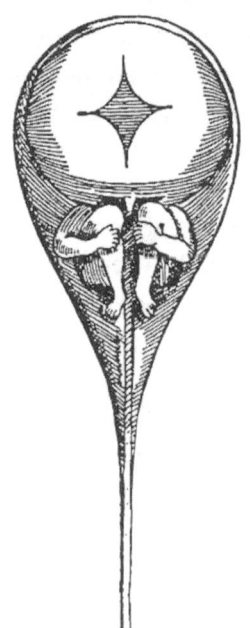

Abb. 1 (links) und Abb. 2 (oben) Der fertig ausgebildete Mensch im Spermium, nach den zeugungstheoretischen Vorstellungen von Nicolas Hartsoeker (1694) und Dalenpatius (1699)

er strikt abstreitet, ist die Vorstellung, dass die Gestalt des Lebewesens schon vor der Befruchtung, vor der Versorgung in der Gebärmutter in den Spermatozoen ausgebildet sei.

1694 erscheint Nicolas Hartsoekers berühmter »Essay de Dioptrique«. Besondere Aufmerksamkeit erlangt die Abhandlung durch eine Zeichnung auf den letzten Seiten des Buches, in der die bis dahin radikalste Interpretation des Animalkulismus illustriert wird. Sie zeigt ein Spermium, in dessen Kopf ein Fötus mit klar erkennbaren Körperumrissen hockt, mit Armen, Beinen und sogar Händen und Zehen [→ Abb. 1].

Fünf Jahre später veröffentlicht ein völlig unbekannter Forscher namens Dalenpatius einen Brief und einige Illustrationen, die genau diese Hypothese bestätigen sollen: dass der Mensch bereits im Spermatozoon existiere. Er schreibt, er habe mit eigens konstruierten Mikroskopen die Beschaffenheit des menschlichen Samens untersucht und darin nicht nur winzige Salzkristalle gefunden, deren Reibung die Lustgefühle beim Koitus verursachen sollen, sondern auch besonders große und bewegliche Tierchen. In diesen Tierchen, behauptet Dalenpatius, stecke tatsächlich der ausgebildete Körper: »Ich habe einem von ihnen die Haut abgezogen, in der es eingeschlossen war, und habe ganz deutlich, ohne Verhüllung, seine beiden Schienbeine gesehen, seine Brust und zwei Arme.«[18] [→ Abb. 2] Das Geschlecht, sagt er, habe er nicht erkennen können, und die Geschöpfe seien auch im Moment der Häutung sofort gestorben. Dalenpatius' Brief erscheint gleichzeitig in Amsterdam, London und Edinburgh; Antoni van Leeuwenhoek zitiert ihn ausführlich in einem Schreiben an die Royal Society, lehnt das Gesagte und Abgebildete aber als »pure Einbildung«[19] ab. Die aufsehenerregenden Thesen werden im frühen 18. Jahrhundert jedoch immer wieder diskutiert. Erst im Jahr 1741 enthüllt ein Freund das Pseudonym des unbekannten Autors; hinter dem latinisierten Anagramm »Dalenpatius« verbirgt sich der kurz zuvor gestorbene François de Plantade, ein Astronom und Novellendichter, der offenbar einen satirischen Beitrag zur Präexistenztheorie publiziert hat. Doch auch diese Enthüllung kann etwa Buffon nicht davon abhalten, den Brief in seiner »Naturgeschichte« kritisch, aber ausführlich zu paraphrasieren.

Über ein Jahrhundert lang steht das Wissen von der Zeugung also im Zeichen der Präexistenz. Die umfassendste Beschreibung ihrer Vorstellungen liefert Charles Bonnet in den beiden Bänden seiner »Betrachtungen über die organisirten Körper« von 1762 und 1768. Ein zentrales Element der Abhandlung besteht darin, die präformierten Gebilde nun verbindlich als »Keime« zu definieren. Jene Sehnsucht der Naturforscher um 1700, in den »Samentierchen« oder Follikeln bereits das Lebewesen selbst aufzuspüren, findet keine Erwähnung mehr. Was die Position und Verbreitung dieser Keime betrifft, stellt Bonnet zwei alternative Konzepte zur Diskussion: zum einen die bekannte Theorie der Einschachtelung in den Eierstöcken, zum anderen aber die neue Vorstellung, dass die Keime in der Luft, im Wasser und in der Erde zerstreut seien und sich die entsprechenden Körper erst suchen würden. Das entscheidende Argument für die Wahrhaftigkeit der Präexistenztheorie hat laut Bonnet mit der komplexen Organisation der Lebewesen zu tun, die unabhängig von der göttlichen Schöpfung nicht gedacht werden könne. Mit Blick auf den skeptischen Buffon fragt er, ob die Kritiker der Einschachtelungslehre wirklich anzweifeln könnten, dass »diese bewunderungswürdige Maschine durch eben die Hand, die den Plan des Weltgebäudes gezeichnet, von Anfange auch schon im Kleinen abgezeichnet sey«.[20] In diesen Worten Bonnets zeigt sich die unauflösliche Vermischung von religiösen und zeugungstheoretischen Anschauungen im 18. Jahrhundert. Vor allem das Konzept des Anfangs ist im Denken der Präexistenzlehre stabil und unhintergehbar. Es ist ein doppelter Anfang – der des Universums und der jedes einzelnen Lebewesens fallen in eins. Die Kategorie »Leben« kann nicht unabhängig von der göttlichen Schöpfung gedacht werden; es gibt keinen Zeitbegriff für das, was vor der Entstehung jeder individuellen Existenz gewesen sein könnte. Hundert Jahre nach Bonnet wird Rudolf Virchow, in seiner Variante der Zelltheorie, den Grundsatz aufstellen, dass jede Zelle aus einer bereits vorhandenen entstehen müsse – ein ganz anderes, gleitendes Konzept vom »Anfang« des Lebens, seine unaufhörliche Verschiebung und letztendlich vielleicht seine Eliminierung. Wo Leben ist, muss immer schon Leben gewesen sein: eine Vorstellung, die Mitte des 18. Jahrhunderts unmöglich ist.

Charles Bonnet repräsentiert vor allen anderen Präformisten auch den anti-empirischen, spekulativen Charakter dieser Empfängnislehre. Die Einschachtelungstheorie, schreibt er, »ist einer von den größten Siegen des Verstandes über die Sinne«.[21] Ihre Wahrheit beglaubigt sich nicht durch naturwissenschaftliche Versuche, sondern durch die Stringenz des theoretischen Systems. Bonnet kommt diese Gewichtung insofern entgegen, als er seit der Kindheit fast taub ist und in seinen frühen Zwanzigern langsam erblindet. Für den Stellenwert der Empirie im Denken der Präexistenzlehre ist es bezeichnend, dass ihr wichtigster Protagonist in seiner Sinneswahrnehmung derart beeinträchtigt ist. Es gibt aber einen Adressaten in Bonnets umfangreicher Korrespondenz, der genau am anderen Ende des wissenschaftlichen Methodenspektrums steht: den italienischen Naturforscher und Priester Lazzaro Spallanzani, Pionier der experimentellen Biologie und der künstlichen Befruchtung. Bonnet begreift ihn, wie er einmal sagt, als ausführendes Instrument seines Denksystems.

Spallanzanis Befruchtungsexperimente mit Fröschen, Kröten und Salamandern, 1780 erstmals gesammelt erschienen, formulieren als Ziel die »völlige Evidenz«[22] der Präformationslehre. Zunächst will er den Nachweis erbringen, dass die unbefruchteten Eier der Amphibien bereits die vorgeformten Kaulquappen enthalten. Da er als einer der ersten Forscher erkennt, dass der Froschlaich zunächst vom Weibchen abgesondert wird und erst dann, außerhalb des Körpers, vom Männchen mit dem Samen besprüht wird, steht die ovistische Lehre für ihn außer Zweifel. Die Eier müssen bereits die Larven sein. Spallanzanis Augenmerk richtet sich nun auf die Frage, welche Funktion der Samenflüssigkeit in diesem äußerlichen Befruchtungsakt zukommt. Er wiederholt einen aufwendigen Versuch, den Réaumur dreißig Jahre zuvor erfolglos unternommen hat: Er zieht den Froschmännchen kleine, aus Harnblasen gefertigte Hosen über, um das Sperma während der Paarung zurückzuhalten. Tatsächlich bleiben die Eier nach dieser Prozedur unbefruchtet; die Samenflüssigkeit scheint also trotz ovistischer Grundhypothese ein notwendiger Bestandteil der Empfängnis zu sein. Doch wie lässt sich der Anteil der männlichen Zeugungsstoffe genau bestimmen?

41

Die Besonderheit der extrakorporalen Befruchtung bringt Spallanzani auf eine Idee. Weil die Fortpflanzung der Frösche und Kröten jenem »Naturgesetz« widerspricht, dass die Befruchtung »in dem Innersten der Mutter vorgeht«,[23] könnte es bei den Amphibien vielleicht möglich sein, den Begattungsakt künstlich zu imitieren. Mit dieser Methode würde sich die Befruchtungskraft der Samenflüssigkeit produktiver und präziser untersuchen lassen, nicht nur im Ausschlussverfahren wie mit dem Hosenexperiment. Ermutigt von den Briefen Charles Bonnets, führt er seine Versuche in den späten 1770er Jahren durch. In jedem Abriss über die Geschichte der Reproduktionstechnologie taucht Lazzaro Spallanzani heute daher als Begründer dieser Technik auf. Er wird als »Vorläufer« gewürdigt, in direkte Linie zu den medizinischen Verfahren der künstlichen Insemination gestellt, wie sie seit dem späten 19. Jahrhundert zur Behandlung von Sterilität angewendet werden. Doch diese vermeintliche Kontinuität ist eine vorschnelle Interpretation. Spallanzanis Experimente zur künstlichen Befruchtung, und das ist wichtig zu betonen, haben mit den Verfahren hundert Jahre später noch nichts zu tun. Sein Erkenntnisinteresse richtet sich allein auf die Zeugungstheorie, auf seinen Willen, das Gedankengebäude der Präformation und des Ovismus experimentell zu bestätigen. Das Argumentationsfeld, auf das er sich begibt, ist die gerade entstehende Wissenschaft vom Leben; das Problem der »Sterilität« dagegen, die Ambition der Ärzte, unfruchtbaren Paaren mit allen Mitteln zum Kind zu verhelfen, hat sich in der zweiten Hälfte des 18. Jahrhunderts noch nicht als medizinischer und gesellschaftlicher Diskurs verfestigt.

In Versuchen mit der Erdkröte, dem Laub- und dem Wasserfrosch gelingt es Spallanzani jedenfalls, die Eier im Augenblick der Paarung abzufangen und gleichzeitig den Körper des umklammernden Männchens aufzuschneiden, um an die Samenbläschen in den Hoden zu gelangen. Anschließend bestreicht er einen Teil der Eier mit dem Sperma. Nach einigen Tagen beginnen sich diese Eier im Unterschied zu dem unbehandelten Laich zu verändern und in Kaulquappen zu verwandeln: »Ich war also dahin gelangt«, schreibt Spallanzani bewegt, »dieser Art Thiere auf eine künstliche Art das Leben zu geben, indem ich die Natur in ihren

Mitteln nachahmte«.[24] Seine erste Sorge – und darin gleicht er den heutigen Reproduktionsmedizinern – gilt der Frage, ob sich die künstlich befruchteten Kaulquappen genauso entwickeln wie die natürlichen, und er registriert nach sorgfältigen Untersuchungen erleichtert, dass kein Unterschied festzustellen ist. »Es ist also ganz ausgemacht, daß die künstlichen Befruchtungen in dem organischen Baue dieser Thiere nicht die mindeste Veränderung hervorbringen.«[25]

Nach diesem unerwarteten Erfolg weitet Spallanzani seine Experimente aus. Vor allem ist er an der enormen Befruchtungskraft des Spermas interessiert; die alte Diskussion um die Verschwendung des Samens in jedem Ejakulat will er möglichst exakt quantifizieren und an die äußerste Grenze treiben. Spallanzani führt seine Versuche zunächst mit unterschiedlich temperiertem Sperma durch und stellt fest, dass sich dessen Befruchtungskraft desto länger erhält, je kälter es ist, während sie bei Erhitzung rasch nachlässt (eine Erkenntnis, die in der Reproduktionsmedizin dann bis Mitte des 20. Jahrhunderts wieder in Vergessenheit geraten wird);[26] er verdünnt die Samenflüssigkeit mit Wasser, Urin und Blut und ist erstaunt, dass sich die Eier auch dann noch in Kaulquappen verwandeln, wenn er über zwanzig Liter Wasser mit nur drei Tropfen Samen versetzt. Bonnet regt sogar an, die künstlichen Befruchtungen mit anderen Substanzen zu versuchen, in der »Hoffnung, eine gewisse Feuchtigkeit zu entdecken, welche die Stelle des Samens vertreten könnte«.[27] Diese Stellen der Korrespondenz, von Spallanzani in seine Abhandlung eingefügt, geben einen Eindruck davon, wie ungesichert das Wissen über die Zeugung zu dieser Zeit noch ist. Fast hundert Jahre nach Leeuwenhoeks Entdeckungen ist die Samenflüssigkeit als definitiver Bestandteil immer noch nicht unbestritten. Bonnet schreibt, er wolle »nicht behaupten, daß es in der Natur gar keine Feuchtigkeit mehr, als den Samen, geben sollte, der die Früchte der Thiere beleben könnte«.[28] Die Grenzen der vorstellbaren Kombinationen sind im letzten Drittel des 18. Jahrhunderts also noch offen und elastisch. Doch weder Blut, Galle und ausgedrückte Eingeweide noch Safran oder Pomeranzensaft leisten Spallanzani den erhofften Dienst.

Aus heutiger Perspektive erscheint es rätselhaft, warum ein so akribischer Experimentalbiologe wie Lazzaro Spallanzani die Wirkungskraft der Spermien letztendlich falsch gedeutet hat. Seit Leeuwenhoek hat kein Naturforscher die Samenflüssigkeit einer derart eingehenden Analyse unterzogen. Doch die Denkstrukturen des Ovismus sind um 1780 zu mächtig, um auch den »Samentierchen« eine entscheidende Funktion für die Befruchtung beizumessen; der männliche Anteil an der Zeugung kann nicht mehr als die Aktivierung der vorgeformten Kaulquappen leisten. Diese Haltung hält Spallanzani auch am Ende seiner Abhandlung aufrecht, wenn er die Frage klären will, welcher Bestandteil des Spermas der aktivierende sei. Er geht von der »Samendunst«-Hypothese Harveys aus, von einer immateriell wirkenden Befruchtung der Eier, doch erneut versucht er, diese Behauptung durch Experimente zu verifizieren. Er schließt zwei Gläser luftdicht zusammen, das untere gefüllt mit Samenflüssigkeit, das obere mit Laich, der an der Decke klebt und die Flüssigkeit nicht berührt. Die »aura seminalis« könnte also ungehindert verströmen; dennoch bleiben die Eier unbefruchtet. In einem zweiten Versuch schüttet Spallanzani dann den »verdunsteten« Samenrest mit dem Laich zusammen und erzielt sofort Befruchtung. Doch auch dieses Ergebnis hindert ihn daran, die Zeugungskraft der »Samentierchen« für möglich zu halten; überdies glaubt er in (fehlerhaften) Filtrationsexperimenten zu erkennen, dass sich auch nach Ausscheidung der Spermatozoen die befruchtende Kraft der Samenflüssigkeit erhält. Am Ende des 18. Jahrhunderts ist es noch unmöglich, sowohl der ovistischen Zeugungslehre zu folgen als auch Leeuwenhoeks Erkenntnisse zu akzeptieren. Der gleichberechtigte Anteil der Geschlechter an der Zeugung ist mit der Einschachtelungstheorie unvereinbar.

3.
Das Ende der Einschachtelungslehre

Auch wenn Präexistenz und Einschachtelung Mitte des 18. Jahrhunderts weitgehend unbestrittene Theorien der Zeugung sind, bleiben einige logische Mängel in der Argumentation offenkundig. Eine dieser Unzulänglichkeiten hat mit der alltäglichen Beobachtung der Naturforscher zu tun, dass manche Kinder ihrer Mutter, manche ihrem Vater ähneln, manche aber auch beiden oder sogar einem entfernten Verwandten. Diese komplexe Verteilung der Ähnlichkeiten zwischen den Generationen ist schwer mit der Anschauung in Einklang zu bringen, dass die Embryos entweder im Eierstock oder in den Spermatozoen vorgeformt sind. Müssten sich die Ähnlichkeitsverhältnisse nach diesem System nicht linearer organisieren? Der Verdacht, dass beide Elternteile gleichermaßen an der Zeugung beteiligt sein könnten, wird besonders anschaulich von jenen Kindern bestätigt, deren Eltern unterschiedlicher Hautfarbe sind. Ein schwarzer Vater und eine weiße Mutter, sagt etwa Maupertuis, zeugen immer »olivenfarbige«[29] Nachkommen. Der Physiker und Newton-Schüler veröffentlicht im Jahr 1745 die anonyme Schrift »Die Naturlehre der Venus«, in der er seine gegen die Präformationstheorie gerichteten Vorstellungen von der Empfängnis darlegt.

Ausgehend von der ungeklärten Frage der Ähnlichkeiten und der Erinnerung daran, dass eine Autorität wie Harvey weder Spermatozoen noch Eier in der Gebärmutter gefunden hat, entwickelt Maupertuis ein System, das auf Grundüberlegungen der Epigenese sowie das Zwei-Samen-Modell von Hippokrates und Galen zurückgreift. Die männliche und die (inwendig vergossene) weibliche Samenflüssigkeit verdanken ihre Fruchtbarkeit laut Maupertuis aber nicht den Spermatozoen und dem Inhalt der Ei-Bläschen, sondern einer Unzahl winziger Partikel in beiden Substanzen, vergleichbar mit den Grundbausteinen des Lichts in der Newton'schen Korpuskulartheorie.

Pierre Louis de Maupertuis ermutigt mit seinen Überlegungen eine Reihe von anderen Naturforschern, die Prämissen der Präformationslehre in Zweifel zu ziehen. In aller Akribie und Konsequenz wird das System der Partikel von Buffon weitergedacht. 1749 erscheinen die ersten drei Bände seiner »Naturgeschichte«, darunter die Eingangskapitel über die Zeugung. Buffon übernimmt die Zwei-Samen-Lehre und bestreitet die befruchtende Kraft der Spermatozoen und Ei-Bläschen; Maupertuis' Partikel heißen bei ihm »organische Teilchen«, aus denen nicht nur die beiden Samenflüssigkeiten bestehen, sondern die Körper der Menschen und Tiere selbst. Jedes Wesen ist zeit seines Lebens Durchgangsstation dieser unendlich vielen, unvergänglichen Moleküle, die durch Luft und Nahrung in die Körper gelangen. In seinem digressiven Schreibstil stattet Buffon die Teilchen mit einer ausführlich hergeleiteten Geschichte aus. Bis zur Geschlechtsreife, sagt er, werden sie dazu benötigt, das Wachstum der Lebewesen zu beschleunigen; anschließend verringert sich der Bedarf des Körpers, und der Überschuss der organischen Teilchen produziert den Samen des Mannes sowie den Samen der Frau und das Menstruationsblut.

Auf die Frage, woher der Ursprung der Teilchen und ihr »Gedächtnis« im Zeugungsprozess rührt, woher sie also wissen, wie genau sie sich im neu entstehenden Körper organisieren sollen, geben Maupertuis und Buffon unterschiedliche Antworten. Jener glaubt, dass die Partikel überall in der Natur existieren und von den Lebewesen eingeatmet oder geschluckt werden und dann in die Samenflüssigkeiten wandern; im neuen Körper bewahren sie schließlich die Erinnerung an ihre alte Lage. Buffon wiederum entwickelt ein Modell, das seine Überlegungen letztendlich wieder in die Nähe der Präformationslehre rückt. Denn ohne Rekurs auf eine übergeordnete Instanz der Empfängnis ist Mitte des 18. Jahrhunderts keine Theorie der Befruchtung möglich. Buffon geht von der »inneren Gussform« eines jeden ungeborenen Menschen oder Tieres aus, von einer Art Urbild, das durch die organischen Teilchen genährt und vergrößert wird, sowie von einer »durchdringenden Kraft«, welche die Bewegung der Teilchen lenkt. Die Entstehung des neuen Lebewesens wird von diesen beiden Elementen bestimmt. Die präformistischen Autoritäten nehmen Buffons System mit Hohn auf. Albrecht von Haller etwa fragt Mitte der 1760er Jahre in seinen »Anfangsgründen der Physiologie«: »Was ist denn wohl die *innere Form*?«, und spottet, dass selbst die berühmtesten Mediziner »einen siebenten Sinn dazu nöthig hätten, um die Sache gehörig zu begreifen«.[30] Tatsächlich mag die Partikel-Theorie auch für das heutige Verständnis ein befremdliches Denksystem bilden. Doch in ihrer strikten Übertragung der atomistischen Mechanik auf die Entstehungsprozesse des Lebens kommt Maupertuis' und Buffons Anschauungen eine bedeutende Rolle in der Geschichte des Zeugungswissens zu. In der Hochphase der Präformationslehre, in der Empfängnis nichts als die Entwicklung bereits vorhandener Strukturen bedeutet, arbeiten sie zum ersten Mal mit einer abstrakteren, verborgenen Fundamentaleinheit des Lebens. Was dann im 19. Jahrhundert zur Theorie des Gewebes und vor allem der Zelle führt, ist im Begriff des »organischen Teilchens« bereits imaginiert.

In der Geschichte des Wissens gibt es eine beliebte Figur: die des weisen Außenseiters, der zeit seines Lebens nicht gehört und verstanden wird, dem der Weg in die Institutionen und zentralen Publikationsorgane versagt bleibt, der aber, wie sich erst viel später herausstellt, als Einziger in seiner Epoche die Wahrheit gesagt hat. Für die Wissenschaftsgeschichte bergen solche Figuren dankbares Potential; in ihnen verdichtet sich der oft liebevoll-überhebliche Blick der Gegenwart auf die überholten Etappen der Erkenntnis. Vom heutigen Standpunkt aus, abgesichert und souverän, teilt man die früheren Forscher in Irrläufer und Vorbilder, so als bewege sich die Geschichte des Wissens in kontinuierlich aufstrebender Richtung wie die Verbesserung eines Weltrekords im Sport. Und wenn sich gerade jene Anschauungen, die von den Zeitgenossen ignoriert oder mundtot gemacht worden sind, im Nachhinein als richtig erweisen, stellt das für die erhabene Perspektive der Heutigen eine besondere Pointe bereit. Auch in der Geschichte der Empfängnislehren im 18. Jahrhundert gibt es eine solche Figur, den Berliner Anatomen und

Physiologen Caspar Friedrich Wolff, der weder an die Einschachtelung der Wesen noch an die Partikel-Theorie glaubt, und dem Prozess der Zeugung, wie man ihn dann im 19. Jahrhundert erklären wird, auch ohne Zellenlehre, ohne Wissen um das Säugetier-Ei, erstaunlich nahekommt. Seine Aufsätze sind an entlegener Stelle publiziert; er erhält in Deutschland keine Professur.

Wolffs Dissertation »Theoria Generationis« von 1759 beschäftigt sich wie so viele zeugungstheoretische Studien mit der Entwicklung des bebrüteten Hühnereies. Das Wachstum des Embryos wird hier aber unter ganz anderen Prämissen dargelegt. Wolff nimmt das alte Vorstellungsmodell der Nachbildung auf, der Epigenese, nun unter mikroskopisch versierten Bedingungen; er öffnet die bebrüteten Eier, fixiert und färbt die entnommene Substanz mit Weingeist und untersucht sie unter dem Vergrößerungsglas. Den Prozess der Embryobildung deutet er ganz anders als Haller, der ein Jahr vor ihm die gleichen Versuche, mit der gleichen mikroskopischen Technik, durchgeführt hat. Wolff kommt zu dem Schluss, dass der Körper des Kükens allein aus immanenter, undifferenzierter Materie entsteht. Die Organentwicklung geht nicht auf eine Miniaturanlage ausgewachsener Formen zurück; sie vollzieht sich vielmehr aus den von Beginn an mikroskopisch darstellbaren Körnern der Ei-Substanz, die immer deutlichere Röhren, Gänge und Ausbuchtungen zeigen und das neue Lebewesen bilden. Indem er eine Vielzahl von Eiern in kurz aufeinanderfolgenden Stadien des Brutvorgangs untersucht, erhält er Aufschlüsse über die sukzessive Bildung der Organe. Erst zwischen einem 28 und einem 36 Stunden ausgebrüteten Ei findet er die frühesten Anlagen des Herzens, eines Organs also, das nach Bonnets und Hallers Diktum präformiert sein muss, weil nur das Herz, vom männlichen Samen aktiviert, die anderen Organe bilden könne, als »einzige Federkraft des Lebens und der Bewegung«.[31] Doch wenn er kein seit Jahrtausenden eingeschachteltes Herz annimmt, das auf seine Aktivierung wartet – wie kann Wolff dann das Wachstumsvermögen des Embryos begründen? Er entwickelt das vitalistische Konzept einer »wesentlichen Kraft«, das auf Leibniz' »lebendige Kraft« wie auch auf Buffons »durchdringende Kraft« zurückgeht. Neben der Wärme des Brutvorgangs ist sie der einzige Antrieb der Embryobildung; die »wesentliche Kraft« vermag es, dass die unstrukturierte Materie der Ei-Substanz das neue Lebewesen zu formen beginnt.

In den Jahren nach dem Erscheinen der »Theoria Generationis« entwickelt sich eine sporadische Korrespondenz zwischen Wolff und Albrecht von Haller; zudem gibt es in dem 1766 erscheinenden Schlussband der »Anfangsgründe der Physiologie« zwei längere Abschnitte, in denen auf die neukonzipierte epigenetische Zeugungstheorie Bezug genommen wird. In diesen Textpassagen sowie den unterwürfig formulierten Briefen Wolffs (die Hallers sind nicht erhalten) wird die ganze Auseinandersetzung zwischen den widerstreitenden Interpretationen gleicher mikroskopischer Präparate deutlich. Es ist ein naturwissenschaftlicher, aber auch ein erkenntnistheoretischer und religionsphilosophischer Widerstreit. Haller kann sich die filigrane und undurchschaubare Herausbildung eines Lebewesens nicht ohne direkte Referenz auf eine göttliche Instanz erklären. »Warum erbaut diese Kraft«, fragt er im Hinblick auf Wolffs Konzept, »ohne sich jemals zu verirren, aus der gemischten Materie einer Henne, allezeit ein Hühnchen, und aus dem Pfauen einen Pfau?« Die Einschachtelungslehre dagegen – die, wie Haller einräumt, »wegen ihrer Leichtigkeit einschmeichelnd« ist – könne diese Lücke klären: »Denn es hat der *Schöpfer* selbst nach dieser Hypothese den kleinen Körper gebaut, und dem Schöpfer fällt keine Art von Schöpfungen schwer«. In einem der Briefe wirft Haller seinem Kontrahenten offenbar vor, mit seiner Zeugungstheorie die Präsenz eines Gottes grundsätzlich zu leugnen. Wolff streitet diese Anschuldigung ab, mit dem Argument, die epigenetischen Naturkräfte seien selbst das »verlässliche Zeichen einer übergeordneten Autorität«.[32]

Im Jahr 1781 verschafft der Anatom und Anthropologe Johann Friedrich Blumenbach der Epigenese neues Gehör. Seine Schrift »Über den Bildungstrieb« bezieht sich explizit auf Wolff, ersetzt dessen Vorstellung der »wesentlichen Kraft« aber durch das umfassendere Konzept eines »Bildungstriebs« der Tiere und Pflanzen. Blumenbach zufolge gilt dieser Trieb als naturwissenschaftliche Tatsache, deren »Wirkung aus der Erfahrung anerkannt«[33] sei, deren Ursache aber, wie andere essentielle Naturkräfte auch, unbekannt bleiben müsse. Der einflussreiche Göttinger Professor beschreibt sich selbst als Renegaten, als lange Zeit treuen Vertreter der Präformationstheorie, der durch sinnlich wahrnehmbare Phänomene wie die Regenerationsfähigkeit des Polypen aber seine Überzeugung geändert hat. Die schmale Schrift setzt einen Umschlag des Denkens in Gang, den etwa ein Brief Georg Christoph Lichtenbergs an Blumenbach kurz nach Erscheinen der Abhandlung repräsentiert. Er habe, schreibt Lichtenberg, als Physikstudent »die Einschachtelungs-Philosophie nur bloß aus Respekt geglaubt, so wie ich aber nach und nach mein eigner Herr wurde, so kam sie mir täglich einfältiger und einfältiger, wiewohl sehr bequem vor«.[34]

In den letzten zwei Jahrzehnten des 18. Jahrhunderts beginnt die präformistische Anschauung langsam der epigenetischen zu weichen. Diese Ablösung ist Teil eines grundlegenden Prozesses, den man die »Vertikalisierung« der Naturerkenntnis nennen könnte. Die sorgfältige Untersuchung der Kategorie »Leben« und ihrer allerfrühesten, tief im Körper liegenden Anfänge steht mehr und mehr im Blickpunkt; das räumlich und horizontal angelegte Wissenssystem der »Naturgeschichte« im 18. Jahrhundert, mit seinen Tableaus und Klassifikationen, wird von einer neuen, zeitlich und vertikal ausgerichteten Wissenschaft abgelöst, deren Name und Konzept »Biologie« in den Jahren um 1800 formuliert wird. Doch zweifellos hat der Siegeszug der Epigenese, diese heute vergessene Zäsur, nicht nur Konsequenzen für die im Entstehen begriffene neue Wissenschaft vom Leben. Man muss sich vielmehr vergegenwärtigen, welche Umstellung es für das grundsätzliche Verständnis des Menschen und seiner intimsten Beziehungen gewesen ist, dass ein Kind allein durch zwei Elternteile entstehen soll, die sich vereinigen; dass die Befruchtung jedes Mal aufs Neue die genuine *Erzeugung* eines Lebewesens ist – zum ersten Mal erhält das Wort seine volle Bedeutung – und nicht die Entfaltung eines lange gefassten, göttlichen Plans. Es ist daher keine Koinzidenz, dass etwa die fundamentalen Umstellungen im Verhältnis von Liebe und Ehe, die neue Emphase der romantischen Liebesheirat, historisch genau mit dem Ende der Präformationslehre einhergehen. Niklas Luhmann hat die Identifizierung von Liebe und Ehe seit

Ende des 18. Jahrhunderts mit der nachlassenden ökonomischen und sozialen Bedeutung von Familienarrangements beschrieben; die Wahl des Partners ist nun freigegeben, wobei die Funktion der Leidenschaft letztlich weiterhin in der Aufrechterhaltung der Gattung liegt, also in der Reproduktion.[35] Was Luhmann nicht in seine Untersuchungen einbezieht, ist der Wandel der zeugungstheoretischen Vorstellungen, der bei diesem Prozess eine zentrale Rolle spielt. Denn wenn Animalkulismus und Ovismus besagen, dass sich der Keim künftig geborener Kinder ohnehin schon im Körper des Vaters oder der Mutter befindet, vom anderen Geschlecht in seiner Entwicklung nahezu unbeeinflusst, befestigt das eher nüchterne Vorstellungen von ehelicher Liebe und Familienbildung. Umgekehrt hat die neue Vorstellung, dass beide Geschlechter gleichermaßen und in voller Selbstermächtigung für die Zeugung ihrer Nachkommen einstehen, die Allianz von Liebe und Ehe zweifellos forciert. Der epigenetische Anteil an der Herausbildung des romantischen Codes ist beträchtlich.

Ähnliche Wirkungszusammenhänge ließen sich auch für die elementare Schwelle der Philosophie- und Sozialgeschichte in den Jahrzehnten um 1800 ermitteln. Denn im Übergang von der Präformation zur Epigenese veranschaulicht sich die Leitambition einer Epoche, die nach ihrer sprichwörtlich gewordenen Definition den »Ausgang des Menschen aus seiner selbstverschuldeten Unmündigkeit« fordert. Kant veröffentlicht die »Beantwortung der Frage: Was ist Aufklärung« im Dezember 1783, zwei Jahre nach dem Erscheinen von »Über den Bildungstrieb«. Und tatsächlich kann der vielbeschworene »Gebrauch der Vernunft« im letzten Viertel des 18. Jahrhunderts, die Emanzipation des Subjekts, in Zusammenhang mit dem Wandel der Zeugungslehre gebracht werden. Kant tut das einige Jahre später selbst, wenn er in der zweiten Auflage der »Kritik der reinen Vernunft« (Blumenbachs Schrift war bei Drucklegung der ersten noch nicht veröffentlicht) einen neuen Abschnitt einfügt, in dem er die erkenntnistheoretischen Positionen, das Verhältnis von Anschauung und Begriff, mit Hilfe zeugungstheoretischer Terminologie beschreibt. Dass die »Begriffe die Erfahrung möglich machen«, dass das Erkenntnisvermögen des Subjekts also die sinnliche Anschauung erst hervorbringt, nennt er ein »System der *Epigenesis* der reinen Vernunft«. Demgegenüber sind die Erkenntniskategorien in einem »*Präformationssystem* der reinen Vernunft« jene Anlagen zum Denken, »die uns mit unserer Existenz zugleich eingepflanzt«[36] wurden. Dieses zweite System macht laut Kant jede Selbstermächtigung der Erkenntnis, jede Verbindung des Denksubjekts mit den Gegenständen unmöglich: »Ich würde nicht sagen können: die Wirkung ist mit der Ursache im Objekte (d. i. notwendig) verbunden, sondern ich bin nur so eingerichtet, daß ich nicht anders als so verknüpft denken kann.«[37] Das Vokabular dieser Passagen zeigt anschaulich, welch immense Wirkung die Neuordnung der Empfängnislehre zu dieser Zeit auf die grundsätzlichsten Vorstellungen der Beziehung von Ich und Welt gehabt haben muss. Der historische Moment, in dem die Zeugung eines Kindes als schöpferische Kraft der Eltern verstanden wird und die Entwicklung des Embryos als Effekt dieser Kraft, verleiht der Subjektivität des Menschen einen gewaltigen emanzipatorischen Impuls.

In dem Maße aber, in dem die epigenetische Lehre an Überzeugungskraft gewinnt, verdichtet sich im letzten Viertel des 18. Jahrhunderts auch die Kritik an Präformation und Einschachtelung, an jenen Schwierigkeiten und Widersprüchen der Theorie, die zum Teil schon seit den Zeiten Malebranches bestanden, zum Teil durch Erkenntnisse der vergangenen Jahrzehnte offenkundig geworden sind. Die Formierung eines neuen Wissens von der Zeugung ist also untrennbar damit verbunden, dass die Epigenese Aufschluss über einige ungelöste Fragen verspricht, die von den Präformisten zu keinem Zeitpunkt mit Befriedigung beantwortet werden konnten. Es handelt sich dabei im Wesentlichen um vier wiederkehrende Probleme:

1. *Regeneration:* Jenes Naturphänomen, das Blumenbachs präformistische Überzeugungen korrigieren sollte, wird Mitte des 18. Jahrhunderts durch die Versuche Abraham Trembleys bekannt. Der Cousin Bonnets beobachtet 1740 den Süßwasserpolypen unter dem Mikroskop, ein Geschöpf, dessen (animalische oder pflanzliche) Natur zu dieser Zeit noch fraglich ist. Um sicherzugehen, dass man es mit einem Tier zu tun hat, schneidet Trembley einige Exemplare an verschiedenen Stellen durch, mit dem Ziel, sie zu töten. Doch zu seinem Erstaunen bemerkt er, dass

die Polypen die Fähigkeit besitzen, ihre abgetrennten Teile wiederher-
zustellen, sich zu vervielfältigen und am Leben zu bleiben. Trembley
publiziert im Jahr 1744 eine Abhandlung über dieses Phänomen und
erzeugt damit tiefe Risse im Denkgebäude der Präexistenz. Denn wie
soll das Vermögen, die amputierten Körperteile zu regenerieren, mit der
Einschachtelungstheorie in Einklang gebracht werden? Wurde jeder
Polyp nicht schon am ersten Schöpfungstag in aller Vollkommenheit
gezeugt? Nach Trembleys Versuchen ist der Verdacht nicht mehr zu beseitigen, dass jene Naturkraft, die einen abgeschnittenen Körperteil wie-
derherstellt, auch ein komplettes Tier hervorbringen kann.

2. *Missbildungen*: Dass von Zeit zu Zeit fehlgestaltete Menschen und
Tiere geboren oder in der Gebärmutter aufgefunden werden – »Monster«, wie das 18. Jahrhundert sagt –, ist eine der größten Herausforderungen der Zeugungslehre. Denn diese Geschöpfe irritieren das Grundver-
trauen in die Gesetzmäßigkeiten des Lebens: dass Gleiches Gleiches
hervorbringe. Das Phänomen des »Monsters« erschüttert vor allem die
Präexistenzlehre. Denn jede einzelne Missbildung wirft hier ihren Schatten auf den Schöpfer selbst, nicht nur auf den fehlgeleiteten Entste-
hungsprozess eines bestimmten Lebewesens. Sogar Charles Bonnet
fragt sich, ob es wirklich »monströse Keime«[38] gebe. Muss man die Vorstellung zulassen, dass Gott am Tag der simultanen Schöpfung manche
der eingeschachtelten Wesen, die erst nach Tausenden von Jahren geboren werden sollen, willentlich verunstaltete? Die epigenetische Theorie
hingegen kann die Missbildungen besser deuten, und zwar als Entwick-
lungsverzögerung einzelner Teile des Embryos. Da die Präformisten den
Keim nur als vorgebildetes Ganzes denken, steht ihnen diese Verfeinerung der Diagnose nicht zur Verfügung. Wie Caspar Friedrich Wolff in
einem Brief an Haller schreibt: »Die Monster sind nicht das Werk Gottes,
sondern der Natur.«[39]

3. *Hybride*: Bonnet sagt: »Die Bastarde sind ebenfalls gewisse Arten
von Missgeburten.«[40] Im Tierreich ist das Maultier, die Kreuzung von
Pferdestute und Eselhengst, das bekannteste Exemplar und ein bevor-
zugter Gegenstand zur Verifizierung von Empfängnistheorien; schon
Aristoteles erwähnt es in seiner Schrift über die Zeugung. Wie erklärt

sich die ovistische Präexistenzlehre das Maultier (oder die animalkulistische den Maulesel, die Kreuzung von Eselstute und Hengst)? Der Keim des Maultiers, so Bonnet, befindet sich natürlich im Eierstock der Stute. Die Physiognomie des Maultiers weist aber ebenso deutliche Merkmale des Esels auf wie des Pferdes. Kann das Spermatozoon, das den vorgeformten Embryo nur aktiviert, tatsächlich eine solche Veränderung der Gestalt hervorrufen? Die gleichmäßige Verteilung der Ähnlichkeiten stellt die Präformisten vor Probleme. Maupertuis erwähnt das Maultier in der Passage über die »olivenfarbigen« Kinder und erhebt es zum Kronzeugen der Partikel-Theorie. Sein ganzes Erscheinungsbild bestätige die Hypothese, dass jedes Geschöpf »ein zusammengesetztes Wesen von beiden Samen sey«.[41] Dass die Gestalt des Maultiers offenkundig genauso weit vom Pferd wie vom Esel entfernt ist, entkräftet die Präexiszenztheorie in seinen Augen wie kein zweites Argument. Bildet das im Ei der Stute vorgeformte Pferd wirklich Eselsohren aus, nur weil der Samen des Esels sein Wachstum in Bewegung setzt? Maupertuis kommentiert die ovistische Vorstellung mit beißendem Spott: »Es würde dieses weit lächerlicher seyn, als wenn man glauben wollte, daß die Thiere mit ihren Speisen oder mit ihren Wohnungen Aehnlichkeit haben müssten.«[42] Blumenbach und Kant erkennen im Problem der Hybride ebenfalls das Hauptindiz gegen Präformation und Einschachtelung.

4. *Winzigkeit der Keime*: Neben den wahrnehmbaren Naturphänomenen, den Polypen, Maultieren und Missbildungen, taucht seit dem frühen 18. Jahrhundert immer wieder eine abstrakte Rechnung auf, die den Widersinn der Präexistenzlehre belegen soll. Es geht um den Nachweis, dass die geringe Größe der Keime – würde man der Einschachtelungstheorie tatsächlich Glauben schenken – im Lauf der Jahrtausende einen unmöglichen Wert angenommen hat. Nicolas Hartsoeker, der sich im Lauf seines Lebens zum Kritiker des Animalkulismus wandelt, macht am Beispiel des Kaninchens als Erster die Rechnung aufs Exempel: Das »Samentierchen« des männlichen Kaninchens, sagt er, ist zehn Millionen Mal kleiner als das Kaninchen selbst. Seit dem Schöpfungstag sind, wie das Alte Testament lehrt, knapp 5500 Jahre vergangen, und das Kaninchen beginnt sich im Alter von sechs Monaten fortzupflanzen. Hart-

soeker nimmt all diese Parameter zusammen und kommt zu dem Ergebnis, dass ein im Jahr 1700 lebendes Kaninchen am ersten Schöpfungstag um einen Faktor von 100 000 Nullen kleiner gewesen sein muss als heute. Zum anschaulichen Vergleich erwähnt er, dass ein »Samentierchen« nur um den Faktor von 60 Nullen kleiner sei als die Erde. Diese Verhältnisse, so Hartsoeker, sind eine naturgeschichtliche Absurdität.[43] Mit dieser Rechnung beginnt ein jahrzehntelanger mathematischer Streit der Zeugungstheoretiker. Die Ovisten versuchen diese Ergebnisse zu korrigieren, verweisen auf die beträchtliche Größe der Eier gegenüber den Spermatozoen und erklären, ein heute befruchtetes Ei würde zu seiner Größe am ersten Schöpfungstag im Verhältnis von 630 Millionen zu eins stehen, ein noch erträglicher und vernünftiger Wert. Doch all diese Beschwichtigungen können nicht verhindern, dass Hartsoekers Zahlenspiel über das ganze 18. Jahrhundert hinweg immer wieder aufgegriffen wird. Buffon etwa errechnet, dass ein Mensch, im Vergleich zum eingeschachtelten Keim sechs Generationen später, größer sei »als die ganze Weltkugel in Vergleichung mit dem kleinsten Stäubchen, das man vermittelst eines Vergrößerungsglases noch zu erkennen vermögend ist«.[44] Und er bezichtigt die Einschachtelungslehre der reinen Spekulation, der Koketterie mit dem Unendlichen, das in der Naturlehre nichts zu suchen habe.

4.

Grundbausteine des Lebens: Frühe Embryologie und die Entdeckung des Säugetier-Eies

Die Rehabilitierung der Epigenese und Caspar Friedrich Wolffs hängt auch mit einer grundsätzlichen Erkenntnisverschiebung der anatomischen Wissenschaft an der Wende zum 19. Jahrhundert zusammen. Auf vielfältige Weise wird in dieser Zeit der Versuch unternommen, das Grundelement des Lebens aufzuspüren, die letzten Bausteine, aus denen der Organismus des Menschen und der Tiere zusammengesetzt ist. Bislang galten die »Organe« als solche Bausteine, und in der ovistischen Zeugungslehre wurde dem präformierten Herzen ja sogar die Kraft beigemessen, nach der Aktivierung durch den Samen den gesamten Embryo hervorzubringen. In der Zeit um 1800 verlieren die Organe ihren Status des Unteilbaren. Die naturphilosophische Zeugungstheorie, Wegbereiterin der Zellenlehre, führt die Entstehung aller Lebewesen auf »Infusorien« zurück, auf »Urtiere«, die das Prinzip des Lebenden bilden. Xavier Bichat wiederum etabliert die »Gewebe« als Fundamentaleinheit. In seiner einflussreichen »Allgemeinen Anatomie« zählt er 21 verschiedene Arten auf, aus deren Verbindungen die Organe zusammengesetzt werden. Die Gewebe sind die letzte Differenz im Bau des Körpers, sagt Bichat: »Die Natur selbst und nicht die Wissenschaft hat eine Grenzlinie zwischen ihnen gezogen.«[45] Obwohl sich die Gewebelehre, die »Histologie«, anfangs noch auf das mit bloßem Auge Sichtbare beschränkt – Bichat misstraut den Mikroskopen – und das vitalistische Konzept einer übergeordneten »Lebenskraft« beibehält, setzt sie eine tiefe Zäsur in der Erkenntnis des Organismus. Zum ersten Mal wird in der Anatomie ein von der Gestalt der Organe abstrahiertes Grundelement identifiziert: eine Vorstellung, die sich vierzig Jahre später, mit dem Aufkommen der Zellentheorie, zuspitzen wird.

Was bedeutet dieses neue Interesse an den Bausteinen des Lebens für die Vorstellung von der Zeugung? Das Diktat der Präexistenz hatte sich im 18. Jahrhundert ja nur deshalb so lange halten können, weil das Wissen über Ursprung und Funktionsweise des Lebenden an der Oberflächenstruktur der Organe sein Ende fand. Es gab kaum Anhaltspunkte dafür, wie aus dem Gemisch von »Samentierchen« und Eiern das komplexe System eines Lebewesens entstehen konnte, und so erschien die bloße Auswicklung des längst Existenten als akzeptables Erklärungsmodell. Was jedoch zwischen der Befruchtung der Eier, von Spallanzani imitiert, und der ersten Wahrnehmung embryonaler Organe geschah, blieb ein dunkler Fleck. Caspar Friedrich Wolffs Versuchen wurde genau aus diesem Grund keine weitere Beachtung geschenkt: Die detaillierten (und im frühen 19. Jahrhundert dann zu einem Gutteil bestätigten) Beobachtungen zur Embryonalentwicklung konnten in kein Grundsystem des Lebenden eingepasst werden. Man wusste noch nicht, wie die undifferenzierte Materie des befruchteten Eies organisiert war – auch Wolff musste zu seinem vagen Konzept der »wesentlichen Kraft« greifen –, und deshalb wirkten seine epigenetischen Schlüsse tatsächlich, als beschwöre er die Entstehung des Lebens aus dem reinen Nichts. Zu Beginn des 19. Jahrhunderts aber, durch die Naturphilosophie, durch Bichats Gewebelehre, wird eine solche Vorstellung möglich, weil sich nach und nach die Gewissheit durchsetzt, dass das Amorphe des Anfangs – vor jeder Organbildung – doch strukturierbar ist.

Jeder Rest an präformistischer Theorie muss unter diesen Bedingungen schlagartig verschwinden. Wie konsequent das geschieht, darüber lassen die großen zeugungstheoretischen Publikationen in den ersten Dekaden des 19. Jahrhunderts keinen Zweifel. In Johannes Müllers berühmtem »Handbuch der Physiologie des Menschen« von 1840 wird die Einschachtelungslehre kein einziges Mal erwähnt. Der 300 Seiten lange Artikel »Zeugung« aus Rudolph Wagners 1853 erschienenem »Handwörterbuch der Physiologie« schließlich handelt den Widerstreit zwischen Präformation und Epigenese in wenigen Worten ab und schließt die Passage, als wäre von einer Auseinandersetzung aus fernen Zeitaltern die Rede:»So wunderbar es heute auch klingen mag, es war die erstere Ansicht, die bis gegen das Ende des vergangenen Jahrhunderts eine ziemlich allgemeine Anerkennung sich verschafft hatte.«[46]

Als Teil der neuen Wissenschaft vom Leben entsteht Anfang des 19. Jahrhunderts die empirische Embryologie. In der Tradition Wolffs, dessen Schriften jetzt wiederveröffentlicht und populär werden, versucht man weitere Aufschlüsse über jene Röhren und Furchen im bebrüteten Hühnerei zu finden, die bereits die »Theoria Generationis« erwähnte. Die Embryologen öffnen Tausende von Eiern, um neue Erkenntnisse über die ersten Anlagen des neugebildeten Lebewesens zu erhalten. Je detaillierter die Transformationen im frisch bebrüteten Ei beschrieben werden, desto entbehrlicher erscheinen die früheren vitalistischen Hilfskategorien wie »Lebenskraft« oder »Bildungstrieb«. Grundsätzlich knüpft die junge Wissenschaft der Embryologie wieder an die Beobachtungen und Fragen Antoni van Leeuwenhoeks und Regnier de Graafs an, die im langen, spekulativ orientierten Jahrhundert der Präformation aus dem Blickfeld geraten sind. Einige Forscher befassen sich mit der immer noch ungeklärten Befruchtungsfähigkeit des Samens und vermuten, anders als der Ovist Spallanzani, dass in den Spermatozoen das befruchtende Prinzip der Samenflüssigkeit liegt – eine Hypothese, die nach dem Tod Leeuwenhoeks und dem Verschwinden des Animalkulismus fast in Vergessenheit geraten ist. Zudem rückt die alte, von de Graaf aufgeworfene Frage nach dem Ei des Säugetiers wieder in den Blickpunkt. Im frühen 19. Jahrhundert ist es weiterhin nur in befruchtetem Zustand bekannt. Doch wenn die epigenetische Empfängnislehre wirklich zutreffen soll, muss auch das weibliche Zeugungsmaterial vor dem Befruchtungsakt zu finden sein.

Bereits 1797 veröffentlicht der britische Anatom William Cruikshank seine langjährigen Untersuchungen an Kaninchen und Hirschkühen, die de Graafs Studien einer Überprüfung unterziehen. Wie sein Vorgänger ein gutes Jahrhundert früher entdeckt er schon am dritten Tag nach der Paarung befruchtete, durchsichtige Eier in den Eileitern sezierter Weibchen. Cruikshank bringt die alte Debatte wieder in Gang, dass diese Eier im Verhältnis zu den Graaf'schen Follikeln viel zu klein seien; noch immer gibt es keine Begründung dafür, wie der Inhalt der aufgeplatzten Follikel vom Eierstock durch die schmale Eileiteröffnung gewandert sein könnte. Seit Hallers Zeit wird dieses Missverhältnis definitiv mit der Annahme erklärt, die Follikel würden sich nach der Befruchtung als Flüssigkeit in den Eileiter ergießen und erst unten in der Gebärmutter zum Ei gerinnen. Doch Cruikshank behauptet etwas anderes: Er glaubt, dass der Inhalt der Follikel keineswegs mit dem Säugetier-Ei identisch ist, sondern dass die wesentlich kleineren Eier in den Blutgefäßen der Follikel eingekapselt sind und nach der Befruchtung – die auch er noch fälschlicherweise im Eierstock vermutet – in den Eileiter gespült werden.[47] Er kann jedoch kein solches Ei im Eierstock finden, und da die Präformationslehre, am Ende des 18. Jahrhunderts noch in guter Erinnerung, die Vorstellung eines unbefruchteten Säugetier-Eies ohnehin nicht zulässt, bleiben Cruikshanks Experimente weitgehend unbeachtet.

Die Physiologen Jean-Pierre Prévost und Jean-Baptiste Dumas greifen diese Frage dreißig Jahre später wieder auf, in einer Abhandlung, die erstmals nachweist, dass die Befruchtung bei den Säugetieren im Eileiter stattfindet. Auch sie entdecken befruchtete, transparente Eier in den Eileitern von Kaninchen und von Hündinnen, einem seit dem 17. Jahrhundert kaum noch genutzten Versuchstier in der Embryologie, dessen Ovarien groß und übersichtlich strukturiert sind. In den noch nicht geborstenen Follikeln einer Hündin, die sie unmittelbar nach der Paarung töten, bemerken sie zweimal sogar einen »kleinen sphärischen Körper«,[48] der beinahe undurchsichtig ist. Prévost und Dumas haben hier vermutlich als erste Forscher das unbefruchtete Säugetier-Ei gesehen. Doch sie verfolgen diese Spur nicht weiter, weil sie nach ihren bisherigen Erfahrungen davon überzeugt sind, das Ei im Follikel müsse ebenso durchsichtig sein wie das befruchtete in den Eileitern oder den Hörnern der Gebärmutter.

Als Entdecker des Säugeteier-Eies gilt schließlich, nach den von falschen Prämissen geleiteten Blicken seiner Vorgänger, der deutschbaltische Embryologe Karl Ernst von Baer. Ermutigt von den Studien Prévosts und

Dumas' nimmt er 1827 an einer Ausschreibung der Petersburger Akademie der Wissenschaften teil (der alten Wirkungsstätte Caspar Friedrich Wolffs) und beginnt seinen Beitrag mit den Worten: »Es ist mir geglückt, den Urbeginn des Eies der Säugetiere und des Menschen in dem Eierstock zu erschließen.«[49] In seiner Autobiographie Jahrzehnte später ruft von Baer den Augenblick dieser epochalen Entdeckung noch einmal in Erinnerung. Er sei sich nach den Abhandlungen der Genfer Kollegen sicher gewesen, dass die Eier der Säugetiere »fertig gebildet aus dem Eierstocke« kommen müssten. Als er im Haus seines früheren Professors eine läufige, gerade begattete Hündin entdeckt, erhält er von ihm die Erlaubnis, sie im Namen der Embryologie zu töten. Von Baer öffnet die Eierstöcke und stellt zunächst enttäuscht fest, dass die Follikel schon geborsten sind. Doch als er sie genauer betrachtet, bemerkt er »ein gelbes Fleckchen in einem Bläschen, sodann auch in mehreren andern, ja in den meisten, und immer nur ein Fleckchen. Sonderbar! dachte ich, was muss das seyn? Ich öffnete ein Bläschen und hob vorsichtig das Fleckchen mit dem Messer in ein mit Wasser gefülltes Uhrglas, das ich unter das Mikroskop brachte. Als ich in dieses einen Blick geworfen hatte, fuhr ich, wie vom Blitze getroffen, zurück, denn ich sah sehr deutlich eine sehr kleine, scharf ausgebildete Dotterkugel. Ich musste mich erholen, ehe ich den Muth hatte, wieder hinzusehen, da ich besorgte, ein Phantom habe mich betrogen. Es scheint sonderbar, dass ein Anblick, den man erwartet und ersehnt hat, erschrecken kann, wenn er da ist.«[50]

Diese ergreifende Szene in einem Königsberger Labor markiert das zweite große Datum in der Geschichte des Zeugungswissens. Es ist das Komplementärereignis zu jenem Herbsttag 1677 in Delft, als Antoni van Leeuwenhoek ein ominöses Glasfläschchen in Empfang nahm und die »Samentierchen« unter dem Mikroskop erblickte. 150 Jahre liegen zwischen der ersten Identifizierung des männlichen und des weiblichen Zeugungsstoffes (und dass noch einmal exakt 150 Jahre vergehen, bevor Robert Edwards und Patrick Steptoe die beiden Stoffe außerhalb des weiblichen Körpers vereinigen und ein »Retortenbaby« zeugen, die im Juli 1978 geborene Louise Brown, ergibt ein merkwürdiges Zahlenspiel der Reproduktionsmedizin). Seit Karl Ernst von Baers Entdeckung steht also fest, dass Menschen und Säugetiere aus dem männlichen Spermium und dem weiblichen Ei hervorgehen. »Das Ei«, schreibt er in einer Zusammenfassung seiner Beobachtungen apodiktisch, »wird lange vor der Befruchtung gebildet im Graafischen Bläschen.«[51] Dass sich dieser Fund so lange hinausgezögert hat, begründet er damit, dass das Ei wider Erwarten nicht im Zentrum des Follikels, sondern ganz an dessen Rand zu finden ist. Kurz nach der Sezierung der Hündin weist von Baer die gleiche Anordnung auch in den Ovarien einer verstorbenen Frau nach.

Was sich mit dem Auffinden des Säugetier-Eies endgültig bestätigt, ist die Beteiligung beider Geschlechter am Prozess der Zeugung: Anders als die Maßgaben der Präformation, die nur dem Mann oder der Frau den vorgeprägten Keim zuordnen konnten, weiß man seit 1827, dass die Geschlechter jeweils eine spezifische, bereits vor der Befruchtung existierende Essenz beisteuern. Kant notierte noch lakonisch: Wenn eine Frau nach der ovistischen Theorie »auch einen anderen Mann gehabt hätte, so würde sie doch dieselben Kinder gezeugt haben«.[52] Die Erkenntnisse der Embryologie bestätigen dagegen die wider die Präformisten gerichtete Ahnung Maupertuis' und Buffons, dass beide Eltern gleichermaßen an der Bildung der Nachkommen teilhaben. Jetzt wird vollständig deutlich, was schon lange vermutet, aber nie bewiesen werden konnte: dass sich die Entstehung eines Kindes allein aus dem Zusammentreffen zweier Zeugungsprodukte, der Samenflüssigkeit und dem Ei, vollzieht. Wenn die künstlichen Reproduktionstechnologien seit dem 20. Jahrhundert alles darauf ausrichten, den Zeugungsvorgang zu fragmentieren, den Moment der Befruchtung bis zur Vereinigung einzelner Zellen unterm ICSI-Mikroskop einzukreisen, dann liegt das früheste historische Fundament ihrer Erkenntnisse genau in dieser Zäsur: Das Geheimnis der Zeugung, dessen Unergründlichkeit im 17. und 18. Jahrhundert so häufig betont wurde, geht auf zwei exakt bestimmbare und extrahierbare Materialien in den Testikeln und Ovarien von Mann und Frau zurück.

Wie tief diese Einsicht in die Vorstellungen von Empfängnis eingreift, wird deutlich, wenn man bedenkt, dass um 1840 noch immer Reste einer

Zeugungstheorie kursieren, die den gesamten Organismus einbeziehen. Johannes Müller etwa beginnt das Kapitel über »Befruchtung« in seinem »Handbuch der Physiologie« mit dem Hinweis, »die Einwirkung des Samens« sei auf zwei Weisen zu denken: »Entweder wirkt der Samen zunächst auf das weibliche Individuum ein, und von diesem aus erfolgt das Weitere, oder der Samen wirkt auf das Ei ein.«[53] Das »Weitere« der ersten Option bestehe darin, dass sich Befruchtung durch die Erregung der weiblichen Geschlechtsteile einstellen könne, in einem nicht näher beschriebenen mechanischen Prozess, oder auch dadurch, dass der Samen in die Blutbahn der Frau gelange und von dort aus in die Eierstöcke. Mit dem Fund Karl Ernst von Baers jedoch haben sich, wie Müller gleich betont, all diese Varianten erledigt: »Beobachtungen zeigen, dass die Befruchtung nicht anders erfolgt, als durch Wirkung des Samens auf das Ei selbst.«[54] Aufschlussreich für die Geschichte der künstlichen Reproduktion ist Müllers Herleitung dieser Hypothese: Denn er ruft Spallanzanis Experimente als wichtigste historische Wegbereiter auf, die Befruchtungsversuche an Fröschen, die »ohne den Antheil der Mutter und der weiblichen Genitalien ausgeführt«[55] worden seien. Gerade die erfolgreiche künstliche Befruchtung habe also gezeigt, dass es im Zeugungsprozess »nicht auf die Einwirkung des männlichen auf das weibliche Individuum, sondern des Samens« auf den weiblichen Keim ankommt, die Befruchtung mag ausgeführt werden, wo immer sie will«.[56] Dieser Satz ist für die ungeschriebene Vorgeschichte der Reproduktionsmedizin von zentraler Bedeutung: Er formuliert eine grundlegende Möglichkeitsbedingung der IVF- und ICSI-Methoden, indem er ein für alle Mal ausschließt, dass der *ganze Mensch* an der Zeugung beteiligt sei. Samenflüssigkeit und Eier – mögen sie laut Müller vereinigt sein, »wo immer sie wollen« – reichen für die Entstehung neuen Lebens aus. Und wenn die lexikalischen Abrisse zur künstlichen Fertilisation heute stets mit Spallanzani beginnen, haben sie in diesem grundsätzlicheren Sinne sogar recht, ohne es zu wissen.

Doch auch nach der endgültigen Identifizierung der Zeugungsprodukte bleiben die inneren Vorgänge bei der Befruchtung zunächst unbekannt. Seit Ende der 1840er Jahre ist zwar geklärt, dass das befruchtende

Prinzip der Samenflüssigkeit in den Spermien selbst liegt. Was allerdings genau geschieht, wenn die Spermatozoen und das Ei im Eileiter aufeinandertreffen, stellt die Empfängnistheorien weiterhin vor Rätsel. Welchen Transformationen ist es zu verdanken, dass sich aus zwei separaten Zeugungsessenzen das befruchtete Ei und schließlich das neue Lebewesen bildet? Die Vorstellung, dass sich die beiden Essenzen unmittelbar berühren, ist seit Spallanzani unwidersprochen. »Aber es drängt uns zu wissen«, schreibt Theodor Bischoff, einer der einflussreichsten deutschen Anatomen der Zeit, »wie durch diese Berührung in dem Eie jene wundersame Thätigkeit angeregt wird, deren Produkt die Entwickelung eines so zusammengesetzten und differenzierten Körpers ist«.[57] Schon Prévost und Dumas wollen am befruchteten Kaninchen-Ei gesehen haben, wie die Spermatozoen durch die Dotterhaut ins Innere eingedrungen sind: eine Behauptung, die ab 1840 dann von verschiedenen Embryologen bestätigt wird. Dieser »Verschmelzungs-« oder »Penetrationstheorie« setzen Bischoff und andere maßgebliche Autoren die »Kontakttheorie« entgegen, ein der zeitgenösssischen Chemie entlehntes Reaktionsmodell, das den Spermien eine »katalytische Kraft« zuschreibt, eine fermentierende Wirkung auf das Ei nach bloßer Berührung. Doch auch die größten Widersacher müssen die Plausibilität der »Penetrationstheorie« schließlich eingestehen. Anatomen und Chemiker lähmen in Salpeter-Experimenten die weitere Annäherung von Spermien und Ei nach ihrem ersten Oberflächenkontakt und können zeigen, dass keine Befruchtung einsetzt, wenn die Spermien den Eidotter nicht erreicht haben.

5.
Zelltheorie

Seit dem frühen 19. Jahrhundert sind zwei Erkenntnisbereiche der Wissenschaft vom Leben nicht mehr voneinander zu scheiden: das konkrete embryologische Interesse, wie sich ein befruchtetes Ei entwickelt, und das allgemein biologische Interesse, wie genau ein Organismus entsteht. Was die Gewebelehre und die naturphilosophische Infusorientheorie aufgeworfen haben, die Frage nach der Grundeinheit des Lebenden, radikalisiert sich Ende der 1830er Jahre mit dem Durchbruch der Zelltheorie. Diese vielleicht folgenreichste Zäsur in der Geschichte der Biologie erneuert das gesamte Spektrum der Vorstellung vom menschlichen Körper; ein für alle Mal wechselt die Ebene, auf der die innere Organisation von Lebewesen verhandelt wird. Die skalpellbewehrte Zergliederung des unvermittelt Sichtbaren ist im Zeitalter der Zelle sinnlos geworden. In der Medizin geht es fortan nicht nur darum, wie Virchow betont, das Mikroskop in das alte Lehrgebäude einzubinden, sondern um die neu zu erlernende Fähigkeit, mittels Färbungs- und Präparierungstechniken »mikroskopisch zu denken«.[58] Die Zelltheorie wird die Lehre vom Aufbau des Organismus ebenso grundlegend verändern wie die Identifizierung und Bekämpfung von Krankheiten. Zuallererst aber betrifft sie das Verständnis von der Zeugung der Lebewesen. Was die Embryologen im ersten Drittel des 19. Jahrhunderts am Hühnerei beobachtet haben, die frühesten Regungen des neuen Lebens in den »Keimblättern« und »Keimflecken« des befruchteten Dotters, kann durch die Kategorie der »Zelle« erst wirklich entziffert werden; die neue Theorie stellt gewissermaßen eine Grammatik zur Verfügung, welche die einzelnen Beobachtungsphänomene zu einer Sprache der Empfängnis zusammenfügt.

Die Rede vom Zeugungswissen muss von dieser Zeit an deshalb immer die Rede von der Zellenlehre sein, auch wenn deren bahnbrechende Forscher nicht allein an embryologischen Fragestellungen interessiert sind. Matthias Jacob Schleiden und Theodor Schwann, die sich als Schüler Johannes Müllers ein Berliner Labor teilen und Zugang zu neuen, achromatischen Mikroskopen ohne Verzerrungseffekte haben, stellen in ihren klassisch gewordenen Abhandlungen die Zellstruktur aller Lebewesen heraus, der eine für die pflanzlichen, der andere für die tierischen Organismen. Das Wort »Zelle« war in den Naturwissenschaften schon seit Mitte des 17. Jahrhunderts bekannt; die Pioniere der Mikroskopie entdeckten bei der Vergrößerung von Korkstrukturen winzige, hohle Kammern, die sie an Bienenwaben erinnerten, und die sie deshalb »Zellen« nannten. Der Begriff tauchte dann auch im Verlauf des 18. Jahrhunderts immer wieder verstreut in den Schriften der Naturforscher auf, hatte in dieser Zeit jedoch nichts mit der radikalen Neubestimmung der inneren Organisation von Lebewesen zu tun, wie sie dann von Schleiden und Schwann vorgenommen wird.

Unter den Mikroskopen der Embryologen allerdings haben sich schon seit den 1820er Jahren Hinweise auf eine körnchenartige Struktur des Hühnereies gezeigt; diese kann aber noch nicht gedeutet werden. In den Jahren vor Schleidens Abhandlung dann wird der Aufbau dieser Körnchen mit Hilfe genauerer Mikroskope sichtbar. Der Begriff der »Zelle« gewinnt seine Kontur als Grundbaustein des Lebens: der »Zellkern« im Innern der Körnchen, das »Protoplasma« als klebrige Substanz rund um diesen Kern. Doch erst Schleiden und Schwann fassen die gebündelten Beobachtungen zur Zellstruktur der Pflanzen und Tiere zum ersten Mal zu einer Lehre des Organismus zusammen. Ihre zentrale Hypothese, dass »ein gemeinsames Entwicklungsprinzip allen einzelnen Elementarteilen aller Organismen zum Grunde liegt«[59] und dass sich sogar die Gewebeformen auf Zellen zurückführen lassen, ermöglicht eine neue Theorie des Lebens. Diese Theorie, so Schwann, hat eine größere Überzeugungskraft als der Vitalismus, dessen logische Unzulänglichkeit ohnehin in einem grundsätzlichen Widerspruch besteht: Er nimmt eine ganze, unteilbare Kraft des einzelnen Organismus an, muss diese Kraft aber bei der Zeugung auf das Ei übertragen, wodurch sie doch wieder teilbar wird. Die Einsicht in die Zellstruktur des Körpers verabschiedet sich von jeder Idee einer immateriellen vitalistischen Kraft und etabliert vielmehr einen strikten Materialismus des Lebensbegriffs: »Alle unsere Erfahrung«, sagt Virchow, »weist uns darauf hin, daß das Leben sich nur in concreter Form zu äußern vermag, daß es an gewisse Heerde von Substanz gebunden ist. Diese Heerde sind die Zellen und Zellengebilde.«[60]

In der Theorie von Schleiden und Schwann entsteht aus einer körnigen Substanz zunächst ein Kern, um den herum sich ein »feines durchsichtiges Bläschen« mit einer Membran bildet, die junge Zelle, die, nach einem vielgebrauchten Vergleich zu dieser Zeit, auf dem Zellkern »wie ein Uhrglas auf einer Uhr aufsitzt«.[61] Jede Muskelfaser, jedes Blutkörperchen, jedes Ei kann auf dieses identische Grundelement zurückgeführt werden: eine Fragmentierung der Vorstellung vom Organismus, die selbst die vereinheitlichende Gewebelehre Bichats, mit ihren 21 »natürlichen Grenzlinien«, noch einmal auf beträchtliche Weise reduziert. Die Körper, heißt es bei Schwann, wurden bisher nach dem Grundsatz beobachtet, »daß jede Verschiedenheit der physiologischen Bedeutung eines Organs eine Verschiedenheit der Elementarteile erfordere«.[62] Genau diese Heterogenität ebnet die Zelltheorie ein. Ein Organismus entsteht nicht in der Zusammenfügung spezifischer Prinzipien des Lebens, sondern in der Wiederholung ein und desselben Prinzips an all seinen Stellen.

Das lang ersehnte »Atom« der Biologie ist gefunden. Diese Atome gehen nicht fugenlos ineinander über, formen kein kontinuierliches Modell des Lebendigen, wie etwa Bichats Gewebe, sondern bilden ein Nebeneinander diskreter Einheiten. Und genau diese Diskontinuität ist es auch, die den fragmentarischen Lebensbegriff der Zellenlehre verstärkt und die Theorie so bedeutsam macht für die Geschichte der künstlichen Reproduktion. Denn in dem Moment, in dem die Zeugungsstoffe der Menschen als Einzelzellen bestimmt werden, beschleunigt sich noch einmal jener Prozess der Reduktion, der mit der Entdeckung des Säugetier-Eies begonnen hat. Schon Anfang der 1840er Jahre erkennen die

Zelltheoretiker, dass die Spermien, die von vielen Embryologen für Würmer gehalten werden und daher »Spermatozoen« heißen, in Wahrheit Zellen sind. Zwanzig Jahre später weisen sie nach, dass auch die Eier aller Säugetiere Einzelzellen sind, und zwar die größten des ganzen Organismus, wohingegen die Spermien als die kleinsten gelten. Endgültig setzt sich also die Erkenntnis fest im Denken der Zeugung, dass es zur Entstehung von Leben nicht zweier Menschen bedarf, nicht zweier Organismen, ja nicht einmal der Samenflüssigkeit und des Eies, sondern allein zweier mikroskopischer Gebilde. Das fragmentarische Menschenbild der IVF- und ICSI-Labors, die Selbstverständlichkeit, mit der ein neuer Mensch seit einem Dreivierteljahrhundert auf die Fusion von Sperma- und Eizelle reduziert wird, geht auf diese Einsicht der frühen Zelltheorie zurück.

Schleiden und Schwann haben ermittelt, was George Canguilhem das erste »Grundprinzip« der Zellenlehre nennt, die Frage nach der Zusammensetzung des Organismus. Die zweite Grundfrage – die nach der Genese des Organismus – wird von den beiden Berliner Forschern aber noch auf irrtümliche Weise beantwortet. Wie entstehen Zellen? Wie genau beginnt ein neues Leben? Die frühen Zelltheoretiker glauben zu beobachten, dass sich das »Kernkörperchen«, der innerste Punkt eines Zellkerns, aus einer strukturlosen Substanz zwischen oder inmitten bereits vorhandener Zellen bildet, aus dem von Schleiden so genannten »Cytoblastem«. Der Grund, dass die tatsächliche Entstehung der Zellen durch Teilung zu dieser Zeit übersehen wird, liegt nicht allein an der mangelnden Kraft der Mikroskope, nicht allein an einer defizitären Technik der Wahrnehmung, sondern auch an einer theoretischen Hypothek: Nach der vehement abgestoßenen Lehre der Präformation gilt in den Naturwissenschaften jeder Rückgriff auf eine vorgeprägte Struktur, jede Erklärung des Neuen aus einem bereits Vorhandenen, als verdächtig, und die Theorie der Zellteilung, von einzelnen Forschern schon um 1830 vorgeschlagen, würde erneut nach einer solchen Erkenntnisstruktur verlangen. Der Versuch, die Bildung von Zellen aus einer amorphen Flüssigkeit zu erklären, wendet dagegen das etablierte epigenetische Denkprinzip auf die neue Vorstellung vom Organismus an.

Robert Remak kann 1852 schließlich an Froschembryos nachweisen, dass tierische Zellen niemals aus unstrukturierter Masse hervorgehen, sondern nur durch Teilung.[63] Das erkenntnistheoretische Fundament seiner Untersuchungen – und das bindet das Zellenmodell wieder an jahrhundertealte Debatten der Empfängnislehre – liegt in der Zurückweisung jeglicher Idee von Urzeugung, die Remak in der Lehre Schwanns und Schleidens am Werk sieht. Denn was könnte die Ansicht, dass Zellen – die einzigen Träger des Lebens – aus einer zellenlosen Substanz entstehen, anderes bedeuten? Rudolf Virchow greift Remaks Überlegungen auf und pointiert sie in der berühmt gewordenen Formel *omnis cellula a cellula.* »Wo eine Zelle entsteht, da muss eine Zelle vorausgegangen sein«, präzisiert er 1858 in seinen populären Vorlesungen über »Cellularpathologie«, »ebenso wie das Thier nur aus dem Thier, die Pflanze nur aus der Pflanze entstehen kann«.[64] Diese Korrektur nimmt der Zelltheorie auch ihre radikalmaterialistische, als blasphemisch kritisierte Grundprägung. Denn das Eintreten gegen die Urzeugung lässt einen metaphysischen Rest des Unerklärbaren zu. Gleichwohl stellt gerade der gleitende Anfang im Denken der Zellenlehre – immer schon muss es eine Zelle gegeben haben, aus der die neuen hervorgehen – den größtmöglichen Gegensatz zur Theorie der Präexistenz ein Jahrhundert zuvor heraus. Am Ursprung des Lebens steht kein Gott mehr, der die Abfolge aller jemals entstehenden Lebewesen in einem einzigen Schöpfungsakt festgelegt hat.

Auch wenn die Zelltheorie von Anfang an Zeugungstheorie ist: Den genauen Vorgängen bei der Befruchtung kommt auch sie lange Zeit nicht auf die Spur. Die Embryologen nehmen Mitte des 19. Jahrhunderts an, dass sich die kernartige Struktur der Eizelle nach der Befruchtung ebenso wie die eingedrungene Spermiensubstanz zunächst auflösen würde. In der verbleibenden Dottermasse erkennen sie daraufhin einen fortschreitenden Prozess der Furchung, der solange anhält, bis ein »Haufen mikroskopisch kleiner Elemente« wahrnehmbar wird, »die sich inzwischen immer deutlicher als Zellen zu erkennen geben«.[65] Erst die Befruchtung scheint also den Vorgang der Zellbildung auszulösen. Auch nach der Identifikation des Eies als Zelle halten die Embryologen an dieser vagen, unbefriedigenden Hypothese fest. Wilhelm Wundt schreibt in seinem »Lehrbuch der Physiologie des Menschen« 1873 daher entmutigt: »Eine Theorie oder auch nur irgend begründete Hypothese über die Natur der Vorgänge, durch welche die Samenelemente nach ihrem Eindringen in den Dotter in diesem den Entwicklungsprocess anregen, besitzen wir nicht.«[66] Drei Jahre nach dieser hoffnungslosen Prognose stellt ein 26-jähriger Anatom eine solche Theorie bereit.

6.

Die doppelte Kopulation:
Befruchtung als Verschmelzung der Zellkerne

Um 1870 prägen zwei wichtige Veränderungen die Arbeitsweise der Embryologie. Zum einen wechseln die Forscher das Versuchstier: ein Faktor, der in der Geschichte des Zeugungswissens schon häufiger Erkenntnisse beschleunigt oder verzögert hat, man denke an Karl Ernst von Baers Hündin oder an Harveys Hirschkühe. Anstelle von Froscheiern, Mitte des 19. Jahrhunderts der zentrale Untersuchungsgegenstand der Zelltheoretiker, beginnt man nun den Seeigel für embryologische Beobachtungen heranzuziehen. Dessen Zeugungsstoffe bieten für das Verständnis des Befruchtungsvorgangs ideale Bedingungen. Der Kern der Spermien ist leicht wahrzunehmen, die Eier sind transparent; zudem vollzieht sich die Befruchtung beim Seeigel außerhalb des Körpers, im Meerwasser, und lässt sich durch künstliche Zusammenführung der Zellen im Reagenzglas gut beobachten. Eine zweite Veränderung in diesen Jahren betrifft die Mikroskope und vor allem die Färbe- und Präparierungstechniken. Das Verfahren der Ölimmersion maximiert das Auflösungsvermögen der optischen Mikroskope; die Färbung spezifischer Zellenregionen durch Chemikalien ermöglicht eine genauere Differenzierung ihres Aufbaus (und bestimmt in den 1880er Jahren auch die neue Terminologie der Zellenlehre; denn der Zellkern und seine winzigen Fasern werden gerade wegen ihrer Färbbarkeit »Chromatin« und »Chromosomen« genannt).

Oscar Hertwig, ein Assistent Ernst Haeckels, reist 1875 an die französische Mittelmeerküste, um Befruchtungsexperimente am Seeigel-Ei vorzunehmen. Im Jahr darauf veröffentlicht er jenen Aufsatz, durch den sein Name »stets als der des Begründers der modernen Zeugungslehre zu feiern sein wird«.[67] Hertwig beobachtet Vorgänge kurz nach der Befruchtung, die schon anderen Embryologen beiläufig aufgefallen sind, aufgrund der etablierten Lehre über die Auflösung und Neubildung der Zellkerne aber nicht weiter verfolgt wurden. Er bringt Ei und Sperma des Seeigels im Reagenzglas zusammen und erkennt neben dem Keimfleck nach einigen Minuten eine zweite helle Stelle im Dotter, von der sich die Körnchen des Protoplasmas in der Umgebung angezogen fühlen, indem sie sich in regelmäßigen Radien um den kleinen Punkt gruppieren. Da sich beide Stellen mit dem Farbstoff Karmin rot einfärben lassen, sind sie als Träger von Kernmaterial zu identifizieren. Nach einiger Zeit bewegen sich die Punkte aufeinander zu, der Keimfleck oder, wie ihn Hertwig nennt, der »Eikern«, und der zweite Punkt, der »Spermakern«. Sie treffen sich nach etwa fünf Minuten in der Mitte des Eies. Der Eikern verändert daraufhin seine Konturen, bildet leichte Ausbuchtungen; der zweite Punkt verschwindet. Die radiale Anordnung der Dotterkörnchen um den vermischten Kern hat sich währenddessen auf das gesamte Ei ausgedehnt. Es beginnt nun jener kontinuierliche Teilungsprozess der Zelle, der als »Furchung« des befruchteten Eies schon seit Jahrzehnten bekannt ist. Doch Hertwigs epochale Erkenntnis besteht darin, dass sich Keimfleck und Spermium vor dieser Furchung keineswegs aufgelöst haben, sondern im Gegenteil miteinander verschmolzen sind. »So ergibt sich die wichtige Thatsache«, schreibt er, »dass der unmittelbar vor der Furchung in der Eizelle vorhandene einfache Kern, um welchen die Dotterkörnchen in Radien angeordnet sind, aus der Copulation zweier Kerne hervorgegangen ist.«[68]

1876 ist der Ursprungsmoment der Zeugung bestimmt: »Befruchtung« ist die Verschmelzung zweier Zellkerne. Der neuentstandene Kern wird sich in den Stunden darauf etliche Male teilen und in einer Vervielfältigung des gesamten Zellinhalts den Embryo hervorbringen. Für die Theorie der Reproduktion ist die Erkenntnis Hertwigs von weitreichender Bedeutung, stiftet der Nachweis der Verschmelzung doch eine tiefere, elementare Verbindung zwischen Eltern und Nachkommen. Das neue Leben geht ohne jede Unterbrechung – ohne Auflösen und Neubilden der Zellkerne – aus der Vermischung der Zeugungsprodukte hervor. Nach Hertwigs Beobachtungen muss die Verbindung der Generationen unmittelbarer gedacht werden. Die Vererbungslehre erhält einen gewaltigen Schub. Dass dieser Prozess aber tatsächlich vom Zusammentreffen des Spermiums mit dem Ei ausgelöst wird, leitet er nicht nur von den Evidenzen des chronologischen Ablaufs her (immer taucht die zweite helle Stelle fünf bis zehn Minuten nach der Befruchtung auf), sondern auch von einer Beobachtung an der Peripherie des Eies. Denn Hertwig erkennt eine feine Linie, die von dem zweiten Punkt im Dotter Richtung Eihaut geht und dann zu einem dünnen Faden wird, dem Schwanz des Spermiums, der sich nach dem Durchbrechen der Hülle langsam offenbar auflöst. Der helle Punkt im Innern, so folgert er, »ist alsdann der Kopf oder der Kern des eingedrungenen Spermatozoon«.[69]

Neben seinen Erkenntnissen über den Beginn des Lebens hat Oscar Hertwig also das lang umstrittene Problem geklärt, wie viele Spermien bei der regulären Befruchtung in das Ei gelangen. Es ist immer nur ein Spermienkopf. Bei manchen seiner Versuche entdeckt er zwar zwei oder vier helle Punkte im Protoplasma, doch in diesen Fällen sterben die Eier rasch ab. Hertwig hält es daher grundsätzlich für einen pathologischen Vorgang, wenn mehrere Spermien im Ei festzustellen sind. Auch der Frage nach dem Mechanismus des Eindringens versucht er bei seinen Experimenten auf die Spur zu kommen. Er glaubt wie die meisten Embryologen der Zeit, dass am Ei eine bestimmte Stelle dafür vorgesehen sei, dem Spermium den Weg zu ebnen. Doch beim Seeigel ist eine solche »Mikropyle« nicht zu erkennen, und deshalb scheitert Hertwig bei seinen Experimenten auch an dem Versuch, den Moment des Eindringens mikroskopisch mitzuverfolgen. Das ist die große Lücke seiner bahnbrechenden Forschungen; nur nachträglich, »durch die Veränderungen, die er im Ei hervorrief«,[70] ist es Hertwig möglich, die Anwesenheit eines Spermienkopfs im Ei zu verifizieren. Geschlossen wird die Lücke drei Jahre später von Hermann Fol, der am Seeigel-Ei genau diesen Augenblick abpasst. Nach Fols Beobachtungen können die Spermien an jeder beliebigen Stelle die Eihülle durchstoßen; sobald jedoch ein Spermienkopf den Dotter erreicht hat, bildet sich rings um die Hülle eine Art Schutzschicht, die allen weiteren Spermien das Eindringen verwehrt. Wenn Hertwig die Verschmelzung der Kerne als »Kopulation« bezeichnet, deutet er eine merkwürdige Verdoppelung des Zeugungsgeschehens beim Menschen und den meisten Tieren an. Denn auf zellulärer Ebene wiederholt sich die Struktur des Geschlechtsakts; die »Penetration« der Eihaut durch das Spermium erinnert an jene andere Penetration etliche Stunden zuvor, die die zwischen den Zellen gewöhnlich erst auslöst. Im ICSI-Labor des 21. Jahrhunderts erhält diese Verdoppelung der Kopulation schließlich eine ironische Note. Denn das künstlich herbeigeführte Eindringen der Spermazelle ins Ei geht ja darauf zurück, dass die erste Penetration beim Geschlechtsakt folgenlos geblieben ist. Pipette, Petrischale und Mikroskop übernehmen die Funktion der Körper; in der Injektion des Spermiums liegt das einzig penetrierende Moment. Möglich geworden ist diese Nachahmung der Zeugung allerdings durch die Erkenntnisse Oscar Hertwigs. Er hat den Befruchtungsprozess als Verschmelzung der Zellkerne beschrieben: eine Verschmelzung, die durch die ruhigen Hände eines Embryologen außerhalb des Körpers durchgeführt werden kann. Mann und Frau sind an diesem Vorgang gleichermaßen beteiligt, mit einem Satz von jeweils 23 Chromosomen in der Sperma- und Eizelle. Heutzutage, beim Blick auf den Bildschirm neben dem ICSI-Mikroskop, hat diese Symmetrie der Geschlechter unwiderlegbare Gesetzeskraft; der Prozess der Befruchtung ist gar nicht mehr anders denkbar. Doch wie komplex der Weg bis zu dieser Erkenntnis Oscar Hertwigs gewesen ist, darüber haben die vorstehenden Seiten Aufschluss zu geben versucht: von der einflussreichen aristotelischen Geschlechterhierarchie über die konkurrierenden Schulen des Animalkulismus und Ovismus bis hin zu der langsam sich formierenden Ahnung der Zellenlehre, dass der Anteil der männlichen und weiblichen Zeugungsstoffe ebenbürtig sein könnte.

In den Jahren nach Hertwigs und Fols Entdeckungen wechselt dann erneut die Ebene, auf der Ursprung und Ordnung des menschlichen Lebens verhandelt werden. Wenn François Jacob insgesamt vier solcher Erkenntnisschichten seit den Zeugungstheorien des 17. Jahrhunderts identifiziert – das unvermittelt Sichtbare, die Zellenstruktur, die Chromosomen und die DNS –, dann ist der Übergang von der zweiten zur dritten Schicht in den Jahren nach 1880 der geeignete Moment, um diese kurze Geschichte des Zeugungswissens abzubrechen. Von nun an konzentriert sich das Interesse der Biologen ganz auf die innere Struktur der Zellkerne und, nach der Wiederentdeckung Mendels, auf die Gesetze der Vererbung. Hertwig selbst hat noch keine Aufschlüsse über diese Struktur gehabt;»waren die Keimbläschen verschmolzen«, rekapituliert Theodor Boveri den Wissensstand der Zeit,»so ließen sich männliche und weibliche Bestandtheile nicht mehr auseinanderhalten«.[71] Inmitten der Zellkerne muss es also noch tiefere, versteckte Bausteine des Lebens geben, den Kern des Kerns, der das Erbgut von Vater und Mutter auf den Embryo überträgt. Dieser Erkenntnisweg, von der Verschmelzung der Zellkerne zu den Chromosomen und Genen und schließlich zur Organisation der DNS, wird im 20. Jahrhundert eine eigene genetische Wissenschaft erfordern. Für die Geschichte der künstlichen Reproduktionstechnologien ist es dagegen von unmittelbarer Bedeutung, dass zwei Jahre nach Hertwigs Aufsatz ein Wiener Embryologe zum ersten Mal die Befruchtung eines Säugetiers außerhalb des weiblichen Körpers durchführt. Samuel Leopold Schenk bringt Kaninchen- und Meerschweinchen-Eier in einem Reagenzglas mit Samenzellen zusammen, und auch wenn er von falschen Prämissen der Befruchtung ausgeht und sogar die längst erwiesene Verschmelzungstheorie von Sperma und Ei in Zweifel zieht,[72] stehen diese Experimente am Anfang einer wissenschaftlichen Ambition, die im ersten Drittel des 20. Jahrhunderts schließlich auf den Menschen übertragen wird. Der Versuch, ein Kind *in vitro* zu zeugen, beginnt.

74

ZWEITES KAPITEL

Die Figur des Samenspenders

1.
Samenbanken

Spender Nr. 44438

Das Treffen ist hochkonspirativ und von langer Hand vorbereitet. Eine Laborantin der »Berliner Samenbank« hat in einer E-Mail an alle Spender die Frage weitergeleitet, ob sie über Abläufe und Motive ihrer Tätigkeit Auskunft geben würden, selbstverständlich anonymisiert. Ein Einziger der 120 Spender hat sich dazu bereit erklärt, was nach einer bescheidenen Quote klingt, im Vergleich zu den anderen angefragten Samenbanken aber einer fast spektakulären Rückmeldung gleichkommt. Denn wenn es um den Kontakt zu einem aktuellen Spender geht, werden die gewöhnlich so kooperationsbereiten Reproduktionsmediziner sofort schmallippig. Michael Poluda, der in München die älteste Samenbank Deutschlands betreibt und aufgrund seines bevorstehenden Ruhestands offenherzig über die rechtlichen Grauzonen seiner Arbeit spricht, hat diese Bitte mit den Worten abgewiesen: »In meine Kartei will ich Sie eigentlich nicht reinrühren lassen.« Und Thomas Katzorke aus Essen, in dessen »Zentrum für Reproduktionsmedizin« in den letzten dreißig Jahren etwa 70 000 Kinder gezeugt wurden, könnte zwar jederzeit ein Treffen in die Wege leiten, aber nur mit einem Spender, der seine Tätigkeit seit vielen Jahren eingestellt hat.

Allein der Gründer der »Berliner Samenbank«, David Peet, hat nach längerem Zögern die Möglichkeit in Betracht gezogen, einen aktiven Spender zu vermitteln, und seine Laborantin um die Weitergabe der Anfrage gebeten. Etwa drei Wochen später landet eine E-Mail im Posteingang, von einem Absender namens »Mar Gut«. Die Mailadresse hat er

77

offenbar eigens für die Anbahnung dieses Treffens eingerichtet. Sie heißt notundleid@hotmail.com, eine in diesem Zusammenhang befremdliche Wahl. »Ich habe von der Samenbank erfahren, dass Sie einen Interviewpartner suchen«, schreibt »Mar Gut« (vielleicht eine Schrumpfform seines Vor- und Nachnamens?); »ich würde mich gern zur Verfügung stellen. Meine Spendernummer ist die 44438.« Er wohnt in Steglitz, im Südwesten Berlins, und macht gerade eine Ausbildung, deshalb ist ihm ein Treffen in seiner Nähe lieber als im Stadtzentrum. Der erste Termin muss kurzfristig verschoben werden, danach lässt er nichts mehr von sich hören; erst nach zwei Wochen schickt er wieder eine seiner lapidaren Mails, grußlos und satzzeichenarm: »Guten Tag also ich habe mir überlegt, wir könnten uns in einem Café treffen es befindet sich direkt am Bahnhof Lichterfelde-Ost, die Uhrzeit ist mir egal, da richte ich mich nach Ihnen.« Die Verabredung wird schließlich auf einen Sonntagmittag festgelegt. Auf der Fahrt an den äußersten Rand Berlins bleibt die S-Bahn eine Viertelstunde stehen, doch es gibt keine Möglichkeit, ihn von der Verspätung zu benachrichtigen, er hat natürlich keine Handynummer angegeben. Ob er warten wird?

Das Bahnhofscafé hat geschlossen, man erkennt es schon von weitem an den dunklen Fenstern. Doch neben der Türe, auf einem der aneinandergeketteten Gartenstühle, sitzt ein junger Mann Anfang zwanzig, mit rotbraunen Locken, Brille und Ziegenbartflaum. Er trägt weite Jeans, eine Kapuzenjacke und Turnschuhe; in der Hand hält er einen Helm, das Moped steht ein paar Meter weiter. Ein fragender Blick, ein Nicken, kurze Begrüßung: Das ist er also, der Samenspender, Vertreter einer mysteriösen Personengruppe, ein Agent im Geheimdienst der Reproduktionsmedizin. Er tritt nur als unsichtbarer Lieferant von Zeugungsmaterial auf, setzt Biographien in Gang, darf aber selber keinen Namen, kein Gesicht haben. Spender 44438 ist dem ersten Eindruck nach ein freundlicher Mensch. Wie ist er zu dieser Tätigkeit gekommen? Hat er eine Annonce in einer Zeitschrift oder im Internet gelesen? »Nein, ehrlich gesagt kam meine Freundin auf die Idee, dass ich damit meine Berufsausbildung bezahlen könnte. Zuerst meinte sie das aus Spaß. Aber jetzt hat sie keine Schwierigkeiten damit.« Er möchte Ergotherapeut werden und hat keine Zeit, neben der Ausbildung zu arbeiten. Die Tätigkeit bei der Samenbank sei eine gute Methode, um schnell an Geld zu kommen. Probleme habe er aber mit der geforderten Enthaltsamkeit, drei bis fünf Tage vor jedem Termin, um die Qualität der Spende zu gewährleisten. »Ich bemühe mich natürlich, auch noch ein bisschen Freiraum zu haben mit meiner Freundin, deshalb gehe ich nur alle zwei Wochen hin.« Möglich wäre auch eine Probe in der Woche. Pro Samenspende gibt es bei Dr. Peet 120 Euro, ein leicht überdurchschnittlicher Wert. 40 Euro davon werden am Ende des Monats ausbezahlt, die restlichen 80 sechs Monate später, wenn in einem zweiten Bluttest festgestellt worden ist, dass der Spender zum Zeitpunkt der Probe nicht HIV-infiziert war und eine der tiefgekühlten Pailletten für eine Befruchtung verwendet werden kann.

Vor einem halben Jahr hat er sich telefonisch bei der Praxis beworben und wurde zu einer Probespende eingeladen. Die Anzahl seiner Spermatozoen lag leicht unter 40 Millionen pro Milliliter, einem von der Weltgesundheitsorganisation bestimmten Mittelwert, der von den Samenbanken bei Bewerbungen gleichzeitig als Untergrenze festgesetzt wird. Dieser Wert muss bei Samenspendern deshalb überdurchschnittlich hoch sein, weil beim Auftauen der kryokonservierten Proben bis zur Hälfte der Spermien unbrauchbar wird. Bei einem zweiten Besuch kurze Zeit später erfüllte »Mar Gut« jedoch die Vorgabe. Bevor er in die Kartei der Samenbank aufgenommen wurde, musste er in der Praxis noch eine Blutuntersuchung und eine Familienanamnese durchführen lassen, um mögliche genetische Störungen auszuschließen. Der junge Spender hat einen gewissenhaften Zugang zu seiner Tätigkeit. »Es ist nicht nur wegen des Geldes«, sagt er. »Viele Familien wollen ein Kind bekommen, und warum soll ich ihnen diese Möglichkeit verwehren.« Wenn in Talkshows oder Reportagen über assistierte Empfängnis gelegentlich ein Samenspender zu Wort kommt, dann ist es immer ein ehemals Aktiver, der sich nicht ohne Mannesstolz an einen mühelosen und lukrativen Studentenjob erinnert. Die Tätigkeit erscheint im Rückblick hauptsächlich als Nachweis der überdurchschnittlichen Fruchtbarkeit; dass die eigenen Zellen damals zu der Entstehung neuen Lebens beigetragen haben, spielt in der Wahrnehmung des ehemaligen Spenders kaum eine Rolle.

Der junge Ergotherapeut im Lichterfelder Bahnhofscafé hat eine andere Perspektive. Er spricht über seine langjährige Arbeit als Jugendtrainer im Ringverein, in seinem Heimatdorf zwischen Berlin und Hamburg, über sein Engagement gegen die rechtsradikale Szene, über den Umzug nach Berlin und die derzeitige Arbeit mit Demenzkranken und lernbehinderten Kindern. Als Samenspender möchte er in erster Linie Geld verdienen, natürlich, aber er versteht diese Tätigkeit auch beinahe in einem karitativen Sinn.

Vielleicht ist er ein Ausnahmefall, vielleicht hat es seinen Grund, dass sich gerade er als Einziger von 120 Spendern der »Berliner Samenbank« öffentlich äußern wollte. Aber sein Beispiel zeigt zumindest, dass die Samenspender keineswegs jene Sonderlinge sein müssen, als die sie in kritischen Beiträgen über die heterologe Insemination gerne eingeführt werden – als Männer mit prekären, unerfreulich verlaufenen Biographien, deren größtes Talent es ein Leben lang geblieben ist, in jungen Jahren über eine beachtliche Spermiendichte verfügt zu haben. An seinem Verantwortungsbewusstsein lässt Spender 44438 nach einer Stunde Gespräch keinen Zweifel. Was seine jugendliche Erscheinung gleichwohl in aller Deutlichkeit zeigt, ist die Abstrahierung von Elternschaft in Zeiten der assistierten Reproduktion, die Aufspaltung in den sozialen Vater und den unsichtbaren Erzeuger im Hintergrund. Hier sitzt ein 22-Jähriger, mit kaum verheilter Akne und Flaum am Kinn; biologisch ist er überdurchschnittlich fortpflanzungsfähig, aber gleichzeitig ist es kaum möglich, sich ihn in der Rolle eines Vaters vorzustellen. Er selbst weist die Frage, ob er einmal Kinder habe wolle, auch wie eine befremdliche Idee zurück:»Im Moment bin ich noch nicht dazu bereit, auf keinen Fall.« Und doch hat eine seiner Samenproben im letzten halben Jahr womöglich schon das erwunschte Resultat erzielt, als Surrogat für einen unfruchtbaren Ehemann, der vermutlich fast doppelt so alt ist wie er selbst. Denkt er manchmal daran, dass es in Berlin bald ein paar Kinder geben wird, die ihm ähnlich sehen? Er hat ein markantes Äußeres, eine seltene Haarfarbe. Das beschäftige ihn nicht, antwortet er, er sei ohnehin ein rationaler Mensch und gebe sich keinen Tagträumen hin. Welche Begabungen und Talente würde er gerne auf seine unbekannten Nachkommen vererben?»Ich bin zum Beispiel sehr gelassen«, sagt er nach längerer Überlegung,»das kann den Kindern ja nicht schaden, wenn sie sich durch nichts aus der Ruhe bringen lassen.« Und umgekehrt? Gibt es Charakterzüge, die besser unterdrückt bleiben sollten in der nachfolgenden Generation? Er erwähnt sein Phlegma, seine Faulheit in der Schule; diese Eigenschaften müssten die Kinder nicht unbedingt erben,»dann hätten sie sicher einen leichteren Start ins Leben«.

Am Ende des Treffens vor dem Café, in der warmem Frühlingssonne, kommt das Gespräch noch einmal auf die konsequente Verhüllung seiner Identität zurück. Warum die E-Mail-Adresse? Warum der kryptische Absendername, die nicht unterschriebenen Mails? Wenn er diese Tätigkeit nicht nur aus finanziellen Gründen, sondern aus Überzeugung, aus Hilfsbereitschaft angenommen hat – weshalb will er seine Anonymität in der Öffentlichkeit dann derart penibel aufrechterhalten? Ist es Scham? Nein, sagt er, er habe sich einfach von den Vorgaben der Arztpraxis leiten lassen. Wenn es nach ihm ginge, dürfte jeder von seiner Arbeit als Spender erfahren, sogar die Eltern des von ihm gezeugten Kindes.»Aber da haben mir die Leute in der Praxis sofort gesagt, das geht überhaupt nicht.« In seinem Freundeskreis wissen ungefähr zehn Leute von dem Nebenverdienst.

Die strikte Geheimhaltung der Spenderidentität, in Deutschland immer noch die Regel, soll zwei Aufgaben erfüllen. Zum einen sorgt sie dafür, dass der ehemalige Studentenjob den Samenspender nicht einholen kann, wenn das durch ihn gezeugte Kind heranwächst; zum anderen gewährleistet sie die Gründung einer konventionellen Familie durch die sozialen Eltern. Die überzählige dritte Person, der anonyme Bote des Zeugungsstoffes, darf niemals in Erscheinung treten; das Wissen um die Identität, ja um die Existenz des Spenders könnte die Grenzen der Familie beschädigen, die Gemeinschaft aus Vater, Mutter und Kind zu einem wuchernden Gebilde mit zusätzlichen Mitgliedern verunstalten. Als die heterologe Insemination Mitte der 1930er Jahre in den USA zum ersten Mal systematische Anwendung fand, rekrutierten die Mediziner die Spender noch aus den Reihen ihrer Assistenzärzte und Studenten. Wenn eine Frau zum Behandlungstermin in der Praxis erschien, wurde einer von ihnen in einen Nebenraum geschickt und wenige Minuten später die Insemination vorgenommen. Auf schriftliche Dokumentation verzichteten viele Ärzte ausdrücklich; ihre Patientinnen forderten sie auf, nach Eintreten der Schwangerschaft den Gynäkologen zu wechseln, damit ein ahnungsloser Kollege den Geburtsschein ausstellen würde. Auf diesem Papier war dann der Ehemann als Vater angegeben. Der Gedanke, eine Familie könne offen mit der Entstehungsweise ihres Kindes umgehen, war zu dieser Zeit unvorstellbar. Noch in einer schwedischen Studie von 1982 gab nur ein einziges von 92 befragten Elternpaaren an, ihr mit Spendersamen gezeugtes Kind über seine Herkunft aufklären zu wollen.[1] Dass Samenbanken die biographischen Daten der Spender dokumentieren würden, blieb bis in diese Jahre hinein eine Ausnahme; selbst Thomas Katzorke sagt, dass er in den Anfangstagen seiner Praxis noch manchmal auf zufällig anwesende Medizinstudenten zurückgegriffen habe, wenn es Engpässe bei der Versorgung der Klientinnen gab. Dann geschahen zwei Dinge fast zur selben Zeit: Die Einsicht in die tödliche Gefahr der Krankheit Aids zwang die Samenbanken, den lockeren Auswahlmodus ihrer Spender genauso zu korrigieren wie ihre Archivierungsdisziplin. Und in Kalifornien entstand im Jahr 1983 die erste Samenbank, die ihre Dienste explizit auch lesbischen Paaren anbot und dadurch Familien hervorbrachte, welche die Abwesenheit eines leiblichen Vaters nicht verhüllen konnten. Die »Sperm Bank of California« in Berkeley musste ihren Klientinnen zwangsläufig einen offenen Umgang mit den Spendern empfehlen. Und sie entwickelte ein Vertragswerk, das dem Kind nach dem Erreichen des 18. Lebensjahrs das Recht einräumte, den Namen des Spenders zu erfahren und zumindest einmal in Kontakt mit ihm treten zu können. Im Zusammenhang mit heterosexuellen Paaren dauerte es noch über ein Jahrzehnt, bis Schweden 1994 als erstes Land die Identifizierbarkeit des Spenders zum Kriterium für jede Insemination machte. Die Zahl der Samenspender ging zunächst drastisch zurück, obwohl diesen Männern ein Vielfaches an Honorar ausbezahlt wurde, pendelte sich nach einigen Jahren aber wieder auf dem früheren Wert ein. Inzwischen gibt es auch in Ländern wie Deutschland oder den USA, in denen kein zentrales Register die Identität der Samenspender verzeichnet, sogenannte »open donors«

oder »YES-Spender«, die sich vertraglich bereit erklären, mit dem voll-
jährigen Kind zumindest einmal in Kontakt zu treten.

»Mar Gut«, Chargennummer 44438 der »Berliner Samenbank«, steht
der Verschleierung der Zeugungsweise bei Samenspenden zwiespältig
gegenüber. Auf die Frage, ob und wann die Eltern ihr Kind über seine
Entstehung aufklären sollten, sagt er: »Entweder früh oder gar nicht.
Wenn die Kinder es später erfahren, zum Beispiel durch ein Versehen,
könnten sie ihren Eltern ja gar nicht mehr vertrauen.« Denkt er manchmal darüber nach, dass er mit seinen Fortpflanzungszellen ein auf
Lügen errichtetes Familienleben ermöglicht? »Ich hoffe einfach, dass
sich die Paare, die eine Samenspende durchführen lassen, vollkommen
sicher sind, dass sie ein Kind haben wollen. Außerdem müssen sie ja auch
finanziell gut gestellt sein, weil so eine Samenspende nicht billig ist.« In
der Berliner Praxis von Dr. Peet beträgt der Grundpreis der Behandlung
1500 Euro, gültig für die Dauer von höchstens zehn Zyklen; dazu kommen 135 Euro für jede Insemination, 100 Euro für jede verwendete Samenprobe und zusätzliche Kosten für Ultraschalluntersuchungen und
eventuelle Hormonstimulationen. »Diese Voraussetzungen, eine Familie
zu gründen«, sagt »Mar Gut«, »sind besser als bei Paaren, die keine finanzielle Sicherheit haben oder die aus Versehen ein Kind bekommen.«
Dann verabschiedet er sich, der einzige aktive Samenspender, der in der
Öffentlichkeit über seine Tätigkeit sprechen wollte. Er nimmt seinen
Helm und schlendert in seinen tief sitzenden, karierten Hosen zu seinem
Moped: ein sympathischer junger Mann, der einem Ehepaar im Grune-
wald, in Potsdam oder am Prenzlauer Berg vielleicht gerade zum jahrelang herbeigesehnten Kind verholfen hat.

Poröse Grenzen: »The Kids Are All Right«

Der Samenspender ist eine gefährliche Figur. Er bedroht die Einheit der
Familie, und deshalb muss sein Verhältnis zu ihr durch aufwendige
rechtliche Konstruktionen im Zaum gehalten werden. Im Jahr 2010 lief
ein Film in den Kinos, der dieses Beziehungsgeflecht, in der Öffentlich-

keit weitgehend unbekannt, einem großen Publikum präsentierte.»The Kids Are All Right« von Lisa Cholodenko, für vier Oscars nominiert und auch kommerziell einer der erfolgreichsten Filme der letzten Zeit, erzählt eine prekäre, aber versöhnlich endende Familiengeschichte vor dem Hintergrund der Reproduktionsmedizin. Es geht um den Samenspender eines lesbischen Paares, der von den beiden jugendlichen Kindern ausfindig gemacht wird, mit ihnen in immer engeren Kontakt tritt und schließlich ein Liebesverhältnis mit einer der beiden Mütter beginnt. Anschaulich zeigt dieser Handlungsgang also, dass immer dort, wo es um assistierte Empfängnis geht, sofort das Problem der Aufrechterhaltung und Überschreitung poröser Familiengrenzen verhandelt wird. Welchen Stellenwert nimmt der identifizierte Samenspender im verwandtschaftlichen Gefüge ein? Wie lässt sich das Verhältnis von sozialer Fremdheit und engster biologischer Nähe zwischen den Kindern und ihrem Erzeuger ausbalancieren? Wenn man den immensen Erfolg von »The Kids Are All Right« bedenkt, ist es verwunderlich, dass das Personal der assistierten Reproduktion nicht bereits viel früher in den Plots großer Filmproduktionen aufgetaucht ist. Denn für die klassischen Erzählmuster des Hollywood-Kinos, mit ihrer Vorliebe für Verwechslungen oder verborgene Beziehungen zwischen den Figuren, gibt dieses Milieu ein dankbares Reservoir von Konflikten oder komödiantischen Verwicklungen ab.[2]

Das Auftauchen des Spenders löst in »The Kids Are All Right« vor allem deshalb eine solche Krise aus, weil er einer Familie begegnet, die trotz ihrer unkonventionellen Zusammensetzung mit allen Insignien der bürgerlichen Normalität ausgestattet ist. Immer wieder zeigt der Film sie um den Esstisch des Einfamilienhauses versammelt, wenn wichtige Entscheidungen bei gemeinsamen Mahlzeiten besprochen werden; die Kinder erscheinen, im Unterschied zu ihren desorientierten Freunden, gewissenhaft und wohlerzogen (»keine Telefonate am Tisch«); in der Küche steht eine Tasse mit der Aufschrift »World's Greatest Mum«. Auch die Rollenverteilung der beiden Mütter, von denen jede ein Kind ausgetragen hat, folgt dem traditionellen heterosexuellen Modell: Nic ist Ärztin, professionell, erfolgreich; Jules hat sich lange um die Kinder gekümmert und möchte nun als Landschaftsgärtnerin wieder eine berufliche Existenz gründen.

Kurz nach ihrem 18. Geburtstag ruft die Tochter, wie es in Kalifornien seit dem Jahr 2002 möglich ist (als die ersten Kinder der »Sperm Bank of California« erwachsen wurden), bei der Samenbank an und bittet um die Weitergabe ihrer Handynummer. Der Spender meldet sich zurück, und sein Auftauchen markiert in dem leicht erstarrten Familienidyll den Einbruch einer anderen Welt. Paul ist Ende dreißig, Besitzer eines Bio-Restaurants und Motorradfahrer (kein Moped wie bei »Mar Gut«, sondern eine schwere Harley Davidson); er ist kinderlos und immer noch ungebunden. Den einstigen Nebenjob hat er kaum noch in Erinnerung: »Ich war 19 Jahre alt damals, ich hätte nie gedacht, dass die mein Zeug wirklich verwenden«, sagt er zu einer seiner Geliebten. Im ersten Telefonat sind Spender und Tochter kaum in der Lage, miteinander zu reden, so sehr sind sie von der Kluft zwischen Anonymität und biologischer Verwandtschaft überfordert. »Hi, hier ist Paul, dein... dein... Spender«, sagt er; sie tauschen ein paar nichtssagende Sätze, dann erfährt er von ihr, dass auch ein zweites Kind gezeugt wurde, »mit deinem... Sperma«. Die halb vergessene Tätigkeit und ihr Resultat, der Becher im Labor und die in Gang gesetzte Biographie, lassen sich nicht in Übereinstimmung bringen. Nach dem ersten Treffen jedoch sind die Kinder von Paul angetan und wollen ihn wiedersehen. Die Mütter laden den Spender nach Hause ein, und wie alle entscheidenden Szenen des Films spielt auch diese Begegnung am Esstisch. Nic reagiert distanziert auf ihn, weil er freimütig über den Abbruch seines Studiums spricht, über seine Abneigung gegen die Universität (wo sie ihn doch nur ausgewählt haben damals, weil er laut Spenderprofil Bibliothekswissenschaften studierte). Jules dagegen lässt sich von Pauls charismatischer Art sofort mitreißen. Er bietet ihr an, den Garten in seinem Haus anzulegen – eine Annäherung, die sie, wie Nic später sagt, gerade vermeiden wollten: »Der Plan war doch, Abstand zu halten. Er ist unser Samenspender!«

»The Kids Are All Right« erzählt von der Kollision zwischen Allianz und Deszendenz, zwischen der hochmodernen Praxis, noch das Verhältnis zu den eigenen Nachkommen im Modus der sozialen Wahl zu regeln, und der Macht der Abstammung, die sich auch in einer Sphäre behauptet, die eigentlich auf ihr Verschwinden hinarbeitet. Die »elementaren Strukturen der Verwandtschaft«, wie Lévi-Strauss sie vor einem halben Jahrhundert untersucht hat, bestimmen sich durch die Wechselwirkung zwischen dem »willkürlichen Charakter« der Paarverbindungen einerseits und der »Unabwendbarkeit der biologischen Vererbung« von den Eltern auf die gemeinsam gezeugten Nachkommen andererseits. In den letzten dreißig Jahren haben die Technologien der Reproduktion diese Verwandtschafts- und Familienordnung verändert. Wenn Lévi-Strauss über das »Gesetz der Deszendenz« sagt, dass es nicht nur bedeutet, »daß man Eltern haben muss, sondern auch, dass man ihnen ähnlich sein wird«,[3] dann gilt genau dieses Gesetz im Zusammenhang mit Samen- oder Eizellspenden nicht mehr. Die persönliche Begegnung mit dem Lieferanten des biologischen Materials jedoch, das zeigt dieser Film eindringlich, stellt die mühsam errichteten Grenzen auf die Probe. »Ich seh viel von der Mimik meines Sohnes in deinem Gesicht«, sagt Jules einmal zu Paul. Und seine Treffen mit den durch ihn gezeugten Kindern werden rasch intensiver; er führt klassische Vater-Sohn-Gespräche auf dem Basketballplatz und rät der Tochter zu mehr Eigenständigkeit gegenüber ihrer leiblichen Mutter. Die Affären mit wesentlich jüngeren Frauen gibt er auf.

Im Garten seines Hauses kommen sich Paul und Jules schließlich näher, bei Gesprächen über Pflanzenzüchtung – eine ironisch gewählte Umgebung, wenn man bedenkt, dass die Geschichte der künstlichen Reproduktion in der Botanik ihren Anfang nahm. Und es geschieht das, was erst seit dem Zeitalter der assistierten Empfängnis möglich ist: dass zwei Menschen zum ersten Mal miteinander schlafen, obwohl sie schon ein Kind miteinander gezeugt haben. Die von dem Eindringling ausgelöste Familienkrise spitzt sich zu und kulminiert in zwei Situationen: einmal, als Paul die Tochter spätabends mit seinem Motorrad nach Hause bringt, für Nic das Symbol des fremden, bedrohlichen Lebens schlechthin, und sie ihm den weiteren Kontakt zu den Kindern untersagt. Und wenig später, bei einem als Versöhnungsbesuch gedachten Essen in seiner Wohnung, als sie die untrüglichen Zeichen der Affäre entdeckt, Jules' rote Haarbüschel in der Dusche und ihr Armband neben seinem Bett.

»Er ist unser Samenspender!«, brüllt sie, als sie Jules zu Hause zur Rede stellt, »das ist das Schlimmste, was du mir antun konntest!«

Der überzählige Dritte hat die Familie beschädigt, die Liebe der Eltern zueinander und das Vertrauensverhältnis zu ihren Kindern. Doch da »The Kids Are All Right« als romantische Komödie angelegt ist (und vielleicht auch deshalb, weil die Regisseurin des Films selbst in einer lesbischen Partnerschaft mit Spenderkind lebt), muss die Geschichte harmonisch enden, mit einer genretypischen Wiederherstellung der Ordnung. Jules bereut ihre Übertretung sofort, der nahende Umzug der Tochter ins Elite-College lässt die Familie näher zusammenrücken, und in einer letzten Begegnung wird das überzählige Element für immer ausgegrenzt. Als Paul sich bei der Tochter am Abend vor ihrer Abreise verabschieden will, verweigert Nic ihm den Zutritt ins Haus, und sie sagt jenen Satz, der die Position des Samenspenders in der Reproduktionsmedizin grundsätzlich bezeichnet: »Das ist nicht deine Familie!« Paul bleibt noch eine Weile vor dem Haus stehen und blickt – in einer klassischen Szene der Unzugehörigkeit – von außen durch die erleuchteten Fenster, während drinnen Jules' Entschuldigungsrede, ein Plädoyer für die Ehe, die Versöhnung zwischen den Müttern einleitet. Am nächsten Tag, nach der Verabschiedung der Tochter auf dem Campus, sind die beiden Frauen wieder ein Paar. Das letzte Bild des Films – im Auto, dem überdachten, geschlossenen Familienraum, der Antithese zum Motorrad des Samenspenders – zeigt in Nahaufnahme ihre fest ineinandergreifenden Hände. Das Versprechen der Reproduktionstechnologie, das Glück der sozialen Allianzen hat über den Einbruch des Biologischen und den von weither kommenden Sog der Deszendenz gesiegt.

Die juristischen Bedingungen der Samenspende in Deutschland

Wenn es um das dramaturgische Potential der Reproduktionstechnologien geht, dann steht die Brüchigkeit jener Nähte auf dem Spiel, die die soziale Familie von den biologisch verwandten Randfiguren trennen sollen. In der Alltagspraxis der assistierten Empfängnis ist es natürlich genau umgekehrt: Die Behandlungsmaximen der Ärzte und die juristischen Vorgaben arbeiten darauf hin, diese Nähte zu stabilisieren und das Wuchern der Familie, wie es in »The Kids Are All Right« geschieht, zu vermeiden. Auch wenn es in einigen Ländern inzwischen die Tendenz gibt, die Entstehungsweise von Spenderkindern offenzulegen und die Namen aller Beteiligten in Online-Archiven zu verzeichnen, um mögliche Halbgeschwister voneinander in Kenntnis zu setzen, ist das Verfahren in Deutschland noch weitgehend restriktiv. Der Samenspender soll eine anonyme Figur bleiben, im Bewusstsein der Kinder möglichst nicht existieren.

Ohnehin gilt die heterologe Insemination in der Bundesrepublik Deutschland erst seit erstaunlich kurzer Zeit als legales Verfahren der Fortpflanzung; 1970 hat der Deutsche Ärztetag jene »Standesunwürdigkeit« des Verfahrens aufgehoben, die von dem Gremium Ende der fünfziger Jahre festgeschrieben worden war. Seitdem sollen in Deutschland wie erwähnt über 100 000 Kinder durch die Samenspende eines Dritten gezeugt worden sein, die allermeisten von ihnen in spezialisierten Reproduktionszentren mit eigener Samenbank wie den Praxen von Thomas Katzorke, David Peet und Michael Poluda. Im Jahr 1993, nach der Etablierung des ICSI-Verfahrens, ging die Anzahl der Inseminationen zunächst um die Hälfte zurück, weil es nun einem Gutteil zuvor unfruchtbarer Männer ermöglicht wurde, durch Hodenbiopsie und Spermieninjektion doch noch ein eigenes Kind zu zeugen. Dieser Wert hat sich aber im letzten Jahrzehnt wieder nach oben bewegt, einerseits wegen der Halbierung des Krankenkassenzuschusses bei IVF- und ICSI-Behandlungen seit 2004, der viele Paare die günstigere Insemination in Betracht ziehen lässt, andererseits durch den stark gewachsenen Anteil von lesbischen und alleinstehenden Frauen als Klientinnen.

Die juristischen Bedingungen der heterologen Insemination sind in Deutschland bis heute zerstreut und lückenhaft. Aktuelle Probleme der Reproduktionsmedizin müssen weiterhin von dem 1991 eingeführten Embryonenschutzgesetz abgedeckt werden. Die Samenspende aber bleibt in diesem Gesetz wegen der Komplexität des Gegenstandes unerwähnt, nur die Behandlung mit dem Samen Verstorbener ist ausdrücklich untersagt. Anders als bei Fragen der In-vitro-Fertilisation oder der Leihmutterschaft liegt also keine gebündelte Darstellung, auch kein klares Verbot vor; das geltende Recht muss vielmehr aus einzelnen Passagen im Familien- und Gewebegesetz sowie den »Richtlinien zur Durchführung der assistierten Reproduktion« der Bundesärztekammer abgeleitet werden. Die seit Jahren bekräftigte Forderung der Ärzte nach einem neuen Fortpflanzungsmedizingesetz, das wie in den meisten Nachbarstaaten auch die Probleme der Samenspende regulieren würde, hat sich bis heute nicht erfüllt.

Eine Konsequenz dieser Rechtslage besteht darin, dass der Personenkreis, der die Samenspende eines Dritten in Anspruch nehmen darf, in Deutschland nicht genau definiert ist. Es gibt keine Stelle im Bürgerlichen Gesetzbuch, die diese Frage beantworten würde; alleine die Bundesärztekammer nimmt dazu Stellung. Deren Empfehlungen wurden 1985, als »Richtlinien zur Durchführung von In-vitro-Fertilisation und Embryotransfer als Behandlungsmethode der menschlichen Sterilität«, zum ersten Mal zusammengestellt und seither dreimal novelliert, unter anderem nach der Verabschiedung des Embryonenschutzgesetzes und dem Aufkommen der ICSI-Behandlung. Die aktuell gültige Fassung stammt von 2006. Grundsätzlich befürwortet wird die Samenspende in diesen Maßgaben nur bei heterosexuellen Ehepaaren. »Bei nicht miteinander verheirateten Paaren«, so heißt es im Kommentarteil, wird einer Insemination »mit besonderer Zurückhaltung zu begegnen sein; sie erklärt sich aus dem Ziel, dem so gezeugten Kind eine stabile Beziehung zu beiden Elternteilen zu sichern«. Weiterhin legt der Paragraph fest, dass Frauen, die »in keiner Partnerschaft oder in einer gleichgeschlechtlichen Partnerschaft leben«, die Behandlung nicht in Anspruch nehmen dürfen.[4]

Der Einfluss dieser Vorgaben auf die praktische Arbeit der Samenbanken hält sich mittlerweile aber in Grenzen. Überraschend freimütig bekennen die Ärzte, dass sie sich nicht an die Richtlinien der Bundesärztekammer halten. »Die sind nur meinungsbildend und haben ansonsten keine Kompetenz«, sagt Thomas Katzorke; »mit derselben Berechtigung könnten Sie katholische Patienten von der Behandlung ausschließen, solange die Kirche eine ablehnende Haltung formuliert«. Und David Peet drückt seinen Respekt für die Richtlinien damit aus, dass er sie im Gespräch als»Segelanleitung« bezeichnet. Entscheidend für das Verhalten der Reproduktionsmediziner sind vielmehr die Landesärztekammern; ein Verstoß gegen deren Maßgaben könnte tatsächlich die Entziehung der Approbation zur Folge haben. Doch in den Berufsverordnungen der Bundesländer Bayern und Berlin etwa kommt die assistierte Reproduktion nicht einmal vor. Katzorke, Peet und Poluda sagen daher übereinstimmend, dass die Verantwortung für die Zusammenstellung ihres Klientenkreises momentan nur bei ihnen selber liege, auf einer privatrechtlichen Basis. Durch Verträge mit dem Elternpaar und dem Samenspender sowie der Empfehlung an alle Beteiligten, sich notariell beraten zu lassen, sichern sie sich gegen das Risiko ab, nach der Geburt eines Kindes in Fragen der Unterhaltspflicht oder des Sorge- und Erbrechts belangt zu werden. Mit den Richtlinien des»Arbeitskreises für donogene Insemination«, einem Zusammenschluss der rund vierzig Samenbank-Betreiber in Deutschland, haben die Ärzte zudem ihr eigenes Regelwerk erstellt. Diese Statuten stellen»den Versuch dar, in weitgehender Ermangelung gesetzlicher Vorgaben auf Bundesebene, ein verbindliches, praktikables und ethisch allgemein akzeptiertes Regelwerk«[5] zu schaffen. Der für die Behandlungsform zulässige Personenkreis ist in diesen Richtlinien um Frauen ohne oder in gleichgeschlechtlicher Partnerschaft erweitert.

Gesetzlich und berufsrechtlich bewegen sich die Samenbanken also in einem unerfassten Bereich. Wie hoch der Anteil der lesbischen und alleinstehenden Frauen unter den Klientinnen inzwischen ist, variiert von Praxis zu Praxis offenbar beträchtlich. Während Thomas Katzorke sagt, dass weiterhin 95 Prozent von ihnen in einer heterosexuellen Partnerschaft leben und nur zwei oder drei lesbische Paare in der Woche zur Beratung kommen, liegt das Verhältnis bei Michael Poluda in München, einem für seine liberale Interpretation der Gesetzesvorgaben bekannten Arzt, inzwischen bei fünfzig zu fünfzig. Das ist in etwa der Wert, den auch die größten amerikanischen Samenbanken angeben. Voraussetzung für die Behandlung gleichgeschlechtlicher Paare ist aber in allen deutschen Praxen, dass die Frauen verpartnert sind. Denn nur dann kann die nichtleibliche Mutter nach der Geburt eine Stiefkind-Adoption beantragen, wodurch der Samenspender von allen seinen verwandtschaftlichen Rechten und Pflichten entbunden wird. Im Fall von alleinstehenden Frauen ist die Situation kritischer. »Auch die behandeln wir, in absoluten Ausnahmefällen«, sagt Katzorke; »wenn jemand 40 ist, Oberstudiendirektorin, ohne Partner, und die sagt zu mir ›mir läuft die Zeit weg‹ – was soll ich da machen?« David Peet jedoch, der ebenso offenherzig über die Behandlung lesbischer Paare in seiner Praxis gesprochen hat, möchte über dieses Thema nichts sagen, solange ein Aufnahmegerät läuft. Das Problem, das die Ärzte bei dieser Konstellation zur Vorsicht ruft, hat natürlich damit zu tun, dass der Spender nach dem Tod der Mutter zur Rechenschaft als biologischer Vater gezogen werden könnte. Ein solches Risiko wollen die Betreiber der Samenbanken mit aller Macht vermeiden.

Am erweiterten Kreis der Klientinnen zeigt sich aber auch jene grundsätzliche Neubestimmung der assistierten Empfängnis, wie sie sich seit den neunziger Jahren ergeben hat. Von einer rein therapeutischen Methode, zur Überwindung männlicher Sterilität innerhalb der Ehe, ist sie zum Wegbereiter der Familienbildung für Paare geworden, die nach biologischen Grundsätzen eigentlich keine Kinder zeugen könnten. Die Richtlinien der Bundesärztekammer bilden auch in dieser Hinsicht nicht den aktuellen Stand der Entwicklungen ab. Dort heißt es in der Eingangspassage, fast im gleichen Wortlaut wie in den früheren Fassungen: »Die Anwendung medizinisch assistierter Reproduktion ist durch das Leiden von Paaren durch ungewollte Kinderlosigkeit und durch ihren auf natürlichem Weg nicht erfüllbaren Kinderwunsch begründet.«[6] Auf einen Gutteil der Patienten mag diese Aussage immer noch zutreffen – die am stärksten prosperierenden Zielgruppen der assistierten Empfängnis erfasst sie nicht.

Grundsätzlich fällt der Rechtsprechung zur assistierten Empfängnis folgende Aufgabe zu: Sie hat Beziehungen zwischen Familienmitgliedern zu regulieren, in denen genetische Verwandtschaft als Kriterium nichts mehr gilt. Wenn Sorge-, Unterhalts- und Erbrecht gewöhnlich streng nach Graden der Blutsverwandtschaft organisiert sind, muss der juristische Apparat in diesen Fällen eine Ersatzordnung finden. Dabei kollidieren zwei Interessen: das Recht des Spenders auf Anonymität, in der Medizin traditionell bekräftigt durch den hippokratischen Eid, und das Recht des Kindes auf Kenntnis der eigenen Abstammung, seit 1989 in der UN-Kinderrechtskonvention niedergelegt und im selben Jahr auch in einem Urteil des Bundesverfassungsgerichts als Teil des allgemeinen Persönlichkeitsrechts in Deutschland definiert. Die gefährliche Dynamik, die es in der Praxis der Reproduktionsmedizin also zu verhindern gilt, ist genau die umgekehrte Bewegung wie in der Inszenierung des Hollywood-Kinos: Nicht das Eindringen des Spenders in den Kosmos der Familie ist das Problem, wie in »The Kids Are All Right«, sondern die Unzulänglichkeit seiner Abschottung – die Gefahr, dass der bloße Lieferant von Zeugungsmaterial ungewollt in ein verwandtschaftliches Verhältnis zu seinen Nachkommen gesetzt wird. Die Rechtsbestimmungen in Deutschland haben in dieser Frage ihre empfindlichste Lücke. In Ermangelung eines spezifischen Gesetzes ist nirgendwo festgelegt, dass der Samenspender nach Geburt des Kindes zwangsläufig als Vater und somit als Adressat von Erbschafts- und Unterhaltsforderungen ausscheidet.

Darin liegt das Restrisiko für jeden Spender: Die Rechtsbestimmungen können das Faktum der genetischen Abstammung allenfalls so effektiv wie möglich anästhesieren, nicht löschen. (Als einzige Ausnahme gilt die Stiefkind-Adoption bei lesbischen Paaren.) Die Bundesärztekammer und der »Arbeitskreis für donogene Insemination« betonen diese latente Unsicherheit in ihren Richtlinien. Auch in den Verträgen der Samenbanken mit den Spendern wird darauf hingewiesen; bei Michael Poluda in München etwa lautet der Passus: »Dr. Poluda kann seinen Samenspendern keine absolute Anonymität zusichern, da nach heutiger Rechtsauffassung die daraus gezeugten Kinder die Möglichkeit besitzen sollen, bei Bedarf ihren biologische Vater kennenzulernen.« Seit einer Gesetzesnovelle im Jahr 2002 ist es zwar unmöglich geworden, dass der soziale Vater eines Spenderkindes seine Vaterschaft anfechten kann; im § 1600 des Bürgerlichen Gesetzbuches heißt es nun: »Ist das Kind mit Einwilligung des Mannes und der Mutter durch künstliche Befruchtung mittels Samenspende eines Dritten gezeugt worden, so ist die Anfechtung der Vaterschaft durch den Mann oder die Mutter ausgeschlossen.«[7] Doch wem diese Möglichkeit weiterhin zuerkannt wird, ist das Kind selbst. Nach Vollendung des 18. Lebensjahres könnte es theoretisch die geltende Vaterschaft anfechten, die Samenbank zur Herausgabe der Spenderdaten zwingen und ein juristisches Verfahren zur Neubestimmung der Vaterschaft in Gang setzen. Dieser Fall ist zwar, wie der »Arbeitskreis für donogene Insemination« versichert, bislang in Deutschland nicht eingetreten, aber das könnte auch daran liegen, dass von den heute erwachsenen Spenderkindern nur die allerwenigsten von den Umständen ihrer Zeugung erfahren haben. Eine Generation, deren Eltern offener mit dieser Frage umgehen, wächst gerade heran. Thomas Katzorke benutzt im Gespräch deshalb häufig das Wort »Zeitbombe«, wenn er auf die bevorstehende Auseinandersetzung mit einer großen Anzahl von Spenderkindern zu sprechen kommt, die in den Archiven der Samenbanken ihren Erzeuger ausfindig machen wollen.

Das Recht auf Kenntnis der eigenen Abstammung ist im Zusammenhang mit der Samenspende natürlich an eine unerlässliche Voraussetzung gebunden: an die Dokumentation und dauerhafte Archivierung der Spenderdaten. Ein Kind vermag knapp zwanzig Jahre nach seiner Zeugung nur dann etwas über die Identität seines genetischen Vaters zu erfahren, wenn die Samenbank diese Informationen auch bereitstellen kann. In der Frühgeschichte der Reproduktionsmedizin wurde die Archivierung wie erwähnt mit voller Absicht vernachlässigt. Und auch im deutschen Recht fehlte bis vor kurzem jede verbindliche Festlegung der Aufbewahrungsfrist. Einzig die Richtlinien der Bundesärztekammer nahmen zu diesem Problem Stellung. »Unbeschadet einer klaren gesetzlichen Regelung«, heißt es in der aktuellen Fassung, »empfiehlt sich eine Dokumentationsdauer von mindestens 30 Jahren«[8] – ein Wert, der von einzelnen Reproduktionskliniken, wie etwa der von Dr. Poluda in München, aber nicht übernommen wurde. Erst mit der Novellierung des Transplantationsgesetzes im Jahr 2007 sind auch verbindliche Maßgaben für die Archivierungspraxis in Samenbanken geschaffen worden. Seitdem gilt, in Anlehnung an das Verfahren nach Organspenden, eine Aufbewahrungsfrist von dreißig Jahren.[9] Es muss ein eigentümlicher Moment im Arbeitsalltag von Michael Poluda oder Thomas Katzorke gewesen sein, wenn sie in den vergangenen Jahrzehnten von Zeit zu Zeit eine Reihe veralteter Spenderakten ausgesondert haben. Für die Ärzte waren es nur überflüssige Schriftstücke, die sie dem Papierschredder übergaben – für die aus Samenspenden entstandenen Kinder jedoch verschwand in diesem Moment das einzige Dokument, das ihnen jemals Aufschluss über ihren biologischen Vater hätte geben können.

In der Alltagspraxis deutscher Samenbanken hat sich heute jenes System etabliert, das mit der Unterteilung in identifizierbare und anonyme Spender arbeitet. Die Klienten können zwischen zwei Gruppen wählen: Die eine, wesentlich kleinere und kostspieligere, besteht aus Spendern, die sich bereiterklärt haben, dem künftigen Ansuchen des Kindes zuzustimmen. Auch »Mar Gut« von der Berliner Samenbank gehört zu dieser Gruppe – nicht unerwartet, wenn man sich an seinen sozialen Zugang zu der Tätigkeit erinnert. Die Frage, ob er nicht gezögert habe bei der Vorstellung, dass in knapp zwanzig Jahren vielleicht sein Kind an der Tür klingele, beantwortet er mit glaubwürdiger Unbefangenheit: »Nein. Ich freue mich dann einfach darauf, es kennenzulernen.« Die zweite Gruppe von Spendern lehnt eine solche Option ab und will nicht, dass ihre Daten später an das Kind weitergegeben werden. Nach der aktuellen Rechtsauslegung ist diese Unterteilung natürlich obsolet; keinem Samenspender kann nach der Festschreibung des Rechts auf Kenntnis der Abstammung noch Anonymität zugesichert werden. Doch das pragmatische Zweiersystem, das sich in den Samenbanken eingespielt hat, ist ein weiteres Indiz dafür, dass das Verfahren zumindest in Deutschland unterhalb der gesetzlichen Wahrnehmung läuft. Zudem erinnert Spender 44438 aus Berlin daran, dass er ja in den nächsten 18 Jahren immer noch ausreichende Möglichkeit hätte, seine Spuren zu verwischen. Er müsste nach einem Umzug nur versäumen, die Praxis von der neuen Anschrift in Kenntnis zu setzen. »Dann hätten sie nur noch meinen Namen, und der ist viel zu geläufig, als dass sie mich ohne Probleme finden könnten«.

Die Fiktion der Familie

In den Richtlinien des »Arbeitskreises für donogene Insemination« wird auch das Prozedere einer zukünftigen Begegnung zwischen Spender und volljährigem Kind festgelegt. »Die Samenbank«, heißt es dort, kann an einem solchen Zusammentreffen »in einem der Situation angemessenen, würdigen Rahmen mitwirken.«[10] Diese Worte sind, wie es sich für eine offizielle Verlautbarung gehört, in aller Neutralität gewählt. Wenn man mit den Ärzten aber persönlich über Fragen der Offenheit und Transparenz von Samenspenden spricht, wird ihr Ton sofort schärfer. Sie nehmen den immer populärer werdenden Vorsatz der Eltern, das Kind einmal über seine Entstehungsweise aufzuklären, zweifellos als Störung wahr.

Es liegt im Selbstverständnis der Samenbanken, dass ihre Teilhabe am Prozess der Zeugung so punktuell und unmerklich wie möglich bleiben soll. (Dazu passt auch die überaus diskrete Beschilderung in den Gebäuden, in denen sie untergebracht sind.) Ihre Aufgabe besteht in der Anwerbung, Lagerung und Einspritzung von Keimzellen, Letzteres ein Vorgang von nur wenigen Minuten, und dass es die Eigenart dieser Zellen ist, Leben hervorzubringen, ist in der Logik der Ärzte ein nachträglicher Effekt, für den sie nicht mehr zuständig sind. Außerdem muss man bedenken, dass all die rechtlichen Indifferenzen, die ein deutscher Samenbank-Betreiber gegenwärtig zu beachten hat, solange obsolet bleiben, wie das Elternpaar sein Geheimnis für sich bewahrt. Auch in juristischer Hinsicht also sind die verschwiegenen Klienten, die eine nach außen hin konventionelle Familie gegründet haben, den Ärzten am liebsten.

David Peet, der die Vertragspapiere mit den Paaren vergleichsweise einfühlsam und frei von eigenen Empfehlungen formuliert, sagt zum Problem des offenen Umgangs: »Ob es dem Kind nützt oder nicht, wenn es aufgeklärt wird, darüber sind sich die Familientherapeuten nicht im Klaren. Ich sage allen Paaren, sie müssen sich selbst entscheiden und sollten sich vielleicht sogar mit anderen Betroffenen über anonyme Internetforen austauschen.« Mit einer gewissen Flapsigkeit fügt er aber hinzu: »Mein Grundsatz ist schon: ›Was ich nicht weiß, macht mich nicht heiß.‹ Und wenn ein Teenager zum Beispiel irgendwann zu hören kriegt, dass sein Vater gar nicht der eigentliche Vater ist, dann könnte es zu Auseinandersetzungen kommen, die unschön sind.« Thomas Katzorke antwortet auf die Frage, ob er den werdenden Eltern zu Verschwiegenheit rät: »Das haben wir damals, in den Anfängen, immer so gemacht. Aber seit zehn Jahren frage ich einfach: ›Wie wollen Sie entscheiden?‹ Und ich lasse hier bei uns eine obligatorische psychologische Beratung durchführen.« Wie hoch ist der Anteil der Paare in seiner Praxis, die dem Kind später die Wahrheit mitteilen wollen? Katzorke sagt, dass diese Quote bei zehn bis fünfzehn Prozent liege, ein seit vielen Jahren unveränderter Wert. »Die Therapeuten erzählen zwar immer, die Zahl würde neuerdings zunehmen, aber das stimmt einfach nicht. Die meisten Paare reden nicht über die Behandlung, und das ist auch verständlich: In den kleineren Orten, aus denen viele meiner Patienten kommen, sind Dinge wie Unfruchtbarkeit und Samenspende weiterhin völlig tabuisiert.« Wie zuverlässig die Informationen Katzorkes auch immer sein mögen – aufschlussreich ist, dass David Peet in diesem Zusammenhang ganz andere Zahlen nennt. Von den Paaren in seiner Praxis, erzählt er, würde »die Hälfte den Kindern Bescheid geben«. Diese schroffe Diskrepanz der Verteilung sagt weniger darüber aus, dass die Berliner Klienten einer Samenbank tatsächlich offener zu ihren Kindern sind als die nordrheinwestfälischen, sondern sie liefert einen Hinweis auf den indifferenten Umgang der Ärzte mit dieser Frage. Was nicht in das Gebiet der eigenen Kompetenz und Verantwortung fällt, kann mit groben, ungedeckten statistischen Werten kommentiert werden. In den Richtlinien des »Arbeitskreises«, einem umfangreichen Werk, fällt daher nur ein einziger Satz über die Frage der Aufklärung, und dieser sogar aus entgegengesetzter Perspektive. »Wunscheltern«, heißt es dort, »sind darüber zu informieren, dass sie nach geltender Rechtsauffassung […] nicht verpflichtet sind, ihr Kind über die Zeugung mit Spendersamen in Kenntnis zu setzen.«[11] Ohnehin gibt es für Deutschland kaum repräsentatives Forschungsmaterial über das Aufklärungsverhalten von Eltern, die eine heterologe Insemination in Anspruch genommen haben. Eine der letzten

96

europaweiten Studien, 2002 in Auftrag gegeben, hat ermittelt, dass ungefähr jedes zwölfte Spenderkind über zwölf Jahre von den Umständen seiner Entstehung weiß.[12] Ihre professionelle Vermittlung von Dritten bei der Zeugung führt zwangsläufig dazu, dass Samenbank-Betreiber die Kategorie des Biologischen für sekundär halten, wenn es um die Einheit der Familie geht. Die kulturtheoretisch bewanderten Reproduktionsärzte setzen sich daher gerne in Opposition zu jahrhundertelang gültigen Konzepten der Blutsverwandtschaft. Thomas Katzorke etwa hat in den letzten dreißig Jahren zahlreiche Aufsätze zur Geschichte und Praxis der Insemination verfasst, und einige dieser Texte münden am Ende in dieselbe Beschwörung, in dasselbe wortwörtlich wiederholte Plädoyer für das Primat elterlicher Liebe gegenüber biologischer Disposition. »Bindungen zwischen Menschen«, schreibt Katzorke, »ob genetisch unterlegt oder nicht, sind stets die Folge sozialer Prozesse, die ihre Zeit gedauert haben und von Gefühlen begleitet gewesen sein müssen. Familie ist eine soziale Konstellation; die sog. Blutsbande wurden in der Vergangenheit als Harmoniespender überschätzt und mythisch überhöht.« Als einer, der Zehntausende von Familien mit nur einem genetisch verwandten Elternteil in die Welt entsandt hat, muss er die »sog. Blutsbande« (nicht einmal die ausgeschriebene Form der Relativierung gesteht er ihnen zu) in den Hintergrund rücken. Und diese Überzeugung hat natürlich Konsequenzen, wenn es darum geht, wie die Familien aus Sicht der Ärzte mit ihrer Gründungskonstellation umzugehen haben. Es müsse »erlaubt sein«, schreibt Katzorke, »wirklich zu hinterfragen, ob im Nachhinein eine Beziehung zwischen DI-Kind und Spender zulässig sein soll.«[13] Einrichtungen wie das »Donor Sibling Registry« in den USA, ein rasant anwachsendes Online-Archiv zur Ermittlung von Halbgeschwistern, oder ein Film wie »The Kids Are All Right« veranschaulichen aber, dass der »Harmoniespender« der Blutsverwandtschaft, wie Katzorke formuliert, auch im Zeitalter der assistierten Reproduktion seine Attraktivität nicht eingebüßt hat.

Die älteste aktive Samenbank Deutschlands, betrieben von Michael Poluda, ist gleichzeitig auch die mit den striktesten Prinzipien in Fragen der Verschwiegenheit. In einer ruhigen Straße im Münchner Westen gelegen, in einem der Einfamilienhäuser aus den dreißiger Jahren, die sich hier aneinanderreihen, bietet der Gynäkologe seit 1977 heterologe Inseminationen an. Die fast private Atmosphäre in der Villa unterscheidet sich erheblich von den hochmodernen Ärztehäusern in den Stadtzentren, in denen Samenbanken oder Reproduktionskliniken gewöhnlich ihren Platz haben. Im Keller lagern über 3000 tiefgefrorene Samenproben; Poludas Kartei mit aktuellen Spendern umfasst derzeit rund siebzig Männer, »nur Studenten«, wie er sagt, »da brauch ich mir um den IQ keine Sorgen zu machen«. Immer mittwochs kommen ein paar von ihnen in die Praxis – zu einer Zeit, wenn gerade keine Sprechstunde für Paare stattfindet –, holen sich den Umschlag mit einem Hundert-Euro-Schein an der Rezeption (die Neuen nur gegen Vorlage der Immatrikulationsbescheinigung) und gehen dann die knarzende Holztreppe in den Keller hinunter. Dort suchen sie einen Raum auf, der vielleicht sechs Quadratmeter groß ist und ursprünglich wohl als Abstellkammer von Putzutensilien gedient hat. Jetzt sind darin ein Sessel und ein Tisch untergebracht, auf dem umgedrehte sterilisierte Behälter stehen, die wie kleine Cocktailgläser aussehen. Unter dem Tisch, in einem Zwischenfach, liegt ein Haufen zerlesener Sexmagazine, daneben eine Küchenrolle. Wenn die Spender fertig sind, betätigen sie eine Klingel an der Wand und verlassen den Raum; die Sprechstundenhilfe holt den Glasbehälter ein paar Minuten später ab.

Dieser obligatorische Bestandteil jeder Samenbank hat verschiedene Namen im Vokabular der Reproduktionsmedizin: »Spenderraum«, »Männerraum«, »Animationsraum«, »Masturbationsraum«. Beim Rundgang durch die Praxis ist der Moment, wenn der Arzt die Tür zu diesem Zimmer öffnet, immer mit einer Überforderung des Sehens für den Besucher verbunden. Denn in der aseptischen, in dezenten Farben gestrichenen Umgebung wirken die pornographischen Bilder der Magazine umso greller und irritierender. (In der California Cryobank in Los Angeles sind sogar die kompletten Wände mit Nacktfotos tapeziert.) Das Mobiliar der meisten Spenderräume vermittelt allerdings denselben Eindruck klinischer Eleganz wie die Praxen selbst. Kein Hauch von Frivolität ist zu spü-

ren; die Räume sind, mit Ausnahme von Poludas Kellerkammer, großzügig und spärlich eingerichtet. In der Mitte befindet sich gewöhnlich
ein Lehnstuhl, ein Tisch mit Magazinen, Glasbehältern und Tüchern, an
der Wand davor ein Flachbildschirm mit integriertem DVD-System, der
nach dem Einschalten automatisch Pornofilme abspielt. Die Fernbedie-
nung neben dem Lehnstuhl hat nur zwei Funktionen: *Play* und *Stop*;
die Filme laufen ohne Ton. In allen Samenbanken und Reproduktionszentren, egal ob bei Katzorke in Essen, Peet in Berlin, Noss in München
oder der California Cryobank in Los Angeles, ist dieses Masturbations-
Ensemble nahezu identisch zusammengestellt. Es ruft in Erinnerung,
dass auch der leidenschaftslosesten, maschinellsten Gewinnung des
männlichen Ejakulats so etwas wie Erregung des Mannes vorangehen
muss. Bemerkenswert ist dabei, dass es allein im Spenderraum einer
Fortpflanzungsklinik noch um Sex geht. Empfängnis und Reproduktion
haben sich zwar völlig vom Geschlechtsakt abgekoppelt, aber für die
Stimulation der Samenspender (oder der Ehemänner in IVF-Zentren)
ist die möglichst naturwahre Abbildung dieses Aktes nötig. Sexualität
bringt im Milieu der assistierten Empfängnis also nicht mehr neues
Leben hervor, sondern hat nur noch mittelbare Funktion: Im Modus der
pornographischen Inszenierung hilft sie, dem männlichen Körper jenes
Zeugungsmaterial zu entlocken, das dann unter ärztlicher Assistenz mit
dem weiblichen verbunden wird.

Wie erwartet führen die Samenbank-Betreiber ihren Spenderraum
mit demonstrativer Routine vor, ohne jede Befangenheit. Doch auf die
Frage, wer die Auswahl der Magazine und Filme besorge, ob sie sich
selbst um die Aktualität und Vielfalt des Angebots kümmern würden,
antworten die meisten von ihnen betont defensiv: »Das interessiert mich
überhaupt nicht«, sagt etwa Thomas Katzorke, »zwei MTAs übernehmen das«, also die medizinisch-technischen Assistenten der Praxis. »Die
Spender, die häufiger kommen, brauchen auch gar keinen Film mehr.
Wir wollen das nüchtern darstellen, ohne Bordellatmosphäre.« Der einzige Samenbank-Betreiber, der einen ganz anderen Blick auf dieses
Thema hat, ist David Peet in Berlin. »Das sind schon relevante Fragen
für mich«, sagt er, als er vor dem geschmackvoll eingerichteten Spender-

raum seiner neuen Praxis am Gendarmenmarkt steht.»Mir ist es natürlich nicht gleichgültig, welche Filme bei uns laufen. Entscheidend finde ich, dass alles, was gezeigt wird, ›sauber‹ ist – also keine Brutalität, keine Vergewaltigungen.« Wie kann er die Einhaltung dieser Kategorien gewährleisten?»Ganz einfach«, sagt Peet,»indem ich die Filme selbst auswähle.« Und er erzählt, wie er sich alle zwei, drei Monate durch die Websites von Pornofilm-Herstellern klickt und einen Stapel neuer DVDs bestellt.»Ich schaue mir die auch alle im Schnelldurchlauf an, klar, ich möchte doch sehen, was meine Spender dann vorgesetzt bekommen. Wenn irgendein Film abstoßend oder verletzend wird, wandert er sofort in den Abfalleimer. Für mich ist das vollkommen logisch: Alles andere in meiner Samenbank wird doch auch mit der größten Gewissenhaftigkeit erledigt. Es kann also nicht sein, dass die Pornos unkontrolliert im DVD-System landen.« Und schließlich, so Peet, sei er der einzige Mann in der gesamten Praxis.

In Michael Poludas Spenderzimmer gibt es keine Pornofilme und keinen Flachbildschirm:»So fein wie beim Dr. Noss ist es nicht bei mir«, sagt er mit Bezug auf den Betreiber des wohl modernsten Reproduktionszentrums in München, mit dem er seit langem befreundet ist. Seine Samenbank vermittelt trotz neuester Kryokonservierungs- und Behandlungstechnik eher eine rustikale Atmosphäre, und diese Rustikalität macht sich auch in der Haltung zur Frage der Aufklärung von Spenderkindern bemerkbar. Wie alle seine Kollegen händigt Poluda den interessierten Paaren nach der ersten Sprechstunde einige Informations- und Vertragsblätter aus, die von den Klienten sorgfältig gelesen werden sollen, bevor sie sich für eine Behandlung entscheiden. Darunter findet sich auch ein sechsseitiges grünes Papier,»Zur Information« überschrieben, das zweifellos zu den eindrucksvollsten Dokumenten aktueller deutscher Reproduktionsmedizin gehört. Adressiert ist diese Broschüre in erster Linie an heterosexuelle Paare, denen das Aufsuchen einer Samenbank als letzte verbliebene Möglichkeit erscheint.»Sie gehören vielleicht zur größten Gruppe von Betroffenen«, schreibt Poluda,»die die endlose Tour durch sämtliche homologen Methoden der Sterilitätsdiagnostik und -therapie durchlaufen haben und noch immer mit leeren Händen dastehen«. Und in einer ernüchternden, fast ein wenig sarkastischen Formulierung heißt es:»Wir bitten Sie also herzlich, Ihre Erwartungshaltung nicht zu hoch anzusetzen. Bitte bewahren Sie Ihr ›dickes Fell‹ aus den früheren Fehlschlägen (z.B. IVF, ICSI u.a.) und erhoffen nicht zu viel.«

Was an der Gestaltung der Broschüre sofort auffällt, ist die klare Parteinahme, die unmissverständliche Empfehlung an die Paare, ihrem Kind die Entstehungsweise zu verschweigen.»Die Frage der späteren Aufklärung«, schreibt Poluda,»stellt sich mit den gemeinsamen Lebensjahren immer weniger, weil die Kinder einfach als eigene Kinder empfunden werden.« Sein Informationsblatt richte sich daher dezidiert gegen die Ermunterung zur Offenheit, wie sie von den meisten Familientherapeuten und auch manchen Ärzten ausgesprochen werde: Denn »jedes betroffene Paar hat nur das Ziel, möglichst schnell eine ›normale Familie‹ zu werden. Mit – sicher gut gemeintem – Aufklärungseifer würden Sie diese Chance leichtfertig verspielen. Sie würden – ohne durch irgendeine Notwendigkeit dazu gezwungen zu sein – in Ihre Familie eine Sprengladung legen, von der Sie nicht wissen, ob und wann Sie einmal hochgeht und wen sie trifft.« In diesem Sinn, so Poluda,»ist die sogenannte ›Lebenslüge‹, also das Verschweigen der Herkunft, keine Lüge, sondern nur eine berechtigte Maßnahme, der Familie Zusammenhalt und Lebensglück zu schaffen.« Über eventuelle Schwierigkeiten des männlichen Partners, mit seiner Rolle als Vater zurechtzukommen, heißt es beschwichtigend, im Blickpunkt des Familienglücks stehe »vor allem soziale Vaterschaft […] – Geburt und Heranwachsen des Kindes erleben und es mit väterlicher Liebe, Sorge und Verantwortung umgeben. Die genetische Vaterschaft (Stichwort: ›Das bisschen anonyme Spermien‹) erscheint uns hier als minderwertig, und es muss mit allen Mitteln verhindert werden, dass sie an Bedeutung gewinnen kann.«

An diesen Ausführungen erstaunt zunächst die polemische und stellenweise fast aggressive Sprache. Womöglich ist sie einfach auf den persönlichen Schreibstil Michael Poludas zurückzuführen; gleichwohl rufen Tonfall und Vokabular der Broschüre mit besonderer Drastik jene Frontenstellung ins Bewusstsein, die alle Samenbank-Betreiber latent emp finden. Die pyrotechnische Metaphorik Poludas, der Hinweis, die Aufklärung des Kindes käme der Explosion von Sprengstoff gleich, soll diese Brisanz veranschaulichen (und erinnert an Thomas Katzorkes Bezeichnung »Zeitbombe«). Auch Poludas Gebrauch eines Wortes wie »minderwertig«, im Kontext medizinisch betreuter Erzeugung von Leben, ist in einer solchen Broschüre nicht unbedingt erwartbar. Doch er nimmt die heikle geschichtliche Semantik seiner Begriffe in Kauf, um den Standpunkt der Praxis so deutlich wie möglich zu machen. »Das bisschen anonyme Spermien«, im Routineverfahren in die Gebärmutter injiziert, darf die Homogenität der sozialen Familie nicht in Gefahr bringen. Es ist daher nur folgerichtig, dass Michael Poluda keine »YES-Spender« beschäftigt. Er zieht die unklare Rechtslage zwischen Spender und Kind vielmehr zu einem weiteren Argument für seine rigide Philosophie heran: Denn auch sie sei ein Grund, warum »nur die Wahrung der Anonymität die beteiligten Parteien ausreichend voreinander schützt. Nur unter dieser Voraussetzung entstehen keine Begehrlichkeiten, ›hinter die Fassade‹ schauen zu wollen. Nur so haben die betroffenen Paare ihre Kinder wirklich für sich allein. Nur so haben die Samenspender wirtschaftliche und emotionale Sicherheit.« Die Syntax dieser Passage, die kurzen, gleichgebauten Sätze wirken wie eine Beschwörungsformel, die den Paaren jede falsche Idee eines transparenten Umgangs austreiben soll. Der Dritte der Zeugung muss ausgeschlossen bleiben, »mit allen Mitteln«, wie der Samenbank-Betreiber alarmiert schreibt.

Michael Poludas »Zentrum für donogene Insemination« ist bekannt für seine tolerante Auslegung der Rechtsbestimmungen; wie erwähnt machen Frauen ohne oder in gleichgeschlechtlicher Partnerschaft nach seinen eigenen Angaben inzwischen fast die Hälfte der Klientinnen aus. Aber wie geht der Arzt mit diesen Fällen um, in denen die Fingierung der konventionellen Familie nach der Geburt des Kindes nicht aufrechterhalten werden kann, weil die Vaterstelle unbesetzt bleibt? Muss er seine strikte Philosophie in diesem Moment lockern? Im Vertragswerk mit den Spendern sichert Poluda ja zu, »dass er mit ihrem Samen keinesfalls gleichgeschlechtliche Paare oder alleinstehende Frauen behandeln wird, da hier [...] die Möglichkeit einer Suche nach dem biologischen Vater viel realistischer ist«. Er hat aber, wie er im persönlichen Gespräch erzählt, ein rechtliches »Schlupfloch« entdeckt, und zwar die Zusammenarbeit mit einer dänischen Samenbank. In diesem Land regelt ein Fortpflanzungsmedizingesetz die Beziehung zwischen Spender und Kind; wechselseitige Erbforderungen sind kategorisch ausgeschlossen. Immer dann, wenn eine Frau ohne männlichen Partner in seiner Praxis behandelt wird, fordert er daher einige kryokonservierte Proben aus Dänemark an. Und auch bei heterosexuellen Paaren, die gegen seinen expliziten Rat zur Verschwiegenheit handeln wollen, greift er nicht auf seine eigene Samenbank zurück: »Wenn Patienten von Anfang an klarmachen, dass sie es dem Kind sicher irgendwann offenbaren«, erzählt er, »dann sage ich: ›Okay, ist völlig in Ordnung, ist Ihre Sache‹, und wir fangen an, über das Thema Dänemark zu sprechen.« Die anderen deutschen Samenbank-Betreiber jedoch, auf diese Strategie Michael Poludas angesprochen, halten ein solches Vorgehen für ausgesprochen riskant. Denn sie interpretieren die Rechtslage so, dass nicht die Herkunft einer Samenprobe, sondern der Ort der Insemination maßgebend für die Auslegung der Spender-Kind-Beziehung sei. Außerdem sei es grundsätzlich problematisch, ausländischen Samen zu verwenden, wie David Peet sagt, »weil man als inseminierender Arzt die Identität des Spenders nicht sicher feststellen kann. Wenn Dr. Poluda von der dänischen Bank keine sicheren Daten bekäme, würde er sich zumindest schadenersatzpflichtig machen.«

Der Spender als Verdächtiger: Auswahl- und Präsentationskriterien in Samenbanken

Als Spender Nummer 44438 der »Berliner Samenbank« auf seine Bewerbung in der Praxis David Peets zu sprechen kam, sagte er nur: »Das ging eigentlich sehr schnell. Ich musste ankreuzen, ob ich irgendwelche Erbkrankheiten habe, ob ich Sport treibe, wie viel Alkohol ich trinke und welche Hobbys ich habe.« Tatsächlich ist das »Spenderscreening«, wie der Fachbegriff für diesen Eignungstest im Jargon der Reproduktionsmedizin heißt, in deutschen Samenbanken ein überschaubares Prozedere. Die genauesten Angaben dazu finden sich in den Statuten des »Arbeitskreises für donogene Insemination«.[14] In erster Linie geht es bei der Auswahl der Samenspender natürlich um die gesundheitliche Unbedenklichkeit des Bewerbers, also um das Vermeiden von Infektionsübertragungen auf die Frau und den möglichst zuverlässigen Ausschluss genetischer Störungen, die sich im Kind manifestieren könnten. Eine schriftliche Familienanamnese soll die Anfälligkeit des Spenders für physiologische und mentale Erbkrankheiten klären; Blutuntersuchungen vor der ersten Samenprobe sowie nach deren sechsmonatiger Quarantänelagerung garantieren zudem, dass der Kandidat frei von Infektionen wie HIV oder den Hepatitisformen ist. Spezielle Chromosomenanalysen finden aber aufgrund des Kostenaufwands nicht statt; die Samenbanken müssen den Aussagen der Bewerber vertrauen.[15] Das Höchstalter für Spender ist vom »Arbeitskreis für donogene Insemination« auf 40 Jahre festgelegt, um eine optimale Qualität der Spermien zu erzielen: eine Grenze, die in der Praxis der Anwerbungen aber noch einmal zehn Jahre darunterliegt.

Nur Kandidaten, die all diesen medizinischen Kriterien genügen, können in die Kartei aufgenommen werden. Doch auch soziale Faktoren spielen bei der Auswahl für die meisten Ärzte eine Rolle. Michael Poluda erwähnte die Bedeutung der Schulbildung seiner Spender. Er reiht sich damit in die Tradition der großen Samenbanken in den USA ein, die von jeher vorwiegend Mitglieder von Elite-Universitäten aufnehmen. Manche seiner deutschen Kollegen jedoch bemühen sich gerade um die Heterogenität ihres Spenderkreises, um das soziale Spektrum der Klienten möglichst breit abzudecken. Thomas Katzorke erzählt in diesem Zusammenhang gerne die Geschichte eines rheinischen Bauern, der mit seiner Ehefrau in die Praxis kam und noch vor dem Hinsetzen sagte: »Also, Herr Doktor, bitte alles außer einem Künstler!« Zudem spielt bei der Entscheidung für oder gegen einen Kandidaten auch ein Rest an Intuition eine Rolle, wie viele Reproduktionsmediziner sagen; die Frage, ob der Mann ihnen sympathisch war oder welche sozialen Kompetenzen sie ihm zutrauen, kann neben den Argumenten der Gesundheit und

Bildung zu einem maßgeblichen Kriterium werden.[16] Im Durchschnitt werden in deutschen Samenbanken etwa zehn Prozent der Bewerber angenommen.

In die Kartei einer Samenbank zu gelangen, heißt also nicht nur, regelmäßig Zeugungsmaterial zu liefern. Es bedeutet auch, dass die Spender zusammen mit ihren Keimzellen Daten über ihre Persönlichkeit und Biographie zur Verfügung stellen. Denn das ist ja – neben dem simplen gynäkologischen Eingriff, den Frauen auch alleine bewerkstelligen könnten – die zentrale Leistung der Institution Samenbank: dass sie für jede Klientin den passenden Spender zu finden verspricht, einen, der den wichtigsten Körpermerkmalen nach zu den Eltern passt, dem männlichen Partner äußerlich ähnelt, um nach der Geburt des Kindes kein Misstrauen über die Vaterschaft zu erwecken, oder einfach nur über die gewünschten Talente und Interessen verfügt. Um den abstrakten Vorgang der künstlichen Befruchtung herum muss jede Bank also ein Geflecht von konkreten, sinnlich erfassbaren Informationen über deren Urheber ausbreiten, eine Fülle steckbriefartiger Listen, welche die Individuen hinter dem Zellmaterial möglichst sichtbar werden lassen. Denn so aussagelos und indifferent die kryokonservierte Paillette auch erscheinen mag, wenn sie aus dem Stickstofftank gezogen wird, die eine wie die tausend anderen: In einer Zeit, in der die Genetik längst als Leitwissen etabliert ist, herrscht kollektive Gewissheit darüber, dass der Inhalt dieses Plastikhalms bereits ein Programm des neuen Lebewesens in sich trägt, einen detaillierten Bauplan seines Schicksals. Es können also gar nicht genug Daten über die Biographien der Spender zusammengetragen werden.

In den deutschen Samenbanken arbeiten die Ärzte mit einem begrenzten Register von Zuschreibungen. David Peet etwa legt den Klienten, wie die Aussagen von »Mar Gut« schon andeuteten, eine Tabelle vor, in denen neben Größe, Gewicht, Blutgruppe sowie Augen- und Haarfarbe folgende Rubriken aufgeführt sind: »Körperbau« (von »schlank« bis »athletisch«, korpulente Spender gibt es offenbar nicht), »Herkunft«, »Beruf« und »Hobbys«. Auf der Basis dieser Tabelle und einer Vorauswahl der Praxis treffen die Frauen oder Paare ihre Entscheidungen. Die

Vielfalt der Spendertypen fällt in der »Berliner Samenbank«, wie auch bei Thomas Katzorke in Essen, sofort ins Auge; es sind Handwerker, Polizisten, Rechtsanwälte, Studenten verschiedenster Nationen darunter, deren Freizeitaktivitäten sich zwischen PC-Technik und Tangotanzen, Gartenarbeit und Philosophie bewegen. Michael Poluda in München stellt, nach dem Vorbild eines Schemas der »Europäischen Samenbank«, noch etwas weniger Informationen über seine Spender bereit. »Bei mir bekommen die Paare nur die Körpergröße und den Farbtyp«, sagt er. »Ich teile ein in ›kleine‹, ›mittlere‹ und ›große‹ Spender, also unter einssiebzig, zwischen einssiebzig und einsachtzig und darüber. Und dann gibt es den ›Farbtyp‹, also die Kombination von Haarfarbe, Teint und Augen.« Berufliche Tätigkeit und sonstige Interessen der Spender kommen in seiner Tabelle nicht vor, ebenso wenig die Blutgruppe. Poluda hält diese Angaben für überflüssig. In seinem Informationsblatt für die Paare erwähnt er »die allerbesten Erfahrungen«, die er mit diesem Modell gemacht habe: »So ist uns in den vielen Jahren, die wir uns mit der Donogenen Insemination beschäftigen, kein Fall bekannt geworden, in dem Eltern mit der Ähnlichkeit ihrer Kinder unzufrieden waren und fürchteten, dass daraus die Entstehungsweise herauszulesen sei. Im Gegenteil wurde uns häufig berichtet, dass Familienangehörige oder Nachbarn die Kinder genauso oft mit dem unfruchtbaren Mann verglichen wie mit der leiblichen Mutter.« Die Forcierung dieser phänotypischen Ähnlichkeit erscheint Poluda auch wichtiger als der Abgleich von Blutgruppe und Rhesusfaktor zwischen dem Spender und der künstlich befruchteten Frau. Denn nur in den seltensten Konstellationen könnte die Kombination dieser Blutgruppen den Hinweis erbringen, dass der soziale Vater des Kindes nicht sein Erzeuger sein kann. (Gleichwohl erzählen manche erwachsenen »Spenderkinder«, dass sie genau nach einem solchen Blutabgleich, von ihnen selbst in Auftrag gegeben, die Umstände ihrer Zeugung erfahren haben.)

In den USA werden Auswahl und Präsentation von Samenspendern schon seit einigen Jahrzehnten mit erheblich größerer Ambition betrieben. Berüchtigte Popularität erlangte Anfang der achtziger Jahre die »Nobelpreisträger-Samenbank«, die der Gründer Robert Graham zur

Aufzucht von Wunderkindern installieren wollte. François Jacob, Autor von »Logik des Lebenden« und selbst Gewinner des Medizin-Nobelpreises für seine molekularbiologischen Forschungen, kommentierte diesen Versuch einmal mit den Worten: »Man kennt die Nobelpreisträger schlecht, wenn man sie reproduzieren will.«[17] Bis zu ihrer Auflösung im Jahr 1999 hatte die Samenbank 220 Kinder hervorgebracht, allerdings befand sich letzten Endes wohl kein einziger Nobelpreisträger unter den Erzeugern.[18] Es genügt jedoch ein Blick auf die Websites heutiger Samenbanken in den USA, um einen Eindruck zu gewinnen, wie aufwendig auch die Darstellung regulärer Spender inzwischen gestaltet ist. Die »California Cryobank«, 1977 in Los Angeles eröffnet, ist seit langem die größte Samenbank Amerikas. Cappy Rothman, der Gründer des Unternehmens und bis heute dessen Leiter, behauptet, dass er über vierzig Prozent des gesamten Spendersamens in den USA vermittle. Die fiktive Agentur aus dem Film »The Kids Are All Right« ist bis in die graphische Gestaltung des alten Spenderprofils, das die Kinder heimlich in einem Schrank der Mütter aufspüren, der »California Cryobank« nachgebildet. Ihren Hauptsitz hat das Unternehmen, mit etwa hundert Mitarbeitern, nach wie vor in Los Angeles, in einem weitläufigen Bürogebäude im Westen der Stadt. Es gibt aber mittlerweile auch Filialen in Palo Alto, New York und Cambridge, nicht zufällig in direkter Nachbarschaft zu den Elite-Universitäten Stanford, NYU, Columbia, Harvard und MIT. Das Geschäftsmodell des Unternehmens besteht, anders als in deutschen Samenbanken, allein im Verkauf von tiefgekühlten Spermapailletten an Ärzte oder an Privatpersonen; Befruchtungen führt die »California Cryobank« nicht durch. Ein Plastikhalm mit dem Samen eines anonymen Spenders kostet zwischen 550 und 650 Dollar, je nach Popularität des Kandidaten, die Proben der offenen Spender sind hundert Dollar teurer. Aus den zwei Dutzend Stickstofftanks im Erdgeschoss des Gebäudes werden täglich rund hundert Pailletten entnommen und verschickt, die meisten innerhalb der USA, viele aber auch nach Europa, Asien und Australien. Die Samenbank ist im Bundesstaat Kalifornien damit der sechstgrößte Kunde des Transportunternehmens FedEx.

An einem Frühsommertag führt Cappy Rothman, ein überaus freundlicher, bedächtiger Mann Anfang siebzig, den Besucher aus Deutschland durch die Räume. 230 Spender sind im Augenblick für seine Samenbank aktiv, ausschließlich Studenten, die mindestens den Bachelor-Abschluss nach zweijährigem Studium erworben haben. Es ist aber geplant, die Anzahl in naher Zukunft auf 400 zu erhöhen, weil die Nachfrage im Moment wieder beträchtlich steigt. Die medizinischen und sozialen Auswahlkriterien der »California Cryobank«, erzählt Rothman, sind besonders streng; weniger als ein Prozent der Bewerber wird in die Kartei aufgenommen. Man kann sich also ausrechnen, wie viele Studenten an der UCLA, der angesehensten Universität in Los Angeles, oder an den anderen Standorten der Samenbank um diese Nebentätigkeit konkurrieren. Rothman versichert, es gingen im Jahr inzwischen rund 18 000 Bewerbungen bei ihm ein: ein kaum zu glaubender Wert. Für die meisten Studenten war es einfacher, die Anforderungshürden ihrer Eliteuniversität zu überwinden als die der Samenbank. Die Bezahlung der aktivsten Spender ist allerdings ein erheblicher Anreiz: Bei drei möglichen Terminen pro Woche und einem Honorar von hundert Dollar für jede Probe können die Studenten auf einen Monatslohn von 1200 Dollar kommen.

Die »California Cryobank« hat die Option des offenen Spenders erst überraschend spät eingeführt, im Jahr 2003. Im Augenblick, sagt Cappy Rothman, wollen rund sechzig Prozent der Männer anonym bleiben, die restlichen haben zugestimmt, mit den von ihnen gezeugten Kindern nach deren 18. Geburtstag mindestens einmal in Kontakt zu treten. Die Umstände dieser Annäherung sind in den Statuten der »California Cryobank« genau vorgegeben, auch wenn sie erst vom Jahr 2021 an zur Anwendung kommen werden. Nach der Anfrage eines Jugendlichen kann sich die Kontaktaufnahme, je nach Präferenz des Samenspenders, als »E-Mail, Brief, Telefongespräch oder persönliches Treffen« vollziehen. Die Samenbank gibt die Mailadresse oder Telefonnummer an den Spender weiter (wie es auch in dem Film »The Kids Are All Right« geschieht) und versucht, die Begegnung zwischen Erzeuger und Kind zu moderieren: »Wir werden alles in die Wege leiten«, heißt es mit einer etwas pathetischen Formulierung, »diesen ersten Kontakt so bedeutend

wie möglich zu gestalten.«[19] Das Prozedere ist von der »California Cryobank« intern festgelegt worden, da Samenspender in den USA laut »Uniform Parentage Act«, einem für alle Einzelstaaten entworfenen Modell-
gesetz zum Familienrecht, von allen verwandtschaftlichen Rechten und
Pflichten gegenüber ihren Nachkommen entbunden sind. Die Gesetzeslage ist also im Vergleich zu Deutschland unmissverständlich. Deshalb
kann ein offener Spender seine bei Vertragsabschluss gemachte Bereitschaft zu diesem Kontakt auch jederzeit widerrufen. »Vielleicht hat er in
zehn, fünfzehn Jahren ein paar eigene Kinder und will nicht mehr von
uns behelligt werden«, sagt Cappy Rothman; »dann werden wir ihn dazu
auch keinesfalls drängen«. Aber diesen Fall hat es in der »California Cryobank« bislang noch nicht gegeben – im Gegensatz zu der umgekehrten
Bewegung: Viele Spender, so Rothman, die zu Beginn ihrer Tätigkeit anonym bleiben wollten, haben ihren Status nachträglich ändern lassen.
»Sie freuen sich einfach darauf, ihre Kinder kennenzulernen«, sagt er.
»Würden Sie selbst das nicht auch tun? Das ist doch aufregend, wenn
man in seinen Vierzigern ist und auf einmal noch einem leiblichen Kind
begegnet. Ich selbst habe drei Söhne, aber ich würde liebend gerne entdecken, was ich an Nachkommen noch zustande gebracht hätte.«

Der Handel mit den Samenproben vollzieht sich in der »California
Cryobank« inzwischen weitgehend über das Internet. Auf www.cryo-
bank.com, einer aufwendig gestalteten, in Dutzende von Unterrubriken
eingeteilten Website, können sich die Klienten über die Kartei der Samenbank informieren. Basiselemente wie ein kurzes medizinisches Profil
jedes akzeptierten Bewerbers oder eine Spendertabelle, wie sie auch
Katzorke oder Peet anbieten – mit Angaben zu Körpermerkmalen, eth-
nischer Herkunft, Beruf und Spenderstatus – sind auf der Website frei
verfügbar. Der Online-Zugang zu weiteren Daten kann in verschiedenen Umfängen, zu Preisen von 145 bis 250 Dollar, erworben werden.
Auffällig ist sofort, dass die einzige Informationsquelle deutscher Samenbanken, die Tabelle mit den Spenderangaben, auf cryobank.com nur
eine ganz nebensächliche Rolle spielt; man muss sich länger durch die
Rubrik »Donor Search« bewegen, bis man den Katalog überhaupt findet. In den Mittelpunkt der Präsentation rückt die Website dagegen an-

dere Angebote, wie etwa die kostenlosen Serviceleistungen »Donors of the Month« oder »Popular Donor Now Available«, in denen ausgewählte Spender mit Kinderfoto und liebevoll erzählter Kurzbiographie vorgestellt werden.

Die aktuellen »Donors of the Month«, allesamt braun- oder schwarzhaarige Männer, wie die Kinderfotos verraten, sind unter dem Motto »groß, dunkel und attraktiv« versammelt. Auf dem Hintergrund der Seite schimmern Porträts von Marlon Brando, Dean Martin oder Elvis Presley durch, um die Messlatte der Auswahl deutlich zu machen. Klickt man eines der Fotos an, erscheint ein kurzer Steckbrief des Spenders, mit seinen Hobbys, Lieblingstieren und Lieblingsgerichten, und eine Karteikarte mit der Lebensgeschichte. So erfährt man über Nummer 11864: »Nach seinem Abschluss in den Fächern Englisch und Kreatives Schreiben freut er sich darauf, eines Tages seine eigenen Texte veröffentlichen zu können. Er interessiert sich sowohl für Belletristik als auch für Sachbücher und ist davon überzeugt, mindestens zwei Bücher in sich zu tragen. [...] Er verbringt gerne Zeit mit seiner Freundin, spielt Schach und hört Punk- und Independent-Musik. Gerne würde er eines Tages eine kulinarische Reise quer durch die USA unternehmen.« Spender 5749 wird mit folgenden Worten eingeführt: »Eine Frage: Was kommt heraus, wenn man die Liebe zum Geländelauf mit einem Bachelor-Abschluss in Geschichte und einer interessanten Familie mit russischen, irischen, deutschen und schwedischen Wurzeln kombiniert? Antwort: Spender 5749. Er ist ein Meter achtzig groß, wiegt 79 Kilo, hat braune Augen und braune Locken; er liebt Tiere und beschäftigt sich mit Malerei, Bildhauerei und Kunsthandwerk. [...] Irgendwann möchte er gerne durch den Mittleren Osten und Russland reisen.« Und die Vorstellung von Spender 11667 beginnt mit den Sätzen: »Welches Instrument Sie auch erwähnen – er kann es spielen: Gitarre, Banjo, Mundharmonika, Schlagzeug. Als diplomierter Musikproduzent darf er bereits den Künstlertraum auskosten, sein Leben mit dem zu bestreiten, was er liebt.« Er ist zudem ein »exzellenter Schwimmer«, und zwei Romane hat er auch schon geschrieben.[20]

Jeder dieser Männer scheint eine außergewöhnliche künstlerisch-sportliche Mehrfachbegabung zu sein, und das sogar, ohne die *soft skills* des sozialen Gewissens, der Empathie, der Beziehungs- und Genussfähigkeit zu vernachlässigen. Würde man die Versatzstücke dieser Erfolgsbiographien systematisch ordnen, ergäben sich drei wiederkehrende Felder, auf denen begehrte Samenspender vor allem reüssieren müssen: Kunst/ Kultur, Wissenschaft und Sport. Die California Cryobank gibt diese Präferenz selber vor, wenn sie auf der Website verspricht, alle Klientinnen würden durch ihre Vermittlung den richtigen Spender finden,»egal ob er ein hervorragender Gelehrter, ein glänzender Musiker, ein staunenswerter Athlet oder ein phantastischer Künstler«[21] sei. David Peet, der lange mit der Gründerin der ersten Samenbank in Florida verheiratet war, glaubt zu wissen, dass es bei diesem Überangebot nicht immer mit rechten Dingen zugeht:»Mich wunderte immer«, sagt er,»wie viele gutaussehende junge Rechtsanwälte es in der Umgebung gab, die auch noch phantastisch surfen können. Ich habe meine Frau damals gefragt, wie es kommt, dass sich nur Supermänner bei ihr bewerben. Sie hat mir nie darauf geantwortet.« Cappy Rothman dagegen verbittet sich jeden Zweifel an der Echtheit der Profile:»Die Spender sind genau so, wie sie auf der Seite beschrieben werden. Wir kämen nie darauf, ihnen irgendetwas in den Mund zu legen.«

Gleichviel, wie stark bei der Erstellung der Kurzporträts nachgeholfen wird: An ihrer Rhetorik fallen jedenfalls zwei Dinge ins Auge. Einmal enden die meisten von ihnen mit einer Formulierung, die die exzellenten Fähigkeiten des Spenders im Sinne eines *Potentials* beschreibt:»Eines Tages« werden sie Lehrstühle innehaben, Nummer-eins-Hits komponieren oder Weltrekorde erzielen,»irgendwann« – also noch nicht jetzt, denn eine vollends ausgereifte Biographie würde dem Zeugungsmaterial, das diese Männer anbieten, ein wenig von seiner prospektiven Kraft nehmen, seinem Versprechen. Die streng ausgewählten Spender sind noch Talente, Hoffungsträger, ausgestattet mit den bestmöglichen Voraussetzungen für eine rosige Zukunft; es trifft auf sie selbst mithin genau das zu, was auch für die Kinder gelten soll, die mit ihrem Samen gezeugt werden. Eine weitere Auffälligkeit der Texte besteht darin, dass sie immer wieder das Interesse der Spender für ihre ethnische Herkunft beto-

III

nen. Dass der junge Historiker mit den nordosteuropäischen Wurzeln gerne einmal nach Russland reisen würde, auf den Spuren seiner Vorfahren, ist ein Hinweis, der sich in ganz ähnlicher Weise in vielen Porträts der »Donors of the Month« oder des »Popular Donors« findet. Genealogisches Bewusstsein ist eine wünschenswerte, deutlich herausgestellte Eigenschaft bei Samenspendern. Eine bemerkenswerte Konstellation: Gerade diejenigen, die durch ihre Gabe den Stammbaum einer Familie zerreißen werden, sollen selbst über ein ausgeprägtes Interesse für die eigenen Ahnen verfügen. Dazu passt ein Hinweis, der in der Rubrik »Donor Qualification« gleich im ersten Satz fällt. Er setzt fest, dass Bewerber, die als Kind adoptiert wurden, als Samenspender kategorisch ausgeschlossen sind. Die Unterbrecher genetischer Bande müssen ihrerseits also aus lückenlos rekonstruierbaren Verwandtschaftsverhältnissen stammen, und das offenbar nicht nur aus medizinischen Gründen, sondern um den genealogischen Riss symbolisch zu kitten.

Ausgeschmückte Kurzbiographien und bestellbare Kinderfotos der Spender (maximal drei, aus der Zeit zwischen dem ersten und dem zwölften Lebensjahr) sind auf cryobank.com aber bei weitem nicht die einzigen Elemente der Orientierung für die Klienten. Das Angebot umfasst darüber hinaus ein knappes Dutzend unentgeltlicher oder kostenpflichtiger Kategorien, die in deutschen Samenbanken vollkommen unbekannt sind. Dazu gehören:

– ein *Personal Essay*, in dem der Spender stichwortartig Fragen nach seinen Lebensgrundsätzen und seiner Motivation als Samenspender beantwortet.

– ein *Long Profile*, eine knapp dreißigseitige Familienanamnese, die im ersten Teil Gesundheitszustand, Freizeit- und Ernährungsgewohnheiten des Spenders untersucht, im zweiten einen Fragenkatalog zu seinen Eltern, Geschwistern, Großeltern, Tanten, Onkeln, Cousins und Cousinen enthält, der bis zur Bestimmung des Hauttyps und der prägenden Charaktermerkmale aller Verwandten reicht.

– eine von professionellen Graphologen hergestellte Analyse seiner Handschrift.

– ein als Tondokument aufgezeichnetes Interview, das, wie die »California Cryobank« schreibt, »eine Beziehung zu dem Spender aufbaut, die über das gesprochene Wort hinausgeht«.[22] (Viele Eltern, heißt es, würden dieses Dokument für ihre Kinder aufbewahren.)

– die *Facial Feature Reports*, insgesamt zehn Serien von Illustrationen, die nach Art von Phantombildern die gängigsten Ausprägungen einzelner Gesichtspartien darstellen (zum Beispiel typische Augen-, Nasen-, Mund- oder Wangenformen) und die größte Übereinstimmung des Spenders zu einem dieser Typen anzeigen.

– der *Keirsey Temperament Sorter*, ein auf der Archetypen-Theorie C. G. Jungs basierender, siebzig Fragen umfassender Persönlichkeitstest, der das Temperament des Samenspenders einer von vier Basisgruppen zuordnet, den »Rationalisten«, »Beschützern«, »Idealisten« oder »Kunsthandwerkern«, und in einem zehnseitigen Gutachten ein Charakterbild des Spenders entwirft.

– der *Staff Impression*-Bericht, in dem verschiedene Mitarbeiter der Samenbank ihren Eindruck vom persönlichen Auftreten und den gesammelten Daten des Spenders wiedergeben.

– ein Angebot namens *Express Yourself*, das auf der Website als »aussagekräftigste Spenderinformation bislang« bezeichnet wird. »Jedem Donor«, heißt es, »wird ein leeres Blatt Papier in die Hand gedrückt und damit die Möglichkeit gegeben, zu zeigen, wer er ist, und zwar auf genau die Art, die seiner Persönlichkeit am meisten entspricht. Das können selbstgeschriebene Gedichte sein, Lieder, Essays, Fotos, Zeichnungen, Rezepte oder irgendetwas anderes, das dem Spender einfällt, um sich selbst auszudrücken.«[23]

– schließlich die jüngst hinzugefügte Kategorie, *Donor Look-a-Like*, ein von der California Cryobank als Warenzeichen geschützter Service, der die Ähnlichkeit des Samenspenders mit Prominenten ermittelt. Spender Nummer 12322 etwa, ein athletischer, ehrgeiziger Anthropologie-Student und der aktuelle »popular donor now available«, sieht laut Steckbrief wie Football-Spieler Drew Brees und Schauspieler Ed Helms aus. Das Anklicken dieser beiden Namen auf der Website führt direkt zum Ergebnis der Google-Bildersuche, so dass die Klienten die Einschätzung der Samenbank sofort überprüfen können. Cappy Rothman sagt, dass diese Rubrik »unglaublich beliebt« sei. »Die Spender sind ja allesamt überdurchschnittlich intelligent, ihre Spermaqualität ist durchweg großartig – was bleibt also als Unterscheidungsmerkmal übrig? Die Frage, wie die Männer aussehen.« Und er erzählt, wie diese Methode aus persönlichen Beratungsgesprächen zwischen Klienten und Angestellten entstanden ist. Um das erwachsene Gesicht eines Spenders zu beschreiben, hätten die Cryobank-Mitarbeiter immer wieder zu Vergleichen mit Filmstars gegriffen. Dieses Verfahren sei bei den Kunden auf solche Zustimmung gestoßen, dass es institutionalisiert und als offizielle Rubrik auf cryobank.com eingeführt wurde. Jetzt stehen am Ende jedes Spenderprofils zwei bis drei bekannte Namen, die einen Eindruck vom Aussehen des Mannes geben sollen. Und auch in umgekehrter Richtung ist die Suche möglich: Auf der Website findet sich eine Liste mit Hunderten von Prominenten, vom Schauspieler Aaron Ashmore bis zum taiwanesischen Sänger Zheng Yuan Chang. Das Anklicken eines Namens führt alle Samenspender des Katalogs auf, die dem jeweiligen Star ähneln.

Was die »California Cryobank« zur näheren Vorstellung der Spender aufbietet, erinnert nicht zufällig an eine erkennungsdienstliche Behandlung, an ein Ensemble polizeilicher Techniken, das gewöhnlich für die Identifizierung von Tatverdächtigen herangezogen wird. Manche dieser Techniken – Graphologie, Typologisierung von Gesichtern, Assoziationstests – sind in der Pionierzeit der Kriminalistik am Ende des 19. Jahrhunderts, in der Epoche von Lombroso, Bertillon oder Hans Gross, ganz explizit zur Ermittlung von Verbrechern eingeführt worden. In der Reproduktionsmedizin am Anfang des 21. Jahrhunderts, in der Arbeitsweise einer hochprofessionellen Samenbank, kehren sie nun wieder. Aus welchen Gründen erinnert die Präsentation einer Spenderkartei an polizeiliche Ermittlungsarbeit? Ursache beider Anhäufungen von Daten ist eine Identitätslücke, die durch möglichst präzise und vielfältige Mess- und Überprüfungsverfahren geschlossen werden muss. Wobei der grundlegende Unterschied darin besteht, dass diese Lücke im Fall der Samenbank bewusst gesetzt, im Fall der Polizei unfreiwilliger Mangel ist. Name und erwachsene Physiognomie der Spender sind natürlich bekannt – aber diese Informationen dürfen auf keinen Fall unvermittelt weitergegeben werden, um Spender und soziale Familie voreinander zu schützen. Damit die Klienten dennoch eine detaillierte Vorstellung von den Kandidaten erhalten, muss die ausgesparte Identität so eng wie möglich eingekreist werden. Elemente wie Kinderfotos, Stimmaufnahme, Handschriftenprobe oder die Erzählung der Lebensgeschichte tragen zum Schrumpfen der ursprüngliche Lücke bei und füllen sie mit Informationen – bis an jenen letzten Rand, an dem sich der unbekannte Spender, durch einen weiteren biographischen Hinweis, in eine identifizierbare Person verwandeln würde.

Zwei- oder dreimal in der Geschichte der »California Cryobank«, so erzählt Cappy Rothman, haben kriminalistisch begabte Elternpaare diese Schwelle übertreten und den Spender ausfindig machen können. Die Fälle trugen sich genau in jener Phase am Ende der neunziger Jahre zu, als Suchmaschinen wie Google ein zuvor nicht gekanntes Archivwissen präsentierten, die Profile und Essays der Spender aber noch mit einem Maß an konkreter Information ausgestattet waren, die aus der Zeit vor der Etablierung des Internets stammten. Die »California Cryobank« ist inzwischen wesentlich vorsichtiger und diskreter geworden, was die Angaben von Wohnorten oder Informationen aus der Kindheit betrifft. Dennoch wird in amerikanischen Zeitschriftenbeiträgen der letzten Jahre regelmäßig über die detektivische Arbeit von Paaren und »single moms« berichtet, die den Erzeuger ihres Kindes mit aller Macht ausfindig machen wollen. Das *New York Times Magazine* erwähnte 2006 einen Fall, in dem eine alleinstehende Frau unter anderem auch das erworbene Kinderfoto ihres Spenders zum Erkenntnisinstrument machte. Er ist darauf als Vierjähriger zu sehen, der gerade die Kerzen auf seinem Geburtstagskuchen ausbläst. Die Frau vergrößerte das Foto so lange, bis der Vorname des Spenders, mit Zuckerguss auf den Kuchen geschrieben, lesbar wurde. Diese Information bildete ein weiteres Puzzlestück in ihrem bereits seit Jahren andauernden Versuch, den Mann zu identifizieren.[24]

Wenn man die imposanten Datenerhebungen auf der Website verfolgt, stellt sich natürlich die Frage, woher das Begehren stammt, die Biographie und den Charakter der Spender derart konsequent zu durchleuchten. »Ich bin seit 43 Jahren verheiratet«, sagt Cappy Rothman, »aber wenn meine Frau eines der langen Samenspender-Profile lesen würde, wüsste sie mehr über den Mann als über mich.« Woher rührt diese Erkenntnislust? Zweifellos hat Rothman recht, wenn er die radikale Veränderung des Klientenkreises in den letzten 15 Jahren für die Inflation der Wissenserzeugung verantwortlich macht. Die Zahl der heterosexuellen Paare mag durch die ICSI-Technik stark zurückgegangen sein – aber in einem noch höheren Maße hat die California Cryobank Klientinnen in gleichgeschlechtlicher oder ohne Partnerschaft hinzugewonnen. Diese Frauen geben heute fast sechzig Prozent der Bestellungen in Auftrag, bei einer absolut gerechnet stetig wachsenden Anzahl von Kunden. Und da der unbekannte Erzeuger in diesen Fällen nicht von einem sozialen Vater ersetzt wird, kommt dem Wissen über ihn laut Rothman auch größere Bedeutung zu.

Doch diese Argumentation kann die ungewöhnlichen Serviceleistungen der California Cryobank nicht restlos erklären. Die so ehrgeizige, fein verästelte Suche nach dem richtigen Samenspender, unabhängig von der sexuellen Orientierung und dem Familienstand der Klienten, hat zweifellos einen weiteren Grund. Mit jeder zusätzlichen Kategorie soll die Sicherheit der Wahl verfestigt werden. Ob Stimmprobe, Temperamentanalyse oder Mitarbeitervotum: Besänftigt wird die latente Angst, dass der hochgepriesene, aber weiterhin unbekannte Mann doch der Falsche sein könnte; dass mit Hilfe seines Spermas ein krankes, unattraktives oder einfach nur mittelmäßiges Kind entstehen könnte. So viele Untersuchungsformen werden zusammengetragen, bis außer Frage steht, dass sich die Exzellenz der Spender auf die des Kindes übertragen muss. Dabei weiß die Samenbank natürlich um die Unwägbarkeit und Komplexität genetischer Vererbung. Das Risiko, dass keine der vielfachen Begabungen weitergetragen wird, bleibt immer präsent. Die Rhetorik auf cryobank.com ist daher von einer bemerkenswerten Ambivalenz geprägt: Von Zeit zu Zeit müssen die so offensiv behaupteten Zuschreibungen und Erkenntnisse wieder relativiert werden. Am Ende des Abschnitts über den »Temperament Sorter« etwa, der besonders tiefe Einsicht in die genetisch bestimmte Mentalität der Spender ermögliche, heißt es, sogar in gefetteter Schrift: »Bitte beachten Sie, dass die Ergebnisse des ›Temperament Sorters‹ für den Spender, den Sie ausgewählt haben, zwar interessant zu lesen sind, aber keine Vorhersage des Temperaments Ihres Kindes leisten.« Und auch der »Donor Look-a-Like«-Service wird im letzten Satz mit einem ganz ähnlichen Hinweis wieder abgeschwächt: »Kein Prominenter sieht exakt wie der Spender aus, noch sollten Sie glauben, dass ihr zukünftiges Kind tatsächlich einem der aufgelisteten Prominenten ähneln wird.« Cappy Rothman bestätigt diese Vorsicht, wenn er sagt: »Wir weisen die Klienten natürlich auch darauf hin, dass sogar Brad Pitts Kinder nicht wie Brad Pitt aussehen. Und wenn Sie meine eigenen Brüder sähen, würden Sie denken, dass meine Mutter vor meiner Geburt jemand anderen getroffen hat.« Es ist aufschlussreich, dass es die California Cryobank für nötig hält, immer wieder explizit auf diese allgemein bekannten Einschränkungen der Vererbungslogik hinzuweisen. Doch der lineare Zusammenhang zwischen der Wahl des Spenders und dem Aussehen und Charakter des Kindes wird auf der Website so konsequent inszeniert, dass die Korrektur der Behauptung an manchen Stellen unerlässlich scheint.

Dieses Vorgehen erinnert an ein grundlegendes Paradox der assistierten Reproduktion, auf das auch Liza Mundy hingewiesen hat.[25] Es geht um den Stellenwert der genetischen Disposition für das Heranwachsen eines Kindes. Auf der einen Seite wird dieser Stellenwert in den Auswahlverfahren der »California Cryobank« auf fast exzessive Weise betont: jeder akzeptierte Samenspender ein Wunder an Talenten. Auf der anderen Seite aber vertraut man nach der Geburt des Kindes vollständig darauf, dass die Liebe und Zuwendung des nichtleiblichen Elternteils die fehlende genetische Verbindung ersetzt. Was man also bei der Bestimmung des biologischen Vaters mit aller Macht zelebriert, soll nach dem Augenblick der Zeugung schlagartig vergessen sein, überlagert von der Erfüllung des sozialen Miteinanders. Dieses Paradox zieht auch eine historische Frage nach sich, die ohnehin ständig präsent ist, wenn man sich mit den Arbeitsweisen von Samenbanken beschäftigt – und zwar die Überlegung, wie eng die aktuellen Techniken der Reproduktionsmedizin mit den eugenischen Menschenzüchtungs-Konzepten in der ersten Hälfte des 20. Jahrhunderts verbunden sind. Was Francis Galton, ein Cousin Darwins, unter seinem 1883 eingeführten Begriff der »Eugenik« verstanden hat; was in Deutschland ab den 1890er Jahren als »Rassenhygiene« firmierte und später zur zentralen wissenschaftlichen Legitimation nationalsozialistischer Politik werden sollte, stand ja grundsätzlich im Interesse einer Rationalisierung der Fortpflanzung. Die Eugeniker wollten es nicht hinnehmen, dass die Kategorien von Effizienz und Ökonomie, wie sie in der Tierzucht schon längere Zeit bestimmend waren, in der Praxis menschlicher Fortpflanzung weiterhin keine Rolle spielten. »Krethi und Plethi heirathet lustig drauf los«,[26] bemerkte Alfred Ploetz, einer der frühesten »Rassenhygieniker«, und die Sehnsucht der Eugeniker bestand genau darin, das Reproduktionsverhalten der Bevölkerung nicht mehr als unregulierte Privatsache von Paaren aufzufassen. Als Eingriffsmöglichkeiten kamen dabei zwei Strategien in Betracht: die »positive« Eugenik in der Tradition Galtons, also das Bestreben, ausgewählte Paare durch Steuer- oder Wohnraum-Vergünstigungen zu ausgiebiger Fortpflanzung anzureizen, und die »negative« Eugenik, der Ausschluss bestimmter Bevölkerungsteile von der Reproduktion, die sich in Maßnahmen wie Eheberechtigungszeugnis, Zwangssterilisierung und in Deutschland schließlich in der »Vernichtung unwerten Lebens« niederschlug.

Gerade das Konzept einer »negativen Eugenik« macht die strikte Trennung von Sexualität und Zeugung notwendig; diese Entkoppelung ist sogar das »zentrale Thema des eugenischen Diskurses«,[27] wie es bei Peter Weingart et al. in ihrem Standardwerk zur Geschichte der »Rassenhygiene« heißt. In Ploetz' Vorstellungen eines eugenisch optimierten Volkes wird diese Maßnahme anschaulich, wenn er schreibt, dass Fortpflanzung »nicht irgend einem Zufall, einer angeheiterten Stunde überlassen«[28] werden dürfe, sondern allein den Grundsätzen der Wissenschaft. Von diesem Diktum ist es kein allzu weiter Weg in die Sphäre der Samenbanken oder der Spender- und Behandlungszimmer in den Reproduktionskliniken. Denn auch in diesen Räumen geht Befruchtung nicht mehr auf eine

»angeheiterte Stunde« unter beliebigen Sexualpartnern zurück, sondern auf die penible Auswahl der Zeugungsessenzen und ihre medizinische Zusammenführung im Labor. Nicht umsonst haben eugenische Utopien schon vor hundert Jahren mit den Möglichkeiten der Samenspende gespielt. Wie stark steht eine Institution wie die California Cryobank also in der Tradition der Menschenzüchtung? Durch die Sorgfalt und Hierarchisierung der Selektionskriterien stellt sie einen solchen Zusammenhang immer wieder her; die Spender müssen nicht nur gesund sein, sondern zeitgemäßen Idealen von Attraktivität und Intelligenz entsprechen. Auch wenn explizite Ausschlusshinweise fehlen, wird man in den Karteien kaum kleingewachsene oder korpulente Kandidaten finden; Samenproben von weißen Spendern sind in manchen Samenbanken zudem kostspieliger als Pailletten von lateinamerikanischen oder dunkelhäutigen Männern.[29] Auf der Homepage der California Cryobank heißt es in einer Selbstbeschreibung: »Warum sind wir so wählerisch? Einfach deshalb: Wer als Spender der CCB akzeptiert werden will, muss zu den bestmöglichen Spendern gehören, mit vortrefflicher Gesundheit und einzigartigen individuellen Talenten.«[30] Rhetorik und praktische Konsequenz dieser Aussage stimmen mit den Phantasien der »Rassenhygieniker« überein. Dennoch ist der eugenische Hintergrund in der öffentlichen Wahrnehmung assistierter Empfängnis verschwunden, vollständig überlagert vom Diskurs der Unfruchtbarkeit. Was Cappy Rothman und seine Kollegen in aller Welt tun, wird von niemandem mehr in die Tradition der Menschenzüchtung gestellt; es geht allein um Frauen und Paare, deren langgehegter Wunsch nach Kindern erfüllt werden soll. Manchmal, nach außergewöhnlichen Einzelfällen, kehrt eine Ahnung von den prekären Traditionslinien der Reproduktionstechnologie zurück (wie in der Debatte um die »Nobelpreisträger-Samenbank« oder bei jenem gehörlosen lesbischen Paar aus den USA, dem es im Jahr 2002 nach langwieriger Suche gelang, durch einen Samenspender mit dem gleichen genetischen Fehler ein gehörloses Kind in die Welt zu setzen).[31] Doch in der alltäglichen Anwendung der Verfahren spielt diese Vorgeschichte keine Rolle mehr. Die assistierte Empfängnis praktiziert heute unbeschwerte Fortpflanzungshygiene, Eugenik ohne Eugenik.

Wenn man sich fragt, wie es zu diesem bemerkenswerten Vergessen gekommen ist, muss man bedenken, dass die Erfolgsgeschichte der Fortpflanzungsmedizin seit dem ausgehenden 20. Jahrhundert immer als Behebung *individueller* Leiden verstanden worden ist. IVF- und ICSI-Labore, Samenbanken und Leihmutter-Agenturen haben zahllosen sterilen Paaren zu Nachkommen verholfen, das Schicksal der Kinderlosigkeit aber von einer unabdinglichen medizinischen Tatsache zu einem korrigierbaren, vom Einsatz und der Ausdauer des Einzelnen abhängigen Defekt gemacht. Die Karriere des Wortes »Kinderwunsch«, das inzwischen wie ein zu überwindendes Krankheitssymptom gebraucht wird, illustriert diesen Wandel.[32] Gerade die restlose Individualisierung von Fertilität und Elternschaft aber steht in Kontrast zu den Konzepten der Eugenik, die immer vom Kollektiv, von der Population her gedacht waren. (Das Aufgehen dieser Wissenschaft im Faschismus, der am stärksten auf die Gemeinschaft berechneten politischen Ideologie, war daher folgerichtig.) Den Reproduktionstechnologien des letzten Vierteljahrhunderts fehlt dieses Interesse völlig; es geht ihnen nicht um die »Fürsorge für die Erbmasse«[33] im Ganzen, wie es die »Rassenhygieniker« für sich in Anspruch genommen haben, sondern allein um die Fürsorge der unfruchtbaren Einzelperson. Damit verbunden ist auch eine andere Perspektive auf das Verhältnis von Leben und Zeit: Für die Reproduktionsmediziner ist nur das gegenwärtige Paar von Belang; die Vernachlässigung künftiger Generationen lässt sich bereits dadurch erkennen, dass Spenderkinder selbst niemals die Kriterien einer Samenbank erfüllen könnten: wie Adoptierte würden sie bei der Bewerbung an ihrem lückenhaften Stammbaum scheitern. Für die Eugeniker hingegen bedeutete das Augenmerk auf der Fortpflanzung der aktuellen Generation nur einen ersten Schritt, auf dem Weg zu einer sukzessiven Optimierung der kollektiven »Erbgesundheit«.

Unfruchtbarkeit wird heute als persönliches Drama verstanden – wobei man auch von einem Prozess der »Selbsteugenisierung« unter den fortpflanzungswilligen Menschen sprechen könnte. Die schrittweise Etablierung der Präimplantations-Diagnostik etwa, in Deutschland seit 2011 prinzipiell zugelassen, ist Ausdruck einer Mentalität, die von den

Eugenikern noch gesetzlich auferlegt werden musste. Im 21. Jahrhundert gilt der Anspruch auf unversehrte Nachkommen als Teil des Persönlichkeitsrechts (kein Kleinkind mit Down-Syndrom mehr auf den Straßen), und so verständlich der Wille nach der medizinisch garantierten Gesundheit des Ungeborenen auch sein mag: In historischer Perspektive hat es ein wenig den Anschein, als würde die eugenische Doktrin, im gesellschaftlichen Diskurs komplett verschwunden, von den Menschen inzwischen freiwillig beherzigt werden.

Cappy Rothman jedenfalls, ein wesentlich jünger aussehender Mann mit grauen, zum Pferdeschwanz gebundenen Haaren und einer Vorliebe für indianischen Schmuck, hält diesen historischen Kontext der assistierten Empfängnis für verfehlt. Sein aus der amerikanischen Verfassung stammender Leitsatz, den er während des Rundgangs durch die Büros der California Cryobank immer wieder äußert, lautet schlicht: »Jeder sollte das Recht haben, sich fortzupflanzen.« Dass Rothman in seiner Samenbank nur die attraktivsten und interessantesten Spender auswählt, stellt er in Beziehung zu jenen Kriterien, die auch beim Zueinanderfinden eines Liebespaares und der natürlichen Entstehung von Kindern eine Rolle spielen: »Es ist bei uns wie beim Online-Dating, das in den USA ja inzwischen der beliebteste Weg ist, einen Partner zu finden. Auf diesen Websites suchen Sie auch nur Kontakt zu einem Menschen, den Sie attraktiv und interessant finden. Genau nach demselben Prinzip funktioniert es bei uns.« Und bei allem Laissez-faire ist die Arbeitsweise seiner Samenbank zumindest vom Prinzip höchster Diskretion geleitet. Das wird spürbar, als es am Ende des Rundgangs um die Frage geht, ob die ungeheure Menge an Spenderdaten aus den letzten 35 Jahren, ob all die Kinderfotos, Essays und Fragebögen nur noch digital gespeichert seien, oder ob es einen Raum gäbe, in dem die Akten der inzwischen vielen tausend Männer aufbewahrt werden. Rothman sagt, dieser Lagerraum existiere tatsächlich, und weist auf eine Tür gleich neben dem Eingangsfoyer. Die freundlichen, aber rigiden Assistentinnen im Büro daneben öffnen sie zwar für einen Moment und geben den Blick auf einen länglichen Raum voller Karteikästen frei, aber eine der Schubladen aufsperren, die Akte eines seit langem ausrangierten Spenders her-

Abb. 3 Aufkleber der »California Cryobank«, eine Auswahl aus dem reichhaltigen Merchandising-Sortiment der weltgrößten Samenbank, das auch T-Shirts, Kapuzenpullover, Kappen und Kugelschreiber umfasst

aussuchen – nein, das sei auf keinen Fall möglich. »Tut mir leid«, sagt Cappy Rothman, »ich selbst habe leider gar keinen Schlüssel zu diesen Kästen«. In manchen deutschen Samenbanken herrscht gegenüber Forschern oder Journalisten definitiv ein nachlässigerer Umgang mit den Spender- und Patientenunterlagen.

Am Ende des Besuchs, vor dem Labor mit den Stickstofftanks, bittet Rothman eine Mitarbeiterin, Erinnerungsfotos zu machen. Und in einer Abstellkammer, bis zur Decke vollgepackt mit Kartons, stattet er den Gast mit einer Fülle von Merchandising-Produkten aus, mit Pullovern, T-Shirts, Mützen, Aufklebern und sogar einem Kugelschreiber, der in einer Glashülse oberhalb der Mine von tanzenden Plastikspermien erleuchtet wird [→ Abb. 3]. Der Chef der weltgrößten Samenbank kommt noch mit hinaus auf den Parkplatz, und als wäre das Manöver abgesprochen, biegt genau in diesem Moment ein FedEx-Transporter in den Parkplatz ein, um die täglichen Bestellungen abzuholen.

2.
»Mein Leben war plötzlich komplett weg«:
Die Perspektive der »Spenderkinder«

»Ganz der Papa«

Beim Verlassen der »California Cryobank«, Cappy Rothmans sanfte, ein wenig einschläfernde Stimme noch im Ohr, ist der assistierten Empfängnis vorübergehend alles Befremdliche abhandengekommen. Die von größter Pragmatik geprägte Anwendung der Reproduktionstechnologien wirkt in der Abendsonne von Santa Monica überzeugend und unangreifbar; jede Erinnerung an eine kulturelle Irritation dagegen erscheint als überkommene Geste der Verstocktheit. Doch die Souveränität, mit der der Samenbank-Betreiber seine Tätigkeit erklärt, relativiert sich in dem Moment, in dem man sich die Einschränkung seiner Perspektive in Erinnerung ruft, auf jene kinderlosen Frauen und Paare, die mit Hilfe der Spender noch das Glück der Elternschaft erleben dürfen. Was Cappy Rothman und seine deutschen Kollegen vollständig ausblenden, ist hingegen der Standpunkt der Kinder, die aus einer Befruchtung mit Spendersamen hervorgegangen sind. Samenbanken helfen allein bei der Zeugung von Babys; wie die jugendlichen oder erwachsenen Menschen später mit ihrer Entstehungsweise umgehen werden, fällt nicht mehr in ihren Zuständigkeitsbereich.

Im Jahr 2008 ist in Frankreich ein Buch erschienen, das den Blickwinkel der »donor conceived children« oder »Spenderkinder«, wie sich diese in der Öffentlichkeit weitgehend unbekannte Bevölkerungsgruppe selbst nennt, auf bemerkenswerte Weise sichtbar macht. Unter dem sarkastischen Titel »Ganz der Papa« erzählt Arthur Kermalvezen, 1983 in Paris geboren, seine Lebensgeschichte; es ist die Beschreibung einer fortwährenden Krise. Obwohl er von seiner Mutter schon als Kleinkind von der Unfruchtbarkeit des Vaters und den Umständen seiner Zeugung erfährt, also in einem Alter, das nach Anschauung der Familientherapeuten als günstigster Zeitpunkt für eine solche Offenbarung gilt, kommt Kermalvezen von der Pubertät an immer weniger mit dieser Erkenntnis zurecht. Von dem Spender weiß er nur, dass er aus einem der »Cecos« stammte, der staatlich organisierten »Centres d'Etudes et de Conservation des Oeufs et du Sperme«; da die gesetzlich verpflichtende Archivierung der Spenderdaten auch in diesem Land erst Mitte der neunziger Jahre festgelegt wurde, muss Kermalvezen nach langen Recherchen davon ausgehen, dass es keine Informationen mehr über seinen Erzeuger gibt. »Ganz der Papa« ist daher als Plädoyer für die Aufhebung der anonymen Samenspende verfasst.

Arthur Kermalvezen beschreibt die zunehmenden Störungen seiner Selbstwahrnehmung eindringlich. Über den sozialen Vater, mit dem er sich in der Kindheit noch vollständig identifiziert, heißt es einmal: »Ich lernte meinen Körper durch seinen kennen. Ich fand, dass er große Hände hatte, und wollte die gleichen haben. Später, als ich größer wurde, verglich ich mich nicht mehr mit meinem Vater, weil ich wusste und fühlte, dass ich nicht den gleichen Körper wie er haben würde. [...] Ich erlebte es als sehr ungut, als mein Körper sich veränderte, weil ich keinerlei Ahnung hatte, wem ich ähneln würde.« Die zur Hälfte unbekannte biologische Herkunft lässt keine stabile Identitätsbildung zu – wobei der Bruch in der Genealogie auch deshalb als besonders heikel empfunden wird, weil die aristokratische Familie der Mutter »großen Wert auf Blutsverwandtschaft« und dynastische Kontinuität legt. Keiner der mütterlichen Verwandten weiß daher von der Zeugungsweise Arthurs und seiner beiden Schwestern. Die Fremdheit des eigenen Gencodes wird in den unterschiedlichsten Zusammenhängen spürbar, und sei es auch nur in Arthurs rätselhafter Anfälligkeit für Allergien, die weder auf den Vater noch auf die Mutter zurückgeführt werden kann: »Da ich aus einer Insemination mit anonymem Spendersamen stamme, weiß ich nichts über die 23 Chromosomen, die zur Bildung meines Organismus beigetragen haben. Damit das ganz klar ist!«[34] Als er seinen ersten Personalausweis erhält, ist er darüber erstaunt, keinen Vermerk über die Umstände seiner Zeugung darin zu finden.

Was seine Haltlosigkeit jedoch am meisten verstärkt, ist die Ahnung, auf völlig kontingente und willkürliche Weise Teil einer bestimmten Familie geworden zu sein. Kinder, die auf natürlichem Wege gezeugt werden, können bereits aus dem Wissen, der sexuellen Vereinigung ihrer Eltern zu entstammen, ein Maß an innerer Orientierung ziehen: ihre Existenz ist die Folge eines Ereignisses, an dem beide Elternteile simultanen, in aller Regel bewussten Anteil haben. Spenderkindern steht dieses Wissen nicht zur Verfügung; dass eine bestimmte Spermapaillette bei einer bestimmten Klientin landet, ist trotz der Wahlmöglichkeiten in der Samenbank zum größten Teil nichts als Zufall. Mehr und mehr setzt Kermalvezen deshalb die Erkenntnis zu, »dass ich mich ebenso gut in irgendeiner anderen Vagina hätte wiederfinden können, mit einer anderen familiären Verknüpfung, weil ich eher der Wissenschaft entstammte als der Liebe«. Er begründet seinen prekären Lebenslauf – die langjährige Drogensucht, die Unschlüssigkeit bei der Berufswahl, die endlosen Therapiesitzungen seit der Kindheit – genau mit dieser Desorientierung, die sogar elementare Gewissheiten wie den Zeitpunkt der Zeugung und damit das eigene Alter trübt. Denn wenn die Entstehung eines Kindes gewöhnlich exakt zu terminieren ist, auf vierzig Wochen vor der Geburt, spaltet sich diese Bestimmung bei der Zeugung von Spenderkindern auf. Zwischen der Gewinnung der Spermazellen und dem Augenblick der Befruchtung können beträchtliche Mengen an Zeit liegen. Seit dem Aufkommen von Aids Anfang der achtziger Jahre dürfen Gynäkologen nur noch tiefgefrorene Samenproben benutzen; die Pailletten im Stickstofftank aber werden nach der Abgabe einer Probe monate- und teilweise sogar jahrelang aufbewahrt, bevor sie zur Anwendung kommen. Der eigene Ursprung wird für die Spenderkinder also zu einer verschwommenen Kategorie. »Wie soll ich mich da in der Zeit verorten?«, fragt Kermalvezen. »Ich hätte auch zehn Jahre früher geboren werden können. […] Wenn ich höre, dass in einem Cecos eine Schwangerschaft 17 Jahre nach dem Einfrieren geklappt hat, dann sage ich mir, dass ich genauso alt wie Papa sein könnte. [...] Ich bin wie aus der Zeit geworfen.«[35]

Im Zuge dieser Ungewissheiten gibt sich Kermalvezen mehr und mehr der Phantasie einer zweiten Existenz hin, als Sohn des unbekannten Samenspenders oder als Sprössling einer Familie, in die er mit ebensolcher Willkür hätte hineingeboren werden können. Auf der Straße zieht er bei jedem entgegenkommenden Passanten in Betracht, ob es sich um seinen Erzeuger handeln könnte; seine Vatersuche steigert sich, wie er schreibt, ins Obsessive. Die Einbildungen des Spenderkindes erinnern dabei an eine lebensgeschichtlich fundierte Variante jenes »Familienromans der Neurotiker«, dem Freud im Jahr 1909 eine kurze Abhandlung widmete. In diesem Aufsatz geht es um die ersten Entfremdungsgefühle der Kinder gegenüber ihren lange Zeit vergötterten Eltern, die sich häufig in der »Idee« äußern würden, »man sei ein Stiefkind oder ein angenommenes Kind«[36] – ein Impuls, der vor allem bei Jungen gegenüber ihrem Vater zu beobachten sei. Die leiblichen Eltern werden dabei durch »vornehmere«, »sozial höher stehende«[37] Personen ersetzt, wie etwa Schlossherren oder Adelsfamilien in der Nachbarschaft. Auch viele gesund gebliebene Menschen könnten sich Freud zufolge an diese Phase kindlicher Einbildungskraft erinnern; die missglückte Ablösung der Neurotiker von den Eltern jedoch hänge grundsätzlich auch mit dieser zunächst spielerischen Entfremdung zusammen. Es wirkt fast ein wenig zu stimmig und psychoanalytisch informiert, wenn Kermalvezen, selbst Psychologiestudent und Sohn einer Therapeutin, seine ältere Schwester mit dem Bekenntnis zitiert: »Ich lebte völlig in meiner Phantasie, dass ich irgendwo einen zweiten Vater hatte. Wenn zu Hause etwas nicht stimmte, half mir das. [...] Ich war also eine Prinzessin, und mein zweiter Vater war ein König, den ich in meinen Träumen traf.«[38] Der Neurosenkern, den Freud Anfang des 20. Jahrhunderts beschreibt, scheint im Zusammenhang mit den Reproduktionstechnologien hundert Jahre später also strukturell vorgezeichnet. Der Familienroman der Spenderkinder geht auf tatsächliche Gegebenheiten zurück.

Arthur Kermalvezen hat seinen Fall in Frankreich öffentlich gemacht und in Zeitungsbeiträgen und Fernseh-Talkshows nach seinem Erzeuger gesucht. 2007 dann meldet sich tatsächlich ein ehemaliger Spender bei ihm, der in den Jahren vor seiner Geburt für die entsprechende Samenbank tätig war und dessen eigene Kinder Arthur bemerkenswert ähnlich sehen. In dem Wissen, dass eine konkrete, identifizierbare Person sein biologischer Vater sein könnte, lässt Arthurs Unruhe nach: »Er war nicht mehr dieser Unbekannte, dieser ›Jedermann‹, der mich nachts verfolgte.«[39] Der Spender willigt in einen Gentest zur Ermittlung der Blutsverwandtschaft ein; sie schicken zwei Speichelproben an ein Labor im Ausland, weil ein solcher Test, ohne Einbettung in eine reguläre Vaterschaftsanfechtung, nach französischem Recht verboten ist. Als der Mann ihm einen Brief mit seinem Anteil der Laborkosten zusendet, erstaunt Arthur beim Blick auf die Handschrift: »Sie ähnelte meiner wie ein Ei dem anderen. ich dachte zuerst sogar, ich hätte mir selbst geschrieben.«[40] Dennoch fällt die Untersuchung negativ aus. Arthur Kermalvezen hat seinen Erzeuger bis heute nicht gefunden.

Der Verein »Spenderkinder«

Auch in Deutschland muss es etliche junge Menschen geben, deren Erfahrungen der in »Ganz der Papa« erzählten Lebensgeschichte ähneln. Von den etwa 100 000 seit den siebziger Jahren gezeugten »Spenderkindern« sind – zurückhaltend geschätzt – zwischen fünf und zehn Prozent über ihre Entstehungsweise aufgeklärt worden; das heißt, in Deutschland leben mehrere tausend Personen, die wie Kermalvezen über die Suche nach ihrem Erzeuger, über ihre Unsicherheiten und Identitätsbrüche, berichten könnten. Es gibt aber weder ein vergleichbares Buch in deutscher Sprache, noch ist die Lebenssituation der mit Spendersamen entstandenen Kinder ein etabliertes Thema in der Medienöffentlichkeit. Zwei- oder dreimal im Jahr wird in Zeitschriftenartikeln oder Fernsehreportagen aus dieser Perspektive über den Kosmos der assistierten Empfängnis berichtet. Hinter den anomym oder unter falschem Namen Porträtierten, das lässt sich nach kurzer Zeit ermitteln, stehen fast immer dieselben vier, fünf Personen, aktiv in einem Verein namens

»Spenderkinder«, der das öffentliche Auftreten dieser Bevölkerungsgruppe in Deutschland praktisch im Alleingang organisiert. Die Initiative betreibt die Website www.spenderkinder.de und hat im Augenblick
gut zwanzig Beiträger – ein verblüffend geringer Wert, wenn man bedenkt, wie viele Menschen die Umstände ihrer Zeugung und die damit
verbundenen Fragestellungen teilen. Sämtliche Mitglieder sind Frauen,
zwischen 18 und Ende dreißig, was sich der Verein damit erklärt, dass
männliche Spenderkinder womöglich ein engeres Verhältnis zu ihrem
sozialen Vater haben und dadurch ein weniger ausgeprägtes Bedürfnis,
ihren Erzeuger ausfindig zu machen. Arthur Kermalvezen ist auch in
dieser Hinsicht eine Ausnahme.

Dass sie mit Hilfe einer Samenspende gezeugt worden sind, haben
die an der Initiative Beteiligten in ganz unterschiedlichem Alter erfahren. Im Gegensatz zu Kermalvezen stimmen sie jedoch in der Anschauung überein, dass eine möglichst frühe Aufklärung den Umgang mit der
eigenen Biographie erleichtert. In der Selbstbeschreibung des Vereins
auf der Website heißt es:»Generell ist es so, dass es für die meisten von
uns ein umso größerer Schock war, je später sie es erfahren haben.«[41]
Von allen aktuellen Mitgliedern wurde aber nur eine der Frauen tatsächlich als Kind in die Umstände ihrer Zeugung eingeweiht. Hannah,[42] geboren 1984 in Göttingen, absolviert derzeit ein Aufbaustudium in Köln;
auch sie hat wie Arthur Kermalvezen und einige andere Mitglieder auf
spenderkinder.de das Fach Psychologie gewählt (wenn die Grundbedingung der eigenen Existenz derart kompliziert ist, prägt sich die Ambition, das eigene Leben möglichst genau zu verstehen, vielleicht umso
stärker aus). Sie lebt in einer kleinen Studentenwohnung im Zentrum
der Stadt; nach dem Ende des Aufbaustudiums will sie wieder nach Göttingen zurückgehen. Die Unbefangenheit, mit der sie über ihre eigene
Biographie redet, lässt schon nach Sekunden jede Erwartung ins Leere
laufen, dass sich die ungewöhnliche Art der Zeugung an irgendeinem
Zeichen, einer Eigenheit oder einer besonderen Verhaltensweise bemerkbar machen könnte; man schämt sich im Gespräch mit ihr beinahe dafür, diese Möglichkeit überhaupt in Betracht gezogen zu haben.

Hannahs Eltern, ein Ingenieur und eine Lehrerin, haben Anfang der achtziger Jahre Thomas Katzorkes Samenbank in Essen in Anspruch genommen; gleich bei der zweiten Insemination ist ihre Mutter schwanger geworden. »Erfahren habe ich es dann, als ich zehn war«, erzählt sie. »Meine Eltern hatten sich schon länger überlegt, es mir zu sagen, und auch unser Hausarzt hatte ihnen wohl dazu geraten. Meine Mutter las damals in einer Zeitschrift etwas zum Thema Eizellspende, das war gerade eine neue Methode. Ich habe also meine Mutter ganz unvermittelt gefragt, was sie davon halten würde, und sie hat das als Zeichen gewertet, es mir jetzt sagen zu können. Abends kam sie von einem Schulausflug nach Hause und hat sich an mein Bett gesetzt. Wir überlegten, wem ich aus meiner Familie wohl ähnlich sehe, die Augen vom Großvater, die Haare von der Tante und so weiter. Irgendwann stellte ich dann fest: Also, von Papa hab ich eigentlich gar nichts! Ich hätte nicht im Traum gedacht, dass der nächste Satz sein würde: ›Ja, das liegt eben daran, dass dein Vater keine Kinder zeugen kann.‹ Und dann hat sie mir noch erklärt, wie sie sich damals entschieden haben; dass es gar nicht so viele Möglichkeiten gegeben hätte, eigentlich nur die Samenspende und die auch nur anonym.«

Hat diese Nachricht damals nicht wie ein Schock auf sie gewirkt? Ist es für ein zehnjähriges Kind nicht extrem verwirrend, wenn es erfährt, dass der eigene Vater gar nicht der Vater ist? »Nein, es war für mich eher spannend, das zu hören. Wie bei einem Krimi: Auf einmal ist man mittendrin, und man will natürlich wissen, wie es ausgeht. Und ich hab dann wohl auch gleich gefragt: ›Wer ist der andere Mann? Wie heißt der? Was macht der gerne? Hat der auch Kinder?‹ Ich hab mir immer Geschwister gewünscht, und jetzt dachte ich: vielleicht habe ich sogar ganz viele!« Sie erzählt das so ruhig und beinahe lakonisch, dass zu keinem Zeitpunkt der Verdacht aufkommt, sie würde ihre Ausgeglichenheit nur simulieren. Hannah sagt sogar, dass ihr das Geständnis der Mutter damals einigen Aufschluss über die eingespielten Familienverhältnisse ermöglicht hätte: »Im Grunde war es auch eine Art Erleichterung, denn ich hatte mit meinem Vater ohnehin nicht so viele Gemeinsamkeiten, über die fehlenden äußeren Ähnlichkeiten hinaus; es gab zu ihm nie eine so intensive Bindung wie zu meiner Mutter. Er war ja auch beruflich stark eingebunden.« Die Frage, ob ihr Vater bei der abendlichen Unterhaltung am Bett dabei gewesen sei, verneint sie mit einem kurzen Lachen, das die Absurdität der Vermutung kenntlich machen soll. Erst am Tag danach habe sie sich mit ihm über die Offenbarung der Mutter unterhalten. Wie ist diese erste Begegnung abgelaufen? »Das war nicht so dramatisch, wie man sich das vorstellt. Da ich selbst immer so etwas wie Unsicherheit in der Beziehung zu ihm empfunden habe, gab mir die Information eher ein Stück Stabilität: Diese Distanz hat einen Grund, und mein Gefühl ist in Ordnung! Er sagte mir dann, dass er sich mir gegenüber ebenfalls oft unsicher gefühlt hätte. Er hätte immer gedacht, ich würde vielleicht etwas merken, schon als ganz kleines Kind.« Würde sie das Zusammenleben ihrer Familie dennoch als intakt bezeichnen? Wieder das kurze, nüchterne Lachen: »Was ist das schon, eine *intakte* Familie? Es war halt das klassische Familienmodell – der Vater eher abwesend und eine sehr starke Beziehung zwischen Kind und Mutter.«

In Arthur Kermalvezens Erfahrungsbericht erscheint der Moment der Aufklärung als verhängnisvolle biographische Zäsur, die das harmonische Familienleben in ein disharmonisches verwandelt, die normale Existenz in eine latent pathologische. Hannah kann mit dieser Einschätzung wenig anfangen: »Nein, als besondere Zäsur würde ich die Mitteilung meiner Mutter nicht bezeichnen. Schon als ein Ereignis mit großer Reichweite, in die Vergangenheit und in die Zukunft, aber nicht so, dass es einen Bruch darstellt. Die Beziehung zu meinen Eltern hat sich danach auch kaum verändert; die zu meinem Vater ist sogar ein wenig offener geworden.« In »Ganz der Papa« treten die Irritationen des Selbstbildes vor allem zu Beginn der Pubertät auf, kurz nach der Zeit also, in der Hannah von ihrer Entstehungsweise erfuhr. Sie kann sich aber an keine größeren Probleme in diesen Jahren erinnern. Womit sie zunehmend zu kämpfen hatte, war allenfalls die Erkenntnis, dass ihre Eltern die Umstände der Zeugung weiterhin als Familiengeheimnis betrachteten. Die Mutter hatte während der Schwangerschaft einigen engen Freundinnen von der Samenspende erzählt; außerdem wusste die Familie des Vaters Bescheid, da seine Unfruchtbarkeit schon in jugendlichem Alter diagnostiziert worden war. Aber die Verwandtschaft mütterlicherseits, zu der Hannah engen Kontakt hat, war nicht eingeweiht. »Meine Oma zum Beispiel hatte keine Ahnung: Die musste das doch wissen! Dann wollte ich es auch einer Freundin erzählen, aber da tauchten schon die Konflikte auf: Was, wenn die es ihren Eltern sagt, und dann treffen sich meine Eltern mit ihnen zum Abendessen?«

Der Wunsch, ihren Spender ausfindig zu machen, den »Krimi« um ihre Zeugung zu lösen, wie sie es formuliert, stellte sich bei Hannah schnell ein. »Ich wollte eigentlich sofort wissen, wer es ist«, sagt sie. »Dann ging ich aber noch einmal einen Schritt zurück und überlegte mir: Was erhoffe ich mir genau davon? Und wie nimmt es mein Vater auf, wenn ich jetzt nach dem anderen Mann suche? Ich kann ja nichts mehr rückgängig machen, sobald ich weiß, wer das ist, wie er heißt. Vielleicht ist er mir unsympathisch, keiner, den man sich als Erzeuger wünscht. Will ich das also wirklich wissen? Und deshalb habe ich viele Jahre lang gar nichts unternommen. Ich wusste auch nicht genau, wohin ich mich wenden sollte, es gab noch kein Internet, und ich kannte auch niemanden, der in einer ähnlichen Situation war.« Erst im Jahr 2007, im Alter von 23, setzt sie sich mit der Reproduktionsklinik von Thomas Katzorke in Verbindung. »Ich war in Essen und habe ihn angerufen. Mitten am Nachmittag, während der Sprechzeit, konnte ich eineinhalb Stunden mit ihm reden, da dachte ich mir ›Donnerwetter‹, das empfand ich schon als Entgegenkommen. Dann wollte er mir die Praxis zeigen, irgendwelche Filmchen über die neuesten Reproduktionstechnologien, da habe ich gesagt: ›Danke, nein, ich bin ja aus einem anderen Grund hier.‹ Ich habe nicht sofort viel Wind gemacht, in dem Sinne ›Ich will jetzt wissen, wer mein Erzeuger ist‹ (dieses letzte Wort fließt völlig reibungslos in ihre Rede ein, wie eine Formulierung, die man ganz selbstverständlich gebraucht). Mir war ja klar: Wenn er es weiß und mir nicht sagen will, dann sagt er es auch nicht, ich habe ja überhaupt nichts in der Hand.« Glaubt sie, dass die Spenderdaten noch in der Praxis aufbewahrt werden? Anfang der achtziger Jahre war ja nicht einmal die zehnjährige Archivierungspflicht festgesetzt. »Ich könnte es mir schon vorstellen. Es kursieren ja unterschiedliche Geschichten: Einmal sagt Katzorke, er besitze noch alle Akten der letzten dreißig Jahre, dann heißt es wieder, die meisten seien vernichtet. Aber eines weiß ich genau: Wenn ich jetzt Ansprüche stelle, dann wird er meine Akte morgen wegschmeißen – es würde ja keiner mitbekommen. Deswegen ist meine Strategie nicht unbedingt, ständig Druck auszuüben, das übernehmen ja glücklicherweise andere aus unserem Verein. Mir war eher wichtig, ihn einmal persönlich zu treffen. Damit er mich sieht und merkt: Seine Arbeit hat Folgen.«

Wenn Hannah über dieses Treffen redet, knapp dreißig Jahre nach der künstlichen Insemination, erinnert man sich unweigerlich an die Sätze, die Katzorke selbst über die Kontakte mit den durch ihn gezeugten Kindern gesagt hat.»Wir haben bislang vielleicht dreißig Anfragen gehabt«, erzählte er einige Wochen zuvor am Telefon,»wobei einige sehr hartnäckig sind, sie beschimpfen mich auch regelmäßig auf spenderkinder.de. Eine Frau wollte vor ein paar Jahren sogar vor Gericht gehen, die ist selbst Jurastudentin, die hat dann immer getönt, sie werde mich verklagen, aber jetzt scheint sie doch zu arbeiten und eine andere Beschäftigung gefunden zu haben. Eine andere war kürzlich im Fernsehen, die stand hier eines Tages mit der Kamera, hat widerrechtlich gefilmt und wollte ihre Story: dass bei uns keine Daten mehr vorhanden sind, und wie schwer sie jetzt leidet. Die Eltern saßen grinsend in der Talkshow.« Auch wenn man die gewollt saloppe Rhetorik abziehen muss, derer sich die meisten Reproduktionsmediziner gerne bedienen: Diese Aussagen offenbaren einen grundsätzlichen Riss in der Auffassung assistierter Empfängnis – auf der einen Seite die Mediziner, für die sich menschliche Reproduktion auf die erfolgreiche Verschmelzung von Zellobjekten reduziert, auf der anderen Seite die Kinder, die aus diesen Behandlungen hervorgehen, Subjekte mit Wünschen, Vorstellungen, Erinnerungen. Und es ist ein Riss wie dieser, der noch einmal an die elementare Schwelle des Zeugungswissens im frühen 19. Jahrhundert erinnert: Denn erst mit dem Beginn der Zelltheorie treten das zur Befruchtung notwendige Keimmaterial und der daraus hervorgehende Mensch überhaupt auseinander. In den gut hundert Jahren davor, in der Epoche der Einschachtelungslehre, wäre diese Trennung nicht möglich gewesen; denn wenn der Embryo von Anfang an als Miniaturform des späteren Lebewesens angesehen wird, kann es keine Spaltung zwischen dem Gegenstand und dem Resultat der Zeugung geben. Seit den Erkenntnissen der Zelltheorie hat diese Spaltung latent im Denken der Fortpflanzung bestanden, und in den Konflikten der assistierten Empfängnis kommt sie mit eineinhalb Jahrhunderten Verzögerung zum Ausbruch. Der Reproduktionsarzt kann das Ergebnis seiner Konservierungs- und Injektionskünste nicht als Subjekt denken.

Von dem Buch »Ganz der Papa« hat Hannah gehört, ebenso von dem Film »The Kids Are All Right«, den sie als »klischeehaft« bezeichnet. Die massiven Identitätsstörungen, wie sie Kermalvezen beschreibt, sind ihr aber fremd. Die Eltern haben auch nie erwähnt, dass ihnen eine der Eigenschaften Hannahs mysteriös vorkommen würde. Gab es Momente, in denen sie eine Verbindung gespürt hat zu dem unbekannten Erzeuger? »Nein, aber wir haben auch eine so riesige Verwandtschaft, da kommt alles vor. Vielleicht die Zähne: Ich brauchte als Kind eine Zahnspange, und das war etwas, das eigentlich nicht passte.« Und dann, nach längerem Nachdenken, sagt sie: »Grundsätzlich ist es schon so, dass ich mich heute sicherer fühlen würde, wenn ich zwei Pfeiler hätte, auf denen ich stehen könnte. Jetzt hab ich meine Mutter, als Grundlage und als Herkunftsgeschichte, die hat zwar ihre Macken, aber auch ihre Talente, und das ermutigt mich; ich erkenne einige ihrer Charakterzüge an mir. Und auf der anderen Seite weiß ich: Das kann jetzt von überall her kommen! Diese Seite ist offen, und das fühlt sich schon ein bisschen komisch an.« Genau aus diesen Grund würde Hannah auch gerne ihren Samenspender ermitteln und kennenlernen, und sie ist verärgert darüber, dieses Bedürfnis gegenüber den Reproduktionsmedizinern ständig rechtfertigen zu müssen. »Im Bereich der Adoption ist das Bedürfnis, zu erfahren, wo man biologisch herkommt, längst anerkannt. Und ich denke mir: Ja, genau, mehr will ich gar nicht! Und ich würde mir wünschen, dass einzelne Menschen uns dieses Recht bald nicht mehr vorenthalten können.«

Die Jurastudentin, die Thomas Katzorke auf Herausgabe der Spenderdaten verklagen wollte, jetzt aber »eine andere Beschäftigung gefunden zu haben scheint«, wie er etwas verächtlich formulierte, arbeitet inzwischen als Anwältin für Daten- und Medienrecht in Berlin. Sie heißt Stina, ist 1980 geboren und hat eine völlig andere Perspektive auf ihre

Biographie als Hannah. Auf Stinas Aktivitäten geht der Verein »Spenderkinder« letztendlich zurück: Im Jahr 2006, nur wenige Monate nachdem
sie mit 26 von ihrer Entstehungsweise erfahren hatte, veröffentlichte sie
die Website di-kind.de; auf diese Weise lernte sie Hannah und einige andere Spenderkinder kennen, und die Seite ging schließlich im Internet-
Auftritt der neugegründeten Initiative auf.

Wo Hannah mit großer Abgeklärtheit ihre Lebensgeschichte erzählt,
allenfalls von ein paar sarkastischen Kommentaren unterbrochen, geht
von Stina immer noch etwas Unversöhntes aus, wenn sie sich an den
Abend kurz vor ihrem ersten juristischen Staatsexamen erinnert. Die
Kränkung, die Desorientierung, die eine solche Nachricht für einen
längst erwachsenen Menschen bedeuten muss, wird in jedem ihrer
Worte deutlich. »Ich weiß noch, dass ich aus dem Urlaub zurückkam,
und meine Mutter hat mich vom Flughafen abgeholt, sie müsse mir
etwas Wichtiges sagen. Ich meinte: ›Ja, gut, mach's doch jetzt!‹ Und sie
sagte: ›Nein, es wär mir lieber, wenn du morgen Abend zum Essen kommen würdest.‹ Da hab ich mir gedacht: ›Mein Gott, was kommt denn
jetzt?‹ Und dann bin ich am nächsten Abend zu ihr gegangen. Mein Vater war auch da, obwohl sich die beiden schon lange getrennt hatten,
2002, nachdem ich ausgezogen war, und das hat mich endgültig verwirrt. Irgendwann schenkte sich mein Vater ein Glas Schnaps ein und
meinte: ›Möchtest du auch eins?‹ Und dann haben sie angefangen zu
erzählen: dass mein Vater unfruchtbar wurde, nach einer Hodenkrebs-
erkrankung, dass sie eigentlich relativ früh wussten, dass er keine Kinder zeugen könnte, und mich deswegen mit Hilfe einer Insemination an
der Universitätsklinik Essen gezeugt haben. Mir war zwar klar, dass das
etwas mit Reproduktionsmedizin zu tun hat, aber Genaueres wusste ich
nicht. Das war ein wahnsinnig unangenehmer Moment; ich habe gedacht, ich bin in einer schlechten Soapopera, bei ›Verbotene Liebe‹ oder
so ähnlich. Meine erste Frage war dann: ›Und warum sagt ihr mir das
jetzt erst?‹ Meine Mutter meinte, sie hätte es mir schon lange erzählen
wollen, ungefähr seitdem ich 19 war, und zwar, weil ich so anders wäre,
weil sie immer wieder Seiten an mir feststellen würde, die sie sich gar
nicht erklären könnte.«

Gab es dann einen konkreten Auslöser für die Eltern, das Gespräch ausgerechnet zu diesem Zeitpunkt zu führen? »Meine Mutter dachte wohl, es würde bei mir jetzt keine Prüfung im Studium anstehen, da könnte es passen. Aber es war, wenn es das gibt, der falscheste Zeitpunkt überhaupt, weil mein erstes Staatsexamen nur fünf Monate entfernt war. Und ich konnte mich die erste Zeit nach diesem Abend überhaupt nicht mehr konzentrieren und hatte wirklich Angst durchzufallen. Auch weil ich mich nur noch um dieses Thema gekümmert habe, weil ich alles darüber lesen und verstehen wollte.« Sie war schon während des Gesprächs mit ihren Eltern verwirrt, wollte ihren Eltern gegenüber aber kein Gefühl der Schutzlosigkeit zeigen und konnte sich kontrollieren. »Draußen habe ich dann aber sofort angefangen zu zittern. Ich bin mit dem Fahrrad nach Hause gefahren, und irgendwann wurde es so stark, dass ich den Lenker kaum noch halten konnte. Ich habe dann versucht, meinen Freund zu erreichen, aber der war gerade mit Arbeitskollegen aus. Und dann habe ich mich allein vor den Computer gesetzt und das Thema gegoogelt. Ich wollte unbedingt wissen, wie der Arzt aussieht, der das durchgeführt hat. Das hat mich furchtbar fertig gemacht, was ich da alles an Seiten gefunden habe, die von Dr. Poluda vor allem. Ich fand's unglaublich zu lesen, wie über Menschen wie mich bestimmt wurde, auch mit welcher Selbstgewissheit, das hat mich völlig aufgeregt und frustriert.«

Die undramatische, sogar spielerische Reaktion, die ein zehnjähriges Kind auf eine solche Nachricht zeigen kann, die Leichtigkeit, mit der es noch die elementarste Veränderung in die Normalität des eigenen Lebens integriert: All das ist einem erwachsenen Menschen offensichtlich nicht mehr möglich. »Mein Leben war plötzlich komplett weg«, sagt Stina über die Stunden danach, in denen sie die Tragweite der Information auslotete, das veränderte Verhältnis zu ihren Eltern, zur Hälfte ihrer Familie, die nichts von Stinas Entstehungsweise wusste (ihre Eltern hatten damals nur zwei Freunden von der Insemination erzählt). »Es war, als hätte ich mich vorher gar nicht richtig gekannt. Das Schlimme war diese doppelte Täuschung: Einmal das Wissen, dass die Eltern einen hintergangen haben – ich habe es wirklich als Betrug empfunden, und erst als ich von ihnen wegging, habe ich überhaupt gemerkt, wie unglaublich wütend ich auf sie war. Und dann diese Dimension, dass man einen Teil von sich selber nicht kennt, dass man vielleicht auch keine Gelegenheit haben wird, ihn richtig kennenzulernen: dass dieser Teil immer eine Leerstelle in einem bleiben wird. Ich habe auch meine Kindheit auf einmal in einem ganz anderen Licht gesehen, manche Äußerungen erst richtig verstanden. Mein Vater war eine Zeit lang sehr eifersüchtig, als ich mich in der Pubertät ein wenig von ihm entfernte. Und wenn wir uns gestritten haben, hat er meine Mutter angesehen und gesagt: ›Das hat sie aber nicht von mir!‹ Diese Erinnerungen kamen jetzt alle zurück, in einem neuen Sinn, das fand ich sehr belastend. Meine Kindheit war ohnehin nicht so wunderschön, weil ich immer lieber erwachsen sein und über mich selber bestimmen wollte. Ich war dann auch fünf Monate in psychologischer Behandlung, weil ich das Gefühl hatte, ich brauche jemanden, der mir hilft. Ich war zum Beispiel immer sofort deprimiert, wenn ich Kinder gesehen habe.«

Den Kontakt zu ihren Eltern hat Stina nach diesem Abend sofort abgebrochen, mehr als ein Jahr lang. »Ich glaube, ich habe ihnen einen Tag später direkt gesagt, dass ich sie nicht mehr sehen möchte. Sie haben zwar manchmal versucht anzurufen und so weiter, ich habe ja auch bis zum Ende meines Studiums noch Geld von ihnen bekommen. Aber ich wollte mich nicht mit ihnen auseinandersetzen und das erst einmal für mich selber klären. Meinen Vater habe ich dann ungefähr nach einem Jahr wiedergesehen, meine Mutter noch mal vier Monate später. Es war mir wichtig, dass ich mich zuerst mit meinem Vater versöhne.« Ist sie heute wieder ganz im Reinen mit ihnen, oder besteht eher ein Nichtangriffspakt zwischen ihr und den Eltern? »Eher Letzteres. Ich möchte mich zwar nicht die ganze Zeit mit ihnen streiten. Aber ich kann das Ganze nicht vergeben oder vergessen.«

Dass sie im Jahr 2006 so schnell an die Öffentlichkeit gegangen ist, empfindet Stina als ihre Form der Therapie. Sie hat versucht, möglichst rational mit dieser Situation umzugehen, mit Hilfe der Website nach anderen durch Samenspende gezeugten Menschen zu suchen, Journalisten von ihren Erfahrungen zu erzählen. »Ich bin grundsätzlich ein sehr ehrgeiziger Mensch. Und ich habe auch damals versucht, mich nicht unterkriegen zu lassen. Am Anfang dachte ich schon häufig: Jetzt wäre die richtige Gelegenheit, einfach abzuhauen, nach Südostasien oder so. Aber dann war mir immer klar, das geht nicht, das ist nicht meine Art. Ich habe ja auch meine Beziehung und meine Freunde hier, habe auch berufliche Ziele.« Im Gegensatz zu Hannah, die bei ihrem Besuch in Thomas Katzorkes Praxis ausführlich mit ihm reden konnte, lässt das Verhältnis zu Stina seit ihrem Prozesskostenantrag gegen die Universitätsklinik Essen 2007 wohl kein direktes Gespräch mit mehr mit dem Arzt zu. Das Gericht wies ihren Antrag damals aufgrund mangelnder Erfolgsaussichten ab, weil die Klinik und Katzorke versicherten, die Spenderdaten aus dem Jahr 1979 längst vernichtet zu haben. Stina glaubt aber, dass die Daten noch immer in seiner heutigen Privatpraxis vorhanden sein könnten – oder überhaupt nie angelegt wurden: »Ich hatte ja eine Zeit lang die Befürchtung, dass Katzorke selber der Spender war, weil wir beide der rotblonde Typ sind, und den gibt es nicht so oft.« (Ihre Mutter erzählte ihr aber später, dass sich Katzorke zur Zeit der Befruchtungen nicht in der Praxis aufgehalten hätte, und da es damals noch keine tiefgefrorenen Samenspenden in Essen gab, kann das nicht der Fall gewesen sein.) Die Hoffnung, ihren Erzeuger doch noch ausfindig zu machen, hat Stina nicht aufgegeben; sie will dafür aber nicht wie Arthur Kermalvezen den Weg ins Fernsehen gehen oder Interviews mit Foto und vollständigem Namen veröffentlichen. »Mir ist es sehr viel wert, dass nicht jeder von dieser Geschichte weiß.« In ihrem Umfeld hat sie bislang nur die engeren Freunde eingeweiht, vielleicht 15 Personen. »Meistens war es eine große Sache, wenn ich es irgendwann erzählt habe. Aber manchmal auch gar nicht; eine Freundin zum Beispiel hat einfach nur gesagt: ›Da haben sie den Spender aber gut ausgesucht.‹ Das fand ich sehr charmant. Ich merke auch nach all den Jahren, dass diese Geschichte mehr und mehr zu einem Teil meiner selbst wird. Sogar die ganzen Ungewissheiten, die damit verbunden sind.«

Der Verein »Spenderkinder« will allen Menschen, die mit Hilfe einer Insemination gezeugt wurden, eine Anlaufstelle bieten und den Erfahrungsaustausch zwischen den Mitgliedern bündeln. Im Vordergrund der

Arbeit stehen jedoch ebenso konkrete politische Forderungen, wie das Verbot von anonymen Spenden, der freie Zugang des Kindes zu den Spenderdaten ab dem 14. Lebensjahr, eine 50- und nicht 30-jährige Aufbewahrungspflicht aller Daten oder eine Bußgeld- und Schadenersatzverordnung für Ärzte, die diesen Auflagen nicht nachkommen. Die Initiative steht seit dem Jahr 2010 in Korrespondenz mit dem bundesdeutschen Justiz- und Gesundheitsministerium, um auf eine schärfere Profilierung der Gesetzeslage im Zusammenhang mit der heterologen Samenspende hinzuarbeiten. Darin hat sich eine überraschende Verteilung der Positionen ergeben. Denn die Forderungen der Initiative umfassen auch die Abschaffung jener Möglichkeit der Vaterschaftsanfechtung, die einem Spenderkind nach § 1600 des Familienrechts gegeben ist. Diese auf den ersten Blick unerwartete Haltung erklärt sich dadurch, dass das Risiko des Spenders, nach erfolgreicher Anfechtung zu Erb- und Unterhaltsforderungen herangezogen zu werden, von den Ärzten weiterhin als wichtigstes Argument für die Aufrechterhaltung der Anonymität gewertet wird. Würde man die theoretisch mögliche Haftung des Spenders nach einer Vaterschaftsanfechtung ausschließen, wie es in den Fortpflanzungsmedizingesetzen von Österreich, der Schweiz, den Niederlanden, Großbritannien oder Schweden der Fall ist, wäre diesem Argument die Basis entzogen. »Von uns Spenderkindern«, heißt es in einem Schreiben an das Bundesgesundheitsministerium, »ist niemand an einer offiziellen Vaterschaftsfeststellung und Unterhaltsansprüchen interessiert, bei unserem Interesse an der Person des Spenders geht es uns darum, eine Lücke in unserer Identität zu füllen sowie etwas über mögliche Erkrankungen in der Familie des Spenders zu erfahren.« Die Reaktionen des Ministeriums auf diese Anregung sind bislang aber abschlägig gewesen.

Es ist erstaunlich, wie lange es in Deutschland gedauert hat, bis es zur ersten gerichtlichen Auseinandersetzung zwischen einem Spenderkind und einer Reproduktionsklinik gekommen ist. Erst im Februar 2013 gelingt der 21-jährigen Bochumer Psychologiestudentin Sarah, die ebenfalls durch eine in Katzorkes Praxis durchgeführte Samenspende gezeugt wurde, woran Stina fünf Jahre zuvor noch gescheitert ist: Sie verklagt den Reproduktionsmediziner erfolgreich auf die Herausgabe der Spenderdaten. In den schmucklosen Räumen des Oberlandesgerichts Hamm in Westfalen findet ein historischer Prozess statt. Thomas Katzorke gibt gleich zu Beginn zu verstehen, dass sich keine Dokumente zur Ermittlung des Samenspenders mehr in seinem Besitz befänden. Seine Praxis hat, wie er darlegt, bis zur Umstellung auf elektronische Datenerfassung 1996 nach einem bestimmten System gearbeitet: Von jedem neuen Spender wurden zwei Karteikarten angelegt – eine mit Namen und Kopie des Personalausweises, aufbewahrt in einem Safe bei einem Notar, und eine mit laufender Codenummer, die in der Praxis offen zirkulierte und auf der die wichtigsten Körpereigenschaften des Mannes – Größe, Haarfarbe, Blutgruppe – sowie die Daten seiner Spenden verzeichnet waren. Die chiffrierten Karteikarten, sagt Katzorke, habe er noch vollständig archiviert. Die zugehörigen Papiere mit Klarnamen jedoch, seit dem Tod des Notars vor ein paar Jahren wieder in der Praxis gelagert, seien nur noch lückenhaft vorhanden; in den Kästen mit etwa 200 ausrangierten Spenderkarten würden zwanzig bis dreißig fehlen, darunter ausgerechnet die jener Männer, deren Samen er im Sommer 1990 für die Mutter der Klägerin ausgewählt hat. »Wir würden ihr ja gerne helfen«, sagt Katzorke im Gerichtssaal. Sarah lacht sarkastisch auf.

Der Reproduktionsmediziner trägt diese Entschuldigung mit voller Überzeugung vor, so kalkuliert der missliche Zufall auch wirken mag. Als ihm das Gericht noch einmal deutlich macht, dass er mit hohen Geld- und sogar Gefängnisstrafen zur Herausgabe der Auskunft gezwungen werden kann, fällt allerdings auf, wie sich seine Gedächtnislücken Stück für Stück schließen. Katzorke zieht plötzlich zwei nummerierte Karteikarten aus seinen Unterlagen hervor, von Spender #181 und #261. Die Samenproben dieser beiden Männer, sagt er fast beiläufig, kämen in Frage. Er überfliegt die alten Karten und erwähnt dann, dass Spender #261, wie die Klägerin auch, Blutgruppe 0 habe; dieser Mann müsse also nach aller Wahrscheinlichkeit der Gesuchte sein.

Als Zeugin wird eine Medizinisch-Technische Assistentin aufgerufen, die seit dreißig Jahren bei Thomas Katzorke für die Betreuung der Samenspender zuständig ist. Ihre Stimme klingt unsicher; immer wieder

dreht sie sich vor den Antworten zu ihrem Chef, wie um sich zu vergewissern, ob sie die verlangten Auskünfte auch geben dürfe. Sie beharrt
darauf, zwar die Ansprechpartnerin der Samenspender in der Praxis gewesen zu sein, aber ihre Klarnamen nie erfahren zu haben. Der Richter
lässt sich die Karteikarte #261 geben, und ihm fällt auf, dass der Spender
von 1989 bis 1996 regelmäßig Proben abgegeben hat. »Dieser Mann«,
sagt er, »muss Ihnen doch in Erinnerung geblieben sein!«

Die Laborassistentin, nach einem fragenden Blick hinüber zur An-
klagebank: »Ja, doch, ich habe seine Erscheinung vage im Gedächtnis,
er war blond.«

»Wie viele Spender sind um das Jahr 1990 herum denn täglich in Ihre
Praxis gekommen?«

»Vielleicht vier bis fünf«, sagt sie, und dann, nach einer Pause: »Moment, jetzt weiß ich es wieder: Er hat, glaube ich, mit Vornamen ›Hubert‹
oder ›Hubertus‹ geheißen.«

Sarah sitzt neben ihrem Anwalt, nur ein paar Meter von Katzorke und
der Zeugin entfernt, und sie erlebt nun live mit, wie das Phantom ihres
anonymen Erzeugers langsam an Gestalt gewinnt. Wie muss sie sich
fühlen? Seitdem sie vier Jahre zuvor von der Mutter über ihre Entstehungsweise aufgeklärt wurde, ist sie auf der Suche nach ihrem Erzeuger.
Vor einer Stunde, als der Prozess begann, wusste sie noch nichts, vor
einer halben Stunde erfuhr sie eine Codenummer – und jetzt stellt sich
heraus, welche Haarfarbe der Mann hat, wie er mit Vornamen heißt. Der
Richter wendet sich an Sarah und fragt sie, was sie zu ihrer Klage veranlasst habe. Sie wünsche gar keinen dauerhaften Kontakt zu dem Mann,
antwortet die junge Frau. Sie wäre nur gerne darüber im Klaren, welche
Erbkrankheiten der Spender eventuell auf sie übertragen habe; außerdem möchte sie wenigstens einmal jenem Menschen gegenübersitzen,
der zur Hälfte für ihr Aussehen, ihre Bewegungen, ihre Talente verantwortlich ist: »Also, das Gesicht zum Beispiel habe ich überhaupt nicht
von meiner Mutter«, sagt sie, »das muss von ihm sein«. Thomas Katzorke
interessiert sich für solche Fragen naturgemäß weniger. Er hat dem Gericht die beiden chiffrierten Karten vorgelegt, um ein Mindestmaß an
Kooperation zu demonstrieren, und er betont wiederholt, in den letzten

35 Jahren kein einziges Dokument bewusst vernichtet zu haben. Aber zur tatsächlichen Identität des Spenders kann er nichts beitragen. Thomas Katzorke wird am Ende des Prozesses dazu verurteilt, der Klägerin die Spenderdaten auszuhändigen. Seitdem die UN-Kinderrechtskonvention das Recht des Kindes auf Kenntnis der eigenen Abstammung niedergelegt hat, so das Hauptargument des Gerichts, ist die Praxis der anonymen Samenspende juristisch nicht mehr haltbar. Vielleicht führt die Aussicht auf hohe Geldbußen oder sogar auf eine Gefängnisstrafe also doch noch zu einer magischen Wiederbeschaffung der fehlenden Karteikarten und zu einer Begegnung zwischen Sarah und ihrem Erzeuger. Während der Drucklegung dieses Buchs ist dies auch geschehen. »Hubertus«, der Spender mit der Kennnummer 261, hat sich einige Monate nach dem Prozess bei Sarah gemeldet und einen Vaterschaftstest durchgeführt. Er ist mit an Sicherheit grenzender Wahrscheinlichkeit ihr Erzeuger. Doch unabhängig von der Frage, ob der Reproduktionsmediziner in diesem Fall die Wahrheit gesagt hat, kommt dem Rechtsstreit in Hamm eminente Bedeutung zu. Denn die erfolgreiche Klage Sarahs wird in den nächsten Jahren vermutlich eine Fülle ähnlicher Klagen von Spenderkindern aus Deutschland nach sich ziehen. »Ich könnte mir vorstellen«, sagte Hannah in diesem Zusammenhang, »dass Katzorke, wenn er noch irgendwelche menschlichen Regungen besitzt, langsam ein bisschen Angstschweiß kriegt. Denn die Schwierigkeiten gehen für ihn jetzt richtig los. Er hat ja früher selbst von der ›tickenden Zeitbombe‹ gesprochen, da wirkte er aber noch ziemlich entspannt. Die jüngeren Kinder werden allerdings mit viel höherer Wahrscheinlichkeit aufgeklärt. Da kommt definitiv was auf ihn zu.« Tatsächlich wächst gerade eine Generation von Spenderkindern heran, die mit wesentlich hoherer Wahrscheinlichkeit über ihre Entstehungsweise aufgeklärt worden ist, als dies in den vergangenen Jahrzehnten der Fall war. Ein weiteres Mitglied der Initiative, eine Lehramtsstudentin aus München, hat diese neue Tendenz der Offenheit in ihrer Zulassungsarbeit mit dem Titel »Familiengründung mit donogener Insemination« statistisch belegt. Der Umfang der Befragungen erfüllt zwar nicht die repräsentativen Standards früherer Untersuchungen; die Ergebnisse sind aber zwei-

fellos aussagekräftig. Die Autorin hat 84 heterosexuelle Paare befragt, die gerade ein durch Spendersamen gezeugtes Kind erwarten. Über sechzig Prozent dieser Paare haben vor, ihrem Kind einmal von seiner Entstehungsweise zu erzählen.[43] Auch wenn man berücksichtigen muss, dass sich dieses Verhältnis nach der tatsächlichen Geburt der Kinder noch deutlich verändern könnte: Die Zahlen weisen auf einen stark veränderten Umgang der Elternpaare mit dem Problem der Offenheit hin. Auf die Frage, welche Bedeutung der Samenspender einmal im Leben des Kindes einnehmen werde, antwortet daher nur knapp die Hälfte der Paare, er werde keine Rolle spielen, fast ein Drittel dagegen gibt an, er werde als Teil der Familie angesehen, sobald das Kind zu ihm Kontakt aufnimmt.[44] Wenn man gleichzeitig bedenkt, dass nur etwas mehr als die Hälfte der aufklärungswilligen Paare in dieser Umfrage einen offenen Samenspender in Anspruch genommen hat, bekommt man eine Ahnung davon, wie viel Arbeit auf die Gerichte in Zukunft warten könnte.

Ein kanadisches Urteil vom Mai 2011, die bislang aufwendigste juristische Auseinandersetzung mit der heterologen Insemination weltweit, bestärkt diese Vermutung. Die 1981 geborene Journalistin Olivia Pratten, wie Arthur Kermalvezen seit Jahren auf der öffentlichen Suche nach ihrem anonymen Samenspender, hat einen Rechtsstreit vor dem Supreme Court der westkanadischen Provinz British Columbia gewonnen. Die Verfassungsrichterin bezeichnet es in ihrer über 120-seitigen Urteilsschrift als »diskriminierend«,[45] dass für Spenderkinder nicht dasselbe Recht auf Kenntnis der genetischen Eltern gelte wie für Adoptivkinder. Die »Zerstörung, Beseitigung oder Weitergabe von Spenderdaten«[46] sei in der Provinz British Columbia deshalb laut Urteilsschrift ab sofort untersagt. Die Argumentation Olivia Prattens bewegte sich in diesem durch verschiedene Instanzen gehenden Prozess um einen ganz ähnlichen Schwerpunkt wie die Bemühungen des Vereins »Spenderkinder« oder die Aussagen von Sarah. Es geht ihr nicht darum, den Spender nach seiner möglichen Identifizierung in die emotionale und wirtschaftliche Pflicht eines »Vaters« zu nehmen, sondern um die Ermittlung der eigenen biologischen Herkunft, vor allem um die vollständige Information über mögliche genetisch bedingte Krankheiten. Dieses Anliegen mag wie eine übermäßige Furcht wirken – man muss allerdings bedenken, wie allgegenwärtig die Praxis des »Genscreenings« zur Prävention oder Diagnostizierung von Krankheiten inzwischen geworden ist. Für Aufsehen sorgte vor wenigen Jahren der Google-Gründer Sergey Brin, bei dem ein solcher Test eine stark erhöhte Parkinson-Disposition ergeben hatte; seitdem unterstützt Brin die Erforschung der neurologischen Krankheit mit hohen Geldsummen. Die genetische Vorhersehbarkeit der eigenen Patientengeschichte aber hat die Krise der Spenderkinder in den letzten Jahren noch verstärkt. Ihr Chromosomensatz ist zur Hälfte unbekannten Ursprungs, und dieser Mangel muss in einer Zeit, die Vererbung weiterhin als statische Übertragung eines Gencodes denkt, zu immer größerer Unsicherheit führen. Auf diese Weise scheint sich ein neues Stigma auf die »donor conceived children« zu legen: Der dunkle Fleck, auf künstlichem Weg gezeugt zu sein, beginnt zu verblassen, doch nun ist es die genetische Lücke, die ein Gefühl der Unzulänglichkeit erzeugt.

Widerständigkeit der Gene: Das »Donor Sibling Registry« und die Bedeutung der Blutsverwandtschaft für die Reproduktionsmedizin

Unter den politischen Forderungen, die der Verein »Spenderkinder« auf seiner Internet-Seite aufführt, findet sich auch der Punkt »Schaffung eines unabhängigen Zentralregisters für die Spenderdaten«.[47] In Deutschland gibt es bislang keinen Ort, an dem die Geburt eines durch heterologe Insemination gezeugten Kindes verzeichnet wäre; nur die einzelnen Samenbanken haben Kenntnis von der Identität ihrer Spender. Anders als bei Schwangerschaften und Geburten durch In-vitro-Fertilisation, die im »Deutschen IVF-Register«[48] niedergelegt sind, fehlt im Zusammenhang mit Samenspenden jede Art von zentraler Erfassung. Diese Lücke ist folgerichtig, wenn man die von vielen Ärzten weiterhin empfohlene Verdeckung der Zeugungsweise bedenkt, jene Warnung vor der zerstörerischen »Sprengladung« der Offenheit, wie Michael Poluda in seinem Informationsblatt schreibt.

In einigen europäischen Staaten sowie in Australien und Neuseeland sind solche Zentralregister eingeführt worden, in Schweden bereits Mitte der 1980er Jahre. In Großbritannien verzeichnet seit 1991 die »Human Fertility and Embryology Authority« die Geburt von Spenderkindern; seit dem Jahr 2005 gilt zudem, dass jedes Kind nach Vollendung des sechzehnten Lebensjahres die persönlichen Daten des Spenders einsehen kann. Auch in Holland, Spanien, Österreich und der Schweiz legen Fortpflanzungsmedizingesetze die Registrierung der Geburten fest, wobei in Österreich das Mindestalter, in dem ein Kind Zugang zu den Daten seines Samenspenders erhält, sogar bei 14 Jahren liegt. All diese Einrichtungen tragen zu einem neuen Verständnis der assistierten Reproduktion bei, das im genauen Gegensatz zu jener Politik der Geheimhaltung steht, wie sie bis in die achtziger Jahre hinein obligatorisch war. Wo in den Jahrzehnten davor, seit den Anfängen der kommerziell vermittelten Insemination in der Zeit vor dem Zweiten Weltkrieg, mit allen Mitteln an der größtmöglichen Intransparenz der Samenspende gearbeitet wurde, steht nun immer häufiger der Wille zur Nachvollziehbarkeit. Deutschland ist dabei eines der wenigen Länder, in dem sich diese Entwicklung noch nicht feststellen lässt. In Ermangelung eines Fortpflanzungsmedizingesetzes ist die heterologe Insemination juristisch und statistisch weiterhin so gut wie nicht existent. Für die mit Spendersamen gezeugten Menschen – das zeigen die Lebensgeschichten von Hannah, Stina und den anderen Mitgliedern der Initiative »Spenderkinder« – gibt es keine Möglichkeit, ihren biologischen Vater zu ermitteln; und auch der jüngeren, besser aufgeklärten Generation in Deutschland wird in naher Zukunft womöglich nur wie Sarah der Weg über die juristische Auseinandersetzung bleiben.

Wohin die neue Tendenz der Offenheit führt, jene Ambition, das genetische Patchwork der Familien mit Bedacht freizulegen, zeigt keine Einrichtung deutlicher als die amerikanische Internetseite »donorsiblingregistry.com«. Dieses Verzeichnis dient, wie sein Name besagt, nicht allein der Erfassung und Zuordnung von Samenspendern, sondern vor allem der Ermittlung von Halbgeschwistern, die vom selben Erzeuger abstammen. In den USA gibt es wie in Deutschland bis heute keine gesetzlich bestimmte Registrierung von Geburten nach heterologer Insemination. Doch im Jahr 2000 gründete eine alleinerziehende Mutter namens Wendy Kramer eine Initiative, die, wie sie heute auf ihrer Website ohne Übertreibung schreiben kann, »die landesweite Diskussion um die Samenspende im Alleingang in eine neue Richtung geführt«[49] hat. Am Anfang des »Donor Sibling Registry« stand die Neugier ihres damals neunjährigen, bereits über seine Entstehung informierten Sohnes Ryan, ob irgendwo vielleicht Halbgeschwister von ihm leben könnten. Diese Sehnsucht scheint tatsächlich ein unmittelbarer Affekt der meisten Spenderkinder zu sein; auch Hannah und Stina erzählten, dass der Gedanke an mögliche Geschwister eine der ersten Regungen nach der Offenbarung ihrer Zeugungsweise gewesen sei. Wendy Kramer eröffnete damals zunächst eine Yahoo-Diskussionsgruppe und stellte alle verfügbaren Informationen über ihren Samenspender ins Netz. Die Resonanz auf dieses Unterfangen war nach den ersten Medienberichten überwältigend. Ryan musste zwar noch sieben Jahre auf die Entdeckung seiner ersten Halbschwester warten, aber die Zahl der Eltern, die in der Diskussionsgruppe ebenfalls ihre Spenderdaten veröffentlichte, wuchs so rasant an, dass Kramer bald darauf die professionelle Website donorsiblingregistry.com ins Leben rief. Dieses Verzeichnis hat sich inzwischen als weltweit genutztes Forum zur Ermittlung biologisch verwandter Menschen etabliert: Im Jahr 2006 waren 7400 Mitglieder eingetragen, darunter auch etwa dreihundert Samenspender und einige Dutzend Eizellspenderinnen, und über 1500 Halbgeschwister hatten bereits zueinandergefunden; im November 2008 waren es 22 600 Mitglieder, bei 5815 Übereinstimmungen; und im Dezember 2013 zeigt die ständig aktualisierte Zahlenleiste auf der Homepage die Werte 10641 und 41246 an.[50] Für einen Beitrag von 75 Dollar im Jahr oder 175 Dollar auf unbestimmte Zeit können die Mitglieder alle Kommentare der registrierten Eltern, Kinder und Spender einsehen und selber Einträge verfassen. Das Verzeichnis ist alphabetisch nach den Namen der Samenbanken gegliedert; wenn sich eine Übereinstimmung ergibt, können die Betroffenen eine E-Mail an Wendy Kramer schreiben, die den Kontaktwunsch dann an die andere Seite weiterleitet. Über 500 amerikanische und 125 ausländische Einrichtungen sind auf der Website derzeit aufgelistet, unter dem Motto: »Wir informieren, verbinden und unterstützen Spenderfamilien«.[51]

Vor der Entstehung des »Donor Sibling Registry« konnte die Suche nach dem eigenen Samenspender zur Lebensaufgabe werden. Die Biographien von Arthur Kermalvezen oder Olivia Pratten erinnern an den Aufwand dieser Unternehmung, und auch in den USA gibt es Spenderkinder, die durch ihre langjährige Präsenz in Fernsehshows und Zeitschriften eine berüchtigte Prominenz erlangt haben. Eine junge Texanerin namens Kathleen LaBounty etwa suchte zu Beginn des Jahrhunderts über Monate hinweg in alten College-Jahrbüchern nach ihrem Erzeuger, von dem sie nur wusste, dass er an der Universität ihrer Heimatstadt Baylor Anfang der achtziger Jahre Medizin studiert und für die dortige Samenbank gespendet hatte. Auf rund 600 Porträts glaubte sie eine vage Ähnlichkeit mit ihren eigenen Gesichtszügen zu erkennen; sie ermittelte die aktuelle Adresse aller Männer, schickte ihnen jeweils einen Brief und Fotos und bat sie, einen Vaterschaftstest zu machen, sollten sie in der entsprechenden Zeit als Samenspender tätig gewesen sein. Tatsächlich antworteten ihr über 250 der Angeschriebenen, doch von den wenigen Männern, die in Frage kamen und in einen solchen DNS-Test einwilligten, stellte sich niemand als ihr biologischer Vater heraus.

Gerade in dem Jahr, in dem Kathleen LaBountys Schicksal öffentlich verhandelt wurde, organisierte die »Sperm Bank of California« in Berkeley die ersten geplanten Begegnungen zwischen einem Samenspender und den volljährig gewordenen Nachkommen. Von diesen Begegnungen, in der Öffentlichkeit weltweit rezipiert,[52] profitierte 2002 auch das junge »Donor Sibling Registry«; die Identifizierung von Samenspendern und damit auch die Zuordnung von Halbgeschwistern wurde durch diese tiefe Zäsur in der Geschichte der assistierten Empfängnis zum ersten Mal konkret vorstellbar. Vorangetrieben haben diese Entwicklung also nicht die traditionellen heterosexuellen Klienten der Samenbanken, sondern die lesbischen Paare (und später die alleinstehenden Frauen). Heute sind, wie Wendy Kramer erzählt, nur noch rund zwanzig Prozent der im »Donor Sibling Registry« verzeichneten sozialen Eltern heterosexuelle Paare; der Großteil besteht vielmehr aus alleinstehenden heterosexuellen Frauen, lesbischen Paaren und zu etwa zehn Prozent auch aus alleinstehenden lesbischen Frauen. Die umfassendste statistische Untersuchung über die Aufklärung von Spenderkindern bislang, vom DSR 2009 in Auftrag gegeben, bestätigt diese Tendenz. Im Rahmen der Studie wurden 741 Spenderkinder im Alter von neun bis vierzig Jahren befragt, allesamt Mitglieder des Registers. 95 Prozent der Kinder mit lesbischen Eltern oder alleinstehenden Müttern waren im Alter von zehn Jahren über ihre Zeugungsweise bereits aufgeklärt gewesen, aber nur sechzig Prozent der Kinder mit heterosexuellen Eltern. Von den Kindern der lesbischen Paare, so eine weitere Erkenntnis der Befragung, gaben nur sieben Prozent an, von der Offenbarung der Samenspende »verstört« gewesen zu sein, im Unterschied zu mehr als einem Drittel der Kinder heterosexueller Paare. Die Autoren ziehen daher eine zentrale Schlussfolgerung aus ihrer Studie: »Die Normalisierung der Samenspende und der Offenheit innerhalb der Familie hat vor allem mit dem Anwachsen der Zahl alleinstehender Mütter und lesbischer Familien zu tun.«[53] Wendy Kramer unterstützt das Bemühen um eine möglichst frühe Aufklärung der Spenderkinder auf der Website des Registers. »Es ist nie zu früh«, schreibt sie, »Ihrem Kind von den Umständen seiner Zeugung und Geburt zu erzählen. Vor allem Kleinkinder lieben es, diese Geschichte immer und immer wieder zu hören. Machen Sie sich keine Sorgen, ob Sie die richtige Sprache, die korrekten Begriffe finden; sprechen Sie einfach genauso über das Thema, wie sie auch sonst mit Ihren Kindern reden, im selben Tonfall, mit derselben Ernsthaftigkeit.«[54]

Man muss an die Eltern von Stina in einer nordrhein-westfälischen Kleinstadt denken bei diesen Empfehlungen, an Tausende deutsche Familien in den achtziger und neunziger Jahren, die vielleicht über Jahre hinweg nach den richtigen Worten, nach der richtigen Gelegenheit gesucht haben, um das Familiengeheimnis zu lüften, und sie letztendlich nie gefunden haben. Für das »Donor Sibling Registry« und seine nun über vierzigtausend Mitglieder gibt es diese Zweifel und Beklemmungen nicht mehr. Sie sind von der Überzeugung geleitet, dass sich Reproduktion mittels Samen- oder Eizellspende in völliger Offenheit und mit

Kenntnis aller Beteiligten vollziehen soll. Sie wenden sich gegen die überlieferten Mechanismen von Geheimnis und Ausschluss; sie erklären jene Gefahr der Übertretung von Familiengrenzen für überflüssig, wie sie der Film »The Kids Are All Right« durchspielt. Am Horizont der Vorstellungen scheint vielmehr ein neues Bild von Großfamilie auf, ein harmonisches Miteinander aus sozialen Eltern, Spendern und Halbgeschwistern, das die herkömmliche Kernfamilie nicht bedroht, sondern bereichert. Und es bereitet den Mitgliedern offenbar keine Schwierigkeiten, eine für alle Angehörigen akzeptable Intensität des Kontaktes herzustellen, Sehnsüchte zu erfüllen und Distanzen zu wahren. In einer Broschüre des »Donor Sibling Registry«, auf der Website abrufbar, heißt es: »Das DSR arbeitet an einer Neudefinition der Bedeutung von ›Familie‹.«[55] Und tatsächlich sorgt Wendy Kramer, eine ehemalige Gastronomin, mit ihrem Verzeichnis für einen völlig veränderten Umgang mit der assistierten Reproduktion. Das Unternehmen ist, wenn man von den Programmierern der Website absieht, weiterhin ein Ein-Personen-Betrieb. Von ihrem Wohnhaus aus, in einer Kleinstadt in den Rocky Mountains von Colorado, organisiert sie das Register mit beträchtlichem Arbeitseinsatz; sie beantwortet E-Mails um fünf Uhr früh Ortszeit innerhalb von Minuten, gibt Telefoninterviews am liebsten im Morgengrauen und reist mehrmals in der Woche zu Vorträgen oder Diskussionsrunden. Doch ihr Feldzug gegen die Verhüllungstechniken der Reproduktionsmedizin hat Spuren hinterlassen: Monat für Monat ergeben sich auf der Website Hunderte von neuen Übereinstimmungen, finden Halbgeschwister zusammen oder Spender und ihre Nachkommen, und es verstreicht mittlerweile wohl kein einziger Tag mehr, an dem nicht irgendwo auf der Welt eine E-Mail zwischen fremden Menschen gewechselt wird, die von ihrer biologischen Verwandtschaft erfahren. Große Samenbanken wie die California Cryobank haben nach dem Erfolg Wendy Kramers deshalb ihre Politik umgestellt und bieten seit ein paar Jahren eigene Register zur Ermittlung von Halbgeschwistern an.

Auf donorsiblingregistry.com gibt es eine Rubrik mit Ratschlägen und vorformulierten Schreiben, die bei der Annäherung an frisch identifizierte Verwandte helfen und die richtige Balance aus Vertraulichkeit und Distanz herstellen sollen (nach der assistierten Empfängnis die assistierte Begegnung). Was soll man etwa beim Aufrufen des Registers tun, wenn der Name des eigenen Kindes und der eines zweiten plötzlich von einem gelben Rahmen eingefasst sind? Dieses Symbol kennzeichnet eine Übereinstimmung des Spenders und damit den Status der Kinder als Halbgeschwister. »Atmen Sie erst einmal tief durch«, empfiehlt Wendy Kramer, um dann konkrete Verhaltenshinweise zu geben: »Wenn Sie Kontakt wollen, dann seien Sie behutsam. E-Mail ist ein gutes Medium für den Anfang. Geben Sie vielleicht erst ein paar Auskünfte über sich selbst preis und schauen dann, wie der andere reagiert. [...] Das Spektrum der Erwartungen unter den DSR-Familien ist breit. Manche sind allein daran interessiert, ein paar Grundinformationen mit den Eltern der Halbgeschwister ihres Kindes zu teilen. Andere Familien wollen einen sporadischen Austausch von Fotos und E-Mails, aber keinen persönlichen Kontakt. Und wieder andere hoffen auf eine dauerhafte Verbindung, die zu einer Freundschaft oder sogar zu einer Art Familienbeziehung werden kann.« Vor allem die Annäherung an einen registrierten Samenspender, schreibt Kramer, erfordere ein hohes Maß an Feingefühl: »Spender sind manchmal besonders vorsichtig bei der Kontaktaufnahme, weil sie vielleicht sehr viele Nachkommen haben. Ich empfehle daher, dem Spender die Oberhand zu lassen, was die Frequenz und die Intensität des Austausches betrifft. Sagen Sie ihm, dass Sie gerne nach und nach eine Beziehung zu ihm aufbauen würden, dass Sie aber auf keinen Fall sein Leben über den Haufen werfen wollen.« Und an die Adresse der jugendlichen und erwachsenen Spenderkinder, die im DSR verzeichnet sind, ergeht der Hinweis: »Machen Sie sofort klar, was Sie auf keinen Fall von ihm fordern: Geld, Ansprüche auf gemeinsame Zeit oder sogar die Trennung von seiner Familie.«[56]

Was auf den Seiten des »Donor Sibling Registry« deutlich wird, ist eine Mentalität, die ohnehin immer stärker hervortritt, je länger man sich mit der Sphäre der neuen Reproduktionstechnologien beschäftigt. In der Öffentlichkeit ist die Rede über assistierte Empfängnis immer noch von einem Erregungsdiskurs bestimmt. Dass Kinder nicht aus der sexuellen Vereinigung eines Paares hervorgehen, sondern durch Zuhilfenahme von Labortechnik und Gameten dritter Personen, wird als Krise der herkömmlichen Familie verstanden, als Zeichen ihrer Ausfransung. Nicht umsonst greift das Fernsehen dieses Thema mit Vorliebe im Modus der Podiumsdiskussion auf: als einen Abtausch erwartbarer Pro- und Contra-Standpunkte durch die immergleichen Repräsentanten, Ärzte auf der einen Seite, die für die Überwindung steriler Partnerschaften werben, konservative Politiker und Kirchenvertreter auf der anderen, die den Zerfall der Familienordnung fürchten. Eine Einrichtung wie das »Donor Sibling Registry« jedoch weist auf eine ganz andere, elementare Entwicklung, die sowohl von den behandelnden Medizinern, die den Dritten verbergen, als auch von den Kritikern, die den Dritten ausschließen wollen, verfehlt wird. Beide Positionen lassen außer Acht, dass das Modell »Familie« offenbar elastischer und widerständiger ist als gedacht, dass es die Integration von randständigen Figuren wie Samenspender, Eizellspenderinnen und Halbgeschwister zu bewerkstelligen scheint. Die neue Kultur der Offenheit, wie sie das DSR vorführt, erhärtet daher den Verdacht, dass das Konzept der Familie von der assistierten Empfängnis nicht zerrüttet wird, sondern im Gegenteil davon profitiert.

Die ersten persönlichen Treffen zwischen Halbgeschwistern oder ganzen Familien sind seit den Anfangstagen des »Donor Sibling Registry« ein dankbarer Stoff für sentimentale Reportagen im Fernsehen oder in Zeitschriften gewesen. In den USA (und vereinzelt auch in Deutschland) wurde in den letzten Jahren immer wieder über solche Familienzusammenführungen berichtet: Es sind Geschichten voller überwältigender Momente und Bilder, wie die der beiden Halbgeschwister, sieben und acht Jahre alt, die bei ihrem ersten Treffen verabredungsgemäß im gleichen roten Sweatshirt auftauchen, um ihre Verbundenheit zu demonstrieren; von Eltern, die bei einem gemeinsamen Picknick im Park feststellen, dass die Halbgeschwister »die Rinde ihrer Sandwiches mit genau der gleichen Handbewegung abbrechen«; oder von jenem Mädchen, das sich mit einer Halbschwester so gut versteht, dass sich die beiden am Handy jetzt manchmal für die andere ausgeben, wenn während eines Treffens ein Junge anruft: »Wir schauen alle gleich aus«, sagt

das Mädchen, das inzwischen schon sechs Halbschwestern kennengelernt hat, allesamt Töchter lesbischer Eltern; »es ist wirklich erstaunlich,
wie viel von unserem Dad wir alle in uns haben«.[57] Sie führt eine Liste
mit Charakterzügen, die sie mit jedem der anderen Mädchen teilt. Auch
die Website des »Donor Sibling Registry« ist angefüllt mit sogenannten
»Success Stories«, Erlebnisgeschichten von Mitgliedern, die als eine Art
Werbemaßnahme das Gelingen der ersten Annäherung illustrieren sollen. Unter der Überschrift »Ein fröhlicher Anfang« berichtet etwa eine
alleinstehende Mutter im Mai 2011 von der Begegnung zwischen ihrem
knapp dreijährigen Sohn und seiner fast gleichaltrigen Halbschwester.
Nachdem die Familien monatelang E-Mails, Fotos und Geschenke aus-
getauscht und etliche Male via Skype telefoniert haben, besuchen Mutter und Sohn ein Wochenende lang die neuen Verwandten. »Unsere Kinder verbrachten vier Tage miteinander; sie stritten sich, spielten, und
dann stritten sie wieder ein bisschen. Mir fehlen die Worte, um den See-
lenfrieden zu beschreiben, den wir als Eltern empfunden haben. Und
übrigens: Die Kinder müssen sich ja nicht unbedingt mögen – aber sie
wissen jetzt, dass sie einander für immer haben werden, und das ist es
doch, worum es in einer Familie geht.«[58] Bemerkenswert an dieser Erzählung ist, dass sogar die Disharmonie zwischen den Halbgeschwistern
zum Argument für die Aufrechterhaltung der Beziehung gemacht wird.
Wenn in der Geschichte der assistierten Empfängnis, vor allem im Hinblick auf lesbische oder alleinstehende Frauen, das Prinzip der Allianz
stets über das der Deszendenz gestellt wurde, erkennt man an Aussagen
wie diesen eine neue, an konventionelle Familien angelehnte Priorität.
Blutsverwandtschaft erweist sich nun auch für Spenderfamilien als ein
Band, dessen Stabilität von zeitweiliger Sympathie oder Antipathie der
Beteiligten nicht beschädigt werden soll.

Auch Wendy Kramer schreibt in ihrer eigenen »success story« über
die Begegnung mit Ryans erster Halbschwester 2007 im New Yorker
Central Park: »Wir spürten sofort eine unbestreitbare gegenseitige Bindung und Vertrautheit. Es war klar: Obwohl wir uns gerade erst getroffen
hatten, begriffen wir uns als Familie.«[59] Wobei es eine konsequente Zuspitzung der DSR-typischen Verbindung von Intimität und Öffentlich-

keit bedeutet, dass Wendy Kramer diesen Moment live im Fernsehen übertragen ließ, vom Nachrichtenmagazin »ABC Primetime«. Die Inszenierung ging damals allerdings nicht auf, weil sich die beiden Familien auf ihrem Weg zum Drehort Sekunden vor dem Zuschalten des Senders zufällig begegneten. Wenn man Kramer glauben darf, war die Ähnlichkeit der beiden Jugendlichen so frappierend, dass alle Beteiligten sofort wussten, wen sie vor sich hatten. Und dieses intuitive Wissen, erzählt sie, ist auch der Grund dafür, dass nach den ersten Treffen von Halbgeschwistern und ihren Familien so gut wie niemals genetische Tests zur Absicherung durchgeführt werden. »Ach, glauben Sie mir, da gibt es keine Zweifel«, sagt sie beinahe versonnen, »höchstens in einem von hundert Fällen werden Untersuchungen gemacht, und zwar, wenn die Familien die Chargennummer des Spenders nicht mehr genau wissen.« Die jahrelange Distanz der Samenbanken gegenüber dem »Donor Sibling Registry« hatte neben grundsätzlichen Differenzen über Fragen der Offenheit auch damit zu tun, dass sie die Absicherung der Spenderidentität im Verzeichnis für ungenügend hielten. Wendy Kramer nimmt in ihrem Blog auf der Website zu diesem Verdacht Stellung: »Nach elf Jahren und mehr als 8600 Übereinstimmungen«, heißt es in einem Eintrag vom September 2011, »habe ich noch nie von einem Fall gehört, dass jemand, der seinen Spender über das DSR ausfindig gemacht hat, einem Missverständnis aufgesessen war.«[60]

In der ethnologischen Theoriebildung wird die assistierte Empfängnis seit einem Vierteljahrhundert als Kronzeuge aufgerufen, um gegen den »biologischen Determinismus von Verwandtschaftskonzepten«[61] zu argumentieren und das Kriterium der »sozialen Bindung« der genetischen als ebenbürtiges Ordnungsmodell gegenüberzustellen. Tatsächlich liefern Familien, deren Kinder aus Samen- und Eizellspenden oder durch Leihmutterschaft hervorgegangen sind, besonders anschauliche Konstellationen, wenn es darum geht, das selbstverständliche Primat des »Blutes« in der Auffassung von Verwandtschaft kritisch zu befragen. Intentionen und Verträge haben in diesen Familien einen höheren Wert für die Legitimation von Elternschaft und Nachkommenschaft als jenes genetische Substrat, das gewöhnlich im Akt der sexuellen Zeugung von einer Generation zur nächsten weitergegeben wird. Eine Institution wie das »Donor Sibling Registry« aber stellt genau diese Hierarchie wieder in Frage. In einem etwas komprimierten Rückblick ließe sich sagen, dass die Geschichte der Samenspende gerade in eine dritte Epoche getreten ist: Ein halbes Jahrhundert lang stand die Behandlung im Zeichen möglichst reibungsloser Vertuschung; von den frühen achtziger Jahren an begann man, die Zeugungsweise offenzulegen, die sozialen Beziehungen aber weiterhin kategorisch über die biologischen zu stellen; und nun wird mehr und mehr der Versuch unternommen, die herkömmliche Bedeutung der Deszendenz in das System der Allianzen zu integrieren.

»Wahrheit« und »Ehrlichkeit« lauten die zentralen, ständig wiederkehrenden Schlagworte in den Selbstbeschreibungen des »Donor Sibling Registry«. »Familiengeheimnisse sind toxisch«, sagt Wendy Kramer gerne, und das Gegengift dazu liefert jene »Anerkenntnis aller familiären Beziehungen«,[62] die in der DSR-Broschüre als Credo ausgegeben wird. Aber gibt es einen Grenzwert für diese verstreuten Beziehungen? Mit welcher Zahl an Halbgeschwistern etwa droht das reine, vielbesungene Glück der Familienerweiterung umzukippen und befremdliche, vielleicht sogar bedrohliche Vorstellungen zu erwecken? Wendy Kramer gibt ein paar statistische Informationen über das Verzeichnis: »Wir haben über hundert Gruppen mit mehr als zehn Halbgeschwistern und rund zwanzig Gruppen mit mehr als 35.« Von diesen wiederum gibt es einige, in denen über hundert Kinder desselben Spenders erfasst sind. Alle europäischen Länder mit behördlichem Zentralregister haben strikte Beschränkungen eingeführt, wie viele Geburten aus den Proben eines einzelnen Samenspenders hervorgehen dürfen; der Grenzwert liegt je nach Größe des Landes zwischen acht und 15 Kindern.[63] In den USA fehlt ein solcher gesetzlicher Wert – die entsprechende Empfehlung der »American Society for Reproductive Medicine« wird von den Samenbanken ignoriert –, und deshalb haben einige Spender eine Vielzahl von Nachkommen gezeugt, die durch zunehmende Aufklärung der Kinder und Erfassung im DSR auch in der Öffentlichkeit bekannt wird.

Ein paar Tage vor dem Gespräch mit Wendy Kramer ist in der *New York Times* ein Bericht über einen Spender erschienen, der bereits 150 im

»Donor Sibling Registry« verzeichnete Nachkommen hat, und diese Zahl steigt immer noch an, weil er bei der Samenbank weiterhin aktiv ist. In dem Artikel spricht eine Mutter darüber, wie irritierend es sei, wenn sie mit anderen Familien, die sie über das Register kennengelernt hat, einen Kurzurlaub verbringe und ein Dutzend ähnlich aussehender Kleinkinder, alle im gleichen Alter, durch die Hotelanlage laufe.[64] Diese Verwandtschaftsstruktur hat sich vom Konzept der abendländischen Kernfamilie drastisch entfernt; sie würde eher an eine verspätete Realisierung eugenischer Züchtungsphantasien erinnern, wenn die Chromosomenanalyse der Spender in den Samenbanken nicht so flüchtig ausfiele und sich auf eine mündliche Familienanamnese beschränke. Denn das ist ein weiterer Effekt des »Donor Sibling Registry«: Durch die Kommunikation zwischen den Familien wurden in den vergangenen Jahren immer wieder übersehene Erbkrankheiten bekannt, unter denen die Nachkommen desselben Spenders leiden, Allergien oder Asthma-Erkrankungen zumeist, aber auch ein Fall von schwerer autistischer Störung bei insgesamt vier Halbgeschwistern.[65]

Wohin führt also die Politik radikaler Wahrheit und Ehrlichkeit auf dem Gebiet der assistierten Reproduktion? Was bedeutet es für einen Samenspender, der sich im Glauben, zwei oder drei Kinder gezeugt zu haben, in Wendy Kramers Register anmeldet und von Dutzenden von Nachkommen erfährt? Welche Konsequenzen hat eine solche Nachricht für die Familie, die der Mann inzwischen vielleicht selbst gegründet hat? Und inwiefern prägt es die Identitätsbildung von Kindern, denen eines Tages bewusst wird, dass sie über hundert Halbgeschwister haben? Es gibt zwar DSR-Gruppen, die ihre Großfamilien auf eigenen Homepages feiern, wie etwa die 2005 eingerichtete Seite freewebs.com/donor1476/: »Mit Hilfe des Spenders 1476 der Fairfax Cryobank«, heißt es dort, »ist eine Familie mit wunderschönen Kindern entstanden, von denen die meisten blonde Haare haben und diese typischen blauen Augen.«[66] Aber selbst Wendy Kramer kann die Begeisterung für diese neuen Gemeinschaften nicht uneingeschränkt teilen. Sie sei sich vielmehr, erzählt sie, der misslichen Begleitumstände dieses Übermaßes an Verwandtschaft bewusst: »Uns steht auf jeden Fall eine Menge von Problemen bevor, kulturell, sozial und für die Psyche der Spenderkinder selbst.« Zu einer Begegnung sämtlicher Halbgeschwister, glaubt sie, werde es in diesen Großgruppen aus logistischen und finanziellen Gründen ohnehin niemals kommen. Sie habe bis heute auch von keinem Treffen erfahren, an dem mehr als sechs oder sieben Familien teilgenommen hätten. »Außerdem«, so Kramer, »wünschen bei weitem nicht alle Familien persönliche Treffen, selbst wenn sie sich im DSR angemeldet haben.«

Auch Familiengeständnisse können in bestimmten Konstellationen also »toxisch« sein. Und das Verfahren der Adoption, das stets als Vorbild herangezogen wird, wenn es um das Recht der Kinder auf die Kenntnis ihrer biologischen Abstammung geht, weist genau hier eine entscheidende Differenz auf: Denn kein leiblicher Vater eines Adoptivkindes hat noch dreißig andere Nachkommen ähnlichen Alters gezeugt. Die Verwandtschaftsbeziehung von Menschen, die demselben Samenspender entstammen, ergibt vielmehr ein neuartiges, von eigentümlichen genealogischen Linien durchzogenes Geflecht. Es ist allein über jene Person definiert, die abwesend bleibt; wenn Halbgeschwister, alleinstehende Mütter, lesbische Paare und unfruchtbare Väter über das DSR zueinanderfinden, fehlt in den allermeisten Fällen genau der Mann, der im Zentrum all dieser Verbindungen steht, in dem sich die Kreuzungslinien der biologischen Verwandtschaft treffen. Insofern führt die Familien eher eine Art »Phantomverwandtschaft« zusammen. Dass es ungeachtet dessen eine anwachsende Sehnsucht der Spenderkinder und sozialen Eltern nach diesen Verbindungen gibt, gehört zu den erstaunlichsten Phänomenen gegenwärtiger Reproduktionsmedizin.

Inzestangst

Am Ende des englischsprachigen Wikipedia-Eintrags über das »Donor Sibling Registry« führt ohne jeden Kommentar ein Link zu dem Stichwort »accidental incest«.[67] Der Zusammenhang zwischen Samenbanken und der Gefahr unfreiwilliger Liebesbeziehungen von Blutsverwandten muss also gar nicht erst hergestellt werden; er versteht sich offenbar von selbst. Tatsächlich wirft die Inzestfurcht von den allerfrühesten Dokumenten zur Samenspende an einen fortwährenden Schatten auf das Verfahren. Auch für die Anfänge der staatlichen Erfassung von Geburten mittels Spendersamen oder des »Donor Sibling Registry« spielt diese Furcht, als eine Art negatives Gründungskriterium, eine maßgebliche Rolle: Denn die Verzeichnisse sind nicht allein in der Hoffnung entstanden, möglichst viele Halbgeschwister oder die Spender mit ihren Nachkommen zusammenzuführen, sondern auch deshalb, um die Anbahnung unheilvoller sexueller Verbindungen vermeiden zu helfen.

Überall, wo seit einem Dreivierteljahrhundert von der heterologen Insemination die Rede ist, geht es auch um das latente Risiko, dass sich zwei Heranwachsende oder ein Mann und eine wesentlich jüngere Frau ineinander verlieben und irgendwann feststellen müssen, dass sie Halbgeschwister oder Vater und Tochter sind. Jedes Plädoyer für eine zuverlässige Archivierung der Daten, jede Debatte über eine Begrenzung der Geburten pro Spender beruft sich auf die Schreckensvision des Inzests. In seiner eugenischen Utopie einer Gesellschaft, deren Kinder nur durch Samenspenden herausragender Persönlichkeiten gezeugt werden, schreibt Herbert Brewer bereits Mitte der 1930er Jahre: »Ein wichtiger Aspekt wäre allerdings die Aufbewahrung der Daten und Stammbäume, allein schon, um zu verhindern, dass sich Beziehungen ergeben, die mit den Heiratsgesetzen in Konflikt geraten.«[68] Bei Antonius Schellen, in einer der frühesten Monographien über die künstliche Insemination, heißt es 1957, die Archivierung der Spenderidentität sei notwendig, »um sicherzustellen, dass ein Spender später nicht seine Tochter heiratet«.[69] Und trotz seiner grundsätzlichen Abscheu vor dieser Fortpflanzungstechnik empfiehlt der niederländische Theologe, den Kindern ihre Zeugungsweise zu offenbaren, um sie gegen diese Gefahr zu schützen.

Heute, da die Techniken assistierter Reproduktion weitaus gebräuchlicher sind als vor einem halben Jahrhundert, ist diese Angst präsenter denn je. Hannah von der Initiative »Spenderkinder« sagte, als sie auf ihr erstes Treffen mit Thomas Katzorke zu sprechen kam: »Das wurde mir gleich von ihm eingeschärft, dass ich mich möglichst nicht in Männer verlieben sollte, die 25 Jahre älter sind als ich.« In der Urteilsschrift zur

Änderung des kanadischen Adoptionsgesetzes wird bereits im zweiten Satz darauf hingewiesen, dass die Klägerin Olivia Pratten durch die bislang praktizierte Geheimhaltung der Spenderdaten »eine unfreiwillige Beziehung mit einem Halbbruder« riskiere. Arthur Kermalvezen schließlich erzählt in »Ganz der Papa« regelmäßig von seinen Panikvorstellungen, mit der eigenen Halbschwester liiert zu sein: »Mein erster Reflex war tatsächlich immer, mich danach umzuschauen, ob nicht irgendein Mann mir ähnlich war. Das steigerte sich zu einer echten Phobie davor, den Vater meiner Freundin zu treffen!« Als sich schließlich der ehemalige Samenspender bei ihm meldet, der sich vorstellen konnte, sein biologischer Vater zu sein, schreibt Kermalvezen: »Das Erste, was mich erleichterte, war, dass dieser Mann nicht in derselben Stadt wohnte wie ich. Ich konnte also spazieren gehen, ohne ständig Gefahr zu laufen, ihn zu treffen. Und somit war auch klar, dass er nicht der Vater meiner Freundin war.«[70]

Angesichts der Überfülle von Zweifeln und Warnungen, die Spenderkinder, Eltern, Ärzte oder Kritiker dieser Technologie von jeher geäußert haben, ist eines allerdings entscheidend: In der Geschichte der assistierten Reproduktion ist kein Fall bekannt, in dem es tatsächlich zu einer unfreiwilligen inzestuösen Beziehung gekommen wäre. Der Stellenwert dieser Gefahr im Diskurs über die Samenspende steht also im größten denkbaren Kontrast zu ihrer realen Erfüllung. Es gibt offensichtlich nur eine einzige Studie über die statistische Wahrscheinlichkeit einer solchen Begegnung, einen älteren Aufsatz aus dem Jahr 1960, der das Inzestrisiko zwischen Spendern und ihren biologischen Töchtern in Großbritannien zu errechnen versucht. Von den rund 700 000 Geburten pro Jahr, so der Autor John Hajnal, fallen etwa zweitausend auf heterologe Inseminationen. Wenn man davon ausgeht, dass mit dem Samen der meisten Spender nur ein Kind gezeugt wird (die Zeiten der DSR-Großfamilien sind um 1960 noch fern), ergibt sich eine Wahrscheinlichkeit von fünf Inzestverbindungen im Lauf von zehntausend Jahren: ein Wert, der laut Hajnal vermutlich nach oben zu korrigieren ist, auf ungefähr einen Fall alle zweihundert Jahre, weil man in Rechnung stellen muss, dass sich Ehen nicht zufällig über das Land verteilen und der Spender und seine Nachkommen überdurchschnittlich häufig in der gleichen Region leben.[71] Diese Zahlen, schließt Hajnal, stehen allerdings in keinem Verhältnis zu dem wesentlich häufigeren Fall einer unbeabsichtigten Inzestbeziehung nach Adoption oder bei außerehelichen Liebesaffären.

Woran liegt es also, dass eine faktisch ausgeschlossene Möglichkeit zur dauerhaften Bedrohung einer medizinischen Behandlungstechnik werden kann? Um dieses Missverhältnis plausibel zu machen, muss man sich in Erinnerung rufen, welche Bedeutung die psychoanalytische und ethnologische Theorie der Inzestphantasie für die Formierung menschlicher Kultur beigemessen haben. Die prominentesten Überlegungen in dieser Hinsicht gehen auf Freud und Lévi-Strauss zurück. Beide wenden sich gegen jede »substantialistische« Herleitung der Inzestscheu, im Sinne eines natürlichen, angeborenen Ekels vor dem sexuellen Verkehr mit engsten Angehörigen oder der Überzeugung, dass Fortpflanzung unter Blutsverwandten die Gesundheit der Nachkommen gefährde. Bereits die Tatsache, dass auch bei Naturvölkern, die nichts von Vererbungslehren wissen, strengste Sanktionen auf konsanguine Verbindungen verhängt werden, spricht laut Freud eher dafür, dass der Inzest ursprünglich eine wünschenswerte Phantasie war, die mit aller Macht gebändigt werden musste. Denn das ohnehin Selbstverständliche brauchte man nicht mit solchem Aufwand zu unterbinden; es gibt kein Gesetz, bemerkt Freud in einem anschaulichen Vergleich, das einem verbieten würde, seine Hände ins Feuer zu halten. Die wichtigste Grundannahme der Psychoanalyse, in der »Traumdeutung« zum ersten Mal formuliert, bestätigt diese ethnologische Beobachtung, und zwar die Erkenntnis, dass das Schicksal des König Ödipus – Vatermord und Inzestehe – »nur die Wunscherfüllung unserer Kindheit«[72] sei. Das erste Objekt des erotischen Begehrens ist Freud zufolge bekanntlich die eigene Mutter oder der eigene Vater, und das gelungene, von seelischen Störungen freie Heranwachsen eines Menschen besteht genau darin, die sexuellen Regungen von diesem Vorbild abzulösen. In der Unterdrückung des Inzestwunsches liegt also die zentrale Kulturleistung des gesunden Menschen; umgekehrt lassen sich alle Neurosen auf das Misslingen dieser Aufgabe zurückführen. Auf der Suche nach dem wahren Ursprung der Inzestscheu, abseits aller biologischen Erklärungen, greift Freud in »Totem und Tabu« eine Bemerkung Darwins über die archaischen Gemeinschaftsformen des Menschen auf. Diese »Urhorden« waren zunächst so organisiert, dass sich ein väterliches Oberhaupt alle Frauen und Töchter zu eigen gemacht und die Söhne erschlagen oder vertrieben hat. Irgendwann taten sich die Söhne zusammen und töteten den so verhassten wie ehrfurchtsvoll geliebten Vater, doch im Zuge der Reue, die nach dieser Tat bei ihnen einsetzte, versagten sie sich auch die nun ungebundenen Frauen ihrer Horde. Aus dem Schuldbewusstsein der Söhne, so Freud, entwickelten sich also jene beiden großen Tabus von Inzestwunsch und Vatermord, die nicht nur den Kern aller Neurosen bilden, sondern »mit denen die Sittlichkeit des Menschen beginnt«.[73]

Auch wenn er Freuds Theorie im Einzelnen als »unannehmbar« bezeichnet, gesteht Claude Lévi-Strauss dem Inzestverbot in seinen Überlegungen eine ebenso konstitutive Bedeutung als kulturelle Schwelle zu. In den berühmten Passagen zu Beginn der »elementaren Strukturen der Verwandtschaft« wird die Scheu vor konsanguinen Beziehungen bei Naturvölkern genau am Übergang von Trieb und Gesetz, von animalischen und menschlichen Prozessen der Gemeinschaftsorganisation lokalisiert; »in gewissem Sinne«, so Lévi-Strauss, ist das Inzestverbot »die Kultur selbst«. Wie auch Freud betont er, dass es keine noch so primitive menschliche Gemeinschaft gebe, in der Heiratseinschränkungen unter Blutsverwandten unbekannt seien. Doch wie genau fügen diese Verbindungen der sozialen Ordnung Schaden zu? Lévi-Strauss wendet das universale Inzest- und Endogamie*verbot* innerhalb eines Stammes in eine positive Ordnung des Exogamie*gebots* um; es sei »weniger eine Regel, die es untersagt, die Mutter, Schwester oder Tochter zu heiraten, als vielmehr eine Regel, die dazu zwingt, die Mutter, Schwester oder Tochter anderen zu geben«. Denn das Gesetz, außerhalb des Stammes zu heiraten, ist ein notwendiger Akt sozialer Kommunikation. Fortgesetzter Inzest dagegen würde eine Gemeinschaft nach und nach in die Isolierung treiben; er ist daher, wie Lévi-Strauss sagt, »eher sozial absurd als moralisch verurteilenswert«.[74]

Die Psychoanalyse und die Ethnologie, zwei der einflussreichsten Humanwissenschaften im 20. Jahrhundert, geben einen Eindruck davon, wie tief die Verführungskraft des Inzests in die Konstitution des Menschen eingelassen zu sein scheint. Dieser Kraft zu widerstehen macht sowohl das gesunde Individuum als auch die überlebensfähige Gemeinschaft aus. Es hat also zweifellos mit den Fundamenten moderner Kulturtheorie zu tun, dass das Risiko des Inzests, bei aller statistischen Unwahrscheinlichkeit, für die Reproduktionstechnologien ein derart prekäres imaginäres Potential entfalten konnte. Techniken wie die Samenspende – und seit gut zwanzig Jahren die Eizellspende – machen eine Phantasie konkret möglich, die auch die Literatur seit frühesten Zeiten beschäftigt hat. Ohnehin ist es folgerichtig, dass Freud eine Figur der Dichtung zum Repräsentanten seiner Inzesttheorie erhebt. Denn Sophokles' König Ödipus steht am Beginn einer langen Folge von mythischen und literarischen Helden, die nicht wissen, woher sie tatsächlich kommen, und deren Lebensgeschichte in einer unfreiwilligen, jäh aufgedeckten Liebesverbindung mit der Schwester, dem Bruder, der Mutter oder dem Vater enden. Otto Rank hat Freuds Hypothesen in einer eindrucksvollen Materialsammlung an der Literaturgeschichte zu verifizieren gesucht. In seiner Studie über das »Inzest-Motiv in Dichtung und Sage« von 1912 geht er so weit, den »ursprünglichen Inhalt der dichterischen Phantasie« von Shakespeare bis Ibsen durchgehend im übermächtigen Inzestwunsch der Autoren zu erkennen, und er buchstabiert die »Ubiquität« dieses Motivs in der Weltliteratur auf 650 kleinbedruckten Seiten nach. Kaum ein prominentes Werk sei in den vergangenen Jahrhunderten ohne offene oder verdeckte Inzestphantasien ausgekommen, wobei das Sujet fast immer vom »Infantil-Lustvollen« ins »Tragisch-Schuldvolle« und Unwissentliche gewendet werde, um seine Anstößigkeit abzumildern. Dichter und Neurotiker teilen laut Rank die missglückte Ablösung von der libidinösen Besetzung der Familie; ihre Fehlentwicklung laufe »ziemlich parallel«, mit dem Unterschied allerdings, dass manche der Gefährdeten »bei entsprechender Veranlagung und intellektueller Begabung«[75] ihre Triebkräfte zu sublimieren verstehen und epochale Kunstwerke hervorbringen.

Vor allem in der Gattung des Romans – nach einer Bemerkung der Historikerin Lynn Hunt genauso alt wie das Ideal der Kleinfamilie[76] –

spielen unfreiwillige konsanguine Verbindungen eine beachtliche Rolle. Am Ende des 18. Jahrhunderts ist die europäische Literatur von Geschwisterlieben übervölkert – die prominentesten vielleicht die Eltern Mignons in »Wilhelm Meisters Lehrjahre« und »Paul und Virginie« von Bernardin de Saint Pierre –, und Jean Paul bemerkt angesichts der »neuern Romane« einmal, dass »kein junger Mensch mehr gewiß sein kann – wenn er eine verwandte Seele heiratet –, ob er nicht seine Schwester trifft«.[77] Wobei die Unwissenheit der Beteiligten in diesen Geschichten durch aufwendige narrative Konstruktionen vorbereitet werden muss; in den beliebtesten Erzählmodellen wächst ein Kind der Familie im Kloster auf oder wird nach der Geburt im Wald ausgesetzt, bevor es sich nach langen Reisen unerkannt in einen Bruder oder eine Schwester verliebt.[78]

Vor diesem literaturgeschichtlichen Hintergrund kann es nicht mehr erstaunen, dass auch die ganz wenigen Romane und Filme der letzten Jahre, deren Hauptfiguren Spenderkinder sind, regelmäßig die Möglichkeit (oder sogar die Verwirklichung) von Inzestbeziehungen thematisieren. Im Zeitalter der Reproduktionstechnologien erfährt die bekannte Phantasie neue literarische Plausibilität. Ein Spender kann Dutzende von Kindern in die Welt gesetzt haben, und dass den frisch Verliebten ihre Blutsverwandtschaft zunächst verborgen bleibt, bedarf keiner Verbannungen oder Vertauschungen mehr, sondern ergibt sich durch die Fragmentierung assistierter Empfängnis von selbst. Friedrich Ani etwa verbindet in seinem Buch »Das unsichtbare Herz« von 2005 die Geschichte dreier Jugendlicher, die von ihrer Zeugungsweise erfahren und sich in einem Internet-Chat kennenlernen. Eine von ihnen, die 17-jährige Merit, glaubt ihren leiblichen Vater nach langer Suche aufgespürt zu haben, und um ihn »für alle Zeit aus ihrem Leben zu entfernen«, beschließt sie, in einer Art exorzistischem Akt, ihn mit dieser Mitteilung während einer Liebesnacht zu konfrontieren, im letzten Moment vor dem Vollzug des Inzests. In seinem Hotelzimmer zieht sie sich aus und legt sich zu ihm: »Ich muss dich was fragen‹, flüsterte sie. Dann küsste sie sein Ohr.«[79] Doch der Mann geht auf ihre Annäherungen nicht ein, verneint auch die Frage, ob er jemals als Samenspender aktiv war, und am Ende des Romans bleibt es offen, wer Merits Vater ist.

Eine Folge der amerikanischen Anwaltsserie »Boston Legal« wiederum, 2008 erstmals ausgestrahlt, trägt in der deutschen Fassung den Titel »Geschwisterliebe«. Einer der Anwälte wird in dieser Folge mit dem Verdacht konfrontiert, sein 15-jähriger Neffe, durch eine anonyme Samenspende entstanden, habe sich in der Schule in seine Halbschwester verliebt – ein Mädchen, das dem Jungen auffällig ähnelt und, wie eine Aussprache der beiden Mütter ergeben hat, von einem Spender aus der gleichen Samenbank abstammt. Um die Dramaturgie der Geschichte anzureichern, stellt der Film die genetisch falsche Behauptung auf, eine DNS-Untersuchung der beiden Jugendlichen wäre ohne Abgleichung mit den Werten des leiblichen Vaters nicht aussagefähig. Der Anwalt überzeugt deshalb das Gericht, dass die Samenbank zumindest bekanntgeben müsse, ob die Jugendlichen denselben Erzeuger teilen. In der Schlussszene telefoniert er mit dem Betreiber der Samenbank, und nachdem das Gespräch beendet ist, eröffnet er dem verstörten Liebespaar: »Ihr habt denselben Samenspender. Es tut mir sehr leid!« Das Mädchen fängt zu weinen an, der Junge flüchtet aus dem Raum.

Doch worin genau besteht heutzutage die Angst vor einer inzestuösen Liebesbeziehung? Welche Gefahren, welche Risiken sind es, die durch die sexuelle Vereinigung von Blutsverwandten zum Ausbruch kommen könnten? Zweifellos hat dieses kollektive Unbehagen weiterhin mit der Ahnung zu tun, dass die Nachkommen mit erhöhter Wahrscheinlichkeit genetisch bedingten Schädigungen ausgesetzt seien. Der entsprechende Passus im deutschen Strafgesetzbuch, § 173, stellt die Illegitimität des Beischlafs von Blutsverwandten ersten und zweiten Grades daher auch unmissverständlich in einen biologischen Zusammenhang. Denn ein auf Adoptiv- und Stiefkinder bezogener Einschub setzt fest, dass dieses Verbot für die leiblichen Eltern »auch dann« gelte, »wenn das Verwandtschaftsverhältnis erloschen ist«.[80] Das Skandalon des Inzests betrifft in den Augen des Gesetzgebers also nicht die vertraglichen Allianzen des Verwandtschaftsgefüges, sondern allein die genetische, auf Zeugung und Geburt zurückweisende Abstammung. Aber hält diese Argumentation wirklich stand? Dass die mögliche Durchsetzung rezessiv vererbter Merkmale bei konsanguinen Verbindungen zu einem überdurchschnittlichen Risiko von Fehlbildungen führt, gilt in der Genetik als unbestritten. Dennoch führt eine rein biologische Ausrichtung des Inzestverbots zu Widersprüchen, wie bereits der Umstand nahelegt, dass Elternpaaren, die an einer fatalen Erbkrankheit wie Mukoviszidose oder spinaler Muskelatrophie leiden, niemals die Fortpflanzung untersagt werden würde; jeder eugenische Eingriff des Staates in das Reproduktionsverhalten seiner Bürger ist vor allem in der Bundesrepublik Deutschland undenkbar. Umgekehrt bleibt der § 173, mit seiner Androhung von drei Jahren Haft für den Beischlaf mit Abkömmlingen und zwei Jahren Haft für den Beischlaf mit Geschwistern, auch dann wirksam, wenn dieser verhütet oder nach vorangegangener Sterilisation stattfindet – auch das ein deutliches Indiz dafür, dass es in der gegenwärtigen Auseinandersetzung um mehr geht als um die Vermeidung kranker oder behinderter Nachkommen. Man könnte im Umgang mit Inzest eher von einer Art »Bedrohungstransfer« sprechen: Eine von der Psychoanalyse und der Ethnologie in die frühesten Epochen der Menschheit zurückdatierte kulturelle Angst äußert sich seit den Diagnosemöglichkeiten der Genetik vorwiegend als medizinische, vermutlich weil diese konkreter zu erfassen und zu beseitigen ist.

In Deutschland ist im Jahr 2008 noch einmal eine grundsätzliche Debatte über das Inzestverbot geführt worden, die der Vielschichtigkeit des Problems Rechnung trägt. Ein Leipziger Geschwisterpaar mit vier gemeinsamen Kindern hat nach der wiederholten Inhaftierung des Mannes vor dem Bundesverfassungsgericht auf sexuelle Selbstbestimmung geklagt und Verfassungsbeschwerde eingelegt. In der Begründung seines abschlägigen Urteils kommt das Gericht auf die verschiedenen Gefahren des Inzests zu sprechen, welche die Strafbarkeit der Handlung weiterhin rechtfertigen würden. Das Urteil weist, in einem als »zusätzlich« markierten Punkt, auch auf das Risiko erblicher Schädigungen der Nachkommen hin; doch an »erster Stelle« nennt es einen Aspekt, der, beinahe in der Tradition von Lévi-Strauss, auf die strukturelle anstatt auf die biologische Ordnung der Familie verweist. »Inzestverbindungen«, heißt es, »führen zu einer Überschneidung von Verwandtschaftsverhältnissen und sozialen Rollenverteilungen und damit zu einer Beeinträchtigung der in einer Familie strukturgebenden Zuordnungen.«[81] Die zentrale Bedrohung konsanguiner Verbindungen hat also weniger mit gesundheitlichen Risiken zu tun, die bei anderen Paaren drastischer ausfallen, sondern mit einer Beschädigung des verwandtschaftlichen Gefüges. Inzest macht den Unterschied der Generationen unlesbar und führt, mit einer Formulierung Susanne Lüdemanns, zu einer »Implosion« des Familiensystems; ein Verbot sichert daher in erster Linie jene »elementaren Mechanismen von Differenzierung und Reziprozität«, die dafür sorgen, dass sich »der Unterschied zwischen dem Selbst und dem Anderen, dem Eigenen und dem Fremden, artikulieren und integrieren lässt«.[82]

Wenn man diesen symbolischen, auf die Wahrung der Verwandtschaftsstruktur gerichteten Anteil des Verbots bedenkt, wird noch einmal auf besonders anschauliche Weise klar, warum die Inzestfurcht für die neuen Reproduktionstechnologien eine derart wichtige Rolle spielt. Denn wo die Verbindung nicht auf Blut und Genen, sondern in erster Linie auf Verträgen und Intentionen basiert, ist die symbolische Ordnung alles, was das verwandtschaftliche Gefüge trägt. Es gibt kein biologisches Substrat, das etwa die Position des Vaters in Familien, die auf Spendersamen zurückgegriffen haben, stützen würde. Und genau aus diesem Grund ist die Vorstellung des Inzests im Milieu assistierter Empfängnis besonders fatal – denn wenn es zum Zusammenbruch des symbolischen Gefüges kommen würde, zu jener »Beeinträchtigung der strukturgebenden Zuordnungen«, wie es im Urteil des Bundesverfassungsgerichts heißt, gäbe es in diesen Familien überhaupt keinen Halt mehr.

Eine auf die Behandlung von Spenderkindern spezialisierte Psychologin gab bei Olivia Prattens Verfassungsklage zu Protokoll: »Ich habe die ›Inzestangst‹ in meiner Praxis wiederholt festgestellt, sowohl bei den Spenderkindern als auch bei ihren Eltern. Obwohl diese Möglichkeit in Wahrheit zu vernachlässigen ist, spielt sie in den Köpfen der Spenderkinder Tag für Tag eine Rolle.«[83] Bislang ist ein solches Ereignis wie gesagt nicht eingetreten. Im Zusammenhang mit den Großfamilien des »Donor Sibling Registry« könnte aus der ständig präsenten Schreckensvision jedoch zum ersten Mal eine statistisch relevante Gefahr werden. Wendy Kramer zumindest sagt, dass sie schon häufiger von zufälligen Begegnungen von Halbgeschwistern gehört habe und es nur eine Frage der Zeit sei, bis es wirklich einmal zu einer Liebesbeziehung kommen würde. An kalifornischen Highschools, so erzählte eine Mutter kürzlich der *New York Times*, sei die Sensibilisierung der Jugendlichen in dieser Hinsicht mittlerweile »Teil der sexuellen Aufklärung«,[84] auf dass sich ein Fall wie in der Fernsehserie »Boston Legal« nicht in Wirklichkeit zutrage.

Unabhängig davon ist es aber nicht die Realisierung, die das Inzestproblem für die Reproduktionstechnologien so bedeutend macht, sondern die latente Bedrohung. Wenn in den vorangegangenen Überlegungen ein elementares Problem der Samenspende erkennbar geworden ist, dann die Markierung porös gewordener Grenzen. Egal ob es sich um eine filmische Phantasie wie »The Kids Are All Right« handelt, um die teilweise unerbittlichen Methoden der Samenbanken oder um die Krisen und Wünsche der Spenderkinder: Immer steht in der Sphäre der assistierten Empfängnis die Angst vor einer Übertretung im Raum, zwischen zwei Familien, zwischen dem Spender und seinen Nachkommen, zwischen den Halbgeschwistern. Der Inzest aber, das haben die kulturtheoretischen und literarischen Traditionen verdeutlicht, erscheint als Ur-Übertretung schlechthin. Es ist daher konsequent, dass er die Reproduktionstechnologien vielleicht für immer als eine Art Kehrseite, als ein Emblem des Misslingens begleiten wird.

3.
Zur Frühgeschichte der Samenspende

Die Anfänge der homologen Insemination und die Angst vor der Entvölkerung

Unter den Verfahren der assistierten Empfängnis ist die manuelle Injektion von Spermien bei weitem das älteste. Die Samenspende eines Dritten, von der bislang die Rede war, beginnt sich in den USA von den 1930er Jahren an durchzusetzen. Zu dieser Zeit ist eine andere Technik allerdings schon viele Jahrzehnte bekannt, und zwar die »homologe« Insemination, also die künstliche Befruchtung einer Frau mit dem Samen ihres Partners (und das heißt im frühen 20. Jahrhundert: des Ehemannes). Heutzutage zählt man diese Therapieform nicht einmal mehr zu den Verfahren der Fortpflanzungsmedizin. In den Richtlinien der deutschen Samenbank-Betreiber steht der Satz: »Die Insemination als alleinige Maßnahme wird nicht als eine Methode der assistierten Reproduktion behandelt.«[85] Im Zeitalter der ICSI-Mikroskope und tiefgefrorenen Keimzellen hat sich die Fragmentierung der Zeugung derart beschleunigt, dass die Unterstützung der ehelichen Fortpflanzung mittels einer bloßen Spritze keiner Erwähnung mehr bedarf.

Das war nicht immer so. Vom frühesten Gebrauch dieser Behandlungstechnik in der zweiten Hälfte des 19. Jahrhunderts, vor allem in Frankreich, bis zu ihrer vieldiskutierten Anwendung in Deutschland zwischen 1910 und 1930 wurde die homologe Insemination als prekäre Herausforderung für die Ordnung von Ehe und Familie wahrgenommen. Mit dem Verfahren der künstlichen Befruchtung steht zum ersten Mal die Abkoppelung der Fortpflanzung von der Sexualität im Raum:

eine Perspektive, die bis weit ins 20. Jahrhundert hinein Irritationen hervorruft. Die Möglichkeit der Samenspende eines Dritten ist zu dieser
Zeit, zumindest in Europa, noch überhaupt nicht denkbar, und wenn sie
von den Ärzten doch einmal als hypothetische Option erwähnt wird,
dann nur von Kommentaren der Entrüstung begleitet. Es genügt bereits
die Vorstellung, dass Schwangerschaft in einer Ehe nicht durch den Geschlechtsakt eintreten könnte, um lange Debatten über die moralische,
ästhetische und rechtliche Zulässigkeit der künstlichen Befruchtung in
Gang zu setzen.

Vorbild und Referenz der Insemination beim Menschen ist die Tierzucht. Das Bestreben, jene Verschwendung des Samens beim Zeugungsakt zu umgehen, die seit Leeuwenhoeks Entdeckung der Spermatozoen
immer wieder diskutiert wurde, führt Ende des 19. Jahrhunderts vor
allem in Russland zu aufwendigen Versuchen mit künstlicher Befruchtung bei Pferden und Rindern. Die Zeugungsleistung der renommier-
testen Hengste oder Stiere lässt sich durch die Abpassung und manuelle
Verteilung des Samens vervielfachen. Bei ihrer Arbeit profitieren die
Züchter von vereinzelten Experimenten, die schon im 18. Jahrhundert
zur Untermauerung der ovistischen Zeugungslehre unternommen wurden, von der künstlichen Befruchtung bei Fischen durch Jacobi und vor
allem von den Versuchen Lazzaro Spallanzanis. Nachdem er den Laich
der Frösche und Salamander außerhalb des Mutterleibs erfolgreich mit
dem männlichen Samen vereint hat, stellt sich Spallanzani in den 1770er
Jahren die wagemutige Frage, »ob's denn nicht möglich wäre, auf eine
künstliche Weise denjenigen Thieren Befruchtung zu geben, welche dieselbe in dem Körper des Weibgens bekommen«. Er isoliert eine Hündin
kurz vor der Brunst in einer Hütte und injiziert ihr nach den sicheren
Anzeichen der Läufigkeit mit einer auf Körpertemperatur erwärmten
Spritze den Samen eines Hundes der gleichen Rasse. Das Pudelweib-
chen wird trächtig und wirft drei Nachkommen, die sowohl ihre als auch
die Züge des männlichen Hundes tragen: »Dieses Ergebnis«, schreibt
Spallanzani euphorisch, »macht mich zu glauben geneigt, daß man auch
große Thiere erzeugen kann, ohne daß eben beiderlei Geschlechter dazu
erfordert werden«.[86]

Die ersten systematischen Versuche mit künstlicher Befruchtung unternimmt der russische Veterinärmediziner Elias Iwanoff, der 1899 von der Zarenfamilie den Auftrag erhält, dieses Verfahren auf staatlichen Pferdegestüten zu prüfen. Er inseminiert bis zum Beginn des Ersten Weltkriegs Tausende von Stuten und erzielt mit dieser Methode eine weit höhere Anzahl von Geburten als auf natürlichem Wege; mit einem einzigen Ejakulat der ausgewählten Hengste kann er bis zu dreißig Tiere befruchten. In der zeitgenössischen Wahrnehmung besteht das Erstaunliche an diesem Verfahren vor allem darin, dass Trächtigkeit bei Säugetieren tatsächlich ohne Begattungsakt eintreten kann; erst durch Iwanoff, so ein Kommentator, sei ein für alle Mal bewiesen worden, »daß zum Zustandekommen der Befruchtung nur das Eindringen eines lebenden reifen Spermatozoons in das Ei notwendig«[87] sei. Von Anfang an ist die Rezeption der Experimente in Deutschland mit der Frage verknüpft, ob man die künstliche Insemination auf den Menschen übertragen könnte. Auch wenn der klarer eingrenzbare Eisprung der Säugetiere und die Freiheit der Versuchsanordnungen in der Veterinärmedizin einer reibungslosen Entsprechung entgegenstehen: Die meisten Ärzte halten eine analoge Anwendung für möglich. »Die Ergebnisse der Tierphysiologie und Tierzüchtung bei der künstlichen Befruchtung sind so sichere und genau begründete«, schreibt etwa der Hamburger Gynäkologe Prochownick, »daß ihre Übertragung auf den Menschen wissenschaftlich fast als ein Erfordernis bezeichnet werden darf«.[88] Die Methode muss sich hier allerdings auf ein ganz anderes Ziel als in der Tierzucht richten. Zwar deuten manche Autoren schon an, welcher Reiz in einem ebenso eugenischen Verständnis der Samenspende liegen könnte; so vermutet der Münchner Mediziner und »Rassenhygieniker« Albert Döderlein in einem einflussreichen Artikel von 1912, die »so viel beklagte Degeneration könnte durch Blutauffrischung in sehr viel umfangreicherem Grade und wahrscheinlich auch sehr viel zuverlässigerer Weise bekämpft werden«.[89] Dennoch wird das Verfahren beim Menschen von den Ärzten in erster Linie als Behandlungsmittel ehelicher Sterilität wahrgenommen. Es geht nicht um die Optimierung der Reproduktionsfähigkeit, wie in der Tierzucht, sondern um ihre therapeutische Herstellung.

Die Frühzeit der künstlichen Befruchtung muss im Rückblick von einer bestimmten historischen Schwelle her betrachtet werden; die Aussagen über dieses Verfahren teilen sich ins Jenseits und Diesseits einer Zäsur, die in Deutschland Anfang des 20. Jahrhunderts liegt, in Frankreich etwa dreißig Jahre früher. In dieser Zeit verfestigt sich der demographische Befund eines nationalen Geburtenrückgangs, der das Problem der sterilen Ehe von einer individuellen Last zum Symptom einer bedrohlichen kulturellen und gesellschaftlichen Gesamtentwicklung macht. In der Angst vor der »Entvölkerung« treffen verschiedene Schreckensvisionen – die von Döderlein erwähnte »Degeneration« des Kulturmenschen, die latente »Frigidität« der emanzipierten Frau, die allein bei den niederen Bevölkerungsschichten konstant bleibende Fortpflanzungsrate – mit neuen sozialpolitischen Konzepten wie der Eugenik zusammen. Es reicht deshalb nicht aus, die einschlägigen Daten zur Geschichte der künstlichen Insemination im 19. und frühen 20. Jahrhundert einfach ohne Berücksichtigung ihres Wissenskontexts aneinanderzureihen. Denn von einer bestimmten Zeit an tauchen diese Daten nicht mehr als lose, rasch vergessene Äußerungen einzelner Ärzte auf, sondern sie sind eingebettet in einen dichter werdenden Diskurs der Reproduktion und Sterilität. Und dieser Diskurs verschafft der Technik der künstlichen Befruchtung stärkeres Gehör.[90]

Es hat auch vor dem späten 19. Jahrhundert Versuche mit Inseminationen beim Menschen gegeben. Bereits in der Korrespondenz von Lazzaro Spallanzani und Charles Bonnet findet sich eine bemerkenswerte Prophezeiung. Auf Spallanzanis Berichte von seinen spektakulären Hundeexperimenten entgegnet der Theoretiker der Präformation: »Sie sind auf einen so vortrefflichen Weg gekommen, der Sie zu den wichtigsten und unerwartetsten Entdeckungen führen wird. Ja ich weiß selbst nicht, ob Ihre Entdeckung, die Sie mir bekannt gemacht haben, nicht zu künftigen Zeiten bei dem menschlichen Geschlechte Anwendungen von sehr großen Folgen, an die wir itzt freilich noch nicht haben denken können, veranlassen könnte. Sie werden meine Meinung hinlänglich verstehen.«[91] Die diskrete Rhetorik des Briefes verdeutlicht, wie prekär die Vorstellung der künstlichen Befruchtung beim Menschen um

1770 gewesen sein muss. Gerade in diese Zeit fällt aber eine (erst ein Vierteljahrhundert später dokumentierte) therapeutische Behandlung, die heute als erste Insemination in der Geschichte der Humanmedizin gilt. Everard Home, ein Schwager des bekannten schottischen Anatomen John Hunter, fügt in einen Aufsatz, der eigentlich ein ganz anderes Problem behandelt, seine Erinnerung an ein »Experiment« ein, mit dem Hunter die langjährige Kinderlosigkeit einer Ehe kurierte. Dem Mann, der an einer Penisverkrümmung litt, empfahl er, in den Worten Homes, »eine für diesen Zweck geeignete, zuvor erwärmte Spritze bereitzustellen und den Samen sofort nach dem Ausstoß mit dieser Spritze aufzufangen und in die Vagina zu injizieren. [...] Das Experiment wurde tatsächlich ausgeführt, und die Frau kam mit einem Kind nieder.« Die genaue Jahreszahl dieser historischen Empfängnis, noch mitten in der Blütezeit der Präformationslehre, ist nicht mehr ermittelbar. Home schreibt aber in seinem Aufsatz von 1799, Spallanzanis Versuche seien »einige Jahre nach Hunters erfolgreichem Vorschlag«[92] durchgeführt worden. Diese Chronologie ist erstaunlich, denn der Arzt hat seine Empfehlung offenbar ohne jede Kenntnis der Tierexperimente gegeben.

Ein weiteres einschlägiges Datum in der Geschichte der künstlichen Befruchtung sind die Versuche des New Yorker Gynäkologen Marian Sims, die er Mitte der 1860er Jahre in dem Lehrbuch »Klinik der Gebärmutter-Chirurgie« schildert. Im Zeitraum von zwei Jahren behandelt er sechs Patientinnen, verabreicht insgesamt 55 Injektionen und erzielt bei einer 28-jährigen kinderlosen Frau auch eine Schwangerschaft, die aber nach vier Monaten mit einer Fehlgeburt endet. Sims betrachtet sich selbst als absoluten Pionier dieser Methode; nach der Beschreibung der geglückten Insemination heißt es in seinem Buch: »Ich habe diesen Fall ausführlich mitgeteilt, weil ich glaube, daß er der erste und einzige ist, in welchem eine künstliche Befruchtung beim Menschen erfolgreich stattgefunden hat.«[93] Er berichtet daher auch freimütig von den Fehlern, die ihm im Lauf seiner vorbildlosen Arbeit unterlaufen seien; so habe er bei den ersten Behandlungen stets zu viel Samenflüssigkeit in die Gebärmutter gespritzt, drei bis vier Tropfen, und damit bei einer Patientin sogar eine lebensbedrohliche Kolik ausgelöst. Sims reduziert die Dosis daraufhin nach und nach auf einen halben Tropfen, weil er der Überzeugung ist, dass auf natürlichem Wege noch weniger Samenflüssigkeit in den Uterus gelangen würde. Auch seine medizinischen Instrumente stellt er in dem Lehrbuch dar, die selbstentwickelte Spritze sowie die Glasröhre, die bis in die Gebärmutterhöhle der Frau reicht und in die Sims den Samen injiziert. Dieses neue Verfahren, die später sogenannte »intrauterine« Insemination, markiert in der Geschichte der assistierten Empfängnis tatsächlich eine wichtige Grenze, weil der Arzt den männlichen Samen nun zum ersten Mal an einem Ort deponiert, an dem er durch den Geschlechtsakt allein nicht landen würde. Sims' Methode verdient die Bezeichnung »Assistenz« also mit mehr Berechtigung als etwa noch John Hunter oder jene französischen Ärzte, die den Samen nur in die Vagina injizieren. Ein halbes Jahrhundert später schreibt ein Historiker des Zeugungswissens mit Blick auf Sims:»Das Jahr 1866 ist der eigentliche Beginn einer wissenschaftlichen Begründung der Lehre von der künstlichen Befruchtung.«[94] Die Deponierung des Samens in der Gebärmutter ist in der Zwischenzeit zur einzig gültigen Inseminationsweise geworden.

Marian Sims' Versuche mögen nachträglich als Ursprung und Grundlage der künstlichen Befruchtung gewürdigt werden. In den Jahren nach ihrer Veröffentlichung bleiben sie in Deutschland genauso bedeutungslos und unkommentiert, wie es auch nach Homes Erinnerungsbericht aus dem Jahr 1799 der Fall gewesen ist. In Frankreich setzt diese Resonanz früher ein. Ende der 1860er Jahre entsteht eine Debatte über die Zulässigkeit der homologen Insemination, an der sich eine Vielzahl von Ärzten beteiligt, so auch ein Gynäkologe namens Girault, der nun bekennt, bereits seit dem Jahr 1838, also lange vor Sims, künstliche Befruchtungen durchgeführt zu haben. Insgesamt acht Kinder sollen aus seinen Behandlungen hervorgegangen sein.[95] In Bordeaux ist das Verfahren Mitte der 1880er Jahre auch zum ersten Mal Gegenstand einer juristischen Auseinandersetzung. Die Klage des Arztes Lajatre, der sein Honorar von einem erfolglos behandelten Paar vor Gericht einfordern will, wird nach einer grundsätzlichen Zurückweisung der Inseminationstechnik abgelehnt. Die Societé de Médicine Légale in Paris greift den Fall kurz darauf noch einmal unter dem Aspekt der ärztlichen Standeswürdigkeit auf; die Kommission kommt zu dem Ergebnis, dass die künstliche Befruchtung als letztes Mittel zur Überwindung der Kinderlosigkeit angemessen sei, aber nur, wenn der Eingriff vom Ehepaar, nicht vom Arzt vorgeschlagen werde.[96]

Wenn deutsche Mediziner die Insemination in dieser Zeit zur Sprache bringen, in ganz vereinzelten Handbuch-Artikeln oder Aufsätzen zum Problem der Sterilität, wird die Methode als rein französisches Phänomen und als Symptom moralischer Verkommenheit bezeichnet. 1888 erscheint die erste deutsche Dissertation über die künstliche Befruchtung beim Menschen, eine kaum dreißig Seiten schmale Schrift des schlesischen Arztes Paul Levy; danach ist bis Anfang des 20. Jahrhunderts überhaupt kein Dokument mehr über das Verfahren nachweisbar. Doch erst zwei kurz aufeinanderfolgende Veröffentlichungen in den Jahren 1911 und 1912, die Abhandlung »Die künstliche Zeugung beim Menschen« des Sexualwissenschaftlers Hermann Rohleder sowie der erwähnte Aufsatz von Albert Döderlein verschaffen der künstlichen Befruchtung in Deutschland schließlich breite Aufmerksamkeit – die eine aufgrund ihres Umfangs und Materialreichtums, der andere dank der »Weltautorität«[97] seines Verfassers. Rohleders Studie, die ursprünglich als Monographie geplant war, dann aber nur als Anhang seines Buches »Die Zeugung beim Menschen« erscheint, fasst zum ersten Mal die Geschichte der Insemination sowie die medizinischen, ethischen und rechtlichen Fragen zusammen, die mit der Behandlungstechnik verbunden sind. In der Einleitung weist er mehrmals darauf hin, welch exotisches Gebiet er mit dieser Untersuchung betrete: »Man darf wohl sagen, daß in Laienkreisen überhaupt keine Kenntnis von dem Vorhandensein einer solchen Vornahme existiert.«[98] Einer der frühesten Leser, der Gerichtsmediziner Eugen Wilhelm, bestätigt diesen Befund anschaulich, wenn er schreibt, dass »die beiden ersten Juristen – ein Richter und ein Universitätsprofessor –, denen ich von dem Buch Rohleders sprach, anfänglich meine Angaben für einen Witz und den Bericht über die künstliche Zeugung beim Menschen für die Phantasie eines Jules Verne oder eines Wells hielten«.[99]

Rohleders Studie wird in den medizinischen Fachzeitschriften umfassend rezipiert. Der eigentliche Durchbruch der künstlichen Insemination als wissenschaftlicher Gegenstand geht aber auf Döderleins Artikel zurück, der Druckfassung einer Rede im Ärztlichen Verein München. Das ist an der Vielzahl von Andeutungen ablesbar, die in den Jahren darauf die neue Konjunktur des Themas an seinen Namen knüpfen. Ein Beitrag in der populären Berliner Zeitschrift »Die Gegenwart« von 1913 spricht etwa davon, wie dieser Aufsatz »mit ungeahnter Wirkung die Gemüter zu erregen, in den Brennpunkt der Diskussion zu rücken und wie etwas Unerhörtes, Eigenartiges, fabelhaft Neues aller Phantasie zu beschäftigen«[100] vermochte. Döderleins Artikel besteht im Grunde nur aus einer kurzen Zusammenfassung der bisherigen Erkenntnisse, vor allem der Tierexperimente Iwanoffs, und einem Bericht über den einzig erfolgreichen seiner sechs eigenen Behandlungsversuche. Doch der wissenschaftliche Ruf des Gynäkologen – im Unterschied zu der weit weniger arrivierten Position des Sexualwissenschaftlers Rohleder – sorgt dafür, dass die Beschäftigung mit der homologen Insemination in den Jahren darauf zunimmt und zumindest bis in die letzten Jahre der Weimarer Republik anhält.

Es hat aber nicht allein mit der Autorität einzelner Ärzte zu tun, dass die künstliche Befruchtung nach 1910 zum vieldiskutierten medizinischen Phänomen wird; vielmehr steht diese neue Aufmerksamkeit wie erwähnt im Zusammenhang mit den Diagnosen der Demographie. Sowohl in Frankreich als auch in Deutschland ist erkennbar, dass die Debatte um den Geburtenrückgang und die Konjunktur der homologen Insemination zeitgleich verlaufen. Die Académie Médicine in Paris diskutiert das Thema der drohenden Entvölkerung zum ersten Mal im Jahr 1867; ab den siebziger Jahren ist das Gespenst der »dépopulation« für den Rest des Jahrhunderts ein bestimmendes Thema der französischen Hygienebewegung.[101] Im Deutschen dagegen existiert das Wort »Geburtenrückgang« bis zum Jahr 1905 praktisch nicht, wie Christiane Dienel in ihrer großen Untersuchung zur Demographie in Deutschland und Frankreich vor 1918 schreibt. Erst danach beginnt die Angst vor der Entvölkerung und der Fortpflanzung der Falschen auch hier eine Rolle zu

spielen; Dienel weist vor allem in den vier Jahren vor dem Ersten Weltkrieg eine rasant anwachsende Zahl an Publikationen auf. Schon 1915
kann ein Kommentator rückblickend die »ins Riesenhafte angewachsene
Literatur über die Geburtenrückgangsfrage«[102] konstatieren.
Diese zeitliche Entwicklung stimmt überraschend genau mit dem
Aufkommen der homologen Insemination überein. Worum geht es also
den Gynäkologen und Sexualwissenschaftlern? Zuvörderst natürlich
um die Therapie der kinderlosen Ehen, um die Perfektionierung eines
weiteren Mittels in jenem Kampf gegen die Sterilität, der sich im letzten
Viertel des 19. Jahrhunderts von der Beratung einzelner Paare zu einem
statistisch legitimierten Wissenschaftszweig der Medizin gewandelt hat.
Man muss aber in Erinnerung behalten, welche sozialpolitischen Anschauungen die Protagonisten der neuen Behandlungstechnik vertreten,
welche institutionellen Positionen sie bekleiden. Von Albert Döderleins
frühem »rassenhygienischen« Engagement war schon die Rede, und
Hermann Rohleder wird 1911, genau im Erscheinungsjahr seiner Studie,
zum Präsident des deutschen »Neumalthusianer-Komitees« ernannt:
eine Vereinigung, deren Ziel die »Vorbeugung der Empfängnis aus
hygienischen Gründen«[103] ist, mit anderen Worten: negative Eugenik. In
seiner Antrittsrede über »Schwangerschaftsverhütung und Ärztestand«
plädiert er, in Anlehnung an den Namenspatron des Komitees, für eine
strikte Kontrolle der Bevölkerungsentwicklung, und zwar durch ein
ärztlich überwachtes Fortpflanzungsverbot für Kranke und sozial
Schwache. Das zeitgleiche Eintreten für die eugenisch motivierte Hemmung der Reproduktion auf der einen und die durch künstliche Befruchtung ermöglichte Förderung der Reproduktion auf der anderen
Seite zeigt aber deutlich, dass es Rohleder und Döderlein nicht auf die
generelle Behebung ehelicher Sterilität ankommt. Denn es ist von höchster Wichtigkeit, *wem* mit allen Regeln der Kunst zu Nachkommen verholfen werden soll. In den Erfahrungsberichten der Ärzte ist zwar nie
ausdrücklich vom sozialen Status der behandelten Ehepaare die Rede;
man kann allenfalls von beiläufigen Äußerungen über die Größe und
Ausstattung der Wohnhäuser, in denen die Inseminationen häufig stattfinden, auf ihren Wohlstand schließen. Es besteht aber kaum ein Zweifel,

dass es sich um Paare handelt, die sich die Behandlung nicht nur leisten können, sondern die es aus eugenischer Sicht auch verdient haben, dass ihr Wunsch nach Fortpflanzung mit den avanciertesten Mitteln unterstützt wird. Rohleder spricht in seiner Antrittsrede einmal davon, dass die Eindämmung des Bevölkerungswachstums im Sinne Thomas Malthus' zwar in den meisten Regionen notwendig sei, nicht aber in Frankreich und den »deutschen Großstädten«.[104] Diese Bemerkung zeigt deutlich, dass die Insemination zu dieser Zeit allein im urbanen, gesellschaftlich arrivierten Milieu Anwendung findet.

Das Versprechen der künstlichen Befruchtung muss in der Zeit um 1900 also immer vor dem Hintergrund der kulturkritischen, zum Teil apokalyptischen Diagnosen betrachtet werden, die das Gut des »Lebens« in grundsätzlicher Gefahr wähnen. Ein Konglomerat von Bedrohungen – die überfeinerte, nervöse Atmosphäre der Großstadt, die zunehmende Ausbreitung von Geschlechtskrankheiten, der Verzicht auf Nachkommen aus finanziellen Erwägungen in den höheren Schichten – steht der gesunden, fruchtbaren Ehe und damit dem Gedeihen der Nation entgegen. Sterilität ist dieser Auffassung nach mehr als ein schicksalhafter Defekt; sie kommt, wie ein bekannter Gynäkologe der Weimarer Zeit schreibt, »in der ungehinderten Natur kaum vor« und ist daher »ein Zeichen kultureller Deformation«.[105] Ihr eindrucksvollstes Dokument findet die Verherrlichung der Fertilität (und die damit verbundene Dämonisierung des Geburtenrückgangs) zweifellos in Emile Zolas Spätwerk »Fruchtbarkeit«. Dieser Roman entwickelt geradezu eine Theologie der Reproduktion. Zola stellt das Musterpaar Mathieu und Marianne Froment, die in bescheidenen Verhältnissen 15 Kinder zeugen und an ihrem 70. Hochzeitstag auf eine vier Generationen umfassende, 300-köpfige Familiendynastie blicken können, den verschiedenen Schreckensbildern des schrumpfenden Frankreichs entgegen – Ehen wie die des Fabrikbesitzers Beauchêne, des ehrgeizigen Angestellten Morange oder des reichen Spekulanten Séguin, aus denen nur ein oder höchstens zwei Kinder hervorgehen, weil der Reichtum über die Generationen kanalisiert werden soll. Dieser scharf konturierten Opposition der Familienbildung entspricht eine ebensolche zwischen Stadt und Land. Die Protagonisten der Selbstsucht leben allesamt in Paris, wo die promiskuitive, verhütete Sexualität nicht mehr die Funktion der Fortpflanzung einnimmt. Mathieu dagegen, zu Beginn des Romans Angestellter in Beauchênes Werkzeugfabrik, wohnt mit seiner Frau und der Jahr für Jahr anwachsenden Kinderzahl in einem einfachen Landhaus, weil er sich die Metropole nicht leisten kann, und pachtet schließlich ein brachliegendes Ackergrundstück seines Vermieters Séguin. Es gelingt ihm, das für wertlos gehaltene Land urbar zu machen, Familie und Grundbesitz wachsen im selben Tempo, und Zola wird nicht müde, diese doppelte Fertilität des Familienvaters in immer neuen Metaphern in Beziehung zu setzen.

Mathieu Froment ist das Sprachrohr einer »Religion der Fruchtbarkeit«, wie es im Roman etliche Male heißt; »in ihm kämpfte ein unbesiegbarer Glauben an das Leben«. In langen inneren Monologen, auf dem abendlichen Weg zurück in die Landidylle, referiert Mathieu die demographischen Probleme der Zeit – »die geistig Höherstehenden waren zweifellos die am wenigsten fruchtbaren, die Kinder wuchsen nirgends in größerer Zahl hervor als auf den Kehrichthaufen des Elends« – und malt sich die fatalen Konsequenzen der selbstgewählten Kinderarmut aus: »In ein oder zwei Jahrhunderten wird Paris eine tote Stadt sein.« Immer wieder führt ihn die Romanhandlung in die anonymen Gebär- und Findelhäuser, wo die unfreiwillig schwanger Gewordenen heimlich entbinden oder eine Abtreibung vornehmen lassen. Vor allem an diesen Orten vollzieht sich in seinen Augen »das teuflische Werk der willkürlichen Unfruchtbarkeit«. Zolas literarische Kampfschrift belohnt allerdings die Vermehrungslust der Froments und bestraft den Hedonismus der Großstädter. Mathieus Ackerbau prosperiert in einem Maße, dass er mit den Jahren zu einem vermögenden Großgrundbesitzer wird und seine Söhne schließlich sowohl die Werkzeugfabrik Beauchênes als auch die Geschäfte Séguins übernehmen. Die Pariser Kleinstfamilien lösen sich dagegen allesamt unter drastischen Umständen auf: Beauchênes einziger Sohn, schon als Kleinkind blass und verhätschelt, stirbt mit 19 an der Schwindsucht; Morange verliert seine Frau bei der versuchten Abtreibung ihres zweiten Kindes und seine jugendliche Tochter bei einer missglückten Sterilisation; und die Familie Séguins bricht auseinander. »Die

Fruchtbarkeit war die gebietende, die unwiderstehliche Eroberin.«[106] Am
Ende regiert sie in Gestalt eines ausgewanderten Sohnes der Froments
sogar in den französischen Kolonien Afrikas.

Die Technik der Insemination kommt auf den 700 Seiten des Romans
zwar nicht vor, weil die einen ohne Hilfestellung Kinder zeugen und die
anderen gar keine in die Welt setzen wollen. Man muss die Etablierung
der künstlichen Befruchtung aber genau vor dem Hintergrund jenes Lebensbegriffs sehen, den Zolas Buch so beredt und leidenschaftlich wie
kein anderer Text dieser Zeit feiert. Ein neuer gynäkologischer Eingriff,
der allen Beteiligten größte Überwindung abverlangt, wird also um 1900
akzeptabel, weil im Kampf gegen die Entvölkerung, gegen die »ver-
schleuderte Aussaat«,[107] wie Mathieu die sexuelle Vereinigung ohne Re-
produktionswillen bezeichnet, jedes Mittel recht ist.

Künstliche Befruchtung als Nachahmung des Geschlechtsakts

Wenn die Gynäkologen und Sexualwissenschaftler die Durchführung
ihrer homologen Inseminationen beschreiben, fällt eines sofort ins
Auge: wie eng dieses Verfahren noch an den sexuellen Akt gebunden ist.
Bei dem von John Hunter empfohlenen »Experiment« scheint der Arzt
nicht einmal präsent gewesen zu sein; und auch die Berichte der französischen und deutschen Mediziner zwischen 1870 und 1930 verdeut-
lichen, dass die homologe Samenspende eher als Optimierung des ehelichen Beischlafs aufgefasst wird, der Prozess der Befruchtung also
noch nicht restlos von der geschlechtlichen Vereinigung abgekoppelt ist.
»Ich aber meine«, schreibt Hermann Rohleder 1911, »daß die *erste* Bedingung für uns für das Gelingen des ganzen Aktes ist, daß wir *möglichst
die Natur nachahmen*«,[108] und genau nach dieser Prämisse hat sich die
Praxis der Behandlung auszurichten. Die Injektion des Samens muss
unmittelbar nach dem Koitus des Ehepaares erfolgen. Welch prekäre
Rolle den Ärzten dabei zukommt, geht aus den Schilderungen in Lehrbüchern und wissenschaftlichen Aufsätzen anschaulich hervor. Denn
die Tätigkeit des Reproduktionsmediziners besteht noch nicht darin,

dass er in einer abstrakten Laboratmosphäre mit gefrorenen Samenproben und punktierten Eizellen hantiert, sondern er greift in die tatsächliche Kopulation des Ehepaars ein. Wie es Paul Levy sagt:»Das
Sperma wird durch die Umarmung erhalten, und wenn der Arzt kommt,
um das Werk der Natur zu vervollständigen, findet er alles zur Operation vorbereitet.«[109]
Wie genau die Rahmenbedingungen der medizinisch unterstützten
»Umarmung« aussehen sollen, wird Anfang des 20. Jahrhunderts ausführlich diskutiert. Manche Ärzte, etwa Alfred Döderlein, behandeln die
Ehepaare in einem Raum ihrer Klinik, doch die meisten Kollegen halten
diesen Ort für unangemessen und bevorzugen eine private Umgebung
für die Insemination. Prochownick schreibt, er habe »das Verfahren bisher stets in meiner Behausung« ausgeführt, »zu einer Zeit, in der ich volle
Muße dazu hatte«, und »den Eheleuten einen geeigneten Raum und
genügend Zeit gelassen«.[110] Andere Mediziner sind der Ansicht, der Eingriff solle im Schlafzimmer des Ehepaares stattfinden, weil sich die Indiskretion in diesem vertrauten Rahmen in den erträglichsten Grenzen
halten würde. Bei allen Unterschieden der Ortswahl ist den Ärzten allerdings eines gemein: die Scheu vor dieser »unästhetischen Prozedur«.[111]
Ihre Erfahrungsberichte machen immer wieder das Befremden zum
Thema, die intime Situation des Geschlechtsakts zu stören. Es wird darüber debattiert, wie der männliche Samen am dezentesten mit der
Spritze aufgesogen werden könne, entweder aus den weiblichen Genitalien Sekunden nach einem unverhüteten Koitus oder aber aus einem
Kondom; es wird beratschlagt, welcher Aufenthaltsort dem Arzt, diesem
»Deus ex machina«[112] am Ende der Kopulation, ein so rasches wie takt-
volles Eingreifen ermögliche (im selben Raum, durch einen Vorhang
getrennt? im Nebenzimmer?), oder ob der Ehemann während der künstlichen Befruchtung zugegen sein müsse. Prochownick sagt aus jahrelanger Erfahrung, er habe den Gatten »stets in der Nähe, aber doch durch
halb offene Tür oder dgl. getrennt gehalten; seine unmittelbare Nähe
wirkt beunruhigend«,[113] während Friedrich von Winckel, der sich als
einer der ersten Gynäkologen auch für die rechtlichen Konsequenzen
der künstlichen Befruchtung interessiert, das gezeugte Kind nur dann

als ehelich ansieht,»wenn die geschilderte Prozedur unter Zustimmung und in Gegenwart des Ehemannes ausgeführt wird«.[114]

Ganz vereinzelt taucht unter diesen Bekenntnissen der Scham und Peinlichkeit aber auch eine andere, laszive Perspektive auf das Verfahren auf. Der Arzt interpretiert die Dreierkonstellation im Schlafzimmer des Paares oder seines eigenen Hauses beinahe in einem erotischen Sinn. Giraults Äußerungen aus der Anfangszeit der künstlichen Befruchtung können in dieser Hinsicht verstanden werden. Einem unfruchtbaren Ehepaar (der Mann 65, die Frau 27 Jahre alt) macht er den Vorschlag einer Insemination:»Der Mann willigte sofort ein«, schreibt er,»und nachdem er auch seine Frau davon überzeugt hatte, gaben wir uns für den nächsten Tag morgens Rendezvous. Als ich ankam, traf ich das Ehepaar im Bette. Der Mann übergab mir etwas Sperma, und ich führte die Operation aus.« Bei anderer Gelegenheit heißt es über die Festsetzung eines Behandlungstermins:»Das Stelldichein wurde vereinbart.«[115] In diesen amourösen Metaphern wird die Übertretung, die latent mit jeder homologen Insemination der Zeit verbunden ist, freimütig ausgesprochen; die brüchige Schwelle zwischen der medizinischen Unterstützung des Geschlechtsakts durch den Arzt und seiner Teilnahme daran beginnt sich aufzulösen. Durch Giraults spezielle Behandlungstechnik wird dieser Konflikt noch verschärft, denn er führt keine manuelle Injektion durch, sondern gießt den entnommenen Samen in einen Katheter und pustet ihn dann offensichtlich mit dem Mund in die Gebärmutter. Über einen erfolgreich zur Schwangerschaft gebrachten Fall heißt es:»Ich legte die Dame auf ein Kanapé, führte die Sonde in den Uterushals ein und blies mit meinem Munde in die trichterförmige Oeffnung.«[116] Erst nach dem fünften Behandlungstermin, schreibt Girault, hätte dieses Verfahren zu dem gewünschten Ergebnis geführt. Über die Auswirkungen der Besuche auf die Ehe seiner Patienten erzählt der Arzt nichts.

Im ersten Drittel des 20. Jahrhunderts wird die künstliche Befruchtung als Imitation des sexuellen Aktes vollzogen. Wie erklärt sich die Notwendigkeit dieser Nähe? Grundsätzlich ist die Trennbarkeit der Fortpflanzung von der Sexualität beim Menschen noch keine gesicherte Erkenntnis. Auch wenn seit der Etablierung der Zellenlehre gilt, dass Befruchtung allein als Zusammentreffen von Spermium und Eizelle zu denken ist und nicht, wie frühere Konzepte besagten, den Gesamtorganismus der Frau beansprucht: An der Überzeugung, dass der Koitus den unerlässlichen Rahmen jeder menschlichen Zeugung bilde, halten viele Ärzte in den Debatten um die homologe Samenspende fest. Die erfolgreichen Tierversuche, von Spallanzani bis Iwanoff, gelten nicht ohne weiteres als übertragbar. Eine gynäkologische Autorität wie Rudolf Chrobak etwa schließt die Möglichkeit der künstlichen Befruchtung zeit seines Lebens mit dem Argument aus,»daß zur mechanischen Vereinigung eben noch etwas Unbekanntes hinzukommen müsse, das nur bei der normalen Befruchtung vorhanden sei«.[117] In solchen Aussagen zeigt sich, wie irritierend der Gedanke an Empfängnis jenseits des sexuellen Akts noch ist. Dieses Befremden wird umso verständlicher, wenn man bedenkt, dass die beiden medizinischen Forschungsprojekte der künstlichen Insemination und der Befruchtung außerhalb des Mutterleibs – heute untrennbar verwoben – bis in die Zeit des Zweiten Weltkriegs nichts voneinander wissen. Zwar hat Samuel Leopold Schenk schon seit 1878 Kaninchen-Eizellen in einem Brutapparat mit Samenzellen vereinigt und sogar kurzzeitig Fertilisation erzielt, doch diese In-vitro-Experimente stehen allein im Dienst seines embryologischen Interesses. Über ein halbes Jahrhundert lang gibt es keinerlei Verbindungslinien zwischen den medizinischen Versuchen mit extrakorporaler Befruchtung und mit homologer Insemination: den Embryologen geht es allein um genauere Aufschlüsse der Vorgänge im Säugetier-Ei, den Gynäkologen um die Überwindung von Sterilität; die einen hantieren mit tierischen Eizellen, die anderen mit menschlichen Samenzellen. Erst in den späten 1930er Jahren, in einer kleinen Frauenklinik in Boston, finden die beiden Forschungsstränge zum ersten Mal zueinander.[118]

Zwischen 1905 bis 1908 kommt es zu einem aufsehenerregenden Gerichtsverfahren durch mehrere Instanzen, das die Frage nach der Entkoppelung von Empfängnis und sexueller Vereinigung beim Menschen wohl zum ersten Mal in Deutschland ins öffentliche Interesse rückt. Der Prozess hat zwar nicht unmittelbar mit der medizinischen Technik der Insemination zu tun, aber er wird in den Schriften von Rohleder, Döderlein und vielen anderen Ärzten als Präzedenzfall für die eigenen Behandlungen zitiert. Gegenstand des Prozesses ist die Anfechtung einer Vaterschaft: Ein Mann klagt dagegen, dass ein Kind, das seine Frau im Sommer 1904 zur Welt gebracht hat, als ehelich anzusehen sei. Seit Jahren, versichert er vor Gericht, finde kein sexueller Verkehr mehr zwischen ihnen statt. Laut übereinstimmenden Aussagen der Ehepartner ist die Schwangerschaft vielmehr dadurch eingetreten, dass sich die Frau den Samen des Mannes nach einer Pollution im Schlaf mit einer Kerze eingeführt hat.

Die Justiz betritt mit der Begutachtung dieses Falls unbekanntes Terrain. »Eine Geburt ohne Beiwohnung«, heißt es in einem Kommentar, »ist von dem Gesetze nicht als in dem Gebiete der Möglichkeit liegend angesehen worden.«[119] Nach den damaligen Rechtsbestimmungen im Bürgerlichen Gesetzbuch (und auch heute noch) tritt bei Kindern, die von einer verheirateten Frau geboren werden, die sogenannte Ehelichkeitsvermutung in Kraft; der Ehemann gilt also so lange als Vater, bis er den Gegenbeweis erbringt, dass dies, wie der entsprechende Paragraph besagt, »den Umständen nach offenbar unmöglich ist«. Inzwischen kann der Gegenbeweis ohne größeren Aufwand durch einen DNS-Abgleich vorgelegt werden, doch diese Methode steht den Gerichten 1905 noch nicht zur Verfügung. (Erst Mitte der 1920er Jahre gelingt es, den Erbgang der kurz zuvor entdeckten Blutgruppen zu ermitteln und den biologischen Vaterschaftstest in die Wahrheitsfindung einzubeziehen.)[120] Die beiden ersten Instanzen, das Koblenzer Landgericht und das Kölner Oberlandesgericht, weisen die Klage des Mannes ab. Obwohl ein gynäkologischer Sachverständiger im zweiten Verfahren die Möglichkeit der Selbstbefruchtung mittels Kerze ausschließt, hält das Gericht an der Vermutung der Ehelichkeit fest. Es beruft sich auf § 1591 in der damaligen Fassung des Bürgerlichen Gesetzbuches, der bestimmt, dass ein Kind ehelich sei, wenn »der Mann innerhalb der Empfängniszeit der Frau beigewohnt« habe, und interpretiert die ungewöhnlichen Zeugungsumstände als »Surrogat der Beiwohnung«.[121] Das Leipziger Reichsgericht hebt dieses Urteil im Juni 1908 auf. Es gibt dem Kläger alleine aus dem Grunde recht, dass nicht definitiv zu entscheiden sei, ob die künstliche

Insemination zu einer Empfängnis führen könne. Und selbst wenn dieser medizinische Nachweis erbracht wäre, so die Urteilsschrift, gelte für ein solcherart gezeugtes Kind nur dann die Ehelichkeitsvermutung, wenn der Mann seine Zustimmung zu der Prozedur gegeben hätte. Der Wortlaut des § 1591 trifft auf diesen Fall in den Augen des Reichsgerichts nicht zu, weil das Aufkratzen des Samens vom Bettlaken, ohne Wissen des Ehemannes, eben kein »Surrogat der Beiwohnung« sei. Das Reichsgericht gibt den Fall zurück an die Kammer in Köln, mit der Weisung, die Erfolgsaussichten der künstlichen Befruchtung sowie die Frage nach der Legalität des Kindes noch einmal genauer zu ermitteln.[122]

An diesem Punkt verliert sich bedauerlicherweise die Spur des Falles. »Es darf angenommen werden, daß der Prozeß jetzt bereits beendet ist«, heißt es in einem Artikel von 1910; »da die auf die erneute Verhandlung getroffene Entscheidung nicht veröffentlicht worden ist, so weiß man nicht, zu welchem Ergebnis das Oberlandesgericht schließlich gekommen ist.[123] Wenn der Eindruck nicht täuscht, gibt es tatsächlich keine einzige Publikation zum endgültigen Ausgang. Dennoch hat dieser Rechtsstreit der Debatte um die künstliche Befruchtung in Deutschland einen entscheidenden Impuls verliehen. Ein Verfahren, das im 19. Jahrhundert nur aus dem Ausland bekannt war und eher mit Kopfschütteln abgetan wurde, steht durch den Fall drei Jahre lang im Fokus des gerichtsmedizinischen Interesses. Mit der Klage verbunden sind bislang ungekannte Probleme der Abstammung und Elternschaft. Im Kölner Urteil heißt es zwar, der erst ein paar Jahrzehnte bestehenden zellbiologischen Gewissheit gemäß: »Das Wesen der Empfängnis besteht in der Verbindung des männlichen Samens mit dem weiblichen Ei«.[124] Aber was bedeutet diese Erkenntnis, wenn die Verbindung ohne sexuelle Vereinigung zustande gekommen ist? Kann Vaterschaft allein aus dem Gebrauch der männlichen Keimzellen für die Befruchtung legitimiert werden, unter welchen Umständen auch immer?

In den Fragen, die sich die Ärzte und Juristen in ihren Kommentaren stellen, zeichnen sich bereits all jene Krisen der Grenzziehung ab, die dann im Zeitalter der Samenbanken und Reproduktionskliniken definitiv gelöst werden müssen. Theodor Olshausen schreibt, in einer Vorwegnahme der ICSI-Behandlung: »Gelänge es wirklich, einen ›Homunculus in der Retorte‹ durch Zusammenbringen eines Ovulums und eines Spermatozoon hervorzubringen, so würden auch dann die Frau und der Mann, die die Produkte geliefert haben, als die Eltern des Kindes angesehen werden müssen.«[125] Die Einschätzung des Koblenzer Falles allerdings muss nach Ansicht der meisten Autoren den Umstand einbeziehen, dass der Ehemann seine Zeugungsessenz nicht freiwillig zur Verfügung gestellt hat. Auch wenn die Kategorie des Willens gewöhnlich keinen Einfluss auf die Feststellung der Elternschaft haben dürfe (Männer, die zum Zeitpunkt der Zeugung betrunken oder geistig umnachtet waren, sind ebenfalls legitime Väter), seien an diesen Fall andere Voraussetzungen anzulegen. Die fehlende Einwilligung des Ehemannes müsse hier bei der Vaterschaftsbestimmung womöglich höher bewertet werden als die Abstammung. Rudolf Wassermann spricht sogar vom »Recht am Samen« als Teil des allgemeinen Persönlichkeitsrechts.[126] Man muss bei diesen Reflexionen an eine aktuelle Kategorie wie die »beabsichtigte Elternschaft« denken, die etwa in der kalifornischen Rechtsprechung seit dem berühmten Leihmutterschaftsprozess Calvert gegen Johnson 1990 die eheliche Legalität der Wunschkinder sichert, den Vorrang des Willens zur sozialen Mutter- oder Vaterschaft gegenüber der biologischen Verwandtschaft der Leihmütter und Samenspender. In einem kleinen, aber vielbeachteten Rechtsstreit tauchen all diese Modifikationen eines kommenden Jahrhunderts zum ersten Mal am Horizont auf.

Der medizinische Zweifel, ob Zeugung ohne Kopulation möglich sei, leitet die Behandlungstechnik der Ärzte Anfang des 20. Jahrhunderts also in einem grundlegenden Sinne. Der Koblenzer Fall, nur ein paar Jahre vor den Publikationen Rohleders und Döderleins abgeschlossen, bestätigt diese Zweifel eher, als dass er zu ihrer Entwirrung beitragen würde. Es gibt aber, über diese allgemeine Unsicherheit hinaus, auch zwei ganz konkrete, praktische Gründe, welche die Einbindung der Insemination in den Geschlechtsakt zu dieser Zeit notwendig machen. Der erste hat mit dem Tabu zu tun, den Samen des Ehemannes durch Masturbation bereitzustellen. Für die Ärzte gelten nur drei Verfahren, die Spermien zu gewinnen, als akzeptabel: nach vollzogenem, unverhütetem

Beischlaf, wie bereits von Marian Sims praktiziert, nach coitus interruptus oder – zwischen 1910 und 1930 die beliebteste Methode – nach dem Beischlaf mit Kondom. Keine dieser Techniken ist unumstritten; die erste wird von einigen Ärzten abgelehnt, weil sie der Frau nicht zumutbar sei und die Spermatozoen im Vaginalsekret überdies schon nach Sekunden an Befruchtungsfähigkeit verlieren könnten, die letzte, weil man das Material des Kondoms als schädlich oder den Gebrauch von Verhütungsmitteln noch grundsätzlich als gesundheitsgefährdend erachtet. Die Gemeinsamkeit aller Methoden besteht aber darin, dass sie die Kopulation zum unerlässlichen Bestandteil der Behandlung machen.

Manche französischen Mediziner, schreiben die deutschen Autoren, hätten ihre Inseminationen zwar schon Ende des 19. Jahrhunderts nach Masturbation des Ehemannes durchgeführt, aber ein solches Verfahren wird kategorisch abgelehnt. Der Gynäkologe Hugo Sellheim sagt noch 1924 über diese Möglichkeit: »Einfach unter Verabreichung eines entsprechenden Auffanggefäßes zur Selbstbefriedigung in der ersten besten Zimmerecke oder auf anderem stillen Ort aufzufordern, ist weder des Arztes noch des Menschen würdig.«[127] In der hartnäckigen Weigerung, diese Technik der Samengewinnung zuzulassen, wirkt natürlich die medizinische Dämonisierung der Masturbation nach, wie sie sich spätestens durch Tissots Schriften Mitte des 18. Jahrhunderts etabliert hat und noch die Ursachenforschung neurasthenischer Störungen in der Zeit um 1900 prägt. Es bedarf daher eines langen Übergangsprozesses, bevor der Akt der »Selbstbefleckung«, knapp zweihundert Jahre lang für körperliche und nervliche Krankheiten aller Art verantwortlich, zum legitimen Bestandteil der künstlichen Befruchtung werden kann. Gerade in der Zeit allerdings, in der Sellheim einen weiteren Bannspruch gegen die Onanie verhängt, beginnen die ersten Mediziner in Deutschland diese Methode in Betracht zu ziehen. Wenn die Insemination nach »coitus condomatus« nicht gelingt, so etwa das »Handwörterbuch der Sexualwissenschaft« im Jahr 1926, »läßt sich manchmal die Selbstmasturbation des Gatten nicht umgehen«.[128]

In dem Maße, in dem sich die Technik der Spermagewinnung wandelt, können sich künstliche Befruchtung und sexuelle Vereinigung voneinander entkoppeln. Erste Versuche mit Punktionen von Samenflüssigkeit direkt aus den Hoden, nach dem Vorbild der Tierexperimente Iwanoffs, werden nun auch bei unfruchtbaren Männern durchgeführt (und bei der Samenspende von Dritten, die sich ein Jahrzehnt nach diesem Lexikonartikel in den USA zu verbreiten beginnt, ist Masturbation ohnehin die einzige Möglichkeit der Bereitstellung). Es gibt aber noch ein zweites Motiv, warum die inseminierenden Ärzte im frühen 20. Jahrhundert am Beischlaf des Ehepaars festhalten – und zwar die immer noch weitverbreitete Ansicht, dass der Orgasmus der Frau unabdingbare Voraussetzung für eine erfolgreiche Empfängnis sei. Thomas Laqueur hat in seiner berühmten Studie über die Geschichte der Geschlechterdifferenz die These vertreten, dass diese Lehre in dem Moment an Gültigkeit einbüßte, in dem die Medizin den weiblichen Körper nicht mehr als nach innen gewendete, unvollkommene Variante des männlichen wahrnahm, sondern als sein unvergleichliches Gegenstück. Spätestens am Ende des 18. Jahrhunderts, so Laqueur, sei der weibliche Orgasmus »zur beiläufigen, entbehrlichen und zufälligen Zugabe zum Akt der Reproduktion«[129] geworden. Bereits eine flüchtige Durchsicht der Schriften über die künstliche Befruchtung zwischen 1870 und 1930 macht deutlich, dass dieser historische Befund Laqueurs nicht zutrifft. Denn ein zentraler Streitpunkt der Debatten besteht genau in dieser Frage: ob die Insemination deshalb in den sexuellen Akt eingebunden sein müsse, weil ohne den Orgasmus der Frau, möglichst gleichzeitig mit dem des Mannes, das ganze Verfahren wertlos bleibe. Fast alle Sexualwissenschaftler der Zeit, aber auch arrivierte Gynäkologen wie Kisch, von Winckel, Sellheim oder Erwin Kehrer vertreten diese Position. Sie wissen natürlich um das Faktum der Empfängnis bei schlafenden, bewusstlosen oder auch vergewaltigten Frauen, aber sie halten diese Fälle von Befruchtung ohne weibliche Erregung für Ausnahmen; sie treten laut Rohleder nur dann ein, wenn »die betreffenden Frauen noch lange Zeit post coitem liegen bleiben«[130] und eine minimale Menge von Sperma den Gebärmutterhals passieren kann. Zur Untermauerung ihrer These dienen zudem Statistiken, die den überdurchschnittlich häufigen Zusammenhang zwischen der Sterilität einer Ehe und dem mangelnden Lustgefühl der Frau konstatieren.

Den Grund für die Notwendigkeit weiblicher Erregung erkennen die Ärzte im mechanischen Prozess der Befruchtung. Die Konvulsionen des Orgasmus lösen ihrer Beobachtung nach Saugbewegungen des Muttermundes aus, die den Weg des Samens von der Vagina in den Gebärmutterhals beschleunigen oder sogar erst ermöglichen. Dieser Zusammenhang mache auch die bescheidenen Erfolge der künstlichen Inseminierung bislang erklärbar, weil »im Moment der Injektion des Spermas in den Zervix die Frau alles eher, als sexuell erregt ist [...] Daß bei derselben ein Orgasmus der Frau je eintrete, ist wohl kaum anzunehmen, wenn nicht ein sehr erregbares Weib gerade vorliegt.«[131] Die Konsequenz dieser Diagnose besteht für die Ärzte natürlich darin, die Injektion genau in den Sekunden des sexuellen Höhepunkts durchzuführen, was die Rolle des Arztes aber noch problematischer werden lässt. »In dem Momente, wo die Frau noch in dem abklingenden Orgasmus begriffen sei, solle der Doktor ins Ehegemach hereintreten mit der Spritze in der Hand«?,[132] fragt Hermann Rohleder rhetorisch. Das ist selbst für ihn, den vielleicht leidenschaftlichsten Verfechter der Insemination in diesen Jahren, eine allzu befremdliche Vorstellung. Doch Rohleder entgegnet, die Erregung der Frau könne sich vor der künstlichen Befruchtung auch auf anderen Wegen einstellen. Dass er hierbei die Bemerkung für nötig hält, zu diesem »Vorgehen« würde »sich kein sittlich denkender Arzt herablassen«, ruft noch einmal in Erinnerung, wie präsent die Möglichkeit der sexuellen Übertretung für die inseminierenden Mediziner gewesen sein muss. Rohleder versichert, die Aufgabe müsse »seitens des Ehegatten vor Eintreffen des Arztes«[133] übernommen werden, wohingegen Erwin Kehrer, immerhin Direktor der Dresdener Frauenklinik, einige Jahre später die Rolle des Gynäkologen bei der künstlichen Befruchtung noch einmal aktiver interpretiert. Er habe den Eindruck gewonnen, heißt es in seinem Lehrbuch über die »Behandlung der Unfruchtbarkeit nach modernen Gesichtspunkten«, »als wären nur dem Arzt Erfolge mit der Methode beschieden, der gleichzeitig mit der intrauterinen Befruchtung einen Orgasmus der Frau auf dem Wege der psychischen Beeinflussung oder der Hypnose auszulösen verstände«.[134]

Die eminente Funktion weiblicher Erregung bei der Empfängnis setzt in diesen Jahren auch einen Disput über die Zulässigkeit künstlicher Befruchtung im Sinne der »Rassenhygiene« in Gang. Die Berliner Pädagogin Mathilde Vaerting stellt in ihrem Aufsatz »Die eugenische Bedeutung des Orgasmus« die Behauptung auf, dass die Kontraktionen im weiblichen Unterleib nicht nur den Transport des Samens in den Gebärmutterkanal ermöglichen, sondern auch die Spermatozoen vor Erschöpfung oder Beschädigung schützen würden. Die titelgebende Bedeutung des weiblichen Orgasmus besteht also darin, dass Samen- und Eizelle dank der Saugbewegungen möglichst schnell und ohne Energieaufwand zueinanderfinden und die »Qualität des Befruchtungsproduktes«[135] im eugenischen Sinne erhöht wird. Vaerting nimmt mit dieser These Bezug auf einen der Begründer der deutschen »Rassenhygiene«, Alfred Ploetz, der den Prozess der Fertilisation schon in den 1890er Jahren als Wettbewerb und Auslese beschrieben hat, in dem sich nur die schnellsten Samenzellen im schädlichen Milieu der Vaginalsekrete durchsetzen. Wenn die Befruchtung im Zuge der Insemination nun ohne jede Erregung der Frau vorgenommen werde, so Vaerting, könne dies zwar theoretisch zur Empfängnis führen, dank der langsamen Eigenbewegungen der Spermien; aber der Kraftaufwand, der dafür nötig sei, würde ein geschwächtes, vielleicht sogar geschädigtes Lebewesen hervorbringen. »Ein rassenbiologisch und eugenisch denkender Arzt muß es sich deshalb angelegen sein lassen, alle Gewohnheiten und Einrichtungen zu bekämpfen, die eine Befruchtung ohne Orgasmus des Weibes begünstigen.«[136] An Maßnahmen wie die manuell oder durch einen vorangehenden Koitus erzeugte Erregung glaubt Mathilde Vaerting nicht, denn einer Frau, die weiß, dass unmittelbar nach diesen Zärtlichkeiten eine künstliche Befruchtung vorgenommen werden soll, seien Lustempfindungen unmöglich. Am Ende ihres Beitrags kommt sie daher zu dem schroffen Fazit, die homologe Insemination müsse »als ein Verbrechen gegen die Eugenik verurteilt werden«.[137] Hermann Rohleder antwortet auf diese Anschuldigung prompt (wenn auch irrtümlich an einen männlichen »Dr. Vaerting«) und verleiht seiner langjährigen Erfahrung Nachdruck, dass Frauen im Rahmen einer künstlichen Befruchtung sehr wohl zu Lustempfindungen in der Lage seien. Der Befürchtung, dass aus

Spermatozoen, die ohne konvulsivische Unterstützung den Weg Richtung Eizelle bewerkstelligen müssen, kränkliche Lebewesen entstehen würden, könne er aus seiner praktischen Tätigkeit nur widersprechen; »jedenfalls zeigen die bisher erzielten Resultate von völlig gesunden, kräftigen Kindern«,[138] dass die »rassenhygienischen« Vorwürfe an die künstliche Befruchtung unbegründet sind.

Von den heutigen Prämissen der Reproduktionsmedizin aus wirken diese Einschätzungen befremdlich (so wie jedes eugenische Argument seit 1945 ohnehin diskreditiert ist, auch wenn der fatale Sog dieser Wissenschaft vergessen lässt, dass es im ersten Drittel des 20. Jahrhunderts genauso gut auch fortschrittliche oder jüdische Eugeniker gegeben hat). Grundsätzlich bildet sich im Streit zwischen Vaerting und Rohleder aber eine Sorge ab, die in der Frühzeit der künstlichen Befruchtung auf vielfältige Weise erkennbar wird. Es geht um die Frage, ob Lebewesen, die sich einer nicht dem sexuellen Akt entsprungenen Empfängnis verdanken, die gleiche Entwicklung nehmen wie die auf natürliche Weise gezeugten. Auf jeder Etappe in der Geschichte der Insemination taucht diese Frage wieder auf. Bereits Spallanzani stellte sie im Zuge seiner Frosch-Experimente; über Iwanoffs Zuchtversuche hieß es Anfang des 20. Jahrhunderts: »Was besonders wichtig, auch im Hinblick auf die Übertragung auf menschliche Verhältnisse erscheint, die Jungen waren und entwickelten sich völlig normal«;[139] und Hermann Rohleder beglaubigt die Vertrauenswürdigkeit der frühesten Inseminationen Giraults um 1840 mit der gut siebzig Jahre später verfassten Bemerkung, »von den so erzeugten Kindern sollen einige heute noch leben, einer als angesehener Advokat in Paris«.[140] Dass sich sogar lange Rechtsanwalts-Karrieren durch die künstliche Befruchtung initiieren lassen, ist die sicherste Beruhigung einer Angst, die sich in der Reproduktionsmedizin bis zum heutigen Tag nicht völlig abstellen lässt (man denke nur an die Aussagen der ICSI-Laborantin Helena Angermaier am Anfang dieses Buches). In der Frühzeit der künstlichen Befruchtung sind noch keinerlei Erfahrungen über die Auswirkungen der Behandlung auf Frauen und Kinder verfügbar. Diese Unsicherheit bringt einen ganzen Katalog an Kontroll- und Vorbeugemaßnahmen hervor. So kursiert unter den (männlichen) Gynäkologen der Wunsch,»daß heroische Frauen, etwa Medizinerinnen, denen es um die Sache zu tun ist, den Versuch an sich selbst anstellten«.[141] Und die Scheu, mit der die Inseminationen noch bis 1930 durchgeführt werden, lässt sich besonders anschaulich an den Weisungen der Ärzte nach einem Eingriff ablesen. Mindestens zwei Stunden sollen die Frauen nach der künstlichen Befruchtung das Bett hüten, heißt es, manchmal auch, wie etwa bei Sellheim,»der Vorsicht halber ein bis zwei Tage«.[142] Hermann Rohleder schreibt über sein Vorgehen direkt nach der Insemination sogar:»Hierauf werden der Frau mit einem Handtuch die Knien zugebunden, damit möglichst alle Bewegungen vermieden werden, dann wird für die nächsten Stunden, besser gleich für den ganzen Tag, Bettruhe angeordnet [...] Ebenso sind Erschütterungen, wie Reiten, Tanzen, Straßen- und Eisenbahnfahrten für die nächsten vier Wochen zu verbieten.«[143] In den Jahrzehnten darauf kann man an den Äußerungen der Ärzte erkennen, dass die allgemeine Etablierung der Insemination mit einer kontinuierlichen Verringerung dieser Ruhezeit einhergeht. Heutigen Reproduktionsmedizinern ist es praktisch gleichgültig, wie sich die Frauen unmittelbar nach einer Samenspende oder einem Embryotransfer verhalten.»Meine Patientinnen wollen das nicht glauben«, sagt etwa Ulrich Noss, Betreiber einer der größten Reproduktionszentren Münchens,»aber ich sage ihnen immer: Es ist völlig egal, was Sie danach machen. Sie können noch ein wenig hier liegenbleiben oder gleich wieder zur Arbeit gehen, so wie Sie das eben wollen.«

Das Wissen über den weiblichen Zyklus

In den frühen Artikeln über die homologe Insemination tauchen immer wieder ernüchternde Statistiken auf, in denen die Zahl bislang geglückter Befruchtungen dokumentiert wird. Rohleder spricht im Jahr 1911 von ganzen 21 Schwangerschaften, die nach dieser Behandlungsmethode weltweit eingetreten seien, und auch eine Berechnung von 1927 kann nicht mehr als 65 bekannt gewordene Erfolge bestätigen.[144] Die trüben Aussichten der künstlichen Befruchtung mögen aus heutiger

Perspektive mit den verschiedensten Unwägbarkeiten der Methode zusammenhängen, mit der Verzögerung der Injektion nach dem Koitus, der schädlichen Erwärmung der Samenflüssigkeit oder den noch unzuverlässigen Testverfahren, ob die Spermatozoen eines Mannes überhaupt fruchtbar seien. Ein Faktor ist aber zweifellos der entscheidende: das mangelnde Wissen der damaligen Ärzte um die Empfängnisfähigkeit der Frau. Bereits Marian Sims notierte Mitte des 19. Jahrhunderts: »Wenn wir mehr über die eigentliche Conceptionszeit wüssten, dann könnte diese mechanische Befruchtung exakt hinlänglich ausgeführt werden.«[145] Für die Datierung der fruchtbaren Tage im weiblichen Zyklus gilt im Rückblick mithin genau der entgegengesetzte Befund wie für das Festhalten an der Bedeutung des weiblichen Orgasmus: Bei dieser Erkenntnis erstaunt, wie spät sie von der Schulmedizin verworfen wurde, bei jener, wie spät sie sich durchgesetzt hat. Denn vor den bahnbrechenden Forschungen Oginos und Knaus' am Ende der 1920er Jahre sind die Prämissen der Ärzte, an welchen Tagen inseminiert werden soll, nach den heute gültigen Wissensmaßstäben schlichtweg falsch.

Wie verschlungen die Vorgeschichte unseres längst als zeitlose Körperwahrheit geltenden Erklärungsmodells gewesen ist, zeigt bereits der Umstand, dass der Eisprung der Frau bis Mitte des 19. Jahrhunderts für eine Folge der Befruchtung und damit des Geschlechtsverkehrs gehalten wurde. Die anhaltende Konjunktur der Auffassung beruht vor allem auf falschen Analogieschlüssen, weil dieser Ablauf beim Kaninchen, einem der meistgebrauchten Versuchstiere der Embryologie, tatsächlich zutrifft. Die Gelbkörper in den Eierstöcken, jene vernarbten Follikel nach dem Eisprung, glaubt man daher auch bei Obduktionen menschlicher Leichen allein auf einen vorangegangenen Beischlaf beziehen zu können. Und wenn ein Arzt bei hingerichteten oder durch Selbstmord umgekommenen Jungfrauen eine solche Narbe in den Ovarien entdeckt, hält er sie für eine pathologische Fehlbildung; man spricht von »falschen Gelbkörpern«, weil die empirische Tatsache nicht mit dem zugrundeliegenden Lehrsystem in Übereinstimmung zu bringen ist. Pouchet und dann vor allem Theodor Bischoff beweisen in den 1840er Jahren die Unmöglichkeit dieser Vorstellung. Bischoff bindet läufigen Hündinnen einen der Eierstöcke ab und lässt sie danach schwängern; bei der Öffnung der getöteten Tiere findet er die Gelbkörper sowohl in dem einen, von den Spermatozoen erreichten Eierstock als auch in dem verschlossenen. Er wiederholt die Versuche mit Schafen, Säuen und Ratten, immer mit dem gleichen Ergebnis, und zieht daraus den Schluss, »daß die ganze Reihenfolge dieser Erscheinungen von der Begattung überhaupt unabhängig«[146] sei. Ei-Reifung und Ovulation stellen sich bei fast allen Säugetieren und beim Menschen nicht durch den Geschlechtsakt provoziert, sondern periodisch und zwangsläufig ein. Diese epochale Erkenntnis Bischoffs ist aber, wie man von heute aus sagen kann, mit einem genauso epochalen Irrtum verbunden. Denn die Ärzte leiten von seinen Versuchen fortan die These ab, dass sich das Ei alle vier Wochen während der Menstruation aus seinem Follikel löse und Befruchtung nur in der Zeit kurz nach diesem Ereignis möglich sei. Die Blutungen werden als menschliche Entsprechung der Brunst interpretiert, die zu Beginn ebenso mit Schmerzen verbunden sei und die fruchtbaren Tage ankündige. Diese von Theodor Bischoff begründete Anschauung hat bis in die Zeit des Ersten Weltkriegs weitgehend unwidersprochene Gültigkeit.

Die Ärzte geben in ihren Aufsätzen häufig an, an welchen Tagen sie ihre Patientinnen genau inseminiert haben. In den ersten Jahrzehnten stimmen diese Daten bei fast allen Autoren überein: Die künstliche Befruchtung wird unmittelbar nach dem Ende der Menstruation durchgeführt. Rohleder deutet sogar einmal an, dass der allergeeignetste Zeitpunkt, der »letzte Rettungsanker«[147] der Insemination, noch ein wenig früher liege, nämlich während der Periode selbst, weil die Bewegungsflüsse im Gebärmutterkanal das befürchtete Ausbleiben des Orgasmus bei der künstlichen Befruchtung kompensieren könnten. Erst um 1915 – angeregt von neuen gynäkologischen Untersuchungen, die die Gleichzeitigkeit von Eisprung und Menstruation bestreiten – beginnen manche Ärzte den Inseminationszeitraum zu verschieben. Prochownick ist einer der Ersten, der nun empfiehlt, die Befruchtung »zwischen dem 15. und 22. Tage nach Beginn der letzten Regel«[148] auszuführen. Dass die Ovulation in die Mitte zweier Zyklen falle und die gesprungene Eizelle die folgende Menstruation auslöse, nicht, wie bislang gedacht, ein Effekt der vorangegangenen sei, wird in den Jahren darauf zur etablierten Lehrmeinung. Es steht aber noch kein Mittel zur Verfügung, um den exakten Zeitraum der Empfängnisfähigkeit im Körper wirklich vorherzusagen. Die Inseminationen werden von den Ärzten in den 1920er Jahren daher zu ganz unterschiedlichen Terminen vorgenommen, zwischen dem 6. und dem 18. Tag nach Beginn der Menstruation. Erst Kyusako Ogino in Japan und Hermann Knaus in Graz gelingt unabhängig voneinander eine schärfere Eingrenzung, indem sie den Eisprung – der neu interpretierten Chronologie des weiblichen Zyklus gemäß – zum ersten Mal von der bevorstehenden Menstruation ableiten und nicht von der zurückliegenden. Diese Methode ermöglicht eine stabile Berechnung, unabhängig von der Dauer und der Regelmäßigkeit des Zyklus; die Ovulation tritt, nach ihren umfassenden empirischen Forschungen, bei allen Frauen zwischen dem 16. und dem 12. Tag *vor* der nächsten Periode ein.[149] Auf der Basis der Erkenntnisse von Ogino und Knaus entwickelt sich schließlich ein Verfahren, den Zeitpunkt des Eisprungs durch tägliche Messung der Körpertemperatur genau zu identifizieren (einem leichten Temperaturabfall folgt ein Anstieg am nächsten Tag). In Verbindung mit dem inzwischen verlässlichen Wissen über die Lebensdauer der Spermatozoen in den weiblichen Genitalien lässt sich die Empfängnisfähigkeit der Frau um 1930 also auf einen Zeitraum von zwei bis drei Tagen eingrenzen.

Nun wird auch der erfolgversprechende Termin der Inseminationen bestimmbar. Von heute aus, könnte man daher sagen, erstaunt weniger die geringe Anzahl der nach künstlicher Befruchtung hervorgegangenen Schwangerschaften in den Jahrzehnten zuvor, sondern eher die Tatsache, dass überhaupt solche eingetreten sind. »Im Lichte unseres gegenwärtigen Wissens«, schreibt Antonius Schellen schon 1957, »erscheinen diese Fälle beinahe märchenhaft«.[150] Muss man also den Ablauf des weiblichen Zyklus als vertracktes Natur- oder Gottesrätsel auffassen, dessen Lösung um 1930 nach Jahrhunderten der falschen Fährten und Ideen endlich gefunden ist? In dieser Perspektive wäre die Geschichte des (gynäkologischen) Wissens, über die Jahrhunderte hinweg, eine Abfolge von Erkenntnisdurchbrüchen, ein fortdauerndes Beseitigen von Schleiern und Hemmnissen, bis irgendwann der Blick auf die freigelegte Wahrheit möglich ist. Aber wenn dieses Erklärungsmodell zutrifft: Wie lässt sich dann begründen, dass die inseminierenden Ärzte von Marian Sims bis zu den deutschen Gynäkologen und Sexualwissenschaftlern in den 1920er Jahren immer wieder Schwangerschaften durch Befruchtung an den »falschen« Tagen erzielt haben? Zweifellos, das heutige Wissen über den hormonell organisierten Menstruationszyklus kann jede Unregelmäßigkeit der Empfängnis in das Erkenntnissystem integrieren; es gibt keinen Zeitpunkt, an dem ein Eisprung kategorisch auszuschließen wäre. Aber dennoch bleibt ein Rest an Erstaunen, dass die Mediziner vor hundert Jahren trotz ihres Beharrens auf nahezu unmöglichen Daten immer wieder erfolgreich waren. Könnte es nicht sein, dass die gegenwärtigen Kenntnisse doch nicht so abgeschlossen und unerschütterbar sind wie behauptet? Dass das, was die heutige Gynäkologie mit vagen Begriffen wie »Unregelmäßigkeit« aus dem geltenden Lehrgebäude ausschließt, in Wahrheit auf ein anderes, noch unentdecktes System weist? Vielleicht – oder besser gesagt: mit hoher Wahrscheinlichkeit – wird sich unser Reproduktionswissen eines Tages ebenfalls als *Etappe* herausstellen, von nachfolgenden Generationen mit jenem Lächeln bedacht, das wir heute den Verfechtern der provozierten Ovulation oder des weiblichen Orgasmus als Empfängnisbedingung schenken.

In der Geschichte der assistierten Empfängnis jedenfalls ist es folgerichtig, dass die verlässliche Bestimmung der fruchtbaren Tage um 1930 mit dem langsamen Verschwinden der homologen Insemination zusammenfällt. Denn jetzt stellt sich heraus, dass der Unterschied zwischen dem gewöhnlichen Koitus eines Ehepaars und der manuellen Injektion des Samens in den allermeisten Fällen vernachlässigbar ist. Es gibt zwar weiterhin seltene Fehlbildungen wie die Penisverkrümmung oder die Verengung des Gebärmutterhalses, die auch nach 1930 eine homologe Samenspende notwendig erscheinen lassen. Aber die im frühen 20. Jahrhundert geläufigste Diagnose, eine Bewegungsstörung der Spermien, die man durch die Einspritzung des Samens zu überwinden suchte, verliert durch das neue Befruchtungswissen an Glaubwürdigkeit. Für die überwiegende Zahl der sterilen Ehen gilt daher jenes scharfe Diktum, das Alan Guttmacher, Gynäkologe in Baltimore und einer der Pioniere der heterologen Samenspende, im Jahr 1943 formuliert: »Wenn die Spermatozoen in so krankhaftem Zustand sind, dass sie auf ihrer 15 Zentimeter langen Reise einen acht Zentimeter langen Anschub brauchen, dann ist es sehr wahrscheinlich, dass sie ohnehin unfruchtbar sind.«[151] Mit diesem Befund verabschiedet Guttmacher fast sämtliche Bemühungen der homologen Insemination in den Jahrzehnten zuvor. Denn die flapsige Bemerkung heißt letztendlich: Wenn der Samen des Ehepartners gesund ist, kann ein Kind auch auf natürlichem Wege entstehen; wenn er steril ist, wird ein Dritter als Samenspender benötigt. Man könnte also beinahe sagen, dass die Möglichkeitsbedingung der homologen Insemination ein knappes Jahrhundert lang das mangelnde Wissen über die Fruchtbarkeit der Frau gewesen ist. In dem Moment, in dem dieses Wissen vorhanden ist, geht die Anwendung der Technik mehr und mehr zurück. Überlebt hat sie seither nicht als Sterilitätstherapie, sondern als Reproduktionsmaßnahme von Paaren, die dauerhaft voneinander getrennt leben. Im Zweiten Weltkrieg sollen bis zu 20 000 amerikanische Soldaten gefrorene Samenproben nach Hause geschickt haben, damit ihre Ehefrauen sie nach ihrer Rückkehr mit Familienzuwachs überraschen.[152]

Die Entstehung der heterologen Samenspende in den USA

In den Jahrzehnten um 1900, in der Blütezeit der homologen Insemination, wird ganz vereinzelt auch eine Methode diskutiert, die bei wiederholter Erfolglosigkeit der Prozedur zur Anwendung kommen könnte. Zum ersten Mal erwähnt sie in Deutschland offenbar der Berliner Arzt Paul Fürbringer in seinem 1895 erschienenen Buch »Die Störungen der Geschlechtsfunctionen des Mannes«. Fürbringer berichtet über einen Kollegen »von sonst trefflichen Grundsätzen«, der ihm anvertraut, »daß er aus Anlaß der Sterilität seiner Frau fremdes (!), im Brütofen erwärmtes Sperma in den Uterus injiziert habe«.[153] Bereits typographisch, am eingeschobenen Ausrufezeichen, zeigt sich die ganze Unvorstellbarkeit dieser Nachricht. Hermann Rohleder zitiert sie in seiner großen Abhandlung 16 Jahre später, auf den wenigen Seiten am Ende, die er der »Vornahme der künstlichen Befruchtung mit fremdem Sperma« zubilligt. Fürbringers Geschichte sei »der einzige wirklich ausgeführte derartige Fall, den ich in der Literatur finde«, heißt es; daneben gebe es nur noch zwei Darstellungen italienischer Mediziner, in denen die Patientinnen selbst die Samenspende vorgeschlagen hätten, was von den Ärzten aber zurückgewiesen worden wäre. Rohleder, der unermüdliche Verfechter der homologen Insemination, kann die Behandlung mit fremdem Samen »nur als Auswuchs der Verzweiflung« betrachten. Dem Entsetzen über das Vorgehen des Arztes, das Fürbringer allein mit einem in Klammern gesetzten Satzzeichen andeutete, verleiht er noch einmal wortreich Ausdruck: »Wie furchtbar müssen die Seelenqualen desselben ob der Sterilität gewesen sein, daß er zu einem solchen Schritte sich verstand«, schreibt er und bezeichnet diese Form der Insemination als ein Verfahren, »dessen Unnatürlichkeit selbst die sehnsüchtigst nach einem Leibeserben« verlangenden Ehepaare von sich weisen müssten. »Soviel Takt, Anstand und Sittlichkeitsgefühl herrscht Gott sei Dank wohl noch bei den allermeisten Menschen.«[154]

Auch die größten Anhänger der künstlichen Befruchtung schrecken also vor der Möglichkeit einer heterologen Samenspende zurück. Rohleder geht zwar noch auf den hypothetischen Fall ein, dass die langjährige Kinderlosigkeit eines Paares zu psychischen Störungen und sogar zum Selbstmord eines der Ehegatten führen könnte und der Arzt in dieser Notsituation vielleicht doch »zu einem solchen Vorgehen schreiten«[155] würde. Aber wie weit entfernt er von einer tatsächlichen Verwirklichung dieser Behandlungsform ist, macht ein Aufsatz ein Jahr später deutlich, in dem es heißt: »An mich ist in letzter Zeit zum ersten – und hoffentlich letzten – Male das Ersuchen zur Vornahme einer Befruchtung mit fremdem Sperma herangetreten.«[156] Andere Ärzte, die der Technik der homologen Insemination ebenso wohlwollend gegenüberstehen, teilen Rohleders Haltung. Josef Hirsch schreibt im Jahr 1913: »Die Frage, ob eine Befruchtung mit dem Sperma eines fremden Mannes im Einverständnis mit den beiden Ehegatten erlaubt sei, möchte ich verneinen«; Kisch spricht in diesem Zusammenhang von den »Exzessen«, zu denen »die künstliche Befruchtung übrigens führen kann«; und auch im avancierten »Handwörterbuch der Sexualwissenschaft« von 1926 heißt es über die versuchte Durchführung einer Samenspende: »Zum Glück resultierte nur eine Erkrankung und nicht eine Schwängerung der Frau.«[157] Die Trennung von Blutsverwandtschaft und Familienbildung, die ein solcher Eingriff nach sich ziehen würde, ist zu dieser Zeit noch undenkbar. Und wenn die heterologe Insemination im frühen 20. Jahrhundert doch einmal durchgeführt wird, dann nicht in der Praxis eines Gynäkologen, sondern in der Phantasie eines Verfassers von Schauerromanen. Hanns Heinz Ewers' Buch »Alraune. Die Geschichte eines lebenden Wesens« erscheint wie Rohleders Studie im Jahr 1911, erreicht in Deutschland eine Millionenauflage und wird allein bis 1930 fünfmal verfilmt. Kein zeitgenössischer Text könnte besser illustrieren, welche dämonischen Vorstellungen die Samenspende noch heraufbeschwört; Kisch leitet seine Zusammenfassung des Romans in einem Aufsatz über künstliche Befruchtung von 1914 nicht umsonst mit der Bemerkung ein: »Wie jedoch das Volk in diesem Punkte denkt...«[158] Der Alraune, einer alten Heilpflanze, sind wegen der eigentümlichen, an die menschliche Gestalt erinnernden Form ihrer Wurzel immer wieder magische Kräfte zugesprochen worden; im Spätmittelalter entsteht in Deutschland etwa die Sage, dass die Wurzel besonders häufig unter Galgen wachse, befruchtet durch das im letzten Lebensmoment abgesonderte Ejakulat eines Gehenkten. Ewers' Roman spielt diesen Mythos als wissenschaftlichen Versuch durch. Ein Arzt, mit der künstlichen Zeugung von Amphibien vertraut, inseminiert auf Drängen seines hochmütigen Neffen eine Prostituierte mit dem Samen eines hingerichteten Mörders und zeugt auf diese Weise ein Mädchen namens »Alraune«. Dass dieses Experiment nur in eine Katastrophe münden kann, macht der Roman von den ersten Sätzen an deutlich. Die Empfängnis sei »wider die Natur« geschehen, heißt es an mehreren Stellen refrainartig; »böse ist es, sehr böse, hineinzugreifen in die ewigen Gesetze, mit frecher Hand sie herauszureißen aus ihren ehernen Fugen«. Bereits bei der Geburt, durch die »äußerst seltsame Querlage« des Kindes, kündigt sich an, dass ein monströses Wesen die Welt betritt. Die Mutter stirbt trotz bester Konstitution nach unermesslichen Qualen, und auch der weitere Lebensweg des heranwachsenden Mädchens ist von Todesfällen gesäumt. Jeder, der ihm zu nahe kommt – Ärzte, Hauspersonal, die ersten Liebhaber – stirbt unter mysteriösen Umständen; Alraune selbst, voller übersinnlicher Talente, bildet sich im Lauf des Romans zu einer Kreuzung aller dämonischen Figuren aus, die die Literatur- und Mythengeschichte kennt, ein Mischwesen aus Hexe, Werwolf, Melusine und Vampir. Der alte Mediziner hat bis zu seinem Tod ein Tagebuch über ihr Leben geführt. Als das Mädchen am Ende des Romans in dem Band liest und seine Entstehungsgeschichte erfährt, kommt es zu einem Wortwechsel mit dem Neffen des Arztes, dem ideellen »Erzeuger« Alraunes. »Ich will wissen, ob du auch glaubst«, fragt sie ihn, »daß ich ein anderes Wesen bin als andere Menschen, [...] daß ich dein frecher Witz bin – der dann Formen annahm? Dein Gedanke, den der alte Geheimrat in seinen Tiegel warf, den er kochte und destillierte, bis das daraus wurde, was nun vor dir sitzt?«[159] Das durch Samenspende gezeugte Kind, daran lässt Ewers' Roman keinen Zweifel, ist kein menschliches Lebewesen. Die Biographien seiner leiblichen Eltern – der Vater ein exekutierter Lustmörder, die Mutter die verkommenste Prostituierte, die sich auf den Berliner Straßen finden ließ – machen zudem klar, dass sich die heterologe Insemination im Jahr 1911 allenfalls an den delinquenten Rändern der Gesellschaft abspielen kann. Im Beharren auf der bedrohlichen Inhumanität des Kindes nimmt Ewers' Roman die Schreckensvisionen der Zeugung außerhalb des Mutterleibs vorweg, wie sie dann mit Huxleys »Schöne neue Welt« in den 1930er Jahren einsetzen und nach der Geburt des ersten »Retortenbabys« im Jahr 1978 noch einmal reüssieren. Die Imaginationen des Schriftstellers und die Diagnosen der Mediziner stimmen im frühen 20. Jahrhundert aber genau überein: Die Samenspende eines Dritten wird noch als eiserne Schwelle aufgefasst, deren Übertretung die fatalsten Folgen haben kann.

Hermann Rohleder schreibt am Ende seines kurzen Kapitels über die heterologe Insemination: »Ein wirklicher Fall von künstlicher Befruchtung mit fremdem Sperma mit Wissen der beiden Ehegatten ist meines

Wissens überhaupt noch nie ausgeführt. Man sieht, es wird wohl kaum jemals ein Arzt in die Lage kommen.«[160] Diese Prophezeiung hat sich bekanntlich als falsch erwiesen. Schon im Jahr 1936 – zu einer Zeit, in der in Deutschland, trotz der Bevölkerungspolitik der Nationalsozialisten, die Samenspende weiterhin keine Rolle spielt – erscheint in der Zeitschrift der *American Medical Association* ein Artikel, der den Gebrauch von Fremdsamen nach bahnbrechenden, auch heute noch weitgehend gültigen Grundsätzen zu organisieren versucht. Die Autoren, die Gynäkologin Frances Seymour und ihr Mann, der Arzt und Jurist Alfred Koerner, haben in New York ein Jahr zuvor die »Nationale Forschungsstiftung zur eugenischen Überwindung von Sterilität«[161] gegründet und stellen ihr Arbeitsfeld in dem traditionsreichen Fachorgan erstmals vor. Was bislang die Möglichkeit einer Samenspende von Dritten ausgeschlossen hat – die skandalöse Vermischung der Beziehungen, die unklare Trennung von Familienallianz und biologischer Abstammung –, wird nun einer peniblen rechtlichen und sozialen Analyse unterzogen. Seymour und Koerner klären zunächst die Frage ab, ob eine Befruchtung mit fremdem Samen als Ehebruch der Frau aufzufassen sei, was sie mit Bezug auf das Familienrecht des Staates New York, das Ehebruch als »die körperliche Beziehung zwischen einer Frau oder einem Mann mit einem Partner, der nicht ihr Ehegatte ist«,[162] definiert, verneinen. Auf dieser Basis stellen sie einen Katalog von Vorsichtsmaßnahmen und Verhaltensweisen zusammen, der die Samenspende eines Dritten zu einer reibungslosen, juristisch abgesicherten Angelegenheit und vor allem zu einem perfekt gehüteten Geheimnis des Ehepaars machen soll. Fast alle Vorgänge, die in den Samenbanken dann jahrzehntelanger Standard bleiben, werden hier bereits erwähnt. Seymour und Koerner verlangen notariell beglaubigte Einverständniserklärungen der Ehepartner, beide auf demselben Papier, damit gewährleistet ist, dass die Frau tatsächlich in das Vorhaben eingeweiht ist; vom Ehegatten sogar die Erstellung von Fingerabdrücken, um den hypothetischen Fall auszuschließen, dass der Mann, der im Labor seine Sterilität nachweist, nicht derselbe ist wie derjenige, der das schriftliche Einverständnis abgibt (man ermisst wieder einmal die Nähe der Reproduktionsmedizin zu kriminalistischen Verfahren). Die Erklärungen werden in doppelter Ausführung in zwei verschiedenen Banksafes deponiert und dann, so der Artikel,»vergessen – es sei denn, es tauchen Komplikationen auf«. Damit ist ein möglicher Scheidungsprozess Jahre später gemeint, wenn der Ehemann mit Verweis auf seine Sterilität die Vaterschaft des Kindes anzufechten versucht. »Die Verträge erinnern den Mann also immer daran, dass er niemals leugnen können wird, seine Zustimmung zur Erzeugung des Kindes gegeben zu haben.«[163] Zudem ergeht der Ratschlag an die behandelnden Gynäkologen, früh genug einem jüngeren Kollegen Zugang zu den Patientenakten zu ermöglichen, damit auch nach ihrem Tod die ärztliche Zeugenschaft jedes Eingriffs gewahrt bleibt.

Seymours und Koerners Aufsatz ist wohl das früheste Plädoyer für eine professionell organisierte Verbreitung der Samenspende. Aus dieser Behandlung, so ihre Überzeugung, geht die von langer Unfruchtbarkeit belastete Ehe gestärkt und solidarisch hervor, denn die werdende Mutter wird ihren Gatten »für seine Großherzigkeit bewundern«, der Mann wiederum weiß, dass sich seine Frau »bei geringerer moralischer Stärke eines natürlicheren Weges besonnen hätte«,[164] um schwanger zu werden. Als entscheidendes Kriterium für ein Gelingen des heiklen Verfahrens gilt aber die genaue Steuerung – und das heißt: Vermeidung – der Beziehung zwischen Paar und Spender. In diesem Punkt markiert der Artikel seine für die Geschichte der assistierten Empfängnis wichtigste Zäsur. Denn wenn vor 1936 gelegentlich der Gebrauch fremden Samens erwähnt wurde, etwa in Hermann Rohleders Buch, war es selbstverständlich, dass der Spender auf jeden Fall aus dem nächsten Umfeld des Ehepaares stammen musste. »Die Besorgung des betreffenden Spermas«, schreibt Rohleder mit Blick auf seinen konstruierten Notfall, sei »allein dem Ehegatten überlassen«; er solle aber einen Spender wählen, »der auch dem Arzte persönlich bekannt ist«.[165] Vor der Injektion schließlich habe sich der behandelnde Mediziner bei der Ehefrau zu überzeugen, dass auch sie über die Identität des Mannes informiert sei. Diese Praxis wird bei den ganz wenigen heterologen Inseminationen, die in Deutschland bis zum Erscheinen des New Yorker Artikels stattfinden, auch beherzigt, etwa bei Max Samuel, der in einem Aufsatz von 1926 eine Behandlung mit dem »Sperma des verheirateten Bruders des Ehemannes« schildert. »Ich versicherte mich natürlich vorher des Einverständnisses beider Ehepaare«, schreibt er, stellt die Befruchtungsfähigkeit des Spendersamens fest, untersucht die Beteiligten auf Syphilis und führt den Eingriff durch. Samuel geht leider nicht genauer auf die äußeren Umstände der Behandlung ein, doch er bewerkstelligt den singulären Fall einer heterologen Insemination, bei der der Samen nicht durch Masturbation gewonnen wurde. »Nach Coitus condomatus mit der eigenen Frau«, so der Arzt, erhielt er vom Spender »sofort das Sperma und übertrug dieses auf die zweite Frau. [...] Die nächste Periode blieb aus, und Patientin hat inzwischen geboren.«[166]

Man muss diese frühere Praxis in Erinnerung behalten, um die Neuheit der Vorschläge Seymours und Koerners zu ermessen. Die Anonymität des Spenders hat für sie oberste Priorität (was dank der verbesserten Kühlungsmöglichkeit der Samenproben nun auch leichter aufrechtzuerhalten ist). Sie betonen, dass der Mann »seine Probe auf jeden Fall an einem anderen Ort oder zu einem anderen Zeitpunkt als dem der Behandlung abliefern muss. Eine andere Möglichkeit wäre es, das Ehepaar für die Dauer der Übergabe in einem geschlossenen Raum festzuhalten.«[167] Zwischen diesen Auflagen und der Vorgehensweise Max Samuels liegt – obwohl nur durch ein Jahrzehnt getrennt – eine grundsätzliche Neuausrichtung der heterologen Insemination. Die Behandlung hat sich von einer Hilfsmaßnahme unter Verwandten zu einem standardisierten medizinischen Verfahren gewandelt, dessen aufwendige Logistik jeden Kontakt zwischen den Beteiligten unterbindet. In Seymours und Koerners Aufsatz lässt sich im Grunde die Geburt der Figur »Samenspender« mitverfolgen. War er in den vereinzelten Fällen zuvor in erster Linie Bruder, Cousin oder guter Freund, gelten jetzt ganz andere soziale und ökonomische Grundbedingungen. Der Spender, ohne jede Beziehung zum Ehepaar, muss mit aller Konsequenz unbekannt bleiben. Neben der Befruchtungskraft seines Spermas und der Abwesenheit von Krankheiten sind nun weitere Eigenschaften unerlässlich; so soll er nach Seymours und Koerners Maßgaben verheiratet sein, damit die »Neigung zur Promiskuität gemildert ist«,[168] außerdem derselben Blutgruppe wie

der Ehemann angehören, weil vor New Yorker Gerichten gerade die ersten Vaterschaftsklagen durch genetischen Abgleich entschieden worden
sind. Und drittens, auch wenn diese Konsequenz erst in den Folgepub-
likationen auftaucht: Der Samenspender wird für seine Dienste bezahlt.
Die Notwendigkeit all dieser Vereinheitlichungen liegt für die Autoren
auf der Hand. In dem Moment, in dem die heterologe Insemination zu
regelmäßigem Einsatz kommen soll, ist ihre Anonymität und Geheimhaltung von größter Bedeutung; andernfalls würden sich die so klar ge-
sonderten sozialen und juristischen Verhältnisse wieder vermischen und
Unheil hervorrufen. Seymour und Koerner nehmen diese Maxime so
ernst, dass sie sich sogar offen für ein Täuschungsmanöver der behandelnden Ärzte aussprechen: Sie empfehlen den Gynäkologen, die Frau
»ungefähr im siebten Monat« zu einem anderen Arzt zu überstellen, der
»von den ungewöhnlichen Umständen der Schwangerschaft nichts weiß«.
Dieser Kollege solle nach der Niederkunft die Geburtsurkunde des
Babys ausstellen, mit dem Namen des Gatten als Vater. »Das Kind ist
dann als ehelich eingetragen. Das mag zwar ein kleiner Betrug sein, ist
aber notwendig.«[169] Die Möglichkeit eines offenen Umgangs mit der
Zeugungsweise des Kindes ist in der Argumentation der Autoren nicht
vorgesehen. Was sich erst in den 1980er Jahren durch die gleichgeschlechtlichen Paare mit Spenderkindern ausbreitet und seit der Gründung des »Donor Sibling Registry« zu einer gängigen Verhaltensweise
geworden ist, kann in der Anfangszeit der Samenspende nicht gedacht
werden. Zur Verteidigung ihres illegalen Ratschlags schreiben Seymour
und Koerner: »Es versteht sich von selbst, dass ein heranwachsendes
Kind, das sich als normaler Bestandteil der Familie empfindet, in größte
Gefahr geriete, wenn es durch eine unachtsame Bemerkung irgendeine
Unstimmigkeit in seiner Zeugungsweise entdecken würde. Der seelische
Schaden für das Kind wäre verheerend, die Folge ein Minderwertig-
keitskomplex, dessen Wurzel keine psychoanalytische Behandlung ku-
rieren könnte.« Jede Anfrage, ob ein Bruder des Ehemanns als Spender
möglich sei (aufgrund der äußeren Ähnlichkeit der beiden Männer),
müsse deshalb abgewehrt werden, »denn es besteht immer das Risiko,
dass die Mutter ihre Empfindungen vom Ehemann auf den Erzeuger

des Kindes übertragen könnte.«[170] Die einzig vorstellbare Möglichkeit im Umgang mit der Samenspende bleibt also das Familiengeheimnis.

Seymour und Koerner wenden sich deshalb am Ende ihres Aufsatzes auch gegen die legale Regelung des Verwandtschaftsverhältnisses zwischen Ehemann und Kind, gegen die Adoption unmittelbar nach der Geburt, wie sie heute praktiziert wird. Denn dieses Verfahren würde genau jene Beziehungen öffentlich machen, die man unbedingt verbergen muss. Alle Verantwortung für eine stabile Entwicklung der Familie ruht deshalb auf der Verschwiegenheit der Eltern: eine Bürde, die von den Autoren als selbstverständlich vorausgesetzt und nicht weiter erwähnt wird. Auch die Gynäkologin Sophia Kleegman stellt diese unbedingte Geheimhaltung in ihrem großen resümierenden Aufsatz über die Samenspende von 1954 noch einmal ins Zentrum der Argumentation: Den Ehepaaren, schreibt sie, »wird dringend empfohlen, zu Hause keinerlei Dokumente über die Behandlung aufzubewahren« – alle Papiere sollten im Banksafe verbleiben –; »außerdem raten wir ihnen, niemanden ins Vertrauen zu ziehen, weder Freunde noch Verwandte.« So verschwiegen die Ehepartner aber gegenüber der Außenwelt bleiben sollen, so ehrlich müssen sie zueinander sein. »In manchen Fällen«, so Kleegman, »haben uns Männer oder Frauen gebeten, die Insemination ohne Wissen ihres Partners durchzuführen, meistens aus durchaus edlen und altruistischen Gründen. Dieses Ansinnen wird kategorisch abgelehnt. Denn der Eingriff ist nur angebracht, wenn er mit der Zustimmung und dem schriftlichen Einverständnis beider Partner geschieht. Ehen, die eine solche Wahrheit nicht ertragen, oder Personen, die zu unreif sind, um mit der Realität zurechtzukommen, sind von der Behandlung auszuschließen.«[171] Die Methode der Samenspende, so könnte man sagen, erfordert von den Paaren also eine präzise Logistik der Aufrichtigkeit: Gegenüber dem eigenen Kind, den Freunden und den Verwandten muss sie mit aller Konsequenz verborgen, gegenüber dem Ehepartner aber mit aller Konsequenz offengelegt werden. Im Vertrauen auf diese Spaltung liegt nach Ansicht der Gynäkologen die Formel für ein glückliches Familienleben. Der blinde Fleck der Argumentation besteht allerdings darin, dass genau jene Ehrlichkeit, die für eine stabile Ehe als unabdingbar gilt, im

Verhältnis zum eigenen Kind und allen anderen nahestehenden Menschen vernachlässigenswert sein soll. Die behandelnden Ärzte gehen außerdem mit größter Zuversicht davon aus, dass keine Krise oder Trennung des Ehepaars jemals zu einer Offenbarung des Geheimnisses führen könnte, sei es aus Schwäche, sei es aus Rachlust. Aus den Lebensgeschichten von Hannah, Stina, Arthur Kermalvezen oder Olivia Pratten weiß man, dass diese genaue Organisation von Wahrheit und Lüge für die Eltern schwerer zu bewältigen ist, als es von den Pionieren der Samenspende vielleicht vorhergesehen wurde.

Seymours und Koerners Vorschläge zur Standardisierung der Behandlung werden in den Jahren nach ihrer Publikation vielfach diskutiert, sowohl in der medizinischen Fachpresse als auch in populären Zeitschriften wie dem »American Mercury«, dessen Autor den Vorschlag macht, den anonymen Spendern ein »phallisches Denkmal für den unbekannten Vater«[172] zu errichten. Ihr Artikel etabliert die künstliche Befruchtung, die in den USA bis zu diesem Zeitpunkt wenig Resonanz gefunden hat, mit großer Geschwindigkeit als Methode der Sterilitätstherapie. Die homologe Insemination etwa ist in den Jahrzehnten zuvor eine so gut wie unbekannte Behandlungsform geblieben. Der einflussreiche Gynäkologe und Hygieniker Robert Dickinson führt das von seinem Landsmann Marian Sims entwickelte Verfahren zwar in den 1890er Jahren wieder ein, und auch später erscheinen vereinzelte Berichte über die Methode in medizinischen Zeitschriften. Doch in einem Aufsatz von 1929 heißt es, dass die homologe Insemination »in Europa zwar umfassend genutzt wurde, nicht aber in diesem Land«,[173] und der Autor zählt ganze 15 bislang erfolgreiche Fälle auf.

Auch die Samenspende eines Dritten bleibt in den USA bis Mitte der dreißiger Jahre ein exotisches Verfahren. Ein Arzt erinnert sich im Jahr 1940 an einen lange zurückliegenden Eingriff in seiner eigenen Praxis,[174] doch abgesehen von solchen Einzelfällen scheinen sich Seymour und Koerner tatsächlich auf weitgehend unbekanntes Feld begeben zu haben. Allerdings darf man jenen umstrittenen Artikel in der Zeitschrift »Medical World« von 1909 nicht vergessen, den heutige Abhandlungen zur Geschichte der künstlichen Befruchtung gerne als frühesten Nachweis einer heterologen Insemination zitieren, obwohl die Verlässlichkeit der Quelle von den Zeitgenossen zum größten Teil angezweifelt wurde. Unabhängig von seiner historischen Wahrheit ist der Bericht zumindest ein aufschlussreiches Dokument dafür, in welchem Rahmen die Samenspende zu dieser Zeit vorstellbar war. Der Autor, ein Vierteljahrhundert zuvor Medizinstudent in Philadelphia, eröffnet in dem Artikel ein lange verschwiegenes Geheimnis. 1884 wurde er zusammen mit fünf Kommilitonen Zeuge einer Operation, die sein Professor in einem Saal der Universitätsklinik durchführte. Ein reicher Kaufmann der Stadt hatte den Arzt wegen der langjährigen Kinderlosigkeit seiner Ehe konsultiert, und als der Mann selbst als Ursache der Sterilität ausgemacht war, führte der Professor eine Insemination mit Spendersamen durch. Die Umstände des Eingriffs, wie sie der Autor aus der Erinnerung schildert, sind bemerkenswert: »Nach der Betäubung der Frau mit Chloroform wurde der frische Samen des bestaussehenden Studenten mit einer Gummispritze in ihrer Gebärmutter deponiert. Weder der Kaufmann noch seine Frau wussten zunächst von der Natur der Operation, doch anschließend bereute der Professor seinen Eingriff und erzählte dem Ehegatten, was er getan hatte. So merkwürdig es klingt, aber der Mann war entzückt von der Idee und verabredete mit dem Professor, seine Frau über die genauen Umstände der Befruchtung im Unklaren zu lassen.« Die Ehefrau bringt schließlich einen Sohn zu Welt, der laut Verfasser inzwischen »als Geschäftsmann in New York«[175] lebt. Diese Beschreibung einer Insemination, die tatsächlich stattgefunden haben soll, erinnert eher an die Zeugung Alraunes (ebenfalls unter Anästhesierung der Mutter) als an das nüchterne Programm, das Seymour und Koerner entwerfen. Anstelle von Einverständniserklärungen und Anonymitätssicherungen wird hier ein halböffentliches Schauspiel inszeniert, mit einem zufällig anwesenden Studenten als Samenspender und einer Marquise von O. der Reproduktionsmedizin, die nichts von den Umständen ihrer bewusstlosen Empfängnis erfahren wird. Der Bericht in »Medical World« provoziert in den folgenden Ausgaben eine Vielzahl von Leserbriefen, die sich über die »Vergewaltigung unter Narkose«[176] empören. In der Geschichte der Samenspende nimmt dieses Ereignis von 1884 die Funktion eines nebulösen, mehr oder minder imaginierten Prologs ein. Ihr unumstrittener Beginn erfolgt ein halbes Jahrhundert später.

Vier Jahre nach dem Aufsatz im »Journal of the American Medical Association« veröffentlichen Francis Seymour und Alfred Koerner die Ergebnisse einer großangelegten Umfrage ihrer Stiftung, die zwar im Detail kritisiert wird, den allgemeinen Durchbruch der Samenspende als Behandlungstechnik aber eindrucksvoll belegt. Die Autoren haben rund 30 000 Ärzte in den USA angeschrieben und sie gebeten, über ihre Erfahrungen mit künstlicher Befruchtung Auskunft zu geben. 7642 Ärzte beantworten den Fragebogen, wovon über 5000 bereits Inseminationen durchgeführt haben (gut 4000 davon mit Erfolg). Die Zahl der Kinder, die bis zum Juni 1940 auf diese Weise in den USA geboren worden sind, beziffert die Statistik mit 9238, davon 5728 durch homologe Insemination, 3510 durch die Samenspende eines Dritten. Auch die Zahl der Befruchtungsversuche bei jeder erfolgreichen Behandlung wird von Seymour und Koerner abgefragt: Nur in zwanzig Fällen ist eine Schwangerschaft bereits nach ein oder zwei Inseminationen eingetreten; für die überwiegende Mehrzahl der knapp zehntausend Geburten waren dagegen zwölf bis fünfzehn Behandlungszyklen erforderlich. In der geographischen Auswertung der Daten stellt sich schließlich heraus, dass der Großteil der Inseminationen im Nordosten des Kontinents stattgefunden hat. Auf die Region »Kalifornien und Nevada« entfallen nur 617 Geburten. Das heutige Weltzentrum der Reproduktionstechnologie ist um 1940 noch Diaspora; auch in dieser Hinsicht muss die *frontier* erst Richtung Westen verschoben werden.[177]

»Wir hoffen, dass sich durch die Ergebnisse dieser Umfrage neue Anhänger der Behandlungsmethode gefunden haben«,[178] schreiben Seymour und Koerner. Die Daten stoßen bei vielen Ärzten auf Unglauben, weil vor allem die Anzahl der homologen Inseminationen, die einige Jahre zuvor noch im zweistelligen Bereich gelegen hat, plötzlich auf das Hundertfache angestiegen ist. »Redakteure wissenschaftlicher Journale sollten die Veröffentlichung solcher marktschreierischen und nicht ausreichend belegten Studien ablehnen«, fordert etwa Alan Guttmacher, der in Baltimore selbst künstliche Befruchtungen vornimmt; »der Artikel wird nun überall blindlings zitiert, weil das gedruckte Wort so viel Macht hat!«[179] Alfred Koerner, ein aus Deutschland stammender Jude, antwortet einer weiteren Kritikerin der Umfragewerte im »American Journal of Obstetrics and Gynecology« per Leserbrief. Er gesteht zwar leichte Rechenfehler in den Statistiken zu, verwehrt sich aber gegen den Verdacht der Fälschung und den scharfen Tonfall der Anschuldigungen: »Lassen Sie uns nicht auf das Niveau der Nazis absinken und glauben, dass das, was wir selbst hervorbringen, von einem Heiligenschein umgeben wird, während alles, was von anderen kommt, falsch ist.«[180] Den Kritiken zum Trotz zeigt der rasante Anstieg der Publikationen über die Samenspende Anfang der 1940er Jahre, dass die Umfrage das Verfahren noch stärker in den Blickpunkt gerückt hat (und dass diese Entwicklung in die Zeit der amerikanischen Kriegsteilnahme fällt, mag damit zusammenhängen, dass neue Techniken der Lebenserzeugung gerade dann mit besonderer Aufmerksamkeit verfolgt werden, wenn die Nachrichten vom Sterben allgegenwärtig sind). Die Institutionalisierung der künstlichen Befruchtung nimmt jedenfalls immer klarere Konturen an. Es gibt zwar noch keine Samenbanken, weil die Versuche mit der Langzeitkonservierung von Sperma erst am Anfang stehen. Aber die Auswahl der Spender, von Seymour und Koerner 1936 erstmals eingegrenzt, wird nun nach immer differenzierteren Kriterien vorgenommen. 1942 listet der New Yorker Gynäkologe Abner Weisman 14 Stichpunkte auf. Neben der Anonymität des Spenders, seiner Gesundheit und Fruchtbarkeit sowie der unbedenklichen Familienanamnese sind nun auch Kategorien wie »Charakter« von Bedeutung (der Mann sollte »ehrlich und aufrichtig« sein), »Temperament«, »Religion«, »Alter« (Weisman bevorzugt Spender zwischen 30 und 35, bei denen sich bestimmte Erbkrankheiten nicht mehr manifestieren können) oder »ständige Verfügbarkeit«. Empfohlen wird zudem, vor einer Entscheidung Fotos aus unterschiedlichen Lebensstadien des Ehemannes und des Spenders zu studieren, um die Ähnlichkeit der beiden Männer zuverlässiger abzugleichen. Die unbedingte Wahrung des Familiengeheimnisses bewegt Weisman im 14. Punkt schließlich zu einem Vorschlag, der in aktuellen Fortpflanzungsmedizin-Gesetzen kategorisch verboten ist: den Gebrauch von Mischsperma. Er regt an, die Ehefrau solle in jedem Behandlungszyklus mit dem Samen von zwei oder drei Spendern inseminiert werden, »weil dann nicht einmal der Arzt wissen würde, wer der Vater des Kindes ist«. In der Ausmerzung der Figur des Dritten ist der assistierten Reproduktion in ihrer Anfangszeit jedes Mittel recht. [181]

Man muss sich an die aktuellen Spenderprofile in der »California Cryobank« erinnern, an die unzähligen Rubriken, die über Aussehen, Mentalität und Lebensgeschichte der Kandidaten Auskunft geben. Sie führen zu der Liste Weismans zurück, die den Katalog der Informationen über die Spender erstmals in dieser Vielfalt zusammenstellt. Den Ärzten geht es also nicht mehr allein darum, in verzweifelten Einzelfällen einen Lieferanten von Keimzellen aufzutreiben, der dem sterilen Ehemann möglichst ähnlich sieht, sondern der Samenspender muss nun auch eine Reihe von wünschenswerten Auflagen erfüllen. Diese Auflagen haben zur Folge, dass sich der Bestand möglicher Spender, in der Anfangszeit ohnehin stark eingeschränkt, noch weiter verringert. Weismans Aufsatz wird deshalb von manchen Gynäkologen, die bereits künstliche Befruchtungen durchführen, kritisch kommentiert. Alan Guttmacher sagt etwa, dass es ihm in der Provinz trotz seiner grundsätzlichen Sympathie für das Programm »unmöglich sei, Dr. Weismans Regeln umzusetzen, weil wir sonst überhaupt keine Proben mehr bekämen«. Auch wenn er den Männern bis zu fünf Dollar Honorar pro Spende zahlt (Guttmacher ist der Erste, der einen konkreten Betrag nennt), kann er den Kreis seiner Spender nur mühevoll erweitern. Sein Pragmatismus ist aber nicht allein aus der Not geboren, sondern hat, wie er schreibt, auch mit einer »philosophischen« Überlegung zu tun, die bis heute als Argument gegen die übermäßig strenge Auswahl von Spendern angeführt wird. »Ist es wirklich erstrebenswert«, fragt Guttmacher, »lauter Supermänner heranzuzüchten? Vielleicht ist verlässliches Mittelmaß weiser und sicherer« – vor allem, weil die familiäre Harmonie latent gefährdet sei, wenn ein Ehepaar einfacher Herkunft ein Kind bekommen würde, dessen biologischer Vater aus einer ganz anderen sozialen Schicht stammt. [182] Dieser Skepsis zum Trotz rekrutiert Guttmacher, wie die meisten Gynäkologen bis in die 1960er Jahre hinein, seine Spender allein aus Medizinstudenten oder Ärzten im Praktikum. Durch die Zusammenarbeit an der Universitätsklinik sind die Männer ständig präsent, und »ihre Intelligenz ist ja ohnehin durch ihre akademischen Erfolge garantiert«.[183] Er achtet bei der Zuordnung zunächst auf Größe, Teint, Religion und ethnische Herkunft der Kandidaten und wählt schließlich denjenigen aus, der dem Ehemann in all diesen Kriterien am meisten ähnelt. Alan Guttmacher schließt seinen Aufsatz mit einer Art persönlichem Credo, einer Reihe von Regeln, die er jedem inseminierenden Arzt ans Herz legen möchte. Der Wille zur Geheimhaltung des Verfahrens erhält hier noch einmal neue Radikalität. Wie seine Kollegen aus New York ermuntert Guttmacher die Gynäkologen zu jener »notwendigen Lüge«, den Namen des Ehemanns als Vater in die Geburtsurkunde einzutragen. Im Umgang mit Einverständniserklärungen und sonstigen Papieren, bei Seymour und Koerner ein zentraler Aspekt, empfiehlt er jedoch strategische Nachlässigkeit. »Keine unterschriebenen Dokumente!«, lautet sein konsequenter Ratschlag. »Wenn die Patienten sorgfältig ausgewählt werden, sind Verträge und Abmachungen überflüssig, da sie ohnehin nur an etwas erinnern, das so schnell wie möglich vergessen werden sollte. Im Idealfall denken Ehepaar und Arzt bei der Entbindung schon gar nicht mehr daran, dass das Kind biologisch nicht das des Mannes ist, weil es das psychisch ja längst geworden ist.«[184]

Die Samenspende von Dritten, bis 1930 noch eine spektakuläre Ausnahmebehandlung, verbreitet sich in den USA derart zügig, dass sie in einem Artikel von 1942 schon als »neue Industrie«[185] bezeichnet wird. Ein vager, schwer zu belegender Grund für diese dynamische Entwicklung mag im grundsätzlichen Pragmatismus des amerikanischen Menschenbildes liegen, das eine solche Entstehungsweise von Familien stärker begünstigt; die Argumentation Seymours und Koerners, so ein deutscher Kommentar von 1949, vollziehe sich eben »unter Hintansetzung weltanschaulicher Problematik«.[186] Konkretere Hinweise liefern allerdings einige medizingeschichtliche Konstellationen in den dreißiger Jahren, die diese Beschleunigung vielleicht verständlich machen. Entscheidenden Anteil hat wie erwähnt die verlässliche Bestimmung der fruchtbaren Tage im weiblichen Zyklus. Seit den Erkenntnissen von

Ogino und Knaus kann der Zeitraum der Insemination genau eingegrenzt werden; und sobald die Fertilität von Ehefrau und Spender geklärt ist, liegt die Erfolgsquote der Behandlung bei über 75 Prozent, wie Guttmacher aus seiner eigenen Praxis berichtet.[187] Die riskante Einspritzung des Samens direkt in den Uterus – in der Zeit der homologen Insemination die maßgebliche Technik – wird daher wieder von der vaginalen Methode abgelöst. Wenn die Keimzellen zweier gesunder Menschen durch künstliche Befruchtung aufeinandertreffen, so die Gynäkologen, gebe es keine Veranlassung mehr, einen anderen Weg zu wählen als den natürlichen.

Neben dieser epochalen Zäsur des Empfängniswissens spielen aber noch zwei andere Faktoren eine Rolle für den Siegeszug der Samenspende. Zum einen hat sich in den 1930er Jahren endgültig eine medizinische Erkenntnis durchgesetzt, deren erste Anzeichen bereits ins ausgehende 19. Jahrhundert reichen: dass kinderlose Ehen nicht, wie lange angenommen, zwangsläufig auf die Sterilität der Frau zurückgehen, sondern genauso gut und sogar mit größerer Wahrscheinlichkeit auf Störungen beim Mann. Marian Sims oder die Pioniere der künstlichen Befruchtung in Frankreich führten die homologe Insemination ausschließlich nach diagnostizierten Fehlbildungen im weiblichen Unterleib durch (zumeist Verengungen im Gebärmutterhals); der Befund der Sterilität bei Männern, die den Geschlechtsakt erfolgreich ausüben konnten, war unbekannt. Wie hartnäckig sich die alte Anschauung hält, verdeutlicht die Wortwahl Fürbringers bei seiner Erwähnung der ersten Samenspende in Deutschland, durch jenen Arzt, der »aus Anlaß der Sterilität seiner Frau« fremdes Sperma in ihre Gebärmutter injizierte. Selbst wenn der Ehemann nicht zeugungsfähig ist, wird 1895 also noch die Frau als Quelle der Unfruchtbarkeit angegeben.[188] Doch genau in diesen Jahren beginnt die junge medizinische Wissenschaft der Sterilitätsforschung die Hierarchien neu zu setzen. Genauere mikroskopische und chemische Verfahren zur Analyse der Samenflüssigkeit bestätigen den Verdacht, dass Potenz und Fruchtbarkeit nicht dasselbe sind, dass sich der sichtbare, jahrhundertelang gültige Ausweis männlicher Zeugungskraft bei näherer Betrachtung als funktionslose, leere Substanz herausstellen kann. Bei einem Gutteil der Ehen, in denen nach Jahren der rätselhaften Sterilität bislang eine homologe Insemination durchgeführt wurde, entfällt nun diese Option, weil die Ursache der Kinderlosigkeit und die Vergeblichkeit eines solchen Verfahrens erkannt sind. Die Praxis der Samenspende dagegen profitiert von dem neuen Wissen. Wie es ein amerikanischer Gynäkologe im Jahr 1941 formuliert:»Inzwischen wird fast nur noch die heterologe Methode angewendet, weil die absolute Sterilität des Mannes weit häufiger vorkommt als Fehlbildungen bei einem der Ehepartner.«[189]

Der zweite Grund für diese rasante Entwicklung hat damit zu tun, dass die eugenische Ambition der Mediziner in den 1920er und 1930er Jahren einen neuen, weltumfassenden Höhepunkt erreicht. Lieferten biopolitische Argumente bereits wichtige Impulse für die Ausbreitung der homologen Insemination in Europa, lässt sich dieser Zusammenhang nun umso stärker für die Samenspende von Dritten beobachten. Sämtliche Protagonisten des neuen Verfahrens in den USA vertreten eugenische Positionen. Seymours und Koerners Forschungsprojekt trägt das Attribut bereits im Namen; Alan Guttmacher wird 1922 zum Vizepräsidenten der »Amerikanischen Gesellschaft für Eugenik« gewählt, die sich nach dem ersten internationalen Kongress der aufstrebenden Disziplin in den USA ein Jahr zuvor formiert hat.[190] In dem Moment, in dem das Zeugungsmaterial bei Inseminationen nicht mehr von beiden Ehepartnern stammt, sondern zur Hälfte durch sorgfältige Auswahlverfahren bereitgestellt wird, bietet die künstliche Befruchtung ganz andere eugenische Einflussnahmen. Jedes Paar, das diese Methode in Anspruch nimmt, so die Gynäkologen, bringt mit hoher Wahrscheinlichkeit genetisch privilegierteren Nachwuchs hervor, als es der Zufall der Liebesbegegnung möglich gemacht hätte. Zu den Argumenten, die Seymour und Koerner 1936 für die Anwendung der Samenspende aufbringen, gehört daher auch die Überzeugung, dass der Ehemann das Kind »noch sorgsamer erziehen würde als sein eigenes. Er weiß, daß der Arzt sehr viel Zeit mit der Suche nach einem geeigneten Spender verbracht hat. Wenn er als Vater nun für die gebührende Entwicklung seines Sprösslings sorgt, sind dessen Möglichkeiten grenzenlos.«[191] In den Auf-

sätzen der praktizierenden Gynäkologen klingt die eugenische Bedeutung des Verfahrens eher im Hintergrund an; die Zeugung besonders
ansehnlicher und intelligenter Kinder wird, im Vergleich zur Überwindung langjähriger Sterilität, als eine Art Zusatz oder Überschuss betrachtet. Es erscheinen Mitte der 1930er Jahre jedoch auch programma-
tische Schriften, die einen anderen Schwerpunkt setzen und die neue
Behandlungstechnik als Vehikel einer eugenischen Utopie verstehen. Die
prominentesten unter ihnen sind aus sozialistischer Perspektive geschrieben, so etwa das Manifest »Out of the Night« des amerikanischen
Biologen und späteren Nobelpreisträgers Hermann J. Muller, das während seiner Tätigkeit am Institut für Genetik in Leningrad entsteht. (Ein
Exemplar des Buches schickt der Autor an Stalin.) Die Trennung von
Reproduktion und Sexualität soll das Wunschziel einer klassenlosen
Gesellschaft bereits durch die egalitäre Verteilung des Zeugungsstoffes
näherbringen; wenn sich die hervorragendsten Männer jedes Zeitalters
als Samenspender zur Verfügung stellen würden, so Muller, »hätte die
Mehrheit der Bevölkerung nach ein, zwei Jahrhunderten die angeborenen Eigenschaften eines Lenin, Newton, Leonardo, Pasteur, Beethoven,
Omar Khayyám, Pushkin, Sun Yat-sen (um nur einige Männer unter-
schiedlichster Profession und Rasse zu nennen), oder sie würde deren
Fähigkeiten sogar vereinen«.[192] Ein paar Monate nach diesem schmalen
Buch veröffentlicht ein englischer Postbeamter namens Herbert Brewer,
wissenschaftlicher Autodidakt und Korrespondent Mullers, einen Aufsatz in der Zeitschrift »Eugenic Review«, der dieses Konzept noch einmal
ausführlich darlegt. Sein »Experiment für den menschlichen Fortschritt«, das nur freiwillige Teilnehmer rekrutieren möchte, erlaubt zwar
nach wie vor Paare, die »einander im herkömmlichen Sinne gefallen, die
heiraten und miteinander Kinder kriegen«. Die Neuheit besteht allerdings darin, dass der Samen für diese Kinder nicht vom Ehemann
stammt, sondern »mit der besten Erbausstattung« versehen sein muss,
die aufzufinden ist. Zur praktischen Umsetzung dieser Idee sieht Brewer
die Gründung einer Organisation aus Genetikern, Ärzten und Psychologen vor, die in Frage kommende Samenspender bestimmen soll. »Das
können Philosophen sein, Wissenschaftler, Dichter, Künstler, Musiker

oder Sportler. Wenn es eine starke Nachfrage von Politikern oder Filmstars gäbe, wäre das auch möglich.« Man erkennt, dass sich die Prämissen, nach denen die »California Cryobank« heute ihre Spenderkartei
zusammensetzt, schon in einer eugenischen Phantasie von 1936 zeigen.
Wissenschaft, Kunst, Sport: Das sind die Felder, aus denen Brewer die
Väter seiner utopischen Gesellschaft auswählen möchte. Gewöhnliche
Männer und Familienväter, schreibt er hoffnungsvoll, werden »ihre Fortpflanzungsgabe gerne an diese Persönlichkeiten delegieren«.[193] Ein grei-
ser Leser des Artikels, der sich von der Vorauswahl angesprochen haben
dürfte, schreibt Brewer im Jahr nach dem Erscheinen einen schwärme-
rischen Brief. »Wenn ich, der keine Kinder hat und auch niemals welche
haben wollte«, so der 80-jährige George Bernard Shaw, »an all die Eizellen
denke, die ich hätte befruchten können!!! Und an all die Frauen, die
mich selber keine Stunde ausgehalten, meine Fähigkeiten aber gerne auf
ihre Kinder übertragen hätten!!!«[194]

Zwischen der Auseinandersetzung Rohleders und Vaertings über die
»eugenische Bedeutung des Orgasmus« und der imaginierten Samen-
spender-Republik Herbert Brewers liegen nur zwanzig Jahre. Die Entkoppelung der Fortpflanzung von der geschlechtlichen Vereinigung, in
der Zeit der homologen Insemination ein physiologisch wie moralisch
kaum zu bewältigender Gedanke, ist nun zur geläufigen Tatsache geworden. Was sich dann im letzten Viertel des 20. Jahrhunderts, durch
Techniken wie die In-vitro-Fertilisation, die Leihmutterschaft und die
Eizellspende, endgültig im öffentlichen Bewusstsein verankern wird, ist
im medizinischen Wissen Mitte der 1930er Jahre bereits vollzogen: die
Sicherheit, dass zur Entstehung eines Kindes nicht einmal ein minimaler
Rest an sexueller Tätigkeit der Eltern notwendig ist. Nur manche Details
der heterologen Insemination erinnern in dieser Zeit noch an die Nachahmung des Geschlechtsaktes, wie sie die Ärzte Anfang des 20. Jahrhunderts für unerlässlich hielten. Guttmacher berichtet etwa davon,
dass einige seiner Kollegen einen Koitus des Ehepaares vor dem Eingriff
empfehlen – nicht mehr aus physiologischen, sondern aus psychologischen Gründen, um das mit fremdem Sperma gezeugte Kind buch-
stäblich einzubetten in die eheliche Gemeinschaft. Andere Ärzte fordern

nach der Justierung der Spritze den Ehemann dazu auf, die Injektion selbst vorzunehmen: eine Geste, die an die Durchtrennung der Nabelschnur im Kreißsaal erinnert und die symbolische Bindung zwischen Vater und Kind aus gegebenem Anlass schon auf den Moment der Befruchtung vorverlegt. Gelegentlich kommen auch exotisch anmutende Hilfstechniken zur Sprache, die von heute aus wie eine Skurrilität wirken, in der Frühzeit der assistierten Empfängnis jedoch eine wichtige Funktion als Übergangsritual einnehmen. So erwähnt Clair Folsome eine Erfindung aus den frühen 1930er Jahren, eine Art Peniskatheter, der dem unfruchtbaren Ehemann gelegt wird und mit Hilfe dessen er den fremden Samen während des Geschlechtsakts mit seiner Frau ausstoßen kann.[195] All diese Mittel und Praktiken sollen den Riss zu kitten helfen, der dem Ehepaar bei der Verwendung von Zeugungsmaterial eines Dritten zu schaffen machen könnte.

Aus medizinischer Sicht ist die Samenspende um 1940 ein unproblematischer und beinahe schon routinierter Eingriff. Die rechtliche Bestimmung des Verfahrens aber, von Seymour und Koerner nicht umsonst an den Beginn ihrer Ausführungen gestellt, bleibt trotz der umfangreichen Absicherungen prekär. Schon die europäischen Gynäkologen, die Anfang des 20. Jahrhunderts den Gebrauch fremden Spermas erwähnten, begründeten ihre Ablehnung vor allem in juristischer Hinsicht. Samuel Réti zitiert im Jahr 1904 jenen römischen Arzt, der das Ansinnen einer Patientin mit der Bemerkung zurückweist, »in der künstlichen Einführung des zeugenden Samens eines fremden Mannes liege ein ebensolches Verbrechen, als wenn sie mit dem fremden Manne selbst verkehren würde«.[196] Und Rohleder erwähnt den berühmten Hygieniker Paolo Mantegazza, der »die Einspritzung fremden Spermas ohne Wissen der Frau« sogar »für ein schlimmeres Verbrechen als den Ehebruch«[197] hält. Die Behandlungstechnik löst im frühen 20. Jahrhundert also deshalb so starke Irritationen aus, weil die rechtliche Integrität des Modells »Familie« ausgehöhlt werden würde. Kann ein Kind, mit Hilfe der Samenspende eines Dritten gezeugt, ehelich sein? Diese Frage muss bereits im Jahr 1921, lange Zeit vor der Etablierung der Behandlungstechnik, vor einem Gericht in Toronto zum ersten Mal geklärt werden. Die Verhandlung spielt für die juristische Bestimmung der heterologen Insemination eine ähnliche Vorreiterrolle wie der Koblenzer Fall 15 Jahre zuvor für die homologe. Auch hier geht es um Vaterschaft, Unterhaltspflicht und das »Wesen des Ehebruchs«, wie es in der Urteilsschrift heißt. Der verworrene Rechtsstreit spielt sich zwischen einem seit Jahren getrennten, in verschiedenen Ländern lebenden Ehepaar ab. Als die Frau aus ihrem englischen Herkunftsort wieder zurück nach Kanada kommt, ist sie Mutter eines kleinen Sohnes geworden, den sie aber durch künstliche Befruchtung unter Narkose, mit dem Samen eines Londoner Bekannten, gezeugt haben will. Weil die Ehe die gesamte Zeit über nicht geschieden wurde, verlangt sie von ihrem Mann Unterhaltszahlungen. Der Richter weist die Klage zurück. Ein Großteil seiner Urteilsbegründung besteht in der Entwicklung des Arguments, dass sich Ehebruch nicht durch die »moralische Verwerflichkeit des Geschlechtsverkehrs« definiere (das würde auch für eine Vergewaltigung gelten), sondern darüber, »die eigene Fortpflanzungsfähigkeit freiwillig einem Dritten zur Verfügung zu stellen«. Ohnehin würden aufgefundene Briefe zwischen der Ehefrau und dem Samenspender darauf hinweisen, dass die beiden in England ein Liebesverhältnis gehabt hätten und die Insemination also nichts als eine Ausrede für konventionellen Ehebruch sei. Doch selbst wenn die Frau die Wahrheit erzähle, betont der Richter, wäre der Ehemann nicht zu Unterhaltungszahlungen verpflichtet. Denn »es steht fest, dass der Samen eines anderen Mannes in ihren Körper eingeführt wurde, in welcher Weise auch immer. Und ich würde jede dieser Möglichkeiten als ›Geschlechtsverkehr‹ bezeichnen.«[198]

Dieser kanadische Fall bleibt über ein Vierteljahrhundert lang der einzige, in dem die Praxis der Samenspende gerichtlich verhandelt wird. Dass er in eine Zeit fällt, in der das Verfahren noch vollkommen unbekannt ist, hat das rigorose Urteil, die Definition der Insemination als »Geschlechtsverkehr«, vermutlich forciert, und wenn man davon ausgeht, dass die Ehefrau die Geschichte erfunden hat, ist es zumindest erstaunlich, dass sie im Jahr 1920 überhaupt auf eine solche Phantasie verfiel. Vielleicht hatte sie das Buch von Hanns Heinz Ewers gelesen, das auch in Großbritannien ein Bestseller war. In den amerikanischen Schriften zur künstlichen Befruchtung bis zum Ende des Zweiten Weltkriegs ist jedenfalls regelmäßig die Rede davon, dass die Legalität oder Strafbarkeit der Samenspende nirgendwo juristisch festgehalten sei. In dem Maße, in dem sich die Methode ab Mitte der dreißiger Jahre verbreitet, wächst aber die Zahl jener Autoren, die das kanadische Präzedenzurteil mit Befremden kommentieren. Niemand würde »ernsthaft behaupten, daß man Ehebruch in einem Reagenzglas vollziehen kann«,[199] heißt es in einem Artikel von 1938.

Zu einer gesetzlichen Regelung der künstlichen Befruchtung kommt es in den USA erst Mitte der siebziger Jahre, als der neue »Uniform Parentage Act« zuerst im Bundesstaat Georgia mit einem Zusatz versehen wird, der die Vaterschaft des Ehemannes nach seiner Zustimmung zur Samenspende festschreibt. Die früheste kommunale Verordnung, im »Sanitary Code« der Stadt New York, datiert allerdings schon auf das Jahr 1947. Sie besagt, dass Samenspenden zwar grundsätzlich erlaubt sind, aber nur wenn sie ein approbierter Arzt vornimmt, der zudem bestimmte Auflagen einhalten muss. Dazu zählt neben der medizinischen Untersuchung der Spender und ihrer Proben auch die genaue Dokumentation jeder Behandlung, die Namen und Adressen des Arztes, der behandelten Frau und des Spenders beinhalten müsse.[200] Mit dieser Verordnung wird die von Seymour und Koerner vorgeschlagene Methode illegal. Die juristische Grauzone aus den Anfangstagen der heterologen Insemination beginnt sich zu lichten. Gesetzesvorschläge zur Legalisierung der Samenspende werden in den zwei Jahren darauf für den Bundesstaat New York sowie für Virginia, Wisconsin, Indiana und Minnesota ausgearbeitet, jedoch nicht verabschiedet. 1947 ist schließlich auch das Jahr, in dem der New Yorker Supreme Court zum ersten Mal in den USA über die Legitimität eines durch künstliche Befruchtung gezeugten Kindes befinden muss. Eine Frau namens Julie Strnad möchte durchsetzen, dass ihr geschiedener Mann das Besuchsrecht des gemeinsamen Kindes verliert, weil es durch die Samenspende eines Dritten gezeugt worden sei. Das Gericht erkennt diese Information nicht als hinreichende Begründung an, denn »ein Kind, das durch künstliche Insemination geboren wurde, ist nicht unehelich«; der Mann habe daher

genau die gleichen Rechte wie ein leiblicher Vater nach einer Schei-
dung.[201] Im Jahr 1947 hält das Gericht also Insemination und Geschlechtsverkehr nicht mehr für dasselbe. Die Samenspende als Variante
der Reproduktion ist sozial und rechtlich akzeptiert.

Die Konservierung des Spermas und die Institutionalisierung der Samenbank

Seitdem Naturforscher, Biologen, Tierzüchter oder Ärzte Inseminationen vornehmen, gilt ihr Interesse auch der Frage, wie man die Zeugungskraft des Samens über einen möglichst langen Zeitraum erhalten
könne. Spallanzani spricht im Rahmen seiner Experimente einmal die
Vermutung aus, dass »Temperatur der Luft und Witterung« die Lebensdauer beeinflussen würden. Er registriert, dass die Spermien der Frosch-
und Krötenmännchen in der kalten Jahreszeit länger befruchtungsfähig
bleiben und beginnt damit, ihre Samenflüssigkeit in einer nahe gelegenen
Eisgrube zu lagern. Dank dieser Konservierungstechnik bleibt der Zeugungsstoff, den er seinen Amphibien abgewinnt, bis zu 57 Stunden ver-
wendbar.[202] Erstaunlicherweise spielen Spallanzanis Beobachtungen
dann fast eineinhalb Jahrhunderte lang keine Rolle mehr in der Geschichte der künstlichen Befruchtung. Paolo Mantegazza führt im Jahr
1866 zwar Versuche mit gefrorener Samenflüssigkeit durch und stellt
fest, dass sich die Bewegungsfähigkeit der Spermien bis zu einer Temperatur von -15 Grad Celsius wiederherstellen lässt.[203] Doch für die Praxis
der Insemination beim Menschen ist diese Erkenntnis nicht von Bedeutung. John Hunter, Marian Sims und auch die Ärzte in der Zeit um 1900,
die das Verfahren anwenden, achten vielmehr mit größter Sorgfalt darauf, dass die Temperatur des Samens und der benutzten Instrumente in
keinem Moment unter den Wärmegrad des Körpers absinkt. Sims etwa
schreibt, »die geringste Variation« der Temperatur sei »dem Leben der
Spermatozoen gefährlich«, und auch einer der ersten deutschen Autoren, der die künstliche Befruchtung erwähnt, glaubt zu wissen, dass »er-
fahrungsmässig die Spermatozoen in Folge von Kälte schnell abster-

ben«.[204] Die Erstarrung der flirrenden Samenzellen, die unter dem Mikroskop bei einer Verminderung der Temperatur auf etwa 10 Grad tatsächlich einsetzt, wird von den Medizinern als unwiderrufliche Zerstörung gedeutet. Noch im Jahr 1922 empfiehlt der Gynäkologe Erwin Kehrer deshalb, die Proben, Gefäße und Spritzen bei der Insemination konstant auf Körpertemperatur zu halten.[205]

Warum hält die Furcht vor der Erkaltung des Zeugungsstoffes so lange an? Warum geraten die Versuchsergebnisse eines Pioniers der künstlichen Befruchtung in Vergessenheit, obwohl er erfolgreich mit gekühltem und sogar gefrorenem Samen experimentiert hat? Die fundamentale Gleichsetzung der Kategorien von »Leben« und »Wärme«, wie sie in den Zeugungstheorien seit der Antike postuliert wird, hindert die empirischen Erkenntnisse Spallanzanis oder Mantegazzas daran, mit größerer Aufmerksamkeit bedacht zu werden. Denn die Auffassung, dass jener rätselhafte Sprung vom Leblosen zum Lebendigen immer an einen bestimmten Grad der Wärme gebunden sein muss, ist mit einer Absenkung der Temperatur der Zeugungsstoffe nicht vereinbar. Die bis Mitte des 19. Jahrhunderts aufrechterhaltene Urzeugungs-Hypothese weist vielmehr auf die Macht dieser Assoziation hin; denn auch aus fauliger oder schlammiger Materie gehen, dieser Theorie zufolge, erst ab einer bestimmten Temperatur Insekten oder Infusorien hervor. Zu Beginn des 20. Jahrhunderts ist es daher eine so fundamentale wie verstörende Erkenntnis, dass das, was für das Leben selbst gilt, nicht auch auf die lebenserzeugenden Keimzellen zutreffen soll. Wenn der menschliche Körper seine Vitalität durch übermäßige Kälteeinwirkung verliert, ist das ein irreversibler, tödlicher Prozess. (Von den romantischen Schauerromanen bis zu den Kryobestattungen der 1960er Jahre reichen zwar die Versuche, diese Irreversibilität zu überwinden, aber sie bleiben allesamt erfolglos oder Phantasien auf dem Papier.) Für die gefrorenen Spermien, so stellt sich jetzt definitiv heraus, müssen andere Grundsätze herangezogen werden. Ihre Beweglichkeit und Zeugungskraft kehrt nach der Wiedererwärmung zurück. Nicht alle Keimzellen mögen den Prozess des Auftauens überstehen (das ist der Grund, warum heutige Samenspender eine überdurchschnittliche Spermienanzahl im Ejakulat aufweisen müssen), aber ihr Befruchtungsvermögen war nur unterbrochen, anästhesiert.

Auch in dieser besonderen Frage der künstlichen Befruchtung ist es wieder die Tierzucht, die eine Vorreiterrolle einnimmt. Elias Iwanoff steht Anfang des 20. Jahrhunderts gelegentlich vor dem Problem, dass der Samen seiner wertvollsten Hengste auch in entlegenen Gestüten des russischen Reiches verwendet werden soll. Er stellt daher Versuche mit abgekühlten Proben an, die, in gewöhnliches Eis verpackt, zum Ort der Insemination transportiert werden. Die Behandlung mit aufgetautem Samen, schreibt Iwanoff, sei zwar grundsätzlich möglich, aber nur auf kurze Entfernungen; mehr als ein paar Stunden lang lasse sich die Befruchtungsfähigkeit der Spermien nicht erhalten.[206] Die ersten Gynäkologen, die sich über die Verwendung von zuvor gekühlten Proben äußern, beziehen sich auf die Erkenntnisse des Veterinärmediziners. Im Jahr 1925 veröffentlicht Mettenleiter seinen großen Artikel über neue Verfahren der Samenaufbereitung. Bei den Experimenten zur Lebensdauer von Spermien nach verschiedenen Behandlungs- und Lagerungsweisen ergeben sich für ihn zwei wichtige Beobachtungen: Zum einen stellt Mettenleiter fest, dass die Verdünnung der Samenflüssigkeit mit einem Phosphatgemisch die Befruchtungsfähigkeit verlängert, weil es das Verklumpen der Spermatozoen unterbindet (erstmals ist künstlich aufbereiteter Samen fruchtbarer als natürlicher); zum anderen weist er nach, dass Kälte für die Lebensdauer der verdünnten Spermien günstig ist, Zimmer- oder Körpertemperatur jedoch zu einem raschen Versiegen der Befruchtungskraft führt. Ein Fazit Mettenleiters lautet, unter Verwendung der geläufigen Abkürzung: »Diese Ergebnisse sind für das Problem der k. B. bei Mensch und Tier in mancher Beziehung von Wert«, und er erinnert an die praktischen Konsequenzen, indem er betont, die tagelange Lebensfähigkeit der Spermatozoen biete nun »die Möglichkeit eines Transportes«.[207]

In den 1920er Jahren beginnt sich also die epochale Erkenntnis durchzusetzen, dass Leben auch aus gefrorenen Keimzellen entstehen kann (und es ist vielleicht folgerichtig, dass diese Anschauung in eine Zeit fällt, die nach Helmut Lethens bekannten Analysen auch in anthropologischer Hinsicht »Verhaltenslehren der Kälte« favorisiert). Schon wenige Jahre nach Mettenleiters Aufsatz sind sich die inseminierenden Ärzte überwiegend einig, dass die optimale Lagertemperatur auch bei Behandlung mit frischem Sperma bei etwa zehn Grad liege. »Daher ist es falsch«, so Hermann Knaus, »wenn der gewonnene Samen warm behandelt wird; denn durch die Erwärmung werden die Samenzellen zu intensiver Bewegung angefacht, und je rascher sie sich bewegen, um so früher erschöpfen sie sich«.[208] Im Jahr 1936 erweist sich, dass Mettenleiters Prophezeiung bereits kurz nach dem Erscheinen seines Artikels Wirklichkeit werden sollte. Denn ein englischer und ein polnischer Biologe veröffentlichen eine kleine Geschichte der mobilen Insemination, in der sich jener erinnert, schon im Juli 1926 »Kaninchenspermien, in Eis gelagert, in einer Thermoskanne mit der gewöhnlichen Post von Cambridge nach Edinburgh geschickt zu haben. Die Befruchtungen wurden erfolgreich durchgeführt.« Im weiteren ist von der regelmäßigen Zirkulation von Schafsbock-Samen zwischen London und Moskau zu lesen, die aber 1935 »aufgrund von Zollproblemen und anderen Schwierigkeiten« abbricht, wie die Autoren politisch diskret formulieren. Und schließlich berichten sie über die erste künstliche Befruchtung eines Schafes per Luftfracht. An einem Dezembernachmittag in Cambridge wird der Samen gewonnen, in Reagenzgläser gefüllt, mit Eis umhüllt und im regulären Linienflug nach Warschau transportiert. Dort nehmen die polnischen Kollegen das Paket 48 Stunden später in Empfang, erwärmen den Samen auf Raumtemperatur und befruchten damit fünf Schafe. Das Lamm, das eines der Tiere zur Welt bringt, taufen die Biologen »Lotnik«, zu deutsch: »Luftfahrer«. Die beiden Autoren weisen am Ende des Artikels darauf hin, dass das Tier seine Herkunft väterlicherseits deutlich zu erkennen gebe, an Details wie der Länge des Schwanzes oder der Beschaffenheit der Wolle: eine längst selbstverständliche Beobachtung, die vielleicht für den Ovisten Spallanzani, nach der künstlichen Befruchtung eines Pudels, noch Anlass zum Erstaunen gab. Doch die neuartige Anbahnung der Insemination scheint diese unzeitgemäße Bekräftigung des Erbgangs noch einmal nötig zu machen, so als ob die genetische Gestaltungskraft des Zeugungsstoffes durch einen mehrstündigen Lufttransport verblassen könnte.[209]

Alan Guttmacher schreibt 1943 über diesen Aufsatz, dass seines Wissens noch keine ähnlichen Experimente mit menschlichem Samen bekannt wären. Auch hier ist es wiederum Francis Seymour und Alfred Koerner vorbehalten, die Position der Wegbereiter einzunehmen. Noch im selben Jahr verkünden sie im »Journal of the American Medical Association«: »Hiermit geben wir die erste Schwangerschaft einer Frau nach künstlicher Insemination bekannt, bei der wir Samen benutzten, der per Flugzeug transportiert wurde.« Und – wie immer nach wichtigen Zäsuren in der Geschichte der assistierten Reproduktion – muss betont werden, dass »ein gesundes, normales Kind« aus der Behandlung hervorgegangen sei. Bei der Veröffentlichung des Artikels ist der Junge allerdings schon über zwei Jahre alt, was ein Indiz dafür sein könnte, dass Seymour und Koerner dieser Prozedur selbst nicht vollständig trauten und erst einmal die Entwicklung des Kindes abwarten wollten, bevor sie die spektakuläre Nachricht bekanntgaben. Die Eltern wohnen in Kanada und haben zunächst die beiden Ärzte in New York aufgesucht, wo es aber zu keiner erfolgreichen Befruchtung kam. Eine zweite Reise konnte sich das Paar nicht leisten, weshalb in Eis gelagerte Samenproben per Flugzeug nach Montreal geschickt wurden; der dortige Gynäkologe David Costom nahm die Insemination vor. Erst die fünfte Lieferung führte zum Erfolg. Seymour und Koerner würdigen in ihrem Artikel die kulante Behandlung, die Fluglinie und kanadischer Zoll ihrer sensiblen Fracht angedeihen ließen: »Normalerweise werden Gepäckstücke im unbeheizten Frachtraum in den Flügeln der Maschine untergebracht. Dort ist es in 8000 Metern Höhe in etwa so kalt wie außerhalb des Flugzeuges. Wir konnten die Proben aber in den beheizten Räumen transportieren lassen. Mit der Genehmigung der Zollbehörde wurde die Untersuchung unserer Pakete schließlich direkt an Dr. C. überstellt. Das ist sehr ungewöhnlich, weil die kanadischen Bestimmungen eigentlich vorsehen, dass alle Substanzen oder Produkte vor der Einführung in das Land chemisch analysiert werden müssen.«[210] An diesem Reisebericht fällt vor allem auf, dass das Vertrauen in die Befruchtungskraft gefrorener und wiederaufgetauter Spermien im Jahr 1941 nur bis zu einem bestimmten Kältegrad anhält. Die Außentemperatur in 8000 Metern Höhe an einem Januartag im Norden Amerikas dürfte bei etwa -50 Grad liegen: ein ungleich milderer Wert als die Temperatur flüssigen Stickstoffs, in dem Samenproben schon bald nach der Veröffentlichung dieses Artikels gelagert werden. Mit der Transportfähigkeit der Spermien erreicht die assistierte Empfängnis eine neue Stufe der Fragmentierung. Abgekoppelt ist nun nicht mehr allein die Fortpflanzung von der Sexualität, sondern auch der Ort der Samenspende vom Ort der Zeugung. In einer New Yorker Arztpraxis gibt ein junger Mann seine Probe ab; 24 Stunden später wird in Montreal eine Ehefrau damit befruchtet. Die Voraussetzung für diese zeitliche und räumliche Staffelung der Insemination liefert die Technik der Kryokonservierung; erst durch sie wird eine industriell organisierte, kommerzielle Reproduktionsmedizin überhaupt möglich. Denn solange die Samenspende das synchrone Zusammentreffen aller Beteiligten erforderte (verschoben allenfalls durch wenige Stunden), konnte sich das Verfahren allein des logistischen Aufwandes wegen nur in bescheidenem Umfang verbreiten. Dank der Möglichkeit des Einfrierens ist die Akquise der Samenspenden nun vollkommen emanzipiert von der Behandlung selbst. Seymour und Koerner verwenden bei ihrer ersten künstlichen Befruchtung per Luftfracht noch gewöhnliches Eis zur Kühlung, das die Spermatozoen, wie aus der Tierzucht bekannt, wenige Tage zeugungsfähig erhält. Bereits drei Jahre zuvor hat ein Münchner Psychiater allerdings ein weit effektiveres Konservierungsverfahren von Keimzellen entdeckt – und zwar aus Versehen. Franz Jahnel forscht eigentlich über die Erhaltung der Infektionskraft von Syphiliserregern bei großer Kälte. Er taucht Kaninchenhoden in -196 Grad kalten flüssigen Stickstoff und bemerkt dabei zufällig, dass einige Spermatozoen nach dem Auftauen ihre Beweglichkeit wiedererlangen. Wie so oft in der Geschichte des Laborexperiments wird eine randständige, nicht zur Versuchsanordnung gehörende Beobachtung zum Impuls einer neuen wissenschaftlichen Erkenntnis. Jahnel schweift also vorübergehend von seiner »Lebensaufgabe« der Syphilisforschung ab, wie er schreibt, und beschäftigt sich mit der Kryokonservierung menschlichen Spermas: in flüssigem Stickstoff, in gekühltem Trockeneis bei -79 Grad und in flüssigem Helium bei -269,5 Grad. Die Dauer der Konservierung reicht von drei Stunden, bei den aufwendigen Helium-Experimenten, bis zu vierzig Tagen. Nach dem Auftauen der Kunststoffröhrchen in körperwarmer Kochsalzlösung, schon damals ein Vorgang von nur wenigen Minuten, gewinnt in allen Versuchsanordnungen ein Teil der Spermien seine Beweglichkeit wieder. Jahnel kann sich diese große Widerstandsfähigkeit nicht erklären (er vermutet, dass die rasche Gefrierung auf extrem niedrige Temperaturen den schädlichen Kristallisationsprozess der Zellen verhindert); seine Beobachtungen lassen aber, wie er zögerlich schreibt, »die Frage, ob die Spermien danach auch noch zur Befruchtung fähig sind, nicht ganz abwegig erscheinen«. Die betont defensive Formulierung gibt einen Eindruck davon, wie gewagt diese Hypothese über die Beschaffenheit der Spermatozoen im Jahr 1938 noch ist; zwischen der Rückkehr ihrer Beweglichkeit und der Rückkehr ihrer Befruchtungsfähigkeit liegt ein unwägbarer Erkenntnissprung. Und Jahnel relativiert seine Überlegung zusätzlich, indem er schreibt: »Sollte dies der Fall sein, müsste allerdings mit dem Auftreten von Entwicklungsstörungen bzw. Mißbildungen gerechnet werden, weil durch die Abkühlung oder, genauer gesagt, insbesondere durch den mit ihr untrennbaren Vorgang des Einfrierens und Wiederauftauens sich gewisse Schädigungen der Samenzellen nicht vermeiden lassen.« Wieder einmal greift also die Regel, dass immer dann, wenn die assistierte Empfängnis sich einen weiteren Schritt vom Prozess der natürlichen Zeugung entfernt, sofort die Frage nach der Gesundheit und Normalität der Kinder gestellt wird. In den Reproduktionszentren des 21. Jahrhunderts gibt es diese Sorge nicht mehr: Sogar jahrelang tiefgefrorene Samen- und Eizellen werden inzwischen in aller Routine für eine Befruchtung verwendet. Das Verfahren der Kryokonservierung, so lange es auch dauern mag, kann den Zeugungsstoffen und den daraus hervorgehenden Menschen nichts anhaben. Die Biologen und Ärzte in der Mitte des 20. Jahrhunderts haben diese Erkenntnis nur langsam wahrhaben können.

In Franz Jahnels Aufsatz fällt die Bemerkung: »Diese Abkühlungsversuche bieten demnach interessante experimentelle Möglichkeiten.«[211] Die Option der künstlichen Befruchtung spricht er nicht explizit aus, deutet sie aber durch den Verweis auf Mantegazza an, der schon im Jahr

1866 prophetisch erwähnte, man könne die Konservierung der Samen-flüssigkeit auch in Betracht ziehen, um gefallene Soldaten nachträglich zu Vätern zu machen. Die europäischen und amerikanischen Ärzte, die in stetig wachsender Zahl Inseminationen durchführen, greifen die Er-kenntnisse des Münchner Psychiaters nach dem Ende des Krieges rasch auf. Wie Jahnel erreicht auch eine englische Forschergruppe mit Tro-ckeneis bei -79 Grad die längste Lebensdauer der tiefgefrorenen Sper-matozoen; die Präparierung der Samenflüssigkeit mit Glycerin sorgt außerdem dafür, dass nun eine besonders große Menge an Spermien, mehr als zwei Drittel, den Prozess des Auftauens übersteht.[212] Die Ah-nung, dass der männliche Zeugungsstoff auch lange Konservierungs-fristen unbeschadet zu ertragen vermag, verdichtet sich den mikrosko-pischen Beobachtungen zufolge zur Gewissheit. Raymond Bunge und Jerome Sherman, zwei junge Urologen an der Universitätsklinik von Iowa City, können etwa zeigen, dass die Morphologie und Geschwin-digkeit der Spermatozoen sogar nach drei Monaten Gefrierdauer nicht von frischen Spermien abweicht. In ihren langen Versuchsreihen stellt sich zudem heraus, dass die Überlebensdichte der Keimzellen desto höher ist, je langsamer der Prozess der Gefrierung abläuft: eine Erkennt-nis, die noch das Konservierungsverfahren heutiger Samenbanken be-stimmt. Jahnels in aller Vorsicht geäußerte Vermutung ist jedoch auch Anfang der 1950er Jahre noch nicht geklärt: ob die wiedergewonnene Gestalt und Mobilität der Spermien auch bedeute, dass sich ihre Funk-tion erhalten habe. Mit der Beantwortung dieser Frage ist ein großes Wagnis verbunden. Seymour und Koerner hielten ihre erste Insemina-tion mit einer 24 Stunden lang gekühlten Probe zwei Jahre lang geheim – vor einer künstlichen Befruchtung mit monatelang gefrorenem Samen scheuen die Ärzte, trotz geglückter Tierversuche, umso stärker zurück. Die Schwelle, die die Fortpflanzungsmedizin mit einem solchen Experi-ment überschreiten müsste, stellt sich nicht zuletzt als semiotisches Pro-blem dar: Denn die aufgetauten Spermatozoen senden zwar unter dem Mikroskop vertrauenswürdige Signale ihrer Befruchtungsfähigkeit aus, doch das bloße *Zeichen* der Gesundheit und Normalität besitzt noch kei-nen biologischen Erkenntniswert. Erst eine tatsächliche Zeugung und

Geburt könnte die Sicherheit bringen, dass aus diesen zellulären Zeichen auch ein gesundes und normales Lebewesen hervorgeht. Dieses Vorhaben ist aber mit einem erheblichen Risiko verbunden; sein Misslingen hätte nicht nur für die Eltern und ihr Kind katastrophale Folgen, sondern brächte auch die aufstrebende Wissenschaft der assistierten Reproduktion zum Erliegen.

All diesen Unwägbarkeiten zum Trotz geben Raymond Bunge und Jerome Sherman im Oktober 1953 bekannt, drei Patientinnen erfolgreich mit fünf bis sechs Wochen in Trockeneis gelagertem Samen befruchtet zu haben; beigefügte Röntgenbilder aus dem Spätstadium der Schwangerschaften sollen die »normale Entwicklung des Fötus«[213] bezeugen. Die Samenproben stammen aber in allen drei Fällen von den Ehemännern der Frauen, was einerseits damit zusammenhängt, dass die homologe Insemination durch die Technik der Kryokonservierung wieder häufiger zur Anwendung kommt (mehrere Proben eines Mannes mit eingeschränkter Spermienproduktion werden nach dem Auftauen vermengt und zentrifugiert, um ein möglichst fruchtbares Konzentrat zu erzielen). Andererseits hat diese Rückbesinnung auf eine fast vergessene Technik den Grund, dass das Wagnis, das die ersten künstlichen Befruchtungen mit tiefgefrorenem Samen für alle Beteiligten bedeuten, bei Ehepaaren vergleichsweise abgemildert ist. Sollte sich das so entstandene Kind nicht als vollständig gesund erweisen, fiele die private, juristische und damit auch wissenschaftliche Krise nicht ganz so drastisch aus wie bei der Verwendung von fremdem Sperma. Die drei Paare, allesamt durch langjährige Kinderlosigkeit zermürbt, stellen sich als Versuchspersonal zur Verfügung, um die Unbedenklichkeit des Gebrauchs von kryokonservierten Keimzellen von einer mikroskopisch gestützten Vermutung in eine biologische Tatsache umzuwandeln. Zwei Mädchen und ein Junge kommen in der Universitätsklinik von Iowa City zur Welt, allesamt unauffällig und gesund. Ab 1954 ist die Voraussetzung für eine flächendeckende Verbreitung der Reproduktionsmedizin also erfüllt.

Am Ende ihres umfangreichsten Aufsatzes dieser Jahre zählen Bunge und Sherman einige Konsequenzen auf, die sich aus der verlässlichen Befruchtungsfähigkeit gefrorenen Spermas ableiten lassen. Der letzte

Punkt auf der Liste lautet:»Die Einrichtung von Samenbanken.«[214] Nach dem Erfolg der drei homologen Inseminationen spricht nun also nichts mehr dagegen, dasselbe System der Lagerung auch im heterologen System anzuwenden. In den späten fünfziger Jahren beginnt sich deshalb ein Ort herauszubilden, der seit den Anfängen der künstlichen Befruchtung immer wieder imaginiert worden ist. So stellte bereits ein anonym erschienener Artikel in der»Wiener medizinischen Presse« von 1870 die Möglichkeit in Aussicht, dass Samenproben nach erfolgreicher Konservierung»als Handelsartikel« vertrieben werden könnten.»Und prophetischen Geistes sehen wir schon zierliche Phiolen mit beiläufig folgenden Etiquetten: Von einem 30jährigen schönen Blondin mit schwarzen Augen – von einem kräftigen Manne, in dessen Familie bis nun kein Fall von Lungentuberkulose vorgekommen – von einem 19jährigen Jüngling, der bis zu diesem Augenblicke seine Keuschheit bewahrt, auch nach eidlicher Versicherung nie infizirt gewesen [...] Die Onanisten, die jetzt als Verschleuderer des Nationalvermögens verhöhnt sind, werden produktiv wirken.«[215] Was hier noch als satirischer Kommentar zu den frühesten Inseminationen in Frankreich erscheint, wird in den eugenischen Traktaten ein gutes halbes Jahrhundert später, von Hermann J. Muller oder Herbert Brewer, mit feierlichem Ernst vorgetragen. Doch auch Mitte der 1930er Jahre ist das Wissen der Kältetechnik noch nicht ausgeprägt genug, um die Idee einer Samenbank in die Tat umzusetzen. Erst jetzt sind die notwendigen Vorbedingungen geschaffen, und im gleichen Jahrgang der Zeitschrift»Fertility and Sterility«, in dem Bunge und Sherman ihre Thesen zur Anwendung tiefgefrorener Spermien veröffentlichen, schreibt Sophia Kleegman:»Wenn Samenbanken gegründet werden, müssen sie denselben wissenschaftlichen Grundsätzen unterstehen wie alle anderen Therapieformen der Unfruchtbarkeit. Die Proben müsste man so sorgfältig auswählen und variieren, dass die individuellen Wünsche aller Klienten erfüllt werden können. Als Leitungspersonal kämen nur geschulte Fachkräfte in Betracht, die im Umgang mit den emotionalen Bedürfnissen der Paare, die einen geeigneten Spender suchen, genauso kompetent sind wie in Fragen der Vererbung und der Fruchtbarkeit.«[216]

Die Einführung der ersten Samenbanken markiert ein wichtiges Datum in der Geschichte der assistierten Empfängnis. Es entsteht nun ein Bindeglied zwischen Gynäkologen und Klienten, welches das gesamte Verfahren der künstlichen Befruchtung beschleunigt. Heute wird gerne von der »Industrialisierung« der Reproduktionsmedizin gesprochen. Eine ihrer entscheidenden Voraussetzungen ist die Etablierung dieses Verteilungsortes; man könnte sogar jene drei Kategorien, die Enzensberger ebenfalls Ende der fünfziger Jahre als unerlässlich für die »Entwicklung einer Industrie großen Stils« definiert – »Normung, Montage und Serienfertigung«[217] – auf die Funktionsweise einer Samenbank übertragen. Die Spender werden jetzt nicht mehr von den einzelnen Ärzten angesprochen, in Universitätskliniken und Hörsälen, sondern durch Werbemaßnahmen und den Hinweis auf Verdienstmöglichkeiten zentral und einheitlich rekrutiert. Der Ablauf der Spende staffelt oder »montiert« sich nach festen Prinzipien, von den Auswahlkriterien der Kandidaten über die Gewinnung und Konservierung des Samens bis hin zur Lagerung in jenen eigens dafür hergestellten Stickstofftanks, die 1963 erstmals präsentiert werden.[218] Der Inhalt dieser Tanks schließlich besteht aus einer Serie von kostspieligen Plastikröhrchen, die, wie es bei Kleegman hieß, »die individuellen Wünsche aller Klienten erfüllt«.

Auch vor den Errungenschaften der Kryokonservierung hat es bereits Überlegungen gegeben, die Samenspende zu einem Geschäftsmodell zu machen. Das lange Zeit einzige Gesetz zur künstlichen Befruchtung in den USA, die Verordnung der New Yorker Gesundheitsbehörde, wurde 1947 als Reaktion auf den Versuch einiger Studenten eingeführt, eine improvisierte Samenbank in Manhattan zu eröffnen; sie boten den Gynäkologen in der Umgebung die tägliche Lieferung von Proben verschiedener Spendertypen an.[219] Doch es ist ersichtlich, wie weit eine solche Einrichtung, in der die Gewinnung und der Gebrauch des Samens noch unmittelbar miteinander zu tun haben, von industrialisierten Standards entfernt ist. Die Gefriertechnik dagegen macht Spermien nicht nur haltbar; sie verwandelt sie auch in ein stabiles Handelsobjekt. Wenn ein bedeutsamer Aspekt gegenwärtiger Reproduktionsmedizin also darin besteht, dass die Keimzellen des Menschen zu »Dingen« geworden sind, die man kaufen und über Jahre hinweg verkaufen kann, dann hat die Kryokonservierung an dieser Vergegenständlichung entscheidenden Anteil. Mitte der sechziger Jahre wird die Lagerung in Trockeneis endgültig durch die Verwendung flüssigen Stickstoffs bei -169 Grad ersetzt. Jerome Sherman kann nachweisen, dass im Prozess des Auftauens desto weniger Spermatozoen verlorengehen, je tiefer die Temperatur zuvor abgesunken war.[220] Der Pionier der Kryokonservierung deutet in diesen Jahren auch weitere Einsatzmöglichkeiten von Samenbanken an, die auf den politischen Hintergrund der Epoche weisen, auf den Kalten Krieg und die Angst vor einer nuklearen Katastrophe. Tiefgefrorene Spermien, schreibt er, könnten zukünftig auch deshalb vermehrt zur Anwendung kommen,»weil die Menschen auf der Erde und im Weltall übermäßiger radioaktiver Strahlung ausgesetzt sind«.[221]

In der zeitgenössischen Debatte über künstliche Befruchtung führt die Errichtung von Samenbanken zu neuen Kontroversen. Die behandelnden Ärzte bemühen immer wieder die Analogie zu Blutbanken und Blutspenden, um die karitative und altruistische, aber auch finanziell vergütete Abgabe von Körperzellen an bedürftige Mitmenschen zu legitimieren. Gegner der Samenspende halten den Vergleich für infam, weil diese Substanz, im Unterschied zum Blut, neues Leben hervorbringe, dessen Abstammung zudem prekär bleibe. Sie kritisieren auch den Wegfall der persönlichen Beziehung zwischen Gynäkologe und Spender, die unsichere Qualität des gefrorenen Spermas und die gestiegenen Kosten für die Ehepaare. Der kommerzielle Betrieb von Samenbanken allerdings, mit Hunderten von anonymen Spendern, wird auch von den größten Befürwortern unter den amerikanischen Medizinern nur langsam vorangebracht. Noch bis in die siebziger Jahre hinein sind jene Einrichtungen, die in wissenschaftlichen Aufsätzen als »sperm banks« oder »semen banks« bezeichnet werden, zum Großteil bescheidene Kleinstlabors in urologischen oder endokrinologischen Praxen, mit einer Reihe von Proben, die von zwei oder drei Dutzend Spendern stammen.[222] Antonius Schellen schrieb zwar schon 1957 von »Samenbanken, die von einer festen Belegschaft geführt werden, bestehend aus Urologen, Gynäkologen, einem Psychiater und einem Genetiker«.[223] Doch diese raunenden, zur

Besorgnis aufrufenden Schilderungen, die in den Jahren darauf auch in populärwissenschaftlichen Büchern über die Auswüchse moderner Medizin zu finden sind, stimmen mit der eher zaghaft voranschreitenden Institutionalisierung der Samenbanken nicht überein.

Jerome Sherman, inzwischen an der Universität von Arkansas in Little Rock beschäftigt, publiziert im Jahr 1964 einen großen Aufsatz über die »Vergangenheit, Gegenwart und Zukunft« der Forschung mit kryokonservierten Spermien. In diesem Zusammenhang schreibt er, dass seit den ersten Schwangerschaften mittels tiefgefrorener Samenproben vor zehn Jahren nur zwei Einrichtungen gegründet worden seien, die man wirklich als »funktionierende Samenbanken« bezeichnen könnte, eine an seiner alten Wirkungsstätte in Iowa City, die andere in Tokio. Als einen der Gründe für diese zurückhaltende Entwicklung gibt er das unzuverlässige und kostspielige Verfahren der Konservierung in Trockeneis an, das nun aber, dank seiner jüngsten Forschungen, gerade von der Verwendung flüssigen Stickstoffs abgelöst werde. Diese Methode ermögliche eine »einfache, effektive und sichere Gefrierung und Lagerung«; sogar nach einer Konservierungsdauer von vier Jahren sei keine Beeinträchtigung der Befruchtungskraft festzustellen. Die Geburt des ersten Kindes mit einer in Stickstoff gefrorenen Samenprobe hat Sherman 1963 auf einem Genetik-Kongress in Den Haag bekanntgegeben: eine Nachricht, die, wie er hofft, der Akzeptanz des Verfahrens unter den Ärzten weltweit zugutekommt.

In jenem Teil seines Berichts, der die Zukunft der Kryokonservierung behandelt, entwirft Sherman ein Bild der Samenbank, das den heute bekannten Arbeitsabläufen in den größten Praxen bereits sehr nahekommt. Er regt etwa ein »System zentralisierter Banken« an, »das die Ärzte eines gesamten Staates mit Samenspenden versorgt«. Aufschlussreich ist zudem, dass nun, nach der Verwirklichung des langgehegten Traums der Spermienkonservierung, auch das Argument der Eugenik wiederkehrt. Unter dem Stichwort der »Bevölkerungskontrolle« referiert Sherman die Möglichkeiten, die den Ärzten, über die Behebung von Kinderlosigkeit hinaus, zur Verfügung stünden: »Samenbanken bieten eine breite Auswahl genetischen Materials, über einen unbegrenzten Zeitraum hinweg.

Wenn wir die mit ihrer Hilfe gezeugten Kinder nach der Geburt genetisch untersuchen, haben wir ein praktikables Instrument an der Hand,
um die Spender zu bewerten. Wir brauchen den Blick ja nur auf die
jüngsten Verbesserungen in der Viehzucht richten, damit wir die Ver-
dienste der Spenderauswahl schätzen lernen. Tatsächlich erlauben es Samenbanken der Wissenschaft zum ersten Mal, die Fragen menschlicher
Vererbung auf einer kontrollierten empirischen Basis von Generation zu
Generation zu studieren.« Diese Aussagen zeigen ein weiteres Mal, wie
eng die Institutionalisierung der Reproduktionsmedizin in den 1960er
Jahren mit dem Konzept der Eugenik zusammenhängt.

Der Aufsatz schließt mit einer Phantasie der idealen Samenbank, die
jede Probe vor Gebrauch gewissenhaft untersucht, eine Vielzahl von Daten über Herkunft, Aussehen und Charakter der Spender zusammen-
trägt und die Arbeitsabläufe bis ins letzte Detail dokumentiert. Geleitet
werden sollte eine solche Einrichtung von einem »herausragenden, in
Fragen der Fertilität und Sterilität versierten Arzt«,[224] der einen Mitar-
beiterstab aus Genetikern, Biologen und Psychologen um sich schart.
Man hat beim Lesen dieser Arbeitsplatzbeschreibung einen Kandidaten
vor Augen, einen erfahrenen Urologen, der 13 Jahre nach Erscheinen
dieses Artikels tatsächlich eine der ersten Samenbanken nach Shermans
Maßstäben aufbaut: Cappy Rothman. An Orten wie der »California
Cryobank« in Los Angeles wird sich der Wunschtraum einer professionellen, flächendeckenden Reproduktionsmedizin schließlich erfüllen.

Künstliche Befruchtung in Deutschland von 1933–1970

Wenn man bedenkt, wie eng die Technik der Insemination seit den Tagen
Rohleders und Döderleins mit eugenischen Anschauungen verknüpft
war, müsste man erwarten, dass die Entfesselung dieser Ideen während
der nationalsozialistischen Herrschaft zur Verbreitung der Methode geführt hat. Hitlers Bekenntnisse zum »völkischen Staat« in »Mein Kampf«
enthalten bereits die Parolen: »Er hat das Kind zum kostbarsten Gut
eines Volkes zu erklären« und »Er hat die modernsten ärztlichen Hilfsmit-

tel in den Dienst dieser Erkenntnis zu stellen«.[225] Sofort nach der Macht-
übernahme der NSDAP werden die Prinzipien der »Rassenhygiene«
zum Fundament gesundheitspolitischer Maßnahmen; bereits im Juli 1933
tritt das »Gesetz zur Verhinderung erbkranken Nachwuchses« in Kraft.
Jetzt wäre also die staatliche Legitimation geschaffen, um die Utopie
der Eugeniker, Fortpflanzung von der beliebigen sexuellen Verbindung
abzulösen und etwa an eine Auswahl hochwertiger Samenspender zu
delegieren, tatsächlich zu verwirklichen. Und doch zeigen sowohl die
parteipolitischen Dokumente zur künstlichen Befruchtung als auch die
Äußerungen der Gynäkologen, dass diese Behandlungstechnik im nationalsozialistischen Regime praktisch ungenutzt geblieben ist.

Wenn in den Jahren nach 1933 von der Insemination als Therapieform
der Sterilität die Rede ist, dann geht es den Ärzten ohnehin noch weitgehend um die homologe Methode. Der Direktor der Greifswalder Uni-
versitäts-Frauenklinik, Günter Schultze, medizinischer Berater der »Lebensborn«-Heime und aktivster Praktiker der künstlichen Befruchtung
in dieser Zeit, gibt an, zwischen 1931 und 1941 102 Frauen behandelt zu
haben, allesamt mit Proben der Ehemänner. Aus diesen Inseminationen
sind nur 15 Schwangerschaften hervorgegangen, obwohl Schultze, wie
er betont, den Eingriff »nach den bekannten Erfahrungen über das Kon-
zeptionsoptimum zur Zeit der Ovulation festgelegt«[226] hat. Diese Quote
erscheint wie eine Bestätigung des Verdikts von Alan Guttmacher über
die Sinnlosigkeit des homologen Verfahrens. Noch 1943, in einer »Aussprache« arrivierter deutscher Gynäkologen über künstliche Befruchtung, macht schon die Einleitung deutlich, welche Linie weiterhin verfolgt wird: »Bei der Behandlung dieses Themas«, so einer der Ärzte, »ist
es eine selbstverständliche Voraussetzung, daß beide Eheleute erbge-
sund sind, daß es also wirklich erwünscht erscheint, daß sie Kinder bekommen.«[227]

Der Gebrauch von Spendersamen bleibt bis 1945 eine Ausnahmeerscheinung. Auch Günter Schultze siedelt sie, wie er schreibt, »außerhalb der ärztlichen Indikationsstellung« an. Er selbst habe über die Jahre
hinweg nur dreimal eine Insemination mit fremdem Sperma vorgenommen. In allen Fällen stammte der Spender aus dem Bekannten- oder

Verwandtenkreis des Ehemannes. Bei zwei Frauen führte gleich die erste Behandlung zu einer Schwangerschaft; der dritten, bei der mehrere Befruchtungsversuche »mit dem Sperma eines vertrauten Freundes« erfolglos blieben, wurde laut Schultze vom Ehemann »nahegelegt, einen Versuch auf natürlichem Wege zu unternehmen. Eine einmalige Kohabitation mit dem gleichen Mann [...] führte sofort zur Empfängnis.«[228] Wesentlich häufiger als Erfolgsberichte dieser Art finden sich in den Fachpublikationen aber dezidierte Zurückweisungen der Samenspende. 1939 wird etwa die Anfrage eines Arztes in der »Münchner medizinischen Wochenschrift«, ob er eine Patientin mit Fremdsamen behandeln dürfe, mit dem Argument abgelehnt, bei dieser Methode sei »der Tatbestand einer *außerehelichen Schwängerung* gegeben«; außerdem müsse befürchtet werden, dass »bei eintretendem Erfolg eine, zum mindesten seelische Bindung der Mutter an den Vater des Kindes eintritt«.[229] In den USA führen Frances Seymour und Albert Koerner zu diesem Zeitpunkt schon einige Jahre lang heterologe Inseminationen durch; auch ihre landesweite Umfrage über die Anwendung der Samenspende wird gerade vorbereitet. Die deutschen Gynäkologen kennen diese Veröffentlichungen. Siegfried Veil erwähnt in seiner Dissertation von 1940 »2 Amerikaner« – Seymour und Koerner –, die »auf diesem Gebiet tätig« seien. »Bei der Auswahl des Samenspenders legen sie besonderen Wert darauf, daß derselbe möglichst dieselben körperlichen, charakterlichen und geistigen Eigenschaften hat wie der gesetzliche Vater. [...] Der Bruder des Ehemannes wird als Spender abgelehnt, um gefühlsmäßige Verwicklungen zu vermeiden. Spender und Mutter sollen sich überhaupt nicht kennen.«[230] Auch in der »Aussprache« fließt die Statistik der New Yorker Ärzte, inzwischen in der »Schweizer Medizinischen Wochenschrift« publiziert, in die Diskussion ein. Und Hermann Knaus, der seine bahnbrechenden Forschungen zur Empfängnisfähigkeit für eigene Inseminationen nutzt, zitiert sie 1943 im Zusammenhang mit seiner (falschen) Vermutung, dass in Deutschland bislang »kein einziger Fall von erfolgreicher, künstlicher Befruchtung mit Sperma eines ›Spenders‹« bekannt sei. Vor diesem Hintergrund, so Knaus, »muß der Bericht von Seymour und Koerner überraschen, aus dem hervorgeht, daß in den Vereinigten Staaten von

Amerika diese Art der künstlichen Befruchtung zur Bekämpfung der ehelichen Kinderlosigkeit stärkste Anwendung findet.«[231]

In einer Zeit also, in der die Samenspende in den USA zur weithin akzeptierten, juristisch abgesicherten Praxis wird, gibt es im national-sozialistischen Deutschland vorwiegend zwei Standpunkte unter den Ärzten. Die einen sagen, wie Bardenheuer in seiner vielgelesenen Abhandlung über die »Unfruchtbarkeit der Frau«, kategorisch: »Ich habe bisher noch immer die Anwendung *fremden* Samens abgelehnt«;[232] die anderen, die das Verfahren grundsätzlich für vorstellbar halten, wollen die Wahl des Spenders auf einen Verwandten des Ehemannes oder einen nahen Freund des Paares beschränken. Warum treten die Mediziner eines Staates, der die genetische Disposition der nachwachsenden Bevölkerung ins Zentrum seines politischen Programms rückt, der assistierten Empfängnis so reserviert gegenüber? In den Ausführungen der Gynäkologen kehren vor allem zwei Argumente wieder. Zum einen wird das Wissen der Genetik noch nicht für ausreichend erachtet, um die »erbbiologische Gesundheit« möglicher Samenspender zu gewährleisten. Die Substanz der Chromosomen und ihre genaue Weitergabe ist vor den 1950er Jahren ungeklärt; der Nationalsozialismus behilft sich daher bekanntlich noch mit Ahnenpässen, anthropometrischen Analysen und dem Begriff des »guten Blutes«, das in einem eher metaphorischen Sinn die Zugehörigkeit zur wünschenswerten Volksgruppe sicherstellen soll. Auf welch grobem Fundament diese Identifikation zum Teil erfolgt, zeigt etwa die Entführung und »Eindeutschung« von Kindern in den besetzten Gebieten nach 1939; blonde Haare und blaue Augen sind für die Soldaten die einzigen Kriterien ihrer Auswahl. Im Zusammenhang mit der künstlichen Befruchtung gelten allerdings strengere Maßstäbe. Das mangelnde genetische Wissen wird als Argument dafür herangezogen, den Kandidatenkreis für eine Samenspende rigoros zu beschränken. Ein zweiter Grund für die Distanz der Ärzte hat mit der juristischen Unsicherheit nach heterologen Inseminationen zu tun. Seymour, Koerner und Guttmacher ermuntern die amerikanischen Ärzte um 1940 zu jener »verzeihlichen Lüge«, im Geburtsschein des Kindes den unfruchtbaren Ehemann als Vater einzutragen oder die hochschwangere Patientin an einen ahnungslosen Kollegen weiterzuvermitteln. In einem autoritären Staat wie dem nationalsozialistischen Deutschland sind solche öffentlichen Vorschläge nicht möglich. Immer wieder weisen die Ärzte vielmehr auf das Problem hin, dass ein mit fremdem Samen gezeugtes, als ehelich ausgegebenes Kind den Tatbestand der Personenstandsfälschung, Kuppelei und Kindsunterschiebung erfüllen würde. Die Rekrutierung der Spender aus dem persönlichen Umfeld des Ehepaares verhindert zudem von vornherein, dass sich das amerikanische Modell bewähren könnte, in dem der biologische Erzeuger nicht einmal weiß, wem er mit seinen Keimzellen zu Nachkommen verholfen hat.

Neben den medizinischen Fachdebatten kommt es nach Beginn des Krieges auch auf Parteiebene zu einer grundsätzlichen Auseinandersetzung mit der künstlichen Befruchtung. In der kollektiven Imagination wird das NS-Regime bis heute mit Versuchen der Menschenzüchtung und staatlich gelenkten Empfängnis assoziiert; vor allem in den 1935 von SS-Offizieren gegründeten »Lebensborn«-Heimen sollen, wie populäre Romane und Spielfilme der Nachkriegszeit nahelegten, systematisch Kinder mit einem im nationalsozialistischen Sinne hochwertigen Erbgut gezeugt worden sein. Die Historiker haben diese Vorstellung in den letzten 25 Jahren widerlegt.[233] Es gilt mittlerweile als unwidersprochen, dass die Aufgabe der Heime alleine darin bestand, ledigen und den »rassenbiologischen« Bestimmungen genügenden Frauen einen Ort zu bieten, um ihre Kinder unbemerkt und in Ruhe auszutragen. Seine bevölkerungspolitische Funktion hat der »Lebensborn« zumindest bis zum Kriegswinter 1941/42 allein in der möglichst weitreichenden Verminderung von Abtreibungen. Erst die agonale Phase des »Dritten Reiches«, mit ihrer rückhaltlosen Entfesselung der Rassenideologie, macht auch die Zeugung außerehelicher Kinder durch SS-Offiziere explizit zum Programm, wobei die Mutter-Kind-Heime auch in diesen Jahren nicht zur Anbahnung sexueller Beziehungen dienen, sondern nur zur Unterbringung schwanger gewordener Frauen.

Ins Umfeld des »Lebensborn« fallen die wenigen Anstöße, die nationalsozialistische Funktionäre zur Anwendung der künstlichen Befruchtung gegeben haben. Im Juni 1942 sendet Reichsgesundheitsführer Leonardo

Conti eine Denkschrift über »die Erhöhung der Kinderzahl durch Eheanbahnung, Eheberatung und Wahlkinder« an Heinrich Himmler. Die Einsicht in die Dauer des Krieges, so Conti, verlange ein noch größeres Augenmerk des Staates auf der Optimierung der Reproduktion. Neben Fragen der effektiven Sterilitätsbehandlung von kinderlosen Paaren und der Anreizung zu außerehelichen »Zeugungsgemeinschaften« sei auch die »Einbeziehung der künstlichen Befruchtung in die zu treffenden Maßnahmen« möglich. Hierbei kommt sowohl die Anwendung künstlicher Befruchtung innerhalb der Ehe wie auch mit dem Sperma eines anderen Mannes z. B. des Ehemannes der Freundin der Frau in Frage.[234] Conti regt an, dass das ihm unterstellte »Hauptamt für Volksgesundheit« diese Behandlungen durchführen und die »Lebensborn«-Heime die Betreuung der Mütter und Kinder übernehmen könnten. Die Antwort Himmlers fällt ausweichend aus, doch was der »Reichsführer SS« tatsächlich von der künstlichen Befruchtung hält, vertraut er einige Monate später einem Münchner Professor für Tierzucht an, der ihm das Verfahren auch zur Anwendung beim Menschen empfiehlt. »Was für mich dagegenspricht«, schreibt Himmler, »ist die Überzeugung, daß wir Menschen die Natur nicht verbessern können. Wenn es die Natur für gut befunden hat, diese Unmenge von Samenzellen zu produzieren und den Geschlechtsakt mit all seinen physischen und psychischen Eigenarten und Eigenschaften für notwendig hielt«, dann sei die künstliche Befruchtung weder beim Tier noch beim Menschen notwendig. Außerdem habe er »die feste Überzeugung, daß dies früher oder später zu Entartungen bei der Nachzucht und wahrscheinlich zur Impotenz oder Sterilität führen wird. […] Ich selber möchte, wenn ich mir ein Haustier irgendeiner Art kaufe, immer nur ein natürlich gezeugtes, kein künstlich hervorgerufenes kaufen.«[235]

Himmler selbst favorisiert bei sterilen Ehen vielmehr die indogermanische Tradition des »Zeugungshelfers«: eine Person männlichen oder weiblichen Geschlechts, die für die unfruchtbare Hälfte des Ehepaares einspringt und es dabei unterstützt, auf natürliche Weise ein Kind zu bekommen. Er beauftragt das »Rasse- und Siedlungshauptamt« kurze Zeit nach Contis Vorschlag, ein Amt zur Akquise von »Zeugungshelfern« zu errichten; bei den Meldestellen bewerben sich aber, wie ein Mitarbeiter berichtet, nur solche Frauen und Männer, »deren erbbiologischer und charakterlicher Wert meistens weit unter dem Durchschnitt stand«.[236] Diese therapeutische Maßnahme wird daher, zumindest in institutionellem Rahmen, nicht verwirklicht. Leonardo Conti wiederum gründet trotz Himmlers Desinteresse eine Arbeitsgemeinschaft »Hilfe bei Kinderlosigkeit in der Ehe« und richtet in jedem »Gau« eine Beratungsstelle ein. In Justizminister Otto Thierack findet er einen Verbündeten in Fragen der künstlichen Befruchtung. Im Herbst 1943 vereinbaren sie, die Reichsärztekammer darüber zu verständigen, dass jeder Arzt, der eine heterologe Insemination durchführen will, sich zunächst bei Conti über die Rechtslage unterrichten solle. Thierack wiederum setzt sämtliche Generalstaatsanwälte davon in Kenntnis, dass der Einsatz von Samenspenden juristisch zulässig sei, wobei die Spender »möglichst der Sippe des Ehemannes (z. B. Bruder) angehören«[237] sollen. Kuppelei und Personenstandsfälschung könnten laut Thierack bei Inseminationen vernachlässigt werden – ein wichtiges ärztliches Argument gegen die Samenspende wäre nun also von höchster Stelle ausgeschlossen.

Die beiden Parteifunktionäre stehen aber mit ihren Bemühungen im politischen Abseits. Himmlers Position zur künstlichen Befruchtung ist eindeutig, ebenso die von Martin Bormann, einem weiteren Adressaten der Denkschrift, oder von Goebbels, der in seinem Tagebuch am 9. November 1943 über Contis Aktivitäten notiert: »Es liegt eine Abhandlung des Reichsärzteführers über die künstliche Zeugungshilfe vor. Ich halte dieses Verfahren für gänzlich undurchführbar. Das fehlte uns noch, daß ausgerechnet jetzt ein so kitzliges Thema angeschnitten würde. Ich lege deshalb diese Vorlage von meiner Seite aus bis nach Kriegsende zurück. Wir haben nach Kriegsende noch Zeit genug, uns mit diesen delikaten Problemen zu beschäftigen.«[238] Auch Gregor Ebner, ärztlicher Leiter aller »Lebensborn«-Heime, ist in den letzten Kriegsjahren gelegentlich mit dem Ansinnen von Frauen konfrontiert, die sich auf dem Weg der Samenspende ein Kind von einem SS-Offizier wünschen. Im Jahr 1944 lehnt er ein solches Gesuch mit den Worten ab: »Es ist sicher für ein Kind später nicht sehr angenehm, daß es aus einer künstlichen Befruch-

tung stammt und somit den ›Samenspender‹, der ihm zum Leben verholfen hat, gar nicht kennt; sondern es wird dem Kind immer ein an-
genehmes Gefühl sein zu wissen, daß es auf natürliche Weise gezeugt
wurde, auch wenn seine Mutter nicht verheiratet war.«[239] Einmal verweigert der »Lebensborn« sogar einer Frau die Aufnahme in ein Heim, weil
sie durch eine Samenspende schwanger geworden ist.

Wenn die Ideologie des Nationalsozialismus ohnehin als Konglomerat
von Archaik und Hochmoderne, Biederkeit und Ausschweifung erscheint, das jederzeit in die eine wie in die andere Richtung ausschlagen
kann, dann zeigt sich diese Unvorhersehbarkeit auch in der politischen
Bewertung der Samenspende. Im Hinblick auf die »rassenhygienische«
Verfassung der Bevölkerungspolitik wäre auch die konsequente Förderung der assistierten Reproduktion denkbar gewesen; doch schwerer
als diese Nähe wiegt für die Nationalsozialisten offenbar eine Reihe von
Gegenargumenten, in denen sich moralische, hygienische und ästhetische Vorbehalte verbinden. Das schärfste und wortmächtigste Verdikt in
dieser Hinsicht stammt von Ernst Grawitz, »Reichsarzt SS« und jener
Mediziner, der Himmler den Einsatz von Gaskammern zur Ermordung
der osteuropäischen Juden vorschlug. Bereits im Sommer 1940 schickt
Grawitz dem Leiter des »Rassen- und Siedlungshauptamts« seine »grundsätzliche Stellungnahme zur Frage der künstlichen Befruchtung beim
Menschen« zu. Deren erster, resümierender Satz lautet:»Die künstliche
Befruchtung lehne ich als Nationalsozialist und deutscher Arzt schärfs-
tens ab, nicht nur, weil sie eine bodenlose Heuchelei ist, sondern auch,
weil sie zu einer schweren Gefahr für die Zukunft unseres Volkes werden
kann.« Im Verlauf des Traktats schreibt Grawitz:»Wer wagt zu behaupten, daß die körperliche Vereinigung von Mann und Weib völlig ohne
Einfluß auf die Gestaltung des zukünftigen Geschöpfes bleibt, auch
wenn wir wissen, daß der Samenfaden erst eine Zeit später auf das Ei
treffen kann? […] Je länger ich über die hier angerührten Fragen nach-
denke, umsomehr schüttelt mich das Entsetzen vor diesem wahrhaft
verbrecherischen Eingriff in ein heiliges, nur der Natur und ihrem Wirken vorbehaltenes Handeln. Ist denn unser germanisch-deutsches Volk
durch Christentum, Geld und Syphilis so unrettbar abgesunken, daß

unter dem Ruf ›Menschen um jeden Preis‹ die göttliche Ordnung mit Spritze und intellektuellem Denken vergewaltigt werden muß?«[240] Was an diesen Tiraden gegen die künstliche Befruchtung vor allem erstaunt, ist die Tatsache, dass die NSDAP ihr »germanisch-deutsches Volk« gleichzeitig zu Ehebruch und offenen Zweitbeziehungen animiert, um in den letzten Kriegsjahren eine möglichst hohe Anzahl künftiger Soldaten zu zeugen. Die Gefährdung der Familieneinheit kann also keineswegs der Grund dafür sein, die Samenspende derart vehement abzulehnen, ebenso wenig die von Ebner geäußerte Sorge, die Nachkommen würden die Identität ihrer Väter nicht kennen, weil genau das auch für die zahllosen unehelichen Kinder in den »Lebensborn«-Heimen gilt. Es ist vielmehr der Ekel vor dem Akt der künstlichen Befruchtung selbst, vor jenen »Taschenspielerkniffen«[241] der Reproduktion, die Grawitz in seinem Schreiben geißelt und ihn zu ehehygienischen Positionen des 19. Jahrhunderts zurückführt. Die Feier des »Natürlichen«, im Nationalsozialismus ein nach Belieben aktivierter oder deaktivierter Bestandteil des Welt- und Menschenbildes, wird zum wichtigsten Argument gegen die Technologisierung der Fortpflanzung. Nur ganz wenige Ärzte setzen sich über diesen Abscheu der Parteiverantwortlichen hinweg, etwa Hermann Knaus, der in Prag gelegentlich heterologe Inseminationen mit dem Sperma seiner Studenten durchführt und dies als zulässiges Mittel empfindet, um die nationalsozialistische Bevölkerungspolitik voranzutreiben.[242] Repräsentativ für die Position zur Samenspende ist aber jene Stimmung, die einmal im Rahmen der »Aussprache« geschildert wird. »Den Vorschlägen und Wünschen, die Befruchtung mit dem Sperma eines fremden Mannes vorzunehmen, kann nur mit größter Zurückhaltung begegnet werden«, schreibt der Rostocker Gynäkologe Haselhorst. »Das einmal an die Klinik gestellte Ansinnen, dafür einen ›rassisch hochwertigen und charakterlich einwandfreien Assistenten oder sonstigen Mitarbeiter gegen hohe Belohnung‹ als Spender habhaft zu machen, konnte nur Heiterkeit auslösen.«[243]

In den Jahrzehnten nach dem Krieg nimmt die Bundesrepublik Deutschland eine besonders kritische Haltung zur assistierten Empfängnis ein. Erst seit 1970 gilt die heterologe Insemination, wie zu Be-

ginn des Kapitels erwähnt, unter den Ärzten nicht mehr als»standesun-
würdig«, und auch die Ausrichtung des 1990 verabschiedeten Embryonenschutzgesetzes ist im Vergleich zu den europäischen Nachbarstaaten
auffallend restriktiv. Begründet wird diese Vorsicht in der Anwendung
der Reproduktionsmedizin, sowohl von den Entscheidungsträgern als
auch in der kommentierenden Öffentlichkeit, stets mit der Erinnerung
an die Politik der»Menschenzüchtung« im Nationalsozialismus; noch
die jüngsten Bundestagsdebatten zur eingeschränkten Zulassung der
Präimplantationsdiagnostik standen ganz im Zeichen dieser unheilvol-
len Tradition. Es ist vielleicht nicht übertrieben, wenn man sagt, dass das
grundsätzliche Misstrauen, das in Deutschland bis heute jeder technologischen Annäherung an das Gut des»Lebens« entgegengebracht wird,
vom Schreckensbild der nationalsozialistischen Herrschaft geprägt ist.

Die Aussagen der Ärzte und Parteifunktionäre zwischen 1933 und
1945 ergeben aber wie gesehen ein anderes Bild. Ihre politische Ideologie, von eugenischen Vorstellungen getrieben, führt zur Ermordung von
Millionen von Menschen, die den»rassischen« oder»erbbiologischen«
Vorgaben nicht genügen. Verbunden mit diesen Exzessen einer»negativen« Eugenik ist jedoch eine unerwartete Scheu vor der Anwendung
der künstlichen Befruchtung als Element einer»positiv« eingreifenden
Bevölkerungspolitik. Die Historiker des Nationalsozialismus sind sich
heute einig, dass die NSDAP die systematische Erzeugung von genetisch wünschenswerten Kindern zwar für eine unbestimmte Zeit nach
dem Ende des Krieges in Betracht zog, aber bis 1945 nicht einmal in bescheidenem Maß in die Tat umsetzte.

Wie muss das Verhältnis zwischen der Zurückweisung der künstlichen
Insemination in der jungen Bundesrepublik Deutschland und der Praxis
im Nationalsozialismus also betrachtet werden? Dass es sich nicht um
einen Bruch handelt, machen die Äußerungen von Himmler, Goebbels
oder Grawitz mehr als deutlich; auch Walter Stoeckel, im NS-Regime
weiterhin der federführende Gynäkologe, schreibt in der 10. Auflage
seines»Lehrbuchs der Gynäkologie« von 1943, die Anwendung der
Samenspende weise auf eine»Perversität des Denkens, des Fühlens und
des Handelns«.[244] August Mayer, langjähriger Direktor der Tübinger

Frauenklinik und in den fünfziger und frühen sechziger Jahren der wortmächtigste Kritiker der heterologen Insemination, mit insgesamt 13 Aufsätzen in neun Jahren,[245] zitiert das Urteil »unseres Altmeisters Stoeckel«[246] häufig. In Formulierungen wie diesen zeichnet sich die argumentative und personelle Kontinuität ab, die die deutsche Auseinandersetzung mit der künstlichen Befruchtung im Vierteljahrhundert nach dem Ende des Krieges bestimmt. Die unerbittlichsten Klagen stammen genau von jenen Autoren, die sich schon in der Zeit des Nationalsozialismus gegen das Verfahren ausgesprochen haben – nur dass sie ihre früheren Argumente nun mit dem mahnenden Hinweis unterstreichen, im »Dritten Reich« hätte sich gezeigt, wohin ein Übermaß an technologischen Eingriffen ins Fortpflanzungsverhalten des Menschen führen könne.

In den fünfziger Jahren wird die heterologe Insemination, weder in der Weimarer Republik noch im Nationalsozialismus eine dezidiert strafbare Handlung, von zwei Seiten illegalisiert. Zum einen arbeitet die Rechtskommission der Bundesregierung, die seit 1954 eine grundsätzliche Strafgesetzreform vorbereitet, ein Verbot der Behandlungsmethode aus. Zwischen 1959 und 1962 zirkulieren drei Entwürfe zu einem neuen Strafgesetzbuch zwischen Bundesregierung und Bundesrat, die jeweils den § 203 »Künstliche Samenübertragung« enthalten. Darin wird zwar die homologe Insemination als unbedenklich erachtet; über das heterologe System dagegen heißt es: »Wer eine künstliche Samenübertragung bei einer Frau vornimmt, wird mit Gefängnis bis zu drei Jahren bestraft.« Für die Frau, »die eine künstliche Samenübertragung bei sich zulässt«, sehen die ersten beiden Entwürfe Freiheitsentzug von bis zu zwei Jahren vor, der dritte verringert dieses Höchstmaß auf ein Jahr, stellt aber zusätzlich die »Selbstinseminierung« ohne Wissen des Ehemannes unter Strafe. Der letzte Absatz setzt schließlich die Anwendung des Paragraphen »unabhängig vom Recht des Tatortes« fest, um deutschen Staatsbürgern das zu untersagen, was heute als »Reproduktions-Tourismus« in liberalere Nachbarstaaten bezeichnet wird.[247]

Parallel zu diesen juristischen Bemühungen streben auch die Ärzte eine verbindliche Formulierung ihrer Position zur Samenspende an. Manche Berufsverbände, die von der Rechtskommission der Bundesregierung um eine Stellungnahme gebeten werden – so etwa der »Deutsche Ärztinnenbund« –, fordern schon Mitte der fünfziger Jahre, »die heterologe künstliche Insemination sollte unter Strafandrohung schlechthin verboten werden«.[248] Auf dem 62. Deutschen Ärztetag im Juni 1959, kurz vor der Fertigstellung des ersten Gesetzesentwurfs, gehört das Verfahren zu den zentralen Tagesordnungspunkten. Nach langen Diskussionen sprechen die Delegierten der Bundesärztekammer zwar mit knapper Mehrheit die Empfehlung aus, die Samenspende nicht als Straftat zu bewerten (dies hätte die Zunahme von kostspieligen und riskanten illegalen Eingriffen zu Folge); sie fassen aber nahezu einhellig folgenden Beschluss: »Der 62. Deutsche Ärztetag lehnt die künstliche heterologe Insemination aus sittlichen Gründen ab. Die künstliche heterologe Insemination widerspricht der Ordnung der Ehe. Ihre Ausführung hat medizinische, rechtliche und psychologisch-ethische Folgen, die für den Arzt nicht übersehbar sind und für die er die Verantwortung nicht mittragen muß.«[249] Von 1959 an ist die Befruchtung mit dem Samen von Dritten also nicht mehr mit dem Standesrecht deutscher Ärzte vereinbar.

Die Koalition aus Medizinern, Juristen und Theologen, die für das Verbot der Insemination eintritt, fürchtet vor allem eine Zerrüttung der Vertrauensbeziehungen zwischen den Ehegatten sowie dem Vater zu seinem nicht blutsverwandten Kind. »Das kann ein Staat, der in seinem Grundgesetz Ehe und Familie unter den besonderen Schutz der staatlichen Ordnung gestellt hat, nicht hinnehmen«,[250] heißt es im Kommentar zum zweiten Entwurf des § 203. Zur Illustrierung dieser Gefahr werden in den fünfziger Jahren immer wieder zwei Fallgeschichten nacherzählt, die sich als Konsequenz einer Samenspende ereignet haben sollen. Die eine, in Deutschland zum ersten Mal 1949 in der Zeitschrift »Das neue Weltbild« erwähnt, handelt von einem französischen Ehepaar, das auf Drängen der wesentlich jüngeren Frau eine Insemination durchführen lässt. »Als das Kind da war, war auch schon die Tragödie da«, heißt es in dem Artikel. »Es wurde von der Mutter vergöttert und vom Ehemann gehaßt.« Beide Elternteile können mit den unklaren Abstammungsverhältnissen nicht umgehen, der eifersüchtige Mann verfällt in Depres-

sion, die Frau ist von dem Wunsch beseelt, den anonymen Spender kennenzulernen. Nach zwei Jahren, als der behandelnde Arzt bereits »den
›Wirrwarr der Gefühle‹ für beruhigt hält«, taucht der verwahrloste Ehemann plötzlich in der Praxis auf, beschuldigt ihn, seine Ehe zugrunde
gerichtet zu haben, und versucht ihn mit einem Messer umzubringen.[251]
Ein zweiter Fall aus Atlanta in den USA, ebenfalls 1949 in deutschspra-
chigen Zeitungen gemeldet, erzählt eine ähnliche, wenngleich unblutige
Geschichte der Grenzübertretung. Hier resultiert die Sehnsucht der
Frau nach Identifizierung des Samenspenders in einem nächtlichen
Einbruch in der Praxis des Gynäkologen. Sie entwendet die Patienten-
akte und macht den Mann ausfindig, verlässt ihren Ehegatten und gründet mit dem Spender eine neue, der Deszendenzlinie folgende Fami-
lie.[252] 1956, ein halbes Jahrhundert vor »The Kids Are All Right«, dient
diese Geschichte als Vorlage für einen deutschen Spielfilm mit dem Titel
»Frucht ohne Liebe«, einem Plädoyer gegen die Samenspende, in dem
die Frau nach einer schweren Krise schließlich mit dem Kind zu ihrem
Ehemann zurückkehrt und der behandelnde Arzt die katastrophalen
Folgen seines Eingriffs eingestehen muss.

Für die Kritiker der Methode sind diese dramatischen Vorfälle dankbarer Stoff, um ihre Überzeugung zu belegen, dass jede Insemination
zwangsläufig zur Bedrohung von Ehe und Familie führt; an dem Verfahren, so August Mayer, zeige sich eine »ungeheure Sittenverwilderung,
die mit dem Verfall der Kultur einhergeht«.[253] Mayer wird in den Debatten beim 62. Deutschen Ärztetag häufig zitiert, und vor allem an seinen
Ausführungen lässt sich in diesen Jahren eine aufschlussreiche Amnesie
erkennen. Sie betrifft die Erinnerung an die Position der Nationalsozialisten zur Samenspende. Bereits 1951 taucht in einem ablehnenden Artikel die später häufig zitierte These auf, »Himmler soll sich im Rahmen
seiner ›Aufnordungspläne‹ auch für die künstliche Insemination ausgesprochen haben«.[254] Dieser Befund kann angesichts der Korrespondenz
Himmlers mit Leonardo Conti ausgeschlossen werden. Auch August
Mayer lenkt in einem Aufsatz von 1954 den Blick zurück und erwähnt
seine »Erfahrungen aus dem Dritten Reich. Dort hatte nach mir zuge-
gangenen, glaubwürdigen Berichten in den Eisenbahnkupees die eine

3. Zur Frühgeschichte der Samenspende

oder andere Frau den Mitreisenden ohne Hemmung erzählt, daß sie zur ›künstlichen Befruchtung fahre‹, also menschliche Fortpflanzung in Form der Tierzucht und der Beschalung.«²⁵⁵ Diese Erinnerungstäuschung wird in Mayers Schriften desto massiver, je weiter die Zeit der nationalsozialistischen Herrschaft entfernt liegt. Im Jahr 1960 betreibt er gewissermaßen doppelte, transatlantische Geschichtsfälschung, wenn er schreibt, die künstliche Insemination erfuhr »einen starken Auftrieb im Dritten Reich, das seiner Bevölkerungspolitik zuliebe unter dem Namen ›Lebensborn‹ eine Art staatliche Besamungsanstalten einrichtete. [...] Nach dem verlorenen Weltkrieg wurde es eine Zeitlang still um die künstliche Besamung, bis ein neuer starker Impuls aus Amerika herüberkam.«²⁵⁶

August Mayer ist mit diesen falschen historischen Rekonstruktionen nicht alleine. Auch in einem Bericht der Strafrechtskommission heißt es über die beginnenden Versuche mit In-vitro-Fertilisation in den USA: »Solche Gedankengänge kennen wir aus dem Dritten Reich«; und der Präsident der Bundesärztekammer schreibt über den Beschluss der Standeswidrigkeit von 1959, dass dieses im Vergleich zum Ausland besonders scharfe Urteil nicht »Ausdruck selbstgerechter Überheblichkeit der deutschen Ärzte« sei, sondern »meines Erachtens eine Reaktion, die gar nicht zu trennen ist von dem Erleben und dem Wissen um die Entgleisungen einzelner Ärzte in der Zeit des nationalsozialistischen Regimes.«²⁵⁷ Was aber Mayers Äußerungen so interessant macht – vergleichbar mit denen Walter Stoeckels, der in der Bundesrepublik ein hochangesehener Gynäkologe bleibt –, ist das Menschenbild, das hinter der Kritik an der Samenspende steht. Seine Erinnerung an die Bekenntnisse in den »Eisenbahnkupees« mündet etwa in der Feststellung: »Alles doch ein mehr als bedenkliches Zeichen dafür, wie diese Frauen die Selbstachtung vor ihrem Dienst am Altar der Menschwerdung, dieser höchsten Mission in ihrem Leben, verloren haben.«²⁵⁸ Andere Aufsätze Mayers beginnen mit der Gegenüberstellung zweier »Frauentypen« in unfruchtbarer Ehe, von denen der eine »die sittliche Kraft« habe, »mit der Kinderlosigkeit fertig zu werden«, der andere aber, aufgrund »triebbedingter Hemmungslosigkeit«, eine heterologe Insemination wünsche. Spätestens im Lauf der

Schwangerschaft würden diese Frauen erkennen, worauf sie sich eingelassen haben: Denn »bei der natürlichen Zeugung stellen die ersten
Kindsbewegungen als erstes Zwiegespräch zwischen Mutter und Kind
und als ein vom Kind überbrachter Gruß des geliebten Vaters ein besonders freudiges Ereignis dar. Bei der künstlichen Zeugung ist das ganz
anders. Hier sagen die ersten Kindsbewegungen, daß ein gänzlich Unbekannter vom Körper der Frau Besitz ergriffen hat und in ihr unheim-
lich herumgeistert nach unberechenbaren eigenen Gesetzen.«[259]

Im Jahr 2008 ist eine Biographie August Mayers erschienen, in der
zum einen das nationalsozialistische Engagement des Klinikdirektors
aufgearbeitet wird, seine konsequente Anwendung des »Gesetzes zur
Verhütung erbkranken Nachwuchses« in Form von Zwangssterilisatio-
nen, sowie sein in Korrespondenzen häufig artikulierter Stolz, wegen
des radikalen Kurses gegen Abtreibung und Empfängnisverhütung
schon vor 1933 als »Tübinger Faschist« tituliert worden zu sein.[260] Zum
anderen geht es um die publizistische Tätigkeit Mayers nach der Emeri-
tierung Ende der vierziger Jahre, die nicht nur die künstliche Insemination betrifft, sondern auch Aufsätze gegen die Erwerbstätigkeit der Frau
oder die unbegrenzte Zulassung weiblicher Bewerber zum Medizinstu-
dium. Man muss also bedenken, in welche Weltanschauung seine Ansichten über die Samenspende eingebettet sind, über jene pathologische
»Kindersüchtigkeit« von Frauen unfruchtbarer Ehemänner, die laut
Mayer »in der überwiegenden Zahl der Fälle aus einer schweren neurotischen Persönlichkeitsstörung entspringt«.[261] Ähnliches gilt für die maßgeblichen Kritiker von juristischer Seite in den fünfziger und sechziger
Jahren. Hans Dölle, der zu den Hauptvertretern des NS-Familienrechts
zählte,[262] verfasst 1954 die erste rechtspolitische Studie zur Samenspende
in der Bundesrepublik: eine scharfe Zurückweisung, die das strafrechtliche Verbot des Verfahrens fordert; Dieter Giesen, ein bekannter Ordi-
narius für Familienrecht in Berlin und in seinen Schriften zum Thema
erbitterter Gegner der Insemination, hält in den 1960er Jahren auch an
der Strafbarkeit von Homosexualität und Ehebruch fest.[263]

Diese Traditionslinien im Kampf gegen die künstliche Befruchtung
sind heute weitgehend unsichtbar geworden. Seit der Geburt des ersten

»Retortenbabys« im Jahr 1978 kommt die politische Kritik an der Reproduktionsmedizin eher von den linksgerichteten Parteien. Die Sorge richtet sich auf eine übermäßig technologische Bemächtigung des Lebens, einen mehr und mehr verdinglichten Prozess der Fortpflanzung, und der Hinweis, dass die fatalen Folgen solcher Bemächtigung aus der Zeit des »Dritten Reichs« bekannt seien, gehört zu den wiederkehrenden Argumenten. Angesichts der nationalsozialistischen und frühen bundesdeutschen Dokumente zur Samenspende muss diese Sichtweise korrigiert werden. Es lässt sich vielmehr eine fortwährende, in der Argumentation unveränderte Zurückweisung der künstlichen Befruchtung zwischen 1933 und den 1960er Jahren beobachten. Wenn man etwa den Traktat von »Reichsarzt SS« Ernst Grawitz, über die »Taschenspielerkniffe« der Reproduktionsmedizin, mit dem Duktus von August Mayer vergleicht, der die Frauen einmal ermahnt, sie sollten »nicht vergessen, daß sie eine besonders große und edle Aufgabe haben und daß ein Volk so viel wert ist, als seine Frauen wert sind«,[264] dann sind diese Aussagen in Vokabular und Tonfall nur schwer voneinander zu unterscheiden. Nach 1945 ist in den Publikationen deutscher Ärzte und Juristen zwar jede Spur einer »rassenbiologisch« orientierten Medizin verschwunden – sei es aus aufrichtigem Entsetzen über die nationalsozialistischen Verbrechen, sei es aus persönlichem Kalkül –, aber das Frauen- und Familienbild des »Dritten Reichs« lebt in der Kritik an der Samenspende fort.

Wenn man diese Perspektive auf die Reproduktionsmedizin mit der kritischen Auseinandersetzung der letzten dreißig Jahre vergleicht – zur In-vitro-Fertilisation, Eizellspende oder Präimplantationsdiagnostik –, dann ergeben sich eigentümliche Überschneidungen zwischen gewöhnlich konträren politischen Lagern. Denn die Haltung, die etwa SPD und Grüne bei den Debatten zum Embryonenschutzgesetz einnehmen, sind, was das zugrundeliegende Menschenbild betrifft, nicht allzu weit von den Positionen der Nachkriegszeit entfernt. Mit einem Änderungsantrag im Oktober 1990 will die SPD-Fraktion die heterologe Insemination noch einmal unter Strafe stellen; die Grünen lehnen die Durchführung von In-vitro-Befruchtung und Samenspende in ihrem Entschließungsantrag kategorisch ab.[265] Als argumentatives Fundament dieser Position

erscheint der Verweis auf die »nationalsozialistische Medizin«, die Beobachtung, »wie sehr der eugenische Selektionsgedanke dem reproduktionsmedizinischen Handeln zugrunde liegt«.[266] Soweit damit die Verbrechen der »negativen« Eugenik gemeint sind, bis hin zur »Vernichtung
unwerten Lebens«, ist diese Assoziation natürlich berechtigt. Doch Versuche mit künstlicher Befruchtung hat es im Nationalsozialismus nicht
gegeben; diese These ist vielmehr eine Erfindung von reaktionären Kritikern der Samenspende nach dem Krieg, die das Festhalten an ihren alten Positionen durch die Abgrenzung vom NS-Regime satisfaktionsfä-
higer machen wollten. Gleichzeitig nähert sich die Haltung von SPD
und Grünen Autoren wie August Mayer und Dieter Giesen an, wenn
man die übereinstimmende Verwerfung jeder kommerziellen Ausrichtung der Reproduktionsmedizin bedenkt oder die schroffe Dichotomi-
sierung der Kategorien von »Leben« und »Technik«.

Anfang der 1960er Jahre, als der Ärztetag die Standesunwürdigkeit
der Insemination beschlossen und der Bundesrat den dritten Entwurf
eines neuen Strafgesetzbuchs bewilligt hat, scheint die Kriminalisierung
der Samenspende endgültig in die Tat umgesetzt zu werden. Doch bevor
das Parlament den Entwurf beschließt, wird diese restriktive Haltung auf
internationalen Medizin- und Strafrechtskongressen mehrfach zum
Thema gemacht; Deutschland, heißt es etwa in einer kollektiven Stellungnahme zur heterologen Insemination auf dem 9. Internationalen
Strafrechtskongress in Den Haag 1964, sei reproduktionsmedizinisch
auf dem Weg in die »normative Isolierung«.[267] Diese Resonanz im europäischen Ausland lässt die Zustimmung zu den Maßnahmen nach und
nach bröckeln. Die parlamentarischen Veränderungen ab Mitte der sechziger Jahre, die Bildung einer Großen Koalition, verzögern zudem die
Verabschiedung des neuen Strafgesetzbuches dauerhaft, und als 1968, in
einem nun stark veränderten politischen Klima, ein alternativer Entwurf
von liberal und sozialdemokratisch orientierten Strafrechtlern vorgelegt
wird, ist die Pönalisierung der Samenspende fallengelassen. In der ein
Jahr später beschlossenen Reform des Strafrechts schließlich gibt es keinen § 203 mehr. Auch die Bundesärztekammer nimmt im Jahr 1970 eine
Korrektur ihrer Position zur Samenspende vor und fasst auf dem

73. Deutschen Ärztetag in Stuttgart den Beschluss, »die Durchführung der künstlichen heterologen Insemination nicht mehr als standeswidrig«[268] zu betrachten. Auch wenn es in den sechziger Jahren einzelne Gynäkologen gab, die trotz des Risikos einer Entziehung ihrer Approbation Samenspenden vorgenommen haben, kommt es erst durch diese Entscheidung zu einer Verbreitung der Behandlungsmethode in Deutschland, zunächst in Universitätskliniken, ab Mitte der siebziger Jahre auch in den ersten privaten Samenbanken, gegründet von Thomas Katzorke in Essen oder Michael Poluda in München. Einige Jahre lang, bis zur Nachricht der Geburt von Louise Brown, lässt die Kritik an der assistierten Empfängnis nach; der Siegeszug der In-vitro-Fertilisation aber bringt auch die heterologe Insemination wieder in Verruf. Nicht umsonst gibt es bis heute keinen Gesetzesparagraphen, der das Verfahren in Deutschland explizit zulassen würde.

Die Kultur der Reproduktion

Was mit der homologen Insemination beginnt, was in den heutigen Samenbanken und IVF-Zentren zum alltäglichen Eingriff geworden ist, fächert den natürlichen, von der Vereinigung zweier Körper bewerkstelligten Prozess der Zeugung auf. Sexualität und Fortpflanzung, durch die serielle Herstellung von Verhütungsmitteln bereits seit Mitte des 19. Jahrhunderts zunehmend voneinander gelöst, entkoppeln sich nun auch in umgekehrter Richtung. Dass es nicht der Geschlechtsakt zwischen Mann und Frau sei, der zu Schwangerschaft und Geburt führe, war bis dahin nur als Aberglaube einzelner Naturvölker überliefert. Im Verlauf des 20. Jahrhunderts jedoch wird diese Konstellation gerade für den aufgeklärtesten Teil der Menschheit wissenschaftliche Realität. Es bildet sich das heraus, was man die »Kultur der Reproduktion« nennen könnte.

Vor dem Zeitalter der assistierten Empfängnis ist die Zeugung eines Kindes eine leibliche Tatsache. Die Beiläufigkeit und Kontingenz, mit der neues Leben entsteht und sich erhält, lässt sich dabei besonders deutlich an Statistiken zur Kindermortalität ablesen. »Die Hälfte der Kinder, welche geboren werden, stirbt vor dem achten Jahre«, schreibt Rousseau 1762 in seinem Erziehungsbuch »Emile«. Um 1880 sterben in Preußen etwa zwanzig Prozent aller lebendgeborenen, ehelichen Kinder im Säuglingsalter, bei den unehelich geborenen sogar bis zu vierzig. Noch im Jahr 1914 beträgt die Sterblichkeitsrate bei Säuglingen in Preußen über 15 Prozent.[269] Der frühe Tod des eigenen Kindes ist also bis ins 20. Jahrhundert hinein eine Tragödie, mit der ständig gerechnet werden muss, und diese Gewissheit bringt in kinderreichen Haushalten eine Ökonomie der Empfindungen hervor, die inzwischen fremd geworden ist. In Zolas »Fruchtbarkeit« von 1899 heißt es etwa über die Familie eines Arbeiters in der Pariser Werkzeugfabrik: »Die Kleinen, das wuchs so eins nach dem anderen hervor, ohne daß er es überhaupt merkte.« Drei der sieben Kinder, so vertraut er seinem Vorgesetzten an, seien kurz nach der Geburt gestorben.[270] Man muss die Geschichte der assistierten Empfängnis also auch in dieser Hinsicht erzählen: inwieweit die »Kultur der Reproduktion« die Bindung der Eltern zu ihren entstehenden Kindern verändert und intensiviert hat. Eine der kontroversesten Diskussionen der Fortpflanzungsmedizin kreist heute um die Frage, ob die jahrelang herbeigesehnten, nach etlichen Behandlungszyklen geborenen Einzelkinder älterer Paare am Aufwand ihrer Zeugung leiden, oder ob sie eher davon profitieren, mit solcher Vehemenz gewollt zu sein. Elterliche Liebe und sogar die Trauer um ein gestorbenes Kind sind also Gefühle, die einem historischen Wandel unterliegen, wie die umfassenden Studien von Philippe Ariès 1960, Edward Shorter 1975 oder Elisabeth Badinter 1980 gezeigt haben. Bis in die zweite Hälfte des 18. Jahrhunderts, heißt es bei Shorter, »ist der Tod eines Kleinkindes fast ein banaler Zufall, den eine folgende Geburt wieder gutmacht«.[271] Die nüchterne Reaktion der Eltern zeigt sich auch in der geläufigen Praxis, neugeborenen Kindern die Vornamen ihrer zuvor gestorbenen Geschwister zu geben. All diese heute so befremdlichen Verhaltens- und Empfindungsweisen rufen immer wieder jene »Kreatürlichkeit« der Fortpflanzung in Erinnerung, die seit einigen Jahrzehnten in den Hintergrund getreten ist. ICSI-Labore oder Samen- und Eizellenbanken arbeiten an der minutiösen Vorhersehbarkeit der Empfängnis. Die Zeugung eines Kindes ist in dieser Umgebung kein zufälliger, in Kauf genommener oder erhoffter Effekt des Geschlechtsverkehrs mehr. Umgekehrt gibt es keine Frau, die durch In-vitro-Fertilisation jemals ungewollt schwanger geworden wäre.

Die Trennung der Fortpflanzung von der Sexualität ist gleichbedeutend damit, dass eine Sphäre, die wie keine andere auf der Intimität einer Zweierbeziehung beruht hat, sich für Dritte öffnen muss. Bereits die homologe Insemination, die ohne die Verwendung fremder Keimzellen auskam, erforderte die Anwesenheit eines Arztes im Augenblick der Zeugung; man denke an das Unbehagen der Gynäkologen Anfang des 20. Jahrhunderts, die hinter der Schlafzimmertür des Ehepaares auf den richtigen Zeitpunkt der Injektion warten mussten. Methoden wie Samen- und Eizellspende oder Leihmutterschaft erweitern sogar das genetische Substrat des gezeugten Kindes um die Anteile weiterer Personen. In letzter Zeit hat die Kulturwissenschaft der Kategorie des Dritten besondere Aufmerksamkeit geschenkt – eine Figur, die, wie Michel Serres bereits vor dreißig Jahren in seinem Buch über den »Parasiten« untersucht hat, immer zwischen der Behinderung und der Ermöglichung von Zweierbeziehungen angesiedelt ist. »Die klassische europäische Episteme war binär organisiert und dachte das Dritte nur in der Form des Übergangs«, schreibt Albrecht Koschorke; »die Störfaktoren von gestern haben sich, zum Guten oder zum Schlechten, in aktive soziale Operatoren von heute verwandelt.«[272] Am Beispiel der Reproduktionsmedizin lässt sich diese Diagnose anschaulich belegen: Das komplementäre System von Elternschaft, bestehend aus einem Vater und einer Mutter, wird nun ergänzt, und wo diese Figuren des Dritten lange Zeit mit aller Gewalt unterdrückt bleiben sollten, nehmen sie in der jüngsten Vergangenheit, wie das »Donor Sibling Registry« zeigt, eine sichtbare und produktive Funktion ein.

Dass es gerade der »Dritte« ist, der natürliche Konstellationen in kulturelle verwandelt, haben die an der Wende zum 20. Jahrhundert entstehenden Wissenschaften vom Menschen ausdrücklich betont. Freud schreibt in »Das Unbehagen in der Kultur« einmal, dass »wir den Gegensatz zwischen Kultur und Sexualität davon ableiten, daß die sexuelle Liebe ein Verhältnis zwischen zwei Personen ist, bei dem ein Dritter nur überflüssig oder störend sein kann, während die Kultur auf Beziehungen unter einer größeren Menschenanzahl ruht«.[273] Ganz ähnlich argumentiert Simmels soziologischer Gründungstext über die »Formen der Vergesellschaftung« von 1908, in dem Zweierbeziehungen als »vorsozial« benannt werden; »erst das Hinzutreten des Dritten lässt Gesellschaft als Gesellschaft emergieren und setzt Prozesse sozialer Objektivation in Gang, die über die Sphäre einer reziproken, jederzeit auf Personen zurechenbaren Interaktivität hinausgehen«.[274] Diese beiden Befunde machen im Hinblick auf die Reproduktionsmedizin deutlich, dass Samenspender oder Leihmütter nicht allein die Kindererzeugung von der Sexualität lösen, sondern auch die Natur der Fortpflanzung in eine »Kultur« überführen.

Die frühesten Impulse einer solchen Kultur gehen von jener Rationalisierung der Fortpflanzung aus, die sich die Eugeniker erträumten. Darauf weist nicht zuletzt der Terminus »Gesellschaftsbiologie«, den Autoren wie Ploetz und Schallenmayer für ihre wissenschaftliche Tätigkeit erfinden. Sowohl die Förderer als auch die Gegner eugenischer Ideen stellen die Entnaturalisierung der Fortpflanzung in den Mittelpunkt ihrer Ausführungen. Herbert Brewer etwa kürt die primitiven Völker der Südsee zum Vorbild der kommenden Gesellschaft, die nicht wissen, dass Kinder aus der geschlechtlichen Vereinigung von Mann und Frau entstehen. Aber auch Huxleys »Schöne neue Welt« von 1932, für den Rest des 20. Jahrhunderts die Blaupause jeder Kritik am Menschenbild der Reproduktionsmedizin, betont gerade den kulturellen Überschuss einer Zeugung jenseits der Sexualität. Am Anfang des Romans, beim Rundgang durch die »Brut- und Normzentrale« mit ihren auf Fließbändern zirkulierenden Embryogefäßen, heißt es: »Es war ja klar, daß man sich nicht damit begnügte, Leibesfrüchte einfach ausreifen zu lassen; das konnte doch jede Kuh«. Die soziale Prägung der Bewohner in Huxleys fiktivem Staat beginnt vielmehr vor der Geburt: »Wir entkorken unsere Kleinlinge als vergesellschaftete Menschen, als Alphas oder Epsilons«, erklärt einer der Laboranten den hospitierenden Studenten. Die

Versorgung der künstlichen Gebärmütter richtet sich deshalb nach der Beschaffenheit des Erbguts; das Heranwachsen der Föten in der untersten Kaste des Gesellschaftssystems wird etwa gezielt gehemmt, denn ein Epsilonembryo, so der Referent, benötige »eine Epsilonumwelt, nicht nur eine Epsilonerbmasse«.[275]

Kennzeichen und oberste Aufgabe einer Rationalisierung der Fortpflanzung ist es, den sexuellen Trieb der Menschen für den Erhalt der Population auszuschalten. Laut Brewer besteht in dieser Überwindung eine der großen zivilisatorischen Errungenschaften des eugenischen Projektes; die künstliche Befruchtung durch ausgewählte Samenspender, sagt er, sei »eine wohlüberlegte schöpferische Idee, für die es im Reich der Tiere keine Entsprechung gibt«.[276] Der animalische Trieb soll also dem selbstbezüglichen, lustbereitenden Teil der Sexualität überlassen werden; der Prozess der Erzeugung von Kindern dagegen vollzieht sich allein als sublimes Werk menschlicher Kultur. Mit dieser Aufspaltung ergeben sich Berührungspunkte zwischen den Verfechtern der positiven Eugenik und einer anderen humanwissenschaftlichen Disziplin, die genau zur selben Zeit die Funktion der Sexualität problematisiert: die Psychoanalyse. Freud hat sich über das zu seinen Lebzeiten etablierende Verfahren der Insemination offenbar nie geäußert. Doch bei der Lektüre seiner einschlägigen Schriften zur Sexualität stellen sich im Zusammenhang mit der Reproduktionsmedizin immer wieder zwei Fragen: Welche Schwierigkeiten leitet Freud von der Einheit von Fortpflanzung und Sexualität ab, die ja in der Zeit um 1900 noch ohne Alternativen ist? Und was bedeutet es für die psychoanalytische Lehre von der Bildung der Neurosen, dass sich diese Einheit dank der assistierten Empfängnis inzwischen gelöst hat?

Freuds Aussagen über Sexualität sind in allen Phasen seiner Theorie vom Hinweis auf eine latente Kollision geprägt: zwischen ihrer Funktion des Lustgewinns und ihrer Funktion der Reproduktion. Seine Kritik der »kulturellen Sexualmoral« etwa zielt auf »das sogenannte normale Sexualleben des Erwachsenen, in welchem der Lusterwerb in den Dienst der Fortpflanzungsfunktion getreten ist«: Diese »Unterordnung«,[277] zum Zweck der Gründung einer bürgerlichen Familie, drohe kurz über lang in Konflikt mit dem sexuellen Trieb zu geraten. Angesichts dieser Grundspannung könnte man die Reproduktionstechnologien geradezu als psychoanalytisches Heilmittel bezeichnen. Denn sie heben die widerstrebenden Aufgaben der Sexualität und damit eine besonders neurosenfördernde Konstellation auf. Freud hat diese Möglichkeit gelegentlich im Gestus einer utopischen Hoffnung ins Auge gefasst, zum ersten Mal in »Die Sexualität in der Ätiologie der Neurosen« von 1898, zu einer Zeit also, in der die Ursachenforschung der jungen Krankheit »Neurasthenie« von ihm konsequent auf sexuelle Störungen reduziert wird. An einer Stelle des Aufsatzes kommt Freud auf die Notwendigkeit zu sprechen, Ehepaaren, die keine weiteren Kinder möchten, Empfängnisverhütung zu ermöglichen, »wenn man nicht einen Teil oder beide der Neurose aussetzen will«, gesteht aber gleichzeitig ein, dass die verfügbaren Mittel den Genuss des Koitus beeinträchtigen oder sogar zur Erkrankung des Paares führen könnten. Wünschenswert, aber aussichtslos sei vielmehr die Entkoppelung von Fortpflanzung und Sexualität in anderer Richtung; »theoretisch«, so Freud, »wäre es einer der größten Triumphe der Menschheit, eine der fühlbarsten Befreiungen vom Naturzwange, dem das Geschlecht unterworfen ist, wenn es gelänge, den verantwortlichen Akt der Kinderzeugung zu einer willkürlichen und beabsichtigten Handlung zu erheben, und ihn von der Verquickung mit der notwendigen Befriedigung eines natürlichen Bedürfnisses loszulösen.«[278] Der modernen Reproduktionsmedizin ist dieser »größte Triumph der Menschheit« geglückt, sie hat die »Kinderzeugung zu einer willkürlichen und beabsichtigten Handlung« erhoben, und man könnte beinahe sagen, dass aus der Sicht der Psychoanalyse ein Hauptauslöser neurotischer Störungen getilgt sein müsste, weil die »Verquickung« von Fortpflanzung und Befriedigung des Sexualtriebs nun aufgehoben werden kann. Die assistierte Empfängnis versöhnt Trieb und Kultur im psychoanalytischen Verständnis; sie klärt jene »trübe Prognose« auf, die Freud noch einmal in seinem Aufsatz »Über die allgemeinste Erniedrigung des Liebeslebens« formuliert und die besagt, »daß eine Ausgleichung der Ansprüche des Sexualtriebes mit den Anforderungen der Kultur überhaupt nicht möglich ist, daß Verzicht und Leiden sowie in weitester Ferne das Erlöschen des Menschengeschlechts infolge seiner Kulturentwicklung nicht abgewendet werden können«.[279] Freuds Zuspitzung dieses Dilemmas hat seine Ursache darin, dass er die vermeintlich »natürliche« Aufgabe der Sexualität – die Fortpflanzung – eher als sekundäre, kulturelle Funktion versteht, weil ihre primäre Aufgabe des Lustgewinns, wie er unablässig betont, schon zu Zeiten präsent ist, in denen die Jungen oder Mädchen noch gar keine Nachkommen zeugen können. »Das Kind ist lange vor der Pubertät ein bis auf die Fortpflanzungsfähigkeit fertiges Liebeswesen«,[280] schreibt Freud, und genau diese Hierarchie der Sexualfunktionen führt dazu, die Aufgabe der Familiengründung stets als Hemmnis, als Behinderung eines frei entfalteten Sexualtriebs zu interpretieren. Die Aufspaltung von Sexualität und Reproduktion hätte für die Psychoanalytiker des frühen 20. Jahrhunderts also einen ebenso therapeutischen Effekt wie für die Eugeniker – mit dem großen Unterschied allerdings, dass es den einen um die psychische Gesundheit des Individuums, den anderen um die erbbiologische Gesundheit der Population geht. An der Entstehung einer »Kultur der Reproduktion« im Verlauf des 20. Jahrhunderts haben beide ihren Anteil.

DRITTES KAPITEL

Entfremdete Wehen:
Leihmutterschaft und Eizellspende

1.

Baby M: Der Sündenfall assistierter Empfängnis

Mary Beth Whiteheads Vertragsbruch

Die Figur der Leihmutter gerät erst mit Verzögerung, durch ein Moment der Unzuverlässigkeit, in den Fokus des öffentlichen Interesses. Im Sommer 1986, sechs Jahre nach der wenig beachteten Niederkunft der ersten kommerziell vermittelten Leihmutter in den USA, beginnt in New Jersey der Rechtsstreit zwischen Mary Beth Whitehead und dem Ehepaar Elizabeth und William Stern, der als »Fall Baby M« Bekanntheit erlangte. Zum ersten Mal in der jungen Geschichte dieser Reproduktionsmethode ist es geschehen, dass die Leihmutter sich nach der Geburt weigert, das Kind an das Auftragspaar abzugeben, und ein Gericht über die Gültigkeit des Vertrags sowie die Zuteilung des Sorgerechts befinden muss. Eineinhalb Jahre lang, von den ersten Zeitungsberichten über den Konflikt bis hin zum endgültigen Urteil des New Jersey Supreme Court am 3. Februar 1988, wird der Fall weltweit diskutiert und rückt das Verfahren der Leihmutterschaft endgültig ins Bewusstsein der Öffentlichkeit.

Mary Beth Whitehead und die Sterns lernen sich über den »Infertility Center of New York« kennen, eine Agentur des Anwalts Noel Keane, der in dieser Zeit einen Großteil der Leihmutterschaften im Osten der USA vermittelt. Das Ehepaar aus einem Vorort von New York – er Biochemiker, sie Kinderärztin, beide Ende dreißig – hat keine leiblichen Kinder, weil Elizabeth Stern in den Jahren zuvor Symptome einer Multiple-Sklerose-Erkrankung an sich wahrgenommen hat und das Risiko einer Schwangerschaft nicht eingehen möchte; eine Arbeitskollegin, die seit langem an dieser Krankheit leidet, hat nach der Geburt ihres Kindes mit Lähmungserscheinungen in den Gliedmaßen zu kämpfen gehabt. Das Paar trifft daher die Entscheidung, eine Leihmutter zu engagieren, und unter den Kandidatinnen, deren Bewerbungsprofile sie über die Agentur zu sehen bekommen, wählen sie nach einem persönlichen Treffen Mary Beth Whitehead aus, eine 28-jährige Hausfrau und zweifache Mutter aus New Jersey.»Sie war zu perfekt, um wahr zu sein«, erinnert sich William Stern später vor Gericht;»alles, was sie sich bei unserem ersten Gespräch gewünscht hat, war einmal im Jahr ein Foto des Kindes und ein kurzer Brief über seine Entwicklung«.[1] Der Vertrag wird im Februar 1985 unterschrieben; die Agentur erhält 7500 Dollar Honorar, Whitehead 10000 Dollar, die aber erst nach der Niederkunft und der sofortigen Adoption des Babys durch Elizabeth Stern ausbezahlt werden sollen. Durch künstliche Insemination mit dem Samen des Auftraggebers wird die Leihmutter nach einigen Versuchen schwanger, und das Verhältnis zwischen den Parteien ist in den Monaten darauf offenbar sehr herzlich; einmal übernachtet Whiteheads neunjährige Tochter Tuesday sogar bei den Sterns und besucht mit ihnen einen Feiertags-Umzug in Manhattan.

Der Sinneswandel der Leihmutter vollzieht sich bei der Geburt des Babys am 27. März 1986. Nicht umsonst beginnt die Autobiographie Mary Beth Whiteheads, die nach dem Ende des Gerichtsstreits erscheint, im Kreißsaal. Als der Arzt das Neugeborene, ein Mädchen, auf ihren Bauch legt, erkennt sie eine frappierende Ähnlichkeit mit Tuesday und wird von ihren mütterlichen Empfindungen überwältigt. Im Urteil des Supreme Court heißt es über diesen Moment:»Mrs Whitehead erkannte praktisch im Augenblick der Geburt, dass sie nicht fähig sein würde, sich von dem Kind zu trennen.«[2] Als die Sterns drei Tage später im Krankenhaus die Modalitäten der Übergabe klären wollen, äußert sich der anschwellende Konflikt bereits darin, dass Whitehead dem Mädchen entgegen den Vertragsstatuten einen Namen gegeben hat. In der Geburtsurkunde (die in den USA im Krankenhaus ausgefüllt wird) steht nun »Sara Elizabeth Whitehead«, während die Auftragseltern sich seit langem für»Melissa« entschieden haben: jener Name, dessen Initial sich dann als gerichtliches Pseudonym für das Kind etabliert. Die Sterns versuchen zunächst, die Leihmutter durch eine kurzfristige Erhöhung des Honorars zu beschwichtigen, doch sie gibt ihnen zu verstehen, dass sie überhaupt kein Geld annehmen werde. Schließlich setzt das Ehepaar einen Termin fest, den Nachmittag nach der Entlassung aus dem Krankenhaus, an dem es das Baby im Haus der Whiteheads abholen will.

In ihrer Autobiographie, »A Mother's Story«, beschreibt die Leihmutter diese letzten Stunden vor der erzwungenen Übergabe als tränenreichen Abschied. Auf dem Weg zurück in ihre Kleinstadtsiedlung machen Mary Beth Whitehead und ihr Ehemann Rick bei verschiedenen Verwandten und Freunden halt; es werden Fotos aufgenommen, Geschenke überreicht, Ähnlichkeiten entdeckt, genau so, als würde ein junges Elternpaar mit seinem neugeborenen Kind nach Hause kommen. Als die Sterns schließlich eintreffen und das Baby mit unbeholfenen Bewegungen zum ersten Mal im Arm halten, zwingt sich die Leihmutter zwar, ihren Vertrag zu erfüllen und ihnen das Kind zu überlassen, doch als sie das Auto mit dem Kindersitz auf der Rückbank abfahren sieht, erleidet sie einen Zusammenbruch. »Ich streckte meine nackten Arme aus und schrie mir die Lunge aus dem Leib: ›Oh Gott, was habe ich getan? Ich will mein Baby!‹«[3] Schon am nächsten Morgen sucht sie das zweieinhalb Stunden entfernt lebende Ehepaar auf und bittet es, den Säugling noch eine Woche lang bei sich behalten zu dürfen: ein Vorschlag, auf den William und Elizabeth Stern eingehen, weil sie »Angst hatten, dass sich Mrs Whitehead sonst das Leben nehmen würde«,[4] wie es im Gerichtsurteil heißt. Nach Ablauf dieser Frist bricht die Leihmutter aber ihr Wort und behält das Kind bei sich. In den stillen Wochen darauf hofft sie, die Auftragseltern endgültig von der Wertlosigkeit des Kontrakts überzeugt zu haben, doch das Ehepaar erstreitet vor Gericht ein einstweiliges Sorgerecht. Anfang Mai stehen die Sterns wieder im Haus der Familie Whitehead, dieses Mal zusammen mit einem halben Dutzend Polizisten: Konkurrierende Dokumente werden gegeneinandergehalten, die Geburtsurkunde auf den Namen »Sara Whitehead« und die Gerichtsverfügung auf den Namen »Melissa Stern«, und im Tumult dieser Auseinandersetzung gelingt es Rick Whitehead, mit dem Baby unbemerkt durch den hinteren Ausgang des Hauses zu fliehen. Die beiden kommen bei seiner Schwester unter, Mary Beth und Tuesday gelingt es am selben Abend, verkleidet ihre Wohnsiedlung zu verlassen, und gemeinsam fliegen sie zu den Eltern Whiteheads nach Florida, wo ein weiteres Kind des Paares lebt, der 11-jährige Ryan. Um den polizeilichen Verfolgungen zu entgehen, zieht das Paar mit dem Baby drei Monate lang von Motel zu Motel; Ende Juli kehren sie zu den Eltern der Leihmutter zurück, weil sie es nicht ertragen, auf Dauer von den beiden älteren Kindern getrennt zu leben. Als Mary Beth Whitehead wegen einer Blutvergiftung im Krankenhaus liegt, spüren Privatdetektive und Polizisten das Baby schließlich auf und nehmen es in Obhut. In der Lokalzeitung, die Whiteheads Mutter daraufhin verständigt, erscheint der erste von insgesamt hunderten Artikeln über den Fall.

Noch im August 1986 beginnen die Anhörungen vor dem Superior Court[5] von New Jersey. Auf dem Prüfstein steht nicht nur die Legalität eines Vertrags oder die Bestimmung des Sorgerechts zwischen der leiblichen Mutter und dem leiblichen Vater eines Kindes, sondern ein neues, noch unreguliertes Verfahren der Reproduktionsmedizin. Der Status des Samenspenders – als reiner Lieferant von Zeugungsmaterial, ohne väterliche Rechte und Pflichten – ist seit den 1970er Jahren im »Parentage Act« der meisten US-Bundesstaaten geregelt. Doch der Fall »Baby M« zeigt nun, dass für die seit kurzer Zeit bekannte »surrogate motherhood«, wie die Methode im Englischen heißt, keinerlei Rechtsbestimmungen zur Verfügung stehen. Welche juristischen Analogien und Differenzen sind zwischen Samenspende und Leihmutterschaft zu ziehen? Inwieweit ist der neuartige weibliche Anteil an der assistierten Empfängnis anders zu bewerten als der seit einem halben Jahrhundert geläufige des Mannes? Die Tendenz des Superior Court ist von Beginn an unmissverständlich. Sie zeigt sich bereits an der vom Richter eingeführten Abkürzung »Baby M«, die das nunmehr fünf Monate alte Mädchen als Tochter der Sterns apostrophiert. Dem Ehepaar wird bis zum Beginn des eigentlichen Prozesses auch das vorübergehende Sorgerecht zugesprochen, was in einem Verfahren, das das Wohl des Kindes ins Zentrum seiner Urteilsfindung stellt, bereits einer Vorentscheidung gleichkommt. Die Leihmutter darf das Kind in dieser Zeit zweimal in der Woche eine Stunde lang unter Aufsicht besuchen. Nach langen Verzögerungen, die Whitehead in ihrem Buch als Verhandlungsstrategie der Gegenseite denunziert, beginnt der Prozess im Januar 1987. William Stern wird als erster Zeuge vernommen, und die Ausführungen über seine Lebensgeschichte verleihen dem Konflikt noch einmal zusätzliche Intensität. Stern ist ein deutscher Jude und 1946 in Berlin geboren. Seine Eltern konnten sich während des Zweiten Weltkrieges versteckt halten, doch die gesamte restliche Verwandtschaft wurde im Holocaust ermordet. Kurz nach seiner Geburt wanderte die Familie in die USA aus; William blieb ein Einzelkind, seine Eltern sind inzwischen gestorben. »Als letzter Überlebender seiner Familie«, so die Urteilsschrift des Supreme Court, »war es sein dringender Wunsch, seinen Stammbaum zu erhalten.«[6] Zwei tiefe genealogische Verbindungslinien kreuzen sich also in »Baby M«: zum einen die Beziehung zwischen Mutter und Kind, zum anderen die Gewissheit des Vaters, in seiner Tochter das drohende Aussterben des eigenen Geschlechts verhindern zu können.

Der erste Prozess um die wortbrüchige Leihmutter dauert acht Wochen, und der Superior Court kommt zu einem klaren Urteil: Der Kontrakt zwischen Mary Beth Whithehead und William Stern wird als legal betrachtet und führt, nach dem juristisch geregelten Vorbild der Samenspende, zum Erlöschen aller mütterlichen Rechte. »Der Name des Kindes«, so der Richter, »ist Melissa Stern.«[7] Der leibliche Vater erhält das alleinige Sorgerecht, und das nicht nur infolge der Vertragslage, sondern auch als Ergebnis aufwendiger Zeugen- und Gutachteraussagen, die vor Gericht zur Ergründung der Familienverhältnisse beider Parteien eingeholt worden sind. Diese Expertisen ergeben, dass sich sowohl die Whiteheads als auch die Sterns zwar als geeignete Eltern erwiesen hätten, die psychische Konstitution und die Lebensumstände der Leihmutter aber zusätzlich gegen einen Verbleib des Kindes bei ihr sprechen würden. Jedes prekäre Element in der Biographie der Whiteheads wird vor Gericht zur Sprache gebracht: die häufigen Krisen ihrer Ehe, die wiederkehrende Alkoholsucht des Vietnamveteranen und Müllfahrers Rick, die Lernbehinderung ihres Sohnes Ryan, Mary Beths dreimonatige Anstellung als Gogo-Tänzerin in einer Phase der Trennung (»Ich bin nie nackt oder oben ohne aufgetreten«,[8] schreibt sie dazu in ihrem Buch). Jetzt rächt es sich auch, dass Whitehead nach dem Ende ihrer Flucht in Florida die Nerven verlor, William Stern anrief und ihm drohte, sie werde ihn öffentlich des Missbrauchs ihrer älteren Tochter bezichtigen, wenn er das Baby nicht zurückbringe. Denn Stern hat damals auf Anraten seiner Anwälte alle Telefonate mitgeschnitten, und der Erpressungsversuch wird nun vor Gericht eingespielt und sogar im Fernsehen gesendet. Am Ende der Verhandlung ist die verwandtschaftliche Beziehung zwischen Whitehead und ihrer leiblichen Tochter gekappt. Elizabeth Stern dagegen wird noch im Richterzimmer, wenige Minuten nach der Verlesung des 121 Seiten langen Urteils, in einem improvisierten Verfahren zur Adoptivmutter von »Baby M« ernannt. [→ Abb. 4]

Abb. 4   Die Leihmutter Mary Beth Whitehead mit ihrer Familie und einem Weihnachtsgeschenk auf dem Weg zu »Baby M«.

Der Prozess am Superior Court, so die Journalistin, die an der Autobiographie »A Mother's Story« mitgearbeitet hat, lässt Mary Beth Whitehead als »Sündenbock der Nation«[9] erscheinen. Doch die Anwälte
legen Berufung ein, und schon drei Tage nach dem Urteil vom 31. März
1987 gibt der Oberste Gerichtshof des Bundesstaates, der Supreme
Court von New Jersey, seine Entscheidung bekannt, im Herbst eine
Neuanhörung durchzuführen. Er setzt bis zu diesem Zeitpunkt auch
wieder das regelmäßige Besuchsrecht der Leihmutter an neutralem Ort
ein. Die Gerichtsentscheidung in zweiter Instanz – im Februar 1988 mit
einstimmigem Urteil der sieben Richter getroffen – bewertet das Verfahren der Leihmutterschaft schließlich in ganz anderem Sinne, wenngleich
sich für das faktische Sorgerecht des inzwischen knapp zweijährigen Kindes nichts mehr ändert. Der Supreme Court erklärt den vorhandenen
(und jeden künftigen, von Bewohnern des Bundesstaats New Jersey ab-
geschlossenen) Leihmuttervertrag für ungültig, setzt die Illegalität dieses Verfahrens fest und macht sowohl die Adoption des Kindes durch
Elizabeth Stern als auch die Beendigung der mütterlichen Rechte Whiteheads rückgängig. In der Urteilsbegründung wird die juristisch noch
unerfasste Reproduktionsmethode nicht, wie im Superior-Court-Pro-
zess, in Analogie zur Samenspende betrachtet, sondern zur Adoption.
Bei diesem Vorgang dürfe es laut Familiengesetz des Staates zu keinen
Geldzahlungen zwischen den Parteien kommen; Leihmutterschaft sei
letztendlich aber nichts als »kommerzielle Adoption« und daher verboten. Zudem müsse es jeder Mutter in New Jersey vorbehalten sein, ihre
vor der Geburt getroffene Entscheidung, das Kind zur Adoption frei-
zugeben, innerhalb einer Frist von wenigen Tagen zu revidieren – sogar
dann, wenn der Säugling zu diesem Zeitpunkt schon an die Adoptivel-
tern übergegangen ist.[10] Dass der soziale Vater in Leihmutterschaftsver-
fahren, anders als bei Adoptionen, identisch mit dem biologischen Vater
des Babys ist, spielt nach Auffassung des Gerichts eine weniger bedeutende Rolle als dieses Revisionsrecht der leiblichen Mutter. Leihmutterschaft, so das Fazit der Urteilsschrift, ist nichts anderes als ein Handel
mit menschlichen Lebewesen und damit verfassungswidrig, unabhängig
von der ursprünglichen Zustimmung aller Beteiligten.

Angesichts der Ungültigkeit des Vertrags wird der Prozess in zweiter Instanz schließlich wie ein gewöhnlicher Sorgerechtsstreit zwischen Vater und Mutter behandelt. Das Sorgerecht für das Mädchen Melissa, wie es nun auch von Mary Beth Whitehead genannt wird, verbleibt deshalb im Sinne des »Kindswohls« bei William Stern. Zum einen hat diese Entscheidung damit zu tun, dass der Supreme Court die Instabilität der persönlichen Verhältnisse Whiteheads bestätigt. Sie lebt inzwischen von ihrem Mann Rick getrennt, hat Schulden und erwartet ein Kind von ihrem neuen Lebensgefährten. Das Gericht hat überdies »starke Zweifel daran, dass sie dazu fähig wäre, Baby M die Geschichte seiner Entstehung zum richtigen Zeitpunkt und mit ehrlichen und feinfühligen Worten näherbringen zu können«.[11] (In dem mehrteiligen Fernsehfilm, der im Jahr 1988 über diesen Fall gedreht wurde, gibt es zu Beginn einen beiläufigen, fast komödiantischen Moment, der die mangelnde Verlässlichkeit der Leihmutter ankündigt. Als sich die Ehepaare Stern und Whitehead zum ersten Mal treffen, vereinbaren sie am Telefon, dass Mary Beth im Restaurant ein graues Sweatshirt als Erkennungszeichen tragen würde. Als die Sterns das Lokal betreten, dauert es lange, bis sie ihre Verabredung finden, weil sich Mary Beth für einen weißen Pullover entschieden hat. Sie entschuldigt sich mit den Worten: »Ich hab's mir anders überlegt.«) Der wichtigste Grund für die eigentlich paradoxe Entscheidung, Leihmutterschaft grundsätzlich zu verdammen, das Kind aber den Auftragseltern zu überlassen, besteht allerdings in der erstrebenswerten Kontinuität der Familienbildung. Die Sterns leben zum Zeitpunkt der Urteilsverkündung seit eineinhalb Jahren mit Melissa zusammen und haben sich nach Auffassung des Gerichts als fürsorgliche Eltern bewährt.

Das ist das Drama der berühmtesten Leihmutter der Geschichte: Juristisch ist sie am Ende des Prozesses rehabilitiert, doch ihr Kind darf nicht zu ihr zurückkehren. Der Superior Court, an den die Festlegung der Besuchsrechte unter Vorsitz eines neuen Richters zurückgegeben wird, arbeitet allerdings eine großzügige Regelung aus; Whitehead kann Melissa fortan einmal in der Woche sechs Stunden lang unbeaufsichtigt sehen und soll in den Jahren darauf auch gemeinsame Urlaubstage mit dem Kind verbringen dürfen. Dass sie selbst zum vierten Mal Mutter wird in dieser Zeit, so das Bekenntnis ihrer Autobiographie, macht es für sie erträglicher, den sporadischen Kontakt zu ihrer Tochter zu ertragen. Whiteheads Buch endet mit einer sentimentalen Szene, am ersten Tag, den sie mit Melissa im eigenen Haus verbringen kann. Als sie das Kind in der staatlichen Erziehungsanstalt abholt, in der die Besuche in den letzten eineinhalb Jahren stattgefunden haben, trägt sie es nicht wie gewohnt in das Spielzimmer, sondern nach draußen, zu ihrem Auto. »Wir gehen nach Hause«, flüstert sie dem Mädchen ins Ohr. Melissa, schreibt Whitehead, »schaute mir direkt in die Augen, und dann lächelte sie mir zu, als hätte sie mich verstanden. Kurz darauf legte sie ihre Hand in meine, drückte sie kräftig und sagte mit sanfter Stimme: ›Nach Hause, Mama, nach Hause.‹«[12]

Weibliche und männliche Protagonisten der Reproduktionsmedizin

Auch wenn der vorsitzende Richter des ersten Verfahrens (der Melissa Stern bis heute verbunden ist und im Jahr 2011 sogar ihre Hochzeitszeremonie durchführte) sein Urteil durch eine Analogie zur Samenspende begründet hat: Die korrigierte Entscheidung des Supreme Court sowie die Rechtsbestimmungen, die nach 1988 in vielen Bundesstaaten der USA und in den europäischen und asiatischen Ländern eingeführt worden sind, weisen in eine andere Richtung. Leihmutterschaft – daran lassen die Gesetze zur Reproduktionsmedizin bis heute keinen Zweifel – muss in weitaus restriktiverem Sinne betrachtet werden als die kommerzielle Vermittlung männlichen Zeugungsmaterials. In Deutschland besagt das Embryonenschutzgesetz gleich unter dem ersten Paragraphen: »Mit Freiheitsstrafe bis zu drei Jahren oder mit Geldstrafe wird bestraft, wer [...] es unternimmt, bei einer Frau, welche bereit ist, ihr Kind nach der Geburt Dritten auf Dauer zu überlassen (Ersatzmutter), eine künstliche Befruchtung durchzuführen oder auf sie einen menschlichen Embryo zu übertragen.«[13] Auch Länder wie Schweden, Norwegen, Spanien oder die Niederlande, die in vielen Fragen der assistierten Empfängnis einen liberalen Standpunkt einnehmen, untersagen das Verfahren; erlaubt ist kommerziell vermittelte Leihmutterschaft europaweit allein in Israel und einigen Staaten der früheren Sowjetunion. In den USA, die einem verbreiteten Vorurteil zufolge einen grundsätzlich freien Zugang zu allen Reproduktionstechnologien gewähren, wurde Leihmutterschaft in den Monaten nach dem Baby-M-Fall in Louisiana, Nebraska, Michigan, Indiana, New York und Kentucky verboten. Heute ist die Rechtssituation in den 50 amerikanischen Bundesstaaten (und dem District of Columbia) ganz unterschiedlich geregelt. Fünf von ihnen verbieten Leih- und Tragemutterschaft grundsätzlich, sechs allein die kommerzielle Organisation, weitere sieben Staaten jede Form von traditioneller Leihmutterschaft oder die Zulassung unverheirateter Paare zu dieser Methode. Nur Arkansas, New Hampshire, Tennessee und Florida erlauben sämtliche Formen von Leih- und Tragemutterschaft explizit. In den meisten Bundesstaaten allerdings, insgesamt 29, gibt es keine spezifische gesetzliche Regelung des Verfahrens (einer davon ist Kalifornien, wo etwa die Hälfte aller Leihmutter-Verträge in den USA abgeschlossen wird). Dort wurden Fragen zu diesem Modell der Reproduktionsmedizin entweder noch nie juristisch erörtert, oder man bezieht sich wie in Kalifornien auf Präzedenzfälle, die einmal vom Supreme Court des Staates beschieden wurden.[14]

Woher rührt die unterschiedliche Bewertung des männlichen und weiblichen Beitrags zur assistierten Empfängnis, der Samenspende und jener Form von Leihmutterschaft, wie sie zu Mary Beth Whiteheads Zeit ausschließlich praktiziert wurde? Es ist ersichtlich, dass die biologische Mutter in der Zeit zwischen Empfängnis und Niederkunft eine engere und dauerhaftere Bindung zum ungeborenen Kind eingeht als der biologische Vater. Besonders anschaulich wird diese Differenz, wenn man in Erinnerung behält, wie flüchtig sich die Tätigkeit für eine Samenbank vollzieht. Die Spender betreten die Praxis, suchen den Masturbationsraum auf, stellen nach einigen Minuten das Gefäß in eine Ablage und verlassen das Gebäude, ohne mit jemand anderem als der Sprechstundenhilfe Kontakt gehabt zu haben. In diesem Gefäß flirren Millionen von Spermatozoen umher, von denen ein einziges viele Monate oder sogar Jahre später zur Befruchtung einer Eizelle führen könnte. Der männliche Anteil an der Entstehung eines Kindes bleibt also vor allem in der Reproduktionsmedizin in hohem Maße vermittelt; die Verwandlung der bloßen Zeugungsstoffe in einen neuen Menschen erleben die Spender nicht mit, und es ist daher kaum vorstellbar, dass einer von ihnen aus der Distanz jene überwältigende Zusammengehörigkeit mit dem Neugeborenen verspüren könnte, wie es etwa Mary Beth Whitehead getan hat. Die Leihmutter dagegen trägt ein Kind in ihrem eigenen Körper aus; sie ist während der Zeit der Schwangerschaft mit dem Fötus vereint und erlebt die Geburt in größter Unmittelbarkeit.

In streng genetischem Sinne stehen Mutterschaft und Vaterschaft symmetrisch zueinander; von beiden Elternteilen geht die gleiche Anzahl von Chromosomen auf das Kind über. Der Beitrag des Vaters ist aber auf den Akt der Zeugung beschränkt, wodurch sich das Abstammungsverhältnis zu seinen Nachkommen abstrahiert – und vor dem Zeitalter der Genetik auch in hohem Maße verunsichert wurde. Denn im Gegensatz zu den Evidenzen von Schwangerschaft und Geburt gab es bis weit ins 20. Jahrhundert hinein keine verlässliche Probe, die Vaterschaft beglaubigt hätte; Freud etwa rechnet in seinen »Bemerkungen über einen Fall von Zwangsneurose« die »Abstammung vom Vater« neben der »Lebensdauer« und dem »Leben nach dem Tode« noch zu jenen neurosefördernden Fragen, »wo unser Urteil durch Notwendigkeit dem Zweifel ausgesetzt bleiben mußte«.[15] Mutterschaft ist eine sinnlich wahrnehmbare Tatsache; das römische Recht brachte sie bekanntlich auf die Formel »Mater semper certa est« (»Die Mutter ist immer sicher«), die bis zum Ende des 20. Jahrhunderts Gültigkeit behielt. Die genetische Verbindung zwischen Vater und Kind dagegen lässt sich zwar seit der Entdeckung der Blutgruppen im Jahr 1901 und der Klärung ihres Erbgangs in den 1920er Jahren objektiv nachweisen. Doch im Familienrecht spielt diese Beglaubigungstechnik weiterhin nur eine untergeordnete Rolle. Im Bürgerlichen Gesetzbuch gilt bis heute die Ehelichkeitsvermutung als primäres Kriterium: »Vater eines Kindes«, besagt § 1592, »ist der Mann, der zum Zeitpunkt der Geburt mit der Mutter des Kindes verheiratet ist«. Bei unverheirateten Müttern oder nach einer erfolgreichen Vater-

schaftsanfechtung durch den Ehemann greift ein zweites Kriterium –
»der Mann, der die Vaterschaft anerkannt hat« (aus Gründen, die nicht
auf einer biologischen Verwandtschaft mit dem Kind beruhen müssen) –, und erst wenn eine solche Anerkenntnis fehlt, wird jener Mann
zum Vater erklärt, »dessen Vaterschaft [...] gerichtlich«, also durch einen
Gentest, »festgestellt ist«.[16] Eine unerwartete Priorität: Obwohl der
DNS-Abgleich die unbestrittene biologische Wahrheit über das Abstammungsverhältnis spricht, nimmt er nur die dritte Stelle in der Hierarchie der Legitimationen ein; die alten Rechtsbestimmungen von Familienstand und Sprechakt sind weiterhin stärker.

Vaterschaft wird also auch in einer Zeit, in der die Genetik als Leitwis-
senschaft vom Menschen gilt, eher symbolisch konstituiert. Dieses Vorgehen ist zweifellos eine Bedingung dafür, dass die Samenspende eines
Dritten heute weltweit als akzeptables Verfahren der Fortpflanzung und
Familienbildung gilt: Denn sie erklärt jene biologische Verwandtschaft
des männlichen Erzeugers für nichtig, die ohnehin von jeher als nicht
verifizierbar und damit nachrangig angesehen wurde. Die Mutter aber
bildet mit ihrem Kind eine natürliche körperliche Einheit – ein Verhältnis, das etwa im deutschen Familienrecht so selbstverständlich erschien,
dass die Definition von Mutterschaft nicht einmal einer Erwähnung
bedurfte; erst im Jahr 1998, unter dem Eindruck neuer reproduktionsmedizinischer Techniken wie der Eizellspende, wurde eine Novellierung
des § 1591 vorgenommen. Dort heißt es nun kategorisch: »Mutter ist die
Frau, die ein Kind geboren hat.«[17]

Auch der Verlauf des Rechtsstreits um »Baby M« macht diese unter-
schiedliche Beglaubigung von Elternschaft sichtbar, die Assoziation des
Vaters mit dem Gesetz und die der Mutter mit der Natur. Denn wenn
man die erste Urteilsschrift des Superior Court mit der korrigierten des
Supreme Court vergleicht, zeigt sich eine bestimmte Differenz in aller
Deutlichkeit: Die Entscheidung zugunsten des leiblichen Vaters, William
Stern, leitet sich aus der Vollstreckbarkeit des Kontrakts ab, die Entschei-
dung zugunsten der leiblichen Mutter, Mary Beth Whitehead, aus ihrer
biologischen Verbindung zum Kind. Vaterschaft ist letzten Endes eine
Sache der Schrift; im Urteil des Superior Court verbleibt das volle Sor-

gerecht bei William Stern, »weil der Leihmuttervertrag gültig ist«,[18] wie es gleich zu Beginn heißt. In entgegengesetztem Sinn erneuert der Supreme Court die Rechte Whiteheads und verwirft die Reproduktionsmethode grundsätzlich, weil die verletzte Einheit von Mutter und Kind nicht hingenommen werden kann; der verhandelte Fall »kommt dem Verkauf eines Kindes oder zumindest der mütterlichen Rechte an ihrem Kind gleich«[19] und ist daher gesetzeswidrig. Die Behauptung des Vertrags erscheint in diesem Rechtsverständnis nur als wertloser Effekt einer geleugneten biologischen Abstammung. In erster Instanz erschien die Behauptung der biologischen Abstammung nur als wertloser Effekt eines geleugneten Vertrags.

Mary Beth Whiteheads Autobiographie »A Mother's Story« will mit erzählerischen Mitteln etwas ganz Ähnliches leisten wie die juristische Argumentation des Supreme Court. Das Buch ist der Rechtfertigungsversuch einer Frau, die den Kontrakt mit dem Auftragspaar nicht erfüllen *konnte*, weil dies gleichbedeutend mit der Auslöschung ihrer Identität gewesen wäre. Was ein Samenspender ohne jede Mühe bewerkstelligt – die Abspaltung des verkauften Zeugungsmaterials vom eigenen Wesenskern, von der eigenen Biographie –, ist der Leihmutter, wie Whitehead bekennt, nicht möglich. Ihre Aussagen vor Gericht und im Buch sind daher durchdrungen von Metaphern, die die körperliche Einheit der biologischen Mutter mit ihrem Kind betonen. Als die Sterns das Baby drei Tage nach der Geburt abholen, fühlt sich Whitehead, »als hätte man mir den Arm abgeschnitten«; nachdem ihr das Ehepaar das Mädchen kurzzeitig wieder überlässt, schreibt sie, »war ich wieder ganz. Ich war wieder Mary Beth.«[20] In der Zeit der Schwangerschaft ist ihr die Beziehungsvermeidung zum eigenen Kind, die jede Leihmutter erbringen muss, noch gelungen. Doch im Kreißsaal kann sie diese emotionale Leistung nicht mehr aufrechterhalten. Whitehead begründet ihre Überwältigung beim Anblick des Babys vor allem damit, dass sie ihre ersten beiden Geburten, im Alter von 17 und 19 Jahren, als Überforderung in Erinnerung bewahrt hat; ihr Ehemann sei damals betrunken zu Hause gewesen und sie zu unreif und indifferent, um diese Erlebnisse bewusst zu registrieren. Jetzt steht ihr Rick im Krankenhaus zu Seite, hält ihr weinend die Hand, und »durch die Freude und den Schmerz des Gebärens wurde mir schlagartig klar, dass ich gerade dabei war, Betsy Stern *mein* Baby zu geben und nicht *ihres*.«[21] Der diensthabende Gynäkologe an diesem Tag wird im Zeugenstand aussagen, dass Whitehead nach ihrer Entbindung nicht mehr zu weinen aufgehört habe.

Was also beglaubigt Mutterschaft? Vertragliche Bindung oder biologische Einheit? Whitehead kennt in dieser Frage keinen Zweifel: »Das Baby ist mein Fleisch und Blut. Kein Richter kann das ändern.« In ihren Augen stellen sich die Verwandtschaftsverhältnisse ohnehin genau umgekehrt dar: »Was hat Bill Stern denn gemacht? Etwas Sperma in einen Becher geträufelt. Was hat Betsy getan? Eine Schachtel Windeln gekauft. Das heißt nicht, ein Kind zu haben.« Die Leihmutter dagegen bleibt dem Säugling sogar über die Geburt hinaus durch die Veränderungen ihres Körpers verbunden. Die beiden eindringlichsten Stellen der Autobiographie Whiteheads handeln genau von diesen ins Leere zielenden Funktionen eines Mutterkörpers ohne Kind. Über die Nacht nach der ersten Übergabe des Babys an das Ehepaar Stern schreibt sie: »Endlich schlief ich ein. Nach einer Weile wachte ich plötzlich auf: Das Schlafzimmer war dunkel, und ich lag in einer Lache aus Milch. Das Bettzeug war durchtränkt.« Und als sie das Kind nach dem Ende ihrer Flucht durch Florida zum ersten Mal unter Aufsicht besuchen darf und es auf ihrem Arm beruhigen will, heißt es: »Ich fühlte, wie meine Milch einschoss. Sofort krallte es sich an meiner Brust fest und zog an meiner Bluse. Ich dachte an all die Wochen, an denen ich umsonst Milch abgepumpt hatte, nur in Erwartung dieses Moments.« Sie fragt die Aufseherin, ob sie das Kind stillen dürfe. Es wird ihr nicht gestattet. »Also hielt ich Sara einfach gegen meine Brust, als ob ich sie stillen würde, und während ihre Lippen Saugbewegungen an meiner milchbefleckten Bluse vollführten, schlief sie in meinen Armen ein.«[22] Eine emblematische Szene der Leihmutterschaft, die das Kollidieren von Biologie und Bündnis veranschaulicht: Die natürliche Verbindung zwischen der Mutter und ihrem fünf Monate alten Kind bricht sich Bahn – weder der Körper der Frau noch die Instinkte des Babys wissen um Verträge –, doch die Rechtslage sorgt dafür, dass es bei einer Simulation des Stillens durch die Kleidung hindurch bleiben muss.

Die öffentliche Meinung über den Fall »Baby M«, zu Beginn des ersten Prozesses klar gegen die als labil geltende Leihmutter gerichtet, beginnt umzuschlagen, als ein psychologischer Gutachter aussagt, die Elternschaft der Sterns sei durch nichts als einen »Ersatz-Uterus« unterstützt worden. Diese Degradierung Whiteheads auf eine Körperfunktion trifft bei den meisten Kommentatoren auf Kritik. »Wie viel Bedeutung«, so auch das Urteil zweiter Instanz in einem Seitenhieb auf diese Aussage, »muss man den neun Monaten der Schwangerschaft einräumen, den Wehen vor der Geburt, dem Gesundheitsrisiko der Mutter, im Vergleich zu Geldzahlungen, Samenspenden und der Vorfreude auf ein Kind?«[23] Der Supreme Court führt in diesem Zusammenhang schließlich ein bemerkenswertes Argument an, um den Vertragsbruch der Leihmutter juristisch zu rechtfertigen. Er setzt fest, dass eine Frau, die ein Kind geboren hat, als neues Rechtssubjekt behandelt werden müsse, da Schwangerschaft und Geburt derart elementare Erfahrungen seien, dass zuvor gegebene Versprechungen und Vertragsunterschriften ohnehin keine Gültigkeit mehr beanspruchen könnten. Das Revisionsrecht jeder Frau in New Jersey, die ihr Baby vor der Geburt zur Adoption freigegeben hat, geht auf diese gerichtliche Überzeugung zurück, und nun soll es auch für die bislang unbekannte Figur der Leihmutter gelten.

Der umzingelte Bauch:
Machtkonstellationen der Leihmutterschaft

Man muss die unterschiedliche Rechtsbestimmung von Vaterschaft und Mutterschaft in Erinnerung behalten, um die Figuren des »Samenspenders« und der »Leihmutter« in der Reproduktionsmedizin genauer voneinander zu trennen. In den Samenbanken geht es um die Präsentation von Exzellenz im körperlichen, sozialen und vor allem geistigen Sinne; es befinden sich vorwiegend akademisch gebildete Männer in der Kartei, die, was ihre Talente und Fähigkeiten betrifft, den Auftragseltern mindestens ebenbürtig, in der Regel aber überlegen sein sollen. Im Delegieren der Zeugung an einen herausragenden Samenspender leben eugenische Utopien aus dem ersten Drittel des 20. Jahrhunderts fort. Vor diesem Hintergrund ist es aufschlussreich, die Anpreisung der Spender, wie sie etwa die »California Cryobank« inszeniert, mit den Agenturprofilen der Leihmütter zu vergleichen. Auch sie sind bis in die frühen 1990er Jahre, vor der Aufspaltung des Verfahrens in Eizellspenderin und Tragemutter, für die Hälfte der genetischen Information des Kindes verantwortlich; es wäre also folgerichtig, wenn sich ihre Auswahl und Präsentation genauso auf Bildung, intellektuelle Fähigkeiten oder zumindest besondere soziale Talente fokussieren würde. Man wird all dies aber vergeblich in den Leihmutter-Profilen suchen.

Mary Beth Whiteheads Agent Noel Keane, der 1976 mit der sporadischen Vermittlung von zunächst unbezahlten Leihmüttern begann, veröffentlichte im Jahr 1981 den Erfahrungsbericht »The Surrogate Mother«, die erste Monographie zu diesem Thema. In dem Buch sind auch verschiedene Muster-Fragebögen und -Verträge seiner Agentur abgedruckt. Keane schickt voraus, dass er mit jeder Bewerberin auf eine Leihmutterschafts-Annonce zunächst »vier grundsätzliche Aspekte« am Telefon kläre, »ihr Alter, ihren Familienstand, Größe und Gewicht sowie die Frage, ob sie bereits Kinder hat«, bevor er ihr einen Bewerbungsbogen zukommen lasse. Idealerweise sei die Kandidatin ledig oder geschieden, um die Vaterschaft des Auftraggebers ohne Probleme festzusetzen, und habe bereits mindestens zwei eigene Kinder, damit ihr die Übergabe des Neugeborenen leichterfalle. In dem ausführlichen Formular dann dominieren hygienische und gynäkologische Fragekomplexe, zu Fehlgeburten, Krankheiten, Operationen, Verhütungstechniken und zur Familienanamnese; nur zwei Fragen zur Biographie der Frau tauchen auf, »Wie lange sind Sie zur Schule gegangen?« und »Geben Sie einen kurzen Abriss Ihres Berufslebens«.[24] Wenn die Bewerbung und die anschließende medizinisch-psychiatrische Untersuchung der Kandidatin zur Zufriedenheit Keanes absolviert sind, wird ein tabellarisches Profil der Leihmutter an die Auftragseltern verschickt und schließlich ein Kontrakt mit dem künftigen Vater aufgesetzt. Am Beispiel des Schriftstücks, das im Februar 1985 von Mary Beth Whitehead und William Stern unterzeichnet wurde, lässt sich erkennen, wie detailliert die

möglichen Unwägbarkeiten der Schwangerschaft vertraglich vorberech-
net sind. Wenn die Leihmutter eine Fehlgeburt vor dem fünften Monat
erleidet, heißt es in Paragraph 10, »wird keine Vergütung fällig«; bei einer
späteren Fehl- oder Totgeburt erhält sie ein Zehntel des vereinbarten
Gesamthonorars von 10 000 Dollar. Die Leihmutter erklärt sich zudem
mit einer Fruchtwasserpunktion einverstanden, wenn der Eingriff vom
behandelnden Arzt für notwendig erklärt wird. Sollte die Untersuchung
auf eine Behinderung des Kindes deuten, »willigt Mary Beth Whitehead
in eine Abtreibung des Fötus ein«,[25] sofern William Stern das möchte.
Die Bezahlung der Leihmutter hängt in diesem Fall vom Monat des
Schwangerschaftsabbruchs fest, entsprechend den in Paragraph 10 fest-
gesetzten Beträgen.

Es ist offensichtlich, dass all diese Erkundungen und Vorgaben der
Leihmutter eine defensive Position zuweisen. Trotz ihres identischen genetischen Beitrags zum entstehenden Kind wird sie keineswegs wie der
Samenspender als prägender Teil der Zeugung erachtet, sondern allein
als zuverlässige Brutstätte für den Fötus. Wie es Noel Keane in seinem
Buch so lapidar formuliert: »Letztendlich geht es einfach darum, eine
Frau zu finden, die ein gesundes Baby zur Welt bringt und den Eltern
übergibt.«[26] Die schroffe Differenz zur Rolle des Samenspenders wird
bereits im Verhältnis des Umfangs von Profil und Vertrag deutlich. Was
die Auftragseltern von den Bewerberinnen zu lesen bekommen, bevor
sie sich für eine persönliche Begegnung entscheiden, ist nur ein flüchtiger
Lebenslauf – die Paragraphen des Kontrakts aber füllen Seiten. Samenspender wurden den Klienten auch vor dem Zeitalter des Internets in aller
Ausführlichkeit angepriesen, doch das Vertragswerk bei Poluda, Peet,
Katzorke oder Cappy Rothman besteht nur aus wenigen Sätzen. Dieses
Ungleichgewicht ist insofern konsequent, als es bei der Leihmutter eben
nicht auf einen aktiven, individuellen Anteil an der Entstehung des Kindes
ankommt, sondern auf die penible Absicherung einer passiven Leistung.

Der männliche Zeugungsbeitrag als Prinzip des Formgebenden, der
weibliche als Prinzip der Substanz: Diese Verteilung erinnert an die alte,
bis ins späte 17. Jahrhundert gültige aristotelische Empfängnislehre. Seit
der Entstehung des modernen Zeugungswissens, der Entdeckung der

273

Spermatozoen und der Eierstock-Follikel vor über dreihundert Jahren, spätestens aber seit der Einsicht, dass Befruchtung als Verschmelzung zweier Zellkerne zu denken sei, ist diese Vorstellung überkommen. In der sexuellen Ordnung heutiger Reproduktionsmedizin aber hallt die mächtige Wirkungsgeschichte dieser Theorie nach. Laut Aristoteles stellt »das Männchen Gestalt und Bewegungsquelle, das Weibchen Körper und Stoff«[27] zur Zeugung bereit. Vaterschaft mag zwar im Gegensatz zur Mutterschaft eine unsichere, nur rechtlich zu ermittelnde Kategorie sein; dem männlichen Anteil an der Zeugung kommt in der strikten Geschlechterhierarchie der Antike dennoch die maßgebliche Funktion zu. Die unterschiedliche Modellierung von Samenspender und Leihmutter macht die zweitausend Jahre alte Lehre noch einmal sichtbar.

In der Praxis jeder Leihmutterschaft sorgt diese Konstellation über Monate hinweg für eine unmissverständliche Machtbeziehung: Die schwangere und gebärende Frau ist umstellt vom vertraglich legitimierten Zugriff der Justiz, der Medizin und der Psychologie. Nicht umsonst gehören die drei Pioniere der Methode genau einer dieser Disziplinen an: Noel Keane ist Anwalt, Richard Levin, der 1979 in Kentucky die erste kommerzielle Leihmutter-Agentur gründet, ist Arzt, und Philip Parker erlangt als erster psychiatrischer Gutachter der Kandidatinnen Keanes wissenschaftliche Reputation. Anschaulich beschrieben ist diese Bemächtigung der Leihmutter durch Verträge und Institutionen in einem Buch, das als Komplementärwerk zu Whiteheads »A Mother's Story« bezeichnet werden kann. »Birth Mother«, ebenfalls von 1988, erscheint unter dem Autorennamen Elizabeth Kane. Es ist das Pseudonym der ersten Leihmutter aus Richard Levins Agentur, die im November 1980 für ein Honorar von 12 000 Dollar einen Sohn zur Welt brachte und eine Zeit lang als Galionsfigur der neuen Reproduktionsmethode galt. Kane hat nach der Geburt keine Schwierigkeiten damit, den Jungen an die Auftragseltern zu übergeben – nicht zuletzt deshalb, weil er ihren anderen Kindern überhaupt nicht ähnlich sieht. Wo Mary Beth Whitehead in dem Moment, als sie das neugeborene Mädchen auf den Bauch gelegt bekam, von der Ähnlichkeit der Gesichtszüge mit ihrer anderen Tochter überwältigt wurde, bleibt dieser kritische Moment hier aus: »Danke, lieber Gott«, schreibt Elizabeth Kane,»dass du den Jungen zu einem Fremden gemacht hast! Er sah überhaupt nicht wie mein Sohn Jeffrey aus, sondern kam ganz nach dem Vater.«[28] Später revidiert sie aber ihre Haltung zur Leihmutterschaft und beteiligt sich unter dem Eindruck des »Baby M«-Falles am öffentlichen Protest gegen diese Methode assistierter Empfängnis. Die beiden Frauen lernen sich im Oktober 1986 kennen, und einmal treffen sie sich auch in Whiteheads Haus in New Jersey. Die Besucherin verbringt die Nacht in jenem Zimmer, in dem die leere Wiege Melissas steht, einen halben Meter vom Gästebett entfernt.

Gleich zu Beginn ihres Buches erwähnt Elizabeth Kane die erstaunliche Koinzidenz, dass ihr wahrer Vorname ebenfalls »Mary Beth« lauten würde. Ihre Solidarität mit der gleichnamigen Schicksalsgefährtin bekundet sie durch die Schilderung ihres eigenen Falles, den sie rückblickend als Geschichte einer Verführung und Ausbeutung erzählt. Kane kritisiert vor allem die mediale Inszenierung ihrer Schwangerschaft. Die Beziehung zum Auftragspaar bleibt nach Richard Levins Statuten zwar bis kurz vor der Geburt anonym, doch die Leihmutter selbst wird von ihrem Agenten publizistisch vermarktet, um die neue Reproduktionsmethode bekanntzumachen. Bereits als sie den Vertrag in Levins Praxis unterzeichnet, sind eine Reporterin und ein Fotograf der Zeitschrift *People* anwesend. Auf einen Beitrag des Magazins geht auch das fortan geläufige Pseudonym der Leihmutter zurück; es wird von der Redaktion in Anlehnung an den Orson-Welles-Film »Citizen Kane« und der unklaren genealogischen Herkunft seiner Hauptfigur ausgesucht. Im Verlauf der Schwangerschaft tritt Elizabeth Kane dann mehrmals in der populären Fernseh-Talkshow des Moderators Phil Donahue auf, was für die Leihmutter, die drei eigene Kinder zu versorgen hat, mit zunehmend beschwerlichen Reisen verbunden ist, ihrem Agenten aber jedes Mal eine Vielzahl von Anfragen unfruchtbarer Ehepaare einbringt. Im Kreißsaal spitzt sich dieser Konflikt schließlich zu. Richard Levin organisiert eine öffentliche Geburt und weist einen seiner Mitarbeiter an, eine Filmkamera im Raum zu installieren. In den Stunden vor der Entbindung versammelt sich ein knappes Dutzend Menschen am Bett der Leihmutter: ihr Ehemann, ihr Agent, die Auftragseltern, Ärzte und Hebammen, die Anwälte und Praxismitarbeiter Levins. »Die Leute kamen und gingen, um zu Abend zu essen oder eine Zigarette zu rauchen, der Kreißsaal war eine Art offenes Haus«, schreibt Kane. »Irgendwann wurden sogar Pizzas für meine ›Gäste‹ geliefert.«[29]

Unmittelbar nach der Geburt des Jungen, so Kanes Erinnerung, verändert sich das Verhalten Richard Levins. War das Verhältnis zwischen Agent und Leihmutter in den Monaten zuvor trotz unterschiedlicher Interessen von Fürsorge und Aufmerksamkeit geprägt, entzieht er sich nach der vollbrachten Leistung seiner Klientin abrupt. Im Leihmutter-Vertrag etwa wurde noch berücksichtigt, dass Elizabeth Kane den Säugling bis zum Vollzug der Adoption – die im Bundesstaat Kentucky frühestens fünf Tage nach der Niederkunft erfolgen kann – in der Klinik sehen darf. Doch auf der Neugeborenenstation erfährt sie, dass der Name der Auftragsmutter bereits in der Geburtsurkunde verzeichnet und ein Besuchsrecht Dritter von niemandem angemeldet worden sei. Der Agent ist für Kane nicht mehr persönlich erreichbar; im Krankenhaus bekommt sie zwei Tage nach der Geburt vielmehr ein Dokument zur Unterzeichnung vorgelegt, das die Auftragseltern befugt, das Baby sofort, noch vor dem Abschluss des Adoptionsverfahrens, bei sich aufzunehmen. Schriftstücke zur Auslöschung biologischer Mutterschaft: Kane beschreibt diesen Prozess am Ende des Buches sehr präzise, die Macht der Papiere über ihren Körper, die das Kind, 48 Stunden zuvor noch ein Teil ihrer selbst, einem anderen Paar überschreiben. »Ich lag in meinem Krankenzimmer und fühlte mich hinters Licht geführt, benutzt, hinausgetragen mit dem Müll von gestern.«[30] Die Leihmutter nach der Geburt ist ein leerer Behälter, der seinen Dienst getan hat. Ein halbes Jahr lang, bis zum Sommer 1981, lässt sich Elizabeth Kane von Levin noch für die Öffentlichkeitsarbeit seiner Agentur einspannen, dann aber erleidet sie einen Zusammenbruch, kämpft über Jahre hinweg mit Depressionen und Selbstmordgedanken. Zur Zeit der Niederschrift ihres Buches hat sich die Leihmutter wieder erholt, doch ihre eigene Familie ist, wie sie schreibt, über ihre Tätigkeit als »Reproduktionsprostituierte«[31] auseinandergebrochen: die Ehe zerrüttet, der Kontakt zur jüngeren Tochter abgebrochen, der Sohn psychisch erkrankt.

Elizabeth Kanes Schilderungen werfen natürlich die Frage auf, warum sie sich gegen eine solche Inszenierung der Schwangerschaft nicht stärker gewehrt hat. Sie gibt die Antwort auf diesen Einwand selbst: Die gesellschaftliche Sphäre, in die sie durch die Leihmutterschaft katapultiert worden sei, habe auf sie eine zu starke Verführungskraft ausgeübt. Immer wieder bringt Kane zur Sprache, wie sehr ihr, der dreifachen Mutter und Gattin eines Versicherungsvertreters im ländlichen Illinois, die öffentliche Aufmerksamkeit geschmeichelt hätte. Nach der Aufzeichnung der ersten Talkshow mit Phil Donahue in Chicago sitzt sie im Restaurant des Hyatt-Hotels, »umgeben vom köstlichsten Essen, das ich jemals gesehen habe«. Sie empfindet ihr neues Leben zwar schon früh als »zu glamourös für eine Hausfrau«, doch die Annehmlichkeiten der Popularität lassen die Strapazen und Zweifel genauso in den Hintergrund treten wie der latente Flirt mit Richard Levin, der ihre unscheinbare Existenz belebt hat und zu dem sie in einem Verhältnis steht wie Galatea zu Pygmalion. Die Leihmutter beginnt ihre Familie zu vernachlässigen, sagt einen lange geplanten Campingurlaub für eine Reihe von Interviews ab und ist sogar während der Krankheit ihres Sohnes mit Levin unterwegs. Einmal, als sie von einer Freundin zum Flughafen gebracht wird, stellt sie die rhetorische Frage: »Wie viele Hausfrauen aus dem Mittleren Westen gibt es wohl, die heute in ein Flugzeug steigen, um zu einem Fernsehauftritt gebracht zu werden?« Ihre Schwierigkeiten, die radikale Abwendung des Agenten nach der Geburt zu verarbeiten, kommen der Trennung von ihrem leiblichen Kind daher beinahe gleich. Nicht umsonst ist der Epilog des Buches der ersten Begegnung mit Levin Jahre nach ihrer Schwangerschaft gewidmet, bei einem Gerichtstermin, in dem Kane schon als Aktivistin gegen Leihmutterschaft auftritt. Sie ist sofort wieder von der Eloquenz des Arztes beeindruckt, doch zum ersten Mal lässt sie sich nicht von ihm einnehmen, findet den Mut zu Distanz und Widerspruch. »Der unsichtbare Faden zwischen uns zerriss. Endlich war ich frei«,[32] lauten die letzten Sätze von »Birth Mother«. Es sind also zwei Nabelschnüre, von denen sich Elizabeth Kane trennen muss: die zu ihrem leiblichen Kind und die zu ihrem charismatischen Agenten.

Die Machtkonstellation, die Kane beschreibt, ist ein elementarer, bis heute kritischer Bestandteil des Phänomens Leihmutterschaft. Es geht um das soziale und ökonomische Gefälle zwischen der schwangeren Frau und dem Auftragspaar. In den Jahren zwischen 1976 und 1980, als Noel Keane nach einer Präzedenzentscheidung des Supreme Court von Michigan noch darauf verzichtete, für die von ihm vermittelten Frauen ein Honorar auszuhandeln, gelang es ihm, insgesamt acht »ehrenamtliche« Leihmütter zu gewinnen. In dieser Zeit, so versichert er in seinem Buch »The Surrogate Mother«, habe es keinen Klassenunterschied zwischen den Bewerberinnen und den Auftragseltern gegeben; die ersten beiden Paare, die sich an ihn wendeten, seien selbst »Teil der Arbeiterklasse gewesen und hätten sich eine Zahlung von 10 000 Dollar niemals leisten können«.[33] Mit Beginn der kommerziellen Leihmutterschaft durch Richard Levin und die in andere Bundestaaten expanierende Agentur Keanes wird der Klassenunterschied der beteiligten Parteien aber zu einem prägenden Moment der neuen Reproduktionsmethode.

Am genauesten beschreibt diese Asymmetrie Mary Beth Whitehead in ihrer Autobiographie. »A Mother's Story« ist deshalb eine so ergiebige Quelle für Fragen der Leihmutterschaft, weil in ihrer von strikten binären Oppositionen geprägten Erzählweise bereits alle sozialen Probleme aufscheinen, die mit diesem Verfahren bis heute verbunden sind. Die Auslagerung der Schwangerschaft auf einen anderen Körper – das macht ihr Buch auf jeder Seite deutlich – setzt nicht nur einen Konflikt zweier Vertragspartner in Gang, sondern zweier sozialer Klassen, zweier Lebensentwürfe, zweier Weltanschauungen. Im Fall »Baby M« spielen daher schon Überlegungen zu jener Kolonialisierung der Körper in der Reproduktionsmedizin eine Rolle, die sich mit der seither gebräuchlichen Form der Leihmutterschaft noch einmal verstärkt hat. Denn wenn die Frau, die das Kind austrägt und gebiert, nicht mehr genetisch mit ihm verwandt ist und daher keine ethnische Ähnlichkeit bestehen muss, wird die Hierarchie zwischen Auftragseltern und Leihmutter umso größer. Der berüchtigte »Reproduktionstourismus« in Indien oder den osteuropäischen Staaten, wo Tragemütter inzwischen zu einem Bruchteil der bislang gängigen Honorare vermittelt werden, ist eine Konsequenz dieser Entwicklung.

Mary Beth Whiteheads Autobiographie stellt sich daher als Text mit mehreren Schichten heraus. Unterhalb der Erzählung eines dramatischen Lebensschicksals wird ein Kulturkampf sichtbar: zwischen einer jungen Frau, die vollständig in der Mutterrolle aufgeht, und einem über zehn Jahre älteren Paar, das seine doppelte Karriereplanung über die Familienbildung erhoben hat. Diese leitende Antithese des Buches zeigt sich etwa darin, dass Whitehead die Solidarität ihrer Großfamilie, die sie bei der Irrfahrt durch Florida finanziell unterstützt, mit dem selbstbezogenen Einzelkind-Dasein William Sterns kontrastiert, »der nie teilen musste«[34] (dass seine gesamte Verwandtschaft im Holocaust ermordet wurde, unterschlägt die Autorin). Und sie findet sich in der Erwähnung von Ricks Sterilisierung nach der Geburt der beiden Kinder, um eine weitere Vergrößerung der Familie zu vermeiden: Das Haus der Leihmutter, so die Botschaft, ist im Unterschied zu dem unfruchtbaren Auftragspaar ein überfertiler Ort. Mary Beth Whitehead staffiert diese Gegenüberstellung zweier Milieus vor allem in den Kapiteln aus, in denen sie auf ihre Kindheit und Jugend zurückblickt. »Ich bin immer in dem Glauben aufgewachsen, dass der Sinn meines Lebens im Kinderkriegen bestand«, schreibt sie. Als eines von acht Geschwistern kümmert sie sich anstelle der überforderten Eltern schon im Alter von elf Jahren um die jüngeren Brüder. Die Schule verlässt sie mit 15, arbeitet in einem Café und lernt dort Rick Whitehead kennen, der bald darauf nach einem Unfall auf einem Auge erblindet. Im Krankenhaus, wo sie ihn täglich besucht, kommen sich die beiden näher; ein halbes Jahr später ist sie verheiratet und zum ersten Mal schwanger. »Mary Beth Whitehead ist eine Mutter«, so ihr Anwalt im Schlussplädoyer vor dem Superior Court, »und abgesehen davon ist sie nichts im Leben.« Elizabeth Stern und ihr Mann dagegen studieren Medizin, promovieren und schieben den Gedanken an Kinder jahrelang auf. »Betsy verfolgte ihre Karriere mit derselben Intensität wie ich mein Muttersein«, so Whitehead. Die Angst vor der Verschärfung der Multiple-Sklerose-Symptome durch die Schwangerschaft will sie daher nicht ohne weiteres glauben. Mehrmals äußert sie in ihrem Buch den Verdacht, die Krankheit könne auch ein bloßer Vorschub gewesen sein, um das Leihmutter-Arrangement zu vereinbaren; in Wahrheit habe Betsy Stern die Austragung des Kindes aus Bequemlichkeit delegieren wollen. Als sich die Gutachter vor Gericht darüber uneins sind, ob die inzwischen tatsächlich diagnostizierte Erkrankung ein Schwangerschaftsrisiko bedeutet hätte, schreibt sie: »Sogar meine ursprüngliche Sehnsucht, einem unfruchtbaren Paar zu helfen, haben die Sterns durchkreuzt.«[35] (In einem Zeitungsbericht von 1999, über den Werdegang der damaligen Protagonisten, ist zu lesen, dass die Multiple Sklerose bei Elizabeth Stern ausgebrochen sei und sie sich nur noch im Rollstuhl fortbewegen könne.)[36]

Der Konflikt mit dem Auftragspaar mündet in der Autobiographie der bekanntesten Leihmutter der Geschichte letztlich in zwei großen Fragen: den ökonomischen und den ideologischen Voraussetzungen von Familienbildung. Whitehead schildert ihr Leben an der Grenze zur Armut, in den Phasen der Trennung von Rick sogar jenseits davon, und was ihre ausführlich erinnerten Mühen und Entbehrungen beim Leser vorbereiten sollen, ist natürlich das Verständnis für die Verführungskraft jener Zeitungsannonce, auf die sie eines Morgens stößt. Mit den 10 000 Dollar Honorar, die sie nie angenommen hat, wären die Lebensbedingungen der Leihmutter mit einem Schlag erleichtert worden. Die Sterns hingegen wohnen in einem Vorort der oberen Mittelklasse und verfügen, wie der Gerichtsprozess offenlegt, über ein gemeinsames Jahreseinkommen, welches das des Müllfahrers Rick Whitehead um ein Vielfaches übersteigt. Im Buch wird diese Differenz als das entscheidende Kriterium des Sorgerechtsstreits interpretiert.

Verbunden mit der finanziellen Asymmetrie ist eine der intellektuellen Bildung. Mary Beth Whitehead preist ihren »gesunden Menschenverstand«, der sich bei der Kindererziehung bewährt habe, und verteidigt ihn gegen den als ungelenk und überfeinert erlebten Zugang der beiden promovierten Mediziner. Schon bei der ersten Übergabe des Babys fällt der Leihmutter auf, dass »sie nicht wussten, wie sie es halten sollen«,[37] und als sie später von Betsy Stern erfährt, dass sie sich beim Gedanken an Melissas Heranwachsen vor allem darauf freue, bald einmal Tschai-

kowskis »Nussknacker-Suite« mit ihr zu hören, rückt sie diese mütterlichen Prioritäten fast in einen pathologischen Zusammenhang. Das Urteil des Supreme Court scheint Whitehead in dieser Hinsicht zu bestätigen, wenn es mit Blick auf das Ehepaar Stern die Mahnung ausspricht,
dass »das angestrebte ›Kindeswohl‹ nicht darin besteht, ein Mitglied der
Intelligenzia heranzuzüchten, sondern einen gut integrierten Menschen
aufzuziehen, von dem man erwarten kann, dass er ein zufriedenes Leben
führen wird«.[38]

Die Hoffnung des Gerichts jedenfalls, dass sich die verfeindeten Parteien des jahrelangen Rechtsstreits nach diesem Urteil wieder annähern
könnten, hat sich nicht erfüllt. Es gibt ohnehin kaum Informationen
über den weiteren Verlauf des Falles. Melissa Clements, wie sie seit ihrer
Heirat im Jahr 2011 heißt, hat bislang kein einziges Interview über ihre
ungewöhnliche Biographie gegeben; auch auf mehrere Anfragen für dieses Buch hat sie nicht einmal ablehnend, sondern überhaupt nicht reagiert. Im Wikipedia-Eintrag zum Stichwort »Baby M« ist vermerkt, dass
sie nach einem Studium der Religionswissenschaften in Washington DC
und London eine Doktorarbeit über die »Langfristigen Auswirkungen
von Leihmutter-Arrangements auf die Kinder« verfasst habe. Diese Studie ist aber in keiner Universitätsbibliothek in Großbritannien oder den
USA nachweisbar; vermutlich handelt es sich um eine von Wunschden-
ken geleitete Erfindung des Autors. Zum 26. Geburtstag Melissa Clements' im März 2012 ist ein Artikel in einer Regionalzeitung in New
Jersey erschienen. Die Frau, die »Baby M« war, lebt diesem Bericht zufolge inzwischen als Wissenschaftsjournalistin in London. Nach Erreichen der Volljährigkeit wurde sie von Elisabeth Stern formell adoptiert.
Den Kontakt zu ihrer leiblichen Mutter, Mary Beth Whitehead, hat sie
schon als Kind abgebrochen.[39]

2.
Leihmütter in Deutschland vor Einführung des Embryonenschutzgesetzes

Als sich Ende der 1970er Jahre die ersten Frauen in den USA dazu bekennen, ihr Kind für ein anderes Paar auszutragen, werden diese Fälle als Gründungsdaten eines neuen reproduktiven Verfahrens registriert. Das Phänomen der »surrogate motherhood« entsteht, in Deutschland zunächst mit dem Wort »Ersatzmutterschaft«, seit Anfang der achtziger Jahre dann mit »Leihmutterschaft« bezeichnet, und die scharfe Kritik an dieser Methode setzt praktisch gleichzeitig mit dem Bekanntwerden der ersten Schwangerschaften ein. Nach dem jahrzehntealten Prozedere der Samenspende und der im Jahr 1978 erstmals erfolgreich absolvierten Zeugung durch In-vitro-Fertilisation wird Leihmutterschaft als dritte und mit Abstand fragwürdigste Variante der neuen Reproduktionstechnologien wahrgenommen.

Es ist aber bemerkenswert, dass gerade diese jüngste, besonders umstrittene Methode in der christlich-jüdischen Mythologie auf eine lange Geschichte zurückblickt. Denn für andere übernommene Mutterschaften kommen bereits im ersten Buch des Alten Testaments vor, in Gestalt der Mägde Hagar, Bilha und Silpa. Abrahams Ehe mit Sara bleibt viele Jahre lang kinderlos; im 16. Abschnitt der Genesis wird daher erzählt, wie sie ihren Mann auffordert: »Geh zu meiner Magd! Vielleicht komme ich durch sie zu einem Sohn.« Hagar wird schwanger und gebiert Ismael. Die beiden Ehefrauen von Abrahams Enkel Jakob wiederum, Lea und ihre jüngere Schwester Rahel, durchlaufen ebenfalls Phasen der Unfruchtbarkeit und bringen Jakob mit ihren Mägden zusammen. Bilha und Silpa gebären auf den Knien ihrer Dienstherrinnen jeweils zwei

Söhne: ein Ritual, das der Adoptivmutter anzeigt, das Kind als ihr eigenes anzuerkennen. Rahel, so heißt es bei Thomas Mann in seiner Beschreibung der Niederkunft Bilhas in »Joseph und seine Brüder«, »umschlang sie von hinten mit den Armen und beteiligte sich viele Stunden lang an ihrem Arbeiten, Stöhnen und Schreien, Wehmutter und Kreißende in einer Person.« Ersatzmutterschaft scheint also gleichzeitig die modernste und archaischste Form der assistierten Reproduktion zu sein, wobei die damit verbundenen Probleme und Übertretungen auch dreieinhalbtausend Jahre vor »Baby M« nicht ausbleiben. Als Hagar bemerkt, dass sie schwanger ist, »verlor die Herrin bei ihr an Achtung«, heißt es im Alten Testament, und Sara behandelt die Magd fortan »so hart, daß ihr Hagar davonlief«. Nur dank göttlicher Vermittlung kehrt sie zurück und bringt den ersten Sohn des 86-jährigen Abraham zur Welt.[40]

Es gibt keine Untersuchungen über die historische »Dunkelziffer« dieser Praxis; da es in der theologischen Forschung aber inzwischen unbestritten ist, dass die Bücher Mose die soziale und rechtliche Lebenswelt im Palästina der Zeit transparent machen, liefert die Bereitschaft der Mägde zumindest ein Indiz für die tatsächliche Existenz der Methode. Auch wenn die geschichtlichen oder literarischen Dokumente fehlen: Es bleibt die Vermutung, dass für andere übernommene Mutterschaften, vor allem in spärlich besiedelten Gebieten, über die Jahrhunderte hinweg immer wieder vorgekommen sein müssen, zwischen Schwestern, Nachbarinnen oder einer Bauernmagd und ihrer Dienstherrin, unbemerkt von der Außenwelt, übersehen von den Erfassungsbehörden. Gestützt wird dieser Verdacht auch von einer Begegnung, die sich ganz zu Beginn der Karriere Noel Keanes in der Reproduktionsmedizin abspielt. Nach einem Radioaufruf Anfang 1977, der die Suche seiner ersten Klienten nach einer Leihmutter beschleunigen soll, melden sich bei Keane ein junges Ehepaar und eine alleinstehende Frau aus der Provinz, die zusammen in einer ärmlichen Wohngemeinschaft leben und die neuartige Fortpflanzungsmethode bereits in die Tat umgesetzt haben: Die alleinstehende Frau ist hochschwanger und trägt ein Kind für ihre infertile Freundin aus, aus Dankbarkeit für deren Beistand nach einer Lebenskrise. Die Freundin selbst, erfährt der Anwalt, habe die Insemination mit dem Sperma ihres Ehemannes vorgenommen, weil kein Arzt in der Umgebung den Eingriff durchführen wollte. Keane ist in den Monaten darauf auch mit diesem Trio zu Gast in der »Phil Donahue«-Talkshow (sein erster Fernsehauftritt, zwei Jahre vor Elizabeth Kane) und berät es nach der Geburt des Kindes bei den Adoptionsformalitäten.[41]

Die entscheidende Frage in diesem Zusammenhang lautet also: Warum wird eine Fortpflanzungsmethode, die in Einzelfällen womöglich immer wieder unter der Hand praktiziert wurde, im letzten Viertel des 20. Jahrhunderts zu einem öffentlichen Ereignis, zu einem kommerziellen Unternehmen? Um 1980 sind Wort und Sache der »Leihmutterschaft« bekannt, und dieses plötzliche Auftauchen muss zweifellos ins Verhältnis zur Entwicklung früherer reproduktionsmedizinischer Verfahren gesetzt werden. Einerseits sorgt die etablierte Technik der artifiziellen Insemination dafür, dass eine für andere übernommene Mutterschaft ohne Geschlechtsverkehr möglich ist. Zum anderen fällt in die siebziger Jahre auch die tiefste Zäsur in der Geschichte der Fortpflanzungsmedizin überhaupt, die Geburt des ersten Menschen nach In-vitro-Fertilisation, im Juli 1978 in London. Dieses Ereignis setzt einen weltweiten Diskurs über Chancen und Gefahren der assistierten Empfängnis in Gang, dessen Rahmen noch Platz bereithält für eine weitere Variante. Leihmutterschaft mag also ein uralter Vorgang sein, doch erst jetzt sind die Bedingungen dafür geschaffen, die Praxis öffentlich zu diskutieren und zu einem Industriezweig auszubauen. Bedeutung erlangt in diesem Kontext auch der bereits erwähnte Mangel an Kleinkindern, die seit den 1970er Jahren für Adoptionen unfruchtbarer Ehepaare in Frage kommen. Die Zahl der jährlich für Pflegeeltern freigegebenen Kinder in den USA reduziert sich zwischen 1970 und 1977, als Noel Keane seine Arbeit beginnt, von über 70000 auf rund 25000; und wenn es einem Paar tatsächlich gelingt, in ein Programm aufgenommen zu werden, beträgt die Wartezeit auf das Adoptivkind bis zu sieben Jahre.[42]

Auch in der Bundesrepublik Deutschland werden kurz nach den frühesten amerikanischen Geburten Leihmutter-Arrangements bekannt. Die Juristin Dagmar Coester-Waltjen etwa leitet im Februar 1982 einen Vortrag über Rechtsprobleme des neuen Verfahrens mit der Bemerkung ein, dass »die ersten in Ersatzmutterschaft geborenen Kinder demnächst«[43] zur Welt kommen würden. Aus heutiger Perspektive könnte man den Eindruck bekommen, die Reproduktionstechnik sei in Deutschland immer schon verboten gewesen, kategorisch unvereinbar mit dem unteilbaren Status von Mutterschaft. Das ist aber nicht der Fall. Von den Anfängen kommerziell vermittelter Leihmutterschaft bis zur Ausarbeitung des Embryonenschutzgesetzes und der Neufassung des Adoptionsvermittlungsrechts, beides Ende der achtziger Jahre erfolgt, vergehen gut fünf Jahre, in denen die Methode praktiziert und gesetzlich noch nicht erfasst wird.

In einigen Studien zur Entwicklung der Leihmutterschaft in Deutschland findet sich die Angabe, dass es bis 1988 24 Vermittlungsstellen für interessierte Paare gegeben hätte.[44] Auch in einem Land, das den Maßnahmen der assistierten Empfängnis so skeptisch gegenübersteht wie kaum ein anderes, reüssiert das Verfahren. Zu Beginn der achtziger Jahre erlangt vor allem der westfälische Heilpraktiker und Leihmutter-Agent Alfred Hinzer mediale Bekanntheit. In Zeitungsannoncen sucht er nach Kandidatinnen für »Inseminationen mit nachfolgender Adoption« durch die von ihm vertretenen Paare. Das Honorar der Frauen beträgt zwischen 25 000 und 30 000 Mark; für sich selbst berechnet der selbsternannte »Pionier der Ersatzmutterschaften«[45] eine Vermittlungsgebühr von 2500 Mark.

Hinzer gerät durch seine öffentliche Akquise von Bewerberinnen rasch in Konflikt mit dem »Adoptionsvermittlungsgesetz«, das allein die staatlichen Jugendämter zu dieser Tätigkeit befugt. Bereits im Oktober 1982 wird er zu einer Bußgeldzahlung von 5000 Mark verurteilt, die ihn aber nicht von seiner lukrativen Nebenbeschäftigung abbringt, weil es noch kein gesetzliches Verbot der Leihmutterschaft gibt. Den Gerichtsstreit um Alfred Hinzer begleiten die deutschen Tageszeitungen und Magazine ausführlich; in den Jahren darauf verschwindet das Thema aber wieder aus der Medienöffentlichkeit, und es wird, ähnlich wie in den USA, nur dann über das neue Reproduktionsverfahren berichtet, wenn es zu Komplikationen im Ablauf kommt. Von den mehreren Dutzend Geburten, die es in Deutschland in den achtziger Jahren gegeben haben mag, bleiben daher nur jene drei Arrangements in Erinnerung, in denen eine juristische Auseinandersetzung zwischen den Beteiligten notwendig wurde. Zwei dieser Fälle, in Nordrhein-Westfalen und Berlin, haben ihren Ausgangspunkt darin, dass der Ehemann der Leihmutter, der durch seine Vaterschaftsanfechtung das Adoptionsverfahren ja einleiten muss, nach dem DNS-Test selbst als genetischer Vater identifiziert wird. Im dritten Verfahren, das 1987 in Freiburg stattfindet, weigert sich die Leihmutter, eine badische Mary Beth Whitehead, das Kind den Auftragseltern auszuhändigen, und der biologische Vater wird sogar auf Unterhaltszahlungen verklagt.[46]

Das Ereignis, das dem Phänomen Leihmutterschaft schließlich auch in Deutschland kollektive Aufmerksamkeit verschafft, ist der Rechtsstreit um »Baby M«. In der Zeit des Superior-Court-Prozesses, zwischen Januar und März 1987, taucht die neue Reproduktionsmethode erstmals in den Schlagzeilen deutscher Boulevardzeitungen auf und bleibt über Wochen hinweg regelmäßig Thema der Berichterstattung. Die ersten juristischen Monographien zur Leihmutterschaft wiederum erscheinen in Deutschland in den Jahren 1988 und 1989, ausgehend von dem spektakulären Konflikt in den USA – auch für die wissenschaftliche Beschäftigung ist der Fall also entscheidender Impulsgeber. Der Konflikt zwischen Mary Beth Whitehead und dem Ehepaar Stern sensibilisiert die Öffentlichkeit für die Unwägbarkeiten des Verfahrens, und als ausgerechnet Noel Keane im Oktober 1987 die erste europäische Dependance seiner Agentur in Frankfurt am Main eröffnet, ruft dies einen »Sturm der Entrüstung«[47] hervor. Auch wenn das Büro nur zur Information für deutsche Paare und allenfalls zur Auswahl einer Leihmutter in den USA gedacht ist, ordnet die Stadt Frankfurt umgehend ein Verbot der Agentur an, wegen des Verstoßes gegen das Adoptionsvermittlungsgesetz. Nach einem Urteil des hessischen Verwaltungsgerichtshofs im Januar 1988 muss die Filiale schließen.

Im Zuge der Auseinandersetzungen um Keanes Büro wird deutlich, dass die bisherigen Sanktionen des Adoptionsvermittlungsgesetzes – Geldstrafen bis zu 10 000 Mark – für die aufstrebende Industrie der Leihmutter-Makler nicht ausreichen; international arbeitende Agenten, die Hunderte von Arrangements gleichzeitig betreuen, werden sich durch einen solchen Betrag nicht von ihrer Tätigkeit abbringen lassen. Der Streit um die Frankfurter Filiale stößt daher die politische Debatte über eine Änderung des Adoptionsvermittlungsgesetzes an, um in Deutschland das häufig geforderte Verbot der Leihmutterschaft endlich zu erwirken. Im Dezember 1989 schließlich tritt die Novellierung in Kraft; das Gesetz lautet nun, um seinen zweiten Teil ergänzt, »Gesetz über die Vermittlung der Annahme als Kind und über das Verbot der Vermittlung von Ersatzmüttern (Adoptionsvermittlungsgesetz)«. In den neu hinzugefügten Paragraphen heißt es erstmals kategorisch: »Die Ersatzmuttervermittlung ist untersagt.« Das Strafmaß für das Vergehen wird auf eine Freiheitsstrafe bis zu einem Jahr festgesetzt, bei Vermittlung gegen Entgelt bis zu zwei Jahren; »handelt der Täter gewerbs- oder geschäftsmäßig«, kann die Haftdauer sogar bis zu drei Jahren betragen. Ersatzmutter und Auftragseltern dagegen werden nicht bestraft.[48]

Im Entwurf des neuen Adoptionsvermittlungsgesetzes vom März 1989 weist die Bundesregierung schon darauf hin, dass sie »in Kürze«[49] ein umfangreicheres Gesetz verabschieden würde, das die Sanktionierung von Leihmutterschaft in einen größeren reproduktionsmedizinischen Zusammenhang stelle. Mit diesem Vorhaben ist natürlich das Embryonenschutzgesetz gemeint, das zum 1. Januar 1991 in Kraft tritt und wie erwähnt noch heute das Fundament der deutschen Rechtsprechung zur assistierten Empfängnis bildet. Seine Entstehung ist langwierig und politisch hart umkämpft und geht bis auf die Empfehlungen der 1984 gebildeten »Arbeitsgruppe In-vitro-Fertilisation, Genomanalyse und Gentherapie« zurück, der nach ihrem Vorsitzenden benannten »Benda-Kommission«. Von den ersten Entwürfen eines Fortpflanzungsmedizingesetzes im Bundesjustizministerium bis zur endgültigen Verabschiedung des Embryonenschutzgesetzes vergehen fast fünf Jahre, in denen die Entwürfe zwischen dem federführenden wissenschaftlichen Arbeitskreis, dem Kabinett und dem Bundesrat zirkulieren. Als sich die Parteien im Herbst 1990 auf die endgültige Formulierung des Gesetzestexts einigen können, wird Leihmutterschaft bereits von einer zweiten Seite juristisch attackiert. Der Eingangsparagraph, »Missbräuchliche Anwendung von Fortpflanzungstechniken«, stellt sämtliche Varianten des Verfahrens unter Strafe, die biologische Leihmutterschaft genauso wie die langsam einsetzende Aufspaltung von Eizellspenderin und Tragemutter, wobei auch hier die Auftragseltern und die künstlich befruchtete Frau von einer Strafverfolgung ausgenommen werden. Diese Aussparung, bemerken manche Kritiker schon kurz nach Inkrafttreten des Gesetzes prophetisch, könnte einmal einen »Befruchtungstourismus« in Länder mit liberaler Rechtsprechung zur Folge haben. In den zwanzig Jahren, die seitdem vergangen sind, hat sich genau diese Entwicklung bewahrheitet. Leihmutterschaft und Eizellspende sind in Deutschland weiterhin tabu; im Jahr 1998 wurde zudem jener lapidare § 1591 ins Familienrecht eingefügt, der die Territorialität von Mutterschaft auch im Bürgerlichen Gesetzbuch verankert. Doch gleichzeitig muss man in den Internet-Suchmaschinen heute nur das Stichwort »Leihmutter« eingeben, um zahllose Websites von Reproduktionszentren in Russland und der Ukraine zu erhalten oder Pauschalangebote für einen »Kinderwunsch-Urlaub« in Spanien, in dem ein Aufenthalt im Strandhotel mit einem Eizelltransfer in der Fertilitätsklinik kombiniert werden.

3.
Archäologie der Mutterschaft

Der Einfluss der Schwangeren auf das Kind:
Von der Theorie der mütterlichen Einbildungskraft zur
Pränatalpsychologie

Leihmutterschaft ist in Deutschland und den meisten anderen Ländern untersagt, weil man die Beziehung zwischen der schwangeren Frau und dem Fötus für derart elementar hält, dass jede Auftrennung dieser Dyade mit Risiken verbunden ist. Im Entwurf zur Änderung des Adoptionsvermittlungsgesetzes von 1989 heißt es nicht umsonst, dass die Methode gerade deshalb unter Strafe gestellt werden müsse, weil sie »die Bedeutung der Entwicklung im Mutterleib für die Persönlichkeitsentwicklung des Kindes außer Acht« ließe. »Diese besonders geartete Beziehung des ungeborenen Lebens mit der Mutter«, so der Kommentar weiter, »verbietet eine Übernahme von Schwangerschaften als eine Art Dienstleistung.«[50] Wenn ein Grundproblem der Reproduktionsmedizin darin besteht, biologisch organisierte Familienbildung in sozial organisierte überführen zu müssen, dann ist diese Herausforderung im Zusammenhang mit Leihmutterschaft besonders groß. Denn es bleibt, wie der Fall Baby M anschaulich gezeigt hat, immer das Risiko, dass die in den Monaten der Schwangerschaft entstandene Bindung zum Kind nach der Geburt nicht ohne weiteres getilgt werden kann. Die klassische, biologisch verwandte Leihmutter wird nach der Vereinfachung der Eizellgewinnung genau deshalb so rasch durch die Tragemutter ersetzt. Diese Konstellation schwächt die prekäre Einheit von Schwangerer und Fötus ab.

Um die Methode der Leihmutterschaft genauer zu verstehen – ihr Aufkommen genauso wie das Unbehagen, das sie hervorruft –, ist es daher aufschlussreich, sich mit der Geschichte dieser Einheit zu beschäftigen. Wie eng wurde das Verhältnis zwischen Schwangerer und Ungeborenem in der Medizin gedacht? In welchem Maße ist das Verhalten der werdenden Mutter für die körperliche und seelische Konstitution des Kindes verantwortlich? Von den Schriften des Hippokrates bis ins späte 18. Jahrhundert hat ein heute vergessenes Konzept kontinuierliche Autorität beansprucht: die »mütterliche Einbildungskraft«, jene Annahme, dass besonders intensive und vor allem schreckhafte Eindrücke auf die Schwangere Fehlbildungen am ungeborenen Kind hervorrufen können. Nicolas Malebranche, in den 1670er Jahren einer der Wegbereiter der Einschachtelungslehre, arbeitet im zweiten Buch seines Werks »Von der Wahrheit« auch eine umfassende Theorie dieser Einbildungskraft aus. »Der Körper des ungeborenen Kindes«, schreibt er, »ist mit dem Körper der Mutter derselbe, sie haben beide das Blut und die Lebensgeister gemein. Empfindungen und Leidenschaften sind natürliche Folgen der Bewegung in jenem, und daher werden diese Bewegungen von der Mutter auf das Kind fortgepflanzet.« Und er erwähnt eine Vielzahl von Fällen, die diese Behauptung verifizieren würden: eine Schwangere, die sich »beim Anblick einer Katze sehr erschrocken hatte«, und ein Kind zur Welt brachte, das »der Schreck auch überfällt, so oft es eine Katze gewahr wird«; Wucherungen auf der Haut von Neugeborenen, in der Form von Erdbeeren, Birnen oder Pflaumen, die von übermäßigen Gelüsten der werdenden Mutter nach dieser Frucht herrühren; oder die von Zeitgenossen erwähnte Waffenscheu König Jacobs I., dem Sohn Maria Stuarts, deren Privatsekretär in der Zeit ihrer Schwangerschaft mit 56 Degenstichen ermordet wurde. Der Sterbende warf sich vor die Füße der Königin, und ihr Erschrecken führte dazu, dass Jacob »Zeitlebens keinen blossen Degen sehen konnte«, wie Malebranche sagt. Im deutschen Sprachgebrauch des 18. Jahrhunderts wird diese Übertragung zwischen Mutter und Fötus mit dem Verb »sich versehen« bezeichnet. Im betreffenden Eintrag des Zedler-Lexikons ist von »den schwangeren Weibern« die Rede, die sich »bey Anschauungen eines und des anderen Dinges einen solchen starcken Begriff und Einbildung machen«, dass »der sich bildenden Frucht etwas mit anklebt und zueignet«. Die noch heute gebräuchlichen Bezeichnungen für Hautwucherungen, das deutsche Wort »Muttermal« wie die französischen und italienischen Begriffe »envie« und »voglia« (»Begierde«) weisen auf die ursprünglich angenommene Verbindung.[51]

Wie Paracelsus oder Ambroise Paré im 16. Jahrhundert versucht auch Malebranche, Fehlbildungen und Missgeburten beim Menschen durch die mütterliche Einbildungskraft zu erklären. Er referiert in diesem Zusammenhang das Schicksal eines jungen Mannes, der »vor sieben oder acht Jahren« in einem Pariser Krankenhaus gelebt habe, »von Jugend auf irre, und dessen Körper an den Orten gerade gebrochen war, an denen man die Missethäter zu rädern pflegt«. Dieser Fall wird von den Ärzten und Naturforschern in den Jahrzehnten darauf so oft zitiert, dass Maupertuis seine Zusammenfassung im Jahr 1744 mit den Worten einleitet: »Wenn demnach die so oft erzählte Geschichte wahr ist....« Die Mutter des Mannes, berichtet Malebranche, habe in der Zeit ihrer Schwangerschaft an der Hinrichtungszeremonie eines Verbrechers teilgenommen, und »alle Schläge, welche er bekam, trafen mit nicht wenig Gewalt die Einbildungskraft« der Zuschauerin – »und durch eine Art von Mitempfindung das feine Gehirn ihrer Leibesfrucht«. Die Brüche des Gemarterten seien durch diese Erschütterung auf die entsprechenden Stellen am Körper des ungeborenen Kindes übergegangen. Bevor die Mediziner Ende des 18. Jahrhunderts auch die Missbildungen zu ordnen beginnen und als wiederkehrende Fehlentwicklung im Embryonalstadium klassifizieren, wird jede monströse Geburt für einen solchen spezifischen Effekt des mütterlichen Versehens gehalten. Malebranche erzählt von einer Reihe dieser Schreckensgeschichten, unter anderem von einer schwangeren Frau, die bei einer öffentlichen Heiligsprechung das »Bildnis zu scharf ansah, und hernach mit einem Kinde niederkam, welches diesem Heiligen vollkommen glich« – ein totgeborener Säugling mit greisen Zügen. »Ganz Paris und auch ich selbst haben sich von der Wahrheit dessen überzeugt«, sagt Malebranche über das Kind. »Denn man hat es sehr lange in Spiritus aufbehalten.«[52]

Die Autorität der mütterlichen Einbildungskraft wird erstmals im frühen 18. Jahrhundert von einzelnen Ärzten relativiert. Maupertuis etwa
stimmt der Übertragung von Erschütterungen im Mutterleib grundsätzlich zu, lehnt aber den traditionellen Glauben ab, dass sich die Begierde der Schwangeren nach einer bestimmten Frucht als Abdruck auf
der Haut des Ungeborenen niederschlägt. Die Verhältnismäßigkeit der
Entsprechungen zwischen Imagination und Wirkung steht nun auf dem
Prüfstand. Das Schicksal des jungen Mannes mit den gebrochenen
Gliedmaßen hält Maupertuis für glaubhaft, weil der Schrecken der mütterlichen Empfindung und der Schrecken der kindlichen Missbildung in
Übereinstimmung zu bringen sind. Dass die Lust auf eine Kirsche beim
Kind eine Wucherung in entsprechender Gestalt hervorrufe, sei aber mit
dem eher schwachen Impuls dieses Affekts nicht erklärbar.

Mitte des 18. Jahrhunderts verdichtet sich nun auch die Diskussion um
das physiologische Substrat der mütterlichen Einbildungskraft. Die Anhänger der Theorie glauben die Begründung entweder im gemeinsamen
Blutkreislauf zwischen Schwangerer und Ungeborenem zu erkennen oder
durch eine nervliche Verbindung über die Nabelschnur. Anhand von Tier-
experimenten versuchen die Gegner das Fehlen solcher Verbindungska-
näle nachzuweisen, indem sie wie der Göttinger Mediziner Johann Georg
Roederer verschiedene Flüssigkeiten in den Blutkreislauf eines frisch getöteten, trächtigen Schafes injizieren oder noch lebende Tiere mit Farb-
stoffen füttern. Roederer führt diese Experimente im Zuge einer Preis-
frage zur Ursache der Muttermale durch, die 1756 von der Petersburger
Akademie der Wissenschaften gestellt wird. Dass die eingespritzten oder
verfütterten Stoffe sich in den Föten und Neugeborenen nicht auffinden
lassen, wertet er als wissenschaftliche Falsifizierung der mütterlichen
Einbildungskraft. Den Preis erhält jedoch eine bestätigende Abhandlung, welche die Einschreibung der Schwangerschaftsgelüste in die Haut
des Ungeborenen über die Nervenbahnen begründet.[53]

Dieser Akademieentscheidung zum Trotz ist die Imaginationstheorie
von den 1760er Jahren an im Niedergang begriffen. Kapazitäten wie
Haller und Caspar Friedrich Wolff stehen ihr kritisch gegenüber, und
Buffon schreibt über die Muttermale pointiert, »die Ähnlichkeit beruhe

bei solchen Flecken mehr auf der Einbildungskraft dessen, der sie betrachtet, als auf der Einbildungskraft der Mutter«.[54] Es sind vor allem die genaueren Einsichten in den Bau der Plazenta, die in der zweiten Hälfte des 18. Jahrhunderts eine stabilere Schwelle zwischen Schwangerer und Ungeborenem errichten. William Hunter und Alexander Monro weisen mit Quecksilber- und Wachsinjektionen an trächtigen Säugetieren endgültig nach, dass der mütterliche und fetale Blutkreislauf die gesamte Zeit der Schwangerschaft über getrennt sind: eine Erkenntnis, die von Karl Ernst von Baer und anderen Embryologen im frühen 19. Jahrhundert auch am Menschen bestätigt wird.[55] Jene Annahme Malebranches, dass die Körper der Mutter und des ungeborenen Kindes »beide das Blut und die Lebensgeister gemein« hätten, ist also widerlegt – und damit die physiologische Voraussetzung der Theorie mütterlicher Einbildungskraft. Dem Fötus wird nun eine größere Eigenständigkeit zugestanden, und sein autonomes Blut- und Nervensystem nehmen ihn vor allzu schweren Erschütterungen durch das Erleben der Schwangeren in Schutz. Das System der genauen Repräsentationen zwischen mütterlicher Empfindung und kindlicher Fehlbildung verschwindet. Schon Buffon kann deshalb im vierten Band seiner »Naturgeschichte«, 1753 erschienen, die Behauptung aufstellen, dass die Leibesfrucht »gar keine unmittelbare Gemeinschaft mit der Mutter« habe. »Ihre natürlichen Verrichtungen sind von den Verrichtungen im Körper der Mutter ganz unabhängig. Sie hat ihre eigentümlichen Werkzeuge, ganz eignes Blut, ganz eigne Bewegungen. Das Einzige was eine Leibesfrucht von ihrer Mutter zu erwarten hat, ist eine gewisse nahrhafte Feuchtigkeit, welche die Gebährmutter für sie abgiebt.«[56]

Im 19. Jahrhundert überlebt das Konzept der mütterlichen Einbildungskraft einerseits in den volkstümlichen Büchern zur Ehehygiene, andererseits in den Phantasien der Literatur. Goethes »Wahlverwandtschaften« handelt von jenem »doppelten Ehebruch« der Imagination, den das Ehepaar Eduard und Charlotte begeht. Die beiden zeugen ein Kind, sind in Gedanken aber nur bei ihren jeweiligen Geliebten, und das Neugeborene trägt schließlich die Züge von Ottilie und dem Hauptmann – es »behauptete die Einbildungskraft ihre Rechte über das Wirkliche«. In E.T.A. Hoffmanns Erzählung »Das Fräulein von Scuderi« wiederum, im Paris des späten 17. Jahrhunderts angesiedelt, löst sich die rätselhafte Mordserie durch das Geständnis des Goldschmieds Cardillac auf. Er habe die Auftraggeber töten und den von ihm gestalteten Schmuck zurück in seinen Besitz bringen müssen, weil seine Mutter sich im ersten Monat ihrer Schwangerschaft »versehen« und in ihm eine krankhaft übersteigerte Leidenschaft für Schmuck eingepflanzt hatte: Ein ehemaliger Verehrer, »mit einer blitzenden Juwelenkette um den Hals«, war der werdenden Mutter auf einem Hoffest nahegekommen und im Augenblick der Umarmung tot zusammengebrochen. »Aber die Schrecken jenes fürchterlichen Augenblicks«, so Cardillacs Bekenntnis, »hatten *mich* getroffen. Mein böser Stern war aufgegangen.«[57]

Die Theorie der mütterlichen Einbildungskraft ist für eine Beschäftigung mit der assistierten Empfängnis deshalb von Bedeutung, weil diese zweitausend Jahre lang gültige Lehre sowohl die geschichtlichen Möglichkeitsbedingungen der kommerziellen Leihmutterschaft sichtbar macht als auch die mit ihr verbundenen Ängste. Denn zum einen könnte man sagen, dass das reproduktionsmedizinische Projekt, ein Kind von einer anderen Frau austragen zu lassen, überhaupt erst vorstellbar wird, seitdem es eine intakte Grenze zwischen dem Erleben der Schwangeren und der Gestalt des Ungeborenen gibt. Bis ins 19. Jahrhundert hinein war diese Grenze durchlässig, eine allzu heftige Imagination konnte die Gesundheit des Kindes zerstören, und es ist ersichtlich, dass ein Konzept wie Leihmutterschaft unter diesen Voraussetzungen niemals hätte aufkommen können. Der Einfluss der austragenden Frau auf das entstehende Kind wäre zu groß und unkalkulierbar gewesen. Insofern lässt sich das Schwinden der mütterlichen Einbildungskraft vielleicht als früheste historische Voraussetzung von Leihmutterschaft bezeichnen. Das Vererbungswissen des 19. Jahrhunderts dann, von der Etablierung der Zelltheorie um 1840 bis zu August Weismanns berühmtem Diktum von der Kontinuität des Keimplasmas 1885, verwandelt die dynamische, unwägbare Übertragung durch mütterliche Imagination endgültig in ein statisches und essentialistisches Konzept. Nun obliegt die Macht über Gesundheit und Charakter des Kindes den unveränderbaren genetischen Programmen der Samen- und Eizelle und nicht mehr den Lüsten und Affekten der Schwangeren; ob eine werdende Mutter eine Speise begehrt, erschrickt oder ein Bild anblickt, ist nur ein flüchtiger Hauch, der dem geschützten Kern des entstehenden Menschen nichts anhaben kann. Die neun Monate der Schwangerschaft verlieren dadurch ihren im Wortsinne prägenden Einfluss. Unter diesen Bedingungen wird die Vorstellung von Leihmutterschaft grundsätzlich möglich.

Es hat aber seinen Grund, dass dieses Verfahren menschlicher Fortpflanzung erst ein knappes Jahrhundert später als die heterologe Samenspende auftaucht und zudem in den meisten Ländern bis heute verboten ist. Denn auch wenn der Einfluss der Schwangeren auf das Ungeborene seit dem 19. Jahrhundert an Drastik verliert: Die lange Epoche der mütterlichen Einbildungskraft wirkt nach (auf eine unterschwellige Weise bis heute), und dass die Erlebnisse und Empfindungen einer Frau die Gesundheit ihres entstehenden Kindes beeinträchtigen können, in welcher Weise auch immer, ist eine Vorstellung, die nie wieder ganz verschwinden wird. Der Siegeszug der Hygienebewegung im 19. Jahrhundert etwa umfasst auch den Bereich der »Schwangerschafshygiene«: Zahllose Ratgeber machen die werdende Mutter darauf aufmerksam, wie sie sich zu ernähren, bewegen und pflegen habe, um einen möglichst gesunden Nachkommen zu gebären. Hufeland, der sich gegen Ende seines Lebens eingehend mit der Diätetik der Schwangeren beschäftigt, gibt 1827 seiner Überzeugung Ausdruck, »daß diese vorgeburtliche Behandlung noch wichtiger ist als die nachherige, in sofern hier noch das *Werden*, die ganze künftige Anlage und Organisation, des Menschen bestimmt, verschlechtert oder verbessert werden kann«.[58] Doch bei allem Augenmerk auf dem Verhalten werdender Mütter bleibt eine Erkenntnis nun unwidersprochen: Schwangere und Fötus sind als zwei separate Organismen aufzufassen, getrennt durch die Plazenta, und deshalb kann es am Fötus keinesfalls zu jenen getreuen Repräsentationen des Schreckens oder der Begierde kommen, wie es die Theoretiker der Einbildungskraft angenommen haben. Über diese physiologische Erklärung hinaus wird das »Versehen« im 19. Jahrhundert aber auch aus dem Grunde zurückgewiesen, weil die aufgeklärte Medizin jeden Rest an Irrationalität in ihrem

Menschenbild tilgen möchte. Eine Passage aus Johannes Müllers epochalem »Handbuch der Physiologie« von 1840, die dem Verhältnis von »Mutter und Fötus« gewidmet ist, veranschaulicht diesen Gestus: Müller wischt die »alte und höchst populäre Superstition« der mütterlichen Einbildungskraft beiseite, weil »die Verbindung von Mutter und Kind« nichts anderes sei »als eine möglichst innige Juxtaposition zweier an und für sich ganz selbständiger Wesen, welche sich mit ihren Oberflächen anziehen«. Wenn die hartnäckige Lehre des Versehens wirklich stimmen würde, schreibt er, müsste die Welt von missgebildeten Menschen übervölkert sein, weil jede Frau im Lauf ihrer Schwangerschaft von Zeit zu Zeit einmal erschrecke. Den schädlichen Einfluss mütterlicher Empfindungen auf den Fötus bestreitet Müller nicht, aber er interpretiert ihn im Sinne der Embryologie: »Die vernünftige Lehre vom Versehen«, schreibt er, »reducirt sich daher darauf, dass jeder heftige, leidenschaftliche Zustand der Mutter [...] eine Hemmung der Bildung oder ein Stehenbleiben der Formationen auf gewissen Stufen der Metamorphose herbeiführen kann.«[59]

Zwei bedeutsame Zäsuren führen an der Wende zum 20. Jahrhundert schließlich dazu, dass die Grenze zwischen Schwangerer und Fötus wieder instabiler wird: Zum einen ändert sich durch das endokrinologische Wissen der Medizin auch die Vorstellung von den Funktionsweisen der Plazenta; das temporäre Organ in der Gebärmutter-Schleimhaut mag zwar für eine strikte Trennung der Blutgefäße und Nervenbahnen sorgen, die gerade entdeckten »Hormone« im Blut der Mutter lässt es aber nach den Erkenntnissen der Forscher gewähren. Emotionen wie Aufregung, Kummer oder Euphorie haben seit dem Wissen um die innere Sekretion im Körper biochemische Substrate, und mit diesen Substraten, isoliert unter den Namen »Adrenalin« und später »Serotonin« oder »Dopamin«, kehrt die Idee einer ständigen Verbindung zwischen der schwangeren Frau und ihrem Kind zurück. Zum anderen proklamiert die psychoanalytische Theorie um diese Zeit, dass die entscheidenden Weggabelungen für den gesunden oder neurotischen Verlauf des Lebens vor allem in der frühen Kindheit zu suchen sind. Freud selbst gesteht dem Menschen zwar erst im Alter von zwei oder drei Jahren, mit dem

Erwerb der Sprache, den Status eines denkenden und fühlenden Subjekts zu. Doch einige seiner Schüler versetzen in den 1920er Jahren die Grenze der existenzbestimmenden Erfahrungen noch weiter zurück, und zwar in den Mutterleib. Das sind die Anfänge jener Disziplin, die ein halbes Jahrhundert später den Namen »pränatale Psychologie« erhalten wird. Analytiker wie Hermine von Hug-Hellmuth und Gustav Graber stellen ihre frühesten Forschungen dabei explizit in die wissenschaftlich längst belächelte Tradition der mütterlichen Einbildungskraft: »Hinter dem Volksglauben«, schreiben sie, »daß Kinder besonders erotischer Natur seien, deren Mütter während der Gravidität den Sexualverkehr bis nahe der Entbindung fortgeführt haben, steckt mehr als bloßer Aberglaube«.[60]

In den USA arbeitet die junge Disziplin rasch mit experimentellen Methoden. Das »Samuel Fels Research Institute« in Ohio, unter der Leitung des Gynäkologen Lester Sontag, führt seit der Gründung im Jahr 1929 Langzeitstudien an Ungeborenen und Kleinkindern sowie deren Müttern durch. Die ersten Publikationen des Instituts betreffen den Zusammenhang zwischen dem Zigarettenkonsum der Schwangeren und der Krankheitsanfälligkeit ihres Säuglings. Anfang der vierziger Jahre veröffentlicht Sontag verschiedene Aufsätze über die Konsequenzen der mütterlichen Unruhe in Kriegszeiten für das entstehende Kind. Seine Probandinnen bringen in dieser Phase vermehrt untergewichtige, auffällig nervöse Kinder zur Welt, und der Arzt interpretiert diese Tatsache als »unmittelbaren Effekt der dauerhaft aufgewühlten Mutter«. In der Argumentation Sontags wird noch einmal deutlich, dass es die Endokrinologie und die Psychoanalyse sind, die als Bezugspunkte der vorgeburtlichen Medizin dienen. Er spricht von den »Stresshormonen«, die die Plazentaschranke der besorgten Mütter passieren würden, und um den Zustand der Neugeborenen zu beschreiben, greift er wiederholt auf das Vokabular Freuds zurück: Aufgrund der nervösen Schwangerschaft, heißt es einmal sarkastisch, müsse der Säugling »gar nicht auf seine Kindheit warten, zum Beispiel auf ein problematisches Elternhaus, um neurotisch zu werden. Er wird es, noch bevor er das Licht der Welt erblickt hat.«[61]

Im Jahr 1958 erhält die medizinische und psychologische Beschäftigung mit dem ungeborenen Menschen einen verheißungsvollen Schub. Schottische Ärzte veröffentlichen die erste Ultraschall-Darstellung eines Fötus im Mutterleib, und die Entwicklung dieser Visualisierungstechnik ebnet nicht nur der umstrittenen Pränataldiagnostik den Weg, sondern erlaubt auch genauere Aufschlüsse über die Frage, wie sich Verhaltensweisen der Mutter auf das entstehende Kind übertragen. Das schlagartig wachsende Interesse an den Erkenntnissen vorgeburtlicher Psychologie lässt sich nun allein daran ablesen, dass ein Forscher wie Lester Sontag seine Ergebnisse nicht mehr in randständigen Blättern publiziert, sondern in den Annalen der New Yorker Akademie der Wissenschaften.[62] Gustav Graber wiederum gründet 1971, fast fünfzig Jahre nach dem Erscheinen seiner Dissertation, die »Internationale Studiengemeinschaft für pränatale Psychologie«, und er fasst deren Credo auf dem Stiftungskongress mit den Worten zusammen: »Die Brücke zur Mutter bleibt lebenslang bestehen. Keiner kann die tiefste seelische Verbundenheit, seine pränatale Psyche, sein unbewußtes Selbst, das ihn vor der Geburt in einer Dualeinheit mit der Mutter verband, im nachgeburtlichen Dasein gänzlich verlieren.«[63] Mitglieder der »Studiengemeinschaft« versuchen die Bedeutung des Schwangerschaftsverlaufs für die Konstitution eines Menschen durch aufwendige Untersuchungen zu belegen: Ein Wiener Arzt teilt 140 frisch entbundene Frauen im Allgemeinen Krankenhaus nach ihrer psychischen Verfassung vor der Geburt ein (von »idealen« bis zu »katastrophalen« Müttern) und gleicht diese Klassifikation dann mit dem Zustand der Neugeborenen ab. Erwartungsgemäß findet er heraus, »daß sich die ablehnende Einstellung der Mutter dem Kind gegenüber in signifikanter Weise auswirkt«[64] und die labilen Frauen mehr unter- und übergewichtige sowie kränkliche Nachkommen zur Welt gebracht haben.

Die ersten kommerziell vermittelten Leihmütter werden in den USA genau in dem Jahrzehnt bekannt, in dem sich die wissenschaftliche Disziplin der pränatalen Psychologie endgültig etabliert. Es ist also ersichtlich, warum diese Methode assistierter Empfängnis von Anfang an mit weitaus stärkeren Widerständen zu kämpfen hat als die Samenspende oder die In-vitro-Fertilisation. Wenn der Autor der Wiener Studie die Formulierung wählt, jede psychische Störung der Mutter »bombardiere mit hoher Wahrscheinlichkeit bereits den Embryo«, und seinen Aufsatz mit der Forderung abschließt, »daß die Erziehung des Kindes mit der Zeugung beginnen sollte«,[65] dann ist genau diese Kontinuität in den Leihmutter-Arrangements unmöglich. Denn die Frau, die das Kind erziehen wird, ist nicht die, die es gezeugt und ausgetragen hat. Im Jahr 1981 veröffentlicht der amerikanische Psychiater Thomas Verny die erste umfassende Monographie über das Forschungsgebiet der pränatalen Psychologie, und er spricht die Grundthese zum Verhältnis von Schwangerer und Kind unmissverständlich aus: »Seine Psyche wird durch ihre Gedanken und Gefühle grundlegend geformt: ob später hartherzig und verschlossen, oder weich und offen, hängt weitgehend davon ab, ob die Gedanken und Gefühle der Mütter positiv und fürsorglich waren oder negativ und zwiespältig.« Verny nimmt auf frühere Autoren wie Gustav Graber und Lester Sontag Bezug, sagt aber, dass erst die neue sonographische Darstellungsweise »harte, unumstößliche physiologische Beweise dafür« erbracht habe, »daß der Fötus ein hörendes, fühlendes und empfindsames Wesen ist«. Zahlreiche Fallbeispiele aus seiner Praxis sollen belegen, dass sich vorgeburtliche Erfahrungen in der späteren Biographie eines Menschen niederschlagen, etwa das Bekenntnis des bekannten kanadischen Dirigenten Boris Brott, er habe manche Cello-partituren deshalb bereits vor der ersten Lektüre auswendig gewusst, weil seine Mutter, eine Cellistin, genau diese Stücke während ihrer Schwangerschaft eingeübt hatte.[66] (Man muss an dieser Stelle an die Behauptung der ICSI-Laborantin und glühenden Wagnerianerin Helena Angermaier denken, dass die von ihr unter dem Mikroskop gezeugten Kinder eine besondere Musikalität entwickeln würden, wenn sie am Tag der künstlichen Befruchtung in der Oper gewesen sei. Die pränatale Psychologie soll ihre Macht sogar über die assistierte Reproduktion entfalten.)

Zweihundert Jahre nach dem Verblassen der mütterlichen Einbildungskraft wird die Schwangere also wieder mit einem erheblichen Einfluss auf das Wohl des Fötus ausgestattet. Es ist jetzt nicht mehr der augenblickliche Schock, der Unheil anrichten kann;»wenn die Frauen einer intensiven, aber kurzen Belastung in der Schwangerschaft ausgesetzt waren – etwa dem Anblick einer wilden Hundebeißerei, einer Schrecksituation im Beruf«, schreibt Verny im genauen Gegensatz zur Theorie des Versehens,»konnte man bei ihren Babys keine schädlichen Folgen, weder körperlich noch seelisch, beobachten«. Entscheidend sind nun»tief verankerte, dauerhafte Gefühle«, die»langfristigen *persönlichen* Belastungen«,[67] die nach Ansicht des Psychiaters zu Schädigungen des Kindes führen, und zwar nicht in Gestalt von sympathetischen Knochenbrüchen oder Hautwucherungen, sondern von Persönlichkeitsstörungen. Bis heute gilt die pränatale Psychologie als ernstzunehmende wissenschaftliche Disziplin, auch wenn sie, wie Gustav Grabers und Thomas Vernys Gründungsbücher deutlich zeigen, immer einen Rest von Esoterik behält, bei Verny in der Tradition der Selbsterfahrungstechniken nach 1968, wie dem»Rebirthing«, in Grabers Umfeld mit Anklängen an die Dianetik-Lehre von Scientology.[68] In den letzten zehn Jahren sind die Hypothesen der vorgeburtlichen Prägung auch vermehrt von der psychologischen auf die medizinische Forschung übergegangen. Unter dem Stichwort der»pränatalen Programmierung«versucht man inzwischen genau jene Zusammenhänge, die bereits Hufeland erahnt und Lester Sontag ohne die Hilfe der Sonographie experimentell studiert hat, über ständige Ultraschallüberwachung der Schwangeren sichtbar zu machen. Langzeitstudien in Europa und den USA beschäftigen sich derzeit mit der Frage, inwiefern die Stabilität des kindlichen Immunsystems, die Neigung zu Allergien oder Diabetes, mit dem Verhalten und der seelischen Disposition der werdenden Mütter zu tun haben.

Doch genau auf diese traditionsreiche Kausalität geht es zurück, dass Leihmutterschaft heute in allen Teilen der Welt entweder verboten oder zumindest kontrovers diskutiert ist. Die kritischen Studien, die seit dreißig Jahren zur assistierten Empfängnis erscheinen, stellen diesen Zusammenhang immer wieder als ein Hauptargument gegen das Verfahren heraus. Es sei»von einer potentiell erhöhten psychophysischen Belastung der Leihmutterschafts-Kinder auszugehen«, weil die austragenden

Frauen wissen, dass das Kind nicht ihr eigenes sein wird; zudem leiste die »abrupte und totale Trennung von der leiblichen Mutter nach der Geburt« einer instabilen Persönlichkeitsentwicklung Vorschub.[69] Die so bedeutsame Symbiose zwischen Schwangerer und Fötus sei in diesen Fällen von einer Aporie geprägt: Entweder würden die Leihmütter versuchen, jede Art von Neigung zu dem Ungeborenen in ihrem Bauch zu unterdrücken, und ihnen nach den Erkenntnissen der Pränatalpsychologie Schaden zufügen. Oder sie würden zu dem Kind eine fürsorgliche und liebevolle Beziehung aufbauen und damit riskieren, die Übergabe an die Auftragseltern nach der Geburt nicht mehr zu bewerkstelligen. Vermutlich ist der wichtigste Grund für die Skepsis gegenüber dieser Reproduktionsmethode tatsächlich in der jahrhundertealten Vorstellung zu suchen, dass die Schwangere für das Schicksal des entstehenden Menschen verantwortlich ist. Auch die Leihmütter selbst haben diesen Zusammenhang von Anfang an gespürt: In dem Moment, da die schwangere Elizabeth Kane im Sommer 1980 fast darüber verzweifelt, ob sie der von ihrem Arzt verlangten Fruchtwasserpunktion zustimmen soll, beginnt der Fötus in ihrem Bauch zu rumpeln: »Als hätte er mein Leid durch das Blut, das wir teilen, verstanden.«[70]

Die Erfindung der Mutterliebe in der zweiten Hälfte des 18. Jahrhunderts

In unserer heutigen Vorstellung ist das Mutter-Kind-Verhältnis gar nicht anders denkbar denn als unteilbare Dyade, sowohl in den neun Monaten der Schwangerschaft als auch in der ersten Zeit nach der Geburt. Kategorien wie »Mutterliebe« oder »Mutterinstinkt« erscheinen als naturgegebene, historisch unwandelbare Empfindungen schlechthin, und die notwendige Unterdrückung dieser Urinstinkte durch einen zuvor geschlossenen Leihmuttervertrag muss in der Konfusion der Identitäten enden (wie die Autobiographie Mary Beth Whiteheads wortreich vorführt). Man weiß aber, dass auch die vermeintliche Naturkonstante der Mutterliebe beim Menschen eine wechselvolle Geschichte hat. »Mütterliche Fürsorge für das Kleinkind ist eine Erfindung der Moderne«, schreibt der Familienhistoriker Edward Shorter bündig; »in der traditionellen Gesellschaft waren die Mütter der Entwicklung und dem Wohlbefinden von weniger als zwei Jahre alten Kindern gegenüber gleichgültig«.[71] Er belegt diese heute so befremdliche Hypothese mit einer Fülle geschichtlicher Quellen, vor allem mit Dutzenden von Tätigkeitsprotokollen französischer und deutscher Landärzte im 17. und 18. Jahrhundert. Diese »medizinischen Topographien« sind durchzogen von Berichten über Mütter, die ihre verdreckten Kleinkinder den Großteil des Tages über alleine lassen; die sich nicht an das Alter und den Namen ihrer zahlreichen Sprösslinge erinnern können; oder die gewöhnlich der Beerdigung fernbleiben, wenn eines ihrer Kinder in jungen Jahren gestorben ist. Kindheit wird, wie bereits Philippe Ariès in seiner klassischen Studie gezeigt hat, lange Zeit nicht als eigenständiger Lebensabschnitt gedacht, sondern in der Tradition der cartesianischen Anthropologie als unzulänglicher Zustand, als eine Schwäche des Geistes, derer sich ein junger Mensch so schnell und gründlich wie möglich zu entledigen hat.

Es gibt daher, neben den Theorien vom Einfluss der Schwangeren auf das Kind, eine zweite archäologische Schicht in der Geschichte menschlicher Fortpflanzung, von der aus die tiefsitzende Empörung gegenüber Leihmutterschaft anschaulich gemacht werden kann: die Entdeckung der Mutterliebe. Bis weit ins 18. Jahrhundert hinein mag die Verbindung zwischen Schwangerer und Fötus so unmittelbar gedacht werden, dass ein falscher Blick der Frau ihre Leibesfrucht beschädigen kann – sobald das Kind allerdings zur Welt kommt, ist das Verhältnis der Mutter zu ihm gewöhnlich von Indifferenz geprägt. Der eindringlichste Beleg für diese Hypothese besteht darin, dass die allermeisten Eltern ihre Kinder nach der Geburt sofort in Pflege geben. Im Europa des 18. Jahrhunderts obliegt die Aufzucht der Säuglinge in allen sozialen Schichten zu einem überwiegenden Teil den Lohnammen, die gegen ein geringes Entgelt eine Vielzahl von Kindern stillen und betreuen. Einer Pariser Polizeistatistik von 1780 zufolge werden von den insgesamt 21 000 Neugeborenen pro Jahr nur tausend von der leiblichen Mutter gestillt, tausend von im Haus lebenden Säugeammen (ein Zeichen des Wohlstands) und 19 000 von Ammen auf dem Land.[72] In den Städten sorgen offizielle und privat geführte Büros für die Vermittlung zwischen Familien mit Neugeborenen und jungen Müttern aus der Provinz, die über die notwendige Milch verfügen und häufig ihre leiblichen Kinder weggeben, um ihren Lebensunterhalt durch das Stillen fremder Säuglinge zu verdienen. Die mangelnde Zuverlässigkeit dieser Büros wird in den Berichten der Ärzte und Polizeibeamten immer wieder betont: So hat nur ein Bruchteil der Bewerberinnen tatsächlich wie vorgeschrieben eigene Kleinkinder und damit ausreichend Milch; die restlichen Ammen ernähren die ihnen anvertrauten Neugeborenen mit Kuh- oder Ziegenmilch, vor den Entdeckungen und Maßnahmen Pasteurs eine lebensbedrohliche Gefahr. Doch zu einer genauen Eignungsprüfung der Frauen kommt es nicht immer – eine Nachlässigkeit, die der Polizeidirektor von Lyon im Jahr 1780 mit einem drastischen Vergleich kritisiert:»Während der Metzger die Tiere, die geschlachtet werden sollen, um uns Nahrung zu geben, sorgfältig auseinanderhält«, schreibt er,»verlässt das Kind aus dem Volke unsere Mauern ohne einen Taufschein, ohne ein Papier, ohne Personenbeschreibung«.[73] Die Lebensumstände der Säuglinge auf dem Land sind daher oft erbärmlich; ein halbes Dutzend von ihnen haust zusammen mit den Tieren des Hofs in einer unbeheizten Hütte, übersät von Kot und Urin. Die Ammen lassen die Kinder tagsüber alleine, um Arbeiten im Haus und Feld nachzugehen, und wickeln sie mit jener berüchtigten Schnürtechnik, die bis an die Wende zum 19. Jahrhundert üblich ist. Lange Bänder fixieren dabei zunächst die Arme an der Brust und werden dann spiralförmig um den Oberkörper geschnürt; die Säuglinge verharren stundenlang in dieser unbeweglichen Position. Bis zu ihrem vierten Lebensjahr bleiben die meisten Kleinkinder in fremder Obhut, und ihre Eltern lernen sie in dieser Zeit in aller Regel nicht kennen. Das Interesse der Familie in der Stadt beschränkt sich auf gelegentliche schriftliche Korrespondenz, die Ammen antworten mit vorformulierten Standardbriefen.

Die hohe Kindersterblichkeit im 18. Jahrhundert, von der schon die Rede war, hängt vor allem mit den Lebensbedingungen der Säuglinge in der Ammenpflege zusammen. Bereits Johann Peter Süßmilch macht in seinem Pionierwerk der Bevölkerungswissenschaft auf diesen Zusammenhang aufmerksam: Die von ihm präsentierten statistischen Werte, »daß in volkreichen Städten gemeiniglich unter 10000 Gestorbenen allein 3000 im ersten Jahre des Alters gestorbene Kinder« seien, begründet er mit den »vielen Ammen in Städten. Man mag die Sache rechtfertigen, wie man will; so sind Ammen keine Mütter, und der Mangel an Zärtlichkeit ist die Ursache mancher tödlichen Versäumnis.«[74] Für die Säuglinge der Landbevölkerung, die von ihren Müttern zu einem größeren Teil selbst gestillt werden, errechnet er günstigere Prognosen, und diese Kausalität zieht sich durch die demographischen Beobachtungen des gesamten 18. Jahrhunderts. Elisabeth Badinter zitiert in ihrem Buch über die Geschichte der Mutterliebe eine Datenerhebung aus Rouen, wonach zwei Drittel aller Ammenkinder und sogar neunzig Prozent aller Findelkinder im Säuglingsalter sterben, jedoch nur ein Drittel der von der Mutter versorgten Babys, und sie zieht den Schluss: »›Objektiv‹ ist die Überlassung des Kindes an eine Amme daher eine verschleierte Kindstötung.«[75] Und es sind nicht nur mangelnde Pflege und schlechte Wohnverhältnisse, die für diese immense Sterblichkeit verantwortlich sind, sondern bereits der Transport von den Vermittlungsbüros aufs Land. Ein Teil der Säuglinge überlebt diese Reise nicht: »Mal kommt es vor, daß eine Vermittlerin sechs Kinder auf einem Wägelchen mitnimmt, einschläft und nicht bemerkt, daß ein Baby herunterfällt und, von einem Rad überrollt, stirbt. Mal werden einem Gespannführer sieben Säuglinge anvertraut, von denen er einen verliert, ohne dass man in Erfahrung hätte bringen können, was aus ihm geworden ist.«[76] Die Identität der verschnürten Bündel, die ihren Bestimmungsort lebend erreichen, ist schließlich so unzureichend gekennzeichnet, dass die Erfassung häufig misslingt; Säuglinge werden verwechselt, Geschwister getrennt, und die bekannte Phantasie des unverhofften Wiedersehens in der französischen Literatur des 18. Jahrhunderts, zwischen Eltern und Kindern oder Bruder und Schwester, hat in dieser Überforderung der Ammen ihre historische Wurzel.

Wenn es um die Frage geht, zu welchem Zeitpunkt sich die Gleichgültigkeit der Mütter in jenen liebevollen Umgang mit dem Säugling verwandelt, der heute so natürlich wirkt, dass man ihm gar keine Geschichte mehr zugesteht, fällt immer der Name einer bestimmten Schrift: Jean-Jacques Rousseaus pädagogischer Ratgeber »Emile oder Von der Erziehung« aus dem Jahr 1762. Das Buch muss wie wenige andere eine Umstellung gesellschaftlicher Realitäten in Gang gesetzt haben. Es »gibt den eigentlichen Anstoß zur modernen Familie«, wie Elisabeth Badinter sagt, »das heißt zu der Familie, die auf Mutterliebe beruht«,[77] wobei diese Einschätzung nicht nur als nachträgliche Interpretation der Sozialhistoriker zu bewerten ist, sondern bereits von den Zeitgenossen selbst stammt. Dank der »beredsamen Feder von Rousseau«, schreibt etwa ein Pariser Arzt im Jahr 1786, hätten »nun seit mehreren Jahren Mütter in immer größerer Zahl« entdeckt, »daß die Beschwerlichkeit des Stillens durch viele Freuden und Vorteile kompensiert wird«.[78]

Im ersten Buch seiner Abhandlung rechnet Rousseau mit den Erziehungspraktiken der Zeit ab, mit der Einzwängung der Säuglinge in Schnürwindeln oder ihrer Aufhängung an Wandhaken, die den natürlichen Bewegungsdrang der Neugeborenen lähmen würden. Die Adressatin seiner Kritik wird ausdrücklich benannt: »Ich wende mich an dich, zärtliche und vorausschauende Mutter«, schreibt er und stellt sie ihrer bisherigen Widersacherin gegenüber, der Figur der Amme, die als Surrogat der abwesenden Mutter die Aufzucht der Kleinkinder überwacht und die pädagogischen Desaster zu verantworten hat. Denn worauf lässt sich eine Praxis wie das Fixieren der Säuglinge zurückführen? Auf einen »wider die Natur laufenden Brauch«, wie Rousseau sagt. »Seitdem die Mütter ihre erste Pflicht verachtet und ihre Kinder nicht mehr haben säugen wollen, hat man sie Dienstboten anvertrauen müssen, die bestrebt waren, sich die Mühe zu ersparen, da sie sich als Mütter fremder Kinder angesehen haben, für die die Natur nicht zu ihnen sprach.« Er verspricht sich von der Abschaffung des Ammensystems entscheidende Reformen, und das nicht nur für die Verhältnisse innerhalb der einzelnen Familie, sondern für das Staatsgebilde im Ganzen. »Es geruhen aber die Mütter nur, ihre Kinder zu säugen«, prophezeit Rousseau, »und die Sitten werden sich von selbst bessern, die Empfindungen der Natur in aller Herzen wiederum erwachen; der Staat wird sich wieder bevölkern;

dieser erste Punkt, diese Änderung allein, wird alle wieder vereinigen.«[79] Dem Stillverhalten der Frauen kommt also eminente politische Bedeutung zu; in der Ablösung der Ammen- durch die Mutterbindung kündigt sich die Ablösung der verkommenen absolutistischen Gesellschaft durch die Republik an.

Im Gefolge des vielgelesenen »Emile« erscheint eine Fülle von Schriften, die das Selbststillen zur Pflicht erheben; junge Mütter, die gesellschaftliches Amüsement der Aufgabe der Kinderpflege vorziehen, erscheinen am Vorabend der Revolution als Repräsentantinnen eines selbstsüchtigen, überfeinerten Lebensstils. In Preußen erlangt die mütterliche Pflicht, das eigene Kind zu stillen, zu dieser Zeit sogar Gesetzeskraft; im zweiten Teil des Allgemeinen Landrechts setzt §67 seit 1794 fest: »Eine gesunde Mutter ist ihr Kind selbst zu säugen verpflichtet.«[80] Innerhalb eines knappen halben Jahrhunderts verwandeln sich die Dienste einer Amme von der Norm zur Ausnahmeerscheinung, und die neue Konjunktur der Mutterliebe liefert den entscheidenden Impuls für jenen Prozess sozialer Intimisierung, an dessen Ende die moderne Kleinfamilie steht. Laut Edward Shorter, dem immer noch genauesten Historiker dieser Zäsur, spielt sie in diesem Zusammenhang sogar eine mächtigere Rolle als die Etablierung der Liebesheirat oder die anschwellende Grenze zwischen dem öffentlichen und privaten Leben. In der mütterlichen Einfühlung, schreibt er, liege zuallererst der »Grund für den Rückzug aus dem Leben der Gemeinschaft«;[81] sie bereite dem Refugium der Kleinfamilie ein Fundament.

Welche Bedeutung haben all diese weit zurückliegenden Umstellungen für eine Analyse der Leihmutterschaft zweihundert Jahre später? Zunächst machen sie anschaulich, dass sich das Skandalon des Verfahrens auf einen Begriff von Mutterschaft bezieht, der vergleichsweise jungen Datums ist. Erst gegen Ende des 18. Jahrhunderts verdichtet sich die Biologisierung der Beziehung zwischen Mutter und Kleinkind; und wenn es das Erkennungsmerkmal des Mythos ist, dass er eine Konstellation der Geschichte in vermeintlich ahistorische Natur verwandelt, dann arbeitet die Dämonisierung der Leihmutter genau mit dieser Strategie. Denn mit ähnlichem Recht könnte man auch sagen, dass die neuen Reproduktionstechnologien wieder eine Abkühlung und Öffnung der biologisch gestützten Familienidentität vornehmen, so wie es vor 1770 wohl lange Zeit der Fall gewesen ist. Die Geschichte der Familienbildung ließe sich in einer etwas groben Unterteilung in drei Abschnitte gliedern: der selbstverständlichen Hinzunahme von Dritten bis ins späte 18. Jahrhundert (etwa in Gestalt der Ammen), einer knapp zweihundertjährigen Epoche des Intimitätsgebots und schließlich einer Wiedereingliederung der Dritten am Ende des 20. Jahrhunderts, nun aber nicht mehr mit der Aufgabe, die Ernährung und Pflege der Kinder zu übernehmen, sondern ihre Zeugung und Geburt. Die heutige Empörung über die Auslagerung der Schwangerschaft folgt also jenem Geist, der einst die Auslagerung des Stillens beklagt hat.

Die Leihmutter ist eine Art pränatale Amme, und es ist aufschlussreich, diese beiden randständigen Figuren der Familienbildung miteinander in Beziehung zu setzen (nicht allein deswegen, weil die neue Reproduktionsmethode in den achtziger Jahren kurzzeitig auch mit dem Begriff »Ammenmutterschaft« bezeichnet wurde). Ihre Positionen unmittelbar nach der Geburt sind genau entgegengesetzt – die eine nimmt das Neugeborene Stunden nach der Entbindung in Empfang, die andere gibt es Stunden nach der Entbindung ab –, doch ihre Gemeinsamkeit besteht darin, dass sie Mutterschaft verdoppeln. Der Auswahl der Amme kommt deshalb genauso wie der Auswahl einer Leihmutter größte Bedeutung zu. Auch wenn die Praxis in den schäbigen Privatagenturen selten die geforderten Maßstäbe einhält: Die Suche nach der richtigen Frau wird vor allem in den höheren Schichten mit Sorgfalt betrieben. Dem Artikel »Amme« im »Dictionnaire de Trévoux« zufolge, einem der großen französischen Nachschlagewerke des 18. Jahrhunderts, ist die geeignete Kandidatin »völlig gesund und von liebenswürdiger Wesensart, guter Farbe und körperlicher Sauberkeit. Sie soll weder dick noch mager sein. Sie muß fröhlich, lebhaft, hübsch, maßvoll, sanft und frei von jeglicher heftiger Leidenschaft sein.«[82] Die Bewerberinnen werden in den städtischen Vermittlungsbüros auf Krankheiten untersucht und nach ihren Ernährungsgewohnheiten befragt; sie unterziehen sich beinahe einem »Screening« nach dem Muster der Samen- und Ei-

zellbanken. Ihr Körper muss sogar auf die leibliche Mutter des Pflege-
kindes abgestimmt werden. Denn nach den medizinischen Erkenntnissen des 18. Jahrhunderts ist es unerlässlich, dass die Milch der Ammen
dasselbe Alter hat wie der ihnen anvertraute Säugling;»man braucht
also«, sagt Rousseau,»für ein neugeborenes Kind eine frisch niedergekommene Amme«,[83] die über die notwendige wässrige Milch verfügt.
Heute ist diese Abstimmung der Frauenkörper zwischen der Tragemutter und jener Frau zu beobachten, von der die Eizelle stammt, also der
Spenderin oder der Auftragsmutter selbst. Denn um eine problemlose
Einnistung des Embryos zu gewährleisten, müssen die Zyklen der beiden Frauen mittels Hormongaben»synchronisiert« werden, wie es im
Vokabular der Reproduktionsmedizin heißt; die reife Eizelle, aus den
Ovarien der einen entnommen, wird in die aufnahmebereite Gebärmut-
ter der anderen eingesetzt.

Der Grund, warum die Wahl der richtigen Amme bis Mitte des
18. Jahrhunderts so entscheidend ist, hat schließlich nicht nur mit der
Hoffnung auf ihre Zuverlässigkeit zu tun, auf einen Standard der Pflege,
der sich von den Schreckensbildern verwahrloster Säuglinge unterscheidet. Ihre Gesundheit und ihr Charakter müssen auch deshalb möglichst
genau geprüft werden, weil mit der Muttermilch, einem alten Glauben
zufolge, über die körperliche Konstitution hinaus auch die Gedanken
und Leidenschaften der stillenden Frau auf das Kind übergehen. Solange die leibliche Mutter den Säugling ernährt, sagen die Kritiker des
Ammenwesens, ist diese Verbindung wünschenswert und natürlich;
durch die verbreitete Anstellung fremder Frauen ergebe sich aber ein
Risiko. Schon Thomas Becon, Hausgeistlicher des Erzbischofs von Can-
terbury, wirft den englischen Müttern vor, ihre Kinder»nicht mit natürlicher, sondern mit widernatürlicher Milch« großzuziehen. Diese Eigenart führe dazu, dass sich die Sprösslinge gottesfürchtiger Eltern häufig
»als störrisch und boshaft erweisen. Denn mit der fremden Milch saugen
die Kleinen auch fremde Manieren und ein anderes Wesen ein.« Da die
Ammen der Frühen Neuzeit (wie die heutigen Leihmütter auch) gewöhnlich aus sozial schwächeren Schichten kommen als ihre Pflegekin-
der, sei diese Konstellation besorgniserregend. Rousseau bringt diese

Warnung zweihundert Jahre später ganz ähnlich zur Sprache:»Wenn man
eine lasterhafte Weibsperson nimmt, so sage ich zwar nicht, daß sich der
Säugling ihre Laster zuziehen werde, aber ich sage, er werde darunter
leiden.« Und in Zolas Roman »Fruchtbarkeit« von 1899, jenem wort-
mächtigen Nachzügler der Ammenkritik an der Wende zum 20. Jahrhundert, bekennt die Bilderbuchmutter Marianne Froment, während sie
ihr fünftes Baby stillt:»Mein Kind einer anderen überlassen – niemals,
niemals! [...] Es wäre nicht mehr mein Kind, wenn eine andere es vollen-
dete. Und es handelt sich nicht bloß um seine physische Gesundheit, es
handelt sich um sein ganzes Wesen, um den Verstand und das Gemüt.
[...] Wenn ich es später erleben müßte, daß es dumm und bösartig
würde, so würde ich glauben, daß die andere es vergiftet hat.«[84] Was im
Hinblick auf die Amme also zur Debatte steht, sind genau jene Übertre-
tungsphantasien, jene löchrigen Familiengrenzen, die auch das Aufkommen der Reproduktionsmedizin begleiten. Das Gift der fremden Milch
hat sich nun in das Gift der fremden Gene verwandelt, das durch die
möglichst genaue Selektion der Samenspender, biologisch verwandten
Leihmütter und Eizellspenderinnen neutralisiert werden soll. Diese Vorgeschichte muss bei der Beschäftigung mit assistierter Empfängnis immer im Blick behalten werden: Der Furor und die Angst, die vor allem
der Leihmutter begegnen, weisen auf ein biologisch legitimiertes Ideal
von Elternschaft, das vor 250 Jahren erstritten wurde.

Eierstock-Transplantationen: Gespaltene Mutterschaft um 1900

Wenn das Kernproblem der Leihmutterschaft seit den 1970er Jahren
darin besteht, welche der Frauen als eigentliche Mutter des Kindes anzusehen sei, dann lässt sich eine ganz ähnliche Debatte schon ein Dreivierteljahrhundert früher beobachten. Mitte der 1890er Jahre gelingen
dem New Yorker Chirurgen Robert Morris und dem Gynäkologen Emil
Knauer in Wien die ersten Transplantationen fremder Eierstöcke auf eine
Frau, nach der Schilddrüse zehn Jahre zuvor das zweite jemals beim
Menschen verpflanzte Organ. Mit diesem Eingriff versuchen die Ärzte

in erster Linie, die körperlichen und psychischen Beschwerden jüngerer Patientinnen zu lindern, deren eigene Ovarien zuvor vollständig entnommen worden sind; das Konzept der »inneren Sekretion« beginnt sich in der Medizin gerade durchzusetzen, und die Einpflanzung intakten, von unheilbar kranken Frauen stammenden Eierstockgewebes soll zur Regulierung des Stoffwechsels im weiblichen Körper beitragen.

Eine weitere Aufgabe der Ovarien-Transplantation, vor allem in den Augen Robert Morris', ist aber die (Wieder-)Herstellung weiblicher Fruchtbarkeit. Bereits im Nachtrag seiner allerersten Publikation zu dem neuen Eingriff macht er 1895 darauf aufmerksam, dass eine der beiden Operierten, eine 26-jährige Frau, »einen Monat danach schwanger geworden ist, den normal entwickelten Fötus aber im dritten Monat verloren hat«. Im Jahrzehnt darauf führt Morris rund zwei Dutzend Verpflanzungen durch, ohne Effekte auf die Fertilität der Patientinnen, doch im Mai 1906 kann er in der Fachzeitschrift »Medical Record« einen Erfolg vermelden: Eine »Mrs H.W.«, die mit einer schweren Eierstock-Entzündung in seine Praxis überstellt worden war, hat vier Jahre nach der von ihm durchgeführten Operation eine gesunde Tochter geboren. Zum ersten Mal ist eine Frau mit fremden Ovarien also Mutter geworden. In seiner 1935 veröffentlichten Autobiographie erinnert sich Morris, dass er nach diesem Ereignis »bedeutende Summen«[85] von kinderlosen Paaren angeboten bekommen habe, um weitere Schwangerschaften zu ermöglichen. »Mrs H.W.« ist aber über das ganze 20. Jahrhundert hinweg offenbar die einzige Frau geblieben, die nach einer Eierstock-Transplantation ein Kind zur Welt gebracht hat.[86]

Robert Morris begleitet seine Bekanntgabe der Geburt mit einer Einschätzung der biologischen und rechtlichen Konsequenzen: »Interessant wird sein, wem das Kind Mrs W.s ähnelt«, schreibt er. »Nach Haeckel werden erbliche Merkmale vom Zellgedächtnis übertragen, und das Zellgedächtnis eines implantierten Eierstocks wird wohl nicht durch den Einfluss des neuen Wirtskörpers verändert. Es ist dennoch angemessen, wenn man die Frau, die das Kind austrägt, als wirkliche Mutter bezeichnet, weil sie die Nahrung für die Entwicklung des Kindes zur Verfügung gestellt hat. Abgesehen von medizinischem oder rein soziologischem Interesse ist es aber wichtig, den Status des Kindes eindeutig zu bestimmen. Denn das Wort ›Abkömmling‹ wird von nun an eine weiterreichende Bedeutung erlangen.«[87] Diese Bemerkung wirkt wie eine nüchterne Analyse heutiger Reproduktionsmedizin. Tatsächlich stößt das Verfahren der Eierstock-Transplantation Anfang des 20. Jahrhunderts eine Debatte über fragmentierte Mutterschaft an. Diesseits des Atlantiks fallen die Kommentare zu Morris' Erfolgen weniger pragmatisch aus, was seinen Grund sicher darin hat, dass die jüngsten Erkenntnisse der Genetik und die Wiederentdeckung des statischen Vererbungssystems Mendels die Kollision zwischen austragender Mutter und Organspenderin noch verschärfen. Der Jurist Eugen Wilhelm schreibt 1911 über den Eingriff: »Bisher hatte ich es nicht für denkbar gehalten, daß jemals es Verhältnisse geben könnte, die einen Zweifel veranlassen würden, ob die Gebärende auch die Mutter des von ihr geborenen Kindes sei. Schon allein das Aufwerfen dieser Frage scheint Ulk oder Wahnwitz zu sein.«[88] Besondere Brisanz entfacht die Eierstock-Transplantation in diesen Jahren durch eine zweite Fallgeschichte, die der französische Arzt Démétrius Zambaco Pacha in seiner Abhandlung über »Eunuchen einst und heute« ins Feld führt. Neben der bereits bekannten Frau erwähnt er die Patientin eines »Dr. Moris Stephenson« in den USA, eine weiße Französin, die mit ihrem Mann ein »Mulattenkind« gezeugt habe, nachdem ihr der Eierstock einer dunkelhäutigen Frau eingesetzt worden war. »Nun aber übertrugen sich die Eigenschaften der Spenderin und ihrer Art, der Negerrasse, durch Vererbung auf das Produkt der Empfängnis. Sie wurden abgeschwächt durch die Spermien der kaukasischen Rasse.« Auch Zambaco Pacha stellt sofort die Frage nach den Verwandtschaftsverhältnissen, und er interpretiert die Rolle der genetischen Verbindung konsequenter als Morris: »Die wahre Mutter des Kindes ist nicht die Französin, sondern die Negerin, der man die Eierstöcke entnommen hat.« Die Rolle der Gebärenden, schreibt er auch mit Blick auf die Patientin von 1906, »beschränkt sich ganz einfach auf die einer *Bruthenne*.«[89]

Die Wahrscheinlichkeit ist sehr hoch, dass der Fall erfunden ist. Vor Zambaco Pacha taucht die Geschichte in keinem medizinischen Aufsatz auf; der Arzt »Moris Stephenson« ist in den Jahren zwischen 1895 und

1911 nirgendwo nachzuweisen; und nicht einmal Robert Morris (der für den Namen des Operateurs wohl Pate stand) erwähnt den angeblichen Konkurrenten in seiner Autobiographie.[90] Aber gerade weil die Geschichte wohl ein Werk der Fiktion ist, erscheint ihr Auftauchen so interessant: Denn es ist offenkundig, was Zambaco Pacha mit dieser spektakulären Erzählung vorführen will. So wie die Kategorie der Ehelichkeitsvermutung in juristischen Kommentaren häufig durch den imaginierten Fall auf die Probe gestellt wurde, dass eine weiße Ehefrau einen dunkelhäutigen Sohn gebiert, versucht auch Pacha die prekären Konsequenzen von Eierstock-Transplantationen möglichst anschaulich darzustellen. Das ganze Konfliktpotential der gespaltenen Mutterschaft wird sofort freigesetzt, wenn bereits die Hautfarbe des Kindes den Anteil der verborgenen Dritten am Kind sichtbar macht; das abstrakte Konzept »genetischer« Vererbung entfaltet seine unmittelbare Macht.

Eugen Wilhelms Kommentare zu Zambaco Pachas Buch geben einen Eindruck von der Irritation, die das »Bruthennen«-Modell zu dieser Zeit ausgelöst haben muss: »Die – namentlich juristischen – Konsequenzen, welche dies Ergebnis hätte, wenn wirklich Zambaco Pachas Schlußfolgerung zu billigen wäre, würden ungeheuerlich sein«, schreibt er. »Mindestens müßte man, falls man der früheren Besitzerin des Ovariums einen Anteil an der Zeugung zuerkennen will, beide Frauen als Mütter betrachten; die juristischen Konsequenzen wären allerdings vielleicht noch ungeheuerlicher.« Wilhelm selbst hält den Standpunkt des französischen Arztes jedoch für untragbar: »Für die Frage der Mutterschaft wird es als völlig gleichgültig zu betrachten sein, aus welcher Art Ei das Kind herrührt. […] In dem Augenblick, in dem das Ovarium eingepfropft wird, geht es in den Besitz der anderen Frau über, wird Bestandteil ihres Körpers, ihrer Persönlichkeit.«[91] Fritz Unterberger, Gynäkologe in Königsberg, bezieht 1919 in der bis dahin umfangreichsten deutschen Abhandlung zur Eierstock-Verpflanzung eine ähnliche Position: »Allen Ernstes wird über die rechtliche Stellung gesprochen«, schreibt er mit Bezug auf Morris' Fall, »aber niemand steht auf und erklärt, daß er einen derartigen Eingriff für unberechtigt hält. Es erscheint mir sehr fraglich, ob es irgend eine Frau gibt, die ihre Einwilligung zu einer derartigen

Operation erteilen würde, wenn ihr vorher klar gemacht würde, daß sie im Falle einer Schwangerschaft einem Kinde das Leben schenkt, dessen mütterliche Abstammung eher auf irgend eine zufällige mit ihr gleichzeitig operierte Frau zurückzuführen ist.«[92] Der vielstimmige Chor, der sich Ende des 20. Jahrhunderts gegen das Verfahren der Leihmutterschaft gewendet und in Deutschland das Embryonenschutzgesetz sowie den Mutterschafts-Paragraphen 1591 hervorgebracht hat, erlebt hier schon eine kurze Ouvertüre. Unterbergers Aufsatz stammt allerdings aus einer Zeit, in der eine Schwangerschaft nach Eierstock-Transplantation bereits als praktisch aussichtslos beurteilt wird. Über die Geburt aus dem Jahr 1906 schreibt er: »Eine Erklärung dieses einzig dastehenden Falles zu geben, ist unmöglich. [...] Dieser Fall steht so sehr im Widerspruch mit dem, was unsere Erfahrungen am Menschen und im Tierversuch ergeben haben, daß wir unsere Zweifel nicht unterdrücken können.«[93] Robert Morris' tatsächlich durchgeführter und Zambaco Pachas imaginierter Eingriff werden in Publikationen zur künstlichen Befruchtung zwar noch bis in die 1950er Jahre hinein erwähnt,[94] aber in der endokrinologisch geprägten Gynäkologie besteht rasch Einigkeit darüber, dass die Schwangerschaften von »Mrs H.W.« und der 1895 von Morris operierten Patientin nur auf übersehene Reste eigenen Ovarialgewebes und damit eigener Eizellen zurückzuführen seien. Die Eierstock-Verpflanzung, um 1910 noch die gebräuchlichste Variante der Organtransplantation, wird in den zwanziger Jahren langsam aufgegeben; »mit wachsender Erfahrung« zeichne sich »immer deutlicher ab«, schreibt einer der routiniertesten amerikanischen Chirurgen auf diesem Gebiet schon 1922, dass »die Behauptungen der frühen Enthusiasten jeder Grundlage entbehrten«.[95] Doch auch wenn sich die zwanzig Jahre währende Aufregung um die Fertilität nach Eierstock-Transplantationen als gynäkologischer Irrtum herausstellen sollte: Dem Verfahren der Leihmutterschaft hat die Debatte eine erstaunlich getreue Schablone der Meinungen und Ängste geliefert.

4.

Leihmutterschaft von den 1990er Jahren bis heute

Das Verschwinden der biologisch verwandten Leihmutter

Der tiefe Einschnitt, den der Fall »Baby M« für die Praxis der Leihmutterschaft bedeutet, lässt sich nicht nur an den zahlreichen Gesetzeseinführungen ablesen, die das Verfahren seit 1988 weltweit untersagen; er zeigt sich auch darin, dass die Agenturen jener amerikanischen Staaten, in denen Leihmütter weiterhin vermittelt werden dürfen, ihre Arbeitsgrundsätze neu definieren. Der Konflikt zwischen Mary Beth Whitehead und dem Ehepaar Stern hat verschiedene Unzulänglichkeiten in der Vermittlungsweise sichtbar gemacht. So stellte sich vor Gericht etwa heraus, dass dem psychologischen Eignungstest der Bewerberinnen in Noel Keanes »Infertility Center of New York« kaum Beachtung geschenkt wurde. Der Gutachter hatte im Frühling 1984 nur eine eingeschränkte Empfehlung Whiteheads ausgesprochen; diese Information gab die Agentur aber nicht an William Stern weiter. Die Leihmutter selbst schreibt in ihrer Autobiographie, dass sie an einem Freitag im »Infertility Center« untersucht und schon am darauffolgenden Montag in die Kartei aufgenommen worden sei.[96] Keanes Büro vermittelt zwar die persönliche Begegnung von Auftragseltern und Bewerberin (im Gegensatz zu den Programmen Richard Levins und anderer Agenturen, bei denen sich die Auswahl nur über schriftliche Kurzbiographien vollzieht und Paar und Leihmutter sich während der Schwangerschaft nicht kennenlernen). Dennoch macht die minutiöse gerichtliche Rekonstruktion des »Baby M«-Falles deutlich, dass Mary Beth Whitehead und die Sterns nicht ausreichend auf die emotionalen Herausforderungen ihres Arrangements vorbereitet worden sind. Über Frequenz und Intensität des Kontakts während der Schwangerschaft gab es genauso wenige Richtlinien wie über die Modalitäten der Kindsübergabe nach der Geburt. Das Verhältnis zwischen Whitehead und den Sterns, anfangs noch herzlich, kühlte daher vor allem aus dem Grunde ab, weil sich die Leihmutter von den ständigen telefonischen Erkundungen der Auftragseltern über ihre Lebens- und Ernährungsweise bedrängt fühlte. Der Konflikt nach der Geburt wiederum hätte sich womöglich nicht in dem Maße dramatisiert, wenn die Abläufe im Kreißsaal genauer auf die besonderen Umstände der Entbindung abgestimmt gewesen wären. Aber »Mr und Mrs Whitehead wollten, dass im Krankenhaus keiner von der Leihmutterschaft erfährt«, wie es im Urteil des Supreme Court heißt. Deshalb war das Auftragspaar nicht anwesend, »und alle Mitarbeiter hielten die Whiteheads für die stolzen Eltern eines gesunden Mädchens«.[97]

Das Fiasko um Baby M führt deshalb zu einer präziseren Organisation des Leihmutter-Verfahrens. Bereits die strukturellen Bedingungen der Arrangements sollen einen Sinneswandel, wie ihn Mary Beth Whitehead vollzogen hat, künftig ausschließen. Die Korrekturen beginnen mit der Umstellung des Bezahlmodus. Bislang wurde das Honorar bei Vertragsabschluss auf ein Sperrkonto überwiesen und den Leihmüttern nach der Geburt ausgehändigt; auch Whitehead sollte die 10000 Dollar von einem Notar Keanes direkt ins Krankenhaus geliefert bekommen. Dieses Vorgehen wird in den Debatten um »Baby M« nun als psychologisch fragwürdig eingestuft, weil es bei den Leihmüttern den Eindruck verstärken könnte, den Säugling wie eine Ware zu verkaufen. Die Agenturen stellen ihre Honorierungsweise daher um. Die Frauen erhalten das Geld fortan gestaffelt, in bis zu einem halben Dutzend Raten zwischen der Bestätigung der Schwangerschaft und einigen Wochen nach der Geburt; dieser Modus soll die Leihmütter in ihrem Gefühl bestärken, für eine Dienstleistung bezahlt zu werden und nicht für ein abgeliefertes Produkt.[98]

Auch die kommunikativen Richtlinien der Arrangements werden strenger. Die Kulturanthropologin Helena Ragoné, die zwischen 1988 und 1994 die Arbeitsweise acht großer amerikanischer Agenturen untersucht hat, berichtet von der Sorgfalt, die vor allem die »offenen Programme«, in denen der Kontakt zwischen Auftragspaar und Leihmutter vorgesehen ist, bereits auf die medizinisch-psychologische Auswahl der Bewerberinnen legen. Nur fünf Prozent von ihnen werden durchschnittlich akzeptiert, im schroffen Gegensatz zu den 98 Prozent der früheren »geschlossenen Programme« ohne persönliche Begegnung, die ihre Tätigkeit umstellen oder aufgeben. Die Informationsbroschüren und Verträge enthalten jetzt eine Vielzahl von Hinweisen, die das Verhältnis zwischen Auftragseltern und Leihmutter sowie die Übergabe des Kindes regulieren. Diese Empfehlungen betreffen etwa die Regelmäßigkeit des persönlichen oder telefonischen Kontakts, die in den Monaten der Schwangerschaft erwünscht ist – »proportional ansteigend zum Fortschreiten der Schwangerschaft«, wie eine Agentur formuliert –,[99] aber nur im Sinne der Unterstützung, nicht der Bevormundung der Leihmutter. Besonders konkret sind die Vorgaben für den Zeitraum rund um die Geburt: Die Paare werden, anders als noch die Sterns, dazu aufgefordert, im Kreißsaal dabei zu sein, um bereits durch ihre Präsenz das Erwachen mütterlicher Gefühle bei der frisch entbundenen Frau zu unterdrücken und an die vertraglich festgesetzte Familienbildung zu erinnern. Unmittelbar nach der Geburt soll der Kontakt zwischen den Parteien dann, so eng und aufmerksam er in den Monaten zuvor gewesen sein mag, schlagartig abgebrochen werden. Der Leihmutter wird allerdings in manchen Agenturverträgen noch das Recht zugestanden, sich von dem Neugeborenen einige Stunden lang alleine zu verabschieden. Alle Vermittlungsbüros halten es überdies für angemessen, dass das Auftragspaar in den ersten zwei oder drei Lebensjahren des Kindes Geburtstagsfotos und Urlaubspostkarten an die Frau schicken sollte, wobei Ragoné anmerkt, dass viele Paare mit Bedacht unscharfe Bilder des Babys auswählen, um seine Ähnlichkeit mit der Leihmutter zu verschleiern.[100]

Eine ganze Fülle von Bestimmungen dient nun also dazu, einen zweiten »Baby M«-Fall zu verhindern und die Ablösung des Kindes von seiner leiblichen Mutter zu einem möglichst reibungslosen Vorgang zu machen. Neben all diesen Strategien und Mikroritualen steht den Agenturen seit Ende der achtziger Jahre jedoch noch eine weitere, erheblich wirkungsvollere Maßnahme zur Verfügung, um den latenten Konflikt zwischen Auftragspaar und Leihmutter zu beschwichtigen. Bislang ist es immer die biologische Verwandtschaft von Frau und Kind gewesen, die das zuverlässige, planbare Verhalten der Leihmutter nach der Geburt auf die Probe gestellt hat. »Das Baby ist mein Fleisch und Blut«, sagte Mary Beth Whitehead im Saal des Superior Court, und auch vor ihrer spektakulären Geschichte hat es in den USA oder in Deutschland Fälle gegeben, in denen die Übergabe des Kindes zwar nicht vor Gericht endete, aber keineswegs ohne Schwierigkeiten funktionierte. Die Sehnsucht der Reproduktionsmedizin richtet sich deshalb schon früh nach einem Verfahren, das die Austragung eines für andere bestimmten Kindes von der biologischen Verbindung mit ihm entkoppeln würde. Ein Großteil der infertilen Frauen (und das heißt auch: der Klientinnen von Leihmutter-Agenturen) verfügt über eigene Eizellen, kann aber aufgrund von Dysfunktionen der Eileiter oder der Gebärmutter nicht schwanger werden. Wenn es möglich wäre, diese Eier, befruchtet mit dem Samen des Ehemannes, in den Uterus einer Leihmutter zu verpflanzen, wäre die biologische Verwandtschaft zwischen der Frau und dem Fötus aufgehoben; die Ärzte hätten einen entscheidenden Grund für die Krise vieler Leihmutter-Arrangements entschärft.

Die Abtrennung der Eizellen vom Körper der Schwangeren: Bei der In-vitro-Fertilisation, die am Ende des »Baby M«-Prozesses bereits ein Jahrzehnt lang erfolgreich angewendet wird, kommt es genau zu diesem Vorgang – allerdings nur in der Zeit der Befruchtung und ohne Beteiligung einer zweiten Frau. Jede Patientin muss durch Hormongaben zunächst eine Vielzahl von reifen Eiern produzieren, die nach der genau terminierten Auslösung des Eisprungs den Ovarien entnommen und mit dem Samen des Mannes künstlich befruchtet wird. Die Geschichte der In-vitro-Fertilisation hängt aufs Engste mit dem Problem der Unzugänglichkeit menschlicher Eizellen zusammen. In den 1970er Jahren ist es dem von Patrick Steptoe mitentwickelten Verfahren der Bauchspiegelung oder »Laparoskopie« zu verdanken, dass es überhaupt zu einer extrakorporalen Befruchtung kommen kann. Die Eierstöcke werden dabei mit Sonden und Nadeln erreicht, die der Arzt durch den Bauchnabel der Patientin einführt.[101] In den Anfangsjahren der IVF-Behandlung finden sich allerdings zahlreiche Berichte über das Risiko dieses Eingriffs; von den operierten Frauen heißt es, sie würden sich wie die Versuchstiere der Reproduktionsmedizin vorkommen. Es ist daher offenkundig, dass die Laparoskopie zu aufwendig und kostspielig ist, um sie auch im Zusammenhang mit Leihmutterschaft-Arrangements durchzuführen. Solange diese Option aber die einzige bleibt, um an unbefruchtete Eizellen im weiblichen Körper zu gelangen, gibt es keine Alternative zur Vermittlung von Frauen, die mit dem ausgetragenen Kind biologisch verwandt sind.

Im Jahr 1985 erscheint ein Aufsatz dreier schwedischer Gynäkologen, in dem eine bedeutende Vereinfachung dieses Verfahrens demonstriert wird. Ihre Beschreibung der »transvaginalen Follikelpunktion«, also der ultraschallüberwachten Entnahme der reifen Eizellen mittels einer durch die Vagina geführten Nadel, erleichtert nicht nur die Praxis der In-vitro-Fertilisation, sondern stellt auch, nach dem »Baby M«-Fall, eine weitere tiefe Zäsur in der Geschichte der Leihmutterschaft dar. Denn die Methode kann als technische Voraussetzung von Tragemutterschaft und Eizellspende betrachtet werden. Matts Wikland und seine Göteborger Mitarbeiter sind zu dieser Zeit nicht die einzigen Reproduktionsmediziner, die mit Hilfe verfeinerter Ultraschall-Darstellungen ein Modell transvaginaler Eizellentnahme erproben. Doch die epochale Neuerung ihres 1985 vorgestellten Verfahrens besteht darin, dass sie die Steuerung der Nadel über den Ultraschall-Monitor, bis dahin eine komplizierte, nur von erfahrenen Spezialisten ausführbare Technik, fixieren und die Methode damit praktisch jedem Gynäkologen zugänglich machen. Die Vorteile dieses neuen Verfahrens sind vielfältig, denn die transvaginale Entnahme ist nicht nur mit weitaus weniger klinischem Aufwand verbunden, sondern für die Patientin sicherer, angenehmer, erfolgversprechender und auch beliebig oft wiederholbar. Wikland formuliert zwar noch vorsichtig, dass die von ihnen beschriebene Technik »als Alternative oder zumindest als Ergänzung zur Laparoskopie«[102] in Frage käme, aber diese Einschätzung erweist sich schon bald als allzu defensiv. Innerhalb von fünf Jahren ist die Bauchspiegelung aus der Reproduktionsmedizin verschwunden, und 1995 kann eine gynäkologische Zeitschrift bereits schreiben,»daß bei jedem neuen Ultraschallgerät die Vaginalsonde zur Standardausrüstung gezählt wird«.[103] Für die Praxis der assistierten Empfängnis bedeutet der Siegeszug des neuen Verfahrens vor allem auch die Emanzipation von der klinischen Umgebung. Von nun an kann eine IVF-Behandlung ganz ohne chirurgische Unterstützung durchgeführt werden; nicht umsonst verlassen Ende der achtziger Jahre die ersten Reproduktionsmediziner die Universitätskliniken und eröffnen privat geführte Zentren.

Auch in der Geschichte der Leihmutterschaft findet die Erleichterung der Eizellentnahme unmittelbaren Niederschlag. Im November 1985 berichtet die *New York Times*, dass in Cleveland im Bundesstaat Ohio gerade ein Kind von einer »gestational surrogate« ausgetragen werde, von einer Frau also, die nicht genetisch mit dem Fötus verwandt sei. Der Tragemutter wurde eine durch vaginale Follikelpunktion entnommene und anschließend mit dem Samen des Ehemannes befruchtete Eizelle einer anderen Frau eingesetzt. Der Uterus lässt sich bei der Einnistung des Embryonen also täuschen und akzeptiert eine fremde Eizelle als eigene. Im ersten Drittel der Schwangerschaft muss die Gebärmutterschleimhaut der Tragemutter zwar noch hormonell stimuliert werden, aber vom vierten Monat an entwickelt sich der Fötus im Bauch nicht anders als jedes natürlich gezeugte Kind. Fragen nach der wahren Mutterschaft wirft dieses epochale Ereignis nicht auf. Ein Leihmutter-Makler wird von der Zeitung mit den Worten zitiert, dass »die Gebärende, mit allem Respekt, nur ein Inkubator«[104] sei. Am 17. April 1986, neun Tage vor Melissa Stern, kommt das erste von einer Tragemutter geborene Kind zur Welt. Bis zum Ende der achtziger Jahre wird diese Methode nur vereinzelt und im Rahmen von Forschungsstudien angewandt. Doch nach dem »Baby M«-Fall – als die Reproduktionsmedizin mit aller Kraft über Entschärfungen des Verfahrens nachdenkt – setzt sich die neue Variante innerhalb kurzer Zeit durch. Anfang der neunziger Jahre geht die erste Epoche der Leihmutterschaft, die heute die »klassische« heißt, zu Ende. Es beginnt die Ära der Tragemutter und der Eizellspenderin.

Calvert gegen Johnson: Eltern als Autoren ihres Kindes

Die Geschichte des Leihmutterschafts-Verfahrens lässt sich als Abfolge von gerichtlichen Auseinandersetzungen erzählen. Momente der Krise bilden die Scharniere seiner Entwicklung, was zweifellos daher rührt, dass die Methode anfälliger für Konflikte ist als etwa die Samenspende, aber auch auf die Beharrlichkeit weist, mit der diese Konflikte von den Kritikern als exemplarisch gedeutet werden. Schon in den Jahren vor »Baby M« erlangten zwei Fälle, ebenfalls von Noel Keane vermittelt, mediale Aufmerksamkeit: In dem einen entschied sich die Leihmutter wie später Mary Beth Whitehead, das Kind zu behalten, und es kam nur deshalb nicht zu einem Sorgerechtsprozess, weil sich bei den Voruntersuchungen herausstellte, dass die Auftragsmutter bis zu ihrem 21. Lebensjahr ein Mann gewesen war (das Paar zog daraufhin seine Klage zurück); in dem anderen gebar die Leihmutter ein schwerbehindertes Kind, das von den Auftragseltern zurückgewiesen wurde, bevor ein Vaterschaftstest ergab, dass es ohnehin vom Ehemann der Schwangeren stammte.[105] Im Jahr 1990 schließlich, zwei Jahre nach der Rehabilitation Whiteheads und der beginnenden Ablösung der Leih- durch die Tragemutterschaft, ist es wieder ein Rechtsstreit, der das neue Verfahren in der Öffentlichkeit bekanntmacht. Zu dieser Zeit vermitteln die Agenturen bereits vorwiegend Tragemütter; die Aussicht, ein mit beiden Elternteilen genetisch verwandtes Kind zeugen zu können, macht dieses Modell für die Klienten so verheißungsvoll. Zudem ist die Anzahl möglicher Bewerberinnen nun weit höher, denn die ausgewählte Frau muss nicht mehr denselben ethnischen Hintergrund aufweisen, um ein Baby zur Welt zu bringen, das der sozialen Mutter ähnelt. Ob die Tragemutter kaukasischer, latein- oder afroamerikanischer Herkunft ist, spielt für die Hautfarbe des entstehenden Kindes keine Rolle. Verbunden mit dieser Ausweitung der Optionen ist aber ein neues Problem: Denn die ökonomische Differenz zwischen Auftragseltern und Leihmutter, die sich im Fall »Baby M« als latenter Grundkonflikt herausstellte, wird nun häufig von der ethnischen Differenz der Parteien ergänzt.

Das Gerichtsverfahren zwischen dem Ehepaar Calvert und der Tragemutter Anna Johnson, in der südkalifornischen Stadt Santa Ana, macht nicht zuletzt diesen Konflikt sichtbar. Der Prozess kann als Komplementärfall zu »Baby M« bezeichnet werden; für die Praxis und die öffentliche Wahrnehmung der assistierten Empfängnis kommt ihm ähnlich große Bedeutung zu, wenngleich mit entgegengesetzten Konsequenzen. Mark und Crispina Calvert, beide Mitte dreißig – er ein weißer Amerikaner, sie von den Philippinen in die USA immigriert – können keine Kinder bekommen, weil der Frau nach einer Tumorerkrankung der Uterus entfernt worden ist. Das Paar entschließt sich, eine Tragemutter in Anspruch zu nehmen, doch die von den Agenturen in Los Angeles geforderten Kosten, insgesamt fast 50000 Dollar, sind dem Versicherungsmakler und der Krankenschwester zu hoch. An ihrer Arbeitsstelle lernt Crispina Calvert im Herbst 1989 aber die 29-jährige Anna Johnson kennen, eine dunkelhäutige Frau, alleinerziehende Mutter eines dreijährigen Mädchens, die in der Klinik als Teilzeit-Krankenschwester aushilft. Die Kollegin macht ihr den Vorschlag, das Kind auszutragen. Die Calverts willigen ohne längere Überlegung ein, beflügelt von der unerwarteten Wendung, und in den Wochen darauf suchen die Frauen nach ihren Nachtschichten gemeinsam Calverts Gynäkologen auf, um sich die nötigen Hormonpräparate injizieren zu lassen. Am 15. Januar 1990 unterzeichnen die drei Beteiligten einen Standard-Leihmuttervertrag. Johnson erhält für ihre Dienste ein Honorar von 10000 Dollar, zahlbar in sechs Raten, die letzte sechs Wochen nach der Geburt (man hat aus dem Baby-M-Fall gelernt); zudem versprechen die Calverts, eine Lebensversicherung in Höhe von 200000 Dollar für die Tragemutter zu übernehmen. Zwei Tage nach Vertragsabschluss werden Crispina Calvert sechs Eizellen entnommen und mit dem Samen ihres Ehemanns befruchtet; die Ärzte setzen drei Embryonen in Anna Johnsons Gebärmutter ein. Anfang Februar stellt die Tragemutter fest, dass sie schwanger ist.

Zur ersten Irritation zwischen den Parteien kommt es bereits in der auf die künstliche Befruchtung folgenden Nacht. Obwohl der Vertrag auch eine Vertraulichkeitsklausel enthält, erzählt Johnson den versammelten Kolleginnen in der Klinik von der Implantation. Crispina Calvert wird im Gerichtsverfahren sagen, sie habe in diesem Moment gehofft,

dass sich keiner der drei Embryonen im Uterus der Tragemutter weiter-
entwickeln würde. Johnsons Schwangerschaft ist von Beginn an mit
Komplikationen verbunden. Im zweiten Monat liegt sie wegen Durch-
blutungsproblemen einige Tage im Krankenhaus, und nun offenbart sie
dem Ehepaar auch, bereits zwei Fehl- und zwei Totgeburten erlitten zu
haben. Diese Nachricht, bei Vertragsabschluss verschwiegen, verschlechtert die Beziehung zwischen Auftragseltern und Tragemutter drastisch,
genauso wie das anhaltende Versäumnis der Calverts, die zugesicherte
Lebensversicherung tatsächlich abzuschließen. Den endgültigen Bruch
führt schließlich ein Brief herbei, den Anna Johnson im Juli an das Ehepaar schreibt. Die hochschwangere Tragemutter musste die Arbeit in
der Klinik zu diesem Zeitpunkt bereits aufgeben und kann ihre Wohnung nicht mehr finanzieren; zudem droht ihr ein Strafverfahren wegen
Sozialhilfebetrugs, weil sie als Krankenschwester weiterhin staatliche
Hilfeleistungen in Anspruch genommen hat. Johnson bittet die Calverts
daher, mit ihrer Tochter bis zur Geburt bei ihnen einziehen zu dürfen,
und als das Ehepaar ablehnt, stellt sie ihre Auftraggeber vor die Wahl: Sie
verlangt die restlichen Raten von 5000 Dollar innerhalb von fünf Tagen,
»damit ich nicht auf der Straße leben muss«, wie sie schreibt. »Oder Sie
werden Ihr Baby nicht bekommen«.[106]

Mit Empfang dieses Briefes, knapp zwei Monate vor der Geburt, setzt
die juristische und öffentliche Auseinandersetzung zwischen den Auftragseltern und der Tragemutter ein. Anna Johnson tritt in der »Phil
Donahue«-Talkshow auf (der getreuen Begleiterin aller Leihmutter-
Konflikte in den USA) und spricht von der unauflösbaren Verbindung,
die sie inzwischen zu dem von ihr ausgetragenen Kind spüre. Die kalifornischen Leihmutter-Agenten melden sich zu Wort, stellen in den
Medien ihre sorgsame Arbeitsweise vor und betonen, dass ein solcher
Fall nur ohne ihre Vermittlungsinstanz eintreten konnte. Beide Parteien
wenden sich an erprobte Anwälte auf dem Gebiet der Reproduktionsmedizin, und es wird ein Prozess vor dem Superior Court in Santa Ana
festgesetzt. Am 19. September 1990 bringt Anna Johnson einen Jungen
zur Welt. Auf Wunsch ihrer kleinen Tochter nennt sie ihn Matthew; von
den Calverts erhält er aber den Namen Christopher Michael. Ein noch

im Kreißsaal vorgenommener Bluttest bringt das erwartete Ergebnis: Johnson und das Kind sind nicht genetisch verwandt. Der zuständige Richter des Verfahrens setzt daher fest, dass der Säugling bis zur Urteilsfindung bei Mark und Crispina Calvert leben soll, und gewährt Anna Johnson regelmäßiges Besuchsrecht.

Im Oktober 1990 beginnt der Sorgerechtsprozess, der anschließend zwei weitere Instanzen durchläuft und erst 1993 vom Supreme Court des Bundesstaats Kalifornien endgültig beschieden wird. Im Gegensatz zum »Baby M«-Fall bestätigen jedoch alle späteren Gerichte das erste Urteil: Mark und Crispina Calvert sind als legitime Eltern anzusehen; Anna Johnson dagegen hat keinerlei mütterliche Rechte und muss den Kontakt zu dem von ihr geborenen Jungen aufgeben. Die Argumentationen des Superior Court und des Revisionsgerichts fokussieren sich dabei ganz auf die Hierarchie zwischen der genetischen und der »gestationalen«, also durch die Schwangerschaft bestimmten Verbindung zwischen Frau und Kind. Was ist eine Mutter? Diejenige, die die genetische Essenz eines künftigen Lebewesens beisteuert? Oder diejenige, in deren Körper sich die Entwicklung von der befruchteten Eizelle zum Menschen vollzieht? Wo es im Fall »Baby M« eher um Fragen der Vertragsbindung und des Kinderhandels ging und die biologische Verwandtschaft Whiteheads mit dem Säugling unstrittig war, steht hier also die Spaltung von Mutterschaft in aller Konsequenz zur Debatte.

Die Anwälte Anna Johnsons betonen, dass sämtliche juristischen Definitionen, die es bis 1990 gegeben hat, der gebärenden Frau den Status einer Mutter zuweisen. Zudem erinnern sie an die Erkenntnisse der pränatalen Psychologie: »Das Kind wäre nicht dasselbe, wenn es eine andere Gebärmutter hervorgebracht hätte.«[107] Doch die seit der antiken Medizin behauptete Prägung des Fötus durch die Schwangere, die bislang zu den wirkungsmächtigsten Gründen für die verbreitete Ablehnung der Leihmutterschaft gehörte, wird nach Ansicht des Superior Court von der Faktizität der genetischen Verbindung überschrieben. Der vorsitzende Richter nutzt die Urteilsverkündung sogar zu einer anthropologischen Grundsatzrede über die Konstituierung des Menschen durch den genetischen Code: »Wie wir gehen und reden, hängt von unseren Genen ab, wie lange wir leben, wann unser Immunsystem zusammenbricht, für welche Krankheiten wir anfällig sind. Die Intelligenz eines Menschen, besagen neueste Forschungen, hängt bis zu siebzig Prozent von genetischen Faktoren ab.« Anna Johnson dagegen bezeichnet er als Pflegemutter und »Amme«. Das Revisionsgericht argumentiert im Jahr darauf entlang derselben Hierarchie; »es gibt keinen einzelnen Bereich des menschlichen Körpers«, so die Urteilsschrift, »der nicht von der genetischen Anlage bestimmt ist«.[108] Ihren unmittelbarsten Ausdruck findet diese Kausalität in einem Satz Crispina Calverts, den sie beim ersten Anblick des Säuglings in der Klinik gesagt haben soll: »Er sieht aus wie wir!«Von den kalifornischen Boulevardmedien, geschlossen auf der Seite der Calverts, wird der Ausruf wie ein Motto des gesamten Prozesses behandelt: Das Phänomen der Ähnlichkeit macht die abstrakten Gesetze der Genetik evident.

In seinem Urteil gebraucht der Richter des Superior Court eine aufschlussreiche Wendung, um die legitime Elternschaft der Calverts festzusetzen. Er sagt, Mark and Crispina seien »die genetischen, biologischen und natürlichen Eltern«[109] des Kindes. Tatsächlich sorgt das neue Modell der Tragemutterschaft für die Aufspaltung von Begriffen, die bislang als Einheit gedacht worden sind. »Genetische« und »biologische« Mutterschaft waren – wenn man von den umstrittenen Schwangerschaften nach Eierstock-Transplantation absieht – bis Mitte der 1980er Jahre dasselbe. Der Sorgerechtsstreit in Santa Ana zeigt nun, dass diese beiden Kategorien inkongruent geworden sind. Crispina Calvert ist zweifellos die genetische Mutter ihres Sohnes, aber die Rolle der biologischen muss, der Formulierung des Richters zum Trotz, eher Anna Johnson zuerkannt werden. Die Identifizierung von Genetik, Biologie und Natur ist also im Zeitalter der Tragemutterschaft überkommen, und nicht umsonst tilgen die beiden anderen Instanzen diesen Dreischritt auch aus ihren Urteilen. Es geht vielmehr um das Problem, ob der genetischen oder der biologischen Mutterschaft der Status der »Natur« zugesprochen wird – eine Frage, die letztendlich von allen drei Gerichten im Sinne der Calverts beantwortet wird. Die Reproduktionsmedizin jedenfalls muss von nun an nicht mehr allein die Konkurrenz zwischen »sozialer« und »biologischer« Elternschaft moderieren, wie es bei der Anstellung eines Samenspenders oder einer klassischen Leihmutter der Fall ist, sondern es kommt zu einer weiteren Aufspaltung.

Der Fall Johnson gegen Calvert erregt Anfang der neunziger Jahre zweifellos deshalb so große Aufmerksamkeit, weil die Methode der Tragemutterschaft zum ersten Mal juristisch verhandelt wird. Die Popularität dieses Rechtsstreits hängt aber auch damit zusammen, dass sich die Konflikte des neuen Verfahrens aufgrund der ethnischen Zugehörigkeit der Parteien besonders deutlich abbilden lassen. Eine »schwarze« Tragemutter, die den Embryo eines »weißen« Auftragspaares für sich beansprucht: Die Konstellation erinnert in ihrer anschaulichen Dichotomie an jenen Fall, den Zambaco Pacha 1911 zur Kritik der Eierstock-Transplantation erfunden hat. Mark und Crispina Calvert verwehren sich in Zeitungsinterviews zwar gegen den Verdacht, ihre Klage sei auch rassistisch motiviert. Dennoch wird der Rechtsstreit sowohl von den Anwälten des Ehepaars als auch von den begleitenden Medien als Konflikt zweier Ethnien dargestellt, der die Facetten der Abstammung (Crispina Calvert ist Asiatin, Anna Johnson halb afroamerikanischer, halb indianischer Herkunft) zugunsten einer klaren Gegenüberstellung übertüncht. Im Laufe des Verhörs wird Johnson einmal gefragt, ob sie »immer schon ein weißes Baby wollte«, und Mark Calvert wählt im Zeugenstand die zumindest unbedachte Formulierung, die Tragemutter sei »zu unserem schwärzesten Albtraum geworden«.[110] Auch in der Berichterstattung der Zeitungen und Fernsehsender erscheint Johnson zumeist als Eindringling in das normative Modell der weißen Mittelklasse-Familie. Umgekehrt stellen vereinzelte kritische Artikel den Fall in die Tradition der Sklaverei in den USA, die in Gestalt der dunkelhäutigen, in prekären finanziellen Verhältnissen lebenden Tragemutter wiederkehre. So wie die neugeborenen Kinder von Sklavinnen bis ins 19. Jahrhundert hinein automatisch in den Besitz ihrer weißen Herren übergegangen seien, habe auch Anna Johnson die Verbindung zu ihrem Sohn einbüßen müssen. Die Tragemutter selbst unterschreibt einen Brief an einen bekannten Fernsehjournalisten einmal mit der Zeile: »Ich bin keine Sklavin.«[111]

Als der Rechtsstreit 1993 vom kalifornischen Supreme Court aufgegriffen wird, ergibt sich noch einmal eine bedeutsame Korrektur der Argumentation, die das Verfahren der Tragemutterschaft in vielen Staaten der USA bis zum heutigen Tage prägt. Die beiden früheren Instanzen stellten die Priorität der genetischen Verbindung zwischen Frau und Kind in den Mittelpunkt des Urteils. Die sieben Richter des Supreme Court nun, von denen sechs im Sinne der Calverts stimmen, gelangen auf einem anderen Weg zu ihrer Entscheidung. Sie halten Genetik und Gestation im Sinne des »Uniform Parentage Act« für ebenbürtige Kriterien der Mutterschaft und leiten ihre Beschäftigung mit dem Fall deshalb von einer dritten Kategorie her, und zwar von der unterschiedlichen »Intention« der beiden Frauen. »Mark und Crispina hatten den Wunsch nach einem Kind mit ihren eigenen genetischen Wurzeln«, heißt es in der Urteilsschrift. »Sie beabsichtigten die Geburt dieses Kindes und veranlassten die notwendigen Schritte, um eine In-vitro-Fertilisation durchzuführen. Ohne diese Absicht würde es nicht existieren. Anna erklärte sich bereit, die Erzeugung des Kindes zu erleichtern. Das ursprüngliche Ziel beider Parteien war es aber, Marks und Crispinas Kind zur Welt zu bringen und nicht, die befruchtete Eizelle Anna zu spenden.« Man muss auf die Substantive und Verben achten, die in dieser Passage das Handeln der Calverts beschreiben; sie kennzeichnen allesamt einen auf die Zukunft gerichteten Willen. Der Supreme Court kommt daher zu dem bemerkenswerten Schluss, dass in einem Fall, in dem sich genetische Verbindung und Schwangerschaft »nicht in derselben Frau vereinen, diejenige als natürliche Mutter nach kalifornischem Recht anzusehen ist, die *beabsichtigt* hat, das Kind zu zeugen und aufzuziehen«.[112]

Intention als maßgebliches Kriterium von Mutterschaft, nicht genetische Verwandtschaft oder körperliche Einheit während der Schwangerschaft: Das Gericht setzt mit diesem Urteil eine Entmaterialisierung des Zeugungsvorgangs fest, die an längst vergessene Theorien der Empfängnis anschließt. Wo bereits die unterschiedlichen Auswahlkriterien für Samenspender und Leihmütter die Spuren aristotelischer Zeugungslehre in der hochmodernen Reproduktionsmedizin sichtbar machten, lässt sich diese erstaunliche Wiederkehr nun ein weiteres Mal beobachten. Denn der Supreme Court schreibt letztlich jene Theorie der Zeugung durch Imagination fort, wie sie William Harvey Mitte des 17. Jahrhunderts, in einer belächelten Verirrung der Wissenschaftsgeschichte, formuliert hat. Harvey kam bei seinen Hirschkuh-Experimenten wie erwähnt zu dem Ergebnis, dass weibliche Empfängnis immateriell zu denken sei, als eingebildete Ansteckung mit der Kraft des männlichen Samens; Gebärmutter und Gehirn hielt er für strukturell und funktionell vergleichbare Organe.[113] Dreieinhalb Jahrhunderte nach den »Übungen zur Erzeugung der Tiere« wird der Streit zwischen genetischer und austragender Mutter nun genau mit einem solchen Konzept erklärt: Als wahre Erzeugerin gilt die Frau, deren Vorstellung vom Kind intensiver gewesen ist.

Die Gegenstimme unter den sieben obersten kalifornischen Richtern stammt von Joyce Kennard, der einzigen Frau im Plenum. Der Urteilsschrift ist ihr ausführlicher Widerspruch beigefügt, der erläutern soll, warum sie das Absichtsmoment für eine unbrauchbare Kategorie hält, wenn es um einen Sorgerechtsprozess und damit um das Wohl eines Kindes geht. Kennard führt den Begriff der »Intention« in jenen juristischen Kontext zurück, aus dem ihn ihre Kollegen am Supreme Court entlehnt haben: das Urheberrecht. In der Argumentation des Urteils wird der Begriff des »geistigen Eigentums« von Autoren oder Erfindern auf die Klienten von Samenbanken und Leihmutter-Agenturen angewendet und in ein Konzept der »mentalen Empfängnis« überführt, das den Auftragseltern die gleichen Rechte zusichern soll wie den Schöpfern von Texten, Liedern oder Patenten. Kennard kritisiert diese Gleichsetzung: »Denn das Problem ist natürlich, dass Kinder nicht als Eigentumsobjekte zu betrachten sind. Im Gegensatz zu Liedern oder Erfindungen können sie nicht verkauft oder unentgeltlich der Öffentlichkeit zugänglich gemacht werden.« Die »elementarsten Begriffe von menschlicher Persönlichkeit«, schreibt sie, »sind nicht damit vereinbar, Kinder als Eigentum zu betrachten«. Daher könne sie einem auf das Urheberrecht zurückgehenden Konzept der »Intention« als Kriterium von Mutterschaft nicht zustimmen. Zu einer Schwangerschaft gehöre mehr als die bloße Idee.[114] Konsequenterweise betonten die Anwälte Anna Johnsons gerade die unerlässliche Körperlichkeit ihrer Mandantin, die zur Verwandlung von Keimzellen in ein menschliches Lebewesen nötig war.

Da das Argument Joyce Kennards aber eine vernachlässigte Einzel-
stimme bleibt in diesem Fall, wird die »beabsichtigte Elternschaft« zum
zentralen Begriff des Urteils. Mutter und Vater sind in Tragemutter-
schafts-Verfahren als Autoren zu begreifen, ihre Kinder als Werke: Eine
Metapher, die bislang nur in entgegengesetzter Richtung bekannt war.
Seit Platons »Symposion« nennen Autoren ihre Bücher Kinder. Vor allem
mit dem Geniekult des 18. Jahrhunderts und dem daraus entstehenden
Urheberrecht wird diese Identifikation von Schreib- und Gebärvorgang
allgegenwärtig. Im Kunstwerk sind die innersten Regungen des Autors
verkörpert, und nur er kann die Vervielfältigung seines Erzeugnisses gewähren. Eine der berühmtesten Tagebuch-Notizen Kafkas hält die nach-
träglichen Korrekturen seiner in einer einzigen Nacht entstandenen Erzählung »Das Urteil« fest: »Die Geschichte«, schreibt er am 11. Februar
1913, »ist wie eine regelrechte Geburt mit Schmutz und Schleim bedeckt
aus mir herausgekommen«.[115] Dieses andere Urteil nun, knapp achtzig
Jahre später, kehrt die metaphorische Tradition um: Die Geburt eines
Kindes ist vor allem eine Leistung schöpferischer Einbildungskraft.

Für die Praxis der Tragemutterschaft hat die Entscheidung des Supreme Court deshalb so große Bedeutung, weil sie nicht nur einen spektakulären Einzelfall betrifft, sondern in vielen amerikanischen Staaten seither als Präzedenzurteil betrachtet wird. In Kalifornien, wo assistierte
Empfängnis so selbstverständlich und vollständig kulturell assimiliert ist
wie in keiner anderen Region der Welt, gibt es nach dem Prozess Johnson gegen Calvert keinen Gesetzesvorschlag zur Leihmutterschaft mehr;
die Richter greifen bis heute auf das Supreme-Court-Urteil zurück, um
Rechtsstreitigkeiten zu lösen. Zahlreiche andere Staaten, wie Arkansas,
Florida, Illinois, Nevada, New Hampshire, North Dakota, Pennsylvania,
Texas und Utah, übernehmen in den Jahren nach 1993 die Kategorie der
»beabsichtigten Elternschaft« und legalisieren das Verfahren der kommerziell vermittelten Tragemutterschaft, entweder durch Einführung
entsprechender Gesetze oder durch maßgebliche Fallentscheidungen des
jeweiligen Supreme Court.[116] Das Kürzel »I. P.«, für »intended parents«,
ist im amerikanischen Diskurs der Reproduktionsmedizin heute ein fest-
stehender Begriff. Richterin Kennard begründete ihr widersprechendes

Votum bereits mit der Verantwortung, die dem Gericht auf diesem rechtlich unerschlossenen Gebiet zukomme. In vorliegendem Fall, schreibt sie, sei die Entscheidung für das Auftragspaar vielleicht tatsächlich im Sinne des Kindswohls. »Aber dieses Urteil muss auch alle zukünftigen Verfahren der Tragemutterschaft klären, solange die Gesetzgebung fehlt, und kein Fall wird dem anderen gleichen. Die genetischen Eltern sind in den meisten Fällen sicher wohlhabender als die Tragemutter. Aber die Tatsache, dass ein Paar hohe Summen für die Geburt seines Kindes auszugeben bereit ist, heißt noch lange nicht, dass die beiden geeignete Eltern sind. Unter diesen Umständen kann die bloße ›Absicht‹ nicht die leitende Kategorie des Gerichts sein.«[117]

In den vergangenen zwanzig Jahren hat sich, den Bedenken der Richterin zum Trotz, genau diese Einschätzung etabliert. Das Urteil im Fall Johnson gegen Calvert entfaltet in Kalifornien und einem knappen Dutzend anderer Bundesstaaten die gleiche Wirkung wie zuvor der Prozess um »Baby M« in New York und den umliegenden Staaten New Jersey, Michigan, Kentucky oder dem District of Columbia. Die beiden bekanntesten Gerichtsverfahren zur Leihmutterschaft kommen also nicht nur zu unterschiedlichen Ergebnissen, sondern sie setzen auch zwei konträre Leitnarrative in Gang, wie diese Reproduktionsmethode aufzufassen sei: als verdammungswürdiger Handel mit Kindern oder als zulässige Einbeziehung von Dritten bei der Überwindung ehelicher Sterilität. Mary Beth Whitehead, juristisch rehabilitiert, schreibt einen autobiographischen Bestseller und wird zur Ikone des Widerstands gegen Leihmutterschaft; von Anna Johnson hat man nach dem Urteil des Supreme Court nichts mehr gehört – die eine ein erstarktes Subjekt, die andere ein so passives wie legitimes Objekt assistierter Empfängnis.

Bis heute lässt sich in den USA daher eine geographische Spaltung im Umgang mit dem Verfahren beobachten: An der Ostküste herrscht eine kritische, an der Westküste eine liberale Haltung vor. In Kalifornien ist die Anstellung einer Tragemutter durch ein heterosexuelles Paar im Jahr 2014 zu einer fast alltäglichen Praxis geworden. Allein im Großraum Los Angeles bieten inzwischen Dutzende von Agenturen ihre Vermittlungsdienste an. Da sie im Gegensatz zu Samenbanken, die mit tiefgefrorenem und somit erfassungspflichtigem Gewebe handeln, keine medizinischen und rechtlichen Auflagen erfüllen müssen, eröffnen fast wöchentlich neue Büros. Klassische Leihmütter werden von den Agenturen dabei so gut wie nicht mehr vermittelt; die größten unter ihnen haben die Variante schon vor etwa zehn Jahren aus dem Programm gestrichen. Die langwierige Suche nach Kandidatinnen, die diese Anstrengung auf sich nehmen, lohnt sich angesichts der stetig wachsenden Anzahl von Klienten nicht mehr. Zudem verspricht die Aufspaltung des Verfahrens in Tragemutterschaft und Eizellspende jenen Paaren neue Optionen, bei denen die Frau keine eigenen Eier produzieren kann. Man darf es nicht vergessen: Assistierte Empfängnis bedeutet nicht nur künstliche, sondern immer auch optimierte Reproduktion.

Solange die soziale Mutter ihre eigenen Eizellen nutzen kann und will, ist eine solche Ergänzung nicht nötig. Diese Konstellation, die in den USA den größten Teil der bislang über 50000 Geburten durch Leih- und Tragemutterschaft ausmacht,[118] hat sich in den letzten fünfzehn Jahren zu einem routinierten, in der Öffentlichkeit selten verhandelten Modell der Fortpflanzung entwickelt. Dass Tragemütter nach der Geburt das Kind bei sich behalten wollen, kommt offensichtlich nicht mehr vor – vermutlich auch deshalb, weil die Möglichkeit, den anschließenden Sorgerechtsstreit zu gewinnen, nach den bisherigen Urteilen praktisch ausgeschlossen ist. Für Aufsehen sorgt das Verfahren nur noch in skandalträchtigen Einzelfällen, wie etwa nach dem Erfahrungsbericht »Ihr Körper, mein Baby« der New Yorker Journalistin Alex Kuczynski im November 2008. Hier ist die Auftragsmutter in doppelter Hinsicht Autorin ihres Kindes: einerseits im juristischen Sinne der beabsichtigten Elternschaft, die auch im Staat Pennsylvania Gültigkeit hat, wo ihr Kind geboren wird; andererseits, weil Kuczynski eine lange Titelgeschichte für das *New York Times Magazine* über ihre Zeit mit der Tragemutter verfasst.

Die kollektive Empörung, die dieser Artikel bei den Lesern auslöst und die Chefredaktion der *New York Times* sogar veranlasst, einen kritischen Kommentar über die im eigenen Blatt veröffentlichte Geschichte zu publizieren,[119] wird bereits von seiner Bebilderung entfacht. Auf dem

Titelblatt des *New York Times Magazine* sind zwei Frauen zu sehen, beide um die vierzig Jahre alt: die eine hochschwanger, in bequemer Freizeitkluft, die andere schlank und elegant gekleidet, mit beiden Händen ihren flachen Bauch umfassend. Die Fotos im Innern des Magazins dann zeigen die Journalistin mit ihrem Baby und der dunkelhäutigen Kinderfrau vor der Prachtvilla in einem Vorort New Yorks [→ Abb. 5] und, ein paar Seiten später, die Tragemutter eine Woche vor der Niederkunft auf der baufälligen Veranda ihres Hauses. All jene ökonomischen und ethnischen Differenzen zwischen Auftraggeber und Angestellter, die seit der Zeit von Mary Beth Whitehead und Anna Johnson als kritische Momente des Leihmutterschafts-Verfahrens ausgemacht worden sind, kehren hier also in zugespitzter Manier wieder.

Abb. 5 Die New Yorker Modejournalistin Alex Kuczynski mit ihrem durch eine Tragemutter geborenen Sohn und der Kinderfrau vor ihrem Haus im Bundesstaat New York © Gillian Laub

Alex Kuczynski wird sich den vielen hundert Leserzuschriften gegenüber mit dem Argument rechtfertigen, die Fotos seien ohne ihre Einwilligung arrangiert und veröffentlicht worden. Doch ihre eigene Perspektive auf die Erfahrungen mit der Tragemutter ist nicht dazu angetan, die Schärfe der Reaktionen abzumildern. Denn der Artikel beschwört ein freundschaftliches, harmonisches Miteinander der beiden Frauen, das die Macht- und Geschäftsverhältnisse zwischen Auftrags- und Tragemutter genau in dem Maße zementiert, in dem sie als unbedeutend überspielt werden sollen. Kuczynski, Mode- und Lebensstil-Kolumnistin für die *New York Times* und verheiratet mit einem bekannten Investment-Banker, ortet die Grundmotivation einer Leihmutter ohnehin jenseits des finanziellen Interesses. Als sie ihre Suche nach einer passenden Frau und die Mentalität der »typischen« Kandidatin in den Agenturen beschreibt, wiederholt sie eine Anschauung, die bereits Philip Parker, der psychiatrische Gutachter Noel Keanes, in den frühen achtziger Jahren vertreten hat: Leihmütter würden diese Aufgabe zumeist deshalb übernehmen, weil sie seit einer Abtreibung oder Adoptionsfreigabe in jüngeren Jahren von Schuldgefühlen geplagt werden und ihren früheren Egoismus dadurch korrigieren wollen, dass sie für andere Paare neues Leben in die Welt setzen. »Unsere Erfahrungen mit der Welt der Leihmutterschaft«, schreibt Kuczynski, »haben gezeigt, dass niemand das Geld in den Vordergrund stellt.«

Die Wahl des Ehepaars fällt auch deshalb auf Cathy Hilling, eine 43-jährige Hausfrau und Mutter dreier jugendlicher Kinder, weil sie im Gespräch glaubhaft macht, ihre erste Tragemutterschaft ein Jahr zuvor habe ihr »tiefe Befriedigung verliehen und das Gefühl, gebraucht zu werden«. Im Verlauf der Schwangerschaft wird Kuczynski dann nicht müde zu betonen, dass dieses Erlebnis für die Frau weit mehr bedeutet als nur ein mit 25 000 Dollar vergütetes Abkommen: »Sie war nicht nur gut darin, schwanger zu sein, sondern sie schien es wirklich zu mögen. Sie wollte als diejenige in Erinnerung bleiben, die anderen etwas gibt, die Träume verwirklichen kann.« Mit dieser Beschwörung des Altruismus verknüpft Kuczynski ein zweites Argument: die Einsicht, dass sich die Lebensweisen zwischen dem vermögenden New Yorker Paar und der Tragemutter in der Provinz viel stärker ähneln würden als gedacht. Cathy Hilling und ihr Ehemann, schreibt sie, haben akademische Bildung, wohnen in einer »renovierten Mühle an einem Bach«, wollen bei der bevorstehenden Präsidentschaftswahl Barack Obama ins Amt wählen, und ihre älteste Tochter studiert sogar Journalistik: »Sie waren, mit anderen Worten, gar nicht so anders als wir.« Ein paar Sätze später berichtet Kuczynski, wie sie mit der Tragemutter ihren Gynäkologen aufsucht, um den Transfer der befruchteten Eizelle in die Gebärmutter Hillings durchführen zu lassen. Auch die Tochter ist mitgekommen, die Studentin und angehende Berufskollegin, und zwar deshalb, weil sie »Eizellen spendet, um ihre College-Gebühren zu finanzieren«. Die Autorin ist also auf eine Familie getroffen, die ihre Gameten und Körperfunktionen generationenübergreifend der Reproduktionsmedizin zur Verfügung stellt, um über die Runden zu kommen. Diese Erkenntnis wird von ihr allerdings im Sinne einer erheiternden Pointe beschrieben: »Da saßen wir drei, ein kleines Expertengremium in Sachen Unfruchtbarkeit.«

Alex Kuczynskis Aufsatz ist vom Ehrgeiz durchdrungen, das soziale und ökonomische Gefälle zwischen Auftraggeberin und Tragemutter zu nivellieren. Doch die Risse dieser Anstrengung sind in beinahe jeder Zeile zu erkennen. Einmal, als die beiden Frauen von einer medizinischen Untersuchung zurückkehren und in der Villa der Journalistin zu Mittag essen, sprechen sie über Hillings Tennis-Begabung in Zeiten des Studiums. Dann fällt der Blick der Tragemutter auf das Klavier im Wohnzimmer, und sie erwähnt, dass sie früher in einem Kinderchor für die musikalische Begleitung zuständig war. »Also spielte sie auf unserem Steinway, während ich das Essen holte. Ich stand am Eingang zum Wohnzimmer, hielt ein Tablett mit Thunfisch-Sandwiches in der Hand und hörte ihr zu. Ich war wie betäubt: Ich kann kaum Klavier spielen, ich habe im College keinen Tenniskurs belegt; damals rauchte ich und färbte meine Haare schwarz. Unglaublich, diese Frau kann all diese Dinge – und jetzt bekommt sie mein Baby.« Ihre tiefe Bewunderung für die Talente der Tragemutter hält Kuczynski aber nicht davon ab, sich mit Fortschreiten der Schwangerschaft auf der angenehmeren Seite des Arrangements zu wähnen. »Cathy wurde immer dicker, und die Unannehmlichkeiten ihres Zustands häuften sich«, schreibt sie, »ich dagegen war froh, meine letzten freien Monate mit Wildwasser-Rafting am Colorado River zu verbringen, Bourbon zu trinken oder das Super-Bowl-Finale zu besuchen.« In der Zeit rund um den berechneten Geburtstermin geht sie zum Bikram-Yoga, »manchmal zweimal am Tag«.

So wenig ihr Körper mit der kurz bevorstehenden Mutterschaft zu schaffen hat, so ernst nimmt Kuczynski den symbolischen Teil der neuen Rolle. Als die Wehen der Tragemutter einsetzen, fährt sie von New York nach Pennsylvania, in ein Hotel in der Nähe der Klinik, und auf den hinteren Fenstern des Autos hat sie bereits »Baby an Bord«-Sichtblenden angebracht. Die Geburt ihres Sohns ist unproblematisch, sie durchschneidet die Nabelschnur – und von diesem Moment an kommt Cathy Hilling in Kuczynskis ausführlichen Betrachtungen nicht mehr vor. Die Tragemutter hat ihre Funktion erfüllt, und der Rest des Artikels handelt vor allem von den Zweifeln, die die Autorin in den Monaten nach der Entbindung befallen. War es wirklich zulässig, die Gesetze der Natur auf diese Weise zu umgehen? Ihr Ehemann hilft schließlich über die Krise hinweg, indem er das Zustandekommen von Kuczynskis Mutterschaft mit einer kleinen biologischen Umwidmung erklärt: »›Du hast doch ein Kind geboren‹, sagte er zu mir. ›Der Arzt hat deinen Sohn vor zehn Monaten aus dir herausgeholt, als er noch sehr klein war. Und nun ist er da und sosehr ein Teil von dir, als wäre er aus deinem Körper gekommen. Und er ist ja auch aus deinem Körper gekommen.‹«[120]

Die Follikelpunktion als Kaiserschnitt: Das hätten sich die schwedischen Gynäkologen um Matts Wikland nicht träumen lassen, dass ihre Entwicklung der transvaginalen Entnahme von Eizellen einmal von verstimmten Auftragsmüttern als eigentlicher Geburtsmoment imaginiert werden würde. Doch Alex Kuczynski nimmt diese märchenhafte Logik der Dinge an und kommt auf diese Weise über ihre Wochenbettdepression ohne Wochenbett hinweg. Dem Sturm der Entrüstung schließlich, den ihr Erfahrungsbericht kurze Zeit später hervorruft, kann sie umso besser standhalten, weil sich ihre langjährige Unfruchtbarkeit in der Zwischenzeit doch noch als vorübergehender Zustand herausgestellt hat. Drei Monate nach der von einer anderen Frau übernommenen Geburt ihres Sohnes wird sie selber schwanger und bringt im Jahr 2009 ihr zweites Kind zur Welt.

Die Eizellspenderin, jüngste Akteurin der Reproduktionsmedizin

Als Mitte der achtziger Jahre die Entnahme von Eizellen erleichtert wird, entsteht nicht nur das Verfahren der Tragemutterschaft, sondern es verändert sich auch der grundsätzliche medizinische Zugriff auf den weiblichen Zeugungsstoff. Natürlich weiß man seit von Baers Entdeckungen im Jahr 1828, dass auch Säugetiere und Menschen Eier produzieren, und Oscar Hertwig hat den Prozess der Befruchtung in den 1870er Jahren zuverlässig als Verschmelzung von Ei- und Samenzelle beschrieben. Dennoch bleiben die weiblichen Gameten auch in den gut hundert Jahren danach ein verborgener, äußerst schwer freizulegender Bestandteil der Zeugung. Anders als die Spermien, die der männliche Körper im Augenblick der Ejakulation millionenfach selbst hervorbringt und die in den Samenbanken rasch den Status einer konservierbaren Handelsware annehmen, sind Eizellen bis 1985 kein verfestigtes »Objekt« der Reproduktionsmedizin. Ihre schiere Materialität ist zwar unwidersprochen, nach der Gewinnung durch Laparoskopie bei frühen IVF-Behandlungen auch hundertfach bewiesen, aber dennoch bleibt ein Rest an Ungreifbarkeit, wenn es darum geht, welche Funktionen die Eizellen im Prozess der Empfängnis tatsächlich übernehmen. Aus diesem Grund verzeichnet das Fortpflanzungswissen zu der Zeit auch eine auffällige Lücke: Es gibt keine gesicherten Erkenntnisse darüber, ob die nachlassende Fruchtbarkeit von Frauen ab dem 35. Lebensjahr tatsächlich nur damit zu tun hat, dass ihr Vorrat an Eizellen in den Ovarien erschöpft ist, oder ob die hormonellen Umstellungen während des Klimakteriums auch Eigenschaften der Gebärmutter tilgen, die für eine Schwangerschaft unerlässlich sind.

Der neue Zugang zu den Eizellen beantwortet genau diese Frage. Denn nach dem Aufkommen der vaginalen Follikelpunktion beginnen in der zweiten Hälfte der achtziger Jahre auch Versuche, In-vitro-Befruchtungen mit Gameten durchzuführen, die nicht von der Wunschmutter stammen. Die Gynäkologen Mark Sauer und Richard Paulson rufen an der University of California in Los Angeles die erste Studie dieser Art ins Leben: Sie werben Frauen an, die sich gegen ein Entgelt von einigen hundert Dollar die hormonell stimulierten Eizellen entnehmen lassen, und setzen sie den Patientinnen ohne funktionsfähige Ovarien nach der Befruchtung mit dem Samen des Ehemannes ein. Es geht nun also um genau die entgegengesetzte Kombination von eigenem und fremdem Anteil an der Schwangerschaft wie beim Engagement einer Tragemutter: Die behandelten Frauen können zwar Kinder austragen, aber sie produzieren keine Eizellen; diese werden anfangs von Spenderinnen beigesteuert, die ihre Familienplanung bereits abgeschlossen haben, weil Sauer und Paulson immer noch unschlüssig sind, ob eine Frau nach einer transvaginalen Follikelpunktion noch schwanger werden kann. Zunächst beschränken die beiden Ärzte den Personenkreis der Empfängerinnen auf infertile Frauen unter 40 Jahren, die vor der Menopause stehen. Doch im Jahr 1989 nehmen sie auch sieben Probandinnen im Alter zwischen 40 und 44 in ihre Studie auf, alle seit mindestens zwei Jahren im Klimakterium.

In einem berühmt gewordenen Aufsatz, genau in der Woche vor dem ersten Urteil gegen Anna Johnson erschienen, stellen Sauer und Paulson Ende 1990 die Ergebnisse ihrer Forschungen vor. Die Autoren vergleichen darin drei von ihnen behandelte Personengruppen: die neun Frauen der ersten Studie, im Schnitt 32 Jahre alt, die eine Eizellspende erhielten, die sieben älteren Frauen und, als Vergleichsgröße, 22 Frauen mit eigenen, funktionsfähigen Eizellen, die sich nach längerer Kinderlosigkeit einer gewöhnlichen In-vitro-Fertilisation an der Universitätsklinik unterzogen haben. Die Ergebnisse korrigieren das bisherige Wissen über die natürliche Begrenzung weiblicher Fruchtbarkeit. Denn von den sieben Probandinnen jenseits der Menopause sind nach der Eizellspende sechs schwanger geworden: ein Wert, der dem der Gruppe jüngerer Frauen entspricht und den der herkömmlichen IVF-Patientinnen (nur zwei Schwangerschaften bei 22 Frauen) um ein Vielfaches übersteigt. Die epochale Schlussfolgerung der beiden Ärzte lautet also,»dass die Gebärmutterschleimhaut auch bei älteren Frauen empfänglich für die Aufnahme und Austragung eines Embryos bleibt«[121] und das Ende weiblicher Fruchtbarkeit allein mit dem Versiegen des Eizellen-Vorrats zu tun hat.

Umgekehrt steht nach dieser Studie fest, dass eine Frau in jedem Alter durch eine Eispende Mutter werden kann. Die Bedingung weiblicher Fertilität, bis 1990 aufgrund der Unzugänglichkeit der Gameten nur vage bekannt, kann nun lokalisiert werden: Es ist allein das Substrat der Eizelle, das nicht nur das genetische Programm der Mutter auf das Kind überträgt, sondern auch darüber entscheidet, ab welchem Zeitpunkt eine Frau keine Kinder mehr bekommen kann. Wird diese Essenz von einer anderen, jüngeren Frau zur Verfügung gestellt, hält die Fähigkeit, schwanger zu werden, praktisch endlos an. Jetzt lässt sich also jene Vision in die Tat umsetzen, die Robert Morris, der Erfinder der Eierstock-Transplantation, schon im Jahr 1906 aussprach:»Die gegenwärtigen Erfolge mit verpflanzten Ovarien erneuern unsere Hoffnung, dass wir eines Tages sogar Frauen die Fruchtbarkeit zurückgeben können, die ihre Menopause durch Krankheiten, Operationen oder einfach durch ihr natürliches Alter erreicht haben.«[122] Die Fortpflanzungsgabe des weiblichen Körpers teilt sich im Zuge dieser Einsicht in ein Außen und ein Innen, in ein Gehäuse und einen Kern. Alles außer der Eizelle kann gewissermaßen als »Hardware« der Reproduktion betrachtet werden: lebenslang funktionsfähig, durch Hormongaben stimulierbar. Nur die Eizelle ist »Software« im doppelten Sinne, genetischer Code und temporäres Vermögen zur Mutterschaft.

Sauers und Paulsons Erkenntnisse stellen der Reproduktionsmedizin, die ja grundsätzlich an Vervielfältigung von Elternschaft interessiert ist, eine verheißungsvolle Option zur Verfügung. Was im Fall Johnson gegen Calvert zu Problemen geführt hat – die Kollision von genetischer und gestationaler Mutterschaft –, könnte in jenen Fällen entschärft werden, in denen die hinzugezogene Frau die komplementäre Aufgabe übernimmt: Denn von einer Eizellspenderin ist weniger Verbundenheit mit dem gezeugten Kind zu erwarten als von der Tragemutter. Zunächst hat diese neue Variante allerdings nur Auswirkungen auf die Praxis der In-vitro-Befruchtung. Anfang der neunziger Jahre findet in den Reproduktionszentren Amerikas und Europas ein Wettlauf um die älteste jemals niedergekommene Mutter statt. Nun, da die Eizellspende die natürliche Begrenzung von Fruchtbarkeit überwunden hat, gebären Frauen im Alter von 45, 50 oder 55 Jahren Kinder. Der italienische Gynäkologe Severino Antinori verhilft 1994 der 63-jährigen Rosanna Della Corte zu einem Sohn. Viele Jahre lang gilt die Frau aus einem Dorf bei Rom als älteste Mutter der Welt. (Antinori sagt heute, er habe über 30 000 Frauen jenseits der Menopause erfolgreich behandelt.) In der Öffentlichkeit sind diese Geburten starker Kritik ausgesetzt; weltweit fordert man ein Verbot der Eizellspende bei Frauen im Klimakterium, die ihrem Alter nach eher Großmütter der eigenen Kinder seien und vermutlich nicht einmal deren Schulabschluss erleben würden. Sauer und Paulson nehmen in einigen Aufsätzen Mitte der neunziger Jahre zu dieser Debatte Stellung. Sie verteidigen die von ihnen entwickelte Methode, verweisen auf die gesellschaftliche Akzeptanz alter Väter und bezeichnen es als »sexistische Haltung«[123] der Kritiker, dieses Recht nicht auch Frauen zu ermöglichen, nachdem es medizinisch umsetzbar geworden ist. Kriterien wie Lebenserfahrung, finanzielle Sicherheit und ein wohlüberlegter Kinderwunsch würden die älteren Empfängerinnen von Eizellen überdies zu besonders geeigneten Müttern machen. Wie so oft ist es also die »Kultur der Reproduktion«, die der häufig unvorbereiteten oder defizitären natürlichen Elternschaft entgegengehalten wird. Gleichzeitig müssen Sauer und Paulson aber einräumen, dass die Kombination von hormoneller Stimulation der Gebärmutter und Einpflanzung fremder Eizellen doch nicht so problemlos von den Patientinnen aufgenommen wird wie anfangs gedacht. In einer Studie von 1996 blicken sie auf 162 behandelte Frauen zwischen 45 und 59 Jahren zurück. Von den 103 eingetretenen Schwangerschaften haben 74 zu Geburten geführt: ein »äußerst erfolgreicher« Wert, wie die Ärzte schreiben. »Dennoch kommt es trotz eingehender Voruntersuchungen regelmäßig zu Schwierigkeiten während der Geburt, häufig infolge von Mehrlingsschwangerschaften.«[124] Zudem stellen Sauer und Paulson ein stark erhöhtes Risiko von

Bluthochdruck und Schwangerschaftsdiabetes bei älteren Schwangeren fest. Heute hat sich unter den Reproduktionsmedizinern in den USA und Europa die Behandlungsrichtlinie durchgesetzt, Frauen über 55 Jahren nicht mehr zu einem Kind zu verhelfen.

In dem Moment also, in dem die Eizellen leichter zugänglich und als alleinige Bedingung für die Endlichkeit weiblicher Fertilität identifiziert sind, können sie wie die Spermien zu einem Handelsobjekt werden. Es ist deshalb folgerichtig, dass die ersten Agenturen für Eizellspenderinnen in Kalifornien um das Jahr 1990 herum gegründet werden, gerade als Sauer und Paulson ihren Aufsatz zur Möglichkeit von Mutterschaft nach der Menopause publizieren.[125] Klinische Studien haben schon zuvor mit bezahlten Spenderinnen gearbeitet, doch nun entwickelt sich ein kommerzieller, von der medizinischen Forschung abgelöster Markt für weibliche Gameten. Es entstehen zwar keine »Eizellbanken«, weil es unmöglich ist, unbefruchtete weibliche Gameten einzufrieren und ohne Beschädigungen wieder aufzutauen. Doch die großen Leihmutter-Agenturen ergänzen ihre Karteien nun um Kandidatinnen, die kein Kind für andere Paare austragen wollen, sondern ihre Zeugungsstoffe anbieten. Beide Fortpflanzungsgaben, die eine Frau zur Verfügung stellen kann – das Gehäuse und der genetische Kern – werden fortan durch die gleichen Institutionen vermittelt.

Neben dem Samenspender und der Leih- oder Tragemutter etabliert sich im Lauf der neunziger Jahre also eine dritte Figur im Personal der Reproduktionsmedizin. Und das Auftauchen der Eizellspenderin hat beträchtliche Konsequenzen für die Geschlechterordnung der assistierten Empfängnis. Bislang wurde der Status der männlichen und weiblichen Gehilfen höchst unterschiedlich interpretiert; auf der Suche nach möglichst brillanten Samenspendern und möglichst robusten Leihmüttern kehrten wie erwähnt sogar antike Kategorien des Zeugungswissens in die Reproduktionsmedizin zurück. Jetzt teilt sich der weibliche Anteil an der assistierten Empfängnis in zwei Hälften, und damit verschieben sich auch die Geschlechteroppositionen: Denn für die Figur der Eizellspenderin sollen all jene Ansprüche an genetische Exzellenz gelten, die zuvor allein an den Samenspender gerichtet waren.

Man muss sich auf den Websites der größten kalifornischen Agenturen wie »Growing Generations«, »The Egg Donor Program«, »Egg Donation, Inc.« oder »A Perfect Match«, allesamt seit den neunziger Jahren aktiv, nur durch die Kataloge mit den aktuellen Eizellspenderinnen bewegen: Sofort zeigt sich, dass die Kandidatinnen nach dem Vorbild der Samenspender ausgewählt und präsentiert werden. Wer sich etwa auf der »Egg Donor Program«-Homepage registrieren lässt, um die Online-Kartei einsehen zu dürfen, bekommt mit dem Passwort eine automatische E-Mail zugesandt, in der betont wird, »dass wir nur die klügsten und schönsten Spenderinnen akzeptieren, weniger als drei Prozent der 1200–1500 Bewerberinnen pro Monat«. Das entspricht ungefähr den Zahlen, die Cappy Rothman für seine »California Cryobank« nannte.

Auch die Agentur »Growing Generations«, 1996 in Los Angeles gegründet und heute nach eigenen Angaben das größte Vermittlungsbüro für Tragemütter und Eizellspenderinnen weltweit, mit Filialen in New York und im Ohio Valley, errichtet ähnlich hohe Hürden. Auf der Website heißt es: »Wir wählen unsere Spenderinnen aus einer Masse von Bewerberinnen mit größter Sorgfalt aus.« In einem gediegenen Bürohochhaus am Wilshire Boulevard in Midtown Los Angeles arbeiten derzeit dreißig Angestellte für das Unternehmen. Beratung, Verwaltung, psychologische Begutachtung, Rechtsbeistand – alle Abteilungen der Agentur sind in der 13. Etage des Gebäudes versammelt, in großzügigen Büros mit Blick auf Los Angeles.

Die strengen Kriterien, die von den Eizellspenderinnen erfüllt sein müssen, betreffen bei »Growing Generations« und den anderen Agenturen natürlich zunächst die medizinische Eignung. Jede Bewerberin muss lange Anamnese-Fragebögen über ihren Gesundheitszustand und genetische Auffälligkeiten in der Familie beantworten. Über diese Grundbedingung hinaus werden von den jungen Frauen aber genau die Eigenschaften und Attribute gefordert, die aus den Samenbanken bekannt sind: Intelligenz, Bildung, Körperbewusstsein, soziale Kompetenz. »Unsere Spenderinnen sind hochgescheit, kreativ und charismatisch«,[126] verspricht »Growing Generations« seinen Klienten. Kim Bergman, eine der Gründerinnen der Agentur und als ausgebildete Psychologin für die Begutachtung der Bewerberinnen zuständig, sagt:»Wir treffen jede einzelne Kandidatin persönlich und unterziehen sie einer Reihe von Prüfungen, einem Intelligenztest, einem psychologischen Screening, wir schauen uns ihre Ergebnisse der Aufnahmeprüfungen fürs College an, die Zeugnisse in der Highschool und an der Universität. Die Frauen müssen einfach erfolgreich sein in dem, was sie tun, egal ob in der Ausbildung oder im Beruf.« Auf die Bemerkung, dass dieses Prozedere an die Auswahlkriterien der »California Cryobank« erinnere (deren Hauptsitz in Santa Monica nur gut zehn Kilometer weiter westlich liegt), antwortet Bergman:»Ja, die Verfahren auf der Suche nach Eizellspenderinnen und Samenspendern sind äußerst ähnlich.«

Diese Ähnlichkeit zeigt sich auch im Hinblick auf die Frage, woran eine Erfolgsbiographie genau erkennbar sei. Der Spenderinnen-Katalog bei »Growing Generations« setzt sich, wie die Website informiert, »aus begabten Studentinnen und Weltklasse-Athletinnen, aus talentierten Künstlerinnen und brillanten Musikerinnen zusammen«[127] – wieder also die drei Bereiche Kunst, Wissenschaft und Sport, die für die Exzellenz der genetischen Abstammung einstehen sollen. Wenn den Profilen der Eizellspenderinnen, wie in der Agentur »The Eggdonor Program«, kurze Biographien beigefügt sind, lesen sie sich ebenso spektakulär wie die Lebensgeschichten der »Donors of the Month« bei Cappy Rothman. So ist Spenderin #1981, um eine beliebige Kandidatin herauszugreifen, »eine geborene Führungsfigur. Nicht umsonst war sie Vizepräsidentin ihrer Studentenverbindung. Sie hat bereits Gedichte und Essays publiziert, an der Schülerzeitung mitgearbeitet, spricht drei Sprachen und ist außerdem eine gute Sportlerin, vor allem in den Disziplinen Wasserball und Fußball.« Die 23-jährige Soziologie-Studentin hat überdies »ein ungewöhnlich enges Verhältnis zu ihrem Bruder und strahlt eine bemerkenswerte emotionale Reife aus«.[128] Veredelt wird diese Vielfalt der Begabungen noch durch das jugendliche Alter der Kandidatinnen – ein Kriterium, das sich in der Geschichte der Eizellspende erst langsam herausgebildet hat. Als die ersten Frauen Ende der achtziger Jahre von den Kliniken engagiert wurden, waren sie in der Regel wesentlich älter als die Empfängerinnen, weil der Einfluss der vaginalen Follikelpunktion auf die künftige Gebärfähigkeit wie erwähnt noch unbekannt war. Auch die kommerziellen Agenturen ließen zunächst nur Mütter als Spenderinnen zu, um sicherzugehen, dass sich die Eizellen der Frauen bereits als brauchbar erwiesen hatten. Heute setzen »Growing Generations« und die meisten anderen Vermittlungsbüros im Raum Los Angeles das Höchstalter auf 27 fest, wie Kim Bergman erzählt – Frauen, die Eizellen bereitstellen, werden immer jünger; diejenigen, die sie benötigen, immer älter. Das genetische Potential der Spenderinnen ist inzwischen wichtiger als die Bestätigung ihrer Reproduktionsfähigkeit: eine Priorität, die in den Online-Foren zur assistierten Empfängnis in den letzten Jahren zu einer merkwürdigen Diskussion geführt hat. Von Zeit zu Zeit fragen nämlich 18- oder 19-jährige Mädchen die Netzgemeinschaft um Rat, ob sie sich als Eizellspenderin bewerben sollen, obwohl sie noch Jungfrauen sind. Die Antworten fallen unterschiedlich aus: »Du kannst deine Eizellen schon spenden, aber du musst dich darauf einstellen, dass dein Hymen bei der Entnahme reißen kann«, heißt es in einem Forum; in einem anderen schreibt eine ehemalige Spenderin mahnend, diese Erfahrung sei »so aufwühlend, dass ich nicht glaube, dass du als Jungfrau schon reif dafür bist«.[129] In den Agenturen selbst gibt es nur eine gesetzlich vorgeschriebene Altersbegrenzung von 18 Jahren; Virginität gilt nicht als Ausschlusskriterium. »Warum sollten wir das verbieten?«, fragt Kim Bergman. Dennoch ist es bemerkenswert, dass eine beträchtliche Anzahl junger Frauen heute mit dem Gedanken spielt, noch vor der ersten sexuellen Erfahrung die eigenen Zeugungsstoffe zur Verfügung zu stellen; die Frauen würden sich also genetisch fortpflanzen, obwohl sie den konventionellen Akt der Fortpflanzung selbst noch nie ausgeführt haben. Ein anschauliches Bild für jene Kluft, die sich mittlerweile zwischen den Sphären der Sexualität und der Reproduktion ergeben hat: Im Jahr 2014 kommt es vor, dass eine junge Frau von einer Nadel am Ultraschallkopf entjungfert wird, weil sie die Schwangerschaft einer anderen ermöglichen will.

Bei aller Übereinstimmung der Präsentation von Samenspendern und Eizellspenderinnen, als den beiden umschwärmten Lieferanten genetischer Substrate, unterscheiden sich die Verfahren aber auch in vielerlei Hinsicht. Deutlichste Zeichen dieser Differenz sind die finanzielle Vergütung und die rechtliche Zulassung. Samenspendern werden für jede Probe etwa hundert Euro ausbezahlt. Für Eizellspenden in den USA hat die Ethikkommission der »American Society for Reproductive Medicine« schon im Jahr 1998 ein Honorar von 5000 Dollar empfohlen: ein Richtwert, der von den Agenturen inzwischen weit überschritten wird. »Growing Generations« zahlt den Frauen für die erste Spende derzeit 8000 Dollar, für jede weitere 10 000 Dollar. Die heterologe Insemination wird heute zudem weltweit juristisch akzeptiert; die Eizellspende dagegen ist zwar in allen amerikanischen Bundesstaaten erlaubt oder geduldet, in Europa aber in etlichen Ländern untersagt. Deutschland, Österreich, Italien, Norwegen und die Schweiz verbieten die Methode grundsätzlich; in Ländern wie Großbritannien, Frankreich, Griechenland oder den Niederlanden dürfen Eizellen nur ohne kommerzielle Vermittlung von einer Frau auf die andere übertragen werden.

Die Gründe für die abweichende Entlohnung und Rechtsprechung haben in erster Linie zweifellos mit dem ganz unterschiedlichen Aufwand der beiden Tätigkeiten zu tun. Beim Mann sind Zeugungsleistung und sexueller Höhepunkt identisch. Die Samenspende ließe sich also, zieht man ihre misslichen Rahmenbedingungen ab, fast als Vergnügen bezeichnen. Im weiblichen Körper dagegen hat der Ausstoß von Gameten nichts mit sexueller Lust zu tun; die Eizelle wird, wenn sie nach der Ovulation unbefruchtet bleibt, mit der Menstruation ausgeschieden. Die Eizellspende erfordert also weitaus höhere, medizinisch geleitete Anstrengung, und diese Anstrengung beschränkt sich nicht auf die rund zehnminütige Follikelpunktion unter Vollnarkose, sondern beginnt schon knapp vier Wochen früher, kurz nach dem vorangegangenen Eisprung. Denn es reicht nicht aus, wie bei der Samenspende die ohnehin verfügbaren Fortpflanzungszellen zu gewinnen; es geht vielmehr um die hormonell angereizte *Produktion* einer Vielzahl von Gameten, die der weibliche Körper auf natürliche Weise nicht bereitstellen würde. Im Lauf jedes Zyklus lösen sich gewöhnlich nur ein oder in Ausnahmefällen zwei reife Eizellen. Diese Anzahl ist aber für das Projekt der In-vitro-Fertilisation zu gering, weil man nach der Befruchtung der entnommenen Eier mit dem Samen und der Entwicklung der Embryonen in den Tagen vor dem

Transfer in die Gebärmutter über eine möglichst große Auswahl verfügen will. Um diesen Überfluss an Eizellen herzustellen, um eine »Superovulation« zu erlangen, wie die entsprechende Fachvokabel heißt, muss jede Spenderin im letzten Drittel ihres Zyklus eine Hormontherapie beginnen. Zunächst sorgt eine als Nasenspray zugeführte Substanz für die Unterdrückung der natürlichen Ovulation und verwandelt den Körper gewissermaßen in eine Tabula rasa der Fruchtbarkeit; mit Beginn des neuen Zyklus injizieren sich die Frauen etwa zehn Tage lang lang ein follikelstimulierendes Hormon, das zur Reifung von bis zu dreißig Eizellen führt. Die jungen, fertilen Spenderinnen müssen sich also genau der gleichen Behandlung unterziehen wie die Patientinnen gewöhnlicher IVF- oder ICSI-Behandlungen, die zum Teil seit vielen Jahren vergeblich auf eine Schwangerschaft warten. Doch diese Stimulation ist nötig, um die Erfolgsaussichten für die Auftragsmutter zu verbessern.

Es gibt aber neben all diesen strukturellen biologischen Unterschieden zwischen der Samen- und der Eizellspende eine weitere, eher symbolische oder semiotische Ebene, auf der die beiden Tätigkeiten voneinander abweichen. Denn auch wenn das Auftauchen der Eizellspenderin die schroffe Geschlechterhierarchie aus der Frühzeit assistierter Empfängnis vermindert hat, werden dem genetischen Vater und der genetischen Mutter nicht genau die gleichen Positionen zugeteilt. Man erkennt diese Differenz vor allem an der Kategorie der »Motivation«, die in der Praxis der Eizellspende von Anfang an eine große Rolle spielt. Die multitalentierten Bewerber in den Samenbanken müssen in Anamnesen und persönlichen Essays zu allem Möglichen Stellung beziehen, nicht aber zu der Frage, warum sie diese Tätigkeit ausüben. Ein-, zweimal in der Woche im Spenderraum zu masturbieren und dafür einen Scheck in Empfang zu nehmen, wird einfach als lukrativer Studentenjob angesehen. Der eigene Zeugungsstoff ist eine »Probe«, ein tiefgefrorener Halm im Stickstofftank, und dass sich in diesem Halm tatsächlich Millionen von befruchtungsfähigen Spermien befinden sollen, bleibt eine entfernte Ahnung. Die Eizellspende dagegen wird von Beginn an völlig anders bewertet. Sie ist keine konservierbare Absonderung von Zeugungsmaterial, sondern das Leben selbst, »a gift of life«, wie es Mark Sauer und

Richard Paulson 1992 formulieren[130] und die Agenturen seitdem in jeder Informationsbroschüre mantrahaft wiederholen. (Wenn die von Kumuluszellen umhüllten Eier bei der Follikelpunktion in die Reagenzgläser geleitet werden, sind sie sogar mit bloßem Auge sichtbar.) Über die Spenderinnen wird daher schon in den ersten klinischen Studien unentwegt gesagt, sie würden diese Tätigkeit nur deshalb ausüben, »um einer anderen Frau zu helfen«;[131] Sauer und Paulson betrachten es sogar als Ausschlusskriterium, wenn die finanzielle Vergütung für eine Bewerberin im Vordergrund stehen sollte. Und es kehrt das von den Leihmüttern bekannte Motiv der Schuld zurück: Viele Frauen, sagen die Ärzte, würden ihr Zeugungsmaterial deshalb zur Verfügung stellen, weil sie damit frühere Abtreibungen oder Totgeburten wiedergutzumachen hofften. Auch in den heutigen Online-Präsentationen der Agenturen wird der Faktor Geld konsequent ausgeblendet. Von der Spenderin #829 des »Egg Donor Program« heißt es etwa: »Sie ist davon überzeugt, dass Kinder ein unbezahlbares Geschenk seien, und kann es nicht erwarten, dieses Geschenk einem verdienten Elternpaar so bald wie möglich zu machen.«[132] Der Altruismus relativiert sich jedoch, wenn man bedenkt, dass ihre Gabe das verdiente Elternpaar rund 30000 Dollar kosten wird, inklusive aller Agenturleistungen und medizinischen Aufwendungen.

Dieser symbolische Unterschied zwischen Samen- und Eispende, zwischen Nebenjob und Lebensgabe, äußert sich schließlich in einer bedeutsamen Ergänzung der weiblichen Spenderprofile. In den Samenbanken hat die Fülle der biographischen und physiognomischen Informationen die Aufgabe, die Lücke des ausgesparten Erwachsenenfotos möglichst eng zu umkreisen. Bei den Eizellspenderinnen hingegen gibt es diese Lücke nicht: Ihre Profile enthalten in sämtlichen Agenturen eine Galerie aktueller Porträts und Ganzkörper-Aufnahmen, bei »Growing Generations« sogar ein Videointerview. Wie ist diese Offenheit – in den Samenbanken eine bislang unvorstellbare Übertretung – zu erklären? Warum dürfen die Gesichter der Eizellspenderinnen ohne weiteres gezeigt werden? Die Agenturen selbst antworten auf diese Frage, dass sie als reine Vermittlungsbüros für Leihmütter angefangen und die Grundsätze der Präsentation einfach von der einen Frauengruppe auf die andere übertragen haben. Diese pragmatische Einschätzung mag zutreffen; entscheidend ist aber, dass sich in ihr auch der unterschiedliche Stellenwert von Samen- und Eispende abzeichnet. Die weiblichen Gameten repräsentieren den »ganzen Menschen«, und deshalb ist es unerlässlich, dass dieser Mensch für die Klienten auch vollständig sichtbar werden muss. Kim Bergman sagt über die Videointerviews ihrer Spenderinnen nicht umsonst: »Wir wollten mit diesem Service erreichen, dass die wirkliche Person hinter dem Profil erkennbar wird – wie sie redet, lacht, worüber sie nachdenkt.« Deshalb hat man beim Klicken durch die Profile und Videos bei »Growing Generations« oder »The Egg Donor Program« auch fortwährend den Eindruck, die hübschen jungen Frauen würden nicht nur ihre Fortpflanzungszellen anpreisen, sondern sich selbst. Wie eine vielfache Spenderin namens Jaime, Fotomodell und angehende Schriftstellerin, in einem Informationsvideo für künftige Bewerberinnen auf der »Growing Generations«-Website mit strahlendem Lächeln empfiehlt: »Ihr solltet euch von eurer allerbesten Seite zeigen!« Über die Erfolgsaussichten, von einem Elternpaar ausgewählt zu werden, sagt sie: »Stelle dein schönstes Foto zur Verfügung, schau so gut wie möglich aus, gebe intelligente Antworten auf die Fragen der Agentur!«[133] Man muss an jenen Satz von Cappy Rothman beim Rundgang durch die »California Cryobank« denken: »Es ist bei uns wie beim Online-Dating«, hatte er über seine Auswahl von möglichst attraktiven Samenspendern gesagt. In den Agenturen für Eizellspenderinnen wird diese Parallele noch evidenter, weil die Ästhetik der Bewerbungsfotos und Profile tatsächlich stark an die Selbstdarstellung auf den großen Dating-Websites erinnert. In beiden Fällen geht es den Frauen darum, ihr innerstes Wesen durch möglichst überzeugende sprachliche und bildliche Informationen sichtbar zu machen: einmal, um die große Liebe, das andere Mal, um Abnehmer für ihre Keimzellen zu finden. Eine der bekanntesten Agenturen für Eizellspenderinnen in den USA heißt »A Perfect Match«, eine der bekanntesten Agenturen für Online-Dating »Match.com«: Die Ambition, das »Zusammenpassen« von Menschen zu klassifizieren und vorauszuberechnen, bringt die gleiche Rhetorik hervor.

Für die erstaunliche Offenheit der weiblichen Profile gibt es aber noch einen zweiten Grund. Denn obwohl die Abgabe von Eizellen viel enger an die Einheit der Person geknüpft wird als die Abgabe von Samenzellen, fällt in den Aussagen der Spenderinnen von Beginn an auf, dass sie sich weniger stark mit dem entstehenden Kind verbunden fühlen als ihre männlichen Kollegen. Sauer und Paulson stellen schon 1992 in einer großen Umfrage unter den teilnehmenden Frauen ihrer Studien fest: »Bislang gab es keinerlei Komplikationen im Hinblick auf Fragen der Mutterschaft. Es ist uns auch nicht bekannt, dass eine Spenderin jemals Schwierigkeiten damit gehabt hätte, ihre Eier für das Kind einer anderen Frau zur Verfügung zu stellen.«[134] Was nach den ersten Eierstock-Transplantationen Anfang des 20. Jahrhunderts also zu erbitterten Diskussionen über die wahre Mutter führte, was im Umgang mit Samenspendern ein jahrzehntelanges Anonymitätsgebot nach sich zog, sorgt bei dieser Variante fragmentierter Elternschaft offenbar für wenig Irritation: Eizellspenderinnen, das haben Erfahrungsberichte und wissenschaftliche Untersuchungen in den letzten zwanzig Jahren immer wieder bestätigt,[135] empfinden trotz der genetischen Verwandtschaft keine Nähe zu den mit ihrer Hilfe gezeugten Kindern. Eine dem Film »The Kids Are All Right« nachempfundene Konstellation, in der eine frühere Spenderin auf ihre jugendlichen Nachkommen treffen und von ihren mütterlichen Gefühlen überwältigt werden würde, ist schwer denkbar (auch wenn es zu diesen Begegnungen aufgrund der jungen Geschichte der Methode bislang kaum gekommen ist). Zwischen der Abgabe einer Samenprobe und der erfolgreichen Schwangerschaft der Auftragsmutter steht nur der Akt der In-vitro-Fertilisation – Vaterschaft ist für die Männer also, ungeachtet der flüchtigen Umstände ihrer Tätigkeit, keine allzu abstrakte Vorstellung. Auf dem Weg von der Eizellspende zur Geburt eines Kindes dagegen befindet sich eine Reihe kritischer Zwischenstufen: der Reifungsprozess der Eier, die Follikelpunktion, die künstliche Befruchtung, die Implantation der fremden Eizelle in den hormonell stimulierten Uterus einer anderen Frau, das erste Trimester der Schwangerschaft, in dem sich Gebärmutter und Eizellen aneinander gewöhnen müssen. All die vermittelnden Faktoren führen dazu, dass sich das Verhältnis der Spenderinnen zu ihrem »Geschenk des Lebens«

mehr und mehr distanziert, selbst wenn sie bis zur Geburt in Verbindung mit den Auftragseltern geblieben sind.[136] Und genau diese Distanz ist schließlich auch ein Grund dafür, warum die Profile der Eizellspenderinnen aktuelle Fotos und Videoaufnahmen verkraften können: Sie bedrohen die soziale Einheit der Familie weniger als der Samenspender. (Es ist aus dieser Perspektive unverständlich, dass in Deutschland und anderen europäischen Ländern die Eizellspende verboten, die heterologe Insemination aber erlaubt ist. Doch die knapp zweitausend Jahre lang gültige Vorstellung, die Mutter sei in höherem Maße für die substantielle Bildung eines Kindes verantwortlich als der Vater, wirkt immer noch nach.)

Zwei Modelle bestimmen also seit 1990 die assistierte Empfängnis mit weiblichen Gameten: Entweder wird die Eizelle der Auftragsmutter in den Uterus einer Tragemutter eingesetzt, wie es bei Crispina Calvert und Tausenden anderen Frauen der Fall gewesen ist; oder die Wunschmutter erhält eine Eizelle einer jungen Spenderin, was Frauen jedes Alters zu einer Schwangerschaft verhelfen kann. Weil die meisten Agenturen für Eizellspenderinnen aber aus denen für Leih- und Tragemütter hervorgegangen sind, kommt in den USA auch rasch eine dritte Methode auf, die beide Gehilfinnen der Reproduktionsmedizin vereint. Diese Kombination von Tragemutter *und* Eizellspenderin ist etwa bei heterosexuellen Paaren notwendig, wenn die Frau weder über eigene Gameten noch einen gebärfähigen Uterus verfügt. Und sie öffnet den Markt der assistierten Empfängnis Mitte der neunziger Jahre für eine neue Klientel: für die homosexuellen männlichen Paare, welche die Verfahren der Tragemutterschaft und Eizellspende in den USA verändern wie die lesbischen Paare zehn Jahre zuvor die Samenspende.

Die Leihmutter-Agentur »Growing Generations« ist bei ihrer Eröffnung die erste im Raum Los Angeles, die sich explizit auch an gleichgeschlechtliche Auftragseltern richtet. Im Jahr 2002 bauen Kim Bergman und ihre Kollegen zudem eine eigene Kartei mit Eizellspenderinnen auf, und seither sind die Klienten der Agentur – ob hetero- oder homosexuell, ob alleinstehend oder als Paar – auf der Suche nach zwei Frauen, die ganz unterschiedliche Funktionen erfüllen müssen: die eine als Lieferantin hochwertigen Erbgutes, die andere als zuverlässige Austrägerin des Kindes. Die Einforderung beider Eigenschaften, erzählt Bergman, sei bei den Auftragseltern inzwischen so selbstverständlich, dass sie von einer einzigen Frau gar nicht mehr erfüllt werden könne. Das Verschwinden der traditionellen Leihmutterschaft vor etwa zehn Jahren habe daher nicht allein mit dem Risiko übermäßiger Nähe zwischen leiblicher Mutter und Kind zu tun, sondern damit, dass die Klienten wählerischer geworden sind: »Wenn wir heute noch biologisch verwandte Leihmütter anstellen würden«, sagt Bergman, »müssten die Kandidatinnen ja Kriterien entsprechen, die auf zwei ganz verschiedene Typen von Frauen zutreffen, also auf die junge, hübsche, intelligente Eizellspenderin und die belastbare Tragemutter. Das ist aber unmöglich.« Nach den Maßstäben der assistierten Empfängnis leiden also alle natürlichen Mütter von jeher unter mangelhaften Voraussetzungen für ihre Aufgabe, weil sie nicht gleichzeitig jung und alt sein können. Die Reproduktionsmedizin dagegen bringt einen aus zwei Frauen zusammengesetzten Hybriden der Maternalität hervor, eine Übermutter, die allen Wünschen nach Abstammung und Gebärerfahrung genügt.

Wenn die Erkenntnisse von Mark Sauer und Richard Paulson Ende der achtziger Jahre die weibliche Fruchtbarkeit in *Hardware* und *Software* unterteilt haben, wird diese Differenz in den Vermittlungsagenturen nun konsequent umgesetzt und personalisiert. Es ist auffällig, wie unterschiedlich sich die Werbemaßnahmen für die beiden anvisierten Frauengruppen gestalten. Die Eizellspenderinnen, möglichst an den Eliteuniversitäten des Landes eingeschrieben, werden im Internet über Facebook und Craig's List oder über Annoncen in den Campus-Magazinen von Harvard, Princeton, Stanford oder der UCLA angesprochen. Die potentiellen Tragemütter wiederum – ältere, aus einfacheren Verhältnissen stammende Frauen – erfahren von der Existenz der Agenturen auch häufig auf den Schwarzen Brettern von Supermärkten und Einkaufszentren in den Suburbs. Es sind zwei grundverschiedene Milieus, in denen nach dem Gehäuse und dem genetischen Kern der assistierten Mutterschaft gesucht wird, und genauso verschieden fällt bei »Growing Generations« auch die medizinische Begutachtung der Kandidatinnen aus. »Intelligenztests und genealogische Anamnesen benötigen wir bei den Tragemüttern nicht«, sagt Bergman. »Die Frauen müssen aber bereits einmal ein Kind geboren und es selbst aufgezogen haben. Wir untersuchen jede Kandidatin auch psychologisch, um den Grad ihrer mentalen Reife und Verantwortungsbereitschaft zu ermitteln. Außerdem achten wir darauf« – eine Konsequenz aus dem Fall Anna Johnson –, »dass sie und ihr Partner ihre Familie auch ohne unser Honorar ernähren können. Tragemütter dürfen niemals Sozialleistungen beziehen! Und dann gehen wir mit den Frauen natürlich alle möglichen Sonderfälle durch, die im Lauf einer Schwangerschaft eintreten könnten, und fragen sie, ob sie damit einverstanden wären, eine Mehrlingsschwangerschaft etwa.« Jene defensive Position, die in der Zeit Elizabeth Kanes und Mary Beth Whiteheads der Leihmutter zugeteilt wurde, fällt nun, nach der Spaltung des Verfahrens in einen genetischen und gestationalen Anteil, allein und in aller Konsequenz der Tragemutter zu. Über ihre Eignung entscheiden keine positiven Kategorien der Jugend, Schönheit oder Intelligenz; es geht vielmehr um die Abwesenheit von Ausschlusskriterien: kein Übergewicht (ein Body-Mass-Index von 35 ist die Höchstgrenze), keine psychischen Auffälligkeiten, keine Vorstrafen, keine Arbeitslosigkeit. Es ist daher folgerichtig, dass die Entscheidung für eine Eizellspenderin aus der »Growing Generations«-Kartei den Auftragseltern überlassen wird – »es ist ja eine hochsubjektive Sache«, sagt Bergman –, die Auswahl einer Tragemutter aber allein den objektiven Kriterien der Agentur vorbehalten ist; die Klienten können eine vorgeschlagene Kandidatin allenfalls ablehnen.

Der soziale Unterschied, der in der Anfangszeit des Verfahrens zwischen Auftragseltern und Leihmutter bestand, wird nun also von dem zwischen Eizellspenderin und Tragemutter ergänzt. »Unsere Kandidatinnen«, sagt Bergman, »kommen meistens aus Mittelklasse-Familien in den Vorstädten oder aus ländlichen Gebieten. Sie sind Mütter und Hausfrauen und sagen sich: ›Schwanger sein ist etwas, das ich gut kann – warum sollte ich damit nicht auch Geld verdienen?‹« Auf der Website von »Growing Generations« gibt es eine Rubrik, in der den künftigen Tragemüttern empfohlen wird, wie sie ihr Honorar – 22 000 Dollar für die erste Schwangerschaft, 25 000 für die zweite, 30 000 Dollar für jede weitere – investieren sollen: »Sie könnten eine Geschäftsidee verwirklichen, ein Haus kaufen, Ihren Kindern das College finanzieren oder selbst noch einmal zur Schule gehen.«[137] In einer früheren Fassung der Website wurde zudem betont, dass Tragemütter im Lauf der Schwangerschaft, auf ihren Reisen zu den Auftragseltern und den medizinischen Untersuchungen, »in wundervollen Hotels wohnen« und »faszinierende Erfahrungen machen« würden. Die Sehnsucht nach gesellschaftlichem Aufstieg, bereits in der Autobiographie von Elizabeth Kane der zentrale Motivationsimpuls, hat also auch bei der Rekrutierung heutiger Tragemütter große Bedeutung. Indem sie für wohlhabende Klienten ein Baby austragen, mit der Eizelle einer hochgebildeten Spenderin gezeugt, können sich die Frauen zumindest einige Zeit lang als Teil einer anderen sozialen und kulturellen Sphäre fühlen.

Seit dem Erscheinen jener Zeitungsannonce im *San Francisco Chronicle* 1975, dem wohl ersten öffentlichen Leihmutter-Gesuch überhaupt (und laut Noel Keane die Inspiration für seine eigene Vermittlertätigkeit), hat sich dieses Verfahren der Reproduktion in den USA weit verzweigt und ausdifferenziert. Heute, knapp vierzig Jahre später, fächert sich die Methode der Fortpflanzung in zahlreiche Varianten auf, beansprucht von unterschiedlichen Klientengruppen. Gleichgeschlechtliche Paare machen in jenen Staaten der USA, in denen die Rechtsprechung es zulässt, inzwischen einen beträchtlichen Teil der Auftragseltern aus (bei »Growing Generations«, die sich allerdings von Beginn an auf homosexuelle Klienten konzentriert haben, rund siebzig Prozent). Einige Tragemütter der Agentur lassen sich mit Vorliebe von zwei Männern engagieren, weil in dieser Konstellation keine Konflikte mit einer latent eifersüchtigen oder überbesorgten Auftragsmutter zu befürchten wären. In Deutschland sind diese Familienkonstellationen weiterhin so gut wie unbekannt. Man erfährt von ihnen am ehesten durch die Berichterstattung über berühmte schwule Väter wie Elton John oder Ricky Martin, die in den vergangenen Jahren mit Hilfe von Tragemüttern und Eizellspenderinnen Kinder gezeugt haben – so wie das Phänomen der Leihmutterschaft hierzulande ohnehin noch immer in erster Linie mit Prominenten assoziiert wird.

Wenn Hollywood-Schauspielerinnen auf diese Weise Nachwuchs bekommen, wie zuletzt Nicole Kidman oder Sarah Jessica Parker, die »Sex and the City«-Hauptdarstellerin, kommt es zu rituellen Kurzberichten über das Verfahren in den Boulevard-Magazinen und auf den Panorama-Seiten der Tageszeitungen. Diese Artikel deuten regelmäßig an, dass die glamourösen Filmstars womöglich nur aus Bequemlichkeit ihre Schwangerschaft ausgelagert haben – ein Verdacht, dem auch Elizabeth Stern ausgesetzt war und der sogar schon die frühesten Tierversuche zur In-vitro-Fertilisation Ende der 1930er Jahre begleitete: »Wenn diese Errungenschaften einmal auf den Menschen übertragbar werden«, prophezeite damals ein Autor, »könnte sich eine Dame, die zu viel mit Politik oder ihren gesellschaftlichen Engagements beschäftigt ist, einfach ohne die Bürden einer Schwangerschaft reproduzieren, indem sie ihrer Hausangestellten ein befruchtetes Ei überlässt.«[138] Die Hollywood-Stars selbst gehen mit der Entscheidung für eine Tragemutter offen um – wie sollten sie die Entstehungsweise ihres Kindes auch verbergen? –, und während der Zwillingsschwangerschaft für Sarah Jessica Parker im Jahr 2009 erlangte die unsichtbare Dritte sogar kurzzeitige Berühmtheit, weil Einbrecher einige Ultraschallbilder und Agenturverträge aus ihrem Haus entwendet hatten und diese Devotionalien assistierter Reproduktion an die Boulevardpresse verkaufen wollten. Das Versprechen auf der »Growing Generations«-Website, die Tragemutter steige durch ihre Tätigkeit vorübergehend in glamouröse Gesellschaftsschichten auf, wurde hier auf prekäre Weise übererfüllt.

Ein Kind von einer anderen Frau austragen zu lassen, ist für die Prominenten (und trotz gelegentlicher Kritik auch für die Berichterstatter) also eine längst akzeptierte und nicht zu verschleiernde Praxis. Dies gilt jedoch nicht für die Eizellspende. Denn in den Berichten über prominente Mütter, die im Alter von 44 (»Desperate Housewives«-Star Marcia Cross), 47 (Geena Davis und Holly Hunter) oder 54 Jahren (Gianna Nannini) Kinder zur Welt bringen, ist von fremder Hilfe nie die Rede. Vielmehr werden magische Kräfte beschworen, um den späten Kindersegen zu erklären. Bei den Proben für eine Oper, sagte Gianna Nannini in einem Zeitungsgespräch 2011, »habe ich ein Lied gesungen – was heißt schon Lied, das war eine Skulptur aus Tönen, die hieß ›Mama‹. Und plötzlich, mittendrin in den Arbeiten, wurde ich schwanger.«[139] In ähnlichen Interviews mit prominenten Müttern Mitte, Ende vierzig kommen Maßnahmen wie heilende Kuren unter Wasserfällen zur Sprache oder diszipliniertes Yoga, die ihre Fertilität so lange bewahrt hätten.

Es ist offensichtlich, warum Tragemutterschaft (mit eigenen Gameten) für die Film- und Popstars legitim, der Gebrauch fremder Eizellen aber ein mit allen dichterischen Kräften aufrechtzuerhaltendes Tabu ist. Denn die späten Mütter wiederholen nur die Hierarchien der Reproduktionsmedizin: Das Gehäuse der Empfängnis kann ohne weiteres ausgelagert werden – die Tragemutter nichts als ein Body-Double der Schwangerschaft –; der genetische Kern aber muss im Bewusstsein der Öffentlichkeit weiterhin vom gefeierten Star stammen, selbst wenn das nach den Gesetzen der Biologie unmöglich ist. Eine Oscar-Gewinnerin oder Nummer-eins-Interpretin, die sich mit Hilfe von Eizellen aus einer Agenturkartei fortpflanzt, darf es nicht geben.

5.

Die Klinik »Biotexcom« in Kiew:
ein Magnet des europäischen Reproduktionstourismus

Die Autofahrt vom Flughafen Kiew-Boryspol hinein ins Stadtzentrum führt durch Randbezirke, die aus nichts als Dutzenden von gleichförmigen Hochhäusern bestehen. Endlose Wohnblöcke, jedes Gebäude mindestens 25 Stockwerke hoch, und beim Blick aus dem Kleinbus von Biotexcom, der den Besucher freundlicherweise abgeholt hat, denkt man an jene Ehepaare, die ansonsten Tag für Tag in diesem Wagen sitzen. Was mag ihnen durch den Kopf gehen beim Anblick der Riesensiedlungen, bei der Vorstellung an Zehn-, wenn nicht Hunderttausende Menschen, die hinter diesen einheitlichen Fenstern und Balkonen leben? Die fremde Großstadt empfängt die Klienten mit Bildern der überquellenden, kaum zu beherbergenden Masse menschlichen Lebens – und sie selbst sind nach Kiew gekommen, um mit allem Einsatz *ein* Leben zu zeugen, den Wunsch nach ihrem eigenen Kind nach Jahren der Enttäuschungen doch noch zu erfüllen.

Dank der liberalen Gesetze zu Eizellspende und Leihmutterschaft zählt die Ukraine (neben Russland) heute zu den begehrtesten Zielen einer Bewegung, die unter dem Namen »Reproduktionstourismus« bekanntgeworden ist. Die Kosten dieser Fortpflanzungsmethoden sind für die Paare in beiden Ländern wesentlich geringer als in den USA, zudem empfinden die meist westeuropäischen Klienten die kulturelle Differenz zu Moskau, Charkow oder Kiew weniger stark als etwa zu indischen Städten, wo sich die Durchführung kommerzieller Leihmutterschaften ebenfalls zu einem regelrechten Industriezweig entwickelt hat.[140] Das Unternehmen Biotexcom, ein 2009 gegründetes Reproduktionszentrum, hat unter den osteuropäischen Kliniken den wohl seriösesten Ruf, wenn man die Kommentare und Bewertungen in den einschlägigen Internet-Foren zum Maßstab nimmt. Heterosexuellen Ehepaaren bietet es die Möglichkeit, eine Eizellspenderin zu engagieren oder aber eine Tragemutter, der die befruchtete Eizelle der Auftraggeberin oder einer Spenderin eingesetzt wird (gleichgeschlechtlichen und unverheirateten Paaren sowie Alleinstehenden ist die Nutzung dieser assistierten Reproduktionstechnologien in der Ukraine gesetzlich untersagt). Schreckensgeschichten von vorab überwiesenen Honoraren ohne Gegenleistung, wie sie über andere Leihmutter-Agenturen in Osteuropa kursieren, sind im Zusammenhang mit Biotexcom nicht bekannt. Die größte von insgesamt acht Reproduktionskliniken in Kiew (und etwa dreißig in der Ukraine) hat es durch intelligente Programmierleistung zudem geschafft, im Internet auf prominente Weise präsent zu sein. Wer das Stichwort »Leihmutter« bei Google eingibt, erhält schon als dritten Vorschlag, noch vor dem Wikipedia-Eintrag, die deutschsprachige Homepage von Biotexcom, unter der Adresse »leihmutter-schaft.de«. Ähnliches gilt auch für die entsprechenden französischen und italienischen Begriffe,»mère porteuse« und»madre surrogata«.

Biotexcom wirbt auf der Website vor allem mit einem aufwendigen Betreuungsservice und der finanziellen Attraktivität seiner Angebote. Den Ehepaaren, die vorwiegend aus Italien und Deutschand stammen, stehen in der Klinik Dolmetscher zur Verfügung. Am Stadtrand von Kiew hat das Unternehmen überdies einige Wohnhäuser und Appartements gemietet, mit Haushälterin und Köchin, in denen die Klienten während ihres Aufenthalts versorgt werden. Wenn ein Paar eine Eizellspenderin engagiert hat, reist es innerhalb kurzer Zeit zweimal in die Ukraine, das erste Mal zur medizinischen Untersuchung und zur Auswahl der Spenderin, das zweite Mal zur Abgabe der Spermienprobe und zum Embryotransfer. Wurde eine Tragemutter ausgewählt, kommen zu diesen Vorbereitungsterminen, also der Samenabgabe und der Eizellpunktion (falls die Auftragsmutter ihre eigenen Gameten nützen kann), noch ein Besuch im dritten Schwangerschaftsmonat hinzu, bei dem die Paare das erste Ultraschall-Foto ihres Kindes in Empfang nehmen, und schließlich ein längerer Aufenthalt in der Zeit der Entbindung. Für diese beiden Behandlungsprogramme berechnet Biotexcom jeweils einen Festpreis, für die künstliche Befruchtung mit einer gespendeten Eizelle 10 000 Euro, für das Engagement einer Tragemutter 28 000 Euro (etwa ein Fünftel des Honorars, das »Growing Generations« in Los Angeles verlangt). Das Unternehmen garantiert seinen Klienten dabei die Geburt des eigenen Kindes, so viele In-vitro-Fertilisationen oder Schwangerschaften auch erforderlich seien. Bis zu sieben Embryotransfers, so die Angaben der Klinik, habe es bei Frauen, die ihr Kind selbst austragen können, schon gegeben, bevor eine stabile Schwangerschaft mit gespendeten Eizellen eingetreten sei. Wenn ein Paar diese Prozedur nach dem fünften erfolglosen Einnistungsversuch abbrechen will, bekommt es laut Vertrag den vollständigen Geldbetrag zurück. Dies sei aber bis zum heutigen Zeitpunkt noch nicht geschehen, und deshalb könne Biotexcom, wie auf der Homepage gesagt wird, eine praktisch hundertprozentige Erfolgsquote der Behandlungen vorweisen.[141]

Die Klinik liegt in einem nördlichen Stadtteil Kiews, etwa zwanzig Minuten vom Zentrum entfernt. In einer Umgebung von baufälligen Häusern und ungeleerten Mülltonnen führt eine frisch asphaltierte Privatstraße auf eine Anhöhe, und ein kleines Schild mit der Aufschrift »BioTexCom« weist den Weg zu einem Grundstück, auf dem zwei weiße Villen stehen. Hier werden alle Untersuchungen und medizinischen Leistungen durchgeführt, mit Ausnahme der Geburten der Tragemütter; das Erdgeschoss der Gebäude beherbergt Büros und elegant möblierte Besprechungsräume, die oberen Stockwerke Labore, Behandlungszimmer und Ruheräume für die Frauen nach einer Eizellpunktion oder einem Embryotransfer. Es ist ein heißer Junivormittag in Kiew, und auf der Eingangstreppe der vorderen Villa stehen sechs oder sieben hochschwangere Frauen und warten offenbar auf einen Arzttermin. Fast alle von ihnen tragen knielange Leggins und ein weites T-Shirt, die Uniform der Tragemütter in der ukrainischen Sommerhitze. Der erste Gedanke bei ihrem Anblick: Sehen diese Frauen »anders schwanger« aus als jene, die ihr eigenes Kind austragen – beiläufiger, entfremdeter, nicht-identischer mit ihrem Bauch? Aber es findet sich kein Zeichen einer Differenz (ähnlich wie bei der Begegnung mit dem »Spenderkind« Hannah in Köln, deren Erscheinung natürlich auch keinerlei Hinweis auf ihre Zeugungsweise gegeben hat).

In einem Warteraum im Souterrain – auf dem Couchtisch ein deutsches Exemplar der Zeitschrift *Geo* von 1985, dessen Geschichte man gerne kennen würde – empfängt Albert Totchilowski zum Gespräch, der Besitzer und Geschäftsführer von Biotexcom. Er ist Mitte dreißig, stammt ursprünglich aus Moldawien und hat nach seinem Informatikstudium eine Zeit lang in Köln gelebt. Das Unternehmen hat er mit einem Startkapital von 2000 Euro gegründet. Wie kommt ein Computerspezialist auf die Idee, eine Leihmutterklinik in der Ukraine zu eröffnen? Totchilowski, der unter den weißbekittelten Ärzten und Laboranten als Einziger Jeans und Poloshirt trägt, macht nicht den leisesten Hehl daraus, dass er Ausrichtung und Lage seiner Firma allein nach kommerziellen Gesichtspunkten gewählt hat. »Eigentlich wollte ich im Bereich der Kommunikationstechnologie tätig werden«, sagt er und erzählt von seinen Bemühungen, die Firma Skype für seine Ideen zur Verbesserung der Videotelefonie zu begeistern. Als dieser Versuch scheiterte, fing er an, sich für das Geschäftsfeld der Reproduktionsmedizin zu interessieren, und er wählte Kiew als Standort aus, weil er die Rechtssituation in der Ukraine kannte und aufgrund seiner Herkunft fließend Russisch spricht. »Ich habe zwar keine medizinische Ausbildung, aber ich kann gut organisieren«, sagt er, »und mir war außerdem klar, dass alles in diesem Wirtschaftszweig heute über das Internet läuft«. Programmierwissen ist inzwischen eine unerlässliche Vorbedingung für den Erfolg einer Reproduktionsklinik: Dass sich die Biotexcom-Website bei der Online-Recherche nach Leihmüttern in fast jedem europäischen Land unter den ersten Treffern befindet, geht auf die Kenntnisse des Unternehmensgründers zurück.

Es ist nicht einfach, sich mit Albert Totchilowski zu unterhalten – nicht aus sprachlichen Gründen (er beherrscht das Deutsche gut und wird außerdem von einer der Dolmetscherinnen unterstützt), sondern weil er ungern konkrete Aussagen über Biotexcom trifft und viel lieber zu Exkursen über neue Geschäftsprojekte oder die biomedizinische Optimierung des Menschen im Allgemeinen abschweift. Die Anzahl der Klienten und Behandlungen pro Jahr, die Auswahlkriterien und Vergütungen der Spenderinnen und Tragemütter – lauter Fragen, auf die er zunächst vage und mit müdem, leicht misstrauischem Blick antwortet. Seine provisorische Sitzposition, auf der Kante eines Sofas, behält er das ganze Gespräch über bei. Je länger Totchilowski aber redet, desto bereitwilliger gibt er doch noch Auskunft. Sein Kundenkreis, sagt er, habe sich anfangs hauptsächlich aus italienischen Paaren zusammengesetzt, »ich weiß auch nicht warum, die Katholiken wollen einfach dringender Kinder«, inzwischen käme aber ein Drittel der Klienten auch aus Deutschland. Für die meisten Ehepaare bedeute die Reise in die Ukraine die letzte Hoffnung nach einer Reihe von Ernüchterungen, zum Beispiel nach missglückten Eizellspenden in Spanien oder Tschechien. Hier bei Biotexcom, sagt Totchilowski mit großer Selbstgewissheit, sei die Qualität der zellbiologischen Untersuchungen aber so hoch, dass die genaue Ursache der Sterilität bei jedem Paar ermittelt und die passende Maßnahme getroffen werden könnte. Nur gleichgeschlechtliche Paare, betont er, müsse seine Klinik ablehnen: »Verstehen Sie, in der Ukraine und in Russland sind Homosexuelle für alle Parteien ein rotes Tuch. Ich bin ein zivilisierter Mann und bin selbstverständlich für gleiche Rechte von homosexuellen Paaren. Aber darüber spreche ich nicht laut in diesem Land.« (Gerade an dem Tag, als er diesen Satz äußert, kursiert die Nachricht, dass Russland und die Ukraine allen Paaren das Adoptionsrecht entziehen möchte, die aus Ländern stammen, in denen die Ehe unter gleichgeschlechtlichen Partnern erlaubt ist.)

Die Kriterien, nach denen die Eizellspenderinnen und Tragemütter bei Biotexcom ausgewählt werden, sind vom ukrainischen Familienrecht vorgegeben. Sowohl die Tragemütter, die höchstens 35 Jahre, als auch die Spenderinnen, die höchstens dreißig Jahre alt sein dürfen, müssen bereits selbst ein eigenes Kind geboren haben. Diese Regelung unterscheidet sich elementar von den Voraussetzungen, denen die Eizellspende etwa in den USA unterliegt. Die amerikanischen Karteien versammeln wie beschrieben inzwischen möglichst junge und attraktive, in akademischer Ausbildung befindliche Frauen, die ihr hochwertiges Erbgut an das Kind der Auftragseltern weitergeben sollen. In der Ukraine gelten andere Prioritäten. Dass jede Spenderin bereits selbst Mutter sein muss, hat laut Albert Totchilowski auch mit dem minimalen Risiko zu tun, das mit der hormongestützten Eizellpunktion für die weitere Fruchtbarkeit der Frau verbunden ist; sollte es bei diesem Eingriff tatsächlich zu Komplikationen kommen, so die Überlegung des Gesetzgebers, wären zumindest nur Frauen betroffen, die bereits ein Kind geboren haben. Im Spenderinnenkatalog von Biotexcom, auf der Website frei zugänglich, lassen sich die an diese Regelung gekoppelten Unterschiede zu kalifornischen Agenturen wie »The Egg Donor Program« oder »A Perfect Match« sofort erkennen. Die Frauen sind im Durchschnitt etwa fünf Jahre älter, zumeist zwischen 24 und 27, und in ihren kurzen Profilen geht es nicht um College-Erziehung oder intellektuelle Fähigkeiten, sondern um Körperdaten, die für die Klienten zur Abgleichung des Phänotyps und der Blutgruppe notwendig sind. Ähnlichkeit statt Exzellenz: Biotexcom bietet zwar ausführlichere »Angaben zur schulischen und beruflichen Bildung« der Frauen an, aber prominenter wird auf der deutschen Website der Hinweis platziert, dass »viele unserer

Abb. 6 Ein Hinweisschild des Reproduktionszentrums »Biotexcom« in Kiew, an der Auffahrt zu der Privatstraße, in der sich die Klinik befindet

Spenderinnen ein nordeuropäisches Erscheinungsbild« haben. »Daher ist es fast immer möglich, eine blonde oder brünette Spenderin mit der gleichen Augenfarbe wie Ihre zu finden.« Auch den Fotos in der Biotexcom-Kartei sind die unterschiedlichen gesetzlichen Vorbedingungen der Eizellspende in der Ukraine anzumerken: Mindestens die Hälfte der Frauen lässt sich zusammen mit dem eigenen Kind abbilden, wie um einen Beweis der Eignung ihrer Gameten zu präsentieren.[142] [→Abb. 6]

Den Eizellspenderinnen wird bei Biotexcom ein Grundhonorar von etwa 700 Euro bezahlt, wobei sie ab einer bestimmten Menge an entnommenen Zellen einen Bonus erhalten, bis zu weiteren 200 Euro. Je stärker der Körper also auf die hormonell stimulierte »Superovulation« anspricht, desto mehr Geld können die Frauen verdienen. Die Tragemütter wiederum, die auch in Kiew nicht von den Klienten ausgesucht werden dürfen, bekommen ein Honorar von 8000 Euro für Einzelkinder und 10 000 Euro für Zwillinge. »Wir haben einen sehr hohen Bedarf an Leihmüttern«, sagt Albert Totchoilowski; derzeit besteht für die Paare eine Wartezeit von einem halben Jahr. »Außer im Internet werben wir vorwiegend in Provinzgegenden für diese Tätigkeit, weil Leihmutterschaft meiner Ansicht nach attraktiver für Frauen aus ländlichen Gebieten ist. Sie haben weniger Geld zur Verfügung, bekommen schon früh ihre eigenen Kinder und haben auch einen gesünderen Lebenswandel während der Schwangerschaft. Eine junge Frau in Kiew würde nicht neun Monate zu Hause sitzen und über das Kind in ihrem Bauch nachdenken, die würde sich in Diskotheken aufhalten. Die Mädchen vom Land sind einfach vernünftiger und verantwortungsvoller.«

Eine der Frauen, die schon zum wiederholten Mal als Tragemutter für Biotexcom arbeitet, ist die 29-jährige Natascha aus Schytomir, einer Stadt mit knapp 300 000 Einwohnern, 160 Kilometer westlich von Kiew. Sie ist verheiratet, hat einen achtjährigen Sohn und arbeitet als Filialleiterin einer Lebensmittelgeschäftskette. Auch sie wartet an diesem Vormittag auf eine Ultraschalluntersuchung. Sie ist im neunten Monat schwanger, mit Zwillingen; wie immer bei Mehrlingsgeburten wird die Entbindung in der mit Biotexcom kooperierenden Geburtsklinik per

Kaiserschnitt erfolgen. »Für mich ist es jetzt die zweite Schwangerschaft«, sagt sie. »Im Jahr 2011 habe ich für ein italienisches Paar ein Mädchen zur Welt gebracht. Damals habe ich über eine Zeitungsannonce erfahren, dass Biotexcom Leihmütter sucht, und da ich schon viel über das Thema gelesen hatte in den Jahren davor, hat mich das interessiert. Ich habe mich also beworben und wurde kurze Zeit später nach Kiew eingeladen. Am Ende der Untersuchungen teilten mir die Biotexcom-Mitarbeiter mit, dass sie mich gerne als Leihmutter engagieren würden. Ich sollte mir das aber vor der endgültigen Entscheidung noch zwei Monate überlegen.« Nach ihrer Zusage fuhr Natascha wieder nach Kiew und ließ sich in der Biotexcom-Klinik drei Embryonen einsetzen, die aus der Samen- und der Eizelle der Auftragseltern entstanden waren. Zu einer Begegnung zwischen Natascha und dem Ehepaar kam es in diesem Moment allerdings noch nicht. Die Richtlinien von Biotexcom sehen vor, dass dies erst in der zwölften Schwangerschaftswoche geschehen soll, zu einem Zeitpunkt also, wenn die reguläre Entwicklung des Fötus gewährleistet ist. Eine mögliche Fehlgeburt im Anfangsstadium der Schwangerschaft, sagt Albert Totchilowski, sei sowohl für die Tragemutter als auch die künftigen Eltern leichter zu verarbeiten, wenn sich die beiden Parteien nicht persönlich kennen würden.

»Als ich damals schwanger wurde«, erzählt Natascha weiter, »bin ich wieder nach Hause gefahren. Ich habe sowohl bei der ersten als auch bei meiner jetzigen Leihmutterschaft nur meinem Mann, meiner Mutter und meiner Schwester davon erzählt, was ich mache. Für meine Familie war das kein Problem. Alle anderen Menschen in meiner Umgebung – Freunde, Nachbarn, Arbeitskollegen – wussten aber nichts davon. Deshalb konnte ich natürlich nur solange in Schytomir bleiben, wie man meinem Bauch nichts ansah. Im sechsten Monat der Schwangerschaft sind wir deshalb mit der Familie beide Male in ein kleines Dorf in der Nähe gezogen, wo mich niemand kannte. Und die letzten Wochen vor der Geburt verbringe ich diesmal hier, in einem der Appartements von Biotexcom. Meine Nachbarn und Freunde denken, ich würde die ganzen Monate über in Kiew arbeiten. (Laut Totchilowski wenden etwa drei Viertel aller Tragemütter diese Strategie an.) Mein Sohn war beim ersten Mal noch zu klein, um überhaupt etwas zu merken. Jetzt fragt er aber schon manchmal: ›Mama, warum bist du so auf einmal so dick?‹, aber dann erzähle ich ihm, dass ich halt zu viele Süßigkeiten gegessen habe. Für meinen Arbeitgeber ist es glücklicherweise kein Problem, dass ich hin und wieder zu ihm komme und ihm sage, dass ich ein paar Monate Pause machen möchte. Er hat mich nach meiner ersten Leihmutterschaft wieder eingestellt und wird es auch dieses Mal wieder tun.« Mit ihrer Arbeit als Filialleiterin verdient Natascha ungefähr 35 000 ukrainische Grivnas im Jahr, das sind etwa 3000 Euro, also ein knappes Drittel des Leihmutter-Honorars. »Für die Verhältnisse in Schytomir ist das zwar ein gutes Gehalt, aber ich arbeite auch sehr viel, habe eine Sechstagewoche und bin häufig bis zu zwölf Stunden am Tag im Geschäft.«

Während der Schwangerschaft kommen die Tragemütter einmal im Monat zu Biotexcom, um eine Ultraschalluntersuchung durchführen zu lassen und den Verlauf der Schwangerschaft zu kontrollieren. In der 19. Woche findet dann eine obligatorische Fruchtwasserpunktion statt: »Wenn etwas mit dem Baby nicht stimmt und das Paar eine Abtreibung wünscht, dann muss ich einwilligen, das ist mir bewusst«, sagt Natascha. »Es steht auch in meinem Vertrag, dass ich Zwillinge bekommen muss, solange damit kein medizinisches Risiko für mich verbunden ist. Drillinge muss ich aber nicht austragen, weil es ja« – und dann folgt ein Wort, das zumindest der Dolmetscherin ganz selbstverständlich über die Lippen geht – »weil es ja ohnehin eine Reduktion geben würde.« Mit diesem Begriff wird ein Prozess beschrieben, der bei Biotexcom einsetzt, wenn sich alle drei befruchteten Eizellen, die jeder Tragemutter transferiert werden, erfolgreich einnisten und zu einem Fötus entwickeln. Dann nämlich wird die Anzahl der Föten in der vierten Schwangerschaftswoche »reduziert«, das heißt, es wird eine Abtreibung des am wenigsten gut entwickelten Fötus vorgenommen. Diese Technik hat sich in der assistierten Reproduktionsmedizin in den letzten Jahren weltweit durchzusetzen begonnen, und zwar nicht nur bei Drillings-, sondern auch bei Zwillingsschwangerschaften, die durch In-vitro-Fertilisation entstanden sind. Hier erfolgt die »Reduktion« im Mutterleib von zwei Föten auf einen Fötus.[143]

An ihre letzte Geburt vor zwei Jahren hat Natascha noch gute Erinnerungen. Die Dolmetscherin hatte in einem Vorgespräch zwar gesagt, dass die Tragemütter bei Biotexcom das Neugeborene nach der Niederkunft nicht zu Gesicht bekommen. (In Zeitungsreportagen über ukrainische Reproduktionskliniken wird manchmal sogar von einem Vorhang berichtet, der vor den Bauch der Gebärenden gespannt wird, damit sie den Säugling nicht sehen und keine emotionale Bindung zu ihm entwickeln können.) Aber zumindest in Nataschas Fall ist das anders gewesen. »Ich habe das Kind noch ungefähr eine halbe Stunde nach der Geburt bei mir gehabt«, erzählt sie, »es lag auf meinem Bauch. Die Mama (Natascha gebraucht jedes Mal dieses Wort, wenn sie von der Auftragsmutter spricht) war aber im Kreißsaal dabei, und sie hat dann auch die Nabelschnur durchgeschnitten.« Was hat sie in diesem Moment empfunden? Welche Verbindung hat sie zu dem Kind gespürt, das zwar nicht genetisch mit ihr verwandt, aber dennoch neun Monate in ihrem Bauch herangewachsen ist? »Ich kann mich noch an meinen ersten Eindruck erinnern, als ich das Baby sah, das irgendwie ›italienisch‹ aussah, mit dicken schwarzen Haaren. Mein Mann und ich sind beide blond, unser Sohn auch, und ich hatte gleich das Gefühl: Das ist nicht mein Kind, ich habe das für andere Menschen bekommen, die es sich sehr wünschen. Die Mama hat im Kreißsaal auch die ganze Zeit geweint. Außerdem war ich nach der Geburt furchtbar müde. Ich wollte einfach nur schlafen. Als das Baby dann gewaschen war und die Mama mit ihm aus dem Kreißsaal herausgegangen ist, habe ich wirklich 16 Stunden lang ohne Pause geschlafen. Und ich war so glücklich, dass ich endlich wieder auf dem Bauch liegen konnte.« Man muss an Mary Beth Whitehead und Elizabeth Kane denken bei diesen Sätzen: Wieder ist es der Moment des ersten Anblicks, dem entscheidende Bedeutung für das Verhältnis von Leihmutter und Kind zukommt. Natascha erkennt keinerlei Ähnlichkeit zu dem von ihr ausgetragenen Säugling, und deshalb kann die Übergabe des Kindes an die Auftragsmutter, wie sie glaubhaft schildert, ohne Probleme geschehen. Das Drama um »Baby M« hingegen begann mit der schmerzlichen Erkenntnis Whiteheads, dass ihr das neugeborene Mädchen wie aus dem Gesicht geschnitten war. »Nein«,

363

sagt Natascha, »es war wirklich nicht schwer für mich, das Baby wegzugeben. Nach der Geburt habe ich die Eltern und das Kind auch nicht mehr wiedergesehen. Ich bin ein paar Tage später nach Schytomir zurückgefahren, und erst als ich mich 15 Monate später wieder für eine Leihmutterschaft beworben habe, hat mir die Dolmetscherin für die italienischen Paare gesagt, dass es dem Mädchen gutgehe. Die Eltern schicken wohl noch manchmal Fotos an die Klinik.«

Auf dem Gelände von Biotexcom in Kiew ist das Verfahren der Leihmutterschaft zu einer routiniert durchgeführten, für alle Beteiligten akzeptablen Realität geworden. Die Grenzen zwischen genetischer, biologischer und sozialer Mutterschaft (die sich hier in manchen Fällen auf drei Frauen verteilt), sind klar und konfliktlos gezogen; wenn eine Eizellspenderin beteiligt ist, bleibt sie eine unsichtbare Lieferantin von Erbgut, die Tragemutter verrichtet in aller Zuverlässigkeit ihre neunmonatige Aufgabe, und die Auftraggeberin ist die zu Tränen gerührte »Mama«, die im Kreißsaal die Nabelschnur durchtrennt und ihr Baby mit nach Hause nimmt. Das Familienrecht der Ukraine schafft für diese Ordnung der Allianzen die juristischen Bedingungen, indem es Tragemüttern – in genauer Umkehr des § 1591 im Bürgerlichen Gesetzbuch – den Status der Mutterschaft kategorisch abspricht.[144] Auf der Geburtsurkunde eines durch assistierte Reproduktionstechnologien gezeugten Babys sollen laut ukrainischem Gesetz nur die Namen der Auftragseltern als Vater und Mutter stehen. Die Tragemütter hätten also gar nicht die Möglichkeit, wie Mary Beth Whitehead oder Anna Johnson das Sorgerecht des von ihnen ausgetragenen Kindes einzuklagen. Wenn man einer Frau wie Natascha zuhört (die als vorbildliche Biotexcom-Mitarbeiterin natürlich bewusst für das Gespräch ausgewählt wurde, aber ihren Lebensumständen nach dennoch eine repräsentative Leihmutter in der heutigen Ukraine ist), scheint diese gesetzliche Maßnahme aber nicht einmal erforderlich zu sein. Unaufgeregt und fast heiter erzählt sie von ihrer Tätigkeit, für deren Honorierung sie mehr als drei Jahre lang in ihrem Lebensmittelgeschäft arbeiten müsste, fünfzig oder sechzig Stunden die Woche.

Die professionellen Tragemütter im Jahr 2014 haben die Abspaltung zwischen ihrem Körper und dem von ihnen geborenen Kind erfolgreich bewerkstelligt; die Klienten wiederum ertragen das Wissen, dass sich ihr Wunsch nach leiblichen Nachkommen durch den Kauf einer Schwangerschaft verwirklichen lässt und sie in dem weitaus ärmeren Land eine Art Biokolonialismus betreiben. In sozialer und psychologischer Hinsicht sind Leihmutter-Arrangements ein Vierteljahrhundert nach »Baby M« also von großer Pragmatik bestimmt. Das gilt aber weiterhin nicht für ihre rechtliche Bewertung in Deutschland. In den letzten Jahren gab es einige spektakuläre Einzelfälle, in denen deutsche Paare, die in Indien oder in Osteuropa eine Tragemutter engagiert hatten, über Monate und sogar Jahre hinweg in dem fremden Land festsaßen, weil sich die Botschaft oder das zuständige Konsulat weigerte, dem Kind die deutsche Staatsbürgerschaft zuzuerkennen und einen Reisepass auszustellen. Der bekannteste Fall ist der eines bayerischen Paares, das nach der Geburt von Zwillingen durch eine indische Tragemutter Anfang 2008 zweieinhalb Jahre warten musste, bis die Kinder nach Deutschland übersiedeln konnten; der Vater war diese Zeit über in Neu-Delhi geblieben. Ein vergleichbarer Konflikt in Georgien hat vor kurzem dazu geführt, dass die Zwillinge, die von einer Tragemutter für ein deutsches Ehepaar geboren wurden, nun in Tiflis in einem Pflegeheim leben. Die Auftragseltern erhalten für diese beiden Waisen der Reproduktionsmedizin keine Pässe, die Tragemutter fühlt sich nicht zuständig. All diese Kinder sind Opfer einer juristischen Kollision: zwischen der Zulässigkeit der Leihmutterschaft vor Ort und dem deutschen Fortpflanzungsrecht, also dem Embryonenschutzgesetz, dem Adoptionsvermittlungsgesetz und dem § 1591 des Bürgerlichen Gesetzbuchs. In anderen westeuropäischen Ländern, in denen kommerzielle Leihmutterschaft ebenfalls verboten ist, kam es in der Vergangenheit zu ähnlich dramatischen Fällen, unter anderem auch nach Tragemutterschaften in der Ukraine.[145] Biotexcom hat sich inzwischen auf diese heikle Konstellation eingestellt. Bei Klienten aus Deutschland, sagt Albert Totchilowski, seien vor allem zwei Maßnahmen zu bedenken: Zum einen dürfe eine Tragemutter auf keinen Fall verheiratet sein, weil das Kind dann aufgrund der Ehelichkeitsvermutung im deutschen Recht zwangsläufig den ukrainischen Mann zum

Vater hätte. (Im Fall der indischen Tragemutter 2008 wurde genau dieser Fehler begangen.) Zum anderen müsse man die liberalen Vorgaben des ukrainischen Familienrechts paradoxerweise umgehen und den Namen der Auftragsmutter gerade nicht in die Geburtsurkunde eintragen lassen. Totchilowski lässt hier offen, welchen Grad an Gesetzesübertretung sich sein Unternehmen in der täglichen Arbeit leistet, aber er bemerkt mit einem Lächeln, dass manchen seiner Konkurrenten in Kiew oder Charkow das Missgeschick eines falsch ausgefüllten Geburtsscheins immer noch unterlaufen würde. »Es ist doch klar«, sagt der Biotexcom-Gründer: »Wenn meine Klienten versuchen, mit einer Urkunde, in der beide deutschen Namen stehen, die Reisedokumente für das Kind zu bekommen, schöpft die Botschaft Verdacht. Die Frau muss dann ihren Mutterpass vorlegen, und da sie das nicht kann, wird von einem Gynäkologen ermittelt, ob sie gerade eine Geburt hinter sich gebracht hat.« Die Fälle in der Ukraine, in denen Paaren mit einem durch Tragemutterschaft entstandenen Kind die Ausreise dauerhaft verwehrt wurde, so Totchilowski, spielten sich genau nach diesem Muster ab. Er selbst versichert, dass alle seine Klienten ohne Schwierigkeiten einen Pass für ihr Kind erhalten würden, die in der Geburtsurkunde den Namen des deutschen Vaters und der ledigen ukrainischen Frau eintragen lassen. Durch die Anerkenntnis der Vaterschaft und die formelle Zustimmung der Tragemutter erfülle das neugeborene Kind Kriterien für die deutsche Staatsbürgerschaft, die durch kein noch so restriktives Reproduktionsmedizingesetz zu verhindern seien. In Deutschland könne die Auftragsmutter das Kind dann als Stiefkind adoptieren. Biotexcom empfiehlt seinen Klienten nur noch diesen Weg.

Diese harmonische (und werbewirksame) Erzählung des Leihmutter-Maklers ist in jüngster Zeit von einem deutschen Gericht juristisch untermauert worden. Ein jahrelanger Rechtsstreit über den Personenstand eines Mädchens, das 2010 von einer indischen Tragemutter für ein gleichgeschlechtliches deutsches Paar ausgetragen wurde, ist im April 2013 zugunsten des Klägers, des biologischen Vaters des Kindes, entschieden worden. Das zuständige Standesamt in Neuss hatte sich bis dahin geweigert, den Namen des Mannes ins Geburtsregister eintragen zu lassen. Da aber durch eine eidesstattliche Erklärung der Tragemutter nachgewiesen wurde, dass die Frau zum Zeitpunkt der Schwangerschaft nicht verheiratet gewesen war, entschied das Oberlandesgericht Düsseldorf, dass der Mann als rechtmäßiger Vater zu begreifen sei. »Für die Entscheidung«, so ein wichtiger Nachsatz des Urteils, »kam es dabei weder auf das in Deutschland geltende Embryonenschutzgesetz an, das jegliche ärztliche Leistung bei Leihmutterschaften verbietet, noch auf das im hiesigen Adoptionsvermittlungsgesetz enthaltene Verbot der Vermittlung von Leihmüttern.«[146] Diese Priorität der Rechtsbestimmungen ist, wenn man Albert Totchilowski glauben darf, nur die verspätete juristische Beglaubigung einer Praxis, die in der Botschaft von Kiew schon länger angewandt wird. Er behauptet, im Jahr 2012 140 Geburten nach Tragemutterschaft oder Eizellspende durchgeführt zu haben. Wenn ein Drittel seiner Klienten aus Deutschland stammt und nur ein kleiner Teil davon eine Tragemutter engagiert, dann müsste die deutsche Botschaft in Kiew Woche für Woche mit jungen Vätern bevölkert sein, die die deutsche Staatsgehörigkeit für ihr in der Ukraine gezeugtes und geborenes Kind beantragen. Und Biotexcom ist nur eine von dreißig Reproduktionskliniken in der Ukraine.

Man würde die Botschaftsmitarbeiter gerne mit Totchilowskis Statistiken konfrontieren. Sie dürfen sich zu diesem Problem aber nicht äußern; eine Interviewanfrage wird von einem zunächst auskunftsbereiten Mitarbeiter nach Rücksprache mit dem Auswärtigen Amt in Berlin doch noch abgelehnt. Auf der Website der Botschaft findet sich ein »Hinweis zu ›Leihmutterschaften‹«, der überhaupt nicht mit der florierenden Praxis des Verfahrens in Einklang zu bringen ist. Die Notiz, die offensichtlich zur Abschreckung von potentiellen Klienten ukrainischer Reproduktionskliniken dient, beginnt mit den an das Embryonenschutzgesetz angelehnten Worten: »›Leihmutterschaftsverträge‹, in denen sich eine Frau bereit erklärt, sich einer künstlichen oder natürlichen Befruchtung zu unterziehen oder einen nicht von ihr stammenden Embryo auf sich übertragen zu lassen oder sonst auszutragen, sind in Deutschland sittenwidrig und damit nichtig.« In einer Fassung des Hinweises vor dem Mai 2013 ließ auch der weitere Verlauf keinen Zweifel an der Haltung der

Botschaft. »Die Kinder von Leihmüttern«, hieß es teilweise fettgedruckt, »sind somit im Rechtssinne nicht mit den ›Wunscheltern‹ verwandt und erwerben damit keine deutsche Staatsangehörigkeit! Die Botschaft kann in solchen Fällen damit keine Kinderreisepässe oder sonstige deutsche Pässe für die Kinder ausstellen!« Seit der Entscheidung des Düsseldorfer Oberlandesgerichts wurde die Notiz aber umgeschrieben, und sie liest sich nun wie der rhetorisch waghalsige Versuch, das Verfahren der Leihmutterschaft weiterhin als illegal erscheinen zu lassen, ohne die jüngsten Korrekturen der Rechtsprechung zu verschweigen: »Mutter eines Kindes ist nach deutschem Recht die Frau, die es geboren hat. [...] Eine deutsche ›Wunschmutter‹ kann ihre deutsche Staatsangehörigkeit deshalb nicht an das Kind vermitteln, da sie rechtlich gar nicht mit dem Kind verwandt ist. Ein deutscher ›Wunschvater‹ kann aus einem Vertrag über Leihmutterschaft nach deutschem Recht nicht wirksam seine Vaterschaft begründen. Auch im Fall einer Leihmutterschaft kann aber der ›Wunschvater‹ nach deutschem Recht unter bestimmten Voraussetzungen durch eine Vaterschaftsanerkennung seine rechtliche Vaterschaft herstellen. Nur wenn eine rechtswirksame Abstammung von einem deutschen Elternteil vorliegt, hat das Kind die deutsche Staatsangehörigkeit zweifelsfrei vermittelt bekommen und folglich einen Anspruch auf einen deutschen Reisepass.«[147] Die gewundene Syntax und vor allem das verschämte, so unscheinbar wie möglich platzierte »aber« zu Beginn des vorletzten Satzes veranschaulichen, wie sehr man sich hier bemüht, die aktuellen Rechtstendenzen zu verschleiern. Die Aufgabe dieser Notiz, die Botschaft der Botschaft also, ist eindeutig: Mit allem sprachlichen Aufwand soll ein für deutsche Paare geltendes Verbot der Leihmutterschaft in der Ukraine aufrechterhalten werden, das es faktisch nicht mehr gibt. Nach Schätzung des Auswärtigen Amts liegt die Häufigkeit solcher Arrangements daher auch bei einem Wert, der die geschäftliche Existenz von Biotexcom und den dreißig anderen ukrainischen Reproduktionszentren unmöglich machen würde. »Im einstelligen Bereich pro Jahr«, beziffert ein Mitarbeiter des Auswärtigen Amts im Gespräch die Zahl der Geburten ukrainischer Tragemütter für deutsche Paare. Die Wahrheit liegt vermutlich irgendwo zwischen den Angaben

Albert Totchilowskis und der deutschen Behörden – in der Grauzone zwischen der geschäftstüchtigen Übertreibung des Unternehmers und der beschwichtigenden Untertreibung des Regierungsvertreters. Leihmutterschaft jedenfalls, das in Deutschland so streng verbotene und mit Haftstrafen für die Ärzte und Vermittler belegte Verfahren, ist durch die Hintertür eines weitentfernten Landes zu einer geläufigen Praxis geworden.

VIERTES KAPITEL

Vom »Retortenbaby« zum »Wunschkind«:
Die Erfolgsgeschichte der In-vitro-Fertilisation

1.
Das Baby des Jahrhunderts:
Louise Browns Geburt am 25. Juli 1978

Die zwei Körper der Mutter

Das Allgemeine Krankenhaus in der nordenglischen Stadt Oldham befindet sich im Frühsommer 1978 im Ausnahmezustand. Seit Mitte Juni liegt eine 30-jährige Patientin aus Bristol zur Beobachtung auf der gynäkologischen Station, geführt unter dem Namen »Rita Ferguson« und im achten Monat schwanger. Nur die zuständigen Pflegerinnen sind eingeweiht, dass es sich in Wirklichkeit um Lesley Brown handelt, die erste Frau, die ein durch In-vitro-Fertilisation gezeugtes Kind zur Welt bringen wird. Die beiden verantwortlichen Pioniere der Methode, der Embryologe Robert Edwards aus Cambridge und Patrick Steptoe, Frauenarzt am Krankenhaus von Oldham, haben sich nach einem Jahrzehnt gemeinsamer Forschungsarbeit darum bemüht, den so lange erhofften Erfolg bis nach der Geburt des Kindes geheim zu halten. Doch eine Indiskretion des Klinikpersonals sorgt dafür, dass die Nachricht vom ersten »Retortenbaby« und der Identität der hochschwangeren Mutter an die Öffentlichkeit gelangt, und nach Zeitungsberichten in London und New York ist das Krankenhaus von Dutzenden Reportern und Kameras belagert. Mit aller Erfindungsgabe und Skrupellosigkeit versuchen die Journalisten, das Zimmer Lesley Browns aufzuspüren; sie verkleiden sich als Handwerker, Pfleger oder Priester auf dem Weg zur Letzten Ölung, und einer von ihnen greift sogar zum Mittel der Bombendrohung, weil er hofft, die spektakuläre Patientin während der Evakuierung des Gebäudes zu entdecken. Die Situation beruhigt sich erst ein wenig, als Lesley und John Brown einen Exklusivvertrag mit einer Londoner Boulevardzeitung abschließen, die einen Sicherheitsdienst zur Bewachung der Klinikeingänge engagiert. Dennoch muss John Brown, ebenfalls unter Pseudonym in einer Pension in Oldham einquartiert, nach einem Besuch bei seiner Frau einmal vier Stunden lang über die Landstraßen der Umgebung rasen, bevor er einige Reporter konkurrierender Zeitungen abgeschüttelt hat. Die Entbindung Lesley Browns schließlich wird unter größter Verschwiegenheit eingeleitet. Patrick Steptoe weist seine Patientin am Nachmittag des 25. Juli an, das Abendessen unbemerkt von den Pflegerinnen zu entsorgen, um nüchtern zu bleiben; er bittet sie, sogar ihrem Ehemann nichts von der bevorstehenden Niederkunft zu erzählen; und gegen halb zwölf Uhr abends beginnt im Operationssaal der Klinik das Prozedere des Kaiserschnitts. Louise Joy Brown, das Kind, das die Vorstellungen und Möglichkeiten der menschlichen Fortpflanzung für alle Zeiten verändert hat, kommt um 23.47 Uhr zur Welt. Es ist ein»prächtiges Baby«, wie Edwards und Steptoe in ihren gemeinsamen Erinnerungen schreiben, »vollendet und schön«.[1]

Die erste Geburt nach In-vitro-Fertilisation im Jahr 1978 ist in der Geschichte der Reproduktionsmedizin ein spätes, aber dennoch ihr berühmtestes Datum. Das Ereignis findet rund vierzig Jahre nach der Etablierung der Samenspende in den USA und zwei Jahre nach dem Bekanntwerden der ersten Leihmutter-Arrangements statt. Diese beiden Verfahren der assistierten Empfängnis kamen noch ohne Befruchtung außerhalb des Körpers aus (auch die klassische Leihmutterschaft ist medizinisch nichts anderes als eine künstliche Insemination). Die späteren Methoden der Tragemutterschaft und Eizellspende jedoch wären ohne die Erkenntnisse Edwards' und Steptoes nicht möglich gewesen; und überdies setzt sich die In-vitro-Fertilisation als Behandlungstechnik in den 1980er Jahren rasch in einem Maße durch, das die Häufigkeit von Samenspenden und Leihmutterschaften um ein Vielfaches übersteigt. Die verbreitetste Ursache weiblicher Infertilität – verschlossene Tuben, die die Eizelle nicht in den Uterus wandern lassen – kann durch extrakorporale Befruchtung und Implantation des Embryonen in den Gebärmutterhals einige Tage später überwunden werden. Diese Technik

ermöglicht es den Paaren, ein mit beiden Elternteilen genetisch verwandtes Kind zu bekommen: eine Aussicht, die weitaus attraktiver ist als
die Einbeziehung von Zeugungsstoffen Dritter in den Prozess der Empfängnis.

Als Lesley Brown nach einer missglückten Eileiteroperation im Jahr
1970 mit ihrer Unfruchtbarkeit konfrontiert wird, erweist sich die Frau,
die heute als Galionsfigur der modernen Reproduktionsmedizin gilt,
noch als völlig unbedarft in Fragen der Fortpflanzung. »Ich habe blo-
ckierte Eileiter‹, sagte ich zu John. Es war mir neu, dass es so etwas wie
Eileiter überhaupt gab. Bevor all diese Dinge begannen, wusste ich nicht
sehr viel darüber, wie Babys entstehen.«² Ohnehin stammen die Eltern
des ersten durch In-vitro-Fertilisation gezeugten Kindes – zufällig oder
von den Ärzten forciert – aus überaus einfachen Verhältnissen. In ihrer
mit Unterstützung einer Journalistin verfassten Autobiographie, einem
eindrucksvollen Buch, gewähren die Eheleute einen klaren, unsentimen-
talen Einblick in das Milieu der englischen Arbeiterklasse in den Jahrzehnten der Nachkriegszeit. John Brown und Lesley Rowsell stammen
beide aus dysfunktionalen Familien. Als sie sich Mitte der sechziger
Jahre in einem Hafencafé kennenlernen, flüchtet die 16-jährige Schulab-
brecherin aus dem Haus ihrer Großmutter und zieht zu dem fünf Jahre
älteren John und dessen kleiner Tochter aus erster Ehe. Jahrelang versuchen die beiden, ein gemeinsames Kind zu bekommen, bemühen sich
nach der ernüchternden Diagnose vergeblich um eine Adoption, und
als ihre Beziehung bereits an der Kinderlosigkeit zu zerbrechen droht,
macht sie Lesley Browns Gynäkologin auf einen Kollegen in Oldham
aufmerksam, der seit Jahren an ungewöhnlichen Methoden der Infertilitätstherapie arbeite. Das Ehepaar stellt sich bei Patrick Steptoe vor, und
als es im Sommer 1977 von einem Campingurlaub zurückkehrt, liegen
zwei Briefe in der Post: eine Nachricht des Arztes, dass Lesley Brown in
sein Forschungsprogramm aufgenommen sei, und ein Sportwettenge-
winn über 800 Pfund, der es dem Lastwagenfahrer John ermöglicht, die
mit der Behandlung seiner Frau verbundenen Kosten zu bezahlen.

Die Geburt des eigenen Kindes, ein Moment größter Intimität, und die
Sensation eines wissenschaftlichen Durchbruchs: In Oldham kollidieren

die Sphären des Privaten und Öffentlichen, was sich nicht nur an der Journalistenmasse vor den Türen und den Polizisten in den Gängen der Geburtsklinik zeigt, sondern auch daran, dass die Niederkunft von einem Filmteam der britischen Regierung aufgenommen wird. Edwards und Steptoe haben sich entschlossen, den Erfolg ihrer umstrittenen Methode und die Normalität des ersten außerhalb des Körpers gezeugten Kindes durch ein solches Dokument beglaubigen zu lassen, und noch Minuten vor der Entbindung muss in hektischen Telefonaten geklärt werden, wie die Klinik und das britische Gesundheitsministerium die erwarteten Erlöse untereinander aufteilen. Steptoe selbst ist sich der filmischen Aufzeichnung des Kaiserschnitts völlig bewusst; beim Vernähen der Gebärmutter, heißt es in seinen Erinnerungen, »zog ich das wiederhergestellte Organ kurz aus dem Bauch heraus, um den Kameras zu demonstrieren, dass die Patientin tatsächlich keine Eileiter mehr besaß«.[3] Öffentliche Geburten begleiten die historischen Zäsuren der Reproduktionsmedizin immer wieder; man denke an jenen überfüllten Kreißsaal, den Elizabeth Kane erdulden musste, die erste von einer kommerziellen Agentur vermittelte Leihmutter. Im Krankenhaus von Oldham aber hat das allgemeine Interesse an der Entbindung weiterreichende Gründe als den Geschäftssinn eines ambitionierten Agenten. Es steht eine neue Zeugungsmethode auf dem Prüfstand, deren Unbedenklichkeit sich zum ersten Mal an einem lebenden Menschen erweisen muss. Am 25. Juli 1978, könnte man sagen, finden daher zwei Geburten statt: Lesley und John Brown bekommen nach Jahren der Frustration und Hoffnung endlich eine gesunde Tochter; aber diese private Nachricht wird von der wissenschaftshistorischen überlagert, dass Robert Edwards und Patrick Steptoe nach Jahren der Frustration und Hoffnung endlich ein gesundes Kind durch In-vitro-Fertilisation hervorgebracht haben. Louise Brown hat also vier Elternteile: einen Vater und eine Mutter, einen Embryologen und einen Gynäkologen. Nicht umsonst verfassen beide Paare im Jahr nach der Geburt ganz ähnlich aufgebaute Memoiren. Und Steptoe schreibt über den Moment, in dem er das Neugeborene im Kreißsaal an Edwards weiterreichte: »Es war seinem Gehirn, seinen Talenten und seiner Hartnäckigkeit zu verdanken,

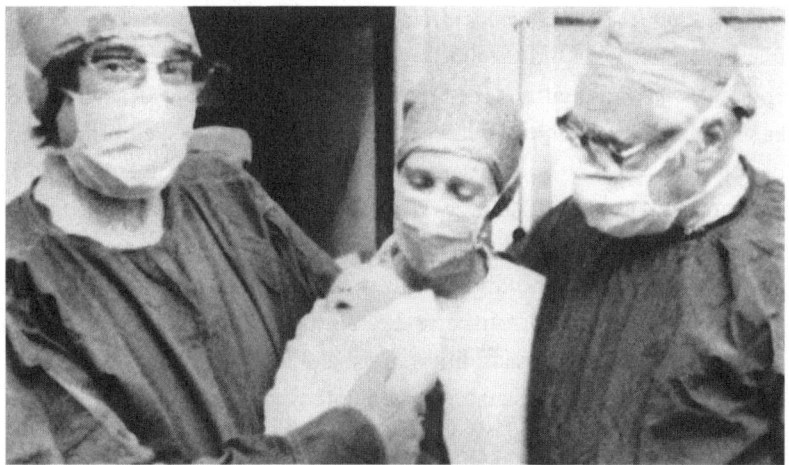

Abb. 7   Robert Edwards und Patrick Steptoe kurz nach der Geburt von Louise Brown am 25. Juli 1978: ein Foto, das um die Welt ging (Gamma-Keystone via Getty Images)

dass es zu diesem wunderbaren Moment kommen konnte.«[4] Die embryologischen Künste haben an der Existenz des Mädchens also einen den Zeugungsstoffen ebenbürtigen Anteil. Diese Botschaft sendet auch das ikonische Foto aus, das am Tag nach der Entbindung um die Welt geht: Steptoe und Edwards, noch mit Operationskittel und Mundschutz, die das Baby wie stolze Erzeuger in die Kameras halten. [→Abb. 7]. Konsequenterweise stammen die zwei Vornamen des Mädchens jeweils von einem der Paare, »Louise« von den leiblichen Eltern, »Joy« von den beiden Ärzten.

Gegen Ende der Schwangerschaft hat die Nervosität Patrick Steptoes und Robert Edwards' auch deshalb zugenommen, weil sich der Fötus nicht zu ihrer vollen Zufriedenheit entwickelt. Gewicht und Kopfumfang liegen unter den Durchschnittswerten (auch wenn es sich keinesfalls um lebensbedrohliche Verzögerungen handelt). Zudem beginnt Lesley Brown in den Wochen vor dem berechneten Geburtstermin unter einer Schwangerschaftsgestose zu leiden. Diese Erkrankung, verbunden mit Bluthochdruck und Wassereinlagerungen im Körper der Mutter, ist nicht ungewöhnlich, sie kommt etwa in der Spätphase jeder zwölften Schwangerschaft vor. In der Regel leiten die Ärzte in solchen Fällen so-

fort die Geburt per Kaiserschnitt ein. Doch für den Gynäkologen Steptoe steht nicht nur die Gesundheit Lesley Browns, sondern auch ein
epochales wissenschaftliches Ereignis auf dem Spiel, und deshalb muss
er sein Handeln abwägen. Wenn er das Kind zu früh zur Welt bringt und
der erste außerhalb des Körpers gezeugte Mensch kein mustergültiger,
vollkommen normaler Säugling ist, werden die Abweichungen – so häufig sie auch nach einer konventionellen Schwangerschaft auftreten –
zwangsläufig mit der besonderen Entstehungsweise in Verbindung gebracht. Die Methode der In-vitro-Fertilisation wäre gleich nach ihrem
Beginn für lange Zeit diskreditiert. Deshalb zögert Steptoe die Entbindung im Juli 1978 auf riskante Weise hinaus, bis sich die Messwerte des
Fötus normalisieren. Das Wohl der Mutter muss sich dem Wohl der
neuen Zeugungsmethode unterordnen, so wie es auch ein Vertragspas-
sus zwischen Steptoes Klinik und dem Ehepaar Brown nahelegt, in dem
sich die Eltern einverstanden erklärten, den Fötus abtreiben zu lassen,
wenn die Fruchtwasserpunktion im vierten Monat auf eine Behinderung
des Kindes schließen lassen würde. (John und Lesley Brown erzählen
dieses Detail in ihrer Autobiographie;[5] im Buch von Edwards und Steptoe bleibt es unerwähnt.) Die Weltöffentlichkeit erwartet in Oldham die
Antwort auf eine entscheidende Frage: Besteht wirklich kein Unterschied darin, ob ein Mensch durch Geschlechtsverkehr oder durch Zu-
sammenmischung der Keimzellen in der Petrischale entstanden ist?
Lesley Browns Kind wird zur Probe aufs Exempel, und wenn ein alter
Kollege Steptoes dessen Verantwortung kurz vor der Geburt mit dem
Leibarzt der hochschwangeren Queen vergleicht,[6] ist das keine übertrie-
bene Assoziation. Denn tatsächlich rückt die Patientin, bis zu ihrer
Schwangerschaft am Fließband von Unterwäsche- oder Käsefabriken
beschäftigt, durch ihre Vorreiterrolle in eine exponierte Position. Vor ihrer
Aufnahme in Steptoes Programm mag Brown eine einfache Arbeiterin
gewesen sein. Doch nun repräsentiert die Patientin eine neue Zeugungsweise menschlichen Lebens und wird deshalb mit einer Aufmerksamkeit
bedacht, als gebäre sie einen Thronfolger. Mit Bezug auf Ernst Kanto-
rowicz' berühmte Studie könnte man von den zwei Körpern Lesley
Browns sprechen: einem natürlichen und einem symbolischen, der eine

Dynastie nicht nur fortsetzt, wie es eine niedergekommene Königin tun würde, sondern sogar eine eigene begründet – die Dynastie all jener Menschen, die seit mehr als dreißig Jahren *in vitro* gezeugt wurden.

Wenn die assistierte Empfängnis ihren Protagonisten immer wieder einen vorübergehenden gesellschaftlichen Aufstieg verspricht, wie die Biographien der Leihmütter Elizabeth Kane oder Mary Beth Whitehead gezeigt haben, erlangt diese Verwandlung im Fall von John und Lesley Brown also noch einmal ganz andere Dimensionen. Eine ungelernte Arbeiterin wird mit einer Monarchin verglichen; ein in Armut lebendes Ehepaar erlangt unverhofft den Status von Prominenten und bekommt von einem Zeitungsverlag eine Summe von 300 000 Pfund ausbezahlt, im Jahr 1978 umgerechnet etwa 1,2 Millionen D-Mark. Das Familienfoto auf dem Umschlag ihrer Memoiren scheint die ursprüngliche Herkunft der Browns ausdrücklich betonen zu wollen, indem es die dilettantischen Tätowierungen auf Johns Handrücken und Unterarm, Ende der siebziger Jahre noch ein klares Zeichen abweichender Biographie, ins Zentrum der Aufnahme rückt. [→ Abb. 8] Wie unbedarft das Paar mit seiner Situation umgeht, zeigt sich am anschaulichsten daran, dass es

Abb. 8 Einfache Menschen, komplexe Technologien: Der Taschenbuchumschlag der Autobiographie von John und Lesley Brown, den Eltern des ersten »Retortenbabys«

379

lange Zeit nicht das Geringste von seiner Vorreiterrolle ahnt. Über die Zeit der Befruchtungsversuche schreibt Lesley Brown: »Ich kann mich nicht erinnern, ob Mr Steptoe einmal davon sprach, dass diese Methode jemals funktioniert hatte; ich habe jedenfalls nie danach gefragt. Ich war mir einfach sicher, dass schon Hunderte von Kindern außerhalb des Körpers ihrer Mutter gezeugt worden waren.«[7] Als die Ärzte und Krankenschwestern sie nach eingetretener Schwangerschaft beschwören, nur mit ihren engsten Angehörigen über den Erfolg zu sprechen, weil es bislang noch keine Geburt nach In-vitro-Fertilisation gegeben habe, hält Lesley Brown diese Mitteilung für eine taktische Lüge; sie glaubt vielmehr, die Öffentlichkeit wisse deshalb nichts von den Kindern, weil alle bisherigen Mütter deren Entstehungsweise geheim gehalten haben. Erst als die Browns die Zeitungsschlagzeilen über ein kurz bevorstehendes »test-tube baby« in England lesen, wird ihnen bewusst, dass die Geburt tatsächlich ein historisches Ereignis sein könnte. Steptoe und Edwards bestellen John Brown an einem Abend Anfang Juli in das feinste Restaurant Oldhams und präsentieren ihm die zahlreichen Vertragsangebote, die von britischen und amerikanischen Medien in der Klinik eingegangen sind. Zu dieser Zeit verzweifelt er noch an dem Gedanken, wie er einen Kinderwagen für sein Baby bezahlen könne. Im Herbst 1977, nach der Laparoskopie Lesley Browns, fuhr das Paar sogar am Tag nach dem Eingriff zurück nach Bristol, weil es sich keine zweite Nacht im Krankenhaus leisten konnte; damals platzte die Operationswunde im Zug auf, und John Brown musste seine blutende Ehefrau beim Umsteigen quer durch die Bahnhöfe tragen. Jetzt steht er an der Bar des Restaurants, verunsichert über seinen unpassenden Kleidungsstil, und fragt die beiden Ärzte, ob es vermessen wäre, von einer Zeitung 500 Pfund für einen Exklusivvertrag zu fordern. Steptoe bekommt einen Lachanfall und weiht ihn in die tatsächlich gebotenen Summen ein.

Es ist im Rückblick beinahe verwunderlich, dass John und Lesley Brown die katapultartigen Veränderungen ihrer Existenz im Jahr 1978 offenbar gut überstanden haben. Nach der Rückkehr in ihr Wohnhaus in Bristol treten sie einen ganzen Monat lang nicht vor die Tür, um den wartenden Journalisten zu entgehen, und sie brechen den Kontakt zu etlichen Verwandten und Freunden ab, die den Zeitungen gegen Honorar vertrauliche Informationen über die Entwicklung des Säuglings gegeben haben. Doch nach einiger Zeit löst sich die Isolation der prominenten Familie, und in dem Maße, in dem sich die neue Zeugungsmethode in den Jahren darauf etabliert, lässt auch das Interesse der Öffentlichkeit an dem ersten auf diese Weise entstandenen Kind nach. Im Juni 1982 wird eine weitere in vitro gezeugte Tochter der Browns geboren, Natalie, und nach allem, was man von der spärlichen Berichterstattung in den Jahrzehnten darauf weiß, ist die Familie bis zum Tode Johns im Jahr 2006 zusammengeblieben.

John Rock, Miriam Menkin und die Frühzeit der extrakorporalen Befruchtung

Wenn man der Erzählweise des Buches »A Matter of Life« von Robert Edwards und Patrick Steptoe trauen will, ist das Berufsleben der Autoren von Anfang an von dem Bemühen um eine erfolgreiche Behandlung infertiler Frauen bestimmt gewesen. Beide können sogar noch die Urszene dieser Sehnsucht präzise angeben: Der zwölf Jahre ältere Steptoe erwähnt eine Patientin mit verschlossenen Eileitern, deren Verzweiflung ihn als jungen Gynäkologen vor dem Zweiten Weltkrieg tief beeindruckt habe. Und Edwards erinnert sich an ein unfruchtbares Paar im Freundeskreis, das die kinderreiche Familie des gerade promovierten Embryologen häufig besuchte und die melancholischen Blicke nicht von seinen kleinen Töchtern abwenden konnte. In diesen Momenten, so Edwards, stellte er sich zum ersten Mal die Frage, ob seine Forschungsexperimente mit künstlicher Befruchtung bei Mäusen nicht auf den Menschen übertragbar seien.

Viele Wissenschaftshistoriker haben sich diese Perspektive zu eigen gemacht und die Erfolgsgeschichte der In-vitro-Fertilisation seither im Sinne ihrer Vorreiter nacherzählt: als eine Maßnahme zur Überwindung weiblicher Infertilität, die nach beschwerlichen Hindernissen und Stockungen im Jahr 1978 doch noch zur Lösung eines von Beginn an klar umrissenen Problems geführt habe. Wie wenig diese behauptete Kontinuität der weit zurückreichenden Geschichte des Verfahrens gerecht wird, macht alleine der Umstand deutlich, dass das Erkenntnisinteresse an extrakorporaler Befruchtung ein halbes Jahrhundert lang überhaupt nichts mit Fragen der Unfruchtbarkeit zu tun hatte. Im Zusammenhang mit der Samenspende wurde diese Konstellation bereits erwähnt: Samuel Leopold Schenk gelingt 1878 die erste Befruchtung und Zellteilung von Kaninchen- und Meerschweinchen-Eiern außerhalb des Mutterkörpers; Walter Heape wiederum beschreibt in den 1890er Jahren seine »Tragemutter«-Versuche mit Kaninchen, indem er den Weibchen der einen Rasse befruchtete Eizellen entnimmt, sie den Weibchen einer anderen einpflanzt und nachweist, dass das austragende Tier keinerlei Einfluss auf die Gestalt der Jungen hat.[8] Diese frühesten Arbeiten zur In-vitro-Fertilisation und zum Transfer befruchteter Eier gelten jedoch allein dem embryologischen Interesse ihrer Autoren, und es bestehen keine Berührungspunkte zu der zeitgleich aufkommenden Behandlung unfruchtbarer Ehepaare durch homologe Insemination. Die menschlichen Samenzellen mögen in der Zeit um 1900 bereits im Sinne einer Infertilitätstherapie genutzt werden – die menschlichen Eizellen sind für die Reproduktionsmedizin unerschlossenes Terrain, und die extrakorporale Befruchtung der tierischen geschieht im Namen einer ganz anderen wissenschaftlichen Disziplin.

Diese Verteilung hat auch noch um 1930 Bestand, als der amerikanische Biologe Gregory Pincus – heute eher für seine zentrale Rolle bei der Entwicklung einer »Antibabypille« bekannt – mit Experimenten zur In-vitro-Fertilisation beim Kaninchen beginnt. Er entnimmt seinen Versuchstieren Eizellen, kultiviert sie in der Petrischale und möchte die Frage klären, ob eine rein chemisch ausgelöste Befruchtung, ohne Beimischung der Spermien, möglich sei, ob es also auch bei Säugetieren zu jener künstlich herbeigeführten »Jungfernzeugung« kommen könne, wie sie um die Jahrhundertwende beim Seeigel gelungen ist und die Embryologie des frühen 20. Jahrhunderts fasziniert. Im Jahr 1934 veröffentlichen Pincus und sein Mitarbeiter einen Aufsatz, in dem sie die erste Geburt von Kaninchenjungen nach extrakorporaler Zeugung und Embryotransfer annoncieren, aber auch dieser historische »Nachweis, dass Säugetier-Eizellen in vitro befruchtet werden können«,[9] bleibt zunächst ein Nebenaspekt der Arbeit. Dass sich die Fertilisation außerhalb des Körpers zu einem selbständigen Forschungsgegenstand entwickelt, liegt vor allem an der Einbeziehung jener neuen endokrinologischen Erkenntnisse, die Anfang der dreißiger Jahre das Wissen über den Befruchtungsprozess fundamental verändern.[10] Pincus interessiert sich zunehmend für die Frage, inwiefern die nun isolierten Sexualhormone wie Progesteron oder das follikelstimulierende Hormon die Reifung und Befruchtungsfähigkeit der Eizellen beeinflussen. Bei seinen Kaninchenversuchen macht er die für die heutige Praxis der Reproduktionsmedizin so entscheidende Beobachtung, dass die Versuchstiere nach Hormoninjektionen nicht mehr wie unter natürlichen Bedingungen sechs bis zehn reife Eizellen pro Zyklus produzieren, sondern bis zu hundert. Der Begriff der »Superovulation« taucht in den Schriften Pincus' zum ersten Mal auf.

Die Überschneidung embryologischer und gynäkologischer Interessen vollzieht sich genau in diesen Jahren. Zur Avantgarde der heterologen Insemination in New York, Francis Seymour und Alfred Koerner, hat Pincus zwar, wenn der Eindruck nicht täuscht, keinerlei Kontakt. Aber einige Kilometer von seinem Labor in Harvard entfernt praktiziert der Arzt John Rock im Bostoner »Free Hospital«, einer Frauenklinik, die sich vorwiegend über Spenden finanziert und sozial schwache Patientinnen kostenfrei behandelt und operiert. Pincus beginnt sich ab Mitte der dreißiger Jahre auch mit der hormonell manipulierten Reifung von menschlichen Eizellen auseinanderzusetzen, und die Klinik stellt ihm das für diese Studien erforderliche Gewebe zur Verfügung, die Überreste von Gebärmutter- und Ovarial-Resektionen, in denen er nach brauchbaren Eizellen sucht. John Rock selbst beschäftigt sich neben seiner chirurgischen Tätigkeit in dieser Zeit mit grundlegenden Fragen der Infertilitätstherapie und der Geburtenkontrolle (auch bei ihm ist also die eigentümliche Verzahnung beider Interessen zu beobachten; die Hemmung und die Optimierung der Reproduktion, die Geschichte der »Pille« und der künstlichen Befruchtung, liegen Mitte des 20. Jahrhunderts dicht beieinander). Rock ist auf der Suche nach möglichst exakten Verfahren zur Datierung des Eisprungs, und das aus zwei Gründen: Einmal möchte er in der Folge von Ogino und Knaus die Empfängnisverhütung durch Zykluskontrolle perfektionieren. Unter seinen Patientinnen rekrutiert er deshalb Freiwillige, die über Monate hinweg sowohl ihre tägliche Körpertemperatur als auch den Zeitpunkt jedes Geschlechtsverkehrs aufzeichnen, um die Sicherheit der »Rhythmusmethode« zu erproben. Gleichzeitig verfolgt der Gynäkologe allerdings die vieldiskutierten Experimente in Harvard, und er weiß, dass die präzise Vorhersage der Ovulation auch die wichtigste Möglichkeitsbedingung für die extrakorporale Befruchtung ist, die Pincus bislang nur beim Kaninchen durchgeführt hat und die Rock gerne auf den Menschen übertragen würde.

1938 entsteht daher eine Kooperation zwischen Labor und Frauenklinik, die von den Beteiligten den Namen »Eierjagd« erhält und die Grenze zum Menschenversuch in den folgenden Jahren zumindest berührt. Pincus und seine Mitarbeiter haben sich die Fähigkeit angeeignet, menschliche Eizellen in Kulturmedien aufzubewahren; John Rock wiederum verfügt jederzeit über Dutzende von stationären und ambulanten Patientinnen, die auf die Entnahme ihrer Reproduktionsorgane warten und nach seiner Anleitung über Körpertemperatur und sexuelle Aktivitäten Buch führen. Wie kann diese Kombination aus Laborwissen und kontinuierlich zur Verfügung stehendem Forschungsmaterial genutzt werden? Das Projekt »Eierjagd« soll zwei Aufgaben erfüllen: zum einen die embryologische Analyse von Eizellen wenige Tage nach ihrer Befruchtung, in einem Stadium des Lebens also, das bislang noch keiner Beobachtung zugänglich war, zum anderen die extrakorporale Fertilisation beim Menschen. Für die erste Versuchsreihe wählt John Rock nur Patientinnen mit Kindern aus, deren Fruchtbarkeit sich bereits erwiesen hat. Die Dauer ihres Zyklus und der erwartete Tag der Ovulation sind nach monatelangen Aufzeichnungen bekannt, und Rock führt die Gebärmutter- und Eileiter-Resektionen in den Tagen nach dem berechneten Eisprung durch, in der Hoffnung, dass die Frauen vor ihrem Operationstermin Geschlechtsverkehr hatten, und Pincus in den entnommenen Organen eine befruchtete Eizelle entdecken könnte. Die Strategie geht auf; noch im selben Jahr findet sich der erste Embryo, ein als »Har-

vard Egg« berühmt gewordenes Exponat, und bis in die frühen fünfziger
Jahre, dem Ende des Projekts, kommen 33 weitere Embryonen hinzu,
zwischen einem und 17 Tage alt.

Die andere, etwas später aufgenommene Fährte der »Eierjagd« geht
auf die Ambition John Rocks zurück, Pincus' Versuche mit In-vitro-Fertilisation auf den Menschen zu übertragen und in ein Mittel der Infertilitätstherapie zu verwandeln. Diese Verschiebung personifiziert sich in
der Laborassistentin Miriam Menkin, die bei Gregory Pincus in Harvard angestellt war und von 1938 an für Rock künstliche Befruchtungen
durchführt. Auch die zweite Versuchsreihe verdankt sich den disziplinier-
ten Aufzeichnungen der Patientinnen im »Free Hospital«, allerdings mit
dem Unterschied, dass diese Frauen genau am Tag ihres vermuteten Eisprungs operiert werden. Jeden Dienstag führt Rock seine chirurgischen
Eingriffe durch, und Woche für Woche fällt die Wahl auf jene Patientinnen, deren Ovulation an diesem Tag eintreten soll. Miriam Menkin wartet morgens vor dem Operationsraum (es gibt noch keine interne Tele-
fonverbindung im Krankenhaus), trägt die entnommenen Organe ins
Labor, sucht nach einer reifen, unbefruchteten Eizelle und kultiviert sie
nach den Lehren ihres früheren Arbeitgebers 24 Stunden im Blutserum
der Patientin. Zwischen 1938 und 1944 wiederholt sie dieses Prozedere
mit etwa 800 Eizellen. Die meisten von ihnen überstehen den Prozess des
Ausspülens und Kultivierens nicht, aber 138 werden innerhalb dieser Zeit
künstlich befruchtet. Das ist die entscheidende Ergänzung zu Pincus'
früherem Zugang: Der Biologe war allein an der Entwicklung der Eizellen interessiert; John Rock dagegen geht es um die Möglichkeit der Fertilisation, und deshalb rekrutiert er unter seinen Praktikanten und Assis-
tenzärzten auch rasch eine Gruppe von Samenspendern. Er bezahlt den
Männern ein kleines Honorar für jede Probe und richtet im Krankenhaus sogar eine Kammer ein, in der er nach der Erinnerung Menkins
»riesige Poster mit üppigen Blondinen aufhing, die er aus Schweden besorgt hatte«,[11] um den Spendern die Tätigkeit zu erleichtern. Im »Free
Hospital« entsteht 1938 also das vermutlich erste Masturbationszimmer
in der Geschichte der Reproduktionsmedizin. Die Spenderräume heutiger Samenbanken, Cappy Rothmans mit Nacktbildern tapezierte Ka-

binen oder die von David Peet persönlich zusammengestellte Auswahl an Pornofilmen, gehen allesamt auf dieses Vorbild zurück.

So sehr sich John Rock allerdings um die regelmäßige Versorgung mit Samenproben bemüht: Das Zusammenmischen der in Blutserum eingelegten Eizellen mit den zentrifugierten Spermien, von Menkin jeden Mittwoch durchgeführt, bleibt ergebnislos. Über sechs Jahre hinweg modifiziert sie deshalb immer wieder die Versuchsbedingungen der künstlichen Befruchtung, verändert die Beschaffenheit der Kulturmedien, die Konzentration und Temperatur der Samenproben, die Dauer des Kontakts zwischen Eizelle und Spermienlösung – doch in keinem der Fälle ist eine Zellteilung und damit Fertilisation eingetreten, wenn Menkin freitags, nach einer 48-stündigen Aufbewahrung der Eizelle im Inkubator, die Petrischale unter das Mikroskop stellt. Am Freitag, dem 6. Februar 1944, untersucht sie die 139. in vitro fertilisierte Eizelle in ihrem Labor. »Ich habe mich in diesen sechs Jahren häufig gefragt«, erinnert sich Menkin knapp vierzig Jahre später, »was ich wohl sagen oder tun würde, wenn es wirklich geschähe, wenn ich wirklich eine Eizelle im Zwei-Zell-Stadium sehen würde. Nun, ich habe es an diesem Tag herausgefunden. Ich begann zu schreien, als ich sie sah. Eine Sekretärin im Nebenraum dachte, jemand sei hysterisch geworden.« Menkin hat in den Monaten zuvor an Problemen mit der Augenmuskulatur gelitten und von ihrem Optiker ein Trainingsprogramm verordnet bekommen. Deshalb glaubt sie zunächst an eine Wahrnehmungsstörung: »›Oh Gott‹, rief ich, ›ich hätte meine Übungen machen sollen!‹« Doch nach und nach gewinnt sie die Überzeugung, nicht doppelt zu sehen: »Es war tatsächlich ein befruchtetes Ei. Ich kippte fast um vor Aufregung.«[12] John Rock ist zu diesem Zeitpunkt nicht in der Klinik. Menkin fertigt eine Zeichnung der befruchteten Eizelle an und versucht über Stunden hinweg, den Zwei-Zeller, dieses früheste jemals wahrgenommene Zeugnis menschlichen Lebens, zu konservieren. Sie lässt die Petrischale stundenlang nicht aus den Augen, doch das Unterfangen scheitert, und gegen vier Uhr nachmittags dehydriert das Ei. Menkin trauert um diesen Verlust wie um ein lebendes Wesen. In einem späteren Aufsatz bezeichnet sie die geteilte Zelle sogar als »Fehlgeburt in vitro«.[13]

Warum hat das Experimentalsystem im »Free Hospital« nach unzähligen erfolglosen Anläufen im Februar 1944 eine Befruchtung in der Petrischale hervorgebracht? In dem großen offiziellen Fachaufsatz, den Menkin und Rock 1948 veröffentlichen, wird dieser Durchbruch mit der sukzessiven Veränderung der Versuchsbedingungen erklärt; erst »eine bestimmte Kombination aller Variablen«, also von Kulturmedium, Spermienkonzentration und Kontaktdauer, »hat es uns ermöglicht, eine Zellteilung herbeizuführen«,[14] wie es nüchtern heißt. In einem persönlich gehaltenen Vortrag kurze Zeit später sowie im Gespräch mit ihrer Biographin Loretta McLaughlin erzählt Menkin jedoch eine andere Version. Wie so oft in der Geschichte der Reproduktionsmedizin (und vielleicht in allen anderen Wissenschaften) ist es ein Missgeschick, eine Panne, die in einer lange stockenden Versuchsanordnung eine unwillkürliche Korrektur einbringt und dadurch zum Erfolg führt. Der Laborunfall, den Menkin beichtet, hat ironischerweise mit ihrer eigenen Mutterschaft zu tun. Anfang 1944 kommt sie häufig übermüdet zur Arbeit, weil ihre acht Monate alte Tochter gerade zahnt. Am Mittwoch, dem 4. Februar, ist sie besonders erschöpft, wäscht die Samenprobe deshalb nur einmal statt wie üblich mehrere Male aus und benützt eine weit weniger große Menge Nährmedium zur Verdünnung. Als sie die Eizelle in aller Routine mit den Spermien zusammenbringt, lässt sie die Gameten zudem nicht nur die üblichen fünfzehn bis dreißig Minuten stehen, sondern über eine Stunde, »weil ich wohl eingeschlafen bin«.[15] Drei Fahrlässigkeiten der Laborantin bringen also nach jahrelangen Fehlversuchen die historische Zellteilung hervor, die sich Menkin nachträglich damit erklärt, dass die mehrfache Auswaschung der Samenproben, wie sie zuvor die Regel gewesen ist, die chemische Befruchtungsfähigkeit der Spermien beeinträchtigt haben könnte. Es gehört jedenfalls zu den eigentümlichsten Pointen der Reproduktionsmedizin, dass gerade die Unpässlichkeit eines natürlich gezeugten Säuglings einen Forschungsdurchbruch auf dem Weg zur künstlichen Zeugung ermöglicht hat.

Mit diesen neuen, zufällig entdeckten Parametern gelingen Menkin in den darauffolgenden Monaten weitere Erfolge; sie beobachtet zwei Eizellen im Zwei-Zell- und eines sogar im Drei-Zell-Stadium, die John

Rock diesmal auch sofort fotografieren lässt [→ Abb. 9]. Kurz darauf brechen die Forschungen zur In-vitro-Fertilisation am »Free Hospital« jedoch ab. Miriam Menkin verlässt Boston, weil ihr Ehemann eine neue Arbeitsstelle in einem anderen Bundesstaat antritt; ihr Nachfolger als Laborant bringt keine weiteren Zellteilungen zustande, und John Rock wendet sich wieder verstärkt seinem zweiten Forschungsgebiet zu, der Empfängnisverhütung. Zwischen 1945 und den Anfängen der Experimente Robert Edwards' um das Jahr 1960 besteht also eine auffällige Lücke in der Erforschung der extrakorporalen Zeugung beim Menschen. In der Viehzucht wird das Projekt der In-vitro-Fertilisation zwar weiterentwickelt in diesen fünfzehn Jahren, und es verfeinert sich das Wissen um die Technik der Methode und die Zusammensetzung der Kulturmedien, von dem Edwards in den sechziger Jahren schließlich profitieren wird. Aber der Versuch, auch menschliche Eizellen künstlich zu befruchten, kommt vorübergehend zum Erliegen – was einerseits auf die biographischen Veränderungen der wissenschaftlichen Protagonisten zurückzuführen sein mag, andererseits aber auch auf den in den 1950er Jahren einsetzenden Diskurs der Überbevölkerung, der geeignetere Forschungsbedingungen für die Erfindung eines zuverlässigen Verhütungsmittels bereitstellt als für eine Technik zur Überwindung von Kinderlosigkeit. Im Lauf der fünfziger Jahre wird bekanntlich die »Antibabypille« entwickelt, das Wissen um die In-vitro-Fertilisation beim Menschen stagniert.

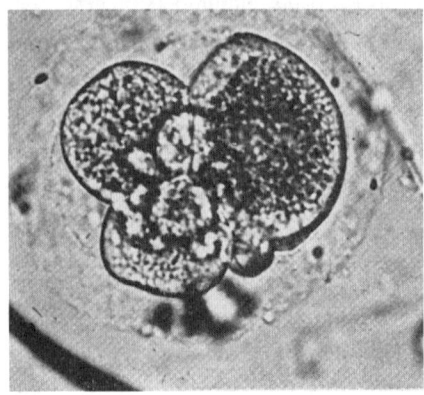

Abb. 9 Das früheste jemals wahrgenommene Stadium menschlichen Lebens: Eine Fotografie der ersten künstlich befruchteten Eizelle, die sich bis zum Drei-Zell-Stadium entwickelte; aufgenommen von der Embryologin Miriam Menkin im Jahr 1944

Eine Kette von Nachahmungen

Zwischen Robert Edwards' ersten Versuchen mit In-vitro-Fertilisation beim Menschen und der Geburt Louise Browns im Juli 1978 liegen gut eineinhalb Jahrzehnte. Innerhalb dieses Zeitraums perfektioniert er das Verfahren nach und nach, und all jene Prozesse der Befruchtung, die bislang innerhalb des weiblichen Körpers stattgefunden haben, werden nach außen gestülpt. Die Zeugungslehren des 17. bis 20. Jahrhunderts sind voller wortmächtiger Verdikte, die genau diese Entschleierung für alle Zeiten ausschließen: Befruchtung und Empfängnis, schreibt etwa Haller in seinen »Anfangsgründen der Physiologie« 1776, seien Gegenstände, »welche die Natur in dikke Finsternisse einkleidet, wohin das Licht der Sinne nicht kommen kann«; der große Artikel »Zeugung« im »Handbuch der Physiologie« von 1853 wiederum bezeichnet die Fertilisation des menschlichen Eis als einen Prozess, »den man von jeher als den geheimnißvollsten, als den heiligsten Act der schöpferischen Natur« würdigen müsse. Noch im Jahr 1960 korrigiert ein Theologe den ungenauen Begriff »künstliche Befruchtung« zur Kennzeichnung der Samenspende mit den Worten: »Die Befruchtung im eigentlichen Sinne«, also die »Verschmelzung des männlichen Zellkerns mit dem weiblichen, kann gar nicht künstlich erreicht werden. Sie ist ein natürlicher Vorgang, der von außen her nicht zu steuern ist.«[16] Nun spielt sich dieser geheimnisvolle, unerreichbare Akt also unter den Mikroskopen des Labors ab. Das Projekt der In-vitro-Fertilisation vollzieht sich dabei als Serie von geglückten Simulationen. Schritt für Schritt versuchen Edwards und der ab 1968 beteiligte Steptoe, die verschiedenen Vorgänge in der Finsternis der Ovarien und Eileiter zu erleuchten und nachzuahmen – zunächst die endgültige Reifung der Eizellen, dann die Präparation der Spermien, den Akt der Fertilisation selbst, die weitere Entwicklung der befruchteten Eizellen in vitro und schließlich – die beschwerlichste aller Etappen – die Einnistung des Embryos in der Gebärmutter.

Als Robert Edwards sein Forschungsinteresse Anfang der sechziger Jahre von der Maus auf den Menschen verlagert, beschäftigt ihn zunächst allein das Problem der Eizellen-Reifung außerhalb des Körpers, also die Frage, ob jene Halbierung des Chromosomensatzes, die die Eizelle für die Befruchtung durch ein Spermium vorbereitet, auch in der Petrischale möglich sei. Wie Miriam Menkin und John Rock bezieht er sein Untersuchungsmaterial aus Überresten gynäkologischer Operationen. Im Krankenhaus von Edgware bei London, in dem seine Töchter geboren wurden, überzeugt er eine Ärztin, ihm nach Eierstock-Resektionen das entnommene Gewebe zu überlassen. Edwards punktiert die Follikel und bringt die Eizellen in eine aus Chemikalien und Blutserum zusammengesetzte Nährflüssigkeit. Fünf Jahre lang versucht er sein Wissen über die Reifung von Mäuse-Eizellen in vitro auf die menschlichen Gameten anzuwenden und arbeitet an der Dosierung der Kulturmedien und Hormongaben, bevor er Gewissheit erlangt, eine den Eileitersekreten entsprechende Substanz gefunden zu haben. 1965, in seinem frühesten Aufsatz zur In-vitro-Fertilisation beim Menschen, präsentiert Edwards seine Versuchsergebnisse: Er ist davon überzeugt, den Prozess der Eizell-Reifung außerhalb des Körpers als erster Forscher überhaupt dokumentiert zu haben. Die Experimente von Pincus und Menkin hält er für unzuverlässig; den drei beobachteten Zellteilungen im Jahr 1944 gesteht er nicht den Status tatsächlicher Fertilisationen zu, sondern glaubt nach Lektüre der alten Aufsätze eher an pathologische Wucherungen der unbefruchteten Eizellen selbst.

Auch wenn Edwards die Bedeutung der Eizell-Reifung in vitro Anfang der siebziger Jahre zurücknehmen wird: In der Frühzeit seiner Forschungen ist mit diesem Erkenntnisschritt ein entscheidender Impuls verbunden. Nun sind die gewonnenen Eizellen befruchtungsfähig, und die nächste Stufe in der Reihe der Nachahmungen kann vorbereitet werden: die Präparation der Spermatozoen. Edwards bemerkt bei Fertilisationsversuchen mit seiner eigenen Samenflüssigkeit schnell, dass die ausgewaschenen und zentrifugierten Proben in der Petrischale keinerlei Befruchtungskraft entwickeln. Bei der natürlichen Zeugung durchlaufen die Spermien einen chemischen Prozess namens »Kapazitation«, bevor sie auf die Eizelle treffen. Ende der sechziger Jahre sind die genauen Umstände dieser »mysteriösen Veränderung des Spermas im weiblichen Reproduktionstrakt«[17] noch kaum bekannt. Man weiß nur, dass die Spermienköpfe auf dem Weg in den Eileiter bestimmte Enzyme ausschütten müssen, um sich an die Schutzhülle der Eizelle binden zu können. Edwards steht nun vor der Aufgabe, auch diesen Prozess für die Befruchtung in vitro zu simulieren. Wenn es allein den Sekreten im Gebärmutterhals und den Eileitern vorbehalten ist, die Kapazitation einzuleiten, benötigt er für seine Experimente Samenflüssigkeit, die bereits Kontakt mit diesen Organen gehabt hat. In einer Spätphase der assistierten Reproduktionsmedizin kehrt also noch einmal jene Orientierung der künstlichen Befruchtung am sexuellen Akt zurück, wie sie bei den Anfängen der homologen Insemination, mit ihrem Beharren auf der Notwendigkeit des weiblichen Orgasmus für die Empfängnis, unerlässlich gewesen ist. Edwards experimentiert mit Samenproben, die er von Patientinnen unmittelbar nach dem Geschlechtsverkehr erhält, und mischt sie mit den aus Operationsgewebe gewonnenen Eizellen zusammen – ohne Ergebnis. Bei einem Forschungsaufenthalt in einer Frauenklinik in North Carolina entwickelt er eine weitere Idee: Er konstruiert winzige, halbdurchlässige Täschchen, füllt sie mit seiner eigenen Samenflüssigkeit und implantiert sie über Nacht im Gebärmutterhals einiger Patientinnen, in der Hoffnung, die Spermien würden durch den Kontakt mit den weiblichen Sekreten ihre Befruchtungsfähigkeit erlangen und am nächsten Morgen in der Petrischale den gewünschten Erfolg erzielen. Das Material der Täschchen ist so beschaffen, dass es für die Flüssigkeiten im Gebärmutterhals passierbar ist, für die Spermien aber nicht: eine Konstruktion, deren Risiken dem verheirateten Familienvater Robert Edwards sehr bewusst waren, wie er in seinen Erinnerungen schreibt: »Ich hatte einige schlaflose Nächte bei dem Gedanken, dass die Täschchen platzen und die Spermien herausfließen könnten – mit katastrophalen Konsequenzen.«[18]

Doch auch mit diesem ungewöhnlichen Verfahren lässt sich keine Befruchtung der Eizellen herstellen. Offenbar sind die Sekrete im Gebärmutterhals nicht wirkungsvoll genug, um die Transformation der Spermienköpfe auszulösen. Die Tuben aber, in denen die Spermatozoen auf die Eizelle treffen und die vermutlich das entscheidende Fluidum für den Prozess der Kapazitation bereitstellen, wären nur durch die Öffnung der Bauchdecke zugänglich: eine Operation, deren Aufwand und Risiko in keinem Verhältnis dazu stehen, gereifte Spermien zu Forschungszwecken zu gewinnen. Edwards' Arbeit an der In-vitro-Fertilisation beginnt zu stocken, als er im Herbst 1967 auf einen Aufsatz des Gynäkologen Patrick Steptoe über ein neues Verfahren der Mikrochirurgie stößt, die Bauchspiegelung oder »Laparoskopie«. Steptoe beschreibt, dass Eingriffe an den Eierstöcken oder Eileitern mit der von ihm weiterentwickelten Methode keinen gefährlichen Bauchdeckenschnitt mehr erfordern würden, sondern allein die Einführung verschiedener Sonden und Pipetten durch den Nabel; es blieben keine Operationsnarben zurück, und die Patientinnen könnten nach 36 Stunden aus dem Krankenhaus entlassen werden. Edwards erkennt in dieser neuen Technik genau das fehlende Mittel, ohne allzu großen chirurgischen Aufwand an befruchtungsfähige Spermien zu gelangen, und setzt sich mit dem Frauenarzt am Krankenhaus von Oldham in Verbindung. Im Sommer 1968 beginnt also die historische Zusammenarbeit der beiden Wegbereiter extrakorporaler Befruchtung – doch sie beginnt mit einem Erkenntnisfehler. Heute gilt die Laparoskopie mit allem Recht als eine Möglichkeitsbedingung der In-vitro-Fertilisation, und zwar deshalb, weil sie die Entnahme von Eizellen bei gesunden und weiterhin fruchtbaren Frauen praktikabel gemacht hat. Die Annäherung Robert Edwards' an Steptoe geschieht aber zunächst unter falschen Voraussetzungen: Er will den Spezialisten für Laparoskopie nur deshalb für seine Forschungsarbeit begeistern, weil er sich von ihm die Gewinnung aktivierter Spermien aus den Eileitern erhofft.

In der Klinik von Oldham richten Steptoe und Edwards, der in den kommenden Jahren unzählige Male aus dem 280 Kilometer entfernten Cambridge anreisen wird, ein kleines Befruchtungslabor ein. Steptoe sitzt als Gynäkologe an der Quelle des nötigen Forschungsmaterials. Unter seinen Patientinnen findet er im Herbst 1968 Freiwillige, die sich an einem an John Rocks Studien erinnernden Experiment beteiligen. Frauen, denen ohnehin eine Gebärmutter-Entnahme bevorsteht, erklären sich im Namen der Reproduktionsmedizin bereit, kurz vor dem

Operationstermin Geschlechtsverkehr zu haben und sich dann per Bauchspiegelung die Spermien ihres Ehemannes aus den Eileitern extrahieren zu lassen; diese Spermien versucht Edwards mit den in vitro gereiften Eizellen anderer Patientinnen zu befruchten, die aus den Überresten von Eierstock-Resektionen stammen. Obgleich es die Laparoskopie nun also ermöglicht, Samenflüssigkeit genau an dem Ort zu entnehmen, an dem die Vorgänge der Kapazitation vermutet werden, bleiben die Eizellen in den Petrischalen weiterhin unbefruchtet. Die Kooperation mit Steptoe droht sich in diesen ersten Monaten in Oldham als überflüssig zu erweisen – doch dann sorgen zwei Korrekturen der Versuchsanordnung dafür, dass sich die bislang nur experimentell orientierte Erforschung der In-vitro-Fertilisation, mit Eizellen aus chirurgischem Abfall, in eine praxisnahe, für konkrete Patientinnen gedachte Infertilitätstherapie verwandeln kann. Zum einen entwickelt ein Doktorand in Cambridge, Barry Bavister, ein Nährmedium für Hamster-Eizellen, das nach Beimischung von Spermatozoen sofort zu Kapazitation und Befruchtung führt. Als Edwards diese Substanz auch für die Reifung menschlicher Eier benützt und sie im Labor mit seiner eigenen Samenflüssigkeit versetzt, erzielt er zum ersten Mal tatsächlich Befruchtung. »Laparoskopien«, schreibt er rückblickend, »waren also gar nicht notwendig, um Spermatozoen aus dem weiblichen Reproduktionstrakt zu gewinnen. Und all diese Manöver, die ich bislang erdacht hatte – die mit Sperma gefüllten Täschchen, die in die Gebärmütter der Damen in North Carolina eingesetzt wurden – waren ebensolche Zeit- und Energieverschwendung.«[19] Nun weiß er, dass allein die richtige chemische Zusammensetzung des Kulturmediums ausreicht, um die Aktivierung der Spermien in vitro nachzuahmen. In Oldham wiederholen Edwards und Steptoe die Versuche mit der neuen Nährflüssigkeit systematisch und weisen in 18 Fällen nach, dass Spermatozoen in die Eihülle eingedrungen sind. Miriam Menkin musste den Zeitraum zwischen der künstlichen Befruchtung und der Begutachtung der Eizellen 36 Stunden später noch mit »Gebeten« füllen, wie sie ihrer Biographin anvertraute; ein Vierteljahrhundert später ist an die Stelle der auf göttliche Hilfe zählenden Forscherhoffnung die minutiöse Analyse der Spermienbewegung getreten, die den Prozess der Befruchtung vorhersagbar macht. In-vitro-Fertilisation ist, wie Edwards, Steptoe und Bavister Anfang 1969 in einem aufsehenerregenden Artikel in der Zeitschrift *Nature* darstellen, prinzipiell möglich.[20]

Die zweite entscheidende Korrektur dieser Zeit geht auf die ernüchternde Beobachtung zurück, dass die befruchteten Eizellen in der Petrischale sich kaum entwickeln; der Akt der künstlichen Fertilisation ist nun zwar möglich, aber weitere Zellteilungen in vitro, die die Eizelle in eine Morula und Blastozyste und damit in das Stadium eines transferierbaren Embryos verwandeln würden, bleiben aus. Edwards vermutet, dass der Grund für dieses stockende Wachstum mit der Herkunft der Eizellen zu tun haben könnte. Auch für die bahnbrechenden Versuche mit dem Bavister-Nährmedium wurden noch Gameten verwendet, die von Eierstock-Resektionen am Krankenhaus von Oldham stammten. Jetzt glaubt Edwards ein Defizit in der Quelle des Zellmaterials zu erkennen: Im Editorial jener *Nature*-Ausgabe äußert er den Verdacht, dass Frauen, deren kranke Reproduktionsorgane entnommen werden müssen, auch mit hoher Wahrscheinlichkeit beschädigte Eizellen produzieren würden, die sich nach der In-vitro-Befruchtung nicht weiter teilen. »Wenn in Zukunft gesunde Blastozysten entstehen sollen«, so die Konsequenz, »müssen die Eizellen auch aus gesunden Ovarien entnommen werden«.[21]

Bei der Wahl der Gameten spielt allerdings nicht nur die Gesundheit jener Kinder eine Rolle, die vielleicht einmal auf diese Weise gezeugt werden können. Genauso ungeklärt ist im Jahr 1969 auch die grundsätzliche Frage, was mit einem transferfähigen Embryo in vitro nach fünf oder sechs Tagen überhaupt passieren würde. Bislang stammen die Eizellen nur von Patientinnen, deren Ovarien und Gebärmütter entfernt wurden und die also überhaupt kein Kind mehr austragen könnten. Künstliche Befruchtung muss daher im Stadium der Grundlagenforschung verharren, solange die Frau, die das Zeugungsmaterial zur Verfügung gestellt hat, nicht die Gebärende sein kann. (Die Idee einer Tragemutterschaft deuten Edwards und Steptoe in dieser Zeit zwar an, wagen sie aber nicht umzusetzen.) Ähnliches gilt für die Herkunft der Samenflüssigkeit bei den Versuchen, die bisher entweder von den Ehemännern der Patientinnen oder von Edwards selbst beigesteuert wird – von Männern, die für tatsächlich gezeugte Kinder niemals die Position des Vaters einnehmen würden.

Um die In-vitro-Fertilisation vom bloßen Experiment in die klinische Praxis zu überführen, müssen Edwards und Steptoe also jenen Frauen Eizellen entnehmen, die später auch die Mütter der Kinder sein werden. Dieses Verfahren würde gleichzeitig auch die Unversehrtheit der Gameten und ihr problemloses Wachstum in vitro fördern. In diesem für die Geschichte der künstlichen Befruchtung entscheidenden Moment rückt noch einmal die Technik der Laparoskopie in den Mittelpunkt, deren erste Anwendung – die Entnahme der Spermien aus den Eileitern – sich als bedeutungslos erwiesen hat. Was aber, fragt sich Edwards, wenn man durch die Pipetten im Bauchnabel nicht den männlichen, sondern den weiblichen Zeugungsstoff extrahieren würde? Wenn es möglich wäre, Eizellen von Frauen mit verschlossenen oder fehlenden Tuben kurz vor der Ovulation zu entnehmen und dann im Nährmedium mit den Spermien ihres Ehemanns zu versetzen? Das Verfahren der Bauchspiegelung kennt eine solche Einsatzweise bislang nicht; »niemand hatte das je getan«,[22] erinnert sich Edwards. Steptoe und er entwickeln die nötigen Instrumente, um die Eizellen aus den Follikeln saugen zu können, und erneut rekrutieren sie freiwillige Probanden aus der gynäkologischen Abteilung im Krankenhaus Oldham. Diese infertilen Paare haben nun aber zum ersten Mal tatsächlich die Aussicht auf ein eigenes Kind durch künstliche Fertilisation, indem eine entnommene Eizelle der Frau mit der Samenflüssigkeit des Ehemannes zusammengebracht und nach eingetretener Befruchtung in ihre Gebärmutter implantiert werden soll.

Dank der Technik der Bauchspiegelung ist im Jahr 1970 also die Voraussetzung geschaffen, um die In-vitro-Fertilisation als therapeutisches Mittel gegen weibliche Unfruchtbarkeit einzusetzen. Mit diesem Schub an Anwendbarkeit verändert sich aber auch der medizinische Zugriff auf die Eizellen, und das heißt: ihre hormonelle Stimulation. Edwards und Steptoe müssen nach den ersten Punktionen unreifer Eier durch Laparoskopie feststellen, dass die Stockung der Zellteilung im Anschluss an die künstliche Befruchtung anhält, obwohl die Gameten jetzt von

Patientinnen stammen, deren Ovarien trotz verschlossener Tuben gesund sind. Die Entwicklungshemmung muss also noch einen anderen Grund haben, und Edwards vermutet nun, dass die Reifung der Eizellen in vitro, Mitte der sechziger Jahre sein erster Durchbruch bei der Erforschung künstlicher Fertilisation, für dieses Problem verantwortlich sein könnte. IVF-Studien an Tieren haben in der Zwischenzeit gezeigt, dass die Zellteilung in der Petrischale nur dann reibungslos voranschreitet, wenn sich die vollständige Reifung der Eier, also die »Meiose« genannte Halbierung des Chromosomensatzes, noch in den Follikeln vollzieht. Edwards verifiziert diese Beobachtung schießlich auch an menschlichen Eizellen. Sechs Jahre nach seinem ersten Aufsatz zur In-vitro-Fertilisation schreibt er daher kategorisch, dass es »für die normale Entwicklung der Embryonen notwendig ist, die Eier zu einem Zeitpunkt im Eierstock zu entnehmen, in dem sie den Prozess der Reifung bereits vollzogen oder zumindest so gut wie abgeschlossen haben«.[23] Diese Neubewertung erfordert aber eine ganz andere endokrinologische Überwachung des Verfahrens. Die Hormongaben müssen vorverlegt werden; sie sind nicht mehr allein notwendiger Katalysator der Fertilisation im Kulturmedium, sondern der Eizell-Reifung im weiblichen Körper selbst. Anfang der siebziger Jahre geht also eine Methode, die bei Mäusen und Kaninchen schon von Gregory Pincus entwickelt und von dem jungen Doktoranden Robert Edwards perfektioniert wurde, auf den Menschen über.

Neben der reibungslosen Zellteilung in der Petrischale sollen die Hormongaben allerdings auch eine zweite, ebenfalls bereits in Pincus' Tierversuchen beobachtete Aufgabe erfüllen: jenen Effekt der »Superovulation«. Im natürlichen Zyklus würde beim Menschen nur eine einzige Eizelle zur Reifung kommen, ein für die Belange der In-vitro-Fertilisation entmutigender Wert. Die Frauen in Oldham sind daher die ersten, die sich einer Therapie unterziehen, die heute wie beschrieben längst zur Routine jeder IVF-Behandlung gehört: In den ersten zehn Tagen des Zyklus injiziert ihnen Patrick Steptoe regelmäßig Sexualhormone, um möglichst viele Follikel zur Reifung von Eizellen anzuregen, und nach der Einspritzung eines eisprungauslösenden Hormons kurz vor der erwarteten Ovulation werden die Eier per Laparoskopie entnommen. Eine ganz neue Produktivität des Verfahrens: Noch ein Jahr zuvor ging es Edwards und Steptoe darum, an chirurgischen Überresten das Befruchtungsverhalten von Gameten zu studieren, unabhängig von tatsächlichen Patientinnen. Jetzt stellen sie diesen Patientinnen nicht nur die Überwindung der Kinderlosigkeit in Aussicht, sondern präparieren ihre Ovarien sogar mit einer Fülle von Gameten, die das natürliche Maß um ein Vielfaches übersteigt. Eizellen sind für die Reproduktionsmedizin keine mühevoll aufzuspürenden biologischen Gegebenheiten mehr, sondern herstellbare Objekte.

Wenn man bedenkt, wie früh Robert Edwards im Rahmen seiner Forschungen der Akt der Befruchtung in der Petrischale gelungen ist, erstaunt es beinahe, dass das gesamte Verfahren heute den Namen »In-vitro-Fertilisation« trägt. Denn die größte Herausforderung der neuen Reproduktionsmethode steht erst nach der Verschmelzung der Zellkerne und ihrer vielfachen Teilung in vitro bevor: der »Embryotransfer«, also die Einnistung der kultivierten Morula oder Blastozyste in die Gebärmutter. Zwischen der Annoncierung der ersten geglückten künstlichen Befruchtung und der Geburt Louise Browns liegen neuneinhalb Jahre. Wie ist diese beträchtliche Verzögerung zu erklären? Nachdem sich die hormonell stimulierte Reifung der Eizellen und ihre Entnahme durch Laparaskopie eingespielt hat, erreicht die Entwicklung der befruchteten Eier rasch neue Dimensionen. Schon in einem Aufsatz von 1970 ist von Embryonen im 16-Zell-Stadium die Rede; im selben Jahr beschreiben Edwards, seine Assistentin Jean Purdy und Steptoe zwei Blastozysten, die mehr als sechs Tage im Nährmedium kultiviert wurden und weit über hundert Zellkerne aufweisen[24] – ein Stadium des Wachstums, das den möglichen Zeitraum des Transfers in die Gebärmutter sogar schon überschritten hat. Warum kommt es trotz dieser Entwicklung zu keinem Implantationsversuch bei einer der Patientinnen? Die Zurückhaltung von Edwards und Steptoe hat einerseits damit zu tun, dass sie sich noch unschlüssig über eine erfolgversprechende Technik der Einpflanzung sind. Sollen sie den Embryo in einer weiteren Laparoskopie durch die Gebärmutterwand direkt in den Uterus setzen? Diese Methode würde den richtigen Bestimmungsort gewährleisten, hätte aber den Nachteil, dass sich die Patientin innerhalb von wenigen Tagen zwei Generalanästhesien unterziehen müsste. Die Implantation durch die Vagina in den Gebärmutterhals wiederum ist für die Patientin zwar weniger anstrengend; Edwards weiß aber von aktuellen Forschungen zu Embryotransfers bei Kühen, die gerade nach Anwendung dieses Verfahrens erfolglos geblieben sind.

Weitaus schwerer als dieses Problem, das Ende 1971 zugunsten der zweiten Methode entschieden wird, wiegt allerdings eine andere Unsicherheit. Sie hat mit jenem elementaren Zweifel zu tun, dem sich die Invitro-Fertilisation von Beginn an stellen muss (und der im Sommer 1978 auch zu der riskanten Hinauszögerung der Entbindung Lesley Browns führt): die Frage der physiologischen Normalität der auf diese Weise entstehenden Embryos, Föten und Säuglinge. Die allgemeine Skepsis, ob neue Methoden der Fortpflanzung gesunde Kinder hervorbringen, ist aus den Debatten zur homologen und heterologen Insemination sowie zur Leihmutterschaft bekannt. Doch die extrakorporale Befruchtung greift auf bislang unbekannte Weise in die Abläufe der natürlichen Zeugung ein, und deshalb löst sie noch stärkeres Unbehagen aus als die früheren Techniken. Anfang der siebziger Jahre steht fest, dass Befruchtung und Zellwachstum im Labor möglich sind. Niemand kann aber voraussagen, wie sich der künstlich gezeugte Embryo in der Gebärmutter entwickeln würde. Es gehört zur Logik des Lebenden, dass es keine Vorläufigkeiten, keine Zwischenstufen kennt. Edwards und Steptoe haben nicht die Möglichkeit, ein Probe-Baby zu zeugen, dessen Vitalität nur versuchsweise und vorübergehend besteht; ob die Methode ungefährlich ist oder nicht, kann nur ein tatsächlich geborenes Kind bestätigen. Genau diese Unwägbarkeit ist der Grund dafür, warum sie ihre ersten bis zum Morula- und Blastozystenstadium entwickelten Embryonen noch nicht in den Körper der Mutter einsetzen. Sie zerstören die Zellkulturen vielmehr ein ums andere Mal, um weitere chromosomale Untersuchungen durchzuführen und sich der normalen Genese der Embryonen zu vergewissern.

Worin genau bestehen die Ängste, die von einer Fertilisation der Eizelle in der Petrischale anstatt im weiblichen Körper ausgelöst werden?

Ein oft vorgebrachter Einwand gegen die Bemühungen Edwards' und Steptoes ist der Verdacht, dass die blockierten Eileiter einer Frau Zeichen weiterer Erkrankungen der Reproduktionsorgane sein könnten; Befruchtung und Einnistung unter Missachtung dieser vom Körper selbst errichteten Barrikade drohe in der Geburt missgebildeter Kinder zu enden. Edwards selbst macht in dieser Zeit vor allem das Risiko einer Mehrfachbefruchtung in vitro zu schaffen. Bei der natürlichen Empfängnis im Eileiter sorgt eine chemische Reaktion an der Oberflächenhaut der Eizelle dafür, dass der Zugang nach der Penetration eines Spermiums für alle anderen verschlossen bleibt. In dem seltenen Fall, dass zwei Spermien eine Eizelle befruchten, kommt es zu einer sogenannten Triploidie, der Ausbildung dreier Chromosomensätze im Embryo; die so heranwachsenden Föten sind nicht lebensfähig. »Ich hatte nun aber die Sorge«, schreibt Edwards in seinen Erinnerungen, »dass die künstlichen Bedingungen im Labor diese chemische Veränderung behindern könnten. Was, wenn die Eizell-Oberfläche weiterhin durchlässig bliebe? In einer Petrischale bewegen sich ohnehin weitaus mehr Spermien um die Eizelle als im Eileiter. Allein diese Tatsache könnte die Wahrscheinlichkeit erhöhen, dass ein zweites Spermium in die Eizelle eindringe.«[25] Die vielfältigen Analysen an den in vitro gezeugten Blastozysten überzeugen ihn aber davon, dass die Undurchlässigkeit der befruchteten Eizelle auch außerhalb des weiblichen Körpers erhalten bleibt. Alle Embryonen entwickeln sich unauffällig.

Die größte Erleichterung jedoch, die Edwards und Steptoe aus der biologischen Forschung dieser Jahre ziehen, besteht in der Gewissheit, dass schwerwiegende chromosomale Abweichungen bei der Zeugung ohnehin zu Fehlgeburten im ersten Trimester führen. Diese Erkenntnis ermutigt sie Ende 1971 schließlich zu dem prekären Schritt des Embryotransfers. Denn sollte die neuartige Zeugungsweise tatsächlich eine fatale Fehlbildung der Chromosomen begünstigen und mit höherer Wahrscheinlichkeit triploide oder polyploide Föten hervorbringen, würde es, wie nach natürlicher Empfängnis auch, spätestens im dritten Monat zum Abbruch der Schwangerschaft kommen. Für das Kalkül der IVF-Pioniere hat diese Nachricht einen beruhigenden Effekt: Ihre Methode wäre im schlimmsten Fall für eine Häufung unbemerkter Fehlgeburten anfällig, aber keinesfalls für eine Häufung von missgebildeten, öffentlich sichtbaren Kindern. Zudem, schreibt Edwards, neigen auch natürliche Befruchtungen in hohem Maße zu solchen Schädigungen: »Fast ein Viertel aller schwangeren Frauen verliert seine Babys in den ersten drei Monaten nach chromosomalen Unstimmigkeiten.«[26] Wenn sich die Natur selbst ihrer schärfsten Missbildungen derart konsequent entledige, so Edwards, stehe einem Transfer künstlich gezeugten Lebens nichts mehr im Wege.

Ende 1971, nach zwei Jahren fortgesetzter Chromosomenanalysen, wird am Krankenhaus Oldham der erste Embryo implantiert. Der Eingriff dauert nur ein paar Minuten; mit einem Katheter saugt Steptoe eine Morula im Acht-Zell-Stadium aus dem Kulturmedium auf und injiziert sie in den Gebärmutterhals, »ein einfacher, rascher, unter sterilen Bedingungen stattfindender Vorgang«.[27] Denoch kommt es bei dieser Patientin, wie auch bei allen anderen Frauen der ersten Probandengruppe, zu keiner Schwangerschaft. Edwards bringt das Scheitern der Einnistung mit der hormonellen Balance der Gebärmutter in Zusammenhang. Bei natürlicher Empfängnis bereitet das im gesprungenen Eierstock-Follikel hergestellte Progesteron die Gebärmutterschleimhaut auf die Aufnahme des Embryos vor. Bleibt die Eizelle nach der Ovulation hingegen unbefruchtet, sinkt die Ausschüttung dieses Hormons, und die in der ersten Hälfte des Menstruationszyklus aufgebaute Gebärmutterschleimhaut wird über die nächste Monatsblutung ausgeschieden. Edwards und Steptoe stehen also vor der Frage, ob und wie sie die hormonelle Ordnung des Zyklus nachbilden müssen, wenn die Befruchtung in der Petrischale stattgefunden hat, wie sie den weiblichen Reproduktionsorganen nach dem Eisprung gewissermaßen vorspielen können, dass eine Schwangerschaft eingetreten ist.

In den Labors von Oldham (und den ersten außerhalb Großbritanniens entstehenden Forschungseinrichtungen) werden in den Jahren darauf verschiedene endokrinologische Strategien entwickelt, um die Aufnahmebereitschaft der Gebärmutter den natürlichen Prozessen anzupassen. Edwards und Steptoe erhöhen etwa die Dosis der Hormongaben vor dem Eisprung, müssen aber erkennen, dass diese Maßnahme den Zyklus der Frauen um mehrere Tage verkürzt und die nächste Menstruation herbeiführt, bevor die Phase des Zellwachstums in vitro überhaupt abgeschlossen ist. 1974 haben sie bereits 14 Embryotransfers vorgenommen, doch kein einziger hat bei den Patientinnen zu einer Schwangerschaft geführt.[28] Das Projekt der Zeugung durch In-vitro-Fertilisation gerät in seine größte Krise. Die letzte Hürde der zehn Jahre währenden Forschungstätigkeit scheint unüberwindbar, und als in dieser Zeit auch ein großer Finanzierungsantrag Edwards' und Steptoes vom britischen Wissenschaftsrat abgelehnt wird, kommt die Arbeit ein knappes Jahr lang zum Stillstand. Robert Edwards strebt vorübergehend sogar eine politische Karriere an und möchte Abgeordneter der Labour-Party in London werden. Anfang 1975 jedoch führen Steptoe und er das Forschungsprogramm mit privat finanzierten Mitteln weiter (die Pendeldistanz zwischen Cambridge und Oldham hat sich inzwischen durch eine neugebaute Schnellstraße verringert), und sie nehmen eine erneute Korrektur der Hormontherapie vor: Die Dauer der Stimulation wird nun ausgedehnt, auf die Zeit nach der Bauchspiegelung und sogar nach der erfolgten Implantation des Embryos. Im Sommer erzielen sie mit dieser Methode tatsächlich eine Schwangerschaft, fast vier Jahre nach dem ersten Transfer. Die Euphorie der beiden ist groß, in den ersten sieben Wochen entwickelt sich der Embryo unauffällig, doch dann verdichten sich die Zeichen einer Eileiter-Schwangerschaft, und Steptoe muss einen Abort per Laparoskopie durchführen. Dieser Rückschlag wiegt auch deshalb besonders schwer, weil sich sofort wieder das Problem der Normalität des in vitro gezeugten Lebens stellt. »Angenommen, der Eileiter war für diesen Embryo in irgendeiner Weise empfänglicher als die Gebärmutter selbst«, schreibt Edwards. »War es dann wirklich nur Schicksal, dass er sich im Eileiter einnistete, oder hat ihn die Gebärmutter vielleicht abgestoßen?«[29] Da noch kein einziges Kind nach In-vitro-Fertilisation geboren worden ist, fürchtet er kurzzeitig, dass der Fehlverlauf der Schwangerschaft von der Konzeptionsmethode begünstigt worden sein könnte. Glücklicherweise wird dieser Verdacht aber schon wenige Wochen später widerlegt, als eine zweite Patientin schwanger wird, deren Eileiter bereits entnommen worden sind. Doch auch diese reguläre Schwangerschaft hält nur für kurze Zeit an, ebenso wie die einer dritten Patientin im Jahr 1976. Die über 30 Embryotransfers, die in Oldham bis zu diesem Datum vorgenommen wurden, haben also zu nichts anderem als drei Fehlgeburten geführt: ein ernüchterndes Resultat.

Heute ist die Hormontherapie bei In-vitro-Fertilisation wie beschrieben eine eingespielte Maßnahme und in fast allen Reproduktionszentren auch weiterhin die bestimmende Vorgehensweise. Im Jahr 1977 aber erscheint das endokrinologische Wissen über die Vorgänge nach Eizellpunktion und Embryotransfer noch als lückenhaft. Das Verfahren der »Down-Regulation« etwa, das den weiblichen Reproduktionstrakt vor Beginn der Behandlung gewissermaßen in eine hormonelle Tabula rasa verwandelt, wird erst Mitte der achtziger Jahre entwickelt. Mit ihren bislang verfügbaren Erkenntnissen bringen Edwards und Steptoe allenfalls kurzzeitige Schwangerschaften hervor. Sie stellen sich nach der dritten Fehlgeburt deshalb eine radikale Frage: Wäre es nicht möglich, eine In-vitro-Fertilisation ganz ohne hormonelle Behandlung durchzuführen, ohne die Annehmlichkeiten der »Superovulation« und des genau terminierbaren Eisprungs? Steptoes laparoskopische Fertigkeiten sind nach Jahren der Übung derart ausgeprägt, dass er auch eine einzige reife Eizelle in den Ovarien verlässlich aufspüren und entnehmen könnte. Und auch die In-vitro-Fertilisationen selbst sind in Oldham inzwischen ein beinahe garantierter Erfolg; neunzig Prozent der gewonnenen Eizellen können mit gesunden Spermien in der Petrischale befruchtet werden.[30] Eine größere Herausforderung besteht in der Datierung des Eisprungs und damit des Operationstermins. Edwards weiß, dass die Ausschüttung eines bestimmten Sexualhormons, des »luteinisierenden Hormons«, kurz vor dem Eisprung akut ansteigt. Dieser Wert könnte ein Signal für den richtigen Zeitpunkt der Laparoskopie sein, aber es steht kein verlässliches Instrument zur Verfügung, um ihn im Körper der Frauen nachzuweisen. Von einer befreundeten Gynäkologin wird Edwards im Herbst 1977 auf ein neues Messgerät aufmerksam gemacht, das in der Lage ist, den Gehalt von Sexualhormonen im Urin zu bestimmen. Gerade hat

Patrick Steptoe eine weitere Gruppe von Patientinnen mit verschlossenen Eileitern für die Behandlung in Oldham zusammengestellt (darunter eine 29-jährige Fabrikarbeiterin aus Bristol), und zum ersten Mal wird die In-vitro-Fertilisation ohne begleitende Hormontherapie durchgeführt. Die vier Frauen befinden sich ab dem achten Tag ihres Zyklus auf der gynäkologischen Station, trinken literweise Tee und müssen alle drei Stunden eine Urinprobe abgeben, um den Anstieg des Hormonwerts sichtbar zu machen. Die Methode funktioniert, und das ausschlagende Messergebnis setzt bei der ersten Patientin den gleichen Zeitplan in Gang wie in den Jahren zuvor die eisprungauslösende Injektion. Gut dreißig Stunden später entnimmt Steptoe die Eizelle aus dem Follikel, Edwards bringt sie mit der Samenprobe des Ehemannes zusammen, Befruchtung tritt ein, und nach Entwicklung bis zum Acht-Zell-Stadium wird der Embryo implantiert.

Als zweite Patientin dieses Behandlungsprogramms wird im November 1977 Lesley Brown behandelt. Auch bei ihr glücken Eisprungkontrolle, Bauchspiegelung und Embryotransfer problemlos. Mit der kurz vor ihr behandelten Frau teilt sie sich ein Krankenzimmer in Oldham, und nach ein paar Wochen erlebt sie mit, wie bei dieser Patientin die Menstruation einsetzt und die Einnistung also gescheitert ist. Lesley Brown dagegen behält den Embryo, wird aus der Klinik entlassen, und die Blut- und Urinproben, die sie Anfang Dezember nach Oldham schickt, zeigen eine Schwangerschaft an. »Liebe Mrs Brown«, schreibt ihr Robert Edwards, »gehen Sie die Dinge bitte ruhig an in nächster Zeit – keine Skiferien, Bergtouren oder größere Anstrengungen, und seien es auch nur beschwerliche Weihnachtseinkäufe«.[31] Die größte Erleichterung für Edwards und Steptoe besteht in dem Wissen, dass sich der Fötus normal entwickelt. Der Schrecken einer Eileiterschwangerschaft kann sich nicht wiederholen, weil auch Lesley Brown dieses Organ nicht mehr besitzt, und Chromosomenanalyse und Fruchtwasserpunktion bleiben ebenso unauffällig. Steptoe erreicht diese Nachricht im Frühling 1978 per Telegramm auf einem Kreuzfahrtschiff in der Karibik. Noch weiß niemand außer dem Ehepaar in Bristol und den behandelnden Ärzten von dem historischen Ereignis. Drei Monate später bezieht Lesley Brown ihr Zimmer in der Geburtsklinik von Oldham. Die öffentliche Geburt von Louise, dem »Baby des Jahrhunderts«, nimmt ihren Lauf.

In der Geschichte der Medizin haben Robert Edwards und Patrick Steptoe ihren unumstößlichen Platz als Wegbereiter einer neuen Reproduktionsmethode. Das erste IVF-Baby stammt aus der Klinik von Oldham, genauso wie auch das zweite, das im Januar 1979 von einer weiteren Patientin aus dem Behandlungsprogramm ohne Hormonstimulation geboren wird. Erst im Juni 1980 gelingt es einer anderen Forschungsgruppe, einem Ärzteteam aus Melbourne, ebenfalls ein in der Petrischale gezeugtes Kind zur Welt zu bringen. Der Ruhm der Pioniere wirkt bis in die Gegenwart nach, wie die Verleihung des Medizin-Nobelpreises an Robert Edwards im Jahr 2010 beweist. Um ein Haar hätte die Geburt von Louise Brown aber zu spät stattgefunden, um als historisches Ereignis gefeiert zu werden, und die Namen der Beteiligten wären heute so wenig bekannt wie die der australischen Ärzte. Denn in den siebziger Jahren gibt es einen Embryologen in New York, der eine ähnliche Spur verfolgt wie Robert Edwards, und eine Frau mit verschlossenen Eileitern, die jedes medizinische Wagnis eingehen würde, um ein Baby zu bekommen, eine amerikanische Lesley Brown namens Doris Del-Zio. Der heute unbestreitbare Ursprung der In-vitro-Fertilisation hat also einen vergessenen Vorläufer, und wo die erfolgreiche Geburt in Oldham in Memoiren und Lehrbüchern als wissenschaftsgeschichtliche Zäsur gefeiert wird, erscheint die In-vitro-Fertilisation im Klinikum der New Yorker Columbia-Universität eher als Kriminalfall.

Dank einer merkwürdigen zeitlichen Koinzidenz beginnt der vom Ehepaar Del-Zio angestrengte Gerichtsprozess genau in der Woche, in der Louise Brown zur Welt kommt. Verhandelt wird ein Ereignis, das bereits fünf Jahre zurückliegt. Im September 1973 nimmt der Gynäkologe William Sweeney eine Laparoskopie nach Hormontherapie bei Doris Del-Zio vor, einer 30-jährigen Zahnarzthelferin aus einer Kleinstadt im Bundesstaat New York, und beauftragt ihren Ehemann John, die zwei Reagenzgläser voller Eizellen zur Columbia-Universität im Norden Manhattans zu transportieren. Dort soll der Biologe Landrum Shettles eine

In-vitro-Fertilisation und wenige Tage später einen Embryotransfer bei der Patientin durchführen. Shettles, ein eigenwilliger, institutionell kaum noch eingebundener Wissenschaftler, der durch die Herausgabe eines Bandes mit mikroskopischen Eizellbildern öffentliche Bekanntheit erlangt hat, bittet John Del-Zio in der Klinik um eine Samenspende, mischt die Gameten in einem selbstentwickelten Kulturmedium zusammen und lagert sie 24 Stunden lang in einem Inkubator. Am Abend der künstlichen Befruchtung erzählt er seinen Laborkollegen von dem Versuch; eine alarmierte Biologin verständigt daraufhin den Leiter des Klinikums, einen Gynäkologen namens Raymond Vande Wiele. Forschungen zur In-vitro-Fertilisation sind amerikanischen Universitätskliniken zu dieser Zeit noch von der Gesundheitsbehörde verboten. Am nächsten Morgen lässt sich Vande Wiele den Behälter aus dem Brutschrank bringen, verständigt Landrum Shettles und entlässt ihn fristlos. Das Zellgemisch friert der Klinikdirektor zunächst ein und entsorgt es wenig später. Als Doris Del-Zio vom Abbruch der künstlichen Befruchtung erfährt, verfällt sie in schwere Depressionen; das Ehepaar entscheidet sich schließlich, Raymond Vande Wiele, das Klinikum und die Columbia-Universität auf Schmerzensgeldzahlungen zu verklagen. Sie fordern eineinhalb Millionen Dollar als Entschädigung dafür, dass »unser Baby getötet worden ist«,[32] wie Doris Del-Zio vor Gericht immer wieder sagen wird. Der Prozess soll bereits 1974 beginnen, aber da es drei separate Klagen gibt, zögern sich die Vorbereitungen des Verfahrens immer wieder hinaus. Die Anwälte Vande Wieles werfen der Gegenseite allerdings vor, die Verhandlung mit Bedacht zu verschleppen, weil die sich abzeichnenden Erfolge der In-vitro-Fertilisation in England, die Mitte der siebziger Jahre auch in den USA registriert werden, für die Strategie der Anklage von Vorteil sein könnten.

Als der Prozess am 17. Juli 1978 beginnt, ist das Medieninteresse in New York wegen der parallelen Berichterstattung über die hochschwangere Lesley Brown groß. Das Ehepaar Del-Zio hofft auf ein gesundes Baby in Oldham, weil die Tatsache einer problemlosen Geburt nach In-vitro-Fertilisation dem spekulativen Vorwurf, ihr eigenes Kind sei getötet worden, eine ganz andere biologische Rationalität verleihen würde. Als

Louise Brown am siebten Prozesstag schließlich zur Welt kommt, ändern die Anwälte Vande Wieles abrupt ihre Verteidigungsstrategie. Zu Beginn des Verfahrens haben sie die geringe Wahrscheinlichkeit und sogar das Risiko einer Befruchtung in vitro betont; ihr Mandant habe das Richtige getan, um die Entstehung eines womöglich monströsen Babys zu verhindern. Als sich diese Ängste am 25. Juli als unbegründet erweisen, stellen die Verteidiger die mangelnde Vertraulichkeit des verantwortlichen Biologen ins Zentrum ihrer Argumentation. Shettles wird sieben Tage lang vor Gericht verhört; er erscheint als verwirrter, unzuverlässiger Wissenschaftler, der keine Bücher über seine Labortätigkeit führt und sich nicht mehr am öffentlichen Diskurs seines Fachs beteiligt. Ein Sachverständiger bezichtigt ihn zudem der Fälschung; Shettles habe in aktuellen Aufsätzen zu seinen Experimenten mit In-vitro-Befruchtung Abbildungen von Eizellen aus älteren Publikationen verwendet. Der Biologe steht in einer Reihe von Reproduktionsmedizinern, die einerseits eine Avantgarde ihrer Disziplin bilden, andererseits aber am Rande des wissenschaftlichen Milieus stehen. Leopold Schenk, der 1878 die erste In-vitro-Fertilisation am Kaninchen durchführte; Gregory Pincus, in den 1930ern und 1940er Jahren Wegbereiter der künstlichen Befruchtung beim Menschen; schließlich Landrum Shettles, in den siebziger Jahren der obskure Schatten Robert Edwards' – drei institutionelle Außenseiter, die trotz früher und gewichtiger Beiträge keinen arrivierten Platz in den Forschungszusammenhängen ihrer Zeit einnehmen. Das Urteil in New York wird am 17. August 1978 verkündet. Die Geschworenen sprechen den Klägern Schadensersatz zu, allerdings bei weitem nicht in der geforderten Höhe. Doris Del-Zio erhält 25 000 Dollar von Raymond Vande Wiele und jeweils 12 500 Dollar von der Columbia-Universität und dem Klinikum.

Mit dieser Entscheidung endet die heute vergessene Vorgeschichte der In-vitro-Fertilisation. Louise Brown und die Fotos eines von Ärzten in grünen Operationskitteln präsentierten Säuglings stehen in der kollektiven Wahrnehmung am Anfang der neuen Reproduktionstechnologie. Nach der Geburt des zweiten Oldhamer Babys, im Januar 1979, setzt sich die Entwicklung der künstlichen Befruchtung aber zunächst nur schleppend fort. Bis zum Herbst 1981 kommen nicht mehr als neun weitere Kinder auf diese Weise zur Welt[33] (darunter auch ein deutsches, der am 16. April 1981 in Erlangen geborene Oliver Wimmelbacher); die zumeist ohne endokrinologische Stimulation auskommende Behandlung führt nur zu vereinzelten Schwangerschaften. Erst als die neugegründeten, privaten IVF-Zentren der USA die Hormontherapie wiederaufnehmen und intensivieren, werden Geburten nach künstlicher Befruchtung zur Routine. 1983 leben weltweit mehr als hundert in der Petrischale gezeugte Kinder; zwei Jahre später gibt es in den USA bereits Dutzende von Privatkliniken, die sich auf künstliche Befruchtungen spezialisieren. In Deutschland beschränkt sich die Zahl der reproduktionsmedizinischen Einrichtungen zu dieser Zeit noch auf wenige Universitätskliniken und eine einzige gynäkologische Praxis.

2.
Künstliche Befruchtung und männliche Sterilität: IVF und ICSI

Unfruchtbare Väter, unfruchtbare Söhne

Als die In-vitro-Fertilisation Mitte der achtziger Jahre medizinische Routine wird und weltweit zur Geburt von Tausenden Kindern führt, richtet sich das Verfahren nicht mehr allein an Patientinnen mit verschlossenen Eileitern. Auch Paare, deren Kinderlosigkeit auf andere Ursachen zurückgeht (wie etwa auf Gebärmutter-Erkrankungen der Frau) oder überhaupt keine diagnostizierbaren Gründe hat, können nun durch extrakorporale Befruchtung und Embryotransfer zu Eltern werden. Ein Faktor ehelicher Sterilität allerdings, so stellen die Reproduktionsmediziner immer wieder fest, lässt sich auch durch die Verlagerung der Empfängnis in die Petrischale nicht korrigieren: die unzureichende Samenqualität des Mannes. Wenn eine bestimmte Mindestanzahl an beweglichen Spermien im Ejakulat unterschritten ist, führen die meisten IVF-Zentren grundsätzlich keine Behandlung durch.

Um auch diesen Paaren zu einem Kind zu verhelfen, beginnen einige Forschergruppen in der zweiten Hälfte der achtziger Jahre, noch elementarer in den Ablauf der Zeugung einzugreifen. Edwards' und Steptoes Erforschung der In-vitro-Fertilisation gestaltete sich wie beschrieben als Serie von extrakorporalen Simulationen dessen, was bis dahin im Innern des weiblichen Körpers geschehen war. In dem Moment aber, in dem die Samenprobe und die Eizelle im Nährmedium aufeinandertrafen, wurden die Zellen bei diesem Verfahren sich selbst überlassen; der eigentliche Akt der Befruchtung vollzog sich weiterhin als unangetasteter Vorgang der Natur. Mit der Ambition, bislang unfruchtbare Männer zu Vätern zu machen, wird jetzt auch dieser Prozess reproduktionsmedizinisch optimiert. Wenn die Spermien der Patienten aufgrund ihrer mangelnden Anzahl oder Beweglichkeit es weder im weiblichen Reproduktionstrakt noch in der Petrischale schaffen, die Eizelle zu befruchten, müssen Hilfstechniken ersonnen werden, um diese Verbindung manuell herbeizuführen. Ein erster solcher Versuch besteht darin, durch Nadelstiche winzige Öffnungen in die Eizellhülle, die Zona pellucida, zu bohren, um den Spermien in der Petrischale den Zugang zur inneren Membran der Eizelle zu erleichtern. Ein etwa zeitgleich entwickeltes Verfahren arbeitet mit der sogenannten Mikroinjektion; einige Spermatozoen werden dabei in den Spalt zwischen Zona pellucida und Membran gespritzt. Grundsätzlich herrscht bei den Ärzten und Embryologen zu dieser Zeit noch große Scheu, was die Belastbarkeit der menschlichen Eizelle betrifft. In Versuchen mit Tiergameten sind seit Mitte der siebziger Jahre je nach Spezies ganz unterschiedliche Ergebnisse erzielt worden. Die fragilen Schweine-Eizellen etwa zerspringen bei der flüchtigen Berührung mit Pipetten und Nadeln, die Eier von Hamstern hingegen erweisen sich als robuster und tolerieren sogar die Einspritzung von Spermien durch die Zona pellucida und die innere Membran hindurch ins Zytoplasma; diese Form der Mikroinjektion führt verlässlich zur Bildung der Vorkerne und deren Verschmelzung.[34] Dass die menschlichen Gameten eine ähnliche Toleranz aufweisen würden, ist um 1990 ein kaum vorstellbarer Gedanke. Kann wirklich ein gesundes, physiologisch normal entwickeltes Lebewesen entstehen, wenn der Augenblick seiner Zeugung in einer Handlung besteht, die beinahe einem Gewaltakt gleichkommt? Gewiss, die Eizellen lassen sich inzwischen ohne Komplikationen aus den Follikeln punktieren und mit den Spermien in der Petrischale zusammenbringen – ebenfalls Eingriffe, die ein Vierteljahrhundert zuvor noch für prekäre Manipulationen des Empfängnisvorgangs gehalten wurden. Aber die Überlegung, den hochkomplexen, weiterhin nur bruchstückhaft verstandenen Prozess der Anbindung und Verschmelzung von Spermium und Eizelle beim Menschen einfach durch Gebrauch einer Injektionsnadel zu umgehen, halten die meisten Reproduktionsmediziner für ausgeschlossen. Die enttäuschenden Befruchtungsraten jener ersten Hilfstechniken, der »partiellen Zona-Dissektion« und der »subzonalen Insemination«, geben dieser allgemeinen Skepsis recht.

Im Juli 1992 jedoch erscheint ein kurzer Aufsatz in der Zeitschrift *Lancet*, der die Robustheit der menschlichen Eizelle und die Möglichkeit einer artifiziell herbeigeführten Zellverschmelzung auf spektakuläre Weise bestätigt. Eine Gruppe von Biologen und Gynäkologen, um André van Steirteghem und Gianpiero Palermo, stellt ihre Studie über eine »vielversprechende Technik der assistierten Befruchtung«[35] vor, die im Zentrum für Reproduktionsmedizin an der Freien Universität Brüssel zur Geburt von vier Babys geführt hat. Die hier beschriebene Variante der Mikroinjektion dokumentiert, was beim Menschen bis dahin für unmöglich gehalten wurde: die Einspritzung eines einzigen Spermiums direkt in das Zellplasma der Eizelle. Die Gruppe nennt das Verfahren »Intrazytoplasmatische Spermieninjektion«, eine Methode, die heute die erfolgreichste Behandlungstechnik der Reproduktionsmedizin ist und mit deren Schilderung dieses Buch begonnen hat. In der Geschichte der extrakorporalen Befruchtung markiert die Veröffentlichung dieses Aufsatzes und die rasche Etablierung der ICSI-Methode die zweite epochale Zäsur, nach der Geburt von Louise Brown 14 Jahre zuvor. Vielleicht ist es sogar jetzt erst korrekt, wirklich von *künstlicher* Befruchtung zu sprechen. Denn in allen anderen reproduktionsmedizinischen Verfahren der letzten hundert Jahre, die mit dieser Bezeichnung versehen wurden, war die Verschmelzung von Samen- und Eizelle noch von der manuellen Assistenz ausgenommen – die Samenspende nur eine künstliche Insemination, die In-vitro-Fertilisation nur eine künstliche Zusammenführung von Gameten. Die ICSI-Methode nun weitet die Nachahmung der Empfängnis tatsächlich auf den Moment der Befruchtung selbst aus.

Woran liegt es, dass ausgerechnet diese Forschergruppe die kollektive Zurückhaltung vor dem Durchstoßen der Eizelle ignoriert hat? Warum wurde von den Brüsseler Reproduktionsmedizinern der Schritt von der vorsichtigen »subzonalen« zur »intrazytoplasmatischen« Einspritzung unternommen und die Nadel, wie einer ihren frühen Aufsätze betont, auf einmal »ohne jedes Zögern«[36] bis ins Zytoplasma geführt? Der italienische Gynäkologe Gianpiero Palermo, inzwischen seit vielen Jahren in New York tätig, hat sich zu dieser Frage häufig in aller Selbstgewissheit geäußert. Zuletzt räumte ihm die Wissenschaftsjournalistin Liza Mundy viele Seiten ihres Buches ein, um seine Version des medizinhistorischen Ereignisses zu referieren. Wieder einmal, so Palermo, sei eine Panne, ein Laborunfall für einen bedeutsamen wissenschaftlichen Durchbruch verantwortlich gewesen. Er habe in einer Versuchsreihe mit Eizellen, die für die »subzonale« Injektion mit Spermien vorgesehen war, im Frühjahr 1991 einmal versehentlich zu tief gestochen, durch die Eizellmembran hindurch, und die Petrischale mit einem Fragezeichen beschriftet. Genau die Eizelle mit dem »?«-Etikett sei dann aber befruchtet worden und habe sich im Inkubator wesentlich besser entwickelt als die subzonal inseminierten, so dass man sich dazu entschlossen habe, diesen so unerwartet entstandenen Embryo in die Gebärmutter der Patientin einzusetzen. Auf diese Weise sei die erste Schwangerschaft nach Mikroinjektion eines Spermiums direkt ins Zytoplasma entstanden. Das Akronym »ICSI« schließlich, so Palermos Erinnerung, habe er nur deshalb gewählt, weil er fälschlicherweise davon ausging, dass man das englische Wort »intracytoplasmic« getrennt schreiben würde – auch die eingebürgerte Abkürzung für das Verfahren verdanke sich also eines Fehlers seinerseits.[37]

So bemerkenswert und pointiert diese Erzählung wirken mag – sie hat leider wenig mit den Forschungsgegebenheiten in den frühen neunziger Jahren zu tun. Um seiner fahrlässigen, aber historischen Tat den Nimbus eines Ursprungs zu verleihen, blendet Palermo aus, dass es zu dieser Zeit schon andere (und in Brüssel definitiv registrierte) Versuche gegeben hat, die Verschmelzung der Zellkerne nach Mikroinjektion ins Zytoplasma nachzuweisen. Der italienische Gynäkologe spricht gegenüber Liza Mundy sogar davon, dass es vor seiner versehentlich platzierten Spritze keinerlei Tierversuche gegeben hätte, mit denen die Befruchtungskraft der in die Eizelle injizierten Spermien beglaubigt worden wäre – eine Aussage, die seit 1976 widerlegt ist, als eine Forschergruppe in Japan die erfolgreiche Mikroinjektion von Hamster-Eizellen bekanntgab. Auch bei menschlichen Gameten hat es in den Jahren vor der Brüsseler Studie Versuche gegeben, die weitverbreitete Zurückhaltung vor der Einspritzung durch die Eizellenmembran hindurch aufzugeben. Schon im Jahr 1988 veröffentlicht die amerikanische Biologin Susan Lanzendorf mit ihren Mitarbeitern einen Aufsatz zur Überwindung männlicher Sterilität, in dem sie die »Mikroinjektion eines Spermatozoons direkt in das Zytoplasma«[38] beschreibt. Sie verwendet bei ihren Experimenten ausgeschiedene Samenproben und noch unreife Eizellen aus dem IVF-Programm ihrer Klinik (unmissverständliche Zeichen dafür, dass man vor dem Gedanken, durch Mikroinjektion tatsächlich Embryonen und Schwangerschaften zu erzielen, 1988 noch zurückschreckt). Dennoch lässt sich durch die Einspritzung von Spermien durch die Eizellenmembran hindurch die Bildung von männlichen und weiblichen Vorkernen beobachten – ein Entwicklungsstadium, das bei nachgereiften Eizellen zwar nicht zur tatsächlichen Verschmelzung der Zellkerne und zur Bildung eines Embryos führen kann, aber zumindest die hohe Wahrscheinlichkeit einer Befruchtung bei Verwendung von intakten Gameten anzeigt. Lanzendorf empfiehlt am Ende ihres Aufsatzes, das Verfahren der Mikroinjektion künftig »in das geläufige IVF-Programm zu integrieren«.[39]

Gianpiero Palermos vermeintliche Fertilisation wider Willen ist also keinesfalls ein Erkenntnismoment aus dem Nichts. Wenn man davon ausgeht, dass ihm als Mitarbeiter einer etablierten reproduktionsmedizinischen Gruppe die jüngste Forschungsgeschichte seines Fachs vertraut war, muss man diese Erzählung eher als wohlklingendes Märchen verbuchen, das vom Wissenschaftsjournalismus und seiner Sehnsucht nach klar definierten Ursprüngen begierig aufgenommen wird. Zweifellos markiert die Brüsseler Studie ein historisches Datum – aber die Experimente von Palermo und seinen Kollegen im Frühling 1991 überschreiten weniger eine Schwelle des biologischen Wissens als vielmehr eine der ethischen Prämissen. Indem die Gruppe die bekannten Versuche mit unreifen, nicht befruchtungsfähigen Eizellen mit intakten Gameten ihrer Patienten wiederholt, geht sie zum ersten Mal das Risiko ein, menschliche Embryonen mittels einer Fertilisationstechnik zu zeugen, deren Kraftaufwand die Mehrheit der Reproduktionsmediziner noch befremdet. Lanzendorf hat drei Jahre zuvor nur die latente Möglichkeit dieser Entstehungsweise von Leben vorgeführt, mit Körpermaterial, das zu dem ungeheuren Sprung von der Dinglichkeit der Keimzellen zu einem neuen Menschen eben nicht in der Lage gewesen wäre. Die Brüsseler Wissenschaftler dagegen führen das Verfahren über die Bildung der Vorkerne hinaus, unter Anwendung aller aus der IVF-Behandlung bekannten Maßnahmen. 47 reife Eizellen werden von Palermo und van Steirteghem aus den hormonstimulierten Follikeln der Patientinnen entnommen, durch Mikroinjektion befruchtet und nach einigen Tagen in die Gebärmutter transferiert. Die Geburt von »zwei gesunden Jungen aus Einzelschwangerschaften und je einem gesunden Jungen und Mädchen aus einer Zwillingsschwangerschaft«[40] bis zur Drucklegung des Aufsatzes geben ihrem wagemutigen Experiment recht.

Die Ergänzung der In-vitro-Fertilisation durch das ICSI-Verfahren im Jahr 1992 revolutioniert die assistierte Reproduktionstechnologie in zweierlei Hinsicht. Zum einen ist mit dieser Methode noch einmal eine ganz andere Rationalität des medizinischen Eingriffs verbunden. Bei der konventionellen IVF-Behandlung trifft ein Samentropfen mit rund 100 000 Spermatozoen auf die in der Petrischale kultivierte Eizelle; ob sich einer der flirrenden Punkte unter dem Mikroskop tatsächlich mit der Eizelle verbindet, das Innere des Zytoplasmas erreicht und zur Befruchtung führt, bleibt der wissenschaftlichen Steuerung entzogen und stellt sich erst am nächsten Morgen, beim Blick in den Inkubator, heraus. Die ICSI-Technik, mit ihren eigens entwickelten Apparaten, Instrumenten und Handgriffen, ordnet auch diesen Prozess der Willkür im Labor unter. Von den zahllosen, unreguliert umherschwimmenden Spermien in der Petrischale bleibt ein einziges übrig, das von einer Embryologin wie Helena Angermaier für die Injektion ausgewählt und vorbereitet wird.

Die zweite fundamentale Veränderung, die das ICSI-Verfahren für die Reproduktionsmedizin bedeutet, betrifft den Kreis der Adressaten. Vor 1992 ist die In-vitro-Fertilisation weitestgehend auf die Überwindung weiblicher Infertilität beschränkt. Wenn man bedenkt, dass die ungewollte Kinderlosigkeit von Paaren gegenwärtig zu einem etwas höheren Anteil auf die Unfruchtbarkeit der Männer zurückgehen soll, kann also eine Vielzahl möglicher Klienten nicht von den Errungenschaften der IVF-Behandlung profitieren und muss ältere, weniger attraktiv erscheinende Hilfsmaßnahmen wie die Samenspende in Anspruch nehmen. Bei natürlicher Empfängnis sind Millionen von Spermatozoen im Ejakulat notwendig, damit einige hundert den Weg durch den Zervixkanal in den Eileiter überstehen und ein Spermium schließlich die Eizelle befruchtet. Diagnosen der »Azoospermie« oder der »Oligospermie«, also der Absenz oder des starken Mangels an Samenzellen, sind deshalb von jeher ein sicheres Urteil männlicher Unfruchtbarkeit – auch noch im Zeitalter der IVF-Behandlung, deren Gelingen ebenfalls eine große Menge von Spermien im Samentropfen erfordert. Das ICSI-Verfahren nun ermöglicht nicht nur Männern die Vaterschaft, in deren Ejakulat sich ein einziges brauchbares Spermium findet; es kann sogar bei vollständiger Azoospermie angewendet werden, wenn sich in einer Gewebeprobe der Hoden oder Nebenhoden fertig ausgebildete Spermien finden.

95 Prozent aller Männer, schreiben die Brüsseler ICSI-Pioniere zum zehnten Jubiläum ihres Aufsatzes, können dank des neuen Verfahrens inzwischen ein leibliches Kind bekommen. Irgendwo im Ejakulat oder in der Hodenbiopsie lasse sich »nach stundenlanger gewissenhafter Suche«[41] unter dem Mikroskop fast immer ein für die Befruchtung nutzbares Spermatozoon entdecken. Dieser Befund hat seit 1992 zwangsläufig zu einer Verschiebung im Gleichgewicht reproduktionsmedizinischer Behandlungsmethoden geführt. Wenn durch Mikroinjektion fast jeder Mann zum Vater seiner genetisch mit ihm verwandten Nachkommen wird, droht ein anderer Markt der assistierten Empfängnis an Bedeutung zu verlieren: das Angebot heterologer Inseminationen in den Samenbanken. Tatsächlich registrieren etwa die Praxen von Thomas Katzorke oder Michael Poluda schon in den ersten Jahren nach dem Aufkommen von ICSI einen empfindlichen Rückgang ihres Klientenstammes. Praktisch alle kinderlosen Paare, die nach der Diagnose männlicher Sterilität bislang eine Samenbank aufgesucht hätten, versuchen jetzt zunächst, die ICSI-Methode in Anspruch zu nehmen. Der verbleibende Klientenkreis

Katzorkes und Poludas setzt sich in der zweiten Hälfte der neunziger Jahre daher weitgehend aus drei Personengruppen zusammen: aus Männern, die tatsächlich keinerlei Spermatozoen produzieren; aus Männern, die Träger einer schwerwiegenden Erbkrankheit sind; und aus Paaren, die sich der Mühsal der Hormontherapie und Eizellpunktion für die Frauen entziehen und eine heterologe Insemination im natürlichen Zyklus durchführen wollen. Als die ICSI-Behandlung zwischen 1999 und 2003 aufgrund ihrer noch nicht vollständig geklärten Risiken aus dem Katalog der Leistungen gesetzlicher Kassen gestrichen wird und im Jahr 2004, nach der Reform des Gesundheitsgesetzes, schließlich zur Hälfte von den Patienten selbst bezahlt werden muss, kommen jene Klienten hinzu, die sich aus finanziellen Gründen für die wesentlich günstigere Samenspende entscheiden. Dennoch heißt es noch in einem Überblicks-Aufsatz von 2008, dass die »Fälle von heterologer Insemination« im Vergleich zum Wert von 1993 »auf die Hälfte zurückgegangen«[42] seien. (Erst die Behandlung lesbischer Paare – ungeachtet des von der Bundesärztekammer weiterhin festgelegten Verbots eine gängige Praxis – hat die Klientenzahl in den deutschen Samenbanken in den letzten Jahren wieder stark vergrößert.)

Die Erfolge der ICSI-Methode sorgen für eine bemerkenswerte genealogische Konstellation: Da sich Defekte der Spermienqualität häufig auf die männlichen Nachkommen der Patienten vererben, kann sich die Infertilität in der nächsten Generation der Familien fortsetzen. Unfruchtbare Väter zeugen dank ICSI unfruchtbare Söhne – oder wie es Helena Angermaier in ihrem Labor über den Dächern Münchens formuliert: »Ich züchte hier eigentlich Tag für Tag künftige Patienten heran.« Man muss in diesem Zusammenhang auf die lange bevölkerungspolitische Geschichte der Reproduktionsmedizin zurückblicken, um den radikalen Bruch der Mikroinjektion mit früheren Motiven assistierter Empfängnis zu ermessen. In der Frühzeit der homologen Insemination, jenem archaischen Vorläufer des ICSI-Verfahrens, lieferte die Angst vor Entvölkerung den wichtigsten Impuls für die Akzeptanz der neuen Fortpflanzungsmethode. Mit dem Aufkommen der Samenspende im ersten Drittel des 20. Jahrhunderts wiederum – das haben die Abhandlungen Hermann

Mullers oder Herbert Brewers gezeigt – waren immer wieder Phantasien einer eugenisch optimierten Population verbunden; die strengen Auswahlkriterien heutiger Samenbanken, weit über den Faktor medizinischer Unbedenklichkeit hinaus, enthalten noch Spuren dieser Sehnsucht. Die Technik der Mikroinjektion jedoch markiert den Höhepunkt einer völlig gegenläufigen Tendenz: Nun werden Männer zu Vätern, deren Samenqualität die Weitergabe ihres Erbguts auf konventionellem Wege verhindert und die Erkrankung der Sterilität sogar an die eigenen Kinder weitergibt. Aus der lange Zeit maßgeblichen Perspektive der Bevölkerungspolitik erscheint dies als befremdliches Unterfangen: Der ICSI-Patient, in dessen Ejakulat halbe Tage lang nach einem einzigen intakten Spermium gefahndet werden muss, ist die genaue Antithese zu der strotzenden Befruchtungskraft des Samenspenders. Die bekannte Pauschalkritik an der Reproduktionsmedizin, sie bringe maßgeschneiderte »Designer-Babys« hervor, trifft bei dieser Behandlungstechnik also gerade nicht zu; die Zeugung findet zwar im Labor statt, aber nicht mit glänzenden, hochwertigen Ingredienzien, sondern gewissermaßen mit den letzten auffindbaren Fetzen – »Resterampen-Babys« wäre die passendere Metapher. Genau diese Verlagerung allerdings veranschaulicht die neue individualistische Funktion der assistierten Empfängnis. Seit einem guten Vierteljahrhundert hat sich die Kategorie der »Bevölkerung« im Diskurs der Reproduktionsmedizin aufgelöst. Worauf es heute ankommt, ist das Familienglück des Einzelnen; welchen Einfluss die neue Methode der Fortpflanzung hingegen auf eine Population im Ganzen haben könnte (zwischen 1870 und 1970 eine entscheidende Frage), erscheint als obsolet. Noch Edwards und Steptoe sahen sich in der Anfangszeit ihrer Forschungen mit dem Vorwurf konfrontiert, die In-vitro-Fertilisation würde das akute Problem der Überbevölkerung verschärfen.[43] Der Eingriff des ICSI-Verfahrens, seine paradox anmutende Weitergabe der Unfruchtbarkeit von Generation zu Generation, vollzieht sich unabhängig von allen demographischen Befunden.

So rasant sich die ICSI-Methode etabliert und etwa in Deutschland schon im Jahr 1996 häufiger angewendet wird als die konventionelle In-vitro-Fertilisation:[44] Die Skepsis vieler Reproduktionsmediziner gegenüber dem Verfahren bleibt bestehen. Zum einen ist umstritten, ob der invasive Eingriff selbst nicht zu einem erhöhten Fehlbildungsrisiko der Kinder führen könnte (auch weil mit dem Spermium in der Injektionsnadel eine minimale Menge an Nährflüssigkeit in die Eizelle gelangt). Zum anderen wird die Vermutung geäußert, dass die eingeschränkte Spermienqualität von Männern häufig auf vererbbare chromosomale Schäden weise und Unfruchtbarkeit damit gewissermaßen einen evolutionsbiologischen Sinn erfülle. Die Auswahl einer einzigen Samenzelle im Labor, so eine häufig wiederkehrende Formulierung in kritischen Studien zum ICSI-Verfahren, »umgeht den Prozess natürlicher Selektion«,[45] wie er sich sowohl bei geschlechtlicher Zeugung als auch bei klassischer In-vitro-Fertilisation zwischen den zahllosen Spermien und der Eizelle vollziehe. Die neue Praxis der Mikroinjektion drohe also mit größerer Wahrscheinlichkeit geschädigte Embryonen hervorzubringen. Diese an Darwins Vokabular angelehnte Beschreibung des Befruchtungsprozesses hat eine lange Tradition. Bereits die frühesten Eugeniker glaubten die Prinzipien der »Auslese« und des »Kampfs ums Dasein« auch im Ablauf der Empfängnis zu entdecken. Alfred Ploetz schreibt 1895 über die menschliche Zeugung: »Bei diesem Wettrennen der Samenthierchen werden die am ehesten siegen, die sich gegen die schädlichen Scheiden-Absonderungen [...] am besten erhalten, und welche die größte Bewegungskraft entwickeln können, um an dem verhältnissmäßig fernen Ziel zuerst anzulangen.«[46] In der heutigen Zeugungslehre spielt dieser Zellulardarwinismus gewöhnlich keine Rolle mehr. Dass sich ein bestimmtes Spermium mit der Außenhülle der Eizelle verbindet und sie durch enzymatische Ausschüttungen im Spermienkopf für alle anderen Samenzellen verschließt, wird längst als kontingenter Prozess wahrgenommen. Mit dem Unbehagen an der ICSI-Methode jedoch und ihrem Gebrauch von Spermatozoen, die auf konventionellem Wege keine Befruchtung erzielen würden, kehrt die Frage nach der »natürlichen Selektion« im Ablauf der Befruchtung zurück.

In der zwanzigjährigen Geschichte des Verfahrens hinweg hat es deshalb zahlreiche Studien gegeben, die sich mit der weiteren Entwicklung der durch Mikroinjektion gezeugten Kinder beschäftigen. Bereits die ersten Aufsätze von Palermo und van Steirteghem legen die Notwendigkeit solcher pediatrischen Folgeuntersuchungen nahe, und Mitte der neunziger Jahre beginnt ein anhaltender Widerstreit reproduktionsmedizinischer Forschergruppen, die nach ihren Datenerhebungen zu ganz unterschiedlichen statistischen Interpretationen gelangen. Die einen Autoren erkennen deutlich messbare Entwicklungsverzögerungen und Fehlbildungsraten bei Säuglingen und Kleinkindern, die durch das ICSI-Verfahren entstanden sind, die anderen verneinen ein erhöhtes Gesundheitsrisiko und stellen keinerlei Abweichungen zwischen den aus natürlicher Zeugung, In-vitro-Fertilisation oder ICSI hervorgegangenen Menschen fest. Im Jahr 2001 kommt die bislang aufwendigste Studie weltweit, mit knapp 3500 durch ICSI gezeugten Säuglingen durchgeführt, zu dem Ergebnis, dass man bei der Mikroinjektion im Vergleich zur natürlichen Empfängnis »von einer um den Faktor 1,24 erhöhten Fehlbildungsrate«[47] bei der Geburt ausgehen müsse. Wenn also nach spontaner Konzeption bei jeder 15. Schwangerschaft eine Fehlbildung des Neugeborenen auftritt, erhöhe sich dieser Wert nach ICSI auf jede zwölfte Schwangerschaft. Diese Differenz, für die kinderlosen Paare ein erträgliches Risiko, hat sich bis heute in weiteren großangelegten Untersuchungen bestätigt.[48]

Im Jahr 2014 feiern die ersten durch Intrazytoplasmatische Spermieninjektion gezeugten Menschen ihren 22. Geburtstag. Folgestudien mit älteren Kindern und Jugendlichen sind in den Fachorganen der Reproduktionsmedizin in den letzten Jahren ebenfalls erschienen, und sie stellen den Probanden ein Zeugnis der völligen Normalität und Gesundheit aus (vereinzelt sogar leicht überdurchschnittliche Quotienten der Intelligenz und motorischen Fähigkeit).[49] Offenbar spielt das Ereignis der Befruchtung, der Moment, in dem die Samen- und die Eizelle miteinander in Kontakt geraten, eine vernachlässigbare Rolle; die ungeahnte Toleranz der Eizelle besteht nicht nur darin, dass sie die Injektion eines Spermiums ohne Schaden übersteht, sondern dass sich aus ihr ein Lebewesen entwickeln kann, dessen Grunddisposition sich in nichts von den konventionell gezeugten unterscheidet. Wer einmal im ICSI-Labor die fast brutale Durchstechung einer Eizelle mitverfolgt hat, könnte auf die Idee kommen, die besondere Zeugungsweise würde diesem Menschen eine Art Existenzprogramm inskribieren; ein Leben lang trügen seine Empfindungen, Gedanken und Handlungen das Mal des erzwungenen Anfangs. Aber das ist nicht wahr. Das Leben verhält sich indifferent zu den Umständen seiner Entstehung.

Semiotik der Spermien

Seit dem Aufkommen des ICSI-Verfahrens muss sich die assistierte Reproduktionstechnologie verstärkt mit der Frage beschäftigen, wie sich die Funktionsfähigkeit einzelner Spermatozoen am genauesten feststellen und verifizieren lasse. Die Samenproben von Patienten, die vor den Errungenschaften der Mikroinjektion als unfruchtbar galten, unterscheiden sich hauptsächlich nach drei Kriterien von einem problemlosen Befund: nach der Anzahl der Spermien, nach ihrer Mobilität und nach ihrer Gestalt. Dass die mangelnde Konzentration und die mangelnde Beweglichkeit von Samenzellen die Befruchtung der Eizelle erschweren, ist durch mikroskopische Beobachtungen in der Petrischale seit langem bekannt. Jene dritte Kategorie eines Spermiogramms aber, die morphologische Qualität der Samenzellen, hat bis zur Durchsetzung der ICSI-Technik kaum eine Rolle gespielt. Erst jetzt, wo es unter dem Mikroskop tatsächlich auf die Gestalt eines einzigen Spermatozoons ankommen könnte, rückt dieses Randgebiet der Reproduktionsmedizin in den Blickpunkt.

In der ersten großen ICSI-Studie zur Fehlbildungsrate von Neugeborenen im Jahr 1998 erwähnen die Autoren, die Methode würde häufig unter Verwendung »von Spermatozoen mit verminderter morphologischer Qualität« durchgeführt, und sie ziehen daraus den Schluss: »Diese Defekte zeigen womöglich eine zugrundeliegende Abnormalität des Spermiums an. Der Gebrauch solcher Spermien kann daher zu einem höheren Auftreten von Fehlbildungen bei den Kindern führen.«[50] Es scheint also ein Zusammenhang zu bestehen zwischen dem Erscheinungsbild einer Samenzelle, ihrer genetischen Disposition und der Ge-

sundheit des durch sie gezeugten Menschen. Die Auswahl morphologisch bedenklicher Spermien droht mithin nicht nur die Wahrscheinlichkeit einer Befruchtung und Schwangerschaft nach ICSI zu ver-
ringern, sondern sogar das Risiko einer embryonalen Missbildung zu
erhöhen. Woran erkennt man aber die normale oder pathologische Gestalt
eines Spermatozoons? Die Weltgesundheitsorganisation versucht diese
Grenze in ihrem »Laborhandbuch zur Untersuchung und Aufarbeitung
des menschlichen Ejakulats« zu standardisieren. »Die Beurteilung der
Spermienmorphologie«, heißt es 2010 in der jüngsten Auflage, ist zwar
mit Schwierigkeiten verbunden, die »durch fehlende Objektivität« und
»Variation der Interpretation« verursacht werden. Dennoch sei eine Unterscheidung der mikroskopisch untersuchten Samenzellen »in normal/
abnormal« möglich: »Um als normal eingestuft zu werden, muss ein Spermium sowohl einen normalen Kopf als auch einen normalen Schwanz
[mit Mittelstück] aufweisen.« Der Kopf »sollte glatt, mit regelmäßigen
Konturen und allgemein von ovaler Form sein« sowie »keine großen
Vakuolen und nicht mehr als zwei kleine Vakuolen«, also Hohlräume im
Zellgewebe, enthalten. Das Mittelstück wiederum »sollte schlank, regelmäßig und etwa von derselben Länge wie der Spermienkopf sein«, der
Schwanz schließlich »ein einheitliches Kaliber über seine ganze Länge
aufweisen«.[51]

Erfahrene ICSI-Laboranten wie Helena Angermaier versichern zwar,
von Anfang an auf die Auswahl von regelmäßig geformten, der WHO-
Norm entsprechenden Spermatozoen geachtet zu haben. Dennoch
etabliert sich um das Jahr 2003 eine neue Hilfstechnik der Reproduktionsmedizin, die sich der genaueren Erforschung der Spermienmorphologie widmet. Sie bürgert sich im Vokabular der assistierten Empfängnis
unter einer ganz ähnlichen Abkürzung ein wie jenes Verfahren, dem sie
zu größerem Erfolg verhelfen soll. Die »IMSI«-Technik (»Intrazytoplasmatische, morphologisch selektierte Spermieninjektion«), von dem
israelischen Biochemiker Benjamin Bartoov entwickelt, verspricht den
Patienten, die Auswahl eines geeigneten Spermiums so zuverlässig zu
treffen, dass sich die Wahrscheinlichkeit einer Schwangerschaft nach
Mikroinjektion nahezu verdoppelt. Eigens konstruierte Mikroskope stel-

len die Samenzellen unter 6000-facher statt bisher unter höchstens 400-facher Vergrößerung dar. Auf den Bildern sind nun vor allem jene Vakuolen im Zellgewebe der Spermienköpfe deutlich sichtbar, von denen Bartoov und zahlreiche andere Autoren sagen, dass sie ein verlässliches Zeichen von chromosomalen Schäden seien und daher ausgesondert werden müssten.

Diese Behauptung ist aber bis heute stark umstritten. Mindestens ebenso viele Reproduktionsmediziner vertreten die Ansicht, dass der Zusammenhang zwischen Hohlräumen im Spermienkopf und Gendefekten nicht zu belegen sei. Die bislang aufwendigste statistische Untersuchung zum Verhältnis von Spermienmorphologie und Embryonalentwicklung nach Zeugung durch ICSI endet im Jahr 2009 mit der klaren Schlussfolgerung,»dass schlechte morphologische Spermienqualität nicht mit verminderten Befruchtungs- und/oder Schwangerschaftsraten in Beziehung steht«. Im Vergleich von knapp 1100 Behandlungszyklen kommen die Autoren sogar zu dem überraschenden Ergebnis, dass die Spermienproben mit der nach WHO-Standards schlechtesten Morphologie die höchsten Befruchtungs- und Geburtsraten aufweisen.[52] Auch Helena Angermaier in München benutzt die kostspieligen IMSI-Mikroskope inzwischen nicht mehr.»Ich habe ein paar hundert Patienten auf diese Weise behandelt«, sagt sie,»meine Befruchtungsrate aber um *nichts* gesteigert«. Sie glaubt, dass die Methode in vielen Reproduktionszentren heute nur noch deshalb eingesetzt wird, um die Kosten für die Patienten möglichst hoch zu halten.

Wie verhält sich also die Gestalt eines Spermatozoons zu seiner Befruchtungskraft? Gibt es einen Zusammenhang zwischen der Ästhetik und der Funktion der Samenzelle? Diese Fragen sind deshalb so schwer zu beantworten, weil das Wissen der assistierten Empfängnis hier vor einem unauflösbaren Erkenntnisproblem steht: Ein Spermium kann nicht zuerst auf seine innere Beschaffenheit untersucht und anschließend für eine Mikroinjektion verwendet werden – sobald die chromosomale Organisation freigelegt wurde, ist es zerstört. Umgekehrt lässt sich von keinem Spermatozoon im Nachhinein sagen, warum es dazu in der Lage war, eine Eizelle zu befruchten, weil die Verschmelzung der Zellkerne die frühere Gestalt des Spermiums auflöst. Zwischen der äußeren Erscheinung einer Samenzelle und ihrer Disposition im Zeugungsprozess liegt also ein unermesslicher Spalt. Was die Orientierungshilfen der Weltgesundheitsorganisation oder die hochauflösenden Bilder der IMSI-Mikroskope daher leisten können, ist allenfalls die Verknüpfung von ästhetischen Urteilen mit biologischen Ahnungen, und mit welcher Konsequenz diese Verknüpfung geschieht, ist für das Verhältnis zwischen Naturtatsache und Kulturmuster, zwischen den Vorgängen bei der Zeugung und ihrer wissenschaftlichen Beschreibung von besonderem Aufschluss. Denn was sagt es aus, wenn das WHO-Laborbuch die Kategorie der morphologischen »Normalität« von Spermien an Begriffe der »Glätte«, »Regelmäßigkeit«, »Schlankheit« oder »Einheitlichkeit« bindet? Oder wenn Helena Angermaier über ihre mehr als zwanzigjährige ICSI-Erfahrung sagt: »Ich habe immer versucht, die schönsten Spermien zu nehmen und die hässlichen und verschrumpelten beiseitezulassen«? Klassische ästhetische Kategorien stülpen sich also über die zellulären Formen und Bewegungen (denen die Theorien Winckelmanns, Baumgartens oder Herders zweifellos gleichgültig sind); und der aus diesen philosophischen Programmen bekannte Zusammenhang von Ästhetik und Ethik, Schönheit und Normalität wird auf Entstehungsprozesse des Lebens übertragen. »Spermien mit Unregelmäßigkeiten entsprechen in der Regel nicht dem Idealbild eines Spermiums und werden für die ICSI nach Möglichkeit nicht verwendet«,[53] heißt es ausgerechnet in einem Aufsatz, der die Hypothesen der Spermienmorphologie kritisiert und auf die »Intuition« langjähriger Labormitarbeiter vertraut. Doch die eingespielten ästhetischen Modelle und ihre »Idealbilder« entfalten eine zu starke Macht: Selbst wenn im gleichen Artikel betont wird, dass schlechte morphologische Spermienqualität keinerlei Verminderung der Befruchtungsrate nach ICSI bedeutet, gilt eine ebenmäßige und glatte Samenzelle zwangsläufig als brauchbar und eine ungleichförmige als verwerflich.

In dieser reproduktionsmedizinischen Gleichsetzung von Gestalt und Funktion des Spermiums wirkt aber außer den Grundsätzen klassischer Ästhetik womöglich noch eine andere historische Wissensschicht nach,

und zwar jene im späten 17. und 18. Jahrhundert wirksame Zeugungslehre der Präexistenz aller Lebewesen in den Spermatozoen. Denn solange die »Animalkulisten« unter den Naturforschern glaubten, dass ein
neugeborener Mensch nichts anderes sei als die endlich vollzogene Auswicklung eines seit Adams Zeiten eingeschachtelten Samentierchens,
repräsentierte das Spermium das aus ihm entstehende Lebewesen in
einem eminenten Sinne. Das Samentierchen *war* der Mensch, wie jene
berühmte, im vorliegenden Buch auf S. 38 abgebildete Zeichnung in
Nicolas Hartsoekers »Essay de Dioptrique« veranschaulicht. Konsequenterweise sezierten Animalkulisten wie Andry oder Lieberkühn Mitte
des 18. Jahrhunderts die Spermien verschiedenster Gattungen mit dem
Ehrgeiz, Entsprechungen zwischen den Bestandteilen des Samentierchens
und den späteren Körperteilen der Lebewesen aufzuspüren. Im Schwanz
des menschlichen Spermatozoons erkannten sie die Wirbelsäule, und
dass sich der im Vergleich zur Körpergröße mächtige Kopf auch beim
erwachsenen Menschen feststellen ließ, fanden sie, wie Buffon in seiner
»Naturgeschichte« etwas spöttisch schreibt, »ungemein wohl übereinstimmend«.[54] Auch in einer Zeit, in der die Befruchtung bereits lange als
Verschmelzung von Zellkernen erkannt ist, halten die Biologen dieses
Repräsentationsverhältnis immer wieder aufrecht. Einer von ihnen erkennt im Jahr 1922 unter dem Mikroskop »träge Spermien mit großem,
kugeligem, wie aufgeblasen aussehendem Kopf, bei deren Betrachtung
sich der Vergleich mit einem Hydrocephalus geradezu aufdrängte«.[55]
Die abweichende Gestalt der Samenzellen soll bereits die Missbildung
jenes Fötus antizipieren, der aus ihnen hervorgeht.

All diese Vergleiche und Entsprechungen, könnte man sagen, arbeiten
an einer »Anthropologisierung« der Zeugungsstoffe, die im späten 19. und
im 20. Jahrhundert anhält, obwohl die Biologie das Verhältnis von Zellen
und Lebewesen längst als hochkomplexe Transformation begreift. Die
naturwissenschaftliche Darstellung des Lebens, diese spröde, um größt-
mögliche Objektivität bemühte Erzählung greift also auf Perspektiven
und Modelle zurück, die *nicht* aus dem Bereich der Naturwissenschaft
kommen. So wird das befruchtungsfähige Spermium weiterhin mit dem
schönen Spermium identifiziert, nach ästhetischen Maßstäben, die auf

eine Epoche zurückgehen, in der die Zellenlehre noch gar nicht bekannt war. Eine ähnlich hartnäckige Überlagerung der biologischen Rede durch kulturelle Deutungsmuster betrifft die Rollenzuweisung von Spermium und Eizelle beim Zeugungsvorgang. Neuere Befruchtungstheorien stimmen inzwischen überein, dass der weiblichen und männlichen Keimzelle bei der natürlichen Fertilisation im Eileiter eine ähnlich aktive Bedeutung zukommt. Dass ein bestimmtes Spermium sich an die Eizellhülle bindet und durch sie hindurch in das Zytoplasma gelangt, hängt den Aufnahmen der präzisesten Rasterelektronen-Mikroskope zufolge sowohl an der mechanischen und enzymatischen Kraft des Spermienkopfes als auch an den Fasern der Zona pellucida. »Die Spermatozoen«, heißt es in einer großen Studie zum Befruchtungsprozess von 2008, werden »von den perlschnurartigen, extrazellulären Fibrillen des Zonamaterials umschlossen und in die Zona integriert«.[56] Genau diese Symmetrie der Kräfte spielt jedoch in den Lexikoneinträgen, Lehrbüchern und kollektiven Imaginationen zum Zeugungsablauf bis heute keine Rolle. Die Spermien nehmen sowohl in der Laienphantasie als auch in der Fachdarstellung weiterhin den aktiven und dynamischen, die Eizelle aber den passiven und statischen Part ein. In den Standardwerken zur Reproduktionsmedizin wird die Funktion der Spermien bei der Befruchtung im Sinne einer »Penetration« beschrieben; über die Zona pellucida der Eizelle heißt es dagegen: »Das *Eindringen* weiterer Spermien wird durch die sogenannte kortikale *Reaktion* verhindert.«[57] Auch der aktuelle Wikipedia-Eintrag zum Stichwort »Zeugung« ist ganz aus der Perspektive der dynamischen Spermien geschrieben. Die drei Abschnitte des Artikels lauten »Spermienwanderung«, »Andocken an der Eizelle« und »Befruchtung«; die Spermatozoen »schwimmen« in den Eileiter hinauf und reifen »auf ihrem Weg« durch den Prozess der Kapazitation. »Die weitere Entwicklung«, so der Eintrag, »hängt davon ab, ob sich in einem der Eileiter eine befruchtungsfähige Eizelle befindet. Ist dies der Fall [...], bewegen sich die verbliebenen Spermien darauf zu. Wie genau sie die Eizelle finden, ist noch nicht bekannt.«[58]

In dieser hartnäckigen, von keiner noch so präzisen wissenschaftlichen Korrektur überwindbaren Erzählweise bilden sich, wie Emily Martin schon vor zwanzig Jahren beschrieben hat,[59] die eingespielten sozialen Verhältnisse von Mann und Frau ab. Auf der Ebene der Keimzellen werden die bekannten Geschlechterrollen wiederholt; das Prinzip des Weiblichen ist rezeptiv, das Prinzip des Männlichen gestaltend, und während die flinken Spermien sich Schritt für Schritt an ihr Ziel herankämpfen, erwartet die ruhige, runde Eizelle ihr Schicksal. »Die männliche Geschlechtszelle ist aktiv beweglich, sucht die weibliche auf, und diese, das Ei, ist unbeweglich, passiv erwartend«,[60] behauptete schon Freud in der »Neuen Folge« seiner »Vorlesungen zur Einführung in die Psychoanalyse«, wobei sich diese These im Jahr 1933 noch mit den Erkenntnissen der Biologie deckte. Achtzig Jahre später stehen der Naturwissenschaft genauere mikroskopische Bilder zur Verfügung, aber dennoch behält sie die überkommenen Narrative bei. Die vielleicht einzige Befruchtungsszene der vergangenen Jahrzehnte, die vom Klischeebild des dynamischen Spermiums abgewichen ist, stammt daher auch nicht aus einem biologischen Lehrbuch, sondern aus einer Filmkomödie. In der Schlussepisode seines Films »Was Sie schon immer über Sex wissen wollten…« von 1972 spielt Woody Allen bekanntlich ein verängstigtes Spermatozoon, das sich im Moment der Ejakulation nicht aus dem Innern des männlichen Körpers traut. Die Anthropologisierung der Zeugungsstoffe ist in diesem weisen Arrangement also zu voller Konsequenz getrieben; Allen überträgt die neurotischen Verhaltensweisen seines gewöhnlichen Menschenpersonals auf die Keimzellen eines Mannes während des Geschlechtsverkehrs. Es ist jedoch folgerichtig, dass das zögerliche, defensive Spermium (ein den wahren Verhältnissen nahekommendes Bild, wenn man den Rasterelektronen-Mikroskopen glauben darf) bislang nur im Modus einer absurden Komödie vorkommen darf. Der Siegeszug von ICSI könnte schließlich auch in diesem symbolischen Zusammenhang verstanden werden. Denn die unter dem Mikroskop arrangierte Injektion des Spermiums in die Eizelle – durch zahllose Abbildungen und Videofilme inzwischen eine Ikone der assistierten Reproduktionstechnologien – zementiert die alten Verhältnisse von Statik und Dynamik. Mit der einen Pipette wird die Eizelle festgehalten, mit der anderen das Spermium durch die Hülle gespritzt.

3.
Das Verschwinden der Kunst aus der künstlichen Reproduktion

Frankensteins Erben

Im 21. Jahrhundert sind IVF und ICSI so selbstverständliche, weitverbreitete Verfahren, dass diese Formen der Zeugung inzwischen eher als *Variante* natürlicher Empfängnis betrachtet werden, nicht mehr als deren Gegensatz. Bevor 2004 das »Gesundheitsmodernisierungsgesetz« in Kraft trat und die Finanzierung zum Großteil auf die Patienten übertrug, wies das »Deutsche IVF-Register« über 100 000 Behandlungszyklen und 17 000 Geburten pro Jahr aus. Nach einem vorübergehenden Rückgang dieser Werte auf die Hälfte hat sich die Anzahl in den letzten Jahren trotz der nur teilweisen Kostenübernahme der Kassen wieder erhöht und erreicht heute einen Stand von etwa 80 000 Behandlungszyklen und über 10 000 Geburten (bei einer Gesamtzahl von rund 650 000 Geburten in Deutschland).[61] Heute bereitet es Mühe, sich das Maß an Erregung zu vergegenwärtigen, das die Methode der In-vitro-Fertilisation hervorgerufen hat, nicht nur unmittelbar nach der Geburt Louise Browns 1978, sondern über einen beträchtlichen Zeitraum hinweg, bis in die neunziger Jahre hinein. Von der Regierung eingesetzte Kommissionen aus Medizinern, Juristen und Philosophen sprechen sich zwar schon früh für die grundsätzliche Zulassung des IVF-Verfahrens aus – das »Warnock Committee« in Großbritannien 1984, die deutsche Arbeitsgruppe zur »In-vitro-Fertilisation, Genomanalyse und Gentherapie« unter dem Vorsitz von Ernst Benda 1985 –, aber in der öffentlichen Wahrnehmung ist die neue Fortpflanzungstechnologie zu dieser Zeit noch von Irritation und Zurückweisung geprägt.

Die kritische Aufnahme der extrakorporalen Befruchtung bildet sich auch in der Bezeichnung der Kinder ab, die auf diese Weise gezeugt werden: in den Begriffen »Test-tube Baby« und der deutschen Entsprechung »Retortenbaby«. Das englische Wort ist allerdings nicht neu. Es stammt aus einer früheren Epoche der Reproduktionsmedizin, aus den 1930er Jahren, als in den USA die Samenspende eines Dritten aufkam. »Im Laienausdruck für Kinder, die aus künstlicher Insemination hervorgehen«, schreibt etwa der Samenbanken-Pionier Alan Guttmacher 1943, »nämlich ›test-tube babies‹, klingt etwas Magisches an. Es lässt an weißbekittelte Ärzte mit Schutzbrillen denken, die auf mysteriöse Weise Babys aus Ektoplasma brauen. Natürlich haben diese Vorstellungen nichts mit der Realität zu tun.«[62] »Test-tube babies« sind in der Geschichte assistierter Empfängnis also zunächst Kinder, die mit Hilfe anonymer Samenspender gezeugt werden. Bereits im Zusammenhang

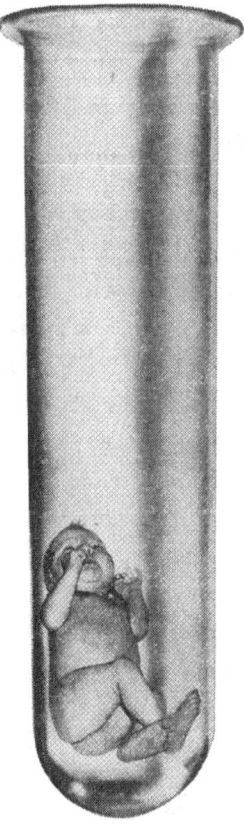

Abb. 10 Das Logo, mit dem die Münchner »Abendzeitung« im Sommer 1978 ihre Berichterstattung von der Geburt Louise Browns kennzeichnete

427

mit den Forschungen von John Rock und Miriam Menkin in Boston wird
der Begriff allerdings auch für die möglichen Erfolge von Befruchtungen außerhalb des Körpers benutzt, und als die Experimente Edwards'
und Steptoes Anfang der siebziger Jahre erstmals für Aufsehen sorgen,
bürgert er sich als Synonym für in vitro gezeugte Kinder ein. Keine
deutsche Zeitung etwa kommt nach dem 25. Juli 1978 ohne das Wort
»Retortenbaby« in den Schlagzeilen aus, und die Illustration eines Säuglings im Reagenzglas wird von manchen Blättern, etwa der Münchner
»Abendzeitung«, sogar tagelang als wiedererkennbares Logo der Berichterstattung über Louise Brown verwendet. [→Abb. 10]

Die Begriffe »Test-tube«, »Retorte« und »Reagenzglas« sind bis heute
Bestandteil jeder skeptischen Beschreibung der Reproduktionsmedizin,
und vor diesem Hintergrund ist es aufschlussreich, dass keine einzige erfolgreiche In-vitro-Fertilisation jemals in einem solchen Gefäß stattgefunden hat. Denn seit Miriam Menkins Zeiten verwenden die Embryologen bekanntlich flache, breite Petrischalen, um die menschlichen Eizellen
und Samenproben zu vereinigen. Zu einem frühen Zeitpunkt der IVF-
Geschichte – während des Prozesses zwischen dem Ehepaar Del-Zio
und der New Yorker Columbia Universität 1978 – wird die mangelnde
chemische Eignung von Reagenzgläsern sogar einmal explizit diskutiert.
Der Biologe Landrum Shettels sagt aus, er habe die Gameten von John
und Doris Del-Zio fünf Jahre zuvor in handelsüblichen »test-tubes«
zusammengeführt, und die Verteidigung beruft eine sachverständige
Zeugin, die gerade in diesem Vorgehen einen weiteren Zweifel an der
Vertrauenswürdigkeit Shettels erkennt. Vor Gericht legt sie dar, dass
Petrischalen für das Prozedere unerlässlich seien, weil sich das Kohlen-
dioxid im Nährmedium in flachen Behältern stärker ausbreiten könne
und den ph-Wert der Flüssigkeit auf dem geeigneten Niveau halte. In
schmalen, tiefen Gläsern dagegen wäre das Medium nicht sauer genug,
und die Kultivierung der Keimzellen würde scheitern.[63] Die Frage lautet
also, warum sich die »test-tube« in den letzten Jahrzehnten so hartnäckig
als kritische Metapher für das Verfahren gehalten hat, obwohl das Gefäß
in der konkreten Arbeitspraxis der Reproduktionszentren keine Rolle
spielt. Das Reagenzglas, könnte man sagen, erscheint im populären

Blick auf die Laborarbeit als Symbol einer schöpferischen Wissenschaft und ihrer riskanten Schwellen schlechthin. Weit mehr als die Petrischale beschwören Fassungsvermögen und Vertikalität des Reagenzglases Phantasien einer Transformationskraft von Substanzen herauf. All jene Bilder und Szenen, die unsere kollektive Vorstellung von Grenzüberschreitungen im Labor geprägt haben – die Verwandlungen Dr. Jekylls oder des von Jerry Lewis gespielten »verrückten Professors« im Hollywood-Kino, die Erzeugung des Homunculus in den Theateraufführungen des zweiten »Faust« –, stellen rauchende, mit grellen Flüssigkeiten gefüllte Phiolen, Reagenzgläser und Kolben ins Zentrum der Versuchsanordnung – bauchige Behälter, deren Elixiere den prekären Sprung ermöglichen, vom bürgerlichen Arzt zum Monster, von den »vielen hundert Stoffen«[64] im Labor des Faust-Schülers Wagner zum künstlichen Menschen. Diese Bedeutungstradition des Reagenzglases, als zweifelhafte Ikone einer entfesselten Wissenschaft, hat vermutlich dazu geführt, dass dem Gefäß in der Geschichte der Reproduktionsmedizin eine faktisch grundlose Repräsentationskraft zugewiesen wurde. Die Petrischale hingegen, ihre diskrete Erscheinung, eignet sich nicht zum Symbol. Der tatsächliche Schauplatz epochaler Verwandlungen, jenes Glas, dem die In-*vitro*-Fertilisation ihren Namen verdankt, ist bis heute semantisch neutral geblieben.

So wie die frühen Namen der außerhalb des Körpers gezeugten Kinder die technische Herstellung betonen, ist auch die grundsätzliche Debatte über das Verfahren in der Anfangszeit vom Problem der Artifizialität bestimmt. In-vitro-Fertilisation ist *künstliche* Befruchtung, und auch wenn Edwards, Steptoe und andere Vorreiter der assistierten Reproduktionsmedizin immer wieder ihre Erfolge bei der Überwindung ungewollter Kinderlosigkeit betonen, steht der Aspekt der Sterilitätstherapie in der öffentlichen Einschätzung zunächst im Hintergrund. Die beherrschende Frage nach der Geburt Louise Browns lautet vielmehr, ob die Erzeugung von Leben außerhalb des Körpers zulässig sei, welche Gefahren und Unzulänglichkeiten dieser Akt für das Kind, die Beziehung der Eltern und das Menschenbild einer Gesellschaft heraufbeschwöre. Wenn man die Presseberichte, Parlamentsdebatten und sozialwissenschaftlichen Studien zur In-vitro-Fertilisation in Deutschland von 1978 bis zur Verabschiedung des Embryonenschutzgesetzes 1990 untersucht, ist der Schwerpunkt der Beiträge klar zu bestimmen: Zuallererst steht in diesen Auseinandersetzungen der Kern des Menschlichen auf dem Spiel. Die Sorge, dass die Reproduktionsmedizin das Gut des Lebens in ein technisches »Produkt« verwandle, unabhängig von der körperlichen Vereinigung zweier Menschen, verbindet ansonsten unvereinbare politische Lager: Feministinnen und Kirchenvertreter, alternative und konservative Parteien. Schlagzeilen und Buchtitel greifen immer wieder zu Metaphern der Dehumanisierung; jene Frauen, die sich In-vitro-Befruchtungen und Embryotransfers unterziehen, werden als »Gebärmaschinen« oder »Mutter-Maschinen«[65] bezeichnet. Die extrakorporale Zeugung bringt Erinnerungen an jahrhundertealte, von der Literatur und Mythologie durchgespielte Imaginationen des künstlichen Menschen hervor, die sich nun zu verwirklichen scheinen. Es ist daher folgerichtig, dass die frühen Diskussionen um die In-vitro-Fertilisation (wie in der Anfangszeit der Samenspende) unablässig von Verweisen auf die phantastische Literatur begleitet werden, insbesondere auf zwei berühmte Vertreter des Genres: Mary Shelleys »Frankenstein« von 1818 und Aldous Huxleys 1932 erschienene Dystopie »Brave New World«, »Schöne neue Welt«.

Viktor Frankenstein, der in der britischen Boulevardpresse regelmäßig als Ahnherr von Robert Edwards und Patrick Steptoe bezeichnet wird, eignet sich vor allem als Modell einer Erkenntnisübertretung. »Lernet, wie gefährlich die Erwerbung von Wissen sein kann«, warnt der auf der Jagd nach seiner Kreatur im Polareis gestrandete Forscher seinen Retter und bezichtigt sich der Anmaßung eines Menschen, »der da strebte, größer zu sein, als seine Natur es ihm erlaubt!«.[66] Als Erzeuger eines künstlichen Wesens, dessen Monstrosität sich gegen ihn wendet und eine Schneise der Verwüstung hinterlässt, gibt Frankenstein ein Urbild jener Ängste ab, die sich eineinhalb Jahrhunderte später mit der tatsächlichen Entstehung von Menschen im Labor verbinden. Die Wissenschaft, die sich göttliche Schöpfungskraft anmaßt, wird dafür büßen – diese Lehre des Romans entspricht einer verbreiteten Sichtweise in der Frühzeit der In-vitro-Fertilisation. Und weil das Gleichnis so anschaulich ist, kann der Verweis auf Viktor Frankenstein auch elementare Unterschiede zwischen der Belebung eines aus Leichenteilen zusammengesetzten Riesenkörpers und der extrakorporalen Befruchtung mütterlicher Eizellen in Kauf nehmen. Mary Shelleys Roman folgt mythologischen und alchimistischen Zeugungsphantasien, wie sein Untertitel »Der neue Prometheus« andeutet; Fragen nach der biologischen Entwicklung von Leben, nach dem Verwandtschaftsverhältnis zwischen Eltern und Kind spielen in »Frankenstein« – zwanzig Jahre vor den Anfängen der Zelltheorie geschrieben – keine Rolle. Dass die Titelfigur des Romans dennoch so häufig als Vorläufer der assistierten Empfängnis aufgerufen wird, zeigt an, wie tief das kollektive Befremden gegenüber der neuen Zeugungsweise in dieser Zeit reicht.

Aldous Huxleys »Schöne neue Welt« liegt aus historischen und biographischen Gründen viel näher an der wissenschaftlichen Realität der In-vitro-Fertilisation. Anfang der 1930er Jahre arbeitet Gregory Pincus in Cambridge bereits an seinen künstlichen Befruchtungsversuchen mit Mäusen und Kaninchen, und Huxley hat über seinen Bruder Julian, einen in der Eugenik-Bewegung aktiven Embryologen, direkten Zugang zu den neuesten Forschungen und gesellschaftspolitischen Visionen der Reproduktionsbiologie. Anregungen für seinen Science-Fiction-Klassiker über einen Staat, der keine sexuelle Fortpflanzung mehr duldet und die Entstehung neuer Menschen von der Befruchtung bis zur »Entkorkung« in fabrikartige Labore verlegt, erhält Aldous Huxley durch die eugenischen Manifeste im Umfeld seines Bruders – durch »Out of the Night« von Hermann Muller oder die 1923 erschienene Phantasie »Daedalus or Science and the Future« des Genetikers John Haldane, in dem bereits von jahrelang konservierten Eierstöcken und dem Heranwachsen menschlicher Föten im Kulturmedium die Rede ist. Aldous Huxley verfasst den Roman also zeitgleich mit den ersten tatsächlichen Experimenten zur extrakorporalen Befruchtung (Pincus veröffentlicht seinen bahnbrechenden Aufsatz 1934), und es ist bemerkenswert, dass schon die allerfrühesten Reaktionen auf diese wissenschaftliche Zäsur einen Zusammenhang zu der gerade erschienenen literarischen Dystopie herstellen. »Die ›Schöne neue Welt‹ Huxleys scheint Realität zu werden«,[67] heißt es 1937 in einem Editorial des *New England Journal of Medicine* über Pincus' Versuche.

Vierzig Jahre später, nach der Geburt der ersten in vitro gezeugten Menschen, wird das Buch geradezu als prophetische Vorwegnahme der aktuellen Ereignisse gedeutet. Um die Detailgenauigkeit der Schilderungen zu unterstreichen, ergänzen die Zeitungen ihre Artikel über Louise Brown um den Abdruck langer Passagen des Romans (wie die »Süddeutsche Zeitung« in ihrer Wochenendausgabe vom 29./30. Juli 1978) oder veröffentlichen, wie die »Zeit« im Februar 1979, Dossiers über den Zusammenhang von Huxleys Schreckensvision und der Wirklichkeit der Reproduktionsmedizin. Eines der ersten populärwissenschaftlichen Bücher über die neue Zeugungstechnik trägt den Untertitel »Brave New Hope – or Horror?« Bis weit in die achtziger Jahre hinein bleibt der totalitäre Zukunftsstaat ein Leitbild der Berichterstattung über neue Reproduktionstechnologien. »Die In-vitro-Fertilisation hat das Tor in Huxleys ›Schöne neue Welt‹ aufgestoßen«,[68] heißt es zu Beginn eines großen Artikels der »Frankfurter Allgemeinen Zeitung« über den Abschlussbericht des britischen »Warnock-Committee«: ein Satz, der sich leicht variiert in Dutzenden von Berichten dieser Zeit findet und im Hinblick auf die Diagnose von 1937 eine erstaunliche Referenztreue offenbart.

Doch warum erweist sich gerade Huxleys Roman über ein halbes Jahrhundert hinweg als gültiger Bezugsrahmen für das Unbehagen an der Fortpflanzungsmedizin? Zum einen liegt diese Kontinuität an der Präzision, mit der die Zeugung außerhalb des Körpers in dem Buch beschrieben wird. Wenn der Direktor der »Brut- und Normzentrale«, die im Originaltext in London, in den frühen deutschen Übersetzungen in Berlin-Dahlem liegt, einer Gruppe von Studenten seine »Brutöfen« vorführt, erinnern zumindest die ersten Etappen der künstlichen Empfängnis an die reproduktionsmedizinischen Tatsachen des ausgehenden 20. Jahrhunderts, an Verfahren der Eizellspende und In-vitro-Fertilisation. »Er öffnete eine abgedichtete Tür«, heißt es zu Beginn des Romans, »und zeigte ihnen die vielen Gestelle voll bezifferter Reagenzgläser. ›Der wöchentliche Eingang an Ovarien. Ständig bei Bluttemperatur gehalten.«Der Direktor gibt seinen Besuchern »eine kurze Beschreibung des modernen Befruchtungsvorgangs« und spricht »selbstverständlich zuerst von dessen chirurgischer Einleitung mittels ›einer freiwillig zum Gemeinwohl auf sich genommenen Operation, die überdies noch mit einer Prämie in der Höhe von sechs Monatsgehältern verbunden ist‹« (heutige Eizell-Spenderinnen erhalten in den USA wie erwähnt zumeist 8000 Dollar, was ebenfalls einem durchschnittlichen Nettoeinkommen eines halben Jahres entspricht). Hierauf, so Huxley weiter, »beschrieb er das Verfahren, um das exstirpierte Ovar am Leben zu erhalten und weiterzuentwickeln [...], erwähnte die Nährlösung, in der die abgetrennten und ausgereiften Eier aufbewahrt wurden, führte seine Schützlinge an die Arbeitstische und zeigte ihnen, wie diese Flüssigkeit aus den Reagenzgläsern abgezogen und tropfenweise auf die vorgewärmten Objektträger der Mikroskope geträufelt wurde, wie die in ihr enthaltenen Eier auf Entartungen untersucht, gezählt und in einen porösen Behälter übertragen wurden und – hier ließ er sie der Prozedur zusehen – wie man diesen Behälter in eine warme Nährbouillon voll freischwimmender Spermatozoen tauchte.« Bis zum Akt der Befruchtung lassen sich die Schilderungen des Romans also weitgehend mit der Praxis der künstlichen Reproduktion in Einklang bringen, wie sie um 1930 bereits an Tieren, seit den 1970er Jahren auch beim Menschen ausgeübt wird. Die Schwelle zur Science-Fiction überschreitet Huxley dann im gleichen Absatz, wenn vom weiteren Umgang mit den befruchteten Eizellen die Rede ist. Denn wo die kultivierten Embryonen bei der tatsächlichen IVF-Behandlung nach spätestens fünf Tagen in den Uterus der Mutter transferiert werden, kommen sie hier, wie der Institutsdirektor sagt, »zurück in die Brutöfen, wo die Alphas und Betas bis zur endgültigen Abfüllung auf Flaschen verblieben, während die Gammas, Deltas und Epsilons schon nach sechsunddreißig Stunden herausgenommen und dem Bokanowskyverfahren unterzogen wurden«.[69]

Diese Kategorisierung der Menschenzeugung, die abweichende Versorgung verschiedener Klassen von Embryos und Föten, weist auf den zweiten Grund, warum Huxleys »Schöne neue Welt« nach 1978 zu neuer

Prominenz erstrahlt. Denn im Zentrum des Romans steht ja die unauflösliche Verbindung zwischen biologischer und sozialer Ordnung, zwischen der Entstehungsweise eines Menschen und seinem persönlichen Schicksal. Ob ein neuer Bewohner der privilegierten »Alpha«- oder der unterdrückten, geistig zurückgebliebenen »Epsilon«-Klasse angehört, entscheidet sich bereits während seiner Zeugung. In der »Brut- und Normzentrale« wird die Entwicklung der einen Fötengruppe, der künftigen Elite des Staates, mit Blutersatzstoffen und Hormonen stimuliert, die der anderen aber durch Sauerstoffentzug und Alkoholzufuhr gehemmt. Zudem entstammen die Abkömmlinge der drei unteren Klassen nicht einer einzelnen weiblichen Keimzelle, sondern den erwähnten »bokanowskysierten« Eiern, die sich unter Röntgenbestrahlung spalten und bis zu 96 identische »Simultangeschwister« hervorbringen können. Auf die Frage eines Studenten, worin der Sinn dieser Vervielfältigung liege (zu der Huxley von den Hormontherapien Pincus' inspiriert worden sein soll), antwortet der Institutsdirektor: »Ein einziges bokanowskysiertes Ei liefert die Belegschaft für einen ganzen kleineren Fabrikbetrieb. 96 völlig identische Geschwister bedienen 96 völlig identische Maschinen.«[70] Gleichförmige Befruchtungsweisen bringen gleichförmige Biographien hervor: Die normierte Zeugung der Menschen ist bei Huxley also mehr als nur eine futuristische Reproduktionspraxis; sie wird zur Basis einer normierten Arbeits- und Lebensordnung, in der Liebesbeziehungen oder natürliche Fortpflanzung strengstens verboten sind und die Bevölkerung durch Drogengaben und verordnete Promiskuität im Zaum gehalten wird. Nicht umsonst erscheint der Autobauer und Erfinder der Fließbandproduktion, Henry Ford, als göttliche Instanz des Weltstaats; die Zeitrechnung im Roman, der im Jahr «632 n. F.» spielt, setzt mit dem Auslieferungsjahr des ersten »Ford T«-Modells im Jahr 1908 ein. Und genau diese Engführung von artifizieller Zeugung, Konsumideologie und politischem Totalitarismus hat dazu geführt, dass Huxleys Buch zu einer derart ergiebigen Quelle für die Kritik an der In-vitro-Fertilisation werden konnte.

In den achtziger Jahren ist die öffentliche Wahrnehmung der Reproduktionsmedizin also von einer generellen Antithese geprägt: zwischen der »Natur« des Menschen und jener »Technik« der neuen Empfängnisweise, die diese Natur zu überlagern und auszulöschen droht. Romane wie »Frankenstein« und »Schöne neue Welt« veranschaulichen deutlich, wohin es führt, wenn der durch alle Zeiten überlieferte, auf der körperlichen Vereinigung eines Paares beruhende Ursprung menschlichen Lebens missachtet und von künstlichen Formen ersetzt wird. Die maßgeblichen sozialpsychologischen Studien, die zur In-vitro-Fertilisation erscheinen, sehen daher die seelische Stabilität der betroffenen Eltern und Kinder gefährdet. Gerhard Amendt etwa erkennt im »Eindringen technischer Formen der Menschenproduktion« in die Familienbildung eine »Perspektive, in der der selbstverständlich erscheinende Zusammenhang von menschlichen Beziehungen und Zeugung zerrissen wird«. Assistierte Empfängnis, so folgert er in seinem mehrfach aufgelegten Traktat »Der neue Klapperstorch« von 1986, »löst nicht nur diese Selbstverständlichkeit auf, sie wirkt darüber hinaus auch kulturzerstörend«.[71]

Ganz ähnlich argumentiert der Psychotherapeut Peter Petersen im Abschlussbericht der Arbeitsgruppe zur »In-vitro-Fertilisation, Genomanalyse und Gentherapie«, dem er ein Sondervotum gegen die Zulässigkeit der IVF-Behandlung beifügt. »Man vergleiche nur«, schreibt er, »die hochempfindliche Sensibilität, die personale Beteiligung und die Schutzbedürftigkeit einer tiefempfundenen und vollbewußten Zeugung und Empfängnis in der geschlechtlichen Vereinigung von Mann und Frau mit der notwendigerweise kühl distanzierten Atmosphäre eines Befruchtungslabors in einer Klinik.«[72] Angesichts der bedrohlichen Fragmentierungen assistierter Reproduktionsmedizin wird hier noch einmal die Beteiligung des ganzen Menschen als unerlässlich für die Fortpflanzung gedacht – und das fast 150 Jahre, nachdem die Zellenlehre allen biologischen Theorien dieser Art ein Ende machte.

Das Unbehagen an der In-vitro-Fertilisation reiht sich in dieser Zeit schließlich in einen breiteren Diskurs der Technik- und Wissenschaftskritik ein. Erkennbar wird das etwa daran, wie häufig die IVF-Methode in Artikeln und Aufsätzen mit der Bedrohung durch die Kernkraft oder die atomare Aufrüstung assoziiert wird. Bereits die Zeitschrift *Nature* schließt ihr erstes Editorial nach Louise Browns Geburt mit dem Ratschlag, die Reproduktionsbiologie solle die Sorgen der Bevölkerung ernst nehmen, wenn sie »aus den Erfahrungen der Atomindustrie lernen will, die ihre Ansichten über die öffentliche Meinung hinweg vertreten hat«.

Der Bischof von Augsburg wird im August 1978 mit dem Satz zitiert, ein außerhalb des Körpers gezeugtes Baby sei »schlimmer als die Atombombe« – eine Gedankenverbindung, die der Gynäkologe Fritz Beller in einem langen Essay für die »Süddeutsche Zeitung« 1983 aufgreift, wenn er schreibt: »Im Vordergrund der Besorgnisse über die In-vitro-Fertilisation steht der Mißbrauch der Methode. Die Entwicklung der Atombombe ist ein gutes Beispiel für einen derartigen Mißbrauch, den ursprünglich niemand gewollt hat.« Ein Leitartikel zur Kryokonservierung von Embryonen wiederum, 1986 in derselben Zeitung erschienen, beginnt mit den Worten: »Physiker haben in Hiroshima erfahren, daß man nicht alles tun darf, was man tun kann. Den Ärzten fehlt wohl noch ein Schlüsselerlebnis.« Und auch die Einleitung zu der feministischen Aufsatzsammlung »Retortenmütter«, ein Mitte der achtziger Jahre vielbeachteter Band, fragt hinsichtlich der neuen Reproduktionstechnologien: »Können wir sie aufhalten, diese Zeitbombe, die da unhörbar einer Zukunft entgegentickt, in der – falls die ›andere‹ Bombe nicht losgeht – die Unterdrückung von Frauen sich noch verschärft?«[73] Assistierte Empfängnis wird im Lauf der achtziger Jahre also immer wieder zum Gegenstand apokalyptischer Diagnosen; die Zeugungstechnik reiht sich ein in andere kollektiv empfundene Bedrohungen wie die Umweltzerstörung, das Wettrüsten der politischen Blöcke oder die Risiken der Energieproduktion.[74]

Das Diktat der Fruchtbarkeit

Seit den frühesten Tagen der assistierten Empfängnis, seit dem Aufkommen der homologen Samenspende an der Wende zum 20. Jahrhundert schildern die Ärzte den Jammer ehelicher Unfruchtbarkeit in düsteren Farben, damit die Erfolge ihrer neuen Therapien umso heller erstrahlen können. »Der Wunsch, das eigene Ich in seiner Nachkommenschaft fortgepflanzt zu wissen, ist im Menschengeschlecht so tief gewurzelt, dass in denjenigen Ehen, denen dies versagt ist, diese Lücke in der Regel auf das Schmerzlichste empfunden wird«, schreibt Albert Döderlein 1912 in seinem Artikel zur künstlichen Insemination, und der berühmte Badearzt und Sterilitätsforscher Enoch Heinrich Kisch erinnert sich an seine therapeutischen Bemühungen mit den Worten:»Ich habe diesen Schmerzensschrei nach dem Kinde gleich heftig und erschütternd aus dem Munde der Bürgersfrau wie der Fürstin vernommen und war häufig genug so glücklich, an der hohen Freude teilzunehmen, wenn diese schreiende Sehnsucht ihre Erfüllung fand.« Als sich ein gutes halbes Jahrhundert später die neuen Verfahren der Leihmutterschaft und In-vitro-Fertilisation zu etablieren beginnen, stellen die betreffenden Wissenschaftler, Vermittler und Patienten ebenso das Drama der Unfruchtbarkeit ins Zentrum ihrer Äußerungen. Noel Keane, der Begründer der Leihmutter-Industrie, zitiert seine allererste Klientin 1976 mit den verzweifelten Worten:»Immer wenn ich eine Schwangere auf der Straße sehe, würde ich sie am liebsten mit meinem Auto überfahren.« Und auch die Autobiographie von John und Lesley Brown widmet sich ausführlich der Depression der Eheleute, kein gemeinsames Kind zeugen zu können, bevor sie von der neuen Behandlungstechnik des Gynäkologen Patrick Steptoe erfahren.[75]

Im Empfinden der Protagonisten assistierter Empfängnis steht die Krise der Unfruchtbarkeit also schon immer im Vordergrund, als Impuls ihrer medizinischen Forschungen, Geschäftsideen oder Hilfsgesuche. Diese Priorität spiegelt sich aber bis weit in die achtziger Jahre hinein nicht in der öffentlichen Wahrnehmung wider. Die In-vitro-Fertilisation wird, wie sich gezeigt hat, primär in ihrem Verhältnis zur Menschennatur verhandelt, und wenn das Problem der Infertilität in den Debatten einmal auftaucht, dann keineswegs als Universallegitimation für die Anwendung des Verfahrens, sondern in einem kontrovers und kritisch aufgefassten Sinn. Anfang der siebziger Jahre nimmt Robert Edwards etwa an einer großen Diskussionsrunde in den USA teil, auf der er den kurz bevorstehenden Durchbruch der IVF-Behandlung ankündigt. Ein Gegner dieser Versuche auf dem Podium fragt:»Wird der ›klinische Defekt‹

der Infertilität tatsächlich geheilt durch die Befruchtung außerhalb des Körpers? Ich würde sagen: nein. Stattdessen entsteht ein Kind, als Produkt der Technik, ohne dass die Krankheit der Frau kuriert wird. Sie bleibt infertil.«[76] Dieses Beharren auf einer »Ontologie« der Unfruchtbarkeit, die durch keine Auslagerung der Fertilisation zu überlisten sei (auch wenn die betreffende Frau dadurch ein Kind gebiert), bleibt lange Zeit ein typisches Argument gegen die assistierte Empfängnis. Letztlich geht es bei diesem Einwand um die Frage: Was ist Sterilität? Die bloße Dysfunktionalität eines für die Kinderzeugung notwendigen Organs (zum Beispiel des Eileiterkanals), die durch einen ärztlichen Eingriff umgangen werden kann? Oder ein Allgemeinbefinden, ein persönliches Schicksal, das von der Medizin nur dann erlöst werden dürfte, wenn der körperliche oder psychische Ursprung der Sterilität aufgespürt und kuriert wäre?

In der heutigen Praxis assistierter Empfängnis, die mittels ICSI unfruchtbare Söhne aus den Spermatiden unfruchtbarer Väter hervorbringt, ist diese Vorstellung einem strikten Pragmatismus gewichen. Fruchtbar ist, wer mit seinen eigenen Keimzellen ein Kind zeugen kann, egal wie. Im Jahr 1985 aber, als die Benda-Kommission ihren Abschlussbericht vorlegt und die Bundesärztekammer erste »Richtlinien zur Durchführung von In-vitro-Fertilisation und Embryotransfer« beschließt, wird der physiologischen oder psychosomatischen Diagnose der Sterilität noch elementare Bedeutung beigemessen. In diesen Leitfäden wie auch in den journalistischen Begleitartikeln taucht immer wieder die Behauptung auf, dass die Kinderlosigkeit mancher Frauen und Paare durchaus ihre Berechtigung habe und keinesfalls durch die Errungenschaften der Reproduktionsmedizin behoben werden solle. So zieht die Benda-Kommission in Zweifel, »ob eine extrakorporale Befruchtung etwa in Fällen psychosomatischer Sterilität oder auch bei neurotisch überhöhtem Kinderwunsch verantwortet werden kann«: eine Perspektive und Wortwahl, die erkennbar auf das Ausschussmitglied Peter Petersen zurückgeht, der in seinem Sondervotum dann auch Klartext spricht. Der Psychotherapeut fühlt sich zu der Hypothese berufen, »daß die Sterilität einer Frau als sinnvolle, unbewußte Schutzmaßnahme des psychosomatischen Organismus« anzusehen sei. Auch organisch bedingte Unfruchtbarkeit wie ein Defekt der Eileiter müsse unter seelischen Gesichtspunkten bewertet werden, da »diese Frauen ebenfalls im Durchschnitt [eine] gestörte Persönlichkeitsstruktur« aufweisen würden. Petersen glaubt eine wechselseitige Bedingtheit von Unfruchtbarkeit und den von ihm beobachteten psychischen Erkrankungen zu erkennen – sterile Frauen werden seiner Erfahrung nach häufig depressiv, depressive Frauen häufig steril –, und er schreibt: »Aus diesen Feststellungen ergibt sich bei wissenschaftlicher Redlichkeit: angesichts ihrer neurotischen Störung ist diesen Frauen und ihren Partnern eine intensive Psychotherapie zu raten – nicht aber ein medizinischer Eingriff in Form einer Retortenbefruchtung.«[77] Abgesehen davon, dass sich »wissenschaftliche Redlichkeit« selten als derart wüstes Konglomerat von Zuschreibungen und willkürlichen Schlussfolgerungen präsentiert hat, wird einer solchen Logik der Unfruchtbarkeit Mitte der achtziger Jahre weiterhin Autorität zugestanden – nicht umsonst ist Peter Petersen der einzige Psychologe in der 19-köpfigen Benda-Kommission. Auch diese Argumentation stellt noch einmal die bedrohliche Künstlichkeit der In-vitro-Fertilisation ins Zentrum, die vor allem labilen Patientinnen nicht zuzumuten sei. Die Durchführung des Eingriffs dürfe daher keine individuelle Entscheidung der Frauen und Paare sein, sondern müsse gesetzlich verboten werden.

Gerade in der Zeit um 1990 aber, als das Embryonenschutzgesetz nach langen parlamentarischen Debatten eingeführt wird, vermehren sich die Zeichen einer grundsätzlichen Umwandlung der Perspektive auf die In-vitro-Fertilisation. Die ersten auf diese Weise gezeugten Kinder in Deutschland sind nun im Grundschulalter, von häufiger auftretenden Fehlbildungen oder Entwicklungsverzögerungen ist auch bei dem neuen ICSI-Verfahren nichts bekannt, und der Aspekt der Künstlichkeit spielt in der Berichterstattung über die Methode Jahr für Jahr eine geringere Rolle. An seine Stelle tritt ein neues Leitmotiv der öffentlichen Debatte: die Last der Unfruchtbarkeit und ihre Überwindung durch die extrakorporale Befruchtung. Im Jahr 2014 wirkt die Betonung dieser Allianz wie eine Tautologie. Sie bildet sich aber erst mit einer Verzögerung von zehn, fünfzehn Jahren heraus,[78] und wieder sind es die Namen für die außerhalb des Körpers gezeugten Kinder, an denen sich die Verschiebung der Wahrnehmung ablesen lässt. Der Gebrauch des Wortes »Retortenbaby« geht in den Zeitungsartikeln und wissenschaftlichen Publikationen stark zurück und wird ersetzt durch neue Begriffe, die es in den Werbeprospekten der Reproduktionszentren schon immer gegeben haben mag, in der Öffentlichkeit aber kaum präsent waren. Nun ist immer häufiger vom »Wunschkind« der unfruchtbaren Paare die Rede und vom »Kinderwunsch«, der sich infolge der neuen Befruchtungstechniken endlich erfüllen könnte. Die großen deutschen Tageszeitungen und Magazine, die ein paar Jahre zuvor noch erbitterte Leitartikel gegen die Widernatürlichkeit der In-vitro-Fertilisation gedruckt haben, publizieren Umfragen unter den Klienten von Fortpflanzungskliniken und veranstalten Diskussionsforen über die neuesten Erfolge der »Kinderwunsch-Behandlung«, wie die IVF- oder ICSI-Methode inzwischen genannt wird.[79] *Retortenbaby* und *Wunschkind*: Im Wandel der Begriffe offenbart sich der veränderte Schwerpunkt im Blick auf die Reproduktionstechnologien – vom Entstehungsort der Embryonen zur Sehnsucht des unfruchtbaren Paares, von der Perspektive der Forschung zur Perspektive der Heilung.

Was bedeutet es für die assistierte Empfängnis, dass sie im kollektiven Bewusstsein nicht mehr als übermächtige, bedrohliche Prozedur erscheint, sondern als reine Hilfsmaßnahme zur Behebung von Kinderlosigkeit? Mit dieser Umstellung ist in den neunziger Jahren ein neuer Imperativ der Fruchtbarkeit verbunden. In dem Maße, in dem Azoospermie oder Eileiter-Blockaden als weitgehend bezwingbare, vom Willen und der Disziplin der Patienten abhängige Erkrankungen angesehen werden, löst sich die jahrtausendealte medizinische Tatsache der Sterilität auf. Der Abschlussbericht der Benda-Kommission kann 1985 noch den Satz enthalten: »Wenn die von Kinderlosigkeit betroffenen Paare ihr Leben durch bewußten Verzicht auf leibliche Kinder (oder durch Adoption) gestalten, kann es zur Intensivierung ihrer Partnerschaft kommen.«[80] Ein Jahrzehnt später wäre eine solche Empfehlung kaum noch möglich. Denn die vollständige Akzeptanz der In-vitro-Fertilisation hat zu der allgemeinen Anschauung geführt, dass beinahe jedes heterosexuelle Paar ein leibliches Kind bekommen kann, solange es nur alles dafür tut und den Angeboten der Reproduktionstechnologien gewissenhaft folgt. Fruchtbarkeit gilt – wenn sie nicht ohnehin problemlos gegeben ist – inzwischen als Effekt persönlicher Einsatzbereitschaft und Wahl. Die Konjunktur des Wortes »Kinderwunsch«, von der im Zusammenhang mit der Samenspende bereits die Rede war, ist genau in diesem Sinne zu verstehen. Auf diese Weise möchte die Reproduktionsmedizin einen Prozess wiederholen, der sich dreißig Jahre zuvor, mit umgekehrten Vorzeichen, im Bereich der Empfängnisverhütung abgespielt hat. Denn so wie die disziplinierte Einnahme der »Antibabypille« das Faktum der Fruchtbarkeit einer individuellen Willkür unterwarf, soll auch die disziplinierte Absolvierung der Hormontherapien und Eizellpunktionen das Faktum der Unfruchtbarkeit überwinden helfen. (Dass genau jene Forscher, die die Einführung eines oralen Konzeptivums um 1960 maßgeblich ermöglichten – Gregory Pincus, John Rock, Min Chueh Chung –, auch zu den Pionieren der In-vitro-Fertilisation gehören, verdeutlicht diesen Zusammenhang.)

Heute werden die Methoden extrakorporaler Befruchtung als verfügbare medizinische Optionen wahrgenommen, die das individuelle Leid von kinderlosen Frauen und Paaren beseitigen können. Die Schreckensvisionen Aldous Huxleys, nach 1978 viele Jahre lang das prägende Vorbild der Kritik assistierter Empfängnis, spielen keine Rolle mehr. Im Zukunftsstaat der »Schönen neuen Welt« wurde die fabrikmäßige Entstehungsweise der Menschen noch zwangsläufig mit einer totalitären politischen Instanz zusammengedacht (die »Brut-« auch eine »Norm«-zentrale). Wo Kinder in Gläsern und unabhängig vom Liebesakt gezeugt werden, so Huxleys Grundannahme, kann sich keine freie, auf Selbstbestimmung gründende Gesellschaft entwickeln. Die Reaktionen auf die ersten IVF-Geburten folgten dieser wie selbstverständlichen Kopplung von künstlicher Empfängnis und sozialer Nivellierung – doch die weitere Geschichte der assistierten Reproduktionstechnologien hat gezeigt, dass Aldous Huxley und seine Gefährten falschlagen. Seit etwa zwanzig Jahren ist genau die entgegengesetzte Entwicklung eingetreten: Die Zeugungsweise der Embryonen hat sich zwar auf eine Weise standardisiert, wie sie Huxley vorausgesehen hat, aber diese Standardisierung geschieht nicht auf Anweisung einer despotischen Regierung, sondern in aller Freiwilligkeit und im Namen des biographischen Schicksals unfruchtbarer Frauen und Paare.

Man muss sich nur in einem Online-Diskussionsforum wie »wunschkinder.net« umsehen, um einen Eindruck zu bekommen, welchen Stellenwert die Beiträgerinnen (und vereinzelten männlichen Beiträger) dem Erfolg der IVF- und ICSI-Behandlungen für ihr Lebensglück beimessen. Das Leiden an der Kinderlosigkeit ist so alt wie die Menschheit, zweifellos, aber seitdem die Reproduktionsmedizin den sterilen Paaren Hilfe zugesagt hat, ist es unmöglich geworden, dieses Verhängnis hinzunehmen. Die mehr als 100000 registrierten Mitglieder, die »Hoffnungsmaus«, »Hope1985«, »tagtraum79« oder »babywunder2013« heißen, tauschen sich über ihre Hormontherapien, Eizellpunktionen und Embryotransfers aus, und die in ihren Profilnamen anklingenden Sehnsüchte nach einem eigenen Kind scheinen oft genug den Fluchtpunkt der gesamten Existenz zu bilden. Es hat sich in diesen Foren eine eigene, für Außenstehende kaum zu verstehende Sprache gebildet, zum Teil aus Fachkürzeln für Medikamente und Behandlungen zusammengesetzt, zum Teil aus szeneüblichen Verniedlichungsformen (der »Kinderwunsch« wird »Kiwu«, der punktierte Follikel »Follie«, die hormonelle Stimulation »Stimu« genannt), und manchmal hat man beim Lesen der von Abkürzungen und Emotikons durchzogenen Beiträge das Gefühl, dass das bange Warten aufs eigene Baby mit dem Gebrauch einer betont kindlichen Sprache ausgeglichen werden soll. In den Reproduktionszentren selbst trifft man auf Patientinnen, die sich zum 15. oder 25. Mal einer Eizellpunktion unterziehen, längst unter schmerzhaftem Verzicht auf Anästhesie. Die Kurierung des »Kinderwunsches«, dieses kaum zwanzig Jahre alten, vom Siegeszug der Reproduktionsmedizin hervorgebrachten Symptoms, ist für manche zu einer Obsession geworden – und vielleicht hat die gegenwärtige Lage doch mehr mit Huxleys Dystopie zu tun als im ersten Moment gedacht. Die »Schöne neue Welt« der Fortpflanzung besteht achtzig Jahre nach Erscheinen des Romans allerdings nicht darin, dass eine staatliche Autorität mit ihren biopolitischen Programmen die Menschen unterdrücken würde. Unfreiheit und Zwang sind vielmehr Folgen jenes selbstgewählten Diktats, dass Fruchtbarkeit willkürlich herstellbar sei. Dies führt in den Communitys der Kinderwunsch-Foren zum unablässigen Vergleich der eigenen Leistungen bei dem Versuch, endlich ein Kind zu zeugen. »tagtraum79« hat es inzwischen vielleicht geschafft, ihr »Kiwu« ist nach etlichen »Stimus« doch noch in Erfüllung gegangen, und dieser Erfolg stürzt die sechs Jahre jüngere »Hope1985« in Verzweiflung, weil sie vor Augen geführt bekommt, dass ein glückliches Ende möglich ist, selbst in fortgeschrittenerem Alter als ihrem eigenen. Unter der Oberfläche der Glückwünsche und niedlichen Worte herrscht auf Seiten wie »wunschkinder.net« eine unerbittliche Atmosphäre der Konkurrenz und des Wettbewerbs.

Die Macht des Willens und die Gegebenheiten des Körpers: Zwischen diesen beiden Polen, könnte man vielleicht sagen, bewegen sich die Hoffnungen und Enttäuschungen der Frauen, die heute durch assistierte Empfängnis schwanger werden wollen. Das Vertrauen in die transformierende Kraft der eigenen Einsatzbereitschaft hat sich in jüngster Vergangenheit bekanntlich erhöht. In den Castingshows künftiger Popstars und Topmodels erfahren die Fernsehzuschauer seit fünfzehn Jahren unentwegt, dass man nur an sich glauben und hart an sich arbeiten müsse, um seine Ziele zu erreichen. Diese Rhetorik setzt sich im Berufsleben fort, in den Seminaren der Coaches und Motivationsberater, und wenn eine Frau Mitte, Ende dreißig feststellt, dass sie trotz monate- und jahrelanger Versuche nicht schwanger wird, findet sie eine Reproduktionsindustrie vor, die das Versprechen der Selbstoptimierung auch auf den fortpflanzungsfähigen Körper anwendet. Familienplanung wird im Modus der Karriereplanung vorgenommen – das Kind ein weiteres »biographisches Projekt« –, und es ist für die Betroffenen nicht einsehbar, warum eine simple physiologische Beeinträchtigung dieses Projekt behindern sollte.

Die Konfrontation mit der eigenen Unfruchtbarkeit ist, wie die Gynäkologin und Reproduktionsmedizinerin Ingrid Kowalcek kürzlich bemerkt hat, in dieser »Du kannst alles schaffen«-Rhetorik nicht vorgesehen. Im Vokabular der assistierten Empfängnis spricht man nicht umsonst vom »Management bei unerfülltem Kinderwunsch«.[81] Hinzu kommt eine bestimmte Inkongruenz, die sich zwischen der sozialen Inszenierung und der biologischen Disposition des weiblichen Körpers ergeben hat. Das Verschleppen der Adoleszenz ist in den Feuilletons und in der Soziologie seit längerem ein bestimmendes Thema, das Beibehalten provisorischer Lebensläufe längst erwachsener Menschen, die Modevorlieben von Männern und Frauen um die vierzig, deren Kleidungsstil an halb so alte Personen erinnert. Diese hinausgezögerte Jugendlichkeit im biographischen und ästhetischen Sinn kollidiert aber mit der kaum veränderlichen zeitlichen Begrenzung weiblicher Reproduktionsfähigkeit. Das Durchschnittsalter zur Zeit der Menopause ist unter europäischen Frauen seit Mitte des 19. Jahrhunderts zwar um etwa vier Jahre gestiegen,[82] aber dieser Wert entspricht bei weitem nicht den Verschiebungen, die sich in demselben Zeitraum für das Datum der ersten Mutterschaft, die Organisation der Biographie oder auch die Selbstwahrnehmung des eigenen Alters ergeben haben. In Zolas Roman »Fruchtbarkeit« aus dem Jahr 1899 klagt die 40-jährige Ehefrau eines Fabrikarbeiters, die gerade zum siebten Mal Nachwuchs bekommen hat: »Ob das wohl recht ist! Der liebe Gott muss uns verlassen haben.«[83] Heute beginnen sich Frauen dieses Alters, die in der Mitte ihrer beruflichen Karriere stehen, häufig erst mit dem Gedanken an ein Kind zu befassen.

Wenn sich Mutterschaft also dank den gesellschaftlichen und medizinischen Errungenschaften der letzten vierzig Jahre verändert hat – von der leiblichen Tatsache eines auf Familienbildung ausgerichteten Lebens hin zur technologisch unterstützten Option selbstbestimmter Frauen –, dann verdeutlicht eine Erscheinung diesen Wandel auf besondere Weise: die Figur der »single mother by choice«, der alleinstehenden Frau, die sich bewusst für eine Schwangerschaft ohne Partner entscheidet. Die Idee des eigenen Kindes als biographisches Projekt zeigt sich in dieser Konstellation, die in den USA populär, in Deutschland laut Aussagen von Samenbank-Betreibern und Reproduktionsmedizinern immer verbreiteter ist, mit großer Konsequenz. Im März 2006 machte

eine lange Titelgeschichte des *New York Times Magazine* dieses Phänomen öffentlich bekannt: Eine Journalistin begleitete mehrere Frauen im
Alter von Mitte dreißig bis Anfang vierzig, die nicht mehr auf den richtigen Mann warten wollten (und konnten), bei dem Versuch, über die
Online-Kataloge der Samenbanken einen Erzeuger für ihr Kind zu finden. Die Diktion dieses Artikels mit der Überschrift »Looking for
Mr Good Sperm« lehnt sich stark an die erfolgreiche Fernsehserie »Sex
and the City« an. Die Suche nach den perfekten männlichen Keimzellen erscheint als Variante der Suche nach den perfekten Manolo-
Blahnik-Stilettos; »Sperma oder Schuhe im Internet kaufen«, schreibt
die Autorin, »das ist gar kein besonderer Unterschied«.[84] Im Vorgehen
der »single mothers by choice« sind die assistierten Reproduktionstechnologien endgültig nichts als ein Marktangebot; eine Samenbank liefert die möglichst glamourösen männlichen Gameten, eine Eizellspenderin wenn nötig die weiblichen, eine Reproduktionsklinik übernimmt
schließlich die Insemination oder extrakorporale Befruchtung. Diese
souveräne Entscheidung über Zeitpunkt und Modus der Familienbildung könnte in nächster Zeit zudem von einer neuen Technologie
namens »Vitrifikation« unterstützt werden: ein Verfahren, das es Frauen
ermöglicht, auch unbefruchtete Eizellen dauerhaft konservieren zu lassen. Bis vor kurzem hat es keine Methode gegeben, weibliche Gameten
wie Embryonen oder Samenproben über Jahre und Jahrzehnte hinweg
in flüssigem Stickstoff aufzubewahren, weil die Eizellen während des
Einfrierens kristallisieren und beim Auftauen zerspringen würden. Die
Vitrifikation, eine Konservierungstechnik, die den Zellen schockartig
Wasser entzieht und dadurch die Bildung von Eiskristallen verhindert,
soll diesen Prozess nun unversehrt ermöglichen. Es sind noch zu wenige
Befruchtungen und Schwangerschaften nach Gebrauch von vitrifizierten Eizellen enstanden, um vorauszusagen, ob dieses »Social Freezing«
genannte Verfahren einmal umfassend angewendet werden kann. Über
die Rate der nach dem Auftauprozess brauchbaren Eizellen kursieren
ganz unterschiedliche Berechnungen: Manche Autoren geben einen
Wert von achtzig Prozent an, andere sind wesentlich vorsichtiger. Der
Gesundheitszustand der aus vitrifizierten Gameten hervorgegangenen

Kinder ist jedenfalls unauffällig.[85] Sollte sich das Verfahren einmal umfassend etablieren, würde es sowohl die Praxis der Reproduktionsmedizin als auch das Verhältnis der Geschlechter zueinander grundlegend verändern. Die natürliche Ordnung der Fruchtbarkeit beim Menschen ist ungerecht verteilt; während der Mann bis ins höchste Alter Nachkommen zeugen kann, endet die weibliche Fortpflanzungsfähigkeit gewöhnlich im fünften Lebensjahrzehnt. Diese Grenze stellt den Lebensplan vieler Frauen, die Vereinbarkeit von Beruf und Familie, bekanntlich auf die Probe und hat die Reproduktionsmedizinern von jeher mit Klientinnen versorgt. Die vielzitierte »biologische Uhr« würde aber ihr Ticken einstellen, sobald eine Frau ihre Eizellen einfrieren und zu beliebiger Zeit – auch lange nach der Menopause – für eine Schwangerschaft verwenden könnte. Ihre Fruchtbarkeit ließe sich wie die des Mannes praktisch endlos aufschieben, denn wie Mark Sauer und Richard Paulson vor einem Vierteljahrhundert bewiesen haben, wird weibliche Fertilität alleine durch die endliche Verfügbarkeit von Eizellen limitiert.

Von den apokalyptischen Ängsten, die mit der künstlichen Befruchtung lange Jahre verbunden waren, bleibt in dieser Konstellation nichts mehr übrig. Die assistierten Reproduktionstechnologien haben sich in eine Dienstleistung zur Herstellung privaten Lebensglücks verwandelt, und wie weit die heutige Perspektive auf das Verfahren von den kritischen Anfängen entfernt ist, lässt sich am deutlichsten dadurch belegen, wie unterschiedlich die Öffentlichkeit auf die 25 Jahre voneinander entfernten Todesnachrichten der beiden IVF-Pioniere reagiert hat. Als der 74-jährige Patrick Steptoe im März 1988 starb, lauteten die ersten Sätze eines Nachrufs im *Spiegel* wie folgt: »Er sei ›weder ein Zauberer‹, erklärte der britische Gynäkologe einmal, noch ein ›Doktor Frankenstein‹. Am 25. Juli 1978, dem Tag, als Louise Joy Brown geboren wurde, war Steptoe beides: für die Eltern des ersten ›Retortenbabys‹ ein Zauberer, für Kritiker der Laborbefruchtung ein Frankenstein.« Genau ein Vierteljahrhundert später, am 10. April 2013, beginnt die Online-Ausgabe des gleichen Magazins die Meldung vom Tod des Nobelpreisträgers Robert Edwards mit den Worten: »Seine Erfindung veränderte die

Welt. Mit der künstlichen Befruchtung erfüllte Robert Edwards Millionen Menschen den Wunsch nach Kindern.«[86] Von der Gefährdung der Menschennatur zum karitativen Akt: In diesen beiden Nachrufen ist der ganze Bogen aufgespannt, den die Geschichte der In-vitro-Fertilisation seit Louise Browns Geburt durchlaufen hat.

4.
Der Kontext der Zeugung

Lawrence Sternes Roman »Tristram Shandy«, Mitte des 18. Jahrhunderts erschienen, beginnt mit einer langen Reflexion des Ich-Erzählers über die Begleitumstände seiner Entstehung: »Ich wollte, mein Vater oder auch meine Mutter [...] hätten bedacht, was sie tun wollten, als sie mich zeugten. Hätten sie sich gehörig vor Augen gestellt, wieviel von dem abhänge, was sie gerade taten, daß es sich nicht nur um die Erschaffung eines vernünftigen Wesens handle, sondern daß möglicherweise die glückliche Bildung und Beschaffenheit seines Leibes, vielleicht auch sein Geist und das eigentümliche Gepräge seines Gemütes und sogar [...] das Glück seines ganzen Hauses von den Launen und Stimmungen beeinflusst werden könnten, die in dem Momente gerade die maßgebenden waren: – hätten sie das alles gehörig erwogen und überlegt und demgemäß auch gehandelt, – so bin ich lebhaft überzeugt, daß ich eine ganz andere Figur in der Welt gespielt haben würde.« Der Titelheld des Buches wird im Jahr 1718 geboren, zur Hochzeit der Theorien der Einschachtelung und der mütterlichen Einbildungskraft, und er lässt keinen Zweifel daran, wie hoch die Bedeutung der Zeugungsumstände für die Entwicklung des präformierten Keims während der Schwangerschaft zu veranschlagen sei. Es ist von einer Bemerkung die Rede, mit der die Mutter damals den Vater im Geschlechtsakt unterbrochen habe: »Höre, Alter, hast du nicht vergessen, die Uhr aufzuziehen?« Von dieser Störung, von dieser »unzeitigen Frage« her leitet Tristram Shandy die gesamte Veranlagung seines Wesens ab, »weil sie die animalischen Regungen zersplitterte und zerstreute, die den Homunkulus [also den vorgeformten Embryo] hätten begleiten, Hand in Hand mit ihm gehen und ihn sicher an den Ort geleiten sollen, der für seine Aufnahme bestimmt war«. Im Anfangsmakel seiner Existenz, neun Monate vor der Geburt, erkennt Tristram Shandy den »Grund zu tausend Schwächen des Leibes und der Seele«.[87]

In einer Zeit, in der noch kein Vererbungswissen die evidenten, aber rätselhaften Verbindungslinien zwischen Eltern und Kindern organisiert, spielt der Kontext der Zeugung eine elementare Rolle. Nach allgemeiner Vorstellung prägt er sich dem entstehenden Lebewesen mit aller Kraft ein, stärker noch als die mütterlichen Empfindungen während der Schwangerschaft. Bis ins späte 19. Jahrhundert hinein wird dieser Zusammenhang wissenschaftlich aufrechterhalten, abgestimmt auf die sich wandelnden Zeugungslehren der Präformation, der Epigenese und der frühen Zelltheorie. Vor allem den Errungenschaften der Hygienebewegung ist es zu verdanken, dass ein biologisch bereits fragwürdig gewordenes Konzept weiterhin Konjunktur genießt: Ehe-Ratgeber und hygienische Handbücher stellen im 19. Jahrhundert einen differenzierten Katalog von Rahmenbedingungen und Verhaltensregeln zusammen, der die Paare dazu anleitet, möglichst gesunde und wohlgestaltete Kinder hervorzubringen. Jene Kräfte, die sich bei Tristram Shandys Vater durch eine Unbedachtheit der Mutter »zersplitterten und zerstreuten«, sollen durch die gewissenhafte Datierung, Vorbereitung und Durchführung des Geschlechtsakts gebündelt werden. Die Kriterien der Sexualhygieniker reichen dabei von den geeigneten Mahlzeiten und Getränken, die das Ehepaar zuvor genossen haben sollte, bis zur Luftqualität im Schlafzimmer, von der Jahres- und Tageszeit der Zeugung, die bestimmte Kinderkrankheiten begünstige oder verhindere, bis zum Altersunterschied und dem Grad der Zuneigung zwischen Mann und Frau (die ungestüme Leidenschaft der frisch Vermählten ist eher schädlich). Je genauer die fortpflanzungswilligen Paare diese Vorgaben beherzigen, so besagt die hygienische Lehre, desto günstiger wird die Konstitution ihrer Nachkommen ausfallen. Denn ein Kind ist, wie es in einem bis in die 1920er Jahre hinein aufgelegten Ratgeber mit dem Titel »Die Gesunderhaltung in der Ehe« heißt, »die Photographie der Eltern im Zeugungsakte«.[88]

Besonderes Augenmerk gilt in dieser Hinsicht dem Zusammenhang von Liebesempfindung und Fortpflanzungsgabe. Die Ärzte sind davon überzeugt, dass die Innigkeit der Paarbindung während der sexuellen Vereinigung nicht nur die Disposition des entstehenden Kindes beeinflusst, sondern die Fruchtbarkeit einer Ehe überhaupt. Ein Nachtrag zum Artikel »Zeugung« im »Handwörterbuch der Physiologie« von 1853 ist mit der Frage überschrieben: »Haben vorübergehende, mehr psychische oder vom Nervensystem ausgehende Impulse während des Zeugungsactes, welche eines oder beide Zeugende betreffen, einen Einfluß auf die Bildung der Frucht?« Mitte des 19. Jahrhunderts, mit dem Aufkommen der Zellenlehre, sind sich die Physiologen zwar nicht mehr sicher, ob Empfindungen oder Vorstellungen während des Beischlafs tatsächlich »Secretionen in ihrem Zusammenhang verändern können«. Was sie aber weiterhin mit der seelischen und imaginativen Verbindung zwischen den Gatten erklären, sind Diagnosen von ehelicher Sterilität bei unauffälligem medizinischen Befund. »Diese Fälle«, so der Artikel, »haben etwas Räthselhaftes«.[89] Über das ganze 19. Jahrhundert hinweg – und dann, mit besonderem Nachdruck, noch einmal in den Lehren der psychoanalytisch geprägten Medizin und Sexualwissenschaft Anfang des 20. Jahrhunderts – bleibt die Überzeugung präsent, dass die Reproduktionsfähigkeit eines Paares von der Zuneigung zwischen Mann und Frau abhängt. Das Festhalten an der Hypothese, dass der weibliche Orgasmus eine notwendige Bedingung der Konzeption sei, ist das deutlichste Zeichen dieser Anschauung. In der Zeit um 1900, als Freud die neurosenfördernde Kollision der ehelichen Sexualität zwischen Triebbefriedigung und Vehikel der Familienbildung zu beschreiben beginnt, erhält diese alte, nie ganz verschwundene Lehre noch einmal neue Plausibilität. Denn die psychoanalytischen Ideen bestärken die Sterilitätsforscher darin, ungewollte Kinderlosigkeit nicht kategorisch mit physiologischen Beeinträchtigungen zu erklären: »Würde jedes Individuum nach seiner Neigung, nach seinen ihm unbewussten Trieben sich mit dem anderen Geschlechtspartner verbinden können«, schreibt der Münchner Gynäkologe und Freud-Leser Max Nassauer 1920, »würde wohl manche bis dahin bestehende Unfruchtbarkeit behoben werden«.[90]

Entscheidend für die Geschichte und gegenwärtige Praxis der assistierten Reproduktionstechnologien ist vor diesem Hintergrund eines: Solange dem Kontext der geschlechtlichen Zeugung eine derart mächtige Position zugewiesen wurde, konnte die Idee einer extrakorporalen, von der Sexualität abgekoppelten Empfängnis nicht entstehen. Denn wenn sich bereits eine allzu schwere Speise, ein stickiges Zimmer, ein älterer Ehemann oder die Abkühlung der Liebe als riskant für das entstehende Kind erweisen – welche Schäden wären dann von Zeugungsumständen zu erwarten, in denen ein Embryologe im aseptischen Labor zwei mit Gameten gefüllte Petrischalen zusammenschüttet oder sogar, in einem Akt der Gewalt, ein Spermium mit einer Pipette ins Innere der Eizelle injiziert? Die Möglichkeit der In-vitro-Fertilisation wird also erst in dem wissensgeschichtlichen Moment denkbar, in dem die Begleitumstände der sexuellen Vereinigung ihre Kraft verlieren und gewissermaßen eine Dekontextualisierung der Zeugung erfolgt. Ob sich ein Paar liebt oder nicht, ob es vor dem Beischlaf schädlichen Alkohol getrunken oder aphrodisierende Früchte gegessen hat, ist vollkommen unerheblich, wenn es darum geht, die Samen- und Eizellen der künftigen Eltern in der Petrischale zu befruchten. (Seit einem halben Jahrhundert versetzen die Samenbanken die tiefgekühlten Spermien sogar mit einem Glycerinderivat; jede In-vitro-Fertilisation mit aufgetautem Samen geschieht also unter sexualhygienisch desaströsem Alkoholeinfluss des Erzeugers). Die Kritiker der assistierten Empfängnis haben ihr Unbehagen immer genau mit dieser Dekontextualisierung in Verbindung gebracht, die Sozialwissenschaftler und Pädagogen nach Louise Browns Geburt, die vor der »kulturellen und anthropologischen Unverträglichkeit« der Methode warnen, genauso wie jene aus einer Samenspende hervorgegangenen Menschen, die sich mit ihrer Entstehungsweise im Befruchtungslabor arrangieren müssen. Das »Spenderkind« Arthur Kermalvezen etwa schreibt in seinem Buch »Ganz der Papa« sarkastisch: »Der Zweck der Liebe ist die Fortpflanzung. Ich glaube, dass viele Männer, die wie Papa einer Samenspende zustimmen, oftmals unbewusst erwarten, dass die Befruchtung nicht funktioniert, weil die Liebe fehlt: […] Sie müssen aber akzeptieren, dass der Mangel durch etwas rein Mechanisches ausgeglichen wird.«[91]

Wie lässt sich diese historische Schwelle, auf der eine Technologie wie die In-vitro-Fertilisation letztlich beruht, kennzeichnen? Sie muss dort liegen, wo sich zum ersten Mal die Vorstellung durchsetzt, dass die Essenz der Vererbung nicht in Zusammenhang mit dem Ereignis der Zeugung steht, dass sie unberührt bleibt von den nun als willkürlich empfundenen Begleitumständen wie Nahrung, Gefühlen oder einer während des Beischlafs aufgezogenen Standuhr. Man kann diesen Moment datieren, auf eine Zäsur in der noch jungen Geschichte der Vererbungstheorien in der Mitte der 1880er Jahre. Bis zu diesem Zeitpunkt – ein knappes Jahrzehnt nach Oscar Hertwigs Beschreibung des Befruchtungsvorgangs als Verschmelzung zweier Zellkerne – treffen die Biologen noch keine Unterscheidung, welcher Anteil der sich unentwegt vermehrenden Zellen des Embryos nur zur Ausbildung des spezifischen Individuums dient und welcher auch die Erzeugung künftiger Generationen sichert. Das Konzept des »Erbguts«, als einem generationenübergreifenden, vom Einzelwesen abgelösten Substrat, ist nicht bekannt. Unter diesen Voraussetzungen bleibt auch die Lehre von der Vererbbarkeit erworbener Eigenschaften, wie sie Lamarck Ende des 18. Jahrhunderts systematisiert hat, weiterhin bestehen. 1884 und 1885 jedoch erscheinen zwei Studien, die den Modus der Vererbung und die Rolle der Eltern bei diesem Prozess völlig neu bewerten. Carl Nägeli bestimmt in seiner »Mechanisch-Physiologischen Theorie der Abstammungslehre« im zellulären Organismus der Lebewesen zwei Kategorien, das »Trophoplasma«, also die Körpersubstanz eines Individuums, und das »Idioplasma«, das Mark der Vererbung. Das Heranwachsen eines Einzelwesens und die Verbindung zwischen den Generationen gehen in dieser folgenreichen Aufspaltung also auf zwei verschiedene Systeme zurück. »Statt dass die Eltern einen Theil ihrer Eigenschaften auf die Kinder vererben«, schreibt Nägeli, »ist es vielmehr das nämliche Idioplasma, welches zuerst den seinem Wesen entsprechenden elterlichen Leib und eine Generation nachher den seinem Wesen entsprechenden und daher ganz ähnlichen kindlichen Leib bildet«.[92]

Eine Formulierung wie diese stürzt die Vorstellungen vom Vererbungsprozess um. Bislang wurde das Kind als Spross seiner Eltern gedacht, deren »Keimchen«, »Partikel« oder »Moleküle«, auf welch unerklärliche

Weise auch immer, auf die Nachkommen übergehen. Jetzt verliert der spezifische Körper der Eltern seine konstitutive Funktion, und eine über die Generationen hinweg wirksame Substanz, in Nägelis Terminologie das »Idioplasma«, wird als Träger des Erbguts identifiziert. Das Einzelwesen erscheint also nur noch als eine Art Hülle, als vorübergehende Ausprägung einer tieferen Ordnung; »das hereditäre System« wird, wie es Hans-Jörg Rheinberger und Staffan Müller-Wille formulieren, »dem Individuum gegenüber eigenmächtig«.[93] Ein Jahr nach Nägeli verdichtet der Freiburger Zoologe August Weismann dieses Konzept der Zweiteilung und überträgt es vom Gesamtorganismus der Lebewesen auf die Fortpflanzungszelle selbst. In seinem Aufsatz zur »Kontinuität des Keimplasmas« vertritt er zum ersten Mal die später ausgearbeitete Hypothese, dass aus den verschmolzenen Kernen des befruchteten Eies zwei verschiedene Sorten von Zellen hervorgehen, außer den Körperzellen des heranwachsenden Individuums auch neue Keimzellen, die für die Entwicklung des Einzelwesens unbedeutend sind, deren Plasma aber das über Generationen hinweg bewahrte Erbgut enthält. »Die Keimzellen«, schreibt Weismann, »entstehen in ihrer wesentlichen und bestimmenden Substanz überhaupt nicht aus dem Körper des Individuums«.[94] Noch konsequenter als Nägeli rückt er die spezifischen Körper der Eltern in den Hintergrund der Vererbungslogik. Was als Erbgut von der einen Generation auf die nächste übergeht, bleibt unberührt von der Konstitution der Einzelwesen; Lamarcks Konzept der Vererbung erworbener Eigenschaften ist damit ebenso hinfällig wie das Augenmerk auf dem Kontext der Zeugung. Die geschützte Essenz in den Kernen der Keimzellen (für deren Fasern sich kurz nach Weismanns Aufsatz der Name »Chromosomen« durchsetzt) ist vielmehr mit mathematischer Strenge organisiert: jeweils die Hälfte stammt von den Eltern, ein Viertel von den Großeltern, ein Achtel von den Urgroßeltern und so fort.

Seit Mitte der 1880er Jahre sind »Zeugung« und »Vererbung« also keine unmittelbar zusammenhängenden Prozesse mehr. An die Stelle der minutiös beobachteten Rahmenbedingungen von Empfängnis rückt bloße Kombinatorik: Diese neue Prämisse der Biologen ebnet auch den Weg zur Wiederentdeckung Gregor Mendels, der mit seinen Kreuzungsversuchen Jahrzehnte zuvor bereits die gleiche statische Ordnung der Weitergabe von Erbanlagen nachgewiesen hat. Die Emanzipation des Vererbungsvorgangs von elterlichen Lebens- und Zeugungsweisen aber, wie sie Nägeli und Weismann behaupten (und Bausteine wie das »Chromosom«, das »Gen« und die »DNS« in den Jahrzehnten darauf verfestigen), liefert auch einen entscheidenden Impuls für das Konzept der künstlichen Befruchtung. Dies wird alleine daran deutlich, dass sich als ein Effekt der Keimplasma-Theorie Ende der 1880er Jahre die Ablösung der »Individualhygiene«- durch die neuen »Rassenhygiene«-Konzepte erkennen lässt. Wenn ein von Leibesertüchtigung, gesunder Ernährung und luftiger Wohnung geprägtes Leben keinerlei Folgen auf das Erbgut der Nachkommen hat – und das ist ja eine Konsequenz der Lehren Weismanns –, verliert die Idee hygienischer Lebensführung ihre bevölkerungspolitische Bedeutung. Umgekehrt stärkt die Hypothese von der Kontinuität des Keimplasmas jede Anschauung, die Disposition und Züchtung über individuelle Vervollkommnung stellt. Deshalb sind die Reden von »Erbgesundheit« und »Volkskörper«, wie sie in Deutschland um 1890 erstmals anheben, untrennbar an die neuen vererbungstheoretischen Erkenntnisse gebunden. Ihren Ausdruck finden sie schon bald in Phantasien künstlicher Befruchtung, mit Hilfe von Samenspendern, deren im »rassenhygienischen« Sinne hochwertiges Keimplasma den befremdlichen Kontext der Zeugung jederzeit wettmachen würde.[95]

Erst wenn das Erbgut als ein im Körper der Eltern verschlossener, im Zeugungsakt nur transportierter und nicht gestalteter Kern begriffen wird, sind die Bedingungen geschaffen, um diesen Kern auch jenseits der geschlechtlichen Vereinigung zu einem neuen Lebewesen zu entwickeln. 1890, fünf Jahre nach Weismanns bahnbrechendem Aufsatz, veröffentlicht der britische Biologe Walter Heape die ersten Versuche mit Embryotransfer und Tragemutterschaft beim Tier. Er pflanzt die befruchteten Eier der einen Kaninchenrasse in die Eileiter des Weibchens einer anderen Rasse ein und stellt nach der Geburt der Jungen fest, dass ihre Erscheinung in keiner Weise vom austragenden Weibchen beeinflusst worden ist.[96] Seine Experimente verifizieren also Weismanns theoretische Annahmen, dass die Umstände der Zeugung vollkommen zu vernachlässigen seien. Auch die Anfänge der künstlichen Befruchtung in der Pferde- und Rinderzucht durch Elias Iwanoff fallen nicht umsonst genau in diese Jahre. Beim Menschen – das haben die Debatten über die Frühzeit der homologen Insemination gezeigt – dauert es noch etwas länger, bis sich die Vorstellung einer Empfängnis ohne sexuellen Akt vollständig etabliert. Noch in der Zeit des Ersten Weltkriegs sorgt in Frankreich und Deutschland etwa der Fall eines Familienvaters für Aufsehen, dessen jungfräuliche Tochter durch seinen eigenen Samen schwanger wurde, weil sie in der gleichen Wanne gebadet hatte wie zuvor die Ehefrau nach dem Beischlaf. Das Gericht muss die Frage klären, ob eine solche Verbindung von Virginität und Mutterschaft tatsächlich möglich ist und kein Fall von Inzest vorliegt. Ein Beobachter des Prozesses stößt in diesem Zusammenhang auf einen Talmud-Kommentar aus dem 11. Jahrhundert, in dem bereits genau der gleiche Sachverhalt einer ungewollten Empfängnis im Bade verhandelt wurde. Die meisten jüdischen Gelehrten, schreibt er, hätten damals aber die Zeugungskraft der Samenreste im Wasser in Zweifel gezogen, weil, einem medizinischen Diktum zufolge, »jedes Sperma, welches nicht wie ein Pfeil geschleudert worden, nicht befruchte«. Und er regt an, diese Anschauung auch im Umgang mit dem zeitgenössischen Fall zu bedenken.[97] Der Kontext der Zeugung – ein altes, wirkungsmächtiges Konzept – fordert hier noch einmal auf bemerkenswerte Weise sein Recht. Hängt die Befruchtungskraft der Spermien tatsächlich mit der Kraft und Geschwindigkeit zusammen, mit der sie ausgestoßen werden? Wenn man an die Spritzen und Injektionskanülen denkt, die in den IVF- und ICSI-Labors zum Einsatz kommen, könnte man fast denken, dass sich dieser Zusammenhang bis in die gegenwärtige Praxis der Reproduktionstechnologien erhalten hat. Doch bereits ein Vierteljahrhundert nach dem französischen Gerichtsfall arbeiten Gregory Pincus, John Rock und Miriam Menkin an ihren Versuchen mit extrakorporaler Befruchtung. Ihre ersten Erfolge, bis heute millionenfach wiederholt, erhalten sie durch das bloße Zusammenmischen von Spermien und Eizellen in vitro. Spätestens in den 1930er Jahren wird also endgültig klar, dass der Samen nicht »wie ein Pfeil geschleudert« werden muss, um die Eizelle zu befruchten. Der einfache Kontakt, im weiblichen Körper oder in der Petrischale, reicht vollständig aus.

Der Siegeszug der künstlichen Befruchtung seit dem ausgehenden 19. Jahrhundert ist also gleichbedeutend mit einer fortschreitenden Dekontextualisierung der Zeugung. Gleichwohl zeigt sich in der Geschichte der In-vitro-Fertilisation, von Pincus über Robert Edwards und Patrick Steptoe bis hin zu den heutigen Technologien, rasch auch eine gegenläufige Tendenz. Denn wo die alten Lehren der Empfängnisumstände dank der »Kontinuität des Keimplasmas« und der auf dieser Vorstellung aufbauenden Wissenschaft von den Genen obsolet geworden sind, eröffnen sich den Reproduktionsmedizinern im 20. Jahrhundert vergleichbare Fragen. Der Kontext der Zeugung umfasst nun aber nicht mehr die emotionale oder hygienische Verfassung der beteiligten Menschen, sondern die möglichst genaue und reibungslose Imitation des Befruchtungsvorgangs außerhalb des Körpers. Die entscheidende Frage lautet, ob die neuen Umstände der künstlichen Empfängnis ebenso gesunde, normal entwickelte Kinder hervorbringen wie die sexuelle Vereinigung der Eltern. Seit der systematischen Anwendung der Samenspende in den 1930er Jahren wurde jedes neue Verfahren der assistierten Empfängnis mit diesem Problem konfrontiert, vor allem das Projekt der In-vitro-Fertilisation und seine lange Zeit unvorstellbare Freilegung des Zeugungsvorgangs. Edwards' und Steptoes Sorge galt, wie zu Beginn dieses Kapitels beschrieben, immer wieder der Möglichkeit, dass ein bestimmtes Element der Versuchsanordnung, eine allzu große Abweichung der extrakorporalen Nachahmung von den natürlichen Bedingungen im weiblichen Körper zu einer Fehlbildung der Neugeborenen führen könnte. Diese Sorge führte in den sechziger und frühen siebziger Jahren zu unablässigen Korrekturen bei der Zusammensetzung der Nährflüssigkeit, jenem Medium, das dem Milieu der Eileiter entsprechen soll, und prägte dann auch die Debatten um die Technik des Embryotransfers in die Gebärmutter. Erfolgreich künstlich befruchten, daran lassen Edwards und Steptoe im Rückblick keinen Zweifel, heißt vor allem: einen möglichst natürlichen Kontext der Zeugung herstellen. Nach Louise Browns Geburt schreiben sie über das erste durch In-vitro-

Fertilisation entstandene Kind, der Embryo habe sich »in einer absolut normalen Umgebung entwickelt«.[98]

Eine Schwierigkeit, die Robert Edwards in diesem Zusammenhang immer wieder begegnet, ist der geeignete Zeitpunkt der Befruchtung und des Embryotransfers. Schon bei seinen ersten IVF-Experimenten an Mäusen, als Doktorand in Edinburgh, macht ihm der Umstand zu schaffen, dass die Labortiere sich nur nachts begatten und seine embryologischen Forschungen sich nach dem natürlichen Ovulationsrhythmus der Mäuseweibchen richten müssen. Die aufkommende Praxis der Hormonstimulation zur Regulierung des Eisprungs geht, wenn man Edwards' Erinnerungen trauen darf, genau auf seinen Widerwillen gegen die ständigen Nachtschichten zurück; in seinen Memoiren deutet er an, dass er diese Stunden damals lieber mit seiner Verlobten verbringen wollte als mit seinen Versuchstieren. Im Jahr 1977, als Edwards und Steptoe die Hormongaben an ihre Patientinnen vorübergehend einstellen und eine IVF-Schwangerschaft ganz ohne endokrinologische Begleitung erzielen wollen, gerät die Abhängigkeit vom Zeitpunkt der Ovulation noch einmal in den Blickpunkt. Die eisprungauslösenden Injektionen wurden in den Jahren davor immer auf einen Termin gelegt, der die Entnahme der Eizellen eineinhalb Tage später zu einer bequemen Arbeitszeit ermöglichte (ein Ablauf, der auch in den Reproduktionszentren des 21. Jahrhunderts Standard ist). In den Monaten rund um Louise Browns Geburt aber ist der Termin der Laparoskopie vom natürlichen Eisprung der Patientinnen abhängig; Edwards muss also wieder, wie in seinen Jahren als Doktorand, gemeinsam mit Steptoes Ärzteteam ganze Nächte auf den Beinen bleiben. Die Tageszeit der medizinischen Eingriffe ist um das Jahr 1978 aber noch aus einem anderen Grund von Bedeutung. Als den ersten Frauen ohne hormonell stimulierte Eizellen ein Embryo eingesetzt wird, kommt es mit Ausnahme von Lesley Brown zu keiner einzigen stabilen Schwangerschaft. Auf der Suche nach Erklärungen für diesen enttäuschenden Befund findet Edwards heraus, dass die natürliche Hormonregulation seiner Patientinnen nach dem Eisprung einem bestimmten Tagesrhythmus folgt: ein niedriger Progesteron- und FSH-Wert am Morgen, ein hoher am Abend (und das genau entgegengesetzte

Verhältnis für den Ausstoß von Adrenalin). Die Erkenntnisse führen zu der Entscheidung, alle Embryotransfers in Oldham künftig am späten Abend durchzuführen:»Je mehr ich darüber nachdachte«, schreibt Edwards,»desto mehr gewann ich die Überzeugung, dass der Zeitpunkt der Einpflanzung in die Gebärmutter nun der entscheidende Faktor unserer Arbeit war.« Und er erinnert sich an die Umstände des Embryotransfers bei Lesley Brown:»Haben wir uns damals nicht bis Mitternacht die Zeit vertrieben, um darauf zu warten, dass der Embryo das Acht-Zell-Stadium erreichte? Unser einziger erfolgreicher Fall begann in der tiefsten Nacht.«[99] Man muss bei diesen Worten an den Verhaltenskatalog der Ehehygieniker im 19. Jahrhundert denken: Hundert Jahre später, im Labor der modernsten Reproduktionsmediziner, sind es wieder die späten Abendstunden, die als ratsame Tageszeit für eine erfolgreiche Zeugung identifiziert werden – nun aber nicht mehr aus Gründen einer gebändigten ehelichen Sexualität, die auf die Intimität der Dunkelheit und die Viertelstunde vor dem Schlafengehen beschränkt ist, sondern wegen der rhythmischen Ordnung der Hormonproduktion. Edwards führt 1978 eine Inventur aller bislang erzielten Schwangerschaften in der Klinik durch, unabhängig davon, wie lange sie aufrechterhalten werden konnten, und kommt zu dem Ergebnis, dass der Embryotransfer in jedem dieser Fälle nach 17 Uhr terminiert war. Die Pioniere der In-vitro-Fertilisation messen den Begleitumständen der Empfängnis also ebenfalls erhebliche Bedeutung zu, bevor die Verfeinerung der Hormontherapie ab den frühen 1980er Jahren die zeitliche Abhängigkeit vom natürlichen Eisprung überwindet.

Heute, 35 Jahre nach Louise Browns Geburt, sind die Debatten über den Kontext künstlicher Befruchtung nicht verstummt. Die Lehren der »Epigenetik« – einer schon Mitte des 20. Jahrhunderts aufgekommenen, aber erst seit den 1990er Jahren stärker wahrgenommenen Ausrichtung der Vererbungstheorie – haben den Studien über das Risiko von IVF- und ICSI-Behandlungen ein stabileres Fundament genetischen Wissens verliehen. Mit dem Begriff der Epigenetik bezeichnet man Prozesse der Vererbung, die sich unabhängig vom Verschmelzen der elterlichen Genome bei der Befruchtung vollziehen, etwa einen Vorgang namens »Imprinting«, der dafür sorgt, dass einzelne Chromosomenbereiche in der männlichen und weiblichen Keimbahn unterschiedlich markiert werden. Kommt es bei der Vereinigung von Samen- und Eizelle zu Imprinting-Fehlern, weisen also bestimmte Chromosomen nicht die vorgesehene spezifisch väterliche oder mütterliche Prägung auf, kann dieser Defekt zu Unregelmäßigkeiten in der Plazentabildung und einer Fehlgeburt führen oder zu schweren chromosomalen Erkrankungen des lebenden Kindes.

Mit den Erkenntnissen der Epigenetik ist in der jüngeren Geschichte der Vererbungslehren ein wichtiger Bruch verbunden. Denn sie stellen den über ein Jahrhundert lang unbestrittenen »Essentialismus« der Weitergabe von geschützten Erbanlagen wieder in Frage. Seit Weismanns Kontinuitätsdiktum wurden elternabhängige, vom Transfer der DNS unberührte Faktoren im Denken der Vererbung verneint und als Neolamarckismus abgetan. In den letzten zehn, fünfzehn Jahren jedoch erscheint der Kontext der Zeugung auch im streng genetischen Sinne wieder als bedeutsam. Dieser Wandel führt nicht zuletzt zu Konsequenzen bei der Einschätzung assistierter Reproduktionstechnologien. Der Essener Genetiker Bernhard Horsthemke etwa hat in verschiedenen Studien nachgewiesen, dass Imprinting-Fehler und dadurch verursachte chromosomale Erkrankungen verstärkt bei Kindern nach IVF- und ICSI-Behandlungen eingetreten sind. »Es verdichten sich die Beweise«, heißt es in einer dieser Untersuchungen, »dass sowohl die genetische Disposition des unfruchtbaren Paares als auch Umweltfaktoren (Hormone und Kulturmedien) ungünstige Effekte auf epigenetische Prozesse haben, die für die Steuerung der Embryo-Implantation, der Plazenta- und Organbildung sowie des fötalen Wachstums verantwortlich sind.«[100] Dieser Befund relativiert genau jene Grundbedingung der Dekontextualisierung, die assistierte Empfängnis im 20. Jahrhundert möglich gemacht hat. Es sind zwar laut Horsthemke noch keine ausreichend großen Probandengruppen untersucht worden, um ein statistisch auffälliges Risiko dieser Befruchtungstechniken behaupten zu können. Aber die genetische Perspektive auf IVF und ICSI hat sich dennoch auf beträchtliche Weise verschoben. Letztlich geht es um den wissenschaftlichen Nachweis jenes Verdachts, den die künstlich inseminierte Leihmutter Felicitas Franke in ihrem wütenden Erfahrungsbericht vor 25 Jahren ausgesprochen hat: »Hat Leben aus vier, sechzehn oder zweiunddreißig Zellen eine Wahrnehmung? Spürt es die Gewalt, die ihm und seiner Mutter lange vor der Geburt angetan wurde?«[101] Die epigenetische Forschung, ausgerechnet von Robert Edwards' Doktorvater Conrad Waddington angestoßen, interessiert sich genau für diese Fragen: Welche Gewalten wirken auf Gameten, wenn sie in Kulturmedien gelagert, von Injektionsnadeln durchbohrt, bei Temperaturen von minus 200 Grad konserviert oder durch hormonelle Stimulation zur Reifung gebracht werden? (Vor diesem Hintergrund ist es auch kein Zufall, dass der Begriff »Epigenetik« an jene frühe Zeugungstheorie namens »Epigenese« erinnert. Denn die heutigen Imprinting-Analysen stehen zur statischen Vererbungslehre des 20. Jahrhunderts in ganz ähnlicher Opposition wie zweihundert Jahre zuvor die Kritik Caspar Friedrich Wolffs an den Vorstellungen der Präformation. Beide Theorien, die neue Epigenetik und die alte Epigenese, wenden sich gegen eine essentialistische Vorstellung von Übertragung: die eine gegen die Reduktion des Vererbungsprozesses auf den bloßen Transfer der geschützten DNS, die andere gegen die Reduktion des Zeugungsprozesses auf die bloße Auswicklung vorgeformter Lebewesen.)[102]

Es sind aber nicht nur Kulturmedien und Hormontherapien, die auf die genetische Prägung eines außerhalb des Körpers gezeugten Embryonen einwirken; eine bislang nicht erforschte Rolle könnte auch eine Behandlungsmethode spielen, die in Deutschland erst seit kurzem erlaubt ist. Die Rede ist von der Präimplantationsdiagnostik, im Jahr 1990 erstmals erfolgreich angewendet und nach einem Parlamentsbeschluss im Jahr 2011 nicht mehr, wie vom Embryonenschutzgesetz vorgesehen, unter Strafe gestellt. Dieses Verfahren, das die Feststellung von Erbkrankheiten im Blastozysten-Stadium ermöglichen soll, veranschaulicht besonders deutlich, dass die assistierte Empfängnis heute nicht mehr allein als Simulation der natürlichen Zeugung aufzufassen ist, sondern längst als deren Optimierung. Helena Angermaier, die Embryologin in München, bereitet seit der prinzipiellen Zulassung der Methode auch PID-

Behandlungen in ihrem Labor vor. Die befruchteten Eizellen in der Petrischale stammen in diesen Fällen von Eltern, die nicht aus Gründen der Infertilität eine Reproduktionsklinik aufgesucht haben, sondern weil in ihrer Familie eine schwerwiegende Erbkrankheit aufgetreten ist und sie ausschließen wollen, dass sich diese Krankheit in ihrem Kind manifestiert. Aus den wenigen Tagen alten Embryonen entnimmt Angermaier jeweils eine Gewebeprobe, und zwar aus dem »Trophektoderm«, jenem Zellmaterial am Rand der Blastozyste, das einmal die Plazenta bilden wird. Wo sie in früheren Gesprächen bereits die Einspritzung des Spermiums in die Eizelle als prekären Eingriff bezeichnet hat, von dem man nicht wisse, ob er den so gezeugten Menschen nicht für bestimmte Krankheiten im Erwachsenenalter disponiere, kann sie auch bei der Präimplantationsdiagnostik ihre Zweifel nicht vollständig beiseiteschieben. Denn die Abtrennung des für die Gen-Analyse benötigten Zellgewebes ist ein noch viel aufwendigerer Vorgang als die ICSI-Befruchtung. Mit einem Laser beschießt Angermaier den Embryo unter dem Mikroskop, um einen Teil des Trophektoderms zu lösen; man sieht auf dem Bildschirm den roten Punkt, der immer wieder in einen Winkel des Zellklumpens zielt. »Ich muss dieses fünf Tage alte Ding regelrecht malträtieren«, gesteht Angermaier. Es ist eine paradoxe Situation: Die Genetiker, mit denen die Praxis zusammenarbeitet, hoffen in den Gewebeproben anschließend möglichst viele gesunde Embryonen zu identifizieren, die bedenkenlos in die Gebärmutter der Patientin eingepflanzt werden können – die Prozedur jedoch, die diese Proben erst herstellt, erschüttert das junge Leben in einer Intensität, die in der Wahrnehmung des Laien fast nicht ohne nachhaltige Schädigung denkbar ist. »Wir können nicht genau sagen, was wir diesen Menschen antun«, sagt Helena Angermaier, bevor sie die Gewebeproben und Embryonen in fingernagelgroße Behälter umsetzt und im Kryokonservator schockgefriert.

In diesen Monaten befindet eine Kommission aus Ärzten, Juristen und Ethikern darüber, wie die grundsätzlich beschlossene Erlaubnis der PID-Methode in den Genetik- und Reproduktions-Zentren fortan umgesetzt werden soll, welcher Patientenkreis zugelassen, welcher Katalog an Erbkrankheiten untersucht werden darf. Alfred Ploetz, der Ahnherr der »Rassenhygiene«, kündigte 1895 noch das »Ausmerzen von Neugeborenen« an, um das kollektive Erbgut der Bevölkerung auf einen eugenisch wünschenswerten Stand zu bringen. Gut hundert Jahre später ist dieses Ausmerzen auf diskrete Weise vorverlegt worden, in das früheste Lebensstadium der künftigen Menschen, noch vor der Einnistung in die Gebärmutter. Der Imperativ beider Handlungen ist derselbe, Ploetz' Vorschlag, dass einem »schwächliche[n] oder missgestaltete[n] Kind« vom Arzt »ein sanfter Tod bereitet« werde, »sagen wir durch eine kleine Dosis Morphium«,[103] genauso wie das Ziel der Präimplantationsdiagnostik. Gestern wie heute besagt dieser Imperativ, dass »erbkrankes« Leben beseitigt werden solle. Aber wo das eine Programm zumindest seit siebzig Jahren als Bestandteil verabscheuungswürdiger Verbrechen aufgefasst wird, gilt das andere inzwischen als notwendige und gewissenhafte Präventionsmaßnahme vorbelasteter Eltern.

Der Grund für die eklatante Differenz der Anschauungen besteht zweifellos darin, dass die »rassenhygienischen« Exzesse lebende Personen betrafen, die Methoden der Embryoselektion aber an mikroskopisch untersuchten Zellklumpen durchgeführt werden. Diese Unterscheidung, die für die Akzeptanz der Reproduktionsmedizin konstitutiv ist, hat die Darstellungen und Analysen dieses Buches wie eine Leitdifferenz begleitet. Es geht um die Schwelle zwischen *Dingen* und *Menschen*, zwischen der *Materialität* der Gameten, mit denen im Labor hantiert wird, und der *Lebendigkeit* der Wesen, die dann im Bauch der Mutter heranwachsen und geboren werden. Über Jahrhunderte hinweg haben die Zeugungstheorien eine solche Unterscheidung nicht zugelassen. Der präformierte Keim der Einschachtelungslehre war bereits gleichbedeutend mit dem Menschen, in unendlich kleiner Gestalt; das amorphe Nichts wiederum, aus dem das Leben nach den Lehren der Epigenese entstand, ließ sich noch nicht als differenzierte Materie erkennen. Erst um die Mitte des 19. Jahrhunderts bildet sich die für die heutige Reproduktionstechnologie so entscheidende Grenze heraus: Was später einmal ein neues Lebewesen sein wird, so zeigt sich nun, geht in den Körpern der Eltern zwar auf abstrakte, aber klar umgrenzbare Körpersubstanzen zurück. Karl Ernst von Baers Entdeckung des Säugetier-Eies 1828, die Bestimmung dieses Eies als Zelle gut dreißig Jahre später, schließlich das Unterfangen, die Eizelle zum ersten Mal außerhalb des Körpers zu befruchten, 1878 beim Kaninchen und 1934 beim Menschen: All diese historischen Etappen führen zu einer sukzessiven Fragmentierung und Vergegenständlichung des Zeugungsprozesses, bei dem lebende Subjekte, die Personen der Mutter und des Vaters, nicht mehr benötigt werden. Als Miriam Menkin im Februar 1944 die Konservierung ihrer ersten in vitro befruchteten Eizelle misslingt, tröstet sie der herbeieilende John Rock mit den Worten:»Es war doch nur ein kleines Ding.«

In den heutigen Fortpflanzungstechnologien zeigt sich diese Vergegenständlichung der Zeugung auf vielfältige Weise. Die hormonell stimulierte Produktion etlicher Eizellen führt in Ländern ohne gesetzliche Restriktion des Befruchtungs- und Kultivierungsprozesses zu jenen »überzähligen Embryonen«, die vom Elternpaar eingefroren werden müssen und dann – gezeugt, aber nicht geboren – als potentielle Menschen über Monate, Jahre und vielleicht Jahrzehnte hinweg in flüssigem Stickstoff lagern. Liza Mundy schätzte die Zahl der tiefgefrorenen Embryonen in den USA schon im Jahr 2007 auf eine halbe Million.[104] Es gibt dort inzwischen Adoptionsagenturen für ungeborenes Leben (auf diese Weise gewinnt das seit den 1970er Jahren marginalisierte Verfahren wieder an Relevanz). In Deutschland besagt das Embryonenschutzgesetz, dass höchstens drei Eizellen pro Zyklus befruchtet und in die Gebärmutter einer Frau transferiert werden dürfen, um höhergradige Mehrlingsschwangerschaften, wie jüngst den Fall der »Octomom« in den USA, zu vermeiden. Diese Vorschrift wird aber in den wenigsten IVF-Zentren tatsächlich eingehalten. Es hat sich vielmehr die Praxis durchgesetzt, bis zu sechs befruchtete Eizellen bis zum Morula- oder Blastozystenstadium zu kultivieren und dann einen oder zwei Embryonen in den Uterus einzusetzen. Auch die Stickstofftanks deutscher Reproduktionskliniken sind also angefüllt mit gefrorenen Embryonen, deren Leben sich nur in der Latenz bewegt.

Und selbst wenn die behandelnden Ärzte den gesetzlichen Bestimmungen entsprechen: Ist nicht auch der sprunghafte Anstieg zweieiiger Zwillingsgeburten durch künstliche Befruchtung ein Effekt jener neuen

Vorstellung, dass Zeugen in erster Linie ein Hantieren mit Objekten ist? Bei konventioneller Empfängnis eine seltene Laune der Natur, beträgt der Anteil der Zwillinge an allen deutschen IVF-Geburten derzeit ein gutes Fünftel, in den USA, wo die Ärzte gewöhnlich drei bis sechs Blastozysten in die Gebärmutter einpflanzen, mehr als ein Drittel.[105] Im Rahmen des Embryotransfers sind es nur zwei oder drei Zellhäufchen mehr, die mit der Injektionspipette in den Uterus gespült werden: eine abstrakte, ohne Mehraufwand durchführbare Verdoppelung und Verdreifachung der Chancen auf Nachkommen.

Ihre konsequenteste Ausprägung erreicht die Abkehr des Zeugungsprozesses von lebenden Subjekten schließlich im Bereich der Stammzellenforschung (deren Entwicklung so komplex und wirkungsmächtig ist, dass ihre genaue Analyse ein eigenes Buch erfordern würde). Wenn Embryonen, entstanden aus den in vitro befruchteten Keimzellen der Eltern oder durch Klonierung, nur noch gezüchtet werden, um eine Art zelluläres Ersatzteillager für bereits existierende Menschen zu schaffen, dann hat sich die Kategorie des Lebens vollständig gewandelt. Ein Embryo ist in dieser Vorstellung kein werdender Mensch mehr, sondern ein vitales Medikament; was nach physiologischen Gesetzen »lebt«, muss nicht mehr an ein zugehöriges Subjekt gebunden sein. In Deutschland verbietet das »Stammzellengesetz« bislang die Zeugung von Blastozysten für die medizinische Forschung; nur aus dem Ausland importierte, vor dem Jahr 2007 eingefrorene Embryonen dürfen unter bestimmten Voraussetzungen wissenschaftlich genutzt werden. In einem Land wie Großbritannien hingegen ist die genuine Erzeugung embryonaler Stammzellen seit vielen Jahren erlaubt, und »überzählige«, von den Patienten der IVF-Kliniken »freigegebene« Blastozysten können hier innerhalb von Sekunden – auf der Schwelle zwischen Operations- und Laborraum – ihren Status wechseln: vom entstehenden Kind zum Zellmaterial.[106] Der neue Kontext der Zeugung in der Reproduktionsmedizin hat diesen Übergang ermöglicht. Im Zugriff auf die offengelegten und fragmentierten Elemente der Fortpflanzung verschwimmt die Grenze zwischen Forschungsobjekt und Mensch.

SCHLUSS

Neue Reproduktionstechnologien
und die Ordnung der Familie

Assistierte Empfängnis ist in Deutschland bis heute ein kritisches Unterfangen. Leihmutterschaft und Eizellspende sind gesetzlich untersagt, den Personenkreis für die erlaubten Verfahren der heterologen Insemination und der In-vitro-Befruchtung schränken die betreffenden Richtlinien der Bundesärztekammer stark ein: »Bei nicht miteinander verheirateten Paaren«, heißt es in der geltenden Fassung von 2006, soll der Durchführung einer Samenspende »mit besonderer Zurückhaltung zu begegnen sein«; auch die IVF- oder ICSI-Behandlung stehe nur heterosexuellen Paaren »in einer festgefügten Partnerschaft« zu. Frauen, die »in keiner Partnerschaft oder in einer gleichgeschlechtlichen Partnerschaft leben«, sind von allen Therapiemethoden grundsätzlich auszuschließen.[1] Auch wenn die deutschen Samenbank-Betreiber und Reproduktionsmediziner den Vorgaben wie beschrieben nicht immer folgen: Der Status der Familie, das machen diese rechtlichen Grundbestimmungen deutlich, wird weiterhin als Gemeinschaft aus Mutter, Vater und den gemeinsamen, durch sexuelle Zeugung entstandenen Kindern gedacht. In den letzten zehn, fünfzehn Jahren ist die Ausdehnung dieser Definition zwar gesetzlich erleichtert worden, durch die Einführung der »Eingetragenen Partnerschaft« für gleichgeschlechtliche Paare und der damit verbundenen Möglichkeit, ein leibliches Kind des Lebenspartners als »Stiefkind« zu adoptieren. Dennoch ist das in der Verfassung niedergelegte Grundrecht, wonach »Ehe und Familie unter dem besonderen Schutze der staatlichen Ordnung« stehen, an die blutsverwandte Kernfamilie adressiert.

Die Leih- oder Tragemutter, die Eizellspenderin, der Samenspender (den der SPD-Entwurf eines Fortpflanzungsmedizin-Gesetzes im Jahr

1989 ja ebenfalls kriminalisieren wollte): Sie alle gelten weiterhin als Fremdkörper, deren Eindringen in die Familieneinheit verhindert oder – wie es die meisten Reproduktionsmediziner empfehlen – zumindest mit aller Konsequenz verschleiert werden muss. Doch auf welche mächtigen Konstellationen in der Geschichte menschlichen Zusammenlebens geht dieses Misstrauen zurück? Wann und unter welchen Umständen hat sich das Modell der Kernfamilie, das keine zusätzlichen, randständigen Figuren duldet, herausgebildet? Über einen weit ausgedehnten Zeitraum hinweg hat der Anthropologe Jack Goody diese Fragen zu beantworten gesucht. Seine klassische Studie über die »Entwicklung von Ehe und Familie in Europa« skizziert die Geschichte der Familie im christlichen Abendland als Geschichte einer fortschreitenden Verdichtung. Goody bringt die Schwächung weitverzweigter Sippen und die Etablierung der Kleinfamilie seit dem frühen Mittelalter in Zusammenhang mit der Machtpolitik der aufstrebenden christlichen Kirche. Durch Einengungen des Erbrechts und Ausweitungen des Inzestverbots, zeitweise bis zu Verwandtschaftsbeziehungen siebten Grades, gelingt es der neuen Staatsreligion des Römischen Reiches, die einflussreichen Sippenverbände nach und nach zu zersprengen und den eigenen Reichtum durch testamentarische Schenkungen unverheiratet oder kinderlos gebliebener Menschen anzuhäufen. Die christliche Kirche kann sich dadurch als maßgebliches Institut des Gemeinwesens installieren. Im römischen Recht verankerte Praktiken wie die Adoption und das Konkubinat, zur Annahme oder Zeugung von erbberechtigten Kindern, werden nun untersagt; die Kategorie der Elternschaft – in den Sippen für blutsverwandte und angenommene, eheliche oder außerhalb der Ehe entstandene Nachkommen gleichermaßen gültig – reduziert sich auf die geschlechtlich reproduzierte Kernfamilie. (Adoptionen etwa werden in Frankreich erst 1892 wieder gesetzlich ermöglicht, in Großbritannien sogar erst im Jahr 1926.)[2]

In diesem langsamen, viele Jahrhunderte währenden Prozess der Intimisierung zeichnet sich wiederum eine tiefe Zäsur ab, von der bereits im Zusammenhang mit den historischen Bedingungen der Leihmutterkritik die Rede war. Die Kleinfamilie, bestehend aus Vater, Mutter und den in ehelicher Liebe gezeugten Kindern, formt sich in dieser Zeit, in der zweiten Hälfte des 18. Jahrhunderts, endgültig zum normativen Modell. Sie wird als Ort der Homogenität begriffen; die sozialen und biologischen Beziehungen zwischen ihren Mitgliedern müssen deckungsgleich sein. Umgekehrt verschärft sich das Misstrauen gegenüber jeder Kontamination der natürlichen Einheit. Woher kommt dieser »mächtige Schub des Gefühls«, wie es der Historiker Edward Shorter formuliert? Rousseaus Erziehungsbuch »Emile« von 1762 mag ein wortmächtiger Auslöser gewesen sein. Die zugrundeliegenden Ursachen für diesen Wandel setzt Shorter aber vor allem mit den ökonomischen Veränderungen Mitte des 18. Jahrhunderts in Beziehung, mit dem Aufkommen einer liberalen, kapitalistisch organisierten Marktwirtschaft, die die Zünfte zerschlägt, die lokalen Produktionsgemeinschaften aufsplittert und unter den nun im Wettbewerb befindlichen Einzelanbietern eine Sphäre der Konkurrenz hervorbringt. Shorter ist davon überzeugt, dass sich »diese egoistische wirtschaftliche Mentalität auf verschiedene nichtwirtschaftliche Lebensgebiete ausgeweitet«[3] habe. Der Kult des Gefühls zwischen den Ehegatten, das enge Verhältnis zu den eigenen Kindern, die Abschottung der Kernfamilie von der Dorfgemeinschaft seien letztlich soziale Effekte einer wirtschaftlichen Neuordnung. Man könnte dieses ökonomiegeschichtliche Argument noch um ein medizingeschichtliches ergänzen: Denn auch jene Veränderungen des Zeugungswissens in der zweiten Hälfte des 18. Jahrhunderts – das Verschwinden der präformistischen Konzepte und der Siegeszug der Epigenese – sind dazu angetan, die Nähe zwischen den Ehegatten sowie zwischen Eltern und ihren Kindern zu stärken. In der ovistischen Variante der Präformationslehre war es wie erwähnt nachrangig, welcher männliche Same den vorgeformten Keim im Eierstock aktivieren würde. Jetzt besagt die epigenetische Theorie, dass ein Kind in gleichem Maße von Mann und Frau gezeugt werde, gewissermaßen aus dem Nichts. Diese Vorstellung muss das emotionale Fundament der Familie erheblich gestärkt haben.

Es ist also nicht zu weit gegriffen, wenn man die heutigen Vorbehalte gegen die assistierte Empfängnis auf die Konstituierung der Kleinfamilie im späten 18. Jahrhundert zurückführt. Und da sich die Familieneinheit in dieser Zeit ganz über die Mutter zu definieren beginnt, die ihre Kinder nun selber stillt, ihnen das Lesen beibringt und die Position des familiären Zentrums vom »Hausvater« früherer Zeiten übernommen hat, erscheint es auch als folgerichtig, dass gerade Substitutionen von Mutterschaft seit 250 Jahren in ungleich höherem Maße skandalisiert werden als unklare Vaterschaften. In den Protagonistinnen der Reproduktionstechnologie, in der Leihmutter oder der Eizellspenderin, bilden sich also jene Fremdkörper der blutsverwandten Kleinfamilie ab, die seit dem späten 18. Jahrhundert ausgesondert und an den Rand gedrängt worden sind. Das Unbehagen an der Leihmutter etwa folgt, wie im dritten Kapitel dieses Buches beschrieben, ganz ähnlichen Argumentationslinien wie die einstige Dämonisierung der Amme. Beide Frauen kommen der Familieneinheit zu nahe, übertragen unbekannte und bedrohliche Körperströme auf das Kind (früher die Milch, heute die »Gene«). Eine weitere Randfigur ist in diesem Sinne die Stiefmutter. Ihre problematische Stellung innerhalb der Familie wird gerade von jenen Texten zementiert, die den Bildbestand und die kollektive Imagination unserer Kultur seit 200 Jahren wie keine anderen geprägt haben, den Kinder- und Hausmärchen der Brüder Grimm. In mindestens einem Dutzend der Geschichten, darunter den bekanntesten wie »Sneewittchen«, »Hänsel und Gretel«, »Aschenputtel«, »Brüderchen und Schwesterchen« und »Frau Holle«, sind es die Stiefmütter, die ihre nachträglich angenommenen Kinder aus niederen Motiven der Eitelkeit oder Habgier töten, verhungern oder verwahrlosen lassen wollen. Zuneigung empfinden sie allenfalls für ihre leiblichen, in die zweite Ehe eingebrachten Nachkommen; der wiederverheiratete Vater nimmt gewöhnlich die Stelle des gutmütigen, aber passiven Mannes ein, der den Intrigen und Verkommenheiten seiner neuen Ehefrau nichts entgegenzusetzen vermag. In den »Kinder- und Hausmärchen« wird dieser Figur von Fassung zu Fassung eine prominentere Rolle zugedacht; wo in der Erstausgabe von 1812 bis 1815 noch häufig schlicht von einer »bösen Mutter« die Rede ist, unter anderem in den Märchen »Sneewittchen« und »Hänsel und Gretel«, haben sich die Frauen in der letzten zu Lebzeiten erschienenen Ausgabe von 1857 allesamt in »Stiefmütter« verwandelt. Die Brüder Grimm errichten also im

Lauf der Jahrzehnte eine immer stärkere Barriere zwischen dem Rumpf der blutsverwandten Familie und der hinzukommenden Person.[4] Bis weit ins 20. Jahrhundert hinein wird die Figur der Stiefmutter poetisch gestaltet und wissenschaftlich diskutiert – ein Topos, von dem sich nie genau ermitteln lässt, ob reale Erfahrungen zu den literarischen Bildern oder nicht umgekehrt diese zu jenen geführt haben. Die Jugendpsychologin Hanna Kühn jedenfalls leitet ihre große Studie über das »Stiefmutterproblem« in verhaltensauffälligen Familien 1929 mit dem Zugeständnis solcher Verflechtungen ein. Ausgehend von einer seit dem Krieg geführten Statistik des Hamburger Jugendamts, wonach unter den Faktoren, die bei Jugendlichen unter 21 Jahren »zu Verwahrlosungserscheinungen führten«, bei 18 Prozent der Mädchen und 10 Prozent der Jungen »als Ursache [...] die Stiefmutter festgestellt wurde«, versucht sich Kühn an einem Psychogramm dieser Frauenfigur und ihrer Stellung zu den angenommenen Kindern. Als ersten Hinweis auf ihren unerbittlichen Verdacht, »daß die durch den Eintritt einer Stiefmutter geschaffene Umwelt Bedingungen enthält, die auf die Einleitung eines Verwahrlosungsprozesses begünstigend wirken« können, erkennt sie die literarische Tradition. Grimms Märchen und ein ganzer Kanon weiterer Texte, von Schillers »Glocke« bis zu den Dramen Ibsens, hätten dazu geführt, dass die Figur der Stiefmutter »schon von vornherein mit einem negativ gerichteten Tatsachenkomplex und Gefühlsakzent gesättigt« sei. Kühn besucht Hamburger Volksschulen, lässt die Kinder Aufsätze zu ihren Assoziationen schreiben und erhält das erwartete Ergebnis, dass die Stiefmutter als »die böse Frau schlechthin« gelte. Die Psychologin nennt zwei Gründe für dieses einhellige Votum, zum einen den problematischen Eintritt der neuen Ehegattin in einen bereits bestehenden, vom Tod der Mutter überschatteten Haushalt, zum anderen den entscheidenden Makel, dass sie die angenommenen Kinder nicht selbst geboren habe. Denn diese »tiefe Nährquelle der Mutterliebe« sei auch für die bemühtesten Kandidatinnen nicht wettzumachen; der Mangel an Einfühlung gehe schlicht auf biologische Tatsachen zurück. Die Boshaftigkeit der Stiefmütter, im Märchen und im Hamburger Alltag der 1920er Jahre, wird in der Argumentation der Psychologin daher fast zu einer tautologischen Notwendigkeit. Blutsverwandtschaft könne nicht simuliert werden, und die Absenz von Blutsverwandtschaft bringe zwangsläufig Konflikte hervor, weil familiäre Harmonie immer die Harmonie des Blutes sei. »Alles in allem«, schließt Kühn, »hat der Gemeinschaftskreis Stiefmutterfamilie vielfach ein disharmonisches, ungeschlossenes, schwüles, in sich unruhiges und spannungsreiches Gepräge«, und sie empfiehlt, diesen Typus auf Schulbögen und bei Volkszählungen künftig nicht mehr wie bislang »als normale Familie ohne irgend eine besondere Abhebung zu kennzeichnen«.[5]

Seit dem ausgehenden 18. Jahrhundert besagt ein genealogisches Reinheitsgebot (das seine junge Geschichte negiert), dass jede Wucherung der Familienbildung bedenkliche Konsequenzen habe. Nicht nur die Volksmärchen, sondern auch die berühmtesten Romane der europäischen Literatur demonstrieren in den Jahrzehnten darauf, wohin es führt, wenn diese Reinheit auf die Probe gestellt wird. Es kommt unweigerlich zur Katastrophe. Goethes »Wahlverwandtschaften« etwa spielen die Folgen jenes imaginären Ehebruchs zwischen Eduard und Charlotte durch; das Kind, das in Gedanken der Eheleute an ihre jeweiligen Liebhaber entsteht, setzt in den letzten Kapiteln des Buches eine ganze Kette von Todesfällen in Gang. Eine ähnliche Konstellation führt Mary Shelleys Schauerroman »Frankenstein« fünfzehn Jahre später vor, dessen Titelfigur aus überaus prekären Familienverhältnissen stammt. Viktors Braut, eine Waise, wurde als Adoptivkind in die Familie Frankenstein aufgenommenen; er heiratet letztlich seine Stiefschwester. Die Eskalationen des Romans, die unreine Genealogie zwischen dem Forscher und seinem künstlich erzeugten Monstrum, sind also ein schrilles Echo jener unreinen Genealogie in der Familienbildung des Helden. In den »Wahlverwandtschaften« wird das Verhältnis zwischen Ottilie und dem Kind, das ihre Gesichtszüge trägt und das sie als »eine andere Art von Mutter« pflegt, einmal als »sonderbare Verwandtschaft«[6] bezeichnet – eine Wendung, die auch das Beziehungsgeflecht zwischen den Beteiligten der assistierten Reproduktionstechnologie kennzeichnen könnte. In der Romananordnung von 1809 geht es um die gleiche Überblendung von biologischer und symbolischer Elternschaft wie heute in der Praxis der

Samen- und Eizellspende oder Leihmutterschaft. Das Familiengefüge Goethes hält dieser Überblendung aber noch nicht stand; die symbolischen Eltern müssen in einem Roman des frühen 19. Jahrhunderts auch die leiblichen Eltern sein. Deshalb führt das Bastardkind der Phantasie, das im genauen Gegensatz zu den heutigen »Spenderkindern« zwar von beiden Elternteilen abstammt, aber symbolisch illegitim ist, am Ende zur beinahe vollständigen Auslöschung des Romanpersonals.

Das Idealbild der blutsverwandten Kleinfamilie, könnte man sagen, hat zweihundert Jahre lang seine uneingeschränkte Macht entfaltet. Am Anfang stand die Emphase des Familienidylls durch Rousseau; seit den 1970er Jahren sorgen Verfahren wie die endgültig verbreitete Samenspende, die In-vitro-Fertilisation und die Leihmutterschaft für eine zunehmende Öffnung und Ausweitung dieser Einheit. In der deutschen Rechtsprechung und auch in der öffentlichen Debatte, die sich in Fernseh-Talkshows oder Zeitungsplädoyers weitgehend auf den Modus von Pro und Contra beschränkt, werden die meisten dieser Technologien immer noch als Bedrohung der Familie empfunden. Auch viele Befürworter der Samen- und sogar der Eizellspende nähern sich den Kritikern zumindest in jener Empfehlung an, die so gezeugten Kinder über ihre Entstehungsweise im Unklaren zu lassen; beide Parteien sind sich also darin einig, dass jede offene Proliferation der Abstammung das Konzept der Familie schwächt.

In den Jahren, in denen dieses Buch entstanden ist, nach all jenen Besuchen in Samenbanken, Leihmutter-Agenturen und IVF-Zentren zwischen Kalifornien, Deutschland und Osteuropa, den Begegnungen mit Ärzten, Vermittlern, betroffenen Eltern und Kindern hat sich allerdings der entgegengesetzte Eindruck verfestigt. Anfang des 21. Jahrhunderts, so die immer wieder bestätigte Wahrnehmung, sind es gerade die wuchernden, »unreinen«, durch Unterstützung von Dritten und Vierten entstandenen Familien, die ein seit Jahrzehnten brüchig gewordenes, symbolisch ausgezehrtes Lebensmodell wieder mit neuer Repräsentationskraft versorgt haben. Eine auffällige historische Überschneidung veranschaulicht diese These: Denn die entscheidenden Durchbrüche in der Geschichte der Reproduktionsmedizin fallen genau in jenes Jahr-

zehnt, in dem das traditionelle Konzept der Familie infolge der Umbrüche von 1968 in seine tiefste Krise geraten ist. Die Inflation der
Scheidungsraten, der Rückgang der Kinderzahl, die emanzipatorische
Selbstbestimmung der Frauen, die sich nicht mehr mit der bloßen Rolle
als Mutter begnügen wollen, die Verheißungen einer freien, verhüteten
Sexualität, der grundsätzliche Überdruss an bürgerlichen Existenz-
weisen: In den siebziger Jahren des 20. Jahrhunderts zerfasert eine
Lebensform, die lange Zeit als maßgebliches soziales Modell, als vielbeschworene »Keimzelle der Gesellschaft« gedient hat. »Der Tod der Familie« heißt der 1971 erschienene Klassiker des Psychiaters David Cooper,
und auch in den Jahren darauf verzichtet kaum eine historische, sozio-
logische oder psychoanalytische Bestandsaufnahme zum Thema, in der
Einleitung auf die »berühmte Krise der Familie« aufmerksam zu machen
oder die Forderung zu äußern, dass »die Institutionen von Ehe und Familie zerstört werden müssen«.[7] Auch Edward Shorters große Studie,
drei Jahre vor der Geburt Louise Browns veröffentlicht, endet mit einem
Ausblick auf die postmoderne Familie, der ganz im Zeichen des »Zusam-
menbruchs« dieser Lebensform steht, verursacht durch eine »Diskontinuität der Werte« zwischen der neuen und der vorangegangenen Generation
und die »Zerstörung des Nestes«[8] durch berufstätige, ihre Mutterschaft
hinauszögernde Frauen.

Die neuen Optionen, durch extrakorporale Befruchtung oder die Hinzunahme fremder Gameten Kinder zu zeugen und Familien zu gründen, fallen also genau in diese Phase hoher sozialer Labilität. Was seit
dem Ende der siebziger Jahre geschieht, die reproduktionsmedizinisch
hergestellte Elternschaft von Menschen, die als unfruchtbar galten, später auch von älteren Frauen, Alleinstehenden und gleichgeschlechtlichen
Paaren, mag zwar politisch oder religiös überlieferte Vorstellungen des
Gebildes »Familie« verletzen. In erster Linie eröffnet sie aber einem Personenkreis Zugang zu diesem Lebensmodell, der zuvor aus gesundheitlichen oder biologischen Gründen ausgeschlossen war und ihm daher
umso emphatischer begegnet. Ein Kind zu bekommen ist in diesen Fällen keine Selbstverständlichkeit mehr, kein zufälliger oder zwangsläufi-
ger Effekt sexueller Aktivität, sondern das Ziel eines langgehegten Wun-

sches. Besonders anschaulich wird diese Differenz zwischen der krisen-
anfälligen natürlichen und der ersehnten assistierten Familienbildung an
der Lebensgeschichte von John und Lesley Brown, den Eltern des ersten
in vitro gezeugten Babys. Beide stammen wie erwähnt aus problematischen Verhältnissen: Lesley wächst nach der Wiederverheiratung ihrer
Mutter sogar im Kinderheim auf, soll zu einer Pflegefamilie nach Australien ziehen und landet dann bei einer Tante. Als umherstreunender, halt-
loser Teenager lernt sie den Halbwaisen John kennen, der schon einmal
verheiratet war und nun allein mit seinen zwei Kleinkindern lebt, von
denen er eines zur Adoption freigibt, das andere seinerseits in einem
Kinderheim unterbringt. Die ersten Eltern eines IVF-Babys, daran lässt
ihre Autobiographie keinen Zweifel, haben das konventionelle Lebensmodell »Familie« in den 1950er und 1960er Jahren von der düstersten
Seite her erlebt, als generationenübergreifende Aneinanderreihung von
ungewollten Schwangerschaften, überforderten Eltern, Trennungen
und Abschiebungen. Als Lesley bei John unterkommt, eine eigene Familie gründen will und dann feststellen muss, dass sie physiologisch dazu
nicht in der Lage ist, wertet sie diese Nachricht als Besiegelung ihres Le-
bensfluchs: »Es war schlimm genug, als Kind keine richtigen Eltern
gehabt zu haben«, schreibt sie. »Ich hatte mich anders als alle anderen
gefühlt, als ich ins Kinderheim gesteckt wurde. Nun, da ich selbst auch
keine Kinder bekommen konnte, wusste ich, dass das wirklich zutraf.«[9]
An diesem Nullpunkt der Hoffnungen werden Lesley und John auf die
Aktivitäten Patrick Steptoes aufmerksam, und das Mirakel der künstlichen Befruchtung wendet ihr Schicksal. Die In-vitro-Fertilisation
macht aus den Opfern dysfunktionaler Familien eine intakte. Nach der
Geburt von Louise sucht Lesley Brown sogar zum ersten Mal seit der
Kindheit wieder Kontakt mit ihrer eigenen Mutter.

   In einem 1986 erschienenen *Spiegel*-Artikel zur assistierten Empfängnis schrieb die Grünen-Politikerin Waltraud Schoppe: »Die Reproduktionstechnologien führen das Modell der bürgerlichen Kleinfamilie ad
absurdum.«[10] Vermutlich ist genau das Gegenteil richtig: Die Reproduktionstechnologien haben das Modell der bürgerlichen Kleinfamilie
aufrechterhalten und in seiner Logik bestätigt. Dass routinierte, tenden-

ziell überkommene Sozialrituale gerade von ehemals ausgeschlossenen Gruppen erneuert werden, zeigen auch die aktuellen Diskussionen um die Heiratserlaubnis für gleichgeschlechtliche Paare; das Urteil des Obersten Gerichtshofs in den USA etwa, das die politische Diskriminierung der »Homoehe« für verfassungsfeindlich erklärte, führte vor kurzem zu landesweiten Jubelfeiern. Und genau in diesem Sinne hatten Aldous Huxley und die mit seinem Roman bewehrten Kritiker der künstlichen Befruchtung auf kolossale Weise unrecht: Die liebevoll verbundene Kleinfamilie und die technologisch unterstützten, asexuellen Methoden der Fortpflanzung schließen sich eben nicht aus. Eine stimmigere Diagnose aktueller Familienbildung liefert eher Kim Bergman, die Gründerin der Leihmutter-Agentur »Growing Generations« in Los Angeles. »Die Entstehung jedes Kindes«, sagt sie in aller Pragmatik, »geht auf vier Faktoren zurück: ein Spermium, eine Eizelle, eine Gebärmutter, ein Zuhause. Die erste drei Faktoren können beliebige Personen beisteuern. Was Eltern und Familien aber ausmacht, ist allein das Zuhause.«

Wer im Jahr 2014 nach Fernsehserien sucht, die möglichst konventionelle Familiengeschichten erzählen, mit Episoden über die kleinen, biederen Freuden des Hochzeittags oder Valentinstag, landet unweigerlich bei den Sitcoms »Modern Family« oder »The New Normal«. Im Mittelpunkt dieser Serien stehen zwar gleichgeschlechtliche Paare, mit einem adoptierten oder von einer Leihmutter ausgetragenen Kind, aber das Bild von Familie, das sie entwerfen, verbindet, wie die Titel schon sagen, die Neuheit ihrer Entstehung mit einer fast zelebrierten Normalität. Der Regenbogen, der diesen Familien ihren Namen gegeben hat, strahlt weniger bunt auf die akkurat gemähten Vorgärten als gedacht. Man kann diesen Willen zur Konvention auch daran erkennen, welche Rolle die gemeinsamen Mahlzeiten am Familientisch in den Geschichten spielen. Das Bild der im Esszimmer versammelten Eltern und Kinder ist eine der großen Ikonen der Bürgerlichkeit im 19. und frühen 20. Jahrhundert. Umgekehrt wurde die bedrohliche Ausfransung der Familie in den letzten Jahrzehnten mit Vorliebe am Aussterben der gemeinsamen Mahlzeiten illustriert; ungezählt die Filmszenen oder soziologischen Forschungsberichte, in denen gerade das Fehlen des Esstisches in den lieblosen Wohnungen, das allein auf der Fernsehcouch heruntergeschlungene Junk Food, die Entfremdung zwischen den Generationen anzeigen sollte. In Büchern und Filmen nun, die von »Regenbogenfamilien« handeln, fällt sofort ins Auge, mit welcher Sorgfalt und rituellen Bedeutung die Mahlzeiten arrangiert sind. Alle Schlüsselszenen von »The Kids Are All Right« etwa spielen an einem großzügigen Esstisch: die erste Begegnung mit dem Samenspender Paul im Haus der beiden Mütter, die aufwendige Gegeneinladung des Spenders, bei der Nic entdeckt, dass ihre Lebenspartnerin Jules eine Affäre mit ihm hat, schließlich das große Aussöhnungsgespräch der Familie am Vorabend der Reise ins neue College der Tochter, währenddessen Paul vor dem Fenster steht und einen letzten Blick auf die durch ihn gezeugten Kinder wirft. Die exotisch anmutenden Familien wahren die Insignien der Bürgerlichkeit wie kaum noch eine gewöhnlich entstandene. Auch die Reflexionen Arthur Kermalvezens über sein Leben als »Spenderkind« kreisen immer wieder um Szenen des Essens: »Jede Familie«, schreibt er, »hat ihre Eigenarten. Bei uns wird bei Tisch nicht ferngesehen, und die Mahlzeiten sind ebenso wie gemeinsame Autofahrten dazu da, um miteinander zu reden.« Seine Sozialisierung zu einem vollwertigen Familienmitglied vollzog sich in seiner Erinnerung vor allem bei diesen Gelegenheiten. Als Kind sei er bei Tisch lange schweigsam gewesen, aber dann begann er, »beim Essen zu reden. Ohne Fehler. Und so wurde ich in den Augen meines Vaters zu einem akzeptablen Gesprächspartner.«[11]

Gerade die Unterbrechung der Abstammungslinie führt also dazu, dass diese Lücke mit umso größerem Aufwand durch symbolische Legitimationen der Zusammengehörigkeit wettgemacht wird. Die produktive *Erzählung* der Familiengeschichte – im Unterschied zu einem kontingenten, mehr oder weniger gewollten biologischen Ereignis, das diese Geschichte in Gang setzte – soll die Bindung zwischen den Generationen festigen. Deshalb sind im Milieu der assistierten Empfängnis auch Bilder von Babys, Kindern und jungen Familien allgegenwärtig. Das zeigt sich bereits in der Einrichtung und im Design von Samenbanken oder IVF-Kliniken, deren Räume und Broschüren gewöhnlich von solchen Aufnahmen gesäumt sind. (Schon Noel Keane, der erste Leihmutter-

Makler der Geschichte, sammelte Fotos aller durch seine Vermittlung entstandenen Babys.) Auch die Erinnerungsalben der Familien sind mit einem besonderen Maß an Disziplin gestaltet: In einem Zeitungsporträt über Stina, Gründerin des Vereins »Spenderkinder«, ist von einem Foto-buch die Rede, das sie beim Auszug aus dem Elternhaus geschenkt be-kommen hat: »Es sind hymnische, selige Texte«, schreibt die Autorin. »So etwas kenne sie von Eltern ihrer Freunde nicht, das würden nicht viele machen.«[12] Eine bemerkenswerte Ausprägung findet dieser Darstel-lungswille schließlich in einem neuen Genre von Aufklärungsbüchern, die auf die Herkunft der Kinder durch künstliche Befruchtung und Gametenspende abgestimmt wurden. Sie heißen »Sometimes it Takes Three to Make a Baby«, »How Babies and Families are Made (There is More Than One Way!)« oder »So That's Where I Came From«. Websites von Familieninitiativen oder Gay Communities vertreiben die Bücher in den USA inzwischen in großer Zahl; viele der Titel sind in unterschied-lichen Versionen bestellbar, je nachdem, ob die Familien durch IVF und ICSI, Samenspende, Eizellspende oder Tragemutterschaft zustande ge-kommen sind. Die Beliebtheit dieses Genres rührt offensichtlich auch daher, dass die technische Zeugungsweise die Autoren und vorlesenden Eltern von Diskretionsproblemen befreit, die ansonsten bei der Aufklä-rung von Kindern auftauchen: Über Sex muss hier nicht gesprochen werden. »Die Sprache ist sehr einfach«, heißt es im Ankündigungstext eines Buches, »das Wort ›Zelle‹ wird eher gebraucht als ›Ei‹ oder ›Sper-mium‹.«[13]

Die wichtigste symbolische Handlung aber, die das Fehlen einer gene-tischen, auf dem Geschlechtsakt beruhenden Verbindung der Eltern zu ihrem Kind ausgleichen soll, ist das Schreiben, das Verfassen von Lebens-geschichten. Schon in einer Zeit, in der Samenspende und künstliche Befruchtung noch als dämonische Experimente galten, lässt sich dieser Reflex beobachten. In Hanns Heinz Evers' Roman »Alraune« von 1911 beginnt der Arzt, der die Insemination durchgeführt hat, wie erwähnt ein Tagebuch über Alraunes Entwicklung und skizziert bereits vor ihrer Geburt die »kurze und einfache Lebensgeschichte«[14] ihrer Eltern, der Prostituierten und des gehenkten Mörders. Arthur Kermalvezen wiederum berichtet, dass seine Mutter »keine Ruhe« fand, »bevor sie nicht in schriftlicher Form etwas über ihre Kinder als ihre Nachkommen festgehalten und uns somit in die Tradition ihrer Familie eingeschrieben hatte. Seit unserer Geburt führte sie für Justine, Audrey und mich jeweils ein kleines Heft.« Als Arthur 18 ist, überreicht die Mutter ihm sein Exemplar. »Ich hänge sehr an diesem Heft«, schreibt Kermalvezen, »denn die Leute meinen oft, dass ich bei der Suche nach meinem Erzeuger auch ein Familienleben suche. Doch ich habe eins, das mir gefällt.« Tagebücher, Briefe, Stammbäume, Biographien – Vergewisserungsrelikte der Genealogie, die in einer Zeit des Vaterschaftsnachweises durch DNS-Abgleich ihre kollektive Bedeutung längst eingebüßt haben – spielen in diesen Familien mit beinahe gesetzmäßiger Regelmäßigkeit eine große Rolle. In den Erinnerungsalben, die auch Kermalvezens Mutter »immer mit viel Freude und Sorgfalt anlegte«, schreibt sie unter ein Foto von Arthur, seinem Vater und seinem Großvater einmal: »Drei Generationen.«[15] Die Schrift soll die Kontinuität der Abstammung gewährleisten. Elizabeth Kane, die erste kommerziell vermittelte Leihmutter, führt während ihrer Schwangerschaft 1980 ebenfalls ein Tagebuch, dessen Einträge dann zum Gerüst ihrer Memoiren werden. Als Kane nach der Geburt des Jungen erkennt, dass ihr Agent sie betrogen hat und ihr keine Zeit mehr bleibt, sich von dem Neugeborenen zu verabschieden, schreibt sie ihm noch im Krankenhaus einen Brief, in dem sie ihm die Lebensgeschichte seiner leiblichen Mutter ausführlich erzählt.[16] Von Frauen wiederum, die heute durch eine Eizellspende Mutter werden, ist das Ritual bekannt, schon kurz nach den Embryotransfers eine Korrespondenz mit ihrem ersehnten Baby zu beginnen: »Liebes Kind«, schreibt eine, »ich habe dich schon so lange gewollt, dass es jetzt fast ein bisschen schwierig für mich ist, an Dich wie an ein wirkliches Wesen zu denken. Vielleicht sollte ich mich erst vorstellen: Ich bin, wenn alles gut geht, Deine (oder Eure, man weiß ja nie...) Mutter. Auf eine Weise bist Du jetzt schon hier unter uns, als ein Gedanke, als ein Ausblick auf die Zukunft.«[17] »Blut ist dicker als Wasser« lautete der berüchtigte Satz, mit dem das Primat biologischer Verwandtschaft in der Ethnologie seit den Studien Lewis Henry Morgans Mitte des 19. Jahrhunderts besiegelt wurde. Im Angesicht des seit Jahrzehnten kriselnden Familienmodells und der stärkenden Infusionen neuer Gemeinschaftsformen könnte man dieses Verdikt um den Satz ergänzen, dass Worte und Verträge vielleicht noch dicker als Blut sind.

Psychologen und Sozialwissenschaftler, die den Verfahren der Reproduktionsmedizin prinzipiell wohlwollend gegenüberstehen, haben daher schon früh den empirischen Nachweis zu bringen gesucht, dass diese Familien – vorausgesetzt, sie gehen offen mit ihrer Entstehungsweise um – überdurchschnittlich glückliche Kinder hervorbringen. Die englische Psychologin Susan Golombok etwa hat seit den achtziger Jahren etliche Studien geleitet und publiziert, die allesamt zu ähnlichen Ergebnissen führen: dass nämlich Paare, die durch In-vitro-Fertilisation, Samenspende (und später auch durch Eizellspende) zu Eltern geworden sind, »liebevoller mit ihren Kindern umgehen, größere emotionale Nähe empfinden, mehr mit ihnen interagieren und weniger Stress bei der Erziehung spüren«[18] als in natürlich entstandenen Familien. Der Hauptgrund für diese Diagnose liegt den Autoren zufolge darin, dass Kinder, deren Zeugung mit jahrelangem emotionalen, körperlichen und finanziellen Aufwand verbunden war, immer Wunschkinder sein müssen, denen mehr Zuneigung entgegengebracht wird als jenen, die häufig das Resultat einer Fahrlässigkeit oder der bloßen ehelichen Pflicht sind. Wie es die Psychologin einer amerikanischen Leihmutter-Agentur formuliert: »Es gibt kein Kind, das mit größerer Unbedingtheit gewollt wurde, als das Kind eines unfruchtbaren Paares«.[19] Diese Haltung galt unter den psychologischen Diagnosen zur Reproduktionsmedizin nicht immer. Im Jahr 1949 hieß es in einem kritischen Beitrag über die Samenspende noch, dass »in Ehen, in denen der Wunsch nach künstlicher Fremdbefruchtung auftaucht, [...] eine latente Ehekrise mit größerer Wahrscheinlichkeit in Rechnung zu stellen« sei. Doch auch die Stimmen, die den langanhaltenden Willen zur Elternschaft bei infertilen Paaren eher als Vorteil für die Entwicklung der Kinder bezeichnen, melden sich überraschend früh. Schon 1960 verteidigt der Jurist Heinrich Richter die in Deutschland noch schroff zurückgewiesene Methode der heterologen Insemination mit dem Argument, man werde »zugeben müssen, daß wohl nur selten bei einer natürlichen Zeugung eine so gründliche Prüfung und Überlegung vorangehen wird, wie sie bei der künstlichen Samenübertragung wegen aller damit verbundenen Schwierigkeiten, Peinlichkeiten und Gefahren die Regel ist«.[20]

Der Erkenntniswert empirischer Untersuchungen über die emotionale Verfassung von Familien bleibt immer problematisch, weil sich eine Kategorie wie »Glück« nur schwer mit den Mitteln der quantitativen Sozialforschung messen lässt. Was sich gleichwohl sagen lässt, ist, dass einige der Kardinalprobleme, die Psychoanalytiker von Freud und Otto Rank bis zu David Cooper im Beziehungsgeflecht der Familie zu identifizieren geglaubt haben, immer auch an die biologische Verbindung der Generationen geknüpft waren. Die fatale Struktur des Ödipuskomplexes etwa gilt bei Freud nur für blutsverwandte Familien. Wenn man den eigenen Lektüreeindrücken und dem Gesamtregister der Londoner Werkausgabe trauen darf, hat er sich nirgendwo darüber geäußert, ob seine Neurosenlehren in ebensolcher Weise auf Eltern mit Adoptivkindern zuträfen. Von den vereinzelten Stellen in Freuds Werk, in denen er über die utopische Entkoppelung der Kinderzeugung von der Sexualität als einer »Befreiung vom Naturzwange« nachdenkt, war bereits die Rede.[21] Auch diese Phantasien sprechen dafür, dass sich das psychoanalytisch vermessene Minenfeld »Familie« immer auf die im sexuellen Akt der Eltern entstandene Lebensgemeinschaft bezieht. Die Ablösung der Familienbindung von der biologischen, geschlechtlich reproduzierten Verwandtschaft würde Freud also tendenziell als erwünschte Abkühlung latenter Neurosenherde verstehen. Ganz ähnlich äußert sich auch David Cooper Anfang der siebziger Jahre in seinem Traktat gegen die seiner Ansicht nach einschnürende, krankmachende Sozialform namens Kleinfamilie: »Vielleicht«, schreibt er im Sinne einer Gegenbewegung, »muß jeder von uns die Möglichkeit wiederentdecken, seine Herkunft anzuzweifeln«.[22] Die Frage lautet also: Leiten sich die fast unweigerlichen Familienkrisen, die die Literatur seit zweihundertfünfzig und die Psychoanalyse seit hundert Jahren diagnostizieren, nur vom kontinuierlichen Zusammenleben der Eltern mit ihren Kindern her? Oder hängen sie, wofür vieles spricht, auch mit der sexuell reproduzierten Blutsverwandtschaft zwischen den Generationen zusammen? Familien, deren Entstehung sich den Verfahren der assistierten Empfängnis verdanken, wären in dieser Hinsicht von manchen Grundkonstellationen psychischer Defekte dispensiert.

Eine letzte, weit zurückreichende Frage ist in diesem Zusammenhang noch zu klären. Wenn Vertreter der Kirchen oder der konservativen Parteien heute über ihre Vorbehalte gegen die Reproduktionstechnologien sprechen, kommt die Rede häufig auf das Urmodell christlicher Gemeinschaft: die Heilige Familie. In ihr, heißt es, sei für alle Zeiten ein Vorbild familiären Lebens bewahrt, das nicht verunstaltet werden darf. Wenn man die Verbindungslinien zwischen Maria, Joseph und Jesus aber genauer betrachtet – fallen dann nicht schon auf den ersten Blick verschiedene Fragmentierungen und Verdoppelungen ins Auge? Maria und Joseph haben Jesus nach christlicher Auffassung nicht geschlechtlich gezeugt; der Samen Gottes, der seinen Sohn hervorbringen soll, ist durch den Botendienst des Heiligen Geists in den Körper Marias gelangt. Man könnte also in der heutigen Terminologie der Reproduktionsmedizin beinahe sagen, dass Maria die Leihmutter Jesu sei, der Heilige Geist der Samenspender und Joseph der soziale Vater. Den Protagonisten der assistierten Empfängnis ist diese merkwürdige Tradition nicht verborgen geblieben. Seit über hundert Jahren taucht in ihren Selbstzeugnissen der Bezug zur Heiligen Familie auf. Schon im Jahr 1908 schreibt Otto Adler über die Praxis der homologen Insemination: »Ein Weib zu allen Zeiten bis in die neueste hinauf, das die Stirn gehabt hätte, eine Schwangerschaft ohne Beiwohnung zu behaupten, wäre verlacht, verspottet, gesteinigt worden. Nur einen einzigen gläubigen derartigen Fall kennt die Welt, die Beschattung der Maria durch den heiligen Geist.«[23] In einem der ersten Leihmutter-Arrangements, von denen Noel Keane in seinem Buch berichtet, stellt sich heraus, dass die 24-jährige Sue, die für ihre unfruchtbare Mitbewohnerin ein Kind austrägt, noch Jungfrau ist. Die Freundin führt die Injektion mit dem Samen ihres Mannes selber durch und bemerkt dabei Sues unversehrtes Hymen. »Ich habe in dieser Nacht ihr Jungfernhäutchen nicht durchstochen«, gibt sie Keane zu Protokoll. »Ich habe mit der Spritze einfach dagegengestoßen, kam aber nicht in die Vagina hinein. Das Häutchen riss erst, als der Gynäkologe sie untersuchte.« Die allgemeine Überraschung über Sues Schwangerschaft erklärt ihnen der Arzt später damit, dass Flüssigkeiten (wie auch das Menstruationsblut) bei intaktem Hymen die Vagina passieren können. Noel Keane kommentiert diese Szene in seinem Buch mit den Worten: »Näher kann man einer unbefleckten Empfängnis nicht kommen.«[24] In Arthur Kermalvezens Buch »Ganz der Papa« schließlich heißt es: »Dass ich keinen Zugang zu meiner genetischen Herkunft habe, hat auch dazu geführt, dass ich mir bestimmte Fragen zu Jesus, dem ›Sohn Gottes‹ stelle. Schon immer hat mich die Geschichte rund um seine Geburt gestört. Weil meine Zeugungsumstände so starken Einfluss auf mein Leben haben, konnte ich nicht verstehen, warum das bei Jesus nicht der Fall war.« Und an die Adresse der konservativen Kritiker assistierter Empfängnis richtet das »Spenderkind« Kermalvezen den Verdacht: »Jedenfalls entspricht das Bild der christlichen Familie, das die Kirche mit ihrem Beharren auf den Naturgesetzen und der Warnung vor DI heutzutage geltend macht, nicht dem der Familie von Jesus. Könnte man es nicht so sehen, als ob Jesus durch DI gezeugt wurde?«[25]

Warum ist ausgerechnet eine Kleinfamilie zum christlichen Urbild der Gemeinschaft geworden, deren Beziehungsstruktur von derart auffälligen Brüchen durchzogen ist? Albrecht Koschorke hat dieser Frage vor 15 Jahren ein Buch gewidmet, das an Jack Goodys Überlegungen zur historischen Verdichtung des Familienkonzepts anschließt. Auch Jesus' Familie durchläuft, auf dem Weg von den Berichten der Evangelisten zum ikonischen Zentrum christlicher Religion, einen konstanten Prozess der Intimisierung. In der Bibel ist noch von zahlreichen Brüdern und Schwestern Jesu die Rede; zudem gibt es immer wieder Stellen, die gerade von der Unvereinbarkeit des Modells »Familie« mit der neuen Glaubensgemeinschaft handeln. (»Wer Vater und Mutter mehr liebt als mich«, sagt Jesus, »der ist mein nicht wert.«) Die Herausbildung des Emblems »Heilige Familie« hängt laut Koschorke mit jener langen Machtprobe zwischen dem Christentum und den einflussreichen Sippenverbänden zusammen. Eine Glaubensgemeinschaft, die sich als Staatsreligion versteht, muss Menscheneinheiten bilden, die besser zu kontrollieren sind als große Dynastien. Die Heilige Familie (und ihre kontinuierliche Intimisierung in der Bilddarstellung) liefert diesem Vorhaben effektive ikonographische Munition – und das gerade auch durch ihre Abweichungen. Denn die Spaltung der Vaterfigur, in »die anwesende unzuständige und die abwesende, aber aus der Ferne herrschende patriarchale Instanz«, erweist sich als politisch hochproduktive Familienkonstellation. In einem funktionsfähigen Staat, schreibt Albrecht Koschorke, sind solche »transzendenzhörigen Kleinfamilien« wie Maria, Joseph und Jesus dankbare Adressaten, ausgerichtet auf eine externe Autorität, deren »Direktiven im Namen des Vaters ergehen«.[26]

Vielleicht ließe sich die heutige Konjunktur der Familienbildung durch Hinzunahme Dritter also auch in dieser langen christlichen Tradition verstehen. Die neuen Lebensgemeinschaften stärken nicht nur die Repräsentationskraft eines ausgezehrten Sozialmodells, sondern sie sind in ihrer Erleichterung, durch äußere *Assistenz* (von Ärzten, Spendern und Parteiprogrammen) doch noch Eltern geworden zu sein, auch vergleichsweise leicht zu regierende Staatsbürger. Denn ihr tiefster Lebenswunsch hat sich nicht durch simple, gesetzlich unregulierte sexuelle Vereinigung erfüllt, sondern zuallererst durch politische Grundbedingungen. Zweitausend Jahre nach den ersten Modellierungen der Heiligen Familie sorgt die moderne Reproduktionsmedizin dafür, dass jene offenen Flanken und Substitutionen der Vater- und Mutterstelle Tag für Tag in realen Lebensgemeinschaften zur Geltung kommen. Diese Tatsache gibt keinesfalls zu der Befürchtung Anlass, dass pathologische Auswüchse das natürliche Familiengebilde überwuchern. Sie ist aber auch nicht einfach als subversive Emanzipationsleistung zu verstehen. Die mit Unterstützung der Reproduktionstechnologien entstandenen Familien sind schlichtweg die zeitgenössische Ausprägung eines traditionellen Lebensmodells.

Und weil das so ist, gibt es in Deutschland inzwischen Tausende von Familien wie Miriam, Liane und ihre kleine Tochter Charlotte aus München. Die 36-jährige Ärztin und die 54-jährige Verwaltungsangestellte sind seit über 15 Jahren ein Paar. Lange schon wollten sie eine Familie gründen, aber gleichgeschlechtliche Paare dürfen nach dem deutschen Familienrecht immer noch nicht gemeinsam ein Kind adoptieren. Im

Jahr 2010 sind die beiden Frauen dennoch Eltern geworden, Miriam hat ein Kind zur Welt gebracht, und die Umstände seiner Entstehung geben eine Sphäre der assistierten Empfängnis zu erkennen, die unterhalb der Schwelle von Institutionalisierung und kommerzieller Organisation bleibt. Denn der Erzeuger von Charlotte ist kein Spender einer Samenbank (obwohl die beiden Frauen nur ein paar Straßen von Michael Poludas Praxis entfernt wohnen), sondern ein Mann, den sie über eine Annonce auf einer Website für Regenbogenfamilien kennengelernt haben. Er hat das Kind nach der Geburt für eine Stiefkindadoption durch die Lebenspartnerin der Mutter freigegeben. (Dieses Verfahren stellt in der rechtlichen Grauzone der Familienbildung durch Samenspende wie erwähnt die einzig verbindliche Regelung dar.) Initiativen wie regenbogenfamilien.de haben auf ihren Websites auch eine Art Kleinanzeigenmarkt aufgebaut, auf dem lesbische Paare einen Samenspender suchen oder (fast immer schwule) Männer sich als Samenspender zur Verfügung stellen. Geld spielt in den Arrangements meist keine Rolle; die Motivationen dieser *Spender*, die ihren Namen ausnahmsweise wirklich verdienen, sind rein altruistisch oder gehen auf ihren Wunsch zurück, ein Kind zu zeugen, ohne die volle Verantwortung einer Vaterschaft zu übernehmen. Zudem ist es für Männer in einer gleichgeschlechtlichen Partnerschaft in Deutschland ungleich schwerer, eine Familie mit Kindern zu gründen. Gemeinsam mit einem lesbischen Paar ein Kind in die Welt zu setzen, ist daher für manche von ihnen eine naheliegende Idee.

Auch bei Alex, einem Computerunternehmer Ende dreißig, ist es dieser Wunsch nach einem Kind gewesen, der ihn dazu bewegt hat, im Sommer 2008 eine Anzeige zu veröffentlichen. Miriam und Liane beginnen einen E-Mail-Wechsel mit ihm, bitten ihn um ein Foto, und an einem Abend im Herbst laden sie ihn und seinen Freund zu einem Abendessen in ihr kleines Haus im Münchner Westen ein. Der erste Eindruck, den Miriam von dem möglichen Erzeuger ihres Kindes hat, ist seine Ruhe und Rationalität; »wir mussten damals die ganze Unterhaltung bestreiten«, erinnert sie sich später. Im Dreivierteljahr darauf treffen sie sich zwei- oder dreimal pro Monat, und von Mal zu Mal konkretisiert sich ihr Vorhaben. Alle drei stimmen darin überein, dass Alex später regelmäßigen Kontakt zu dem von ihm gezeugten Kind haben soll. Dass Miriam die austragende Mutter sein wird, ist wegen Lianes Alter von Anfang an klar.

Das Vertrauensverhältnis zwischen den dreien – weder durch medizinische Anamnesen noch durch Verträge abgesichert – ist immens. Niemand kann genau wissen, ob sich Alex nach der Geburt des Kindes wirklich zur Adoptionsfreigabe entscheidet, oder ob Miriam und Liane ihr Versprechen einhalten, dass er das Baby zunächst einen Nachmittag in der Woche sehen und später auch mehr Zeit mit dem Kind verbringen kann. »Ich habe keine Bedenken«, sagt Liane in den Wochen vor der Geburt einmal, »das Kind den beiden Jungs für einen 14-tägigen Urlaub zu geben«. Wenn in den Samenbanken aufwendige »Screenings« der Auswahl eines Spenders vorausgehen, reduzieren sich die Untersuchungen in diesem Fall auf einen HIV- und Hepatitis-Test. Die genetische Disposition ihres Spenders interessiert die beiden Frauen bis auf den Ausschluss von Erbkrankheiten ohnehin nicht: »Das ist doch Lotto mit Genen, was wir hier tun«, sagt Miriam, die künftige Fachärztin für innere Medizin. Liane und sie vertrauen vielmehr dem Faktor der Erziehung, und als wichtigste Eigenschaft ihres Samenspenders gilt ihnen nicht attraktives Aussehen oder intellektuelle Brillanz, sondern dass er »jemand ist, mit dem man so ein Abkommen verbindlich schließen kann, und bei dem wir uns vorstellen können, dass wir den nächsten Jahrzehnten gut miteinander auskommen«.

Auch die künstliche Befruchtung selbst, an einem Tag im April 2009, kommt ganz ohne medizinischen Rahmen aus. »Eigentlich hat es gar nicht gepasst«, sagt Miriam im Rückblick, »weil ich ausgerechnet hatte, dass mein Eisprung schon zwei Tage zuvor gewesen war«. An diesem Tag feierte Liane aber ihren 50. Geburtstag, und auch am Morgen danach war das ganze Haus noch mit Gästen von auswärts besetzt. Alex' Besuch kommt also laut Miriam zwei Tage zu spät. »Ich habe mir gedacht: Dann machen wir halt einfach nur eine Generalprobe.« Alex geht mit einem ausgewaschenen Joghurtbecher ins Gästebad, Miriam hat in der Apotheke eine Spritze besorgt – und tatsächlich: Sie wird an diesem Tag sofort schwanger! »Sei froh, dass du nicht hetero bist«, sagt Liane bei einem der Gespräche auf der Eckbank ihrer kleinen Küche, »bei deiner Fruchtbarkeit wärst du garantiert mit 15 Mutter geworden!«

Alex sehen die beiden Frauen nach der erfolgreichen Befruchtung weniger als zuvor; sie zeigen ihm aber in den Monaten darauf regelmäßig die neuesten Ultraschallbilder, und Miriam hält ihn auf dem Laufenden über die Fortschritte ihrer Schwangerschaft. Am 24. Januar 2010 kommt Charlotte zur Welt. Die Geburt ist leicht, dauert nur zweieinhalb Stunden. Vier Wochen später treffen sich Miriam, Liane und Alex bei einem Notartermin und setzen ihre Unterschriften unter den Adoptionsantrag. »Es bestanden zwar für Alex nie Zweifel, was er tun würde«, erinnert sich Miriam, »aber als Charlotte dann konkret da war, haben wir uns trotzdem noch einmal unsicher gefühlt. Beim Notar habe ich Alex angemerkt, dass ihm diese Unterschrift nicht leicht fiel, weil er bei seinen ersten Besuchen nach der Geburt schon begonnen hatte, eine Beziehung zu Charlotte aufzubauen. Dass er es trotzdem getan hat, rechne ich ihm bis heute hoch an.« Am belastendsten ist für Liane und Miriam fortan die Ungewissheit, ob die Stiefkindadoption von den Behörden akzeptiert werden würde. Zwei Jahre dauert es, bis der Prozess der Adoption abgeschlossen ist. Danach haben sich die Verhältnisse zwischen den beiden Müttern und dem Erzeuger des Kindes gewendet: »Jetzt ist Alex ganz auf unser Vertrauen angewiesen«, sagt Miriam.

In den Gesichtszügen ihrer Tochter erkennen die beiden den leiblichen Vater nicht wieder. Es sei vielmehr so, dass viele Menschen in ihrer Umgebung eine Ähnlichkeit zwischen Charlotte und Liane feststellen würden. Diese Beobachtung ist in der Geschichte der assistierten Reproduktion immer wieder gemacht worden. Schon im Jahr 1940 sagt ein amerikanischer Arzt über seine erste heterologe Insemination: »Interessant war vor allem, dass alle Freunde des Paares bemerkten, das Baby sei dem Vater wie aus dem Gesicht geschnitten.« Und Alan Guttmacher, der leidenschaftlichste Verfechter der Methode zu dieser Zeit, verteidigt sein striktes Gebot der Anonymität und Verschleierung mit den Worten: »Man muss schon ein Herz aus Stahl haben, um nicht von dem Anblick eines sterilen Vaters bewegt zu werden, der stolz auf seine beiden Kinder zeigt, die ihm, wie die Nachbarn sagen, so sehr gleichen.«[27] Die Wahrneh-mung von »Ähnlichkeit«, diesem Fetisch der blutsverwandten Genealogie, ist also vielleicht willkürlicher und stärker über die sozialen Beziehungen gesteuert als im ersten Moment gedacht. Haben Miriam und Liane dennoch eine Geste, eine Verhaltensweise an ihrer Tochter entdeckt, die erkennbar auf eine Verbindung mit dem Erzeuger weist? »Ja«, sagt Miriam, »wenn man Charlotte die Haare fönt, sträubt sie sich extrem dagegen, und Alex sagte einmal, dass er das als Kind auch nie ertragen hat«.

Im ersten Jahr nach Charlottes Geburt kommt ihr leiblicher Vater immer am Montagnachmittag zu Besuch, zwei Stunden lang. Liane zieht sich dann lieber in den ersten Stock des Hauses zurück; sie hat ihre Unbefangenheit im Umgang mit Alex in dieser Zeit, in der die Stief-kindadoption noch nicht vollzogen ist, ein wenig verloren. Wie wichtig sind diese Besuche für das Kind? »Der Gedanke, wer ihr Vater ist«, sagt Miriam, »wird, glaube ich, erst im Alter von zehn oder 15 für Charlotte interessant.« Das Verhältnis der beiden Frauen zu dem Samenspender distanziert sich in diesem ersten Jahr vorübergehend. Kurz vor Weih-nachten, Charlotte ist elf Monate alt, erwähnt Alex einmal, dass er alleine feiern werde, weil sein Freund über die Feiertage verreist sei. Sie glauben in diesem Moment, dass er erwartet, von ihnen eingeladen zu werden. Aber sie gehen nicht auf diesen Wunsch ein. »Meine Familie«, sagt Miriam, »sind Liane, Charlotte und ich. Meine Eltern sind die erweiterte Familie. Alex ist ein Bekannter, er kann eine Bereicherung sein, aber er ist kein Elternteil. Er kann mit Charlotte gerne in den Tierpark gehen oder ihr etwas vorlesen. Aber wir müssen aufpassen, dass wir nicht auto-matisch in das Modell ›geschiedener Vater‹ rutschen.« Und was wäre daran so schlimm? »Na ja, es ist halt einfach nicht wahr. Ich hatte nie eine Beziehung mit ihm.«

Charlotte, die kurz vor ihrem ersten Geburtstag schon die ersten Wör-ter sprechen kann, nennt beide Frauen zunächst »Mama«. Als sie älter wird, heißt Liane irgendwann ›Mami‹. Diese Familienkonstellation, zwei Mütter und eines oder mehrere Kinder, erscheint heute als akzeptiertes Modell; Marina Rupp hat 2009 in der bislang aufwendigsten Studie über »Regenbogenfamilien« die Zahl der Kinder, die in Deutschland auf diese Weise aufwachsen, auf gut 6000 beziffert.[28] Die Verdoppelung der Mutterschaft wurde aber auch im liberalsten Klima der assistierten Reproduktion lange als problematisch angesehen; sogar in Kalifornien entschied der Supreme Court erst im Jahr 2005 kategorisch, dass zwei Frauen die legitimen Eltern eines durch assistierte Reproduktion entstandenen Kindes sein können. In Deutschland sind Leihmutterschaft und Eizellspende zwar als unzulässige Spaltung der Mutterposition verboten, aber im Sinne einer Erziehungsgemeinschaft nach Stiefkindadoption wird diese Spaltung bei Frauen, die in einer eingetragenen Partnerschaft leben, geduldet. Mit den öffentlichen Reaktionen auf ihre unkonventionelle Familie sind Miriam und Liane nun, da sie beide wieder arbeiten und Charlotte in einer Kinderkrippe angemeldet haben, häufiger konfrontiert. Wenn Miriam etwa von anderen Müttern oder Vätern am Morgen angesprochen wird, wann sie Charlotte nachmittags abhole, macht sie eine Art Experiment: »Ich sage dann immer: ›Das weiß ich nicht, da kommt ja meine Frau‹, und dann warte ich auf die Reaktionen. Wenn sich die Leute trauen, nachzufragen, dann kann es schon sein, dass ich mehr erzähle.« Auf welche Weise Charlotte genau entstanden ist, wollte aber noch keiner wissen. Neulich war Miriam auf einem Elternabend, und auf dem Heimweg wurde sie von einer anderen Mutter gefragt, ob der Vater von Charlotte eigentlich bei der Geburt dabei gewesen sei. »Da habe ich gesagt: ›Der war nicht mal bei der Zeugung dabei.‹«

Zwei Jahre später, kurz vor Charlottes viertem Geburtstag, hat sich das Verhältnis zwischen den beiden Frauen und Alex eingespielt. Er kommt weiterhin einmal in der Woche nachmittags zu Besuch oder holt das Kind im Kindergarten ab; der Tag wird zu Beginn der Woche per SMS vereinbart. »Die Beziehung ist enger geworden«, sagt Miriam heute, »ich würde jetzt schon denken, dass er zum Familienkreis gehört. Für Charlotte definitiv. Sie hat Alex ja auch regelmäßig gesehen.« Wenn sich jede junge Familie nach der Geburt des ersten Kindes ein wenig abschotte, sagt sie, habe das in ihrem Fall in besonderer Weise gegolten. »Wir mussten ja zuerst schauen, wie das mit uns zu dritt als Kernfamilie überhaupt funktioniert, ob das für Charlotte sofort klar sein würde, dass

Liane und ich die Eltern sind, auch wie Liane selbst mit der Situation zurechtkommt«. Für eine vierte Person, den Samenspender, blieb in dieser Zeit kaum Platz. Das hat sich mit der Zeit aber geändert, und je sicherer die drei über die Jahre hinweg ihrer selbst geworden sind, desto unkomplizierter ist auch das Verhältnis zu Charlottes Erzeuger geworden. Die letzten beiden Weihnachtsfeste hat Alex sogar in dem kleinen Haus im Münchner Westen mitgefeiert.

Und wie empfindet Charlotte ihre Situation, die beiden Mütter zu Hause, die Nachmittage mit dem Mann, den sie meistens »Alex«, manchmal aber auch »Papa« nennt? Haben Miriam und Liane schon einmal ausdrücklich mit ihr über die ungewöhnliche Zusammensetzung ihrer Familie gesprochen? »Das Thema ist noch gar nicht aufgekommen«, sagt Miriam, »das liegt wahrscheinlich daran, dass fast alle ihre Freunde auch nicht unbedingt auf konventionelle Weise aufwachsen«. Ihre beste Freundin im Kindergarten hat geschiedene Eltern, die mit den neuen Lebenspartnern beide noch einmal Kinder bekommen haben, eine andere lebt mit der alleinerziehenden Mutter, ein dritter Freund so wie Charlotte mit zwei Müttern. »Das Modell Vater–Mutter–Kind sieht unsere Tochter wahrscheinlich nur als eine Variante unter anderen an.« Kürzlich hat Charlotte einmal ein Mädchen nach Hause eingeladen. Sie spielten »Familie«, ihre größte Puppe war das »Baby«, und dann konnten sich die beiden zuerst nicht einigen, wer welche Rolle einnehmen sollte. Charlotte wollte die Mutter sein, die Freundin hatte keine Lust, den Vater zu spielen, es drohte sich ein kleiner Streit zu entspinnen. Da sagte Charlotte irgendwann: »Sei du doch einfach auch die Mutter!« Für den Rest des Nachmittags war aus dem Kinderzimmer nichts mehr zu hören.

Literaturverzeichnis

Adler, Otto (1908), Homunculus. Medizinisch-juristische Betrachtungen über die künstliche Befruchtung; in: Geschlecht und Gesellschaft Jg. 3, S. 193–207

Allgemeines Landrecht für die preußischen Staaten (1835). Zweiter Theil, erster Band. Unveränderter Abdruck der Ausgabe von 1821. Berlin.

Almeling, Rene (2011), Sex Cells. The Medical Market for Eggs and Sperm. Berkeley u. a.

Amendt, Gerhard (1986/1988), Der neue Klapperstorch. Über künstliche Befruchtung – Samenspender – Leihmütter – Retortenzeugung. Die psychischen und sozialen Folgen der Reproduktionsmedizin. 2. überarbeitete Auflage. Bremen.

Ani, Friedrich (2005/2009), Das unsichtbare Herz. München.

Anonym (1853), Artikel »Zeugung«; in: Wagner, Rudolph (Hg.), Handwörterbuch der Physiologie, mit Rücksicht auf pathologische Physiologie, Band 4, S. 707–1018

Anonym (1870), Gedanken über die Konsequenzen der künstlichen Befruchtung; in: Wiener medizinische Presse Jg. 11, S. 449–451

Anonym (1921), Orford vs. Orford; in: Ontario Law Reports Vol. 49, S. 15–24

Anonym (1937), Conception in a Watch Glass; in: New England Journal of Medicine Vol. 217, S. 678–679

Anonym (1939), Frage 67; in: Münchener medizinische Wochenschrift Jg. 86, S. 624–625

Anonym (1940), Survey of Artificial Insemination; in: New York State Journal of Medicine Vol. 40, S. 1772

Anonym (1947), Julie Strnad, Plaintiff, v. Antoine Strnad, Defendant; in: Reports of Selected Cases Decided in Courts of the State of New York. Vol. 190. Miscellaneous Reports. Albany, S. 786–787

Anonym (1969a), What Comes After Fertilization; in: Nature Vol. 221 (1969), S. 613

Anonym (1969b), Embryo Outside the Body; in: Nature Vol. 223, S. 1041–1044

Anonym (1978a), »Und dies ist der Befruchtungsraum…«; in Süddeutsche Zeitung 29./30.7., Wochenend-Beilage.

Anonym (1978b), Reproductive Technology: Whose Baby; in: Nature Vol. 274, S. 409–410

Anonym (1981), Surrogate Mother-to-Be Fights to Keep Unborn Child; in: New York Times 25.3., http://www.nytimes.com/1981/03/25/us/surrogate-mother-to-be-fights-to-keep-unborn-child.html

Anonym (1982), Abraham und Hagar; in: Der Spiegel 18.10., S. 84–88

Anonym (1983), Surrogate Mother's Deformed Baby Rejected; in: New York Times 23.1., http://www.nytimes.com/1983/01/23/us/surrogate-mother-s-deformed-baby-rejected.html

Anonym (1985), New Method is Producing Fetus for a Woman Without a Uterus; in: New York Times 21.11., http://www.nytimes.com/1985/11/21/us/new-method-is-producing-fetus-for-a-woman-without-a-uterus.html

Anonym (1987a), Gebärmaschinen für 60 000 Mark; in: Süddeutsche Zeitung 3.10., S. 6

Anonym (1987b), Kein Schmerzensgeldanspruch bei Täuschung durch »Leihmutter«; in: Neue Juristische Wochenschrift Jg. 40, S. 1486–1489

Anonym (1988), Gestorben: Patrick Steptoe, Der Spiegel 28.3., S. 252

Anonym (1995), Editorial; in: Der Gynäkologe Jg. 28, Sonderausgabe »Vaginalsonographie in der Gynäkologie«, S. 219

Anonym (2006), Spermien außer Kontrolle; in: Focus 9.1., S. 80

Anonym (2013), Nobelpreisträger Robert Edwards: Meister der Retorte ist tot; in: Spiegel Online 10.4, http://www.spiegel.de/wissenschaft/medizin/robert-edwards-pionier-der-kuenstlichen-befruchtung-ist-gestorben-a-893620.html

Anselmino, K. J./Friedrichs, H. (1949), Die künstliche Befruchtung mit fremdem Samen in psychologischer Sicht; in: Medizinische Klinik Jg. 44, S. 1621–1624

Arditti, Rita/Duelli Klein, Renate/Minden, Shelley (1984/1985), Einführung; in: dies., Retortenmütter. Frauen in den Labors der Menschenzüchter. Reinbek, S. 7–13

Ariès, Philippe (1960/1975), Geschichte der Kindheit. München.

Aristoteles (1959), Über die Zeugung der Geschöpfe. Paderborn.

Aussprache Künstliche Befruchtung (1943); in: Medizinische Klinik Jg. 39, S. 72–75, 97–100, 123–126 und 147–150

Austin, C. R. (1961), The Mammalian Egg. Oxford.

Badinter, Elisabeth (1980/1988), Die Mutterliebe. Geschichte eines Gefühls vom 17. Jahrhundert bis heute. 4. Auflage. München.

Baer, Karl Ernst von (1828), Commentar zu der Schrift: *De ovi mammalium et homini genesi. Epistola ad Academiam scient. Petropolitanam;* in: Zeitschrift für die organische Physik Jg. 2, S. 125–193

Balz, Manfred (1980), Heterologe künstliche Samenübertragung beim Menschen? Rechtliche und politische Überlegungen zu einem Vorhaben des Europarats. Tübingen.

Bardenheuer, Franz Hubert (1942/1944), Die Unfruchtbarkeit der Frau: ihre Ursache und Behandlung, einschließlich der künstlichen Befruchtung. Zweite, erweiterte Auflage. München/Berlin.

Bäumer, Änne (1996), Geschichte der Biologie. Band 3. 17. und 18. Jahrhundert. Frankfurt am Main.

Bazelon, Emily (2008), Donor X; in: O, The Oprah Magazine, April, S. 250–253 und S. 278–280

Beardsley, Grant (1940), Artificial Cross Insemination; in: Western Journal of Surgery, Obstetrics and Gynecology Vol. 48, S. 94–100

Beeson, D. R./Jennings, P. K./Kramer, W. (2011), Offspring Searching for Their Sperm Donors: How Family Type Shapes the Process; in: Human Reproduction Vol. 26, S. 2415–2424

Beller, Fritz K. (1983), Der Mißbrauch; in: Süddeutsche Zeitung 21./22.8., S. 85

Benninghaus, Christina (2005), Eine »unästhetische Prozedur«: Debatten über »künstliche Befruchtung« um 1910; in: Orland, Barbara (Hg.), Artifizielle Körper – Lebendige Technik. Technische Modellierungen des Körpers in historischer Perspektive. Zürich, S. 107–128

Berndt, Christina (2002), Der Wunsch nach dem fehlenden Sinn; in: Süddeutsche Zeitung 22.4., S. 12

Bernhard, Roberto (1958), Die künstliche Besamung beim Menschen im Hinblick auf das schweizerische Recht. Winterthur.

Bestard, Joan (2009), Knowing and Relating. Kinship, Assisted Reproductive Technologies and the New Genetics; in: Edwards, Jeanette/Salazar, Carles (Hg.), European Kinship in the Age of Biotechnology. New York und Oxford, S. 19–28

Bichat, Xavier (1800/1802), Allgemeine Anatomie. Erster Theil. Erste Abtheilung. Leipzig.

Bischoff, Theodor (1844), Beweis der von der Begattung unabhängigen periodischen Reifung und Loslösung der Eier der Säugethiere und des Menschen als der ersten Bedingung ihrer Fortpflanzung. Gießen.

Bischoff, Theodor (1847), Theorie der Befruchtung und über die Rolle, welche die Spermatozoiden dabei spielen; in: Archiv der Anatomie, Physiologie und wissenschaftliche Medicin Jg. 14, S. 422–442

Bischoff, Theodor (1854), Widerlegung des von Dr. Keber bei den Najaden und Dr. Nelson bei den Ascariden behaupteten Eindringens der Spermatozoiden in das Ei. Gießen.

Blumenbach, Johann Friedrich (1781/1791), Über den Bildungstrieb. Göttingen.

Blyth, Eric (2008), Donor Insemination and the Dilemma of the »Unknown Father«; in: Bockenheimer-Lucius, Gisela u.a. (Hg.), Umwege zum eigenen Kind. Ethische und rechtliche Herausforderungen an die Reproduktionsmedizin 30 Jahre nach Louise Brown. Göttingen, S. 157–174

Bonnet, Charles (1762/68/1775), Betrachtungen über die organisirten Körper, worin von ihrem Ursprunge, von ihrer Entwickelung, von ihrer Reproduction usw. gehandelt wird. Lemgo.

Boveri, Theodor (1891), Befruchtung; in: Ergebnisse der Anatomie und Entwicklungsgeschichte, I. Band. Wiesbaden, S. 386–485

Bowen, Jennifer u.a. (1998), Medical and Developmental Outcome at 1 Year for Children Conceived by Intracytoplasmic Sperm Injection; in: Lancet Vol. 351, S. 1529–1534

Brewer, Herbert (1935/36), Eutelegenesis; in: Eugenic Review Vol. 27, S. 121–126

Brown, John/Brown, Lesley (1979/1980), Our Miracle Called Louise. London.

Buffon, Georges-Louis Leclerc de (1749/1771), Allgemeine Naturgeschichte. Dritter Theil. Berlin.

Bunge, R. D./Keettel, W. C./Sherman, J. K. (1954), Clinical Use of Frozen Semen. Report of Four Cases; in: Fertility and Sterility Vol. 5, S. 520–529

Bunge, R. D./Sherman, J. K. (1952), Fertilizing Capacity of Frozen Human Spermatozoa; in: Nature Vol. 172, S. 767–768

Bunge, R. D./Sherman, J. K. (1954), Frozen Human Semen; in: Fertility and Sterility Vol. 5, S. 193–194, S. 194

Burghardt, Scout/Tote, Kerstin (2010), Zwischen Risikovermeidung, Normalisierung und Markt. Spenderauswahl und matching in Samenbanken; in: Knecht, Michi u.a. (Hg.), Samenbanken – Samenspender. Ethnographische und historische Perspektiven auf Männlichkeiten in der Reproduktionsmedizin (= Berliner Blätter. Ethnographische und ethnologische Beiträge. Sonderheft 51), S. 142–162

Canguilhem, Georges (1965/2010), Die Erkenntnis des Lebens. Berlin.

Cary, William (1940), Experience with Artificial Insemination in Treating Sterility; in: Journal of the American Medical Association Vol. 114, S. 2183–2187

Churcher, Sharon (1999), My Surogacy Nightmare; in: Mail on Sunday, 28.3., http://www.questia.com/library/1G1–109860232/my-surrogacy-nightmare-melissa-has-spent-13-years

Coester-Waltjen, Dagmar (1982), Rechtliche Probleme der für andere übernommenen Mutterschaft; in: Neue Juristische Wochenschrift Jg. 35, S. 2528–2534

Cole, F. J. (1930), Early Theories of Sexual Generation. Oxford.

Cooper, David (1971/1972), Der Tod der Familie. Reinbek bei Hamburg.

Corea, Gena (1985/1986), MutterMaschine. Reproduktionstechnologien – von der künstlichen Befruchtung zur künstlichen Gebärmutter. Berlin.

Cremer, Thomas (1985), Von der Zellenlehre zur Chromosomentheorie. Naturwissenschaftliche Erkenntnis und Theoriewechsel in der frühen Zell- und Vererbungsforschung. Berlin u.a.

Cruikshank, William (1797), Experiments in which, on the third Day after Impregnation, the Ova of Rabbits were found in the fallopian Tubes; and on the fourth Day after Impregnation in the Uterus itself; with the first Appearances of the Foetus; in: Philosophical Transactions of the Royal Society, S. 197–214

Daniels, Cynthia R./Golden, Janet (2004), Procreative Compounds: Popular Eugenics, Artificial Insemination and the Rise of the American Sperm Banking Industry; in: Journal of Social History Vol. 38, S. 5–27

Davis, Michael u.a. (2012), Reproductive Technologies and the Risk of Birth Defects; in: New England Journal of Medicine Vol. 366, S. 1803–1813

Devroey, Paul/van Steirteghem, André, (2004), A Review of Ten Years Experience of ICSI; in: Human Reproduction Vol. 10, S. 19–28

Die Bibel (2005), Einheitsübersetzung der Heiligen Schrift. Gesamtausgabe. Stuttgart.

Dienel, Christiane (1985), Kinderzahl und Staatsräson. Empfängnisverhütung und Bevölkerungspolitik in Deutschland und Frankreich bis 1918. Münster.

Dietrich, Silvia (1989), Mutterschaft für Dritte. Rechtliche Probleme der Leihmutterschaft unter Berücksichtigung entwicklungspsychologischer Erkenntnisse und rechtsvergleichender Erfahrungen. Frankfurt am Main u.a.

Döderlein, Albert (1912), Ueber künstliche Befruchtung; in: Münchner medizinische Wochenschrift Jg. 59, S. 1081–1084

Dölle, Hans (1954), Die künstliche Samenübertragung. Eine rechtsvergleichende und rechtspolitische Studie; in: ders. u.a. (Hg.), Festschrift für Ernst Rabel. Band I. Tübingen, S. 187–245

Doneith, Thorsten (2008), August Mayer – ein Klinikdirektor in Weimarer Republik, Nationalsozialismus und Nachkriegszeit. Stuttgart.

Donhauser, Thomas (1996), Das Recht des Kindes auf Kenntnis der genetischen Abstammung. Diss. Regensburg.

Donzelot, Jacques (1977/1979), Die Ordnung der Familie. Frankfurt am Main.

Dubow, Sara (2011), Ourselves Unborn. A History of the Fetus in Modern America. Oxford/New York.

Ebon, Martin (1978), Cloning of Man. Brave New World – or Horror? New York.

Edwards, Jeanette (2009), Introduction: The Matter in Kinship; in: dies./Salazar, Carles (Hg.), European Kinship in the Age of Biotechnology. New York und Oxford, S. 1–18

Edwards, R./Bavister, B./Steptoe, P. (1969), Early Stages of Fertilization in vitro of Human Oocytes Matured *in vitro*; in: Nature Vol. 221, S. 632–635

Edwards, R./Steptoe, P./Purdy, J. (1970), Fertilization and Cleavage *in vitro* of Preovulator Human Oocytes; in: Nature Vol. 227, S. 1307–1309

Edwards, R./Steptoe, P./Purdy, J. (1971), Human Blastocysts Grown in Culture; in: Nature Vol. 229, S. 132–133

Edwards, R./Steptoe, P./Purdy, J. (1980), Establishing Full-Term Human Pregnancies Using Cleaving Embryos Grown up *in vitro*; in: British Journal of Obstetrics and Gynecology 87, S. 737–57

Edwards, Robert (1971), Problems of Artificial Fertilization; in: Nature Vol. 233, S. 23–25

Edwards, Robert (1981), Test-Tube Babies; in: Nature Vol. 293, S. 253–256

Edwards, Robert/Steptoe, Patrick (1980/81), A Matter of Life. The Sensational Story of the World's First Test-Tube Baby. London.

Egan, Jennifer (2006), Looking for Mr. Good Sperm; in: New York Times Magazine, 19.3., http://www.nytimes.com/2006/03/19/magazine/319dad.html?pagewanted=all

Eisinger, Dominik (1909), Die »künstliche Befruchtung« im geltenden Zivil- und Strafrecht; in: Österreichisches Zentralblatt für die juristische Praxis Jg. 27, S. 369–378

Engelmann, F. (1927), Sterilität und Sterilisierung; in: Veit J., Handbuch der Gynäkologie. Dritte, völlig neubearbeitete Auflage. Herausgegeben von Dr. W. Stöckel. Dritter Band: Sterilität und Sterilisation. Bedeutung der Kastration für die Frauenheilkunde. München.

Enzensberger, Hans Magnus (1962/2007), Eine Theorie des Tourismus; in: Einzelheiten I und II. Bewußtseins-Industrie und Poesie und Politik. Hamburg, S. 177–2002

Eugenides, Jeffrey (2003/2005), Die Bratenspritze; in: ders., Air Mail. Erzählungen. Reinbek bei Hamburg, S. 49–79

Ewers, Hanns Heinz (1911/1919), Alraune. Die Geschichte eines lebenden Wesens. 239–243. Tausend. München.

Felberbaum, Ricardo u. a. (Hg.) (2007), Das deutsche IVF-Register. 10 Jahre Reproduktionsmedizin in Deutschland. Heidelberg.

Field, Martha A. (1988), Surrogate Motherhood. Cambridge/London.

Folsome, Clair (1943), The Status of Artificial Insemination; in: American Journal of Obstetrics and Gynecology Vol. 45, S. 915–927

Folsome, Clair (1944), Reply by Dr. Folsome; in: American Journal of Obstetrics and Gynecology Vol. 47, S. 726–727

Foucault, Michel (1963/1988), Die Geburt der Klinik. Eine Archäologie des ärztlichen Blicks. Frankfurt am Main.

Foucault, Michel (1966/1974), Die Ordnung der Dinge. Eine Archäologie der Humanwissenschaften. Frankfurt am Main.

Fraenckel, Paul (1909), Ueber künstliche Befruchtung beim Menschen und ihre gerichtsärztliche Beurtheilung; in: Aerztliche Sachverständigen-Zeitung Jg. 15, S. 169–175

Franke, Felicitas (1989), Ich war eine Leihmutter. Hamburg.

Franklin, Sarah (2012), Five Million Babies Later. The Biocultural Legacies of IVF; in: Knecht, Michi u. a. (Hg.), Reproductive Technologies as Global Form. Ethnographies of Knowledge, Practices, and Transnational Encounters. Frankfurt/New York, 2012, S. 27–58

Franzius, Christine (2005), Bonner Grundgesetz und Familienrecht: Die Diskussion um die Gleichberechtigung von Mann und Frau in der westdeutschen Zivilrechtslehre der Nachkriegszeit (1945–1957). Frankfurt am Main.

Frei Gerlach, Franziska (2003), Geschwisterliebe. Inzestdiskurse bei Goethe und Jean Paul; in: Eming, Jutta u. a. (Hg.), Historische Inzestdiskurse. Königstein/Taunus, S. 214–246

French, Dan u. a. (2009), Does Severe Teratozoospermia Affect Blastocyst Formation, Live Birth Rate, and Other Clinical Outcome Parameters in ICSI Cycles; in: Fertility and Sterility Vol. 93, S. 1097–1103

Freud, Sigmund (1898/1952), Die Sexualität in der Ätiologie der Neurosen; in: ders., Gesammelte Werke, chronologisch geordnet, 1. Band, Werke aus den Jahren 1892–1899. London, S. 491–516

Freud, Sigmund (1900/1942), Die Traumdeutung; in: ders., Gesammelte Werke, chronologisch geordnet, 2. und 3. Band. London.

Freud, Sigmund (1905/1949), Drei Abhandlungen zur Sexualtheorie; in: ders., Gesammelte Werke, chronologisch geordnet, 5. Band, Werke aus den Jahren 1932–1939. London, S. 29–145

Freud, Sigmund (1907/1941), Zur sexuellen Aufklärung der Kinder. Offener Brief an Dr. M. Fürst; in: in: ders., Gesammelte Werke, chronologisch geordnet, 7. Band, Werke aus den Jahren 1906–1909. London, S. 19–27

Freud, Sigmund (1909a/1941), Der Familienroman der Neurotiker; in: ders., Gesammelte Werke, chronologisch geordnet, 7. Band, Werke aus den Jahren 1906–1909. London, S. 227–231

Freud, Sigmund (1909b/1941), Bemerkungen über einen Fall von Zwangsneurose; in: ders., Gesammelte Werke, chronologisch geordnet, 7. Band, Werke aus den Jahren 1906–1909. London, S. 379–463

Freud, Sigmund (1912/1948), Beiträge zur Psychologie des Liebeslebens II: Über die allgemeinste Erniedrigung des Liebeslebens; in: ders., Gesammelte Werke, chronologisch geordnet, 8. Band, Werke aus den Jahren 1909–1913. London, S. 78–91

Freud, Sigmund (1913/1940), Totem und Tabu, Einige Übereinstimmungen im Seelenleben der Wilden und der Neurotiker; in: ders., Gesammelte Werke, chronologisch geordnet, 9. Band. London.

Freud, Sigmund (1930/1948), Das Unbehagen in der Kultur; in: ders., Gesammelte Werke, chronologisch geordnet, 14. Band, Werke aus den Jahren 1925–1931. London, S. 421–506

Freud, Sigmund (1933/1949), Neue Folge der Vorlesungen zur Einführung in die Psychoanalyse; in: ders., Gesammelte Werke, chronologisch geordnet, 15. Band. London.

Freud, Sigmund (1939/1950), Der Mann Moses und die monotheistische Religion; in: ders., Gesammelte Werke, chronologisch geordnet, 16. Band, Werke aus den Jahren 1932–1939. London, S. 101–246

Freymuth, Arnold (1910), Die Frage der künstlichen Befruchtung vor den Gerichten; in: Der praktische Arzt Jg. 50, S. 101–103

Frishberg, Alex u. a. (o. J.), The ABC's of Ukrainian Family Law. Kiew.

Fröhlich, Elke (Hg.) (1994), Die Tagebücher von Joseph Goebbels. Teil II, Diktate 1941–1945. Band 10: Oktober-Dezember 1943. Bearbeitet von Volker Dahm. München u. a.

Frömel, Susanne (2011), Beruf: Leihmutter: in: Nido, Februar, S. 18–25

Fromm, Ernst (1960), Artifizielle Insemination; in: Guttmacher, Alan u.a. (Hg.), Die künstliche Befruchtung beim Menschen. Diskussionsbeiträge aus medizinischer, juristischer und theologischer Sicht. Köln, S. 25–36

Fürbringer, Paul (1895), Die Störungen der Geschlechtsfunktionen des Mannes. Wien.

Galen (1992), On Semen. Edition, Translation and Commentary by Philipp de Lacy. Berlin.

Gaylin, Willard (1972), The Frankenstein Myth Becomes a Reality. We Have the Awful Knowledge To Make Exact Copies Of Human Beings; in: New York Times Magazine 5.3., S. 12–14

Gegenbaur, Carl (1861), Ueber den Bau und die Entwickelung der Wirbelthier-Eier mit partieller Dottertheilung; in: Archiv für Anatomie, Physiologie und wissenschaftliche Medicin, S. 491–529

Geiger, Willi, Rechtsfragen der Insemination; in: Guttmacher, Alan u.a. (Hg.), Die künstliche Befruchtung beim Menschen. Diskussionsbeiträge aus medizinischer, juristischer und theologischer Sicht. Köln, S. 37–73

Gellert, Christian Fürchtegott (1747/1979), »Leben der Schwedischen Gräfin von G**«, in: ders., Werke. Zweiter Band: Roman, Abhandlungen, Briefe. Frankfurt am Main, S. 7–125

Gembruch, U.u.a. (1988), Transvaginal Sonographically Guided Oocyte Retrieval for In-vitro Fertilization; in: Human Reproduction Vol. 3, S. 59–63

Gesetz zum Schutz von Embryonen, http://www.gesetze-im-internet.de/eschg/__1.html

Giesen, Dieter (1962), Die künstliche Insemination als ethisches und rechtliches Problem. Bielefeld.

Goethe, Johann Wolfgang von, Die Wahlverwandtschaften (1809/1977); in: ders., Sämtliche Werke in 18 Bänden. Band 9. Zürich, S. 7–275

Goethe, Johann Wolfgang von (1807/1977), Bildung und Umbildung organischer Naturen; in: ders., Sämtliche Werke in 18 Bänden. Band 17: Naturwissenschaftliche Schriften, Zweiter Teil. Zürich, S. 11–21

Goethe, Johann Wolfgang von (1817/1977), Entdeckung eines trefflichen Vorarbeiters; in: ders., Sämtliche Werke in 18 Bänden. Band 17: Naturwissenschaftliche Schriften, Zweiter Teil. Zürich, S. 96–98

Goethe, Johann Wolfgang von (1832/1977), Faust. Der Tragödie zweiter Teil; in: ders., Sämtliche Werke. Band 5: Faustdichtungen. Zürich, S. 289–526

Golombok, Susan (2005), Unusual families; in: Reproductive Biomedicine Online 10, S. 9–12

Golombok, Susan u.a. (1995), Families Created by the New Reproductive Technologies: Qualities of Parenting and Social and Emotional Development of the Children; in: Child Development Vol. 64, S. 285–298

Golombok, Susan u.a. (1996), The European Study of Assisted Reproduction Families: Family Functioning and Child Development; in: Human Reproduction Vol. 11 S. 2324–2331

496

Golombok, Susan u. a. (1999), Social Versus Biological Parenting: Family Functioning and the Socioemotional Development of Children Conceived by Egg or Sperm Donation; in: Journal of Child Psychology and Psychiatry Vol. 40, S. 519–527

Goltz, Dietlinde (1986), Der leere Uterus. Zum Einfluß von Harveys De generatione animalium auf die Lehren von der Konzeption; in: Medizinhistorisches Journal Jg. 21, S. 242–268

Goody, Jack (1983/1989), Die Entwicklung von Ehe und Familie in Europa. Frankfurt am Main.

Graaf, Regnier de (1668/72/1972), On the Human Reproductive Organs. An annotated translation of Tractatus de Virorum Organis Generationi Inservientibus (1668) and De Mulierum Organis Generationi Inservientibus Tractatus Novus (1672) by H. D. Jocelyn and B. P. Setchell. Journal of Reproduction and Fertility Supplement No. 17. Oxford u. a.

Graber, Gustav Hans (1924), Die Ambivalenz des Kindes. Leipzig u. a.

Graber, Gustav Hans (1973), Grundlagenforschung und Geschichte der internationalen Studiengemeinschaft für pränatale Psychologie; in: ders./Kruse, Friedrich (Hg.), Vorgeburtliches Seelenleben. München, 1973, S. 9–20

Grayson, Deborah (1998), Mediating Intimacy. Black Surrogate Mothers and the Law; in: Critical Inquiry Jg. 24, S. 525–546

Guttmacher, Alan F. (1943), The Role of Artificial Insemination in the Treatment of Human Sterility; in: Bulletin of the New York Academy of Medicine Vol. 19, S. 573–591

Guttmacher, Alan F. (1960), Die Bedeutung der künstlichen Befruchtung bei der Behandlung der Sterilität; in: ders. u. a. (Hg.), Die künstliche Befruchtung beim Menschen. Diskussionsbeiträge aus medizinischer, juristischer und theologischer Sicht. Köln, S. 1–24

H*** (2010), Anna-Verena, Familiengründung mit donogener Insemination. Familienkonzepte, Aufklärungsbereitschaft und Beratungsbedürfnis potentieller Eltern während der Behandlung. Zulassungsarbeit zum Staatsexamen. Ludwig-Maximilians-Universität München [unveröffentlichtes Manuskript].

Habe, Hans (1949), Schweres Dilemma der amerikanischen Aerzteschaft; in: Die Weltwoche Jg. 17, Nr. 835, S. 7

Hajnal, John (1960), Artificial Insemination and the Frequency of Incestrous Marriages; in: Journal of the Royal Statistical Society Series A, Vol. 123, S. 182–194

Haldane, John B. S. (1923/1925), Daedalus or Science and the Future. London.

Hall, Thomas (Hg.) (1951), A Source Book in Animal Biology. New York u. a.

Haller, Albrecht von (1766/1777), Anfangsgründe der Physiologie des menschlichen Körpers. Achter und letzter Band: Von der menschlichen Frucht. Dem Leben und Tode des Menschen. Berlin und Leipzig.

Hanig, Florian (2011), »Eine andere Frau trägt unser Kind aus«; in: Geo, Dezember, S. 138–162

Hanley, Robert (1987a), Surrogate Seemed ›Perfect‹, Father of Baby M Testifies; in: New York Times 6.1.1987, http://www.nytimes.com/1987/01/06/nyregion/surrogate-seemed-perfect-father-of-baby-m-testifies.html

Hanley, Robert (1987b), Surrogate Mother Tells of Desire to Keep Baby; in: New York Times 9.1.87, http://www.nytimes.com/1987/01/09/nyregion/surrogate-mother-tells-of-desire-to-keep-baby.html

Hard, Addison David (1909), Artificial Impregnation; in: Medical World Vol. 27, S. 163–164

Hartsoeker, Nicolas (1694), Essay de Dioptrique. Paris.

Harvey, William (1847/1965a), On Animal Generation; in: The Works of William Harvey. London [Reprint: New York und London], S. 145–518

Harvey, William, On Conception (1847/1965b); in: The Works of William Harvey. London [Reprint: New York und London], S. 575–586

Hasel, Verena Friederike (2007), Bestellte Kinder; in: Der Tagesspiegel 28. Dezember, S. 3

Hass, Gabriele (1988), Leihmutterschaft. Psychische und psycho-soziale Folgen. Frankfurt am Main.

Heape, Walter (1890), Preliminary Note on the Transplantation and Growth of Mammalian Ova within a Uterine Foster Mother; in: Proceedings of the Royal Society of London Vol. 48, S. 457–459

Heape, Walter (1898), Further Note on the Transplantation and Growth of Mammalian Ova within a Uterine Foster Mother; in: Proceedings of the Royal Society of London Vol. 62, S. 178–183

Heiber, Helmut (Hg.) (1968), Reichsführer!... Briefe an und von Himmler. Stuttgart.

Helling, Uta (1970), Zu den Problemen der künstlichen Insemination unter besonderer Berücksichtigung des § 203 E 1962. Berlin.

Henig, Robin Marantz (2004/2006), Pandora's Baby. How the First Test Tube Babies Sparked the Reproductive Revolution. New York.

Hentig, Hans von (1925), Das Kind zweier Mütter; in: Deutsche Juristen-Zeitung Jg. 30, S. 887–888

Hepp, H./Diedrich, K., Richtlinien zur Durchführung der assistierten Reproduktion des Wissenschaftlichen Beirates der Bundesärztekammer – klinische, ethische und rechtliche Aspekte; S. 21 32; in: Felberbaum, Ricardo u.a. (Hg.), Das Deutsche IVF-Register 1996–2006: 10 Jahre Reproduktionsmedizin in Deutschland

Hertwig, Oscar (1876), Beiträge zur Kenntnis der Bildung, Befruchtung und Theilung des thierischen Eies; in: Morphologisches Jahrbuch. Eine Zeitschrift für Anatomie und Entwickelungsgeschichte Jg. 1, S. 347–434

Heun, Werner (2008), Restriktionen assistierter Reproduktion aus verfassungsrechtlicher Sicht; in: Bockenheimer-Lucius, Gisela u.a. (Hg.), Umwege zum eigenen Kind. Ethische und rechtliche Herausforderungen an die Reproduktionsmedizin 30 Jahre nach Louise Brown. Göttingen, S. 49–61, S. 50

498

Hippokrates (1936), Der Samen – Das Werden des Kindes; in: Die Werke des Hippokrates. Die hippokratische Schriftensammlung in neuer deutscher Übersetzung. Herausgegeben von Dr. med. Richard Kapferer. Teil 16. Stuttgart und Leipzig.

Hirsch, Josef (1913), Schwangerschaft nach künstlicher Befruchtung; in: Verhandlungen der Berliner medizinischen Gesellschaft 1912. Herausgegeben von dem Vorstande der Gesellschaft. Band XLIII. Berlin, S. 293–299

Hoffmann, Ernst Theodor Amadäus (1819/1979), Das Fräulein von Scuderi. Erzählung aus dem Zeitalter Ludwigs des Vierzehnten; in: ders., Werke in drei Bänden. Band 2. Berlin und Weimar, S. 71–140

Hofstätter (1926), Art. »künstliche Befruchtung«; in: Handwörterbuch der Sexualwissenschaft, herausgegeben von Max Marcuse. Zweite Auflage. Bonn, S. 418–421

Home, Everard (1799), An Account of the Dissection of an Hermaphrodite Dog; in: Philosophical Transactions of the Royal Society of London Vol. 89, S. 157–178

Horsthemke, Bernhard/Ludwig, Michael (2005), Assisted Reproduction: the Epigenetic Perspective; in: Human Reproduction Update 11, S. 473–482

Hoyt, Clark (2009), The Priviliged and Their Children; in: New York Times, 7.2., S. 9

Hufeland, Christoph Wilhelm (1827), Von den Krankheiten der Ungeborenen und der Vorsorge für das Leben und die Gesundheit des Menschen vor der Geburt; in: Journal der practischen Arzneykunde, Jg. 64, S. 7–45

Hug-Hellmuth, Hermine (1913), Aus dem Seelenleben des Kindes. Eine psychoanalytische Studie. Leipzig und Wien.

Hunt, Lynn (1992), The Family Romance of the French Revolution. Berkeley/Los Angeles.

Huxley, Aldous (1932/1958), Schöne neue Welt. Hamburg.

In the Matter of Baby M (1988) [vollständige Urteilsschrift des Supreme Court New Jersey]; https://mywebspace.wisc.edu/rstreiffer/web/CourseFolders/BioandLawF 99Folder/Readings/In_the_Matter_of_Baby_M.pdf, S. 7

In-vitro-Fertilisation, Genomanalyse und Gentherapie (1985). Bericht der gemeinsamen Arbeitsgruppe des Bundesministers für Forschung und Technologie und den Bundesministers für Justiz. München.

Ince, Susan (1985), Wie werde ich Leihmutter; in: Arditti, Rita u. a. (Hg.), Retortenmütter. Frauen in den Labors der Menschenzüchter. Reinbek, S. 75–92

Israel, Leon (1941), The Scope of Artificial Impregnation in the Barren Mariage; in: American Journal of the Medical Sciences Vol. 202, S. 92–98

Iwanoff, Elias (1912), Die künstliche Befruchtung der Hausthiere. Hannover.

Jacob, François (1970/1972), Logik des Lebenden. Von der Urzeugung zum genetischen Code. Frankfurt am Main.

Jacob, François (1997/1998), Die Maus, die Fliege und der Mensch. Über die moderne Genforschung. Berlin.

Jahnel, F. (1938), Über die Widerstandsfähigkeit von menschlichen Spermatozoen gegenüber starker Kälte; in: Klinische Wochenschrift Jg. 17, S. 1273–1274

Jean Paul, Das heimliche Klagelied (1800/1962); in: ders., Werke. Vierter Band: Kleinere erzählende Schriften 1796–1801. München, S. 1081–1183

Johnson v. Calvert (1993), 5 Cal.4th 84, 851 P.2d 776 [Urteilschrift des Supreme Court of California vom 20. Mai 1993]; http://faculty.law.miami.edu/zfenton/documents/Johnsonv.Calvert.pdf

Kafka, Franz (1935/1992), Tagebücher 1910–1923. Frankfurt am Main.

Kane, Elizabeth (1988), Birth Mother. The Story of America's First Legal Surrogate Mother. Orlando.

Kant, Immanuel (1787/1968), Werke in zehn Bänden. Herausgegeben von Wilhelm Weischedel. Band 3. Kritik der reinen Vernunft. Erster Teil. Darmstadt.

Kant, Immanuel (1926), Gesammelte Schriften. Herausgegeben von der Preußischen Akademie der Wissenschaften, Band XVII. Kant's handschriftlicher Nachlaß. Band IV. Berlin und Leipzig.

Kasindorf, Martin (1991), And Baby Makes Four. Johnson vs. Calvert Illustrates Just About Everything That Can Go Wrong in Surrogate Births; in: Los Angeles Times Magazine, 20.1., http://articles.latimes.com/1991–01–20/magazine/tm-851_1_anna-johnson

Katzorke, Thomas (2007), Donogene Insemination; in: Der Gynäkologe Jg. 10, S. 807–812

Katzorke, Thomas (2008), Entstehung und Entwicklung der Spendersamenbehandlung in Deutschland; in: Bockenheimer-Lucius u.a. (Hg.), Umwege zum eigenen Kind. Ethische und rechtliche Herausforderungen an die Reproduktionsmedizin 30 Jahre nach Louise Brown. Göttingen, S. 89–101

Keane, Noel/Breo, Dennis (1981), The Surrogate Mother. New York.

Kehrer, Erwin (1922), Ursachen und Behandlung der Unfruchtbarkeit nach modernen Gesichtspunkten. Zugleich ein Beitrag zu den Störungen des sexuellen Lebens, besonders der Dyspareunie. Dresden und Leipzig.

Kelly, Mike (2010), 25 Years After Baby M. Surrogacy Questions Remain Unanswered; in: North Jersey, 30.3., http://www.northjersey.com/columnists/kelly/033012_Kelly_25_years_after_Baby_M_surrogacy_questions_remain_unanswered.html

Kermalvezen, Arthur (2009), Ganz der Papa! Samenspender: unbekannt. Düsseldorf.

Kevles, Daniel (1985), In the Name of Eugenics. Genetics and the Use of Human Heredity. New York.

Kisch, Enoch Heinrich (1886), Die Sterilität des Weibes. Wien/Leipzig.

Kisch, Enoch Heinrich (1904/1917), Das Geschlechtsleben des Weibes in physiologischer, pathologischer und hygienischer Beziehung. 3. vermehrte Auflage. Berlin/Wien.

Kisch, Enoch Heinrich (1914), Erlebtes und Erstrebtes. Erinnerungen. Stuttgart.

Kisch, Enoch Heinrich (1914/15), Über künstliche Befruchtung beim Menschen; in: Zeitschrift für Sexualwissenschaft Jg. 1, S. 67–72

Kleegman, Sophia (1954), Therapeutic Donor Insemination; in: Fertility and Sterility Vol. 5, S. 7–31

Kluge, Norbert (2007), Die Ausdehnung der weiblichen Fruchtbarkeitsperiode und der stete Rückgang der jährlichen Geburtenraten in Deutschland; in: Beiträge zur Sexualwissenschaft und Sexualpädagogik, http://www.uni-landau.de/kluge/Beitraege_zur_S.u.S/Die_Ausdehnung_der_weiblichen.pdf

Knaus, Hermann (1929), Ueber den Zeitpunkt der Konzeptionsfähigkeit des Weibes im Intermenstrum; in: Münchener medizinische Wochenschrift Jg. 76, S. 1157–1160

Knaus, Hermann (1943), Künstliche Befruchtung; in: Zentralblatt für Gynäkologie Jg. 67, S. 1488–1494

Koerner, Alfred (1944), Correspondence: Artificial Insemination; in: American Journal of Obstetrics and Gynecology Vol. 47, S. 724–726

Koop, Volker (2007), »Dem Führer ein Kind schenken« – die SS-Organisation Lebensborn e. V. Köln.

Koschorke, Albrecht (2000), Die Heilige Familie und ihre Folgen. Ein Versuch. Frankfurt am Main.

Koschorke, Albrecht (2002), Inseminationen. Empfängnislehre, Rhetorik und christliche Verkündigung; in: Begemann, Christian/Wellbery, David (Hg.), Kunst – Zeugung – Geburt. Theorien und Metaphern ästhetischer Produktion in der Neuzeit. Freiburg i. Br., S. 89–110

Koschorke, Albrecht (2010a), Ein neues Paradigma der Kulturwissenschaften; in: Esslinger, Eva u. a. (Hg.), Die Figur des Dritten. Ein kulturwissenschaftliches Paradigma. Frankfurt am Main, S. 9–31

Koschorke, Albrecht (2010b), Kindermärchen. Liminalität in der Biedermeierfamilie; in: ders. u. a. (Hg.), Vor der Familie. Grenzbedingungen einer modernen Institution. Konstanz, S. 139–171

Kowalcek, Ingrid u. a. (2007), Psychologie des Kinderwunschpaares; in: Felberbaum, 2007, S. 157–166

Krause, Carl Christian (1758), Abhandlung von den Muttermäler. Nebst einer andern Abhandlung, welche die gegenseitige Meynung behauptet. Leipzig.

Kuczynski, Alex (2008), Her Body, My Baby. My Adventures With a Surrogate Mom; in: New York Times Magazine, 3. 11., S. 42–49, S. 64, S. 74, S. 78

Kühn, Hanna (1929), Psychologische Untersuchungen über das Stiefmutterproblem. Die Konfliktmöglichkeiten in der Stiefmutterfamilie und ihre Bedeutung für die Verwahrlosung des Stiefkindes. Leipzig.

Kuhn, Thomas S. (1962/70/1976), Die Struktur wissenschaftlicher Revolutionen. Zweite revidierte und um ein Postskriptum von 1969 ergänzte Auflage. Frankfurt am Main.

Lanzendorf, Susan u.a. (1988), A Preclinical Evaluation of Pronuclear Formation by Microinjection of Human Spermatozoa Into Human Oocytes; in: Fertility and Sterility Vol. 49, S. 835–842

Laplanche, J./Pontalis, J.-B. (1973), Das Vokabular der Psychoanalyse. Frankfurt am Main.

Laqueur, Thomas (1990/1992), Auf den Leib geschrieben. Die Inszenierung der Geschlechter von der Antike bis Freud. Frankfurt am Main u.a.

Leblond (1884), De la Fécondation Artificielle; in: Annales d'Hygiène Publique et de Médicine Légale Vol. 11, S. 89–98

Leeuwenhoek, Antoni van (1941), The Collected Letters. Volume II [1676–1679]. Amsterdam.

Leeuwenhoek, Antoni van (1947), The Collected Letters. Volume III [1679–1682]. Amsterdam.

Leeuwenhoek, Antoni van (1952), The Collected Letters. Volume IV [1683–1684]. Amsterdam.

Leeuwenhoek, Antoni van (1957), The Collected Letters. Volume V [1685–1686]. Amsterdam.

Leeuwenhoek, Antoni van (1979), The Collected Letters. Volume X [1694–1695]. Lisse.

Leeuwenhoek, Antoni van (1989), The Collected Letters. Volume XII [1696–1699] Lisse.

Leeuwenhoek, Antoni van (1994), The Collected Letters. Volume XIII [1700–1701]. Lisse.

Lepenies, Wolf (1976), Das Ende der Naturgeschichte. Wandel kultureller Selbstverständlichkeiten in den Wissenschaften des 18. und 19. Jahrhunderts. München.

Leunens, L.u.a. (2008), Follow-Up of Cognitive and Motor Development of 10-Year-Old Singleton Children Born After ICSI Compared With Spontaneously Conceived Children; in: Human Reproduction Vol. 23, S. 105–111

Lévi-Strauss, Claude (1949/67/1981), Die elementaren Strukturen der Verwandtschaft. Frankfurt am Main.

Levy, Paul (1888), Über die Ausführung der künstlichen Befruchtung am Menschen. Inaugural-Dissertation. Würzburg.

Lewin, Tamar (1992), Surrogate Mother Able to Sue for Negligence; in: New York Times 20.9., http://www.nytimes.com/1992/09/20/us/surrogate-mother-able-to-sue-for-negligence.html

Lichtenberg, Georg Christoph (1967), Schriften und Briefe, herausgegeben von Wolfgang Promies. Vierter Band, Briefe. München.

Lilienthal, Georg (1985), Der »Lebensborn e.V.« – ein Instrument nationalsozialistischer Rassenpolitik. Stuttgart.

Lindeboom, G.A. (1982), Leeuwenhoek and the Problem of Sexual Reproduction; in: Palm, L.C. and Snelders, H.A.M. (Hrsg.), Antoni van Leeuwenhoek 1632–1723.

Studies on the Life and Work of Delft Scientist commemorating the 350th Anniversary of his Birthday. Amsterdam, S. 129–151

Lüdemann, Susanne (o.J.), Jenseits der Normalisierung. Das Inzestverbot und die Logik der Kultur [Typoskript]; http://www.uni-konstanz.de/kulturtheorie/Texte/Inzest.pdf

Ludwig, M./Katalinic, A. (2005), Die deutsche ICSI-Follow-up-Studie – Zusammenfassung der Ergebnisse publizierter Arbeiten und Einordung in die aktuelle Studienlage; in: Journal für Reproduktionsmedizin und Endokrinologie Jg. 2, S. 151–162

Luhmann, Niklas (1982), Liebe als Passion. Zur Codierung von Intimität. Frankfurt am Main.

Malebranche, Nicolas (1674/1776), Von der Wahrheit oder von der Natur des menschlichen Geistes. Erster Band, enthält die zwey ersten Bücher. Halle.

Malisow, Chris (2008), Donor Babies Search for their Anonymous Fathers; in: Houston Press, 6.11., http://www.houstonpress.com/2008–11–06/news/donor-babies-search-for-their-anonymous-fathers/

Mann, Thomas (1933/1974), Joseph und seine Brüder. Die Geschichten Jaakobs; in: ders., Werke in 13 Bänden, Band IV. Zweite durchgesehene Auflage. Frankfurt am Main.

Mantegazza, Paolo (1866), Sullo sperma umano; in: Rendiconti Istituto Lombardo di Science e Lettere Vol. 3, S. 183–196

Markens, Susan (2007), Surrogate Motherhood and the Politics of Reproduction. Berkeley u.a.

Marsh, Margaret/Ronner, Wanda (1996), The Empty Cradle. Infertility in America from Colonial Times to the Present. Baltimore/London.

Martin, Emily (1991), The Egg and the Sperm. How Science has Constructed a Romance Based on Stereotypical Male-Female Roles; in: Signs Vol. 16, S. 485–501

Mason, Lyman (1929), Artificial Intrauterine Insemination; in: Colorado Medicine Vol. 26, S. 86–89

Maupertuis, Pierre Louis Moreau de (1745/1747), Die Naturlehre der Venus. Kopenhagen.

Mayer, August (1954), Über juristische und psychologische Fragen der künstlichen Samenübertragung; in: Münchener medizinische Wochenschrift Jg. 96, S. 393–395 und 444–447

Mayer, August (1958), Die künstliche Samenübertragung, ein zwischenmenschliches Problem; in: Universitas Jg. 13, S. 1075–1082

Mayer, August (1960), Das Unrecht der heterologen Insemination; in: Demoll, Reinhard (Hg.), Im Schatten der Technik. Beiträge zur Situation des Menschen in einer modernen Zeit. München/Esslingen, S. 191–213

Mayr, Ernst (1982/1984), Die Entwicklung der biologischen Gedankenwelt. Berlin u.a.

McLaughlin, Loretta (1982), The Pill, John Rock, and the Church. The Biography of a Revolution. Boston/Toronto.

Menkin, Miriam/Rock, John (1948), In Vitro Fertilization and Cleavage of Human Ovarian Eggs; in: American Journal of Obstetrics and Gynecology Vol. 55, S. 440–452

Menuret de Chambaud (1786), Essais sur l'Historie Médico-Topographique de Paris. Paris.

Messer-Platz, Paula (1932), Vorgeburtliche Erziehung. Leipzig.

Mettenleiter, M. (1925), Sperma und künstliche Befruchtung bei Mensch und Tier; in: Archiv für Gynäkologie Jg. 126, S. 251–290

Meyer-Rüegg (1916), Ueber die künstliche Befruchtung beim Menschen; in: Münchener medizinische Wochenschrift Jg. 63, S. 1416–1418

Meyer, Klaus (1998), Geheimnisse des Antoni van Leeuwenhoek. Ein Beitrag zur Frühgeschichte des Mikroskops. Lengerich u. a.

Montag, M. u. a. (2009), IMSI (Intracytoplasmic Morphologically Selected Sperm Injection): Therapieoptimierung bei ausgeprägter Störung der Spermatogenese?; in: Journal für Reproduktionsmedizin und Endokrinologie Jg. 6, S. 153–155

Morris, Robert (1895), The Ovarian Graft; in: New York Medical Journal Vol. 62, S. 436–437

Morris, Robert (1906), A Case of Heteroplastic Ovarian Grafting, Followed by Pregnancy, and the Delivery of a Living Child; in: Medical Record Jg. 69, S. 697–698

Morris, Robert (1935), Fifty Years a Surgeon. New York.

Mroz, Jacqueline (2011), One Sperm Donor, 150 Offspring; in: New York Times, 5. 9., http://www.nytimes.com/2011/09/06/health/06donor.html?pagewanted=all&_r=0

Mueller, Ulrich (2004), Die nationalsozialistische Haltung zur Reproduktionsmedizin und die bioethische Debatte seither; in: Mackensen, Rainer (Hg.), Bevölkerungslehre und Bevölkerungspolitik im »Dritten Reich«. Opladen, S. 241–275 und 276–294 [»Anhang: Dokumente«]

Mulkay, Michael (1996), Frankenstein and the Debate Over Embryo Research; in: Science, Technology & Human Values Vol. 21, S. 157–176

Müller-Sievers, Helmut (1993), Epigenesis. Naturphilosophie im Sprachdenken Wilhelm von Humboldts. Paderborn u. a.

Müller, H. (1986), Zur Sittenwidrigkeit eines sogenannten »Leihmutter-Vertrages«; in: Neue Juristische Wochenschrift Jg. 39, S. 781–784

Muller, Hermann J. (1935), Out of the Night. A Biologist's View of the Future. New York.

Müller, Johannes (1840), Handbuch der Physiologie des Menschen. Zweiter Band. Koblenz.

Mundy, Liza (2007), Everything Conceivable. How Assisted Reproduction is Changing Men, Women and the World. New York.

(Muster-)Richtlinie zur Durchführung der assistierten Reproduktion. Novelle 2006 (2006); in: Deutsches Ärzteblatt Jg. 103, S. 1392–1403

Nachrichten über Leben und Schriften des Herrn Geheimraths Dr. Karl Ernst von Baer, mitgetheilt von ihm selbst (1866). St. Petersburg.

Nassauer, Max (1920), Zur Frage der künstlichen Befruchtung; in: Münchener medizinische Wochenschrift 67, S. 1463–1465

Nawroth, Frank u.a. (2012), Kryokonservierung von unbefruchteten Eizellen bei nichtmedizinischen Indikationen (»social freezing«); in: Der Frauenarzt Jg. 53, S. 528–533

Neubauer, Rita (2002), Familientreffen, 18 Jahre nach der Samenspende; in: Frankfurter Rundschau, 28.5., S. 42

Newth, C. H. (1909), Artificial Impregnation; in: Medical World Vol. 27, S. 197

Ogino, K. (1930), Ovulationstermin und Konzeptionstermin; in: Zentralblatt für Gynäkologie Jg. 54, S. 464–479

Oken, Lorenz (1805), Die Zeugung, Bamberg und Würzburg.

Olshausen, Theodor (1908a), Künstliche Befruchtung und eheliche Abstammung; in: Deutsche medizinische Wochenschrift Jg. 34, S. 515–516

Olshausen, Theodor (1908b), Das Reichsgericht zur Frage der künstlichen Befruchtung; in: Deutsche medizinische Wochenschrift Jg. 34 (1908), S. 1636

Orenstein, Peggy (2007), Your Gamete, Myself; in: New York Times Magazine 15.7., S. 34–41

Orland, Barbara (1999), Die menschliche Fortpflanzung im Zeitalter ihrer technischen Reproduzierbarkeit: Normalisierung der Reproduktionsmedizin seit den 1970er Jahren; in: Technikgeschichte Jg. 66, S. 311–33

Orland, Barbara (2011), Spuren einer Entdeckung. (Re-)konstruktionen der Unfruchtbarkeit im Zeitalter der Fortpflanzungsmedizin; in: Gesnerus Jg. 58, S. 5–29

Ottow, Benno (Hrsg.) (1927), Karl Ernst von Baer: Über die Bildung des Eies der Säugetiere und des Menschen. Mit einer biographisch-geschichtlichen Einführung in deutscher Sprache. Leipzig.

Padawer, Ruth (2011), Unnatural Selection; in: New York Times Magazine, 14.8., S. 22–25

Palermo, Gianpiero/Joris, Hubert/Devroey, Paul/van Steirteghem, André (1992), Pregnancies After Intracytoplasmic Injection of Single Spermatozoon Into an Oocyte; in: Lancet Vol. 340, S. 17–18, S. 17

Palermo, Gianpiero/van Steirteghem, André u.a. (1993), Sperm Characteristics and Outcome of Human Assisted Fertilization by Subzonal Insemination and Intracytoplasmic Sperm Injection; in: Fertility and Sterility Vol. 59, S. 826–835, S. 829

Parnes, Ohad/Vedder, Ulrike/Willer, Stefan (2008), Das Konzept der Generation. Eine Wissenschafts- und Kulturgeschichte. Frankfurt am Main.

Pasquay, Jürgen (1968), Die künstliche Insemination. Freiburg.

Paulson, Richard/Sauer, Mark (1994), Pregnancies in Post-Menopausal Women.

Oocyte Donation to Woman of Advanced Reproductive Age: How Old is »Too Old?«: in: Human Reproduction Vol. 9, S. 571–572

Peterson, Iver (1983), Legal Snarl Developing Around Case of a Baby Born to Surrogate Mother; in: New York Times 7.2., http://www.nytimes.com/1983/02/07/us/legal-snarl-developing-around-case-of-a-baby-born-to-surrogate-mother.html

Pfeffer, Naomi (1993), The Stork and the Syringe. A Political History of Reproductive Medicine. Cambridge.

Pincus, Gregory/Enzmann, Ernst (1934), Can Mammailian Eggs Undergo Normal Development *in Vitro*; in: Proceedings of the National Academy of Science Vol. 20, S. 121–122

Pinto-Correia, Clara (1997), The Ovary of Eve. Egg and Sperm and Preformation. Chicago und London.

Ploetz, Alfred (1895), Die Tüchtigkeit unsrer Rasse und der Schutz der Schwachen. Ein Versuch über Rassenhygiene und ihr Verhältniss zu den humanen Idealen, besonders zum Socialismus. Berlin.

Plotz, David (2005), The Genius Factory. The Curious History of the Nobel Prize Sperm Bank. New York.

Polge, C./Smith, A. U./Parkes, A. S. (1949), Revival of Spermatozoa after Vitrification and Dehydration at Low Temperatures; in: Nature Vol. 164, S. 666

Prévost, Jean-Pierre/Dumas, Jean-Baptiste (1824a), Nouvelle théorie de la génération; in: Annales des Sciences Naturelles, Band 1, S. 1–28, 167–187, 274–292

Prévost, Jean-Pierre/Dumas, Jean-Baptiste (1824b), De la génération dans les Mammifières, et des premiers indices du dévelloppement de l'Embryon; in: Annales des Sciences Naturelles, Band 3, S. 113–138

Prochownick, Ludwig (1915), Ein Beitrag zu den Versuchen künstlicher Befruchtung beim Menschen; in: Zentralblatt für Gynäkologie Jg. 39.1, S. 145–152.

Ragoné, Helena (1994), Surrogate Motherhood. Conception in the Heart. Oxford und Bolder.

Rais, Françoise (1949), Künstliche Kinder; in: Das neue Weltbild Jg. 4, Heft 15, S. 8–9, und Heft 16, S. 8–9

Rank, Otto (1912/1926), Das Inzest-Motiv in Dichtung und Sage. Grundzüge einer Psychologie des dichterischen Schaffens. Leipzig/Wien.

Ratner (1917), Zur Geschichte der künstlichen Befruchtung; in: Der Frauenarzt. Monatshefte für Gynäkologie und Geburtshilfe Jg. 32, S. 341–343

Remak, Robert (1852), Ueber extracellulare Entstehung thierischer Zellen und über Vermehrung derselben durch Theilung; in: Archiv für Anatomie, Physiologie und wissenschaftliche Medicin, S. 47–57

Réti, S. (1904), Sexuelle Gebrechen, deren Verhütung und Heilung. Zweite vermehrte Auflage. Halle a. d. S.

Rheinberger, Hans-Jörg/Müller-Wille, Staffan (2009), Vererbung. Geschichte und Kultur eines biologischen Konzepts. Frankfurt am Main.

Richter, Heinrich (1960), Künstliche Samenübertragung als Hilfe in unfruchtbaren Ehen; in: Guttmacher, Alan u.a. (Hg.), Die künstliche Befruchtung beim Menschen. Diskussionsbeiträge aus medizinischer, juristischer und theologischer Sicht. Köln, 1960, S. 75–89

Roberts, Dorothy (2008), Race and the New Reproduction; in: Ehrenreich, Nancy (Hg.), The Reproductive Rigths Reader. Law, Medicine, and the Construction of Motherhood. NewYork/London, S. 308–319

Robertson, Miranda (1974), Those Babies Still Pose Problems; in: Nature Vol. 250, S. 368

Rock, John/Menkin, Miriam (1944), In Vitro Fertilization and Cleavage of Human Ovarian Eggs; in: ScienceVol. 100, S. 105–107

Rohleder, Hermann (1911a), Die Zeugung beim Menschen. Eine sexualphysiologische Studie aus der Praxis. Mit Anhang: Die künstliche Zeugung (Befruchtung) beim Menschen. Leipzig.

Rohleder, Hermann (1911b), Neumalthusianismus (Schwangerschaftsverhütung) und Ärztestand; in: Die neue Generation Jg. 7, S. 521–555

Rohleder, Hermann (1912), Über künstliche Befruchtung bei Epididymitis duplex; in: Deutsche medizinische Wochenschrift Jg. 38, S. 1688–1691

Rohleder, Hermann (1915/16), Ist die künstliche Befruchtung ein Verbrechen gegen die Eugenik?; in: Zeitschrift für Sexualwissenschaft Jg. 2, S. 333–336

Rose, Mark (1996), Mothers and Authors. Johnson v. Calvert and the New Children of Our Imagination; in: Critical Inquiry Vol. 22, S. 613–633

Rottmann, Gerhard (1974), Untersuchungen über Einstellungen zur Schwangerschaft und zur fötalen Entwicklung; in: Graber, Gustav Hans (Hg.), Pränatale Psychologie. Die Erforschung vorgeburtlicher Wahrnehmungen und Empfindungen. München, S. 68–87

Rousseau, Jean-Jacques (1762/1997), Emile oder Von der Erziehung. Düsseldorf/ Zürich.

Rupp, Marina (2009), Regenbogenfamilien; in: Aus Politik und Zeitgeschichte Jg. 41, S. 25–30

Samuel, Max (1926), Ueber neue Methoden zur Behebung der Sterilität und über künstliche Befruchtung; in: Deutsche Medizinische Wochenschrift Jg. 52, S. 2108–2110

Sarasin, Philipp (1998), Eugenik und Familie: Ein neues Paradigma der ›Gesundheit‹ zur Zeit der Jahrhundertwende; in: Küchenhoff, Joachim (Hg.), Familienstrukturen im Wandel. Basel, S. 97–114

Sarasin, Philipp (2001), Reizbare Maschinen. Eine Geschichte des Körpers 1765–1914. Frankfurt am Main.

Sauer, Mark/Paulson, Richard (1990) ›A Preliminary Report on Oocyte Donation Extending Reproductive Potential to Women Over 40‹; in: New England Journal of Medicine Vol. 323, S. 1157–1160

Sauer, Mark/Paulson, Richard (1992), Oocyte Donors: A Demographic Analysis of Women at the University of California; in: Human Reproduction Vol. 7, S. 726–728

Sauer, Mark/Paulson, Richard/Lobo, Rogerio (1996), Oocyte Donation to Women of Advanced Reproductive Age: Pregnany Results and Obstetrical Outcomes in Patients 45 Years and Older; in: Human Reproduction Vol. 11 S. 2540–2543

Scharf, Joachim-Hermann (1990), Krisen der Cytologie; in: Acta histochemica, Supplementband XXXIX. Jena, S. 11–47

Schellen, Antonius (1957), Artificial Insemination in the Human. Amsterdam u.a.

Schenk, Samuel Leopold (1880), Das Säugethierei künstlich befruchtet ausserhalb des Mutterhiers; in: Mittheilungen aus dem embryologischen Institute der K.K. Universität in Wien Jg. 1, S. 107–118

Schleiden, Matthias Jacob (1838), Beiträge zur Phytogenesis; in: Archiv für Anatomie, Physiologie und wissenschaftliche Medicin, S. 137–174

Schlesinger, Wilhelm (1870), Ueber künstliche Befruchtung beim Weibe; in: Wiener medizinische Wochenschrift Jg. 20, S. 499–501 und 535–537

Schlich, Thomas (1998), Die Erfindung der Organtransplantation. Erfolg und Scheitern des chirurgischen Organersatzes (1880–1939). Frankfurt am Main.

Schmitz-Köster, Dorothee (2010), »Deutsche Mutter, bist du bereit…« Der Lebensborn und seine Kinder. Berlin.

Schneider, David M. (1985), A Critique of the Study of Kinship. Ann Arbor.

Schneider, Ingrid (2002), Gesellschaftspolitische Regulierung von Fortpflanzungstechnologien und Embryonenforschung; in: Bergermann, Ulrike u.a. (Hg.), Techniken der Reproduktion. Medien – Leben – Diskurse. Königstein, 2002, S. 103–119

Schock, J.C. (1942), The Legal Status of the Semi-Adopted; in: Dicksinson Law Review Vol. 46, S. 271–280

Schoppe, Waltraud (1986), Die Kleinfamilie wird das nicht verkraften; in: Der Spiegel 8.9., S. 71

Schover, R.u.a. (1991), Psychological Follow-Up of Women Evaluated as Oocyte Donors; in: Human Reproduction Vol. 6, S. 1487–1491

Schreiber, Christine (2007), Natürlich künstliche Befruchtung. Eine Geschichte der In-vitro-Fertilisation von 1878 bis 1950. Göttingen.

Schröder, Iris (2003), Die kulturelle Konstruktion von Verwandtschaft unter den Bedingungen der Reproduktionstechnologien in Deutschland. Diss.

Schultze, Günter (1941), Künstliche Befruchtung. Ihre Stellung im Gesamtrahmen der Sterilitätsbehandlung; in: Zentralblatt für Gynäkologie Jg. 65, S. 988–1012

Schultze, Max (1861), Ueber Muskelkörperchen und das, was man eine Zelle zu nennen habe; in: Archiv für Anatomie, Physiologie und wissenschaftliche Medicin, S. 1–27

Schuster, Julius (1941), Der Streit um die Erkenntnis des organischen Werdens im Lichte der Briefe C.F. Wolffs an A. von Haller; in: Sudhoffs Archiv für Geschichte der Medizin und der Naturwissenschaften, Band 34, S. 196–218

Schwalm, Georg (1959), Strafrechtliche Probleme der künstlichen Samenübertragung beim Menschen: ein Auszug aus den Beratungen der Großen Strafrechts-kommission; in: Goltdammer's Archiv für Strafrecht, S. 1–16

Schwann, Theodor (1839/2003), Mikroskopische Untersuchungen über die Über-einstimmung in der Struktur und dem Wachstum der Tiere und Pflanzen; in: Klas-sische Schriften zur Zellenlehre, eingeleitet und bearbeitet von Ilse Jahn. Leipzig, 2003, S. 79–129

Seashore, R.T. (1938), Artificial Impregnation; in: Minnesota Medicine Vol. 21, S. 641–644

Sellheim, Hugo (1924), Befruchtung, Unfruchtbarkeit und Unfruchtbarkeitsbe-handlung; in: Zeitschrift für ärztliche Fortbildung Jg. 21, S. 573–579, 605–610, 637–644 und 669–675

Setcliffe, A. (2001), Outcome in the Second Year of Life After In-vitro-Fertilization by Intracytoplasmic Sperm Injection: A UK Case-Control Study; in: Lancet Vol. 357, S. 2080–2084

Seymour, Frances I./Koerner, Alfred (1936), Medicolegal Aspect of Artificial In-semination; in: Journal of the American Medical Association Vol. 107, S. 1531–1534

Seymour, Frances I./Koerner, Alfred (1941), Artificial Insemination. Present Status in the United States by a Recent Survey; in: Journal of the American Medical Asso-ciation Vol. 116, S. 2747–2749

Seymour, Francis I./Koerner, Alfred/Costom, David (1943), Transportation of Hu-man Spermatozoa by Airplane for Artificial Insemination; in: Journal of the Ameri-can Medical Association Vol. 122, S. 174–175

Shelley, Mary (1818/1993), Frankenstein oder Der neue Prometheus. München.

Sherman, J. K. (1963), Improved Methods of Preservation of Human Spermatozoa by Freezing and Freeze-Drying; in: Fertility and Sterility Vol. 14 S. 49–64

Sherman, J. K. (1964), Research on Frozen Human Semen. Past, Presence, and Future; in: Fertility and Sterility Vol. 15, S. 485–499

Shorter, Edward (1975/1983), Die Geburt der modernen Familie. Reinbek bei Ham-burg.

Shuster, Evelyne (1991), Non-Genetic Surrogacy: No Cure But Problems For Infer-tility?; in: Human Reproduction Vol. 6, S. 1176–1180

Siewert, Ingeborg (1973), Historische Betrachtung der Lehrmeinungen und Vorstel-lungen über die Plazenta und die Ernährung des Embryos in Utero. Diss. Berlin.

Sims, Marian (1865/1866), Klinik der Gebärmutter-Chirurgie mit besonderer Be-rücksichtigung der Behandlung der Sterilität. Erlangen.

Sontag, Lester (1966), Implications of Fetal Behavior and Environment for Adult Per-sonalities; in: Annals of the New York Academy of Sciences Vol. 134, S. 782–786

Sontag, Lester (1944), War and the Fetal-Maternal Relationship; in: Marriage and Family Living Vol. 6, S. 3–5 und 16

Spallanzani, Lazzaro (1780/1786), Versuche über die Erzeugung der Thiere und Pflanzen. Leipzig.

Spier, J. (1913), Künstliche Befruchtung; in: Die Gegenwart Jg. 82, S. 520–521

Spiewack, Martin (2002), Die Leerstelle im Leben; in: Die Zeit, 6.6., S. 31

Steinberger, Emil/Perloff, William (1965), Preliminary Experience with a Human Sperm Bank; in: American Journal of Obstetrics and Gynecology Vol. 92, S. 577–579

Steinberger, Karin (2010), Die Menschenmacher; in: Süddeutsche Zeitung 22. 5., S. 3

Stelzenberger, Johannes (1960), Die moraltheologische Beurteilung der künstlichen Insemination; in: Guttmacher, Alan u.a. (Hg.), Die künstliche Befruchtung beim Menschen. Köln, S. 91–117

Sterne, Lawrence (1759/1982), Leben und Meinungen von Tristram Shandy, Gentleman. Frankfurt am Main.

Stoeckel, Walter (1943), Lehrbuch der Gynäkologie. 10. Auflage. Leipzig.

Strathern, Marilyn (1992), After Nature. English Kinship in the Late Twentieth Century. Cambridge.

Süßmilch, Johann Peter (1741/1761/62), Die göttliche Ordnung in den Veränderungen des menschlichen Geschlechtes. Zwote und ganz umgearbeitete Ausgabe. Berlin.

Svitnev, Konstantin (2011), Legal Controls of Surrogacy – International Perspectives; in: in: Schenker, Joseph (Hg.), Ethical Dilemmas in Assisted Reproductive Technologies. Berlin, S. 149–163

Thau, Walter (1931), Ueber die Technik der Blutgruppenuntersuchungen zu gerichtlich-medizinischen Vaterschaftsbestimmungen. Breslau.

Trautmann, H. (1909), Künstliche Befruchtung und Vaterschaft; in: Das Recht 13, S. 761–765

Turano, Anthony (1938), Paterinity by Proxy; in: American Mercury Vol. 43, S. 418–424

Uehara, T./Yanagimachi, R. (1976), Microsurgical Injection of Spermatozoa Into Hamster Eggs With Subsequent Transformation of Sperm Nuclei Into Male Pronuclei; in: Biology of Reproduction Vol. 15, S. 467–470

Unterberger, Fritz (1919), Die Transplantation der Ovarien; in: Archiv für Gynäkologie Jg. 110, S. 173–229

Urban, Martin (1986), Kinder aus dem Kühlschrank; in: Süddeutsche Zeitung, 5.3., S. 4

Urteilsschrift Pratten v. British Columbia (2011); http://www.cbc.ca/bc/news/bc-110519-pratten-sperm-donor-ruling.pdf

Vaerting, Mathilde (1915/16), Die eugenische Bedeutung des Orgasmus; in: Zeitschrift für Sexualwissenschaft Jg. 2, S. 185–194

Vandelac, Louise (1988), Mothergate: Surrogate Mothers, Linguistics, and Androcentric Engineering; in: McLaren, Arlene Tigar, Gender and Society. Creating a Canadian Women's Sociology. Toronto, S. 257–272

Veil, Siegfried (1940), Über die Indikationsstellung, die bisherigen Erfolge, Methoden und die rechtlichen Folgen der künstlichen Befruchtung. Würzburg.

Verny, Thomas/Kelly, John (1981), Das Seelenleben des Ungeborenen. Frankfurt am Main.

Vinken, Barbara (2001), Die deutsche Mutter. Der lange Schatten eines Mythos. München.

Virchow, Rudolf (1855), Cellular-Pathologie; in: Archiv für Pathologische Anatomie und Physiologie und für klinische Medizin, S. 3–39

Virchow, Rudolf (1858/1966), Die Cellularpathologie in ihrer Begründung auf physiologische und pathologische Gewebelehre. Berlin. [Reprint: Hildesheim.]

Wächtler Uwe (1981), Zur Geschichte der Transplantation von weiblichen Keimdrüsen. Kiel. Diss.

Waermeling, Hans-Bernhard (1984), Zwischen Fortschritt und Sünde; in: FAZ 1.11., S. 9–10

Walton, Arthur/Prawochenski, Roman (1936), An Experiment in Eutelegenesis; in: Journal of Heredity Jg. 27, S. 341–344

Wassermann, Rudolf (1915/16), Die künstliche Befruchtung in juristischer Beleuchtung; in: Archiv für Sexualforschung Jg. 1, S. 347–369

Watzke, Daniela (2004), Embryologische Konzepte zur Entstehung von Missbildungen im 18. Jahrhundert; in: dies. und Steigerwald, Jörn, Imagination und Sexualität. Pathologien der Einbildungskraft im medizinischen Diskurs der Frühen Neuzeit. Frankfurt am Main, S. 119–136

Wehrstedt, Stefan (2010), Konzeption eines Auskunftsverfahrens bei Anfrage eines Kindes, welches durch eine heterologe Insemination gezeugt wurde, nach der Identität des Samenspenders [unveröffentlichtes Gutachten, Düsseldorf].

Weingart, Peter/Kroll, Jürgen/Bayertz, Kurt (1988), Rasse, Blut und Gene. Geschichte der Eugenik und Rassenhygiene in Deutschland. Frankfurt am Main.

Weisman, Abner (1942), The Selection of Donors for Use in Artificial Insemination; in: Western Journal of Surgery, Obstetrics and Gynecology Vol. 50, S. 142–144

Weismann, August (1885), Die Continuität des Keimplasma's als Grundlage einer Theorie der Vererbung. Jena.

Weitzel, Wolfgang (2010), Leihmutterschaft und Adoption – Erfahrungen der Bundeszentralstelle für Auslandsadoptionen; in: Deutscher Verein für öffentliche und private Fürsorge (Hg.), Rechte der Kinder oder Recht auf ein Kind – Dokumentation der Fachtagung Auslandsadoption. 29. und 30. November 2010 in Berlin, S. 43–47

Whitehead, Mary Beth (1989/1990), A Mother's Story. The Truth About the Baby M Case. London.

Wigmore, Barry (2007), Donor 150 is my Dad – I have two Mums instead; in: Daily Mail, 24.2., http://www.dailymail.co.uk/femail/article-438293/Donor-150-Dad-I-mums-instead.html

Wikland, Matts/Enk, Lennart/Hamberger, Lars (1985), Transvesical and Transvaginal Approaches for the Aspiration of Follicles by Use of Ultrasound; in: Annals of the New York Academy of Science Vol. 442, S. 182–194

Wilhelm, Eugen (1911), Die künstliche Zeugung beim Menschen und ihre Beziehungen zum Recht. Halle a.d.S.

Willer, Stefan (2010), ›Epigenesis‹ in Epigenetics: Scientific Knowledge, Concepts, and Words; in: Barahona, Ana u.a. (Hg.), The Hereditary Hourglass. Genetics and Epigenetics, 1868–2000. Max-Planck-Institut für Wissenschaftsgeschichte, Preprint 392, S. 13–21

Winckel, Friedrich von (1909), Ueber die Möglichkeit einer künstlichen Befruchtung im Hinblick auf § 1591 BGB; in: Das Recht, Jg. 13, S. 162–169

Wolff, Caspar Friedrich (1759/1999), Theoria Generationis. Über die Entwicklung der Pflanzen und Thiere. Reprint Frankfurt am Main.

World Health Organization (2010), Laborhandbuch zur Untersuchung und Aufbereitung des menschlichen Ejakulats. 5. Auflage. Deutsche Übersetzung. Berlin u.a.

Wortbericht des 62. Deutschen Ärztetages vom 25. Juni bis 27. Juni 1959 in Lübeck (1959). Köln/Berlin.

Wortbericht des 73. Deutschen Ärztetages vom 23. Mai bis 27. Mai 1970 in Stuttgart (1970). Köln/Berlin.

Wundt, Wilhelm (1873), Lehrbuch der Physiologie des Menschen. Erlangen.

Zambaco Pacha, Démétrius (1911), Les Eunuques d'Aujourd'hui et Ceux de Jadis. Paris.

Zedlers Großes Universallexicon, Art. »Versehen«; http://www.zedler-lexikon.de/suchen/suchergebnisse.html?suchmodus=standard

Zola, Emile (1899/ o.J.), Fruchtbarkeit. Berlin.

Anmerkungen

Um eine übermäßig hohe Zahl an Endnoten in diesem Buch zu vermeiden, sind fortlaufende Zitate aus demselben Werk oder kurz hintereinander stehende Zitate aus verschiedenen Werken in einer Endnote zusammengefasst. Die Verfügbarkeit der zitierten Weblinks wurde zum letzten Mal im Dezember 2013 überprüft.

EINLEITUNG   Erzwungene Befruchtung: Im Labor der Fortpflanzungsmedizin

1   Adler (1908), S. 197
2   Kisch (1904/1917), S. 327 (Hervorhebung im Original)
3   Goethe (1807/1977), S. 17
4   diese präzise Formulierung wählen Hepp und Diedrich (2007), S. 23
5   zitiert bei Keane/Breo (1981), S. 35
6   Geiger (1960), S. 54

ERSTES KAPITEL   Das Wissen von der Zeugung: Eine kurze Geschichte der Empfängnislehren

1   Buffon (1749/1771), S. 258; Jacob (1970/1972), S. 28: »Die Kenntnis von der belebten Welt hat sich vom Altertum bis zur Renaissance kaum geändert.«
2   Aristoteles (1959), S. 64; vgl. etwa auch S. 67: Der männliche Samen ist kein »Bestandteil der werdenden Frucht, so wenig wie vom Zimmermann etwas in das Holz eingeht«.
3   vgl. Hippokrates (1936), S. 32. Vgl. zum Nachweis des männlichen Samens im Uterus nach der Befruchtung auch Galen (1992), S. 69 und S. 77/79
4   Harvey (1847/1965a), S. 151
5   Harvey (1847/1965b), S. 575; vgl. zu Harveys Zeugungskonzept auch: Koschorke (2002)

6   Laqueur (1990/1992), S. 165
7   Aristoteles (1959), S. 59; Harvey (1847/1965a) S. 473
8   Graaf (1668/72/1972), S. 141
9   Leeuwenhoek (1941), S. 281
10   ebd., S. 287
11   Leeuwenhoek (1947), S. 23
12   Leeuwenhoek (1941), S. 291
13   Leeuwenhoek (1947), S. 19
14   vgl. Leeuwenhoek (1952), S. 11
15   Aristoteles (1959) S. 97
16   Auch in der ersten Hälfte des 17. Jahrhunderts gibt es verschiedene Autoren, die diese Anschauung vertreten, etwa der venezianische Arzt Joseph von Aromatari, ein Weggefährte Harveys. In einem Brief von 1625, am Ende des 17. Jahrhunderts in den »Philosophical Transactions« wiederveröffentlicht, spricht er über seine im Entstehen begriffene (und nicht erschienene) Abhandlung zur Zeugungstheorie, die beweisen soll, dass der Hühnerembryo schon vor der Befruchtung im Ei existiere (vgl. Cole (1930), S. 38/39).
17   Malebranche (1674/1776), S. 62
18   der gesamte Brief ist zitiert bei Cole (1930), S. 68–70, hier S. 69; vgl. auch die leicht abweichende, auszugsweise Übersetzung in Leeuwenhoeks Brief an die Royal Society vom 9. 6. 1699; in: Leeuwenhoek (1989), S. 297
19   Leeuwenhoek (1989), S. 303
20   Bonnet (1762/1768/1775), S. 104/05
21   ebd., S. 2
22   Spallanzani (1780/1786), S. 1
23   ebd., S. 97
24   ebd., S. 142
25   ebd., S. 194/195
26   vgl. zur Temperatur des Spermas bei künstlicher Befruchtung Kapitel 2, S. 217 ff.
27   Spallanzani (1780/1786), S. 238
28   zitiert ebd., S. 313
29   Maupertuis (1745/1747), S. 62
30   Haller (1766/1776), S. 209 *(Hervorhebung im Original)*
31   Haller (1766/1776), S. 251
32   ebd., S. 202, S. 245, S. 245/46 *(Hervorhebung im Original)*. Die deutsche Übersetzung der französischsprachigen Briefe Wolffs, allerdings von nationalsozialistischer Ideologie durchzogen, finden sich erstmals in: Schuster (1941)
33   Blumenbach (1781/1791) S. 33
34   Brief an Johann Friedrich Blumenbach vom Frühjahr 1781; in: Lichtenberg (1967), S. 408. Vgl. hierzu auch Müller-Sievers (1993), S. 17
35   vgl. Luhmann (1982), S. 183–196

36   Kant, (1787/1968), S. 158 (*Hervorhebungen im Original*); über das Zusammen-
     denken von Epigenesis und Philosophie um 1800 vgl. auch Müller-Sievers
     (1993), S. 55
37   Kant (1787/1968), S. 159
38   Bonnet (1762/1768/1775), S. 24
39   Schuster (1943), vgl. auch Pinto-Correia (1997), S. 176
40   Bonnet (1762/1768/1775), S. 22
41   Maupertuis (1745/1747), S. 62
42   ebd., S. 63
43   vgl. Cole (1930), S. 66
44   Bonnet (1762/1768/1775), S. 293; vgl. Cole (1930), S. 80; Buffon (1749/1771),
     S. 489
45   Bichat (1800/1802), S. 45
46   Anonym (1853), S. 902
47   vgl. Cruikshank (1797), S. 198
48   Prévost/Dumas (1824b), S. 135
49   vgl. Ottow (1927), S. 1
50   *Nachrichten über Leben und Schriften des Herrn Geheimraths Dr. Karl Ernst von*
     Baer (1866), S. 311
51   Baer (1828), S. 191
52   Kant (1926), S. 416; vgl. auch Müller-Sievers (1993), S. 34
53   Müller (1840), S. 646
54   ebd.
55   ebd.
56   ebd.
57   Bischoff (1847), S. 425
58   Virchow (1855), S. 7
59   Schwann, (1839/2003), S. 79
60   Virchow (1858/1966), S. 19
61   vgl. Schwann (1839/2003), S. 83
62   ebd., S. 90/91
63   vgl. Remak (1852)
64   Virchow (1858/1966), S. 25
65   Anonym (1853), S. 924
66   Wundt (1873), S. 250
67   Boveri (1891), S, 395
68   Hertwig (1876), S. 383
69   ebd., S. 384
70   ebd., S. 385
71   Boveri (1891), S. 402
72   vgl. Schenk (1880), S. 112

ZWEITES KAPITEL Die Figur des Samenspenders

1 zitiert bei Blyth (2008), S. 169

2 Die Drehbücher zum Thema scheinen sich in jüngster Zeit aber aufgestaut zu haben, denn im gleichen Jahr wie »The Kids Are All Right« liefen auch zwei ganz ähnlich angelegte Komödien in den Kinos an: »Plan B für die Liebe«, über eine Frau, die auf dem Heimweg von der heterologen Insemination den Mann ihres Lebens kennenlernt und ihm ihre Schwangerschaft erklären muss, und der Film »Umständlich verliebt«, nach einer Erzählung von Jeffrey Eugenides, in dem ein Mann seiner Bekannten, die sich künstlich befruchten lassen will, unbemerkt seine eigene Samenprobe unterschiebt und Jahre später mit ihr und dem gemeinsamen Sohn als Familie zusammenfindet. Im Jahr 2012 kam schließlich die Komödie »Starbuck« heraus, ein Film über einen Samenspender, der mehrere hundert Kinder gezeugt hat.

3 Lévi-Strauss (1949/1967/1981], S. 79

4 *(Muster-)Richtlinie zur Durchführung der assistierten Reproduktion* (2006), S. 1400. In der Fassung von 1998 wurden die Reproduktionsmediziner sogar dazu aufgefordert, vor jeder Insemination einer unverheirateten Frau erst das Votum der Ärztekammer einzuholen.

5 http://www.donogene-insemination.de/downloads/Richtl_Druckfassung.pdf, S. 5

6 *(Muster-)Richtlinie* (2006), S. 1393

7 http://www.gesetze-im-internet.de/bgb/__1600.html

8 *(Muster-)Richtlinie (2006)*, S. 1402

9 vgl. *Gesetz über die Spende, Entnahme und Übertragung von Organen und Geweben (Transplantationsgesetz – TPG)*, § 15: »Aufbewahrungs- und Löschungsfristen«; http://www.gesetze-im-internet.de/bundesrecht/tpg/gesamt.pdf, S. 15

10 http://www.donogene-insemination.de/downloads/Richtl_Druckfassung.pdf, S. 18/19

11 http://www.donogene-insemination.de/downloads/Richtl_Druckfassung.pdf, S. 20

12 vgl. Spiewack (2002), S. 31

13 vgl. u. a. Katzorke (2007), S. 812 und, im Wortlaut identisch, Katzorke (2008), S. 100

14 http://www.donogene-insemination.de/downloads/Richtl_Druckfassung.pdf, S. 24–27

15 vgl. auch Burghardt/Tote (2010), S. 148

16 vgl. ebd., S. 149/50

17 Jacob (1997/1998), S. 154

18 zur Geschichte dieser Samenbank vgl. Plotz (2005)

19 http://www.cryobank.com/How-It-Works/Choosing-Your-Donor/Open-Donor-Program/

20 vgl. die Spenderprofile auf www.cryobank.com/Donor-of-the-Month/2011/ July/

21 http://www.cryobank.com/Why-Use-Us/Donor-Selection/

22 http://www.cryobank.com/Donor-Search/Sample-Donor-Information/

23 http://www.cryobank.com/Donor-Search/Sample-Donor-Information/

24 vgl. Egan (2006)

25 vgl. Mundy (2007), S. 100

26 Ploetz (1895), S. 149

27 Weingart/Kroll/Bayertz (1988), S. 139

28 Ploetz (1895), S. 144

29 vgl. Daniels/Golden (2004), S. 5–27, die diesen Zusammenhang eingehender untersuchen

30 http://www.cryobank.com/How-It-Works/Donor-Qualification/

31 vgl. Berndt (2002), S. 12. Die Figur des 15-jährigen Spenderkindes Dennis in Friedrich Anis Roman »Das unsichtbare Herz« von 2005 ist diesem Fall nachgebildet

32 zum Begriff »Kinderwunsch« vgl. auch Kapitel 4, S. 438 ff.

33 Weingart/Kroll/Bayertz (1988), S. 265

34 Kermalvezen (2009), S. 35, S. 8, S. 46

35 ebd., S. 78, S. 122

36 Freud, Sigmund (1909a/1941), S. 228; vgl. auch Laplanche/Pontalis (1973), S. 152–153

37 Freud (1909/1941), S. 229

38 Kermalvezen (2009), S. 103

39 ebd., S. 147

40 ebd., S. 151

41 http://www.spenderkinder.de/Main/UeberUns

42 Die beiden für dieses Kapitel interviewten Mitglieder des Vereins wollen nur mit geändertem Namen (Hannah) bzw. nur mit Vornamen (Stina) in der Öffentlichkeit auftauchen.

43 H*** (2010), S. 83 [Der Nachname der Autorin bleibt hier aus Diskretionsgründen anonym.]

44 ebd., S. 76

45 *Pratten v. British Columbia* (2011), S. 87

46 ebd., S. 108

47 http://www.spenderkinder.de/Main/PolitischeForderungen

48 vgl. Felberbaum (2007)

49 https://www.donorsiblingregistry.com/about-dsr/history-and-mission/

50 zu den Werten von 2006 vgl. Egan (2006); zu 2008 vgl. Malisow (2008); zum aktuellen Wert vgl. www.donorsiblingregistry.com

51 https://www.donorsiblingregistry.com/about-dsr/history-and-mission/

52 für die Berichterstattung in Deutschland vgl. etwa Neubauer (2002), S. 42

53 Beeson/Jennings/Kramer (2011), 2416

54 https://www.donorsiblingregistry.com/dsr-support-and-info/faq-s/#faq4

55 http://www.donorsiblingregistry.com/files/6612/9183/5956/DSR_Brochure_
Final.pdf, S. 9

56 https://www.donorsiblingregistry.com/dsr-support-and-info/faq-s/#faq1

57 vgl. Anonym (2006), S. 80; Bazelon (2008), S. 278; Wigmore (2007)

58 https://www.donorsiblingregistry.com/members/ViewSuccess.php?ssID=110
&seed=14992&PHPSESSID=qifmoq1bj634prmr85jmb6jrm4

59 http://www.donorsiblingregistry.com/members/ViewSuccess.php?ssID=39&
seed=1905&PHPSESSID=dcdoqbcv7aml9s7lsg3d3lbtc4

60 https://www.donorsiblingregistry.com/blog/

61 Edwards (2009), S. 3; vgl. zu diesem Zusammenhang auch Schneider (1985),
der sich für den »Zusammenhang der Tatsache der sexuellen Reproduktion
und der kulturellen Konstituierung von Verwandtschaft« (S. 93) interessiert
und mit dessen Studien in den frühen achtziger Jahren eine »Entsubstantia-
lisierung« der Blutsverwandtschaft in der Ethnologie einsetzt.

62 http://www.donorsiblingregistry.com/files/6612/9183/5956/DSR_Brochure_
Final.pdf, S. 11

63 Auch in Deutschland setzt der »Arbeitskreis für Donogene Insemination« die-
sen Wert auf 15 fest, wobei seine Einhaltung nicht nachprüfbar ist, weil sich die
Erfassung der Spender auf die einzelne Samenbank beschränkt und jeder
Mann an mehreren Orten spenden könnte.

64 Mroz (2011); im Jahr 2011 kam der Dokumentarfilm »Samenspender unbekannt« von Jerry Rothwell über diesen Fall heraus

65 Diese Krankengeschichte wird ausführlich geschildert in: Bazelon (2008)

66 freewebs.com/donor1476/; vgl. zu dieser Gruppe auch Mundy (2007), S. 170

67 vgl. http://en.wikipedia.org/wiki/Donor_Sibling_Registry

68 Brewer (1935/36), S. 125

69 Schellen (1957), S. 153

70 *Urteilsschrift Pratten v. British Columbia* (2011), S. 3; Kermalvezen (2009),
S. 67 und S. 147

71 Hajnal (1960), S. 185/86

72 Freud (1900/1942), S. 269

73 Freud (1913/1940), S. 173; vgl. auch die fast identische Nacherzählung des
Sachverhalts in Freud (1939/1950), S. 186–188

74 Lévi-Strauss (1949/1967/1981), S. 656, S. 57, S. 643, S. 648

75 Rank (1912/1926), S. 7, S. 22, S. 21, S. 20

76 vgl. Hunt (1992), S. 21

77 Jean Paul (1800/1962), S. 1102; vgl. auch: Frei Gerlach (2003), S. 214. Bereits
Gellerts »Leben der Schwedischen Gräfin von G**« von 1747, der Roman, mit
dem die deutsche Geschichte der Gattung beginnt, integriert in seinen kur-
venreichen Handlungsgang eine Inzest-Episode: Die Geschwister Mariane

und Carlos zeugen sogar ein Kind miteinander, und nach der verzweifelten Auflösung der wahren Verhältnisse fällt ein Satz, der genauso für die gefürchtete Verbindung zweier Spenderkinder von heute gelten würde: »Sie hatten einander in ihrem Leben nicht gesehen, und also kam ihnen die Vertraulichkeit nicht zu Hilfe, die sonst die Liebe unter Blutsverwandten auszulöschen pflegt« (vgl. Gellert (1747/1979), S.41).

78 In ihrer Studie »Der Familienroman der Französischen Revolution« gibt Lynn Hunt eine aufschlussreiche Antwort auf die Frage, warum der Geschwisterinzest in der Literatur gerade am Ende des 18. Jahrhunderts so populär wird. Es geht ihr um den Versuch, den politischen Umsturz dieser Zeit auch als einen Umsturz der Vorstellungen familiärer Ordnung zu beschreiben; war das Regierungssystem des Absolutismus eng an das patriarchale Familienmodell gekoppelt, klingt im revolutionären Schlagwort der »Brüderlichkeit« auch eine neue Familienordnung an, ohne väterliches Oberhaupt. Mit dieser Vaterkrise in der Politik aber geht laut Hunt eine Fülle neuer Romane einher, die von Waisen handeln, von vaterlosen Bastarden und Findlingen. In diesen Büchern lauere »die Gefahr des Inzests hinter jeder sozialen Beziehung«; vgl. Hunt (1992), S.35

79 Ani (2005/2009), S.241 und S.238

80 http://dejure.org/gesetze/StGB/173.html

81 http://www.bundesverfassungsgericht.de/pressemitteilungen/bvg08-029. html. Im April 2012 wurde dieses Urteil vom Europäischen Gerichtshof in Straßburg bestätigt.

82 Lüdemann (o.J.), S.10

83 *Urteilsschrift Pratten v. British Columbia* (2011), S.34

84 Mroz (2011)

85 http://www.donogene-insemination.de/downloads/Richtl_Druckfassung.pdf, S.8

86 Spallanzani (1780/1786), S.249 und S.251

87 Fraenckel (1909), S.171

88 Prochownick (1915), S.149

89 Döderlein (1912), S.1083. Über das Engagement des Münchner Gynäkologen in der eugenischen Bewegung seit der Zeit des Ersten Weltkriegs, u.a. als Mitglied der »Kommission zur Beratung von Fragen der Erhaltung und Mehrung der Volkskraft«, vgl. Weingart/Kroll/Bayertz (1988), S.226

90 vgl. zu diesen Überlegungen auch Benninghaus (2005), S.107–128

91 Diese Briefpassage ist abgedruckt in Spallanzani (1780/1786), S.306/07

92 Home (1799), S.162. Laut Bernhard (1958), S.8 ist Homes Aufsatz die einzige Quelle für dieses Ereignis.

93 Sims (1865/1866), S.287

94 Rohleder (1911a), S.224

95 vgl. die kommentierte Bibliographie der französischen Beiträge bei Rohleder (1911a), S.225–228

96 vgl. Leblond (1884), S. 89–98 und die deutsche Zusammenfassung des Falles bei Fraenckel (1909), S. 170. Die Erlassung einer päpstlichen Enzyklika im Jahr 1897, die jede Erwägung einer homologen Insemination grundsätzlich zurückweist, ist nach Ansicht der zeitgenössischen Autoren eine Folge des Gerichtsurteils von Bordeaux.

97 Ratner (1917), S. 341

98 Rohleder (1911a), S. 215

99 Wilhelm (1911), S. 75

100 Spier (1913), S. 520; vgl. auch Hirsch (1913), S. 293: Döderleins »Veröffentlichung hat in der wissenschaftlichen Literatur und auch in der Tagespresse einiges Aufsehen erregt«, Kisch (1914/15), S. 67: »Um so mehr Aufsehen erregt es, wenn jüngstens (1912) eine Autorität wie A. Döderlein […] *für* den Versuch einer künstlichen Befruchtung […] eintritt« *[Hervorhebung im Original]* und noch Mettenleitner (1925), S. 253: »Hauptsächlich war es Döderlein, der 1912 durch Veröffentlichung einer erfolgreichen K.B. die Aufmerksamkeit darauf lenkte«.

101 vgl. Dienel (1995), S. 31. Zum Verhältnis von Bevölkerungspolitik und künstlicher Befruchtung in England um 1900 vgl. Pfeffer (1993), 3–17, zur Situation in den USA vgl. Marsh/Ronner (1996)

102 zitiert bei Dienel (1995), S. 32

103 Rohleder (1911b), S. 521

104 ebd., S. 539

105 Sellheim (1924), S. 675

106 Zola, Emile (1899/o.J.], S. 53, S. 20, S. 97, S. 53/54 S. 197, S. 663 *[Übersetzung von mir leicht verändert; A.B.]*

107 Zola (1899/o.J.), S. 197

108 Rohleder (1911a), S. 251 (*Hervorhebungen im Original*)

109 Levy (1888), S. 18

110 Prochownick (1915), S. 151

111 Fraenckel (1909), S. 173

112 Meyer-Rüegg (1916), S. 1418

113 Prochownick (1915), S. 151

114 Winckel (1909), S. 169

115 zitiert bei Schlesinger (1870), S. 535 und S. 536

116 zitiert ebd., S. 535

117 Fraenckel (1909), S. 173

118 vgl. Kapitel 3, S. 328 ff.

119 Trautmann (1909), S. 762

120 vgl. Thau (1931)

121 so die Formulierung in der Falldarstellung von Wassermann (1915/16), S. 351, der an dieser Stelle auch den § 1591 BGB vollständig zitiert

122 vgl. die Prozesszusammenfassungen bei Olshausen (1908a), Olshausen

(1908b), Trautmann (1909), Eisinger (1909), Freymuth (1910), Wilhelm (1911) und Wassermann (1915/16)

123 Freymuth (1910), S. 101 und 103

124 zitiert bei Wassermann (1915/16), S. 350

125 Olshausen (1908a), S. 516

126 Wassermann (1915/16), S. 359

127 Sellheim (1924), S. 673

128 Hofstätter (1926), S. 419

129 Laqueur (1990/1992), S. 15

130 Rohleder (1911a), S. 136

131 Rohleder (1911a), S. 136 und S. 231; vgl. über die physiologische Bedeutung des weiblichen Orgasmus auch Kisch (1914/1915), S. 70; und Winckel (1909), S 165

132 Rohleder (1911a), S. 246

133 Rohleder (1911a), S. 232

134 Kehrer (1922), S. 112

135 Vaerting (1915/1916), S. 187

136 ebd., S. 191

137 ebd., S. 193

138 Rohleder (1915/1916), S. 336. Mathilde Vaerting veröffentlicht in derselben Ausgabe der Zeitschrift noch einmal eine »Erwiderung auf vorstehende Bemerkungen« (S. 336–342).

139 Fraenckel (1909), S. 171

140 Rohleder (1911a), S. 243

141 Fraenckel (1909), S. 173; vgl. auch Rohleder (1911a), S. 287

142 Sellheim (1924), S. 674

143 Rohleder (1911a), S. 252

144 vgl. Rohleder (1911a), S. 262, und Engelmann (1927), S. 148. Die Zahl der insgesamt durchgeführten Inseminationen gibt Rohleder mit 75 und Engelmann mit 185 an, aber die tatsächliche Menge dürfte, wie einige Autoren betonen, um ein Vielfaches höher liegen, weil die Ärzte zweifellos nicht alle erfolglos gebliebenen Fälle in ihren Statistiken berücksichtigt haben.

145 Sims (1865/1866), S. 287

146 Bischoff (1844), S. 17/18

147 Rohleder (1911a), S. 232

148 Prochownick (1915), S. 152

149 vgl. Knaus (1929) und Ogino (1930). Ogino hatte diese Erkenntnis in Japan schon 1923 erstmals publiziert.

150 Schellen (1957), S. 132

151 Guttmacher (1943), S. 583

152 vgl. Bernhard (1958), S. 10

153 Fürbringer (1911), S. 274

154 Rohleder (1911a), S. 275, S. 274, S. 269, S. 275

155   ebd., S. 277

156   Rohleder (1912), S. 1690

157   Hirsch (1913), S. 299; Kisch (1914/15), S. 71; Hofstätter (1926), S. 420. Im »Lehrbuch der Gynäkologie« von Walter Stoeckel, dem maßgeblichen Standardwerk in der Weimarer Republik und im Nationalsozialismus, werden die Möglichkeiten der Samenspende noch in der Auflage von 1931 mit einem einzigen Satz als »niederträchtige Zumutungen« disqualifiziert.

158   Kisch (1914/15), S. 71

159   Evers (1911/1919), S. 5, 6, 439; S. 6, S. 157, S. 158, S. 381, S. 382

160   Rohleder (1911a), S. 278

161   Dass ein aus Deutschland stammender jüdischer Arzt 1935 einer Organisation dieses Namens angehört, gibt einen weiteren Eindruck davon, wie neutral und heterogen der Begriff der »Eugenik« in diesen Jahren noch gewesen ist. Der Schock der nationalsozialistischen Verbrechen heißt wissenschaftshistorisch, dass ein lange Zeit offenes Konzept rückblickend nur noch als zwangsläufige Entwicklung gedacht werden kann. Seymour und Koerner benennen ihr Institut nach dem Krieg in »Nationale Forschungsstiftung für Fertilität« um.

162   zitiert nach Seymour/Koerner (1936), S. 1531

163   ebd., S. 1532

164   ebd.

165   Rohleder (1911a), S. 277

166   Samuel (1926), S. 2110

167   Seymour/Koerner (1936), S. 1532

168   ebd., S. 1533

169   ebd.

170   ebd.

171   Kleegman (1954), S. 10 und S. 13

172   Turano, (1938), S. 422. Zur zustimmenden Rezeption der Vorschläge vgl. Seashore (1938), Cary (1940), Beardsley (1940) und Isreal (1941)

173   Mason (1929), S. 86. Noch zwei Jahre nach dem Erscheinen des Artikels von Seymour und Koerner schreibt ein Gynäkologe, dass die Literatur über künstliche Insemination »hauptsächlich aus dem Ausland« stamme und überhaupt nur 24 amerikanische Publikationen zu dem Thema nachweisbar seien (vgl. Seashore (1938), S. 641).

174   vgl. Beardsley (1940), S. 95; der Fall datiert aus dem Jahr 1921. Beardsley erwähnt auch, dass die Gynäkologin Schohorowa im Jahr 1927 einige Versuche mit heterologer Samenspende durchgeführt habe.

175   Hard (1909), S. 163

176   Newth (1909), S. 197

177   In einem kurzen Abriss werden diese Umfrage-Ergebnisse zum ersten Mal veröffentlicht in: Anonym (1940), S. 1772; eine ausführliche Fassung dann in: Seymour/Koerner (1941)

178 Seymour/Koerner (1941), S. 2749

179 Guttmacher (1943), S. 577 und 579

180 Koerner (1944), S. 724; vgl. dazu den Artikel, der den Leserbrief provoziert hat (Folsome (1943), S. 915–927), und Folsomes Replik auf Koerner (Folsome (1944), S. 726–727)

181 Weisman (1942), S. 142–144. Diese Methode, in den 1940er Jahren von mehreren Gynäkologen in den USA beherzigt, setzt sich aufgrund der rechtlichen Probleme bei Vaterschaftsklagen nicht durch.

182 Guttmacher (1943), S. 589; vgl. die ganz ähnliche Argumentation bei Schellen (1957), S. 154 und 161

183 Guttmacher (1943), S. 589

184 Guttmacher (1943), S. 590 (vgl. auch die leicht veränderte deutsche Version des Aufsatzes, die 17 Jahre später in einem Sammelband zur künstlichen Befruchtung abgedruckt wird; Guttmacher (1960), S. 1–24)

185 Schock (1942), S. 271

186 Anselmino/Friedrichs (1949), S. 1621

187 Guttmacher (1943), S. 582

188 vgl. dazu auch Kischs Abhandlung »Die Sterilität des Weibes« von 1886, die mit dem Satz beginnt: »Soweit man die Kulturgeschichte der Menschheit überblickt, allenthalben wird man der Thatsache begegnen, daß die Unfruchtbarkeit der Frau nicht blos als ein Unglück angesehen wird, sondern ihr auch stets zum Vorwurf gereicht« (Kisch (1886), S. 1).

189 Israel (1941), S. 94

190 Bereits der ehemalige Medizinstudent, der von der Insemination der betäubten Kaufmannsgattin in Philadelphia berichtet, erklärt den Nutzen seiner Erinnerung mit der »rassenstärkenden« Bedeutung der Methode. Der Geschlechtsakt als Mittel der Fortpflanzung sei überkommene Romantik, schreibt er und illustriert seine Überzeugung mit einem überraschenden Vergleich: »Der Ursprung des Spermatozoons, welches das Ei befruchtet, ist nicht wichtiger als der Ursprung des Fingers, der den Abzug eines Gewehrs drückt« (vgl. Hard (1909), S. 163).

191 Seymour/Koerner (1936), S. 1533; vgl. dazu auch Cary (1940), S. 2184: »Zweifelnden Patienten sage ich immer, daß unsere Suche nach Spendern mit guter Herkunft vermutlich mit größerer Sorgfalt geschieht, als es junge Leute tun, wenn sie sich nach einem Ehepartner umsehen. Diese Antwort stellt die Leute dann meistens zufrieden.«

192 Muller (1935), S. 113. Bei Omar Khayyám handelt es sich um einen persischen Mathematiker des Mittelalters, Sun Yat-sen war 1911 der erste Präsident der Republik China.

193 Brewer (1935/36), S. 124/25

194 Brief vom Januar 1937, zitiert in Kevles (1985), S. 191/92

195 vgl. Folsome (1943), S. 922

196 Réti (1904), S. 20/21

197 Rohleder (1911a), S. 278

198 Anonym (1921), S. 15 und S. 22

199 Turano (1938), S. 422

200 vgl. Schellen (1957), S. 317/18

201 Anonym (1947), S. 786

202 Spallanzani (1780/1786), S. 163 und S. 189

203 vgl. Mantegazza (1866), S. 183–196

204 Sims (1865/1866), S. 283; Janke (1889), S. 251

205 vgl. Kehrer (1922), S. 36

206 vgl. Iwanoff (1912), S. 40

207 Mettenleiter (1925), S. 284 und S. 289

208 Knaus (1943), S. 1492

209 vgl. Walton/Prawochenski (1936), S. 341

210 Seymour/Koerner/Costom (1943), S. 174–175; vgl. Schellen (1957), S. 315 über diesen Aufsatz: »Wenn die heterologe Insemination nun auf internationaler Ebene praktiziert wird, entsteht das Problem, ob Sperma unter das Einwanderungsgesetz fällt. Vielleicht wird einmal der Tag kommen, an dem es Reisepässe für Spermatozoen gibt.«

211 Jahnel (1938), S. 1273 und S. 1274

212 Polge/Smith/Parkes (1949), S. 666

213 Bunge/Keettel/Sherman (1954), S. 526 und S. 527. Vgl. auch Bunge/Sherman (1952), S. 767–768, der Artikel, in dem diese drei Schwangerschaften zum ersten Mal erwähnt werden

214 Bunge/Sherman (1954), S. 529

215 Anonym (1870), S. 449/450. Diese Passage wird auch von Schreiber (2007) zitiert (S. 9), die als Quelle des Artikels aber fälschlicherweise die Zeitschrift *Wiener medizinische Wochenschrift* angibt

216 Kleegman (1954), S. 28

217 Enzensberger (1962/2007), S. 194

218 vgl. die Abbildungen bei Sherman (1963), S. 58 und S. 61

219 vgl. Schellen (1957), S. 122

220 vgl. Sherman (1963), S. 54

221 ebd., S. 49

222 vgl. etwa den Aufsatz von Steinberger/Perloff (1965), vermutlich die erste amerikanische Publikation, die den Begriff der »Samenbank« im Titel trägt; die Ärzte berichten von bislang 13 Geburten mit Hilfe von Samenspenden ihrer Bank, die bis zu zehn Monate in flüssigem Stickstoff gelagert waren, und präsentieren eine Analyse zur Beweglichkeit aufgetauter Spermien, die auf die Proben von dreißig Spendern zurückgreift.

223 Schellen (1957), S. 120

224 Sherman (1964), S. 488, S. 489, S. 491, S. 495

225 zitiert bei Weingart/Kroll/Bayertz (1988), S. 367

226 Schultze (1941), S. 1005
227 *Aussprache Künstliche Befruchtung* (1943), S. 72
228 Schultze (1941), S. 999
229 Anonym (1939), S. 625 *(Hervorhebung im Original)*
230 Veil (1940), S. 44
231 Knaus (1943), S. 1493
232 Bardenheuer (1942/1944), S. 239. Das Buch, 1942 erstmals erschienen, ist dem Andenken Albert Döderleins gewidmet, der kurz zuvor gestorben war.
233 vgl. vor allem das Standardwerk von Lilienthal (1985) und in neuerer Zeit Koop (2007) und Schmitz-Köster (2010)
234 Contis Denkschrift ist abgedruckt bei Mueller (2004), S. 279 und 280
235 zitiert bei Heiber (1968), S. 208
236 zitiert bei Lilienthal (1985), S. 146
237 Dokument abgedruckt bei Mueller (2004), S. 284
238 Fröhlich (1994), S. 260/61. Von Hitler selbst ist offenbar keine Aussage über die künstliche Befruchtung bekannt.
239 zitiert bei Schmitz-Köster (2010), S. 277
240 Dokument abgedruckt bei Mueller (2004), S. 290/91
241 ebd., S. 290
242 vgl. Knaus (1943), der vor allem von unfruchtbaren Kollegen konsultiert wird, die um seine besondere Kompetenz hinsichtlich des Befruchtungszeitraumes wissen. Knaus druckt hier die Korrespondenz mit einem jungen Arzt ab, der die Menstruationszyklen seiner Frau nach Prag schickt und den Zeitpunkt von Ovulation und Befruchtung im Sinne der neuen Lehre gleich selbst bestimmt: »Meine Frau wird am 11. Tage nach der voraussichtlich anfangs März stattfindenden Menstruation in die Klinik kommen (ungefähr 19. März 43).« (S. 1489)
243 *Aussprache Künstliche Befruchtung* (1943), S. 124
244 Stoeckel (1943), S. 675
245 gezählt nach der Bibliographie der Schriften Mayers in Doneith (2008), S. 216–253
246 Mayer (1958), S. 1080
247 vgl. den Wortlaut des Entwurfs von 1959 in: Schwalm (1959), S. 1, den des Entwurfs von 1962 in Pasquay (1968), S. 218 und Helling (1970), S. 109
248 zitiert bei Fromm (1960), S. 25
249 *Wortbericht des 62. Deutschen Ärztetages* (1959), S. 43; vgl. auch Fromm (1960), S. 31
250 *Bundesrat-Drucksache 270/60* (1960), S. 331
251 vgl. Rais (1949); diese Geschichte wird u. a. von Anselmino/Friedrichs (1949), S. 1623/24, Mayer (1954), S. 395 und Schellen (1957), S. 151 zitiert
252 vgl. Habe (1949), S. 7 und die Zusammenfassung bei Schellen (1957), S. 248. Schellen erwähnt auch einen weiteren Mann, aus Kopenhagen, der die In-

semination seiner Frau nicht verkraftet und während ihrer Schwangerschaft in eine tiefe Krise fällt. Als die Hebamme bei der Geburt des Jungen zum Gynäkologen sagt: »Er sieht ja genauso aus wie Sie, Herr Doktor«, geht er nach Hause, holt einen Revolver, schießt auf seine Frau und das Baby (die unverletzt bleiben) und tötet sich selbst (S. 275/76). Da sich außer Schellens Abhandlung kein einziges Dokument über diesen Vorfall findet, besteht die Wahrscheinlichkeit, dass das Ereignis nicht stattgefunden hat.

253 Mayer (1960), S. 209

254 zitiert von Pasquay (1968), S. 93/94

255 Mayer (1954), S. 394

256 Mayer (1960), S. 192

257 Schwalm (1959), S. 2, und Fromm (1960), S. 31

258 Mayer (1954), S. 394

259 Mayer (1958), S. 1076, Mayer (1960), S. 195, und Mayer (1958), S. 1076/77

260 Doneith (2008), S 81. Der Autor kommt zu dem Schluss: »In vielen Punkten war Mayer mit den Nationalsozialisten einig, insbesondere wenn es um Familie, Frauen, Jugend und Moral ging« (S. 88); er schreibt aber auch: »Trotz aller Übereinstimmungen in der Ideologie war Mayer kein überzeugter Nationalsozialist, sondern ist vielmehr all die Jahre hindurch ein patriotischer, militaristischer und religiös-konservativer Monarchist geblieben« (S. 89).

261 Mayer (1960), S. 195/196

262 vgl. Franzius (2005), S. 175

263 vgl. Dölle (1954) und Giesen (1962). Zu Giesen allg. vgl. Mueller (2004), S. 262/263

264 Mayer (1960), S. 213

265 vgl. Bundestagsdrucksache 11/8192; http://dip21.bundestag.de/dip21/btd/11/081/1108192.pdf und Bundestagsdrucksache 11/8179; http://dip21.bundestag.de/dip21/btd/11/081/1108179.pdf

266 Bundestagsdrucksache 11/8179; http://dip21.bundestag.de/dip21/btd/11/081/1108179.pdf, S. 6 und S. 5

267 zitiert von Balz (1980), S. 7

268 *Wortbericht des 73. Deutschen Ärztetages* (1970), S. 122; vgl. auch das Protokoll der ausführlichen Debatte zu diesem Thema ebd., S. 14–22

269 Rousseau (1762/1997), S. 24; zu den preußischen Daten vgl. Weingart/Kroll/Bayertz (1988), S. 52; zu vergleichenden Statistiken aus Frankreich und Deutschland zwischen 1880 und 1914 vgl. Dienel (1985), S. 27

270 Zola (1899/o.J.), S. 12/13

271 Shorter (1975/1983), S. 201

272 Koschorke (2010a), S. 9/10

273 Freud (1930/1948), Fragen der Gesellschaft, Ursprünge der Religion, Studienausgabe Bd. IX, S. 237

274 so Koschorke (2010), S. 16 über Simmels Studie

275 Huxley (1932/1958), S. 27
276 Brewer (1935/36), S. 124
277 Freud (1905/ 1949), S. 98 und S. 99
278 Freud (1898/1952), S. 507
279 Freud (1912/1948), S. 91
280 Freud (1907/1942), S. 22

DRITTES KAPITEL   Entfremdete Wehen: Leihmutterschaft und Eizellspende

  1 Hanley (1987a)
  2 *In the Matter of Baby M* (1988), S. 7
  3 Whitehead (1989/1990), S. 27
  4 *In the Matter of Baby M* (1988), S. 8
  5 im Rechtssystem der USA in etwa eine Entsprechung zu den Oberlandes-
     gerichten der deutschen Bundesländer.
  6 *In the Matter of Baby M* (1988), S. 6
  7 zitiert bei Whitehead (1989/1990), S. 167
  8 Whitehead (1989/1990), S. 82
  9 ebd., S. XIX
 10 vgl. den im Sinne der leiblichen Mutter entschiedenen Präzedenzfall von 1977,
     der in der Urteilsschrift ausführlich referiert wird (*In the Matter of Baby M*
     (1988), S. 20 und S. 24
 11 *In the Matter of Baby M* (1988), S. 47
 12 Whitehead (1989/1990), S. 220
 13 *Gesetz zum Schutz von Embryonen*, § 1: Missbräuchliche Anwendung von Fort-
     pflanzungstechniken
 14 vgl. zur Rechtslage kurz nach dem Baby-M-Fall Field (1988), S. 163 und zur
     heutigen Situation in den US-Bundesstaaten Markens (2007), S. 28/29, S. 48
     und S. 205 sowie die Tabelle auf der Website der Leihmutter-Agentur »Selec-
     ted Surrogate«, http://www.selectsurrogate.com/surrogacy-laws-by-state.html
 15 Freud (1909b/1941), S. 449. Man könnte sagen, dass der unstillbare Zweifel an
     der Vaterschaft im späten 19. Jahrhundert sogar ein ganzes literarisches Genre
     hervorgebracht hat. Denn das spätbürgerliche Familiendrama Ibsens oder
     Strindbergs ist geprägt von Männerfiguren, die über die Unsicherheit ihrer ver-
     wandtschaftlichen Beziehungen zu den eigenen Kindern wahnsinnig werden.
 16 http://dejure.org/gesetze/BGB/1592.html
 17 http://dejure.org/gesetze/BGB/1591.html
 18 zitiert in: *In the Matter of Baby M* (1988), S. 9
 19 ebd., S. 28
 20 Hanley (1987b) und Whitehead (1989/1990), S. 30
 21 Whitehead (1989/1990), S. 12 (*Hervorhebung im Original*)

22   ebd., S. 169, S. 26 und S. 112/113

23   zitiert ebd., S. 203

24   Keane/Breo (1981), S. 281 und S. 285. Vgl. auch den Leihmuttervertrag aus
      den späten 1980er Jahren, abgedruckt bei Ragoné (1994), S. 141–151, der ge-
      nau die gleiche Ausrichtung aufweist.

25   *In the Matter of Baby M* (1988), S. 61 und S. 62

26   Keane/Breo (1981), S. 281

27   Aristoteles (1959), S. 62

28   Kane (1988), S. 261

29   ebd., S. 247

30   ebd., S. 269

31   ebd., S. 288

32   ebd., S. 117, S. 119, S. 123, S. 294

33   Keane/Breo (1981), S. 55

34   Whitehead (1989/1990), S. 121

35   ebd., S. 65, zit. S. 160, S. 92, S. 122

36   vgl. Churcher (1999)

37   Whitehead (1989/1990), S. 24

38   *In the Matter of Baby M* (1988), S. 49

39   vgl. Kelly (2010)

40   *Die Bibel* (2005), Gen. 16, 1–16 (S. 29, die Hagar-Geschichte) sowie Gen. 29,
      31 und 30, 1–24 (S. 42/43, Bilha und Silpa) und Mann (1974), S. 324

41   vgl. die Schilderung des Falles in Keane/Breo (1981), S. 57–72

42   vgl. etwa die Statistiken bei Dietrich (1989), S. 39

43   Coester-Waltjen (1982), S. 2528

44   vgl. etwa Hass (1988), S. 17 und Dietrich (1989), S. 14/15

45   Anonym (1982), S. 86

46   vgl. zum nordrhein-westfälischen Fall: Müller (1986), S. 781–784, zum Frei-
      burger Fall: Anonym (1987), S. 1486–1489. In dem Berliner Prozess um Un-
      terhaltszahlungen liegt der Fall besonders kompliziert. Hier entschied sich das
      Auftragspaar, das Mädchen zu adoptieren, obwohl der biologische Vater der
      Ehemann der Leihmutter war. Kurz darauf trennte sich das Paar, und der Auf-
      traggeber blieb nun als alleinerziehender Vater mit seiner Adoptivtochter zu-
      rück. Unter diesen Voraussetzungen forderte er Unterhaltszahlungen von den
      beiden leiblichen Eltern des Kindes.

47   Anonym (1987a), S. 6

48   Bundestagsdrucksache 11/5283, Entwurf eines Gesetzes zur Änderung des
      Adoptionsvermittlungsgesetzes, §§ 13c und 14, S. 5/6

49   Bundestagsdrucksache 11/4154, Entwurf eines Gesetzes zur Änderung des
      Adoptionsvermittlungsgesetzes, S. 2

50   Bundestagsdrucksache 11/4154, Entwurf eines Gesetzes zur Änderung des
      Adoptionsvermittlungsgesetzes, S. 5

51 Malebranche (1674/1776), S. 227, S. 228, S. 241; Zedlers Großes Universallexicon, Art. »Versehen«

52 Malebranche (1674/1776), S. 232 und 234; Maupertuis (1744/1747), S. 68; vgl. auch die kritischen Erwähnungen des Falles bei Buffon (1749/1771), S. 285/86, und Haller (1766/1776), S. 239/40, der dann schon behauptet, dass »das berühmte Rad des Malebranche [...] von der Einbildungskraft des Beobachters erfunden« worden sei

53 vgl. Krause (1758) und Watzke (2004), S. 119–136

54 Buffon (1749/1781), S. 283; vgl. Wolff (1759/1999), § 260, S. 178 und Haller (1766/1776), S. 221

55 vgl. zur Geschichte des Wissens über die Plazenta Siewert (1973)

56 Buffon (1749/1771), S. 287

57 Goethe (1809/1977), S. 237 und S. 94; Hoffmann (1819/o. J.), S. 120/121 (Hervorhebung im Original)

58 Hufeland (1827), S. 8 (Hervorhebung im Original)

59 Müller (1840), S. 574–575

60 Hug-Hellmuth (1913), S. 2; zitiert auch bei Graber (1924), S. 19; vgl. zu den Anfängen der pränatalen Psychologie in Deutschland auch Messer-Platz (1932), ein eugenischer Ratgeber, der sich in der Tradition der Schwangerschaftshygiene sieht und die »Keimverderbnis und Keimverbesserung« (S. 104ff.) durch das Verhalten der werdenden Mutter behandelt.

61 Sontag (1944), S. 4; vgl. zu den Anfängen der pränatalen Psychologie in den USA auch Dubow (2011), S. 46–48

62 vgl. Sontag (1966), S. 782–786

63 Graber, (1973), S. 14

64 Rottmann (1974), S. 75

65 ebd., S. 77 und S. 84

66 Verny/Kelly (1981), S. 22/23, S. 30 und S. 68

67 ebd., S. 38 und S. 8 (Hervorhebung im Original)

68 vgl. Rottmann (1974), S. 82

69 Hass (1988), S. 137 und S. 138; vgl. die ganz ähnliche Argumentation bei Dietrich (1989), S. 266

70 Kane (1988), S. 177

71 Shorter (1975/1983), S. 196

72 vgl. Badinter (1980/1988), S. 9

73 zitiert ebd., S. 93

74 Süßmilch (1741/1761–62), S. 103

75 Badinter (1980/1988), S. 110

76 ebd., S. 94

77 ebd., S. 35/36; vgl. Shorter (1975/1983), S. 211: »Es ist üblich geworden, den Sieg des mütterlichen Stillens auf das Erscheinen von Jean-Jacques Rousseaus ›Emile‹ im Jahr 1762 zu datieren.«

78 Menuret de Chambaud, Essais sur l'Historie Médico-Topographique de Paris. Paris, 1786, S. 99/100; zitiert von Shorter (1975/1983), S. 212

79 Rousseau (1762/1997), S. 9, S. 19 [*Übersetzung leicht modifiziert*], S. 22; vgl. Vinken (2001), S. 11: »Für Rousseau stand und fiel der Staat mit dem Stillen der Mütter [...] Keine Republik ohne Muttermilch.«

80 *Allgemeines Landrecht für die preußischen Staaten* (1835), S. 99

81 Shorter (1975/83), S. 196

82 zitiert bei Dietrich (1989), S. 92

83 Rousseau (1762/1997), S. 38

84 zitiert bei Goody, (1983/1989), S. 83; Rousseau (1762/1997), S. 38; Zola (1899/o.J.), S. 215

85 Morris (1895), S. 437; Morris (1906), S. 697–698; Morris (1935), S. 217

86 vgl. Schlich (1998), S. 146. Morris' Patientin hat laut seiner eigenen Aussage in späteren Jahren noch zwei weitere Kinder bekommen. Erst im Jahr 2008 kursierte dann wieder die Nachricht in den Medien, dass eine Frau nach einer Eierstock-Transplantation Mutter geworden sei, »zum ersten Mal in der Geschichte«, wie es in allen Zeitungen hieß. Die Ereignisse knapp hundert Jahre zuvor wurden in diesem Zusammenhang nirgendwo erwähnt.

87 Morris (1906), S. 698

88 Wilhelm (1911), S. 105/06

89 Zambaco Pacha (1911), S. 200/201 (*Hervorhebung im Original*)

90 auch bei Wächtler (1981), der bislang einzigen medizingeschichtlichen Monographie zur Eierstock-Transplantation, wird der Fall nicht erwähnt

91 Wilhelm (1911), S. 107. Der Autor ist so aufgebracht, dass er auch den Namen seines französischen Widersachers konsequent falsch schreibt, »Zambaco *Pascha*« (dieser wie auch weitere Schreibfehler Wilhelms sind in den hier verwendeten Zitaten getilgt).

92 Unterberger (1919), S. 213/14

93 ebd., S. 216/17

94 vgl. Hentig (1925), S. 887–888 und Schellen (1957), S. 291

95 zitiert von Schlich (1998), S. 148

96 Whitehead (1989/1990), S. 8. Siehe in diesem Zusammenhang auch den Selbstversuch der Journalistin Susan Ince, die sich Mitte der achtziger Jahre als Leihmutter beworben hat und ebenfalls von einer unseriösen und äußerst flüchtigen Anamnese berichtet; (vgl. Ince (1985), S. 78). Ince schreibt auch: »Mein Eindruck war, daß ein großer Mangel an Leihmüttern bestand und daß jede passende Frau (das heißt, weiß und willfährig) zur schnellen Unterzeichnung des Vertrags gedrängt« wurde (S. 86/87).

97 *In the Matter of Baby M* (1988), S. 7

98 vgl. den bei Ragoné (1994) abgedruckten Mustervertrag, S. 150–151

99 zitiert von Ragoné (1994), S. 24

100 ebd., S. 83

101 vgl. hierzu Kapitel 4, S. 395 f.

102 Wikland/Enk/Hamberger (1985), S. 182; zur tabellarischen Gegenüberstellung von alter und neuer Methode vgl. ebd., S. 189/190 und Gembruch (1988),
S. 61–62

103 Anonym (1995), S. 219

104 Anonym (1985)

105 zum Rechtsstreit zwischen Denise Thrane und Bjorna und James Noyes vgl.
Anonym (1981); zum Fall Judy Stiver vs. Nadia und Alexander Malahoff vgl.
Anonym (1983) und Peterson (1983). In diesem zweiten Fall kommt es 1992
zu einer spektakulären Wendung: Denn es stellt sich heraus, dass die Behinderung des Jungen (eine krankhafte Verkleinerung des Kopfes) auf eine Infektion
des Samens von Alexander Malahoff zurückgeht. Der Auftragsvater hat das
Kind also nicht gezeugt, aber im Zuge der Insemination seine Erkrankung
hervorgerufen. Judy Stiver, die mit ihrem Ehemann das pflegebedürftige Kind
aufzieht, verklagt daraufhin die Agentur Noel Keanes auf Schadenersatz (vgl.
Lewin, (1992))

106 zitiert von Kasindorf (1991), der auch die genaueste Rekonstruktion des Falles
liefert

107 zitiert bei Rose (1996), S. 626

108 zitiert ebd., S. 616/17 und S. 617

109 zitiert bei Shuster (1991), S. 1176

110 zitiert bei Kasindorf (1991)

111 zitiert bei Grayson (1998), S. 529; vgl. zu dieser Argumentation etwa Roberts
(2008), S. 309

112 *Johnson v. Calvert* (1993), S. 10 und S. 11 (*Hervorhebung von mir; A.B.*)

113 vgl. Kapitel 1, S. 29 f.

114 ebd., S. 27. Vgl. zum Zusammenhang von Leihmutterschaft und Urheberrecht
auch Rose (1996)

115 Kafka (1935/1992), S. 217

116 zur aktuellen Rechtslage in den 50 US-amerikanischen Bundesstaaten und
dem District of Columbia vgl. http://www.selectsurrogate.com/surrogacy-
laws-by-state.html#AR. Für Gerichtsurteile, die sich explizit auf den Prozess
Johnson gegen Calvert beziehen, vgl. etwa den Fall Buzzanca, 1998, in dem ein
Ehepaar einen Embryo von einer Tragemutter austragen ließ, dessen Erbma-
terial von einem Samen- und einer Eizellspenderin stammte. Das Paar trennte
sich nach der Geburt, und der Ehemann weigerte sich, für den Unterhalt des
Kindes aufzukommen. Seine Klage wurde abgewiesen, weil er der »intentio-
nale Vater« seiner Tochter war.

117 *Johnson v. Calvert* (1993), S. 30

118 Shirley Zager, die Direktorin der »Organization of Parents Through Surrogacy«, hat im Jahr 2008 von bislang 28 000 Geburten durch Leih- und Tragemutterschaft in den USA gesprochen (zitiert bei Kuczynski (2008), S. 45.).

Nach Auskunft Kim Bergmans, der Gründerin der Leihmutter-Agentur »Growing Generations«, kommen inzwischen jedes Jahr etwa 4000 Geburten hinzu, so dass sich für das Jahr 2014 dieser Wert errechnet.

119 vgl. Kuczynski (2008), die Leserbriefe auf den ersten Seiten der folgenden Ausgaben des Magazins und die Stellungnahme der Chef-Redaktion der *New York Times*: Hoyt (2009), S. 9

120 Für die Zitate auf den vergangenen Seiten vgl. Kuczynski (2008), S. 46, 48, 74, 48, 49, 64, 74, 78.

121 vgl. Sauer/Paulson (1990), S. 1157

122 Morris (1906), S. 698

123 Paulson/Sauer (1994), S. 571

124 Sauer/Paulson/Lobo (1996), S. 2540

125 vgl. zu diesem Datum Almeling (2011), S. 39. Die Agentur »Egg Donation, Inc.« aus Encino bei Los Angeles wirbt heute auf ihrer Website damit, das älteste Vermittlungsbüro für Eizellspenderinnen zu sein (vgl. https://www.egg-donor.com)

126 beide Zitate: http://www.growinggenerations.com/egg-donor-program/intended-parents/program-overview

127 http://www.growinggenerations.com/egg-donor-program/intended-parents/egg-donor-database; vgl. Kapitel II über die entsprechenden Angaben im Katalog der »California Cryobank«

128 https://www.eggdonation.com/secure_search/donorprofile.php?donorID=37209

129 vgl. http://www.giftovlife.com/EggDonors_FAQ.aspx: und http://www.fertilityfriends.co.uk/forum/index.php?topic=290154.0

130 vgl. Sauer/Paulson (1992), S. 728

131 ebd., S. 727; vgl. zu der Motivation von Eizellspenderin auch die große Umfrage von Schover (1991), S. 1489

132 https://www.eggdonation.com/secure_search/donorprofile.php?donorID=50196

133 http://www.growinggenerations.com/egg-donor-program/egg-donors/program-overview

134 Sauer/Paulson (1992), S. 727

135 zuletzt Mundy (2007) und Almeling (2011)

136 vgl. dazu die Interviews mit Eizellspenderinnen bei Almeling (2011), S. 158–161

137 http://www.growinggenerations.com/surrogacy-program/surrogates/financial-information

138 Turano (1938), S. 423

139 http://www.welt.de/vermischtes/prominente/article12112056/Schwangerschaft-von-Gianna-Nannini-war-nicht-geplant.html

140 vgl. hierzu die Reportagen von Steinberger (2010) und Frömel (2011)

141 vgl. http://leihmutter-schaft.de/wp-content/uploads/2011/08/paket-succes.pdf

142 zu den Angaben der Klinik vgl: http://leihmutter-schaft.de/wer-kann-spen-derin-sein/; zu den Fotos vgl. die Kartei auf http://donors.mother-surrogate. info/?eggdonors_start=0

143 vgl. etwa zur Situation in den USA: Padawer (2011), S. 22–25. Auch eine Agentur wie »Growing Generations« wendet laut Kim Bergman die »selektive Fötenreduktion« an.

144 Die juristischen Grundbestimmungen zur Leihmutterschaft sind im Artikel 123 des ukrainischen Familienrechts festgelegt; vgl. Frishberg (o.J.)

145 zur Dokumentation der deutschen Fälle vgl. Weitzel (2010), S. 43–44. Zu inter-nationalen Konflikten wie etwa einem belgischen Fall, in dem das Kind eben-falls über Jahre hinweg in einem Pflegeheim in der Ukraine lebte, vgl. Svitnev (2011), S. 160

146 vgl. http://www.olg-duesseldorf.nrw.de/behoerde/presse/Presse_aktuell/20130 523_pm_Leihmutter/index.php

147 http://www.kiew.diplo.de/Vertretung/kiew/de/05/Leihmutterschaftshinweis. html Die frühere Fassung ist online leider nicht mehr zugänglich.

VIERTES KAPITEL Vom »Retortenbaby« zum »Wunschkind«

1   Edwards/Steptoe (1980/1981), S. 204

2   Brown/Brown (1979/1980), S. 80

3   Edwards/Steptoe (1980/1981), S. 204. Eine Kurzfassung dieses Films ist im Internet unter http://www.youtube.com/watch?v=pqu8Y4XGFK4 zu sehen

4   Edwards/Steptoe (1980/1981), S. 205

5   vgl. Brown/Brown (1979/1980), S. 116

6   Dieser Satz fällt in einem Interview mit dem Gynäkologen in der britischen Fernseh-Dokumentation »The Baby Makers« von 2001; vgl. auch Henig (2004/2006), S. 151 und 290

7   Brown/Brown (1979/1980), S. 106

8   vgl. Schenk (1880), Heape (1890) und Heape (1898)

9   Pincus/Enzmann (1934), S. 121

10   Das haben McLaughlin (1982) und Schreiber (2007) in ihren Büchern aus-führlich gezeigt. Die folgenden Seiten profitieren von der Darstellung dieser beiden Studien.

11   McLaughlin (1982), S. 78

12   zitiert ebd., S. 83

13   zitiert bei Schreiber (2007), S. 230

14   Menkin/Rock (1948), S. 441; vgl. auch die erste knappe Veröffentlichung der beiden Autoren über ihren Erfolg vier Jahre früher, Rock/Menkin (1944)

15   zitiert bei McLaughlin (1982), S. 82; vgl. hierzu auch Schreiber (2007), S. 231/232

16   Haller (1766/1776), S. 127; Anonym (1853), S. 901; Stelzenberger (1960), S. 95
17   Anonym (1969b), S. 1042
18   Edwards/Steptoe (1980/1981), S. 57/58
19   ebd., S. 86
20   vgl. Edwards/Bavister/Steptoe (1969); vgl. zu der Aussage Miriam Menkins McLaughlin (1982), S. 80
21   Anonym (1969a), S. 613
22   Edwards/Steptoe (1980/1981), S. 92
23   Edwards (1971), S. 23
24   vgl. Edwards/Steptoe/Purdy (1970) und Edwards/Steptoe/Purdy (1971) [eingereicht im November 1970]), S. 132–133
25   Edwards/Steptoe (1980/1981), S. 113
26   ebd., S. 112
27   ebd., S. 131
28   vgl. Robertson (1974), S. 368
29   Edwards/Steptoe (1980/1981), S. 144
30   vgl. Edwards (1981); S. 254
31   Edwards/Steptoe (1980/1981), S. 175
32   zitiert bei Henig (2004/2006), S. 157, deren aus den Gerichtsakten rekonstruierte Beschreibung des Prozesses diese Darstellung folgt
33   vgl. Edwards (1981), S. 255
34   vgl. zuerst Uehara/Yanagimachi (1976)
35   Palermo/Joris/Devroey/van Steirteghem (1992), S. 17
36   Palermo/van Steirteghem u. a. (1993), S. 829
37   vgl. zu dieser Erzählung Mundy (2007), S. 75–77
38   Lanzendorf u. a. (1988), S. 835
39   ebd., S. 841
40   Palermo/Joris/Devroey/van Steirteghem (1992), S. 17
41   Devroey/van Steirteghem (2004), S. 20; zu dem Wert von 95 Prozent vgl. ebd., S. 25
42   Heun (2008), S. 50
43   vgl. Edwards (1971), S. 25, Edwards/David (1971), S. 87 und rückblickend Edwards/Steptoe (1980/1981), S. 54
44   vgl. http://www.deutsches-ivf-register.de/pdf-downloads/dirjahrbuch1996.pdf, S. 7. Die Kategorie »ICSI« erscheint im jährlich erscheinenden IVF-Register seit 1994. Im Jahr 1996 werden knapp 15 000 IVF- und über 16 000 ICSI-Behandlungen registriert.
45   vgl. etwa Bowen u. a. (1998), S. 1529. Die IVF-Technik, lange Zeit ein Dämon der Künstlichkeit, wird nun also bereits der natürlichen Zeugung zugerechnet.
46   Ploetz (1895), S. 34/35; vgl. hierzu Sarasin (1998) S. 103 und Sarasin (2001), S. 446–448

47 Ludwig/Katalinic (2005), S. 160; vgl. für die These der Entwicklungsverzöge-
    rung bei ICSI-Kindern die australische Studie von Bowen u.a. (1998), für die
    Unbedenklichkeitsthese die englische Untersuchung von Setcliffe (2001)
48 vgl. die bislang umfrangreichste, weltweit durchgeführte Studie, mit über
    6000 durch IVF und ICSI sowie über 300000 natürlich gezeugten Säuglin-
    gen und Kleinkindern von Davis (2012), S. 1803. Die lange Zeit gültige These,
    dass für die konventionelle In-vitro-Fertilisation identische Fehlbildungsraten
    gelten würden, wird in dieser Studie bestritten. Die ICSI-Methode erscheint
    hier anfälliger.
49 vgl. etwa Leunens (2008)
50 Bowen u.a. (1998), S. 1529
51 *World Health Organization* (2010), S. 60
52 vgl. French (2009), S. 1100 und S. 1097
53 Montag u.a. (2009), S. 154
54 Buffon (1749/1771), S. 318
55 Kehrer (1922), S. 36
56 Michelmann u.a. (2008), S. 43
57 Stauber/Weyerstahl (2001), S. 453; über die Beschreibung der Spermienbewe-
    gung vgl. S. 452 (*Hervorhebung von mir; A.B.*)
58 http://de.wikipedia.org/wiki/Zeugung
59 vgl. Martin (1991)
60 Freud (1933/1949), S. 122
61 vgl. die jüngsten Zahlen unter http://www.deutsches-ivf-register.de/pdf-down-
    loads/dirjahrbuch2011-d.pdf, S. 9. Zur Zahl der Geburten in Deutschland allge-
    mein vgl. https://www.destatis.de/DE/ZahlenFakten/GesellschaftStaat/Bevoel-
    kerung/Geburten/Geburten.html
62 Guttmacher (1943), S. 573. Vgl. auch Israel (1941), S. 93, über die neue Op-
    tion von kinderlosen Paaren, bei denen sich der Mann als der sterile Partner
    erweist: »Gewöhnlich schlägt einer der Ärzte irgendwann vor, dass sich die
    Ehefrau einer artifiziellen Insemination unterzieht oder, wie es die populären
    Magazine gerne formulieren, ›ein test-tube baby‹ bekommen.«
63 vgl. zu diesem Gutachten Henig (2004/2006), S. 191
64 Goethe (1832/1977), S. 359
65 so der Titel einer vieldiskutierten feministischen Schrift über assistierte Re-
    produktionsmedizin Mitte der achtziger Jahre; vgl. Corea (1985/1986)
66 Shelley (1818/1993), S. 65. Zur Frequenz und Funktion des Frankenstein-
    Verweises in den britischen Zeitungsberichten und Parlamentsdebatten zur
    In-vitro-Fertilisation vgl. Mulkay (1996). Schon im Jahr 1972 trägt eine Titel-
    geschichte des *New York Times Magazine* über aktuelle Versuche zur In-vitro-
    Fertilisation und Klonierung die Überschrift »The Frankenstein Myth Beco-
    mes a Reality« (vgl. Gaylin (1972)). In Felicitas Frankes autobiographischem
    Bericht »Ich war eine Leihmutter« von 1989 wird der behandelnde Reproduk-

tionsmediziner als »Klischee eines Dr. Frankenstein« bezeichnet (Franke (1989), S. 30)

67 Anonym (1937), S. 678

68 Waermeling (1984), S. 9; zu den Huxley-Zitaten und -Anspielungen vgl. Ebon (1978) und Anonym (1978a)

69 Huxley (1932/1958), S. 19/20

70 ebd., S. 27 und S. 21

71 Amendt (1986/1988), S. 9

72 *In-vitro-Fertilisation, Genomanalyse und Gentherapie* (1985), S. 57

73 Anonym (1978b), S. 410; Beller (1983), S. 85; Urban (1986), S. 4; Arditti (1984/1985)], S. 13

74 Ein Dokument wie der autobiographische Bericht »Ich war eine Leihmutter«, 1989 unter dem Pseudonym »Felicitas Franke« erschienen, liest sich durchgängig wie eine Überblendung reproduktionsmedizinischer Erfahrungen und paranoider Existenzängste. In den Berliner »Smogtagen« (S. 14) kurz nach der Atomkatastrophe von Tschernobyl antwortet die Erzählerin auf ein Leihmuttergesuch in der Zeitung, um sich mit dem Honorar ein neues Leben in Südamerika aufzubauen; die Austragung des Kindes soll ihr »den Ausstieg aus der Konsumgesellschaft verschaffen« (S. 27), endet aber mit einer Odyssee durch Europa und der Auseinandersetzung mit den betrügerischen Auftragseltern

75 Döderlein (1912), S. 1081; Kisch (1914), S. 283; Keane/Breo (1983), S. 12/13; vgl. Brown/Brown (1979/1980), S. 72, 79, 160

76 zitiert bei Henig (2004/2006), S. 72

77 *In-vitro-Fertilisation, Genomanalyse und Gentherapie* (1985), S. 6 und S. 60

78 vgl. zu dieser Überlegung auch den erkenntnisreichen Aufsatz von Orland (2001)

79 vgl. etwa die Sonderseite der Süddeutschen Zeitung am 21./22. 4. 91, vgl. auch SZ, 13. 7. 93: »Wunschkind«, Focus 21. 2. 94

80 *In-vitro-Fertilisation, Genomanalyse und Gentherapie* (1985), S. 5

81 vgl. Kowalcek u. a. (2007)

82 vgl. Kluge (2007)

83 Zola (1899/o. J.), S. 21

84 Egan (2006)

85 vgl. für eine wohlwollende Rezeption des Verfahrens Nawroth (2012), S. 528–533

86 Anonym (1988), S. 252; Anonym (2013)

87 Sterne (1759/1982), S. 13–15

88 zitiert bei Sarasin (2001), S. 435

89 Anonym (1853), S. 1012 und S. 1016

90 Nassauer (1920), S. 1463

91 Amendt (1986/1988), S. 26 und Kermalvezen (2009), S. 26

92 zit. bei Rheinberger/Müller-Wille (2009), S. 117

93   Rheinberger/Müller-Wille (2009), S. 117

94   Weismann (1885), S. 4/5

95   vgl. zum Einfluss der Lehren Weismanns auf die Frühzeit der Eugenik und
      Rassenhygiene Weingart/Kroll/Bayertz (1988), S. 81–84 und S. 323 sowie Sa-
      rasin (2001), S. 434–441

96   vgl. Heape (1890)

97   zit. bei Ratner (1917), S. 342. Vgl. zur Darstellung dieses Gerichtsfalles auch
      Wassermann (1915/16)

98   Edwards/Steptoe/Purdy (1980), S. 756

99   Edwards/Steptoe (1980/1981), S. 179/180

100   Horsthemke/Ludwig (2005), S. 473. Zu Imprinting-Fehlern nach IVF- und
      ICSI-Geburten vgl. auch die Studien von Bowen (1998), S. 1533 und French
      (2009), S. 1101

101   Franke (1989), S. 191

102   vgl. hierzu Willer (2010)

103   Ploetz (1895), S. 144

104   Mundy (2007), S. 7

105   vgl. zu diesen Zahlen das Deutsche IVF-Register 2011 und Mundy (2007),
      S. 15

106   vgl. hierzu die Analysen von Schneider (2002), v. a. S. 113 und Franklin (2012)

SCHLUSS   Neue Reproduktionstechnologien und die Ordnung der Familie

1   *(Muster-)Richtlinie* (2006), S. 1400

2   vgl. Goody (1983/1989), S. 86/87

3   Shorter (1975/1983), S. 293

4   vgl. Koschorke (2010b), S. 164–165

5   Kühn (1929), S. 1, S. 3, S. 21, S. 151 und S. 152

6   Goethe (1809/1977), S. 227

7   Donzelot (1977/1979), S. 21; der Satz der Feminstin Ti-Grace Atkinson ist
     zitiert bei Henig (2004/2006), S. 6

8   Shorter (1975/1983), S. 313, S. 304, S. 314

9   Brown/Brown (1979/1980), S. 82

10   Schoppe (1986), S. 71

11   Kermalvezen (2009), S. 66

12   Hasel (2007), S. 3

13   http://www.dcnetwork.org/library/you-were-born-our-wish-baby; vgl. zu einer
     Liste dieser Bücher auch die Website http://booksforkidsingayfamilies.blogspot.
     de/

14   Ewers (1911/1919), S. 139

15   Kermalvezen (2009), S. 26/27, S. 36, S. 63

16   Kane (1988), S. 64 und S. 272

17   zitiert bei Bestard (2009), S. 24

18   Golombok u.a. (1996), S. 2324. Vgl. auch die ganz ähnlichen Hypothesen in Golombok u.a. (1995), Golombok u.a. (1999) und Golombok (2005) sowie die beeindruckende Publikationsliste auf http://www.cfr.cam.ac.uk/about/people/golombok_papers.php

19   zitiert bei Markens (2007), S. 78

20   Anselmino/Friedrichs (1949), S. 1623; Richter (1960), S. 75/76

21   vgl. Kapitel 2, S. 252

22   Cooper (1971/1972), S. 10 [*Übersetzung leicht modifiziert; A.B.*]

23   Adler (1908), S. 199

24   Keane/Breo (1981), S. 68

25   Kermalvezen (2009), S. 68/69

26   Koschorke (2000), S. 38–39

27   Beardsley (1940), S. 95 und Guttmacher (1943), S. 591

28   vgl. Rupp, (2009), S. 25, die sagt, dass im Jahr 2007 etwa 7000 Kinder in Regenbogenfamilien lebten, davon 92 Prozent bei einem lesbischen Elternpaar

Personenregister